LA PHILOSOPHIE PÉNALE

BIBLIOTHÈQUE DE CRIMINOLOGIE

LA
PHILOSOPHIE PÉNALE

Par G. TARDE
PROFESSEUR AU COLLÈGE DE FRANCE

CINQUIÈME ÉDITION

(Revue et corrigée)

LYON
A. STORCK & Cie ÉDITEURS
8, rue de la Méditerranée

PARIS
G. MASSON & Cie ÉDITEURS
120, boulevard St-Germain

1900

AVANT-PROPOS

Ce livre est un examen des idées mises en circulation et en faveur, dans ces dernières années, par l'école d'anthropologie criminelle. Mais il est encore plus une exposition d'idées personnelles. Les théories qu'il développe ont trait à trois préoccupations différentes. Il y a d'abord une tentative de conciliation entre la responsabilité morale et le déterminisme, entre la conscience et la science, que la notion du libre arbitre avait paru séparer par un gouffre infranchissable. Il y a aussi, et surtout, une explication du côté criminel des sociétés, conformément à un point de vue général que je me suis efforcé d'appliquer dans un autre ouvrage, récemment paru (1), aux divers aspects de la vie sociale. Il y a enfin l'indication de quelques réformes législatives ou pénitentiaires qui sont la conclusion pratique de ces prémisses théoriques.

Malgré le lien étroit qui unit les trois parties de cet ouvrage, elles sont distinctes et séparables. Si donc quelque partisan du libre arbitre était rebuté par la première, je le prierais de ne pas anathématiser l'auteur avant d'avoir lu les deux autres. Et, comme il est à craindre que, si les spiritualistes me reprochent mon déterminisme, les positivistes à leur tour ne me taxent d'éclectisme ou de septicisme, je prie aussi ces derniers de réprimer l'impatience que pourra leur causer la lecture de quelques termes empruntés au vocabulaire de leurs adversaires. Une habitude professionnelle d'impartialité m'a obligé souvent à être complexe, et le souci de l'exactitude me paraît exiger qu'un écrivain s'efforce d'exprimer non seulement la nuance précise de sa pensée mais son degré même de confiance en elle. Il est des sujets où il n'est possible d'être net, simple, clair, qu'en dogmatisant.

(1) *Les lois de l'imitation* (Félix Alcan, éditeur, 1890) 1 vol. in-8.

CHAPITRE PREMIER

CONSIDÉRATIONS GÉNÉRALES

Les premières tribus errantes qui aspirent à se fixer en cité ont un danger permanent à combattre : l'animalité fauve qui gronde autour d'elles. A cela travaillent les Hercules, héros légendaires de toutes les sociétés primitives. Plus tard, quand la barbarie s'efforce de s'élever à la civilisation, un autre fléau est à refouler : le brigandage, le crime organisé. Tel est, en tout pays neuf, l'obstacle à vaincre. Catherine II eut à le surmonter en Russie, et elle y parvint en domptant les Cosaques et les Tartares, « les brigands chrétiens et les brigands musulmans », dit Rambaud. La Grèce moderne, devenue la terre classique des brigands, a dû et su aussi les exterminer. L'Italie renaissante est en train de les détruire dans les Calabres et même en Sicile. La France en Algérie y est parvenue, nous voudrions pouvoir ajouter en Corse. Ce n'est pas tout. Il est une autre peste dont le germe est apporté, favorisé par la civilisation elle-même, et qu'elle doit pourtant chasser de son sein si elle veut s'étendre et s'asseoir : je veux parler de la criminalité propre aux capitales, du brigandage urbain et relativement poli. Ce n'est pas la tâche la moins ardue.

La criminalité se transforme d'âge en âge. Est-il vrai qu'en se transformant elle diminue ? Oui, certainement, si l'on ne remonte qu'aux temps barbares. Mais il ne me paraît pas démontré, malgré le préjugé répandu à cet égard, que les sauvages les plus anciens aient été adonnés au meurtre et au vol sur la plus grande échelle. Cette erreur, qui a servi de fondement à l'explication du crime par l'atavisme, demande à être écartée dès le début de notre travail. On a exagéré l'immoralité des sauvages encore existants, comme l'a montré entre autres auteurs, M. Henri Joly dans son livre récent sur le *Crime* (1888), et, sans le moindre fondement, on s'est empressé d'attribuer l'improbité et l'inhumanité les plus complètes aux populations de l'âge de pierre, qui cependant, comme le remarque le même auteur d'après M. de Nadaillac et les découvertes de l'archéologie préhistorique, ne pouvaient être dépourvues de toute bonne foi puisqu'elles pratiquaient le commerce extérieur, et ne pouvaient, être dénuées de toute pitié puisqu'elles ont laissé les vestiges non douteux des soins qu'elles accordaient à leurs malades. Bien que, dans le monde sauvage actuel ou moderne, seul observé par nous, les tribus pillardes et sanguinaires paraissent l'emporter en nombre, il ne s'ensuit nullement qu'il en ait été de même toujours, que l'espèce humaine soit née méchante, que la bonté, le sentiment de la justice et la semence des vertus quelconques soient l'œuvre tardive de la civilisation. Un chasseur suppose du gibier, une tribu guerrière suppose des tribus industrieuses. Admettons qu'à l'origine une seule tribu féroce, constituée militairement, ait existé au milieu de nombreuses populations pacifiques et laborieuses. Nous pouvons être certain qu'elle aura eu bientôt conquis la plupart des autres tribus, forcé le reste à s'armer, et, de la sorte, étendu à la masse entière de l'humanité honnête son virus criminel. Un peu de levain suffit pour soulever une pâte énorme, un Bismark pour mettre l'Europe en feu. Le mal ici, même en minorité infime, doit inévitablement triompher du bien. D'où il suit que si, malgré tout, le bien subsiste, même à l'état disséminé et exceptionnel, on a le droit de conclure à sa grande extension dans le passé. Or, il est surprenant à ce point de vue que les voyageurs nous signalent encore tant de peuplades douces et inoffensives, les Doreyens, par exemple (Nouvelle-Guinée) chez lesquels le vol est presque inconnu (1), et qui sont à la fois bien supérieurs en moralité et bien inférieurs en civilisation aux Malais leur voisins; les Négritos, pauvres petits nègres de la Malaisie, qui, traqués et persécutés, donnent l'exemple des plus rares vertus (2), les Andamans et mille autres races dont

(1) Voir à leur sujet M. de Quatrefages, qui cite Bruyn Kops. Ils ne connaissent en fait de vols, que le *vol des enfants*, monstrueux, je l'avoue, mais explicable par l'institution de l'esclavage qui leur a été apparemment apportée du dehors, car elle est en contradiction avec leurs mœurs. Du reste, comme le fait très justement remarquer le Dr Corre, dans *Crime et suicide* (Doin, 1891), en général « le sauvage n'a point d'esclaves, ou, s'il en a, finit par les absorber dans sa tribu : le barbare fait souvent le trafic de la chair humaine, traite l'esclave comme un vil bétail, le vend ou le tue. »

(2) Cette race négrito, d'après les recherches de M. de Quatrefages, a jadis occupé tout le sol où elle conserve aujourd'hui si peu de place.

M. Wallace, après les avoir vus de près si longtemps, nous vante la mansuétude, la bienveillance réciproque, l'esprit d'égalité et d'équité. Peut-être serait-on en droit d'y ajouter les troglodytes de Belgique qui, à la différence de ceux du Périgord, semblent n'avoir possédé aucune arme de guerre. (1). Du reste parmi les peuples sauvages aujourd'hui les plus voués au pillage et au meurtre, combien en trouverait-on, si l'on pouvait percer la nuit profonde de leur histoire qui, nés pacifiques, ont commencé par apprendre la guerre pour se défendre avant de batailler par goût (2)? La diffusion originelle du bon principe me paraît attestée, en outre, par sa tendance à se répandre de nouveau et toujours davantage, après chaque grande conquête militaire opérée grâce à l'invasion du principe mauvais. Il est à remarquer, en effet, que si le mal triomphe c'est en définitive au profit du bien. La victoire des tribus, puis des nations les plus cruelles, les plus fourbes, les moins morales, mais supérieures aux autres par la puissance militaire, a été une grande œuvre inconsciente de moralisation, puisque, par elle, les États s'étendent et l'humanité marche dans la voie des agglomérations grandissantes, des gigantesques nivellements de mœurs, condition indispensable de cette moralité élevée qui embrasse dans ses prescriptions tout le genre humain. Les Romains étaient un peuple dur et cruel : leurs conquêtes cependant ont eu pour effet d'adoucir et d'amollir même à ce point le monde méditerranéen que la Barbarie a eu le loisir de l'envahir à son tour. Comment cela peut-il se faire ? Est-ce que, par hasard, la victoire transformerait le moral du conquérant ? Oui parfois, mais le plus souvent la race victorieuse se fond à la longue et s'absorbe dans les races soumises, toujours en majorité, qui, demeurées fidèles ou ramenées à leur douceur natives, ont gagné à la défaite l'union et la paix, favorables à l'extension territoriale de leur influence. Cette supériorité morale si fréquente du vaincu sur le vainqueur serait une vérité banale

---

(1) Voir d'autres développements sur ce point dans mon étude sur l'*Atavisme moral* que les *Archives de l'anthropologie criminelle* ont publiée en mai 1889.

(2) Les Fidjiens sont cités partout comme les cannibales les plus endurcis. Cependant ils valent mieux que leur réputation, et il a suffi de quelques missionnaires pour les transformer moralement et socialement, d'après le voyageur anglais Brenkley (voir M. de Quatrefages, *hommes fossiles et hommes sauvages*).

si l'histoire n'était pas rédigée par ou pour le vainqueur. Le vainqueur ne se borne pas à briser le vaincu, il faut qu'il le calomnie. Toutes les populations qui ont pratiqué l'esclavage se sont efforcées de l'expliquer par l'infériorité prétendue de la race assujettie ou ses prétendus crimes. C'est à grand'peine que l'archéologie ou l'histoire consciencieuse parvient à deviner, à entrevoir, sous des accumulations de mensonges officiels ou officieux, la réalité historique relativement à l'état moral des Romains remplacés par les Barbares, des Saxons expropriés par les Normands, des Maures exterminés par les Espagnols, de l'ancienne noblesse française détrônée par la bourgeoisie (1). Le succès est si loin de suffire aux yeux même du triomphateur qu'il s'empresse de le compléter en le justifiant, et de le justifier en accréditant les faussetés les plus impudentes sur son ennemi mort ou désarmé.

Ce grand fait trop méconnu, la moralisation à la longue et souvent la civilisation du maître par le sujet, demande peut-être à être rapproché d'un autre fait non moins négligé, la moralisation de l'homme par la femme. Un voyageur nous apprend qu'aux îles Marquises les femmes ont une profonde horreur de la chair humaine, et qu'il en est ainsi dans toutes les peuplades encore cannibales. Est-il vrai, comme le veut M. Letourneau (2), que ce dégoût, semblable à celui du renard de la fable, soit fondé sur l'interdiction faite au « petit sexe » de toucher à un mets trop succulent pour lui ? Ce n'est guère probable, si l'on songe à l'attrait du fruit défendu. Mieux que nulle défense légale, la délicatesse de sens et de sentiments

---

(1) Je pourrais ajouter, des sauvages anéantis par les blancs. Mais ici la dissemblance est telle entre les belligérants que les vaincus n'ont pu exercer, après leur soumission aucune action morale appréciable sur leurs vainqueurs ; ils l'ont pu d'autant moins que leur défaite a été partout, à bref délai, une destruction radicale. Des Tasmaniens, par exemple, il ne reste plus un seul représentant. Ils n'en ont pas moins arraché cet aveu à l'un de leurs destructeurs, le gouverneur Arthur : « Nous devons le reconnaître *aujourd'hui*, c'est une race simple, mais vaillante et douée de nobles instincts ». Souvent, il est vrai, cette supériorité morale du vaincu à l'égard du vainqueur n'est due qu'à sa défaite même et ne lui survit pas. « Le serf de France et l'esclave colonial, dit Corre dans *Crime et suicide* (1890) valaient mieux que le seigneur et le maître, au point de vue de la morale (religieuse et judiciaire) ; émancipés, ils les ont égalés dans l'attentat, et aujourd'hui le renversement tendrait à se produire du côté des masses populaires, les souveraines et les moins retenues en même temps que les plus privées d'éducation •

(2) Dans son *Évolution de la morale*.

qui distinguent la femme, même sauvage, lui interdit sans doute l'anthropophagie. Quoiqu'il en soit d'ailleurs, l'aversion féminine dont il s'agit, sur ce point nous sommes pleinement d'accord avec M. Letourneau, a dû se transmettre de la mère aux fils, de la sœur aux frères, de l'épouse à l'époux, et contribuer puissamment à déraciner cette coutume monstrueuse. Ainsi, à cet égard, l'influence de la femme a produit le même effet que le progrès de la civilisation, bien que, rebelle à toute usure civilisatrice, *l'éternel féminin* ait gardé immuablement cette fraîcheur d'âme qui fait son charme et où semble revivre, comme dans ses traits physiques mêmes, la primitive humanité. Est-ce le seul point où le pouvoir moralisateur du sexe le moins civilisé se soit fait sentir ? Non. Assurément, la femme a eu toujours aussi peu de goût pour l'homicide que pour le cannibalisme. Si donc son horreur pour cette dernière pratique a été contagieuse, pourquoi sa répugnance au meurtre (1) l'eût-elle été moins? Quant au vol, il a dû inspirer peu de répulsion, je le crains, à son astuce innée; aussi est-il à remarquer que le vol monte, au cours du progrès, pendant que le meurtre baisse. Mais on peut croire, ici même, que le remplacement graduel des procédés violents et grossiers de soustraction par des procédés astucieux et raffinés est dû en partie à l'action féminine. A coup sûr, la transformation lente, universelle, de la criminalité sanguinaire en délictuosité voluptueuse et perfide, s'est accomplie sous l'empire croissant de la femme (2). De la sorte,

(1) Surtout au meurtre sanglant. Ferrus (*les prisonniers* 1851) remarque avec raison que, soit dans leur manière de se suicider, soit dans leurs procédés homicides les femmes les plus courageuses ou les plus féroces manifestent « une insurmontable répulsion pour les instruments tranchants » et pour tout genre de mort qui, en faisant couler le sang, défigure. N'est-ce pas à *l'effémination* croissante de nos mœurs que tient notre croissante horreur de la guillotine, alors même que, en principe, nous approuvons la peine de mort? Or, chez les sauvages et les barbares, le meurtre sanglant est de beaucoup le plus usité.

(2) La statistique criminelle est, en apparence au moins, très favorable aux femmes. Il y a, en France, 5 ou 6 fois moins de femmes que d'hommes accusés de crimes. Aux Etats-Unis, la proportion des femmes dans la criminalité est de 10 %, ailleurs de 3 %. Mais malgré ces chiffres, des écrivains ne sont pas encore bien convaincus de la supériorité morale du sexe faible. Lombroso veut qu'on ajoute à son passif le contingent de la prostitution « ce vagabondage féminin » suivant M. Reinach. Comme si, le plus souvent, la prostituée n'était point victime du libertinage masculin, et comme si l'on avait le droit de confondre les conditions du délit avec le délit lui-même. La femme, d'après M. Henri Joly, (ouvrage déjà

la criminalité s'est féminisée, en même temps qu'urbanisée. On pourrait, à certains égards, se représenter la civilisation finale comme la revanche de la femme sur l'homme, et aussi bien du pâtre sur le guerrier, des tribus primitives, paisibles et opprimées, sur leurs oppresseurs. Mais, alors même qu'il y aurait quelque exagération dans cette manière de voir, il n'en serait pas moins vrai que la thèse du crime considéré comme un *phénomène de retour* est une simple hypothèse, dépourvue de toute justification. Si l'ancêtre de l'homme a été un frugivore, c'est-à-dire un animal doux, plein de tendresse pour les siens comme le sont la plupart des singes, ce n'est point la guerre ni l'assassinat qu'il faut songer à expliquer par l'atavisme, ce serait plutôt la vie de famille, le développement des vertus patriarcales.

II

Nous voyons se réaliser en histoire toutes les transitions possibles entre le crime organisé, triomphant, et l'honnêteté régnante, ou *vice versâ*. Nous voyons, d'une part, des brigands, des pirates, après avoir terrorisé un continent, se convertir à la vie relativement honnête et fonder de belles colonies, sur lesquelles nos colonies pénitentiaires, entre parenthèses, devraient bien se modeler. La fixation des Normands dans la province qui porte leur nom est l'exemple le plus remarquable de ces conversions en masse ; là s'est produite en grand la graduelle atténuation du virus criminel, non anéanti peut-être mais radicalement changé, de violence devenu ruse, de cruauté devenu mauvaise foi. D'autre part, sous le coup de catastrophes qui ont renversé un ordre social établi, on a vu les honnêtes gens se livrer par

---

cité) est toujours meilleure ou pire que l'homme. Acceptons cette formule, si l'on veut ; cela suffit à notre thèse. Ajoutons que les délits où, par exception, la part féminine l'emporte sur celle de notre sexe (attentats aux mœurs, adultère, infanticide, vols aux étalages, etc.), sont précisément ceux qui sont en voie de progression chez un peuple en train de se *civiliser*. Il est donc permis de dire que la délictuosité, en se civilisant, se féminise. — Ainsi, au point de vue moral, la femme semble avoir eu dans le développement humain une influence remarquable, comme pour contrebalancer l'insignifiance toujours croissante, ce semble, de son apport social au point de vue intellectuel. Il n'y a pas une seule invention civilisatrice tant soit peu importante qui soit due à une femme.

désespoir au brigandage et des contrées jadis prospères retourner à la barbarie.

Or, quand l'honnêteté relative est au pouvoir, le moment d'aviser aux réformes pénales n'est pas celui où son règne est réellement menacé par le danger de la criminalité en insurrection ; la société honnête alors se défend comme elle peut, écrasant à droite et à gauche, sans mesurer ses coups, comme fait un homme surpris par un assassin nocturne. Elle a des bourreaux comme elle a des soldats. De là peut-être l'atrocité du Droit pénal au moyen-âge. En temps d'épidémie, on n'a pas le temps de soigner les malades suivant les règles. D'autre part, quand le fleuve du délit est descendu au-dessous de l'étiage, l'opinion s'en désintéresse. Mais, dans la phase intermédiaire, où le crime refoulé coule encore à pleins bords, le besoin se fait sentir de prévenir ses débordements possibles, de se garantir contre eux par des procédés ingénieux et savants ; on a le loisir d'étudier les délinquants un à un, et chaque délit devient un thème à discussion pour le public, pour le juge une occasion de déployer sa sagacité et sa justice. L'utilité sociale n'est plus l'unique fin poursuivie par le législateur. C'est cependant à ce moment que la conception d'une pénalité utilitaire s'élabore, mais en théorie seulement. En fait, la peine s'adoucit de jour en jour et les réformes pénitentiaires provoquées par les théoriciens mêmes de l'utilitarisme, exigent des sacrifices croissants d'argent et de temps au profit des malfaiteurs.

L'apogée de la pénalité, l'âge d'or du Droit pénal, est donc lié jusqu'à un certain point au déclin de la criminalité, et il n'appartient qu'à un âge de mœurs adoucies, tel que le nôtre l'est en somme malgré une recrudescence momentanée de délits, d'inaugurer une ère nouvelle de législation criminelle.

Mais là n'est pas la principale raison de l'engouement public à cette heure, dans la presse quotidienne ou périodique, dans les chaires universitaires et à la tribune même, pour les questions relatives aux délinquants, aux délits et aux peines. On pourrait croire plutôt que le léger effroi causé à notre société par les révélations de la statistique et de l'anthropologie en ce qui concerne le progrès régulier de la récidive, et le caractère incorrigible du criminel-né, a mis ces problèmes à l'ordre du jour. Toutefois la vraie cause est plus profonde. L'espèce de fièvre qui travaille aujourd'hui le Droit pénal, de même que le trouble économique et l'agitation politique de ce temps, n'est qu'une des formes revêtues par la grande crise actuelle de la morale, révolution sourde et inaperçue si ce n'est de quelques penseurs, mais plus grosse de conséquences incalculables que bien des bouleversements fameux.

Cet affolement de la boussole intérieure en pleine tempête sociale tient à bien des causes, physiologiques même. Le besoin aigu de sensations neuves, soit grossières et fortes, soit fortes et exquises, qui fait sévir, en bas, le fléau de l'alcoolisme, en haut la maladie scientifique ou artistique de l'hypnotisme ou du *symbolisme*, la frénésie des curiosités psychologiques ou des nouveautés *décadentes* et des romans russes, trahit dans cette « fin de siècle » une grande crise nerveuse, l'énervement des cerveaux surexcités. Mais cet état morbide a lui-même ses causes intellectuelles avant tout. Sans doute il peut paraître singulier de rattacher au positivisme régnant, au déterminisme de plus en plus érigé en dogme, la renaissance brusque et inattendue du mysticisme sous mille formes dans notre génération. Mais cela n'en est pas moins certain, il n'y a pas plus de réalisme intense sans réaction idéaliste ou chimérique que de feu sans fumée et souvent la flamme la plus claire a la plus lourde fumée. Je n'en veux pour preuve que les tendances manifestement accusées par les plus positivistes de nos littérateurs contemporains, les écrivains de l'école naturaliste. Ne versent-ils pas, eux aussi, eux surtout, dans un pessimisme quasi-mystique ? Ne cèdent-ils pas à la passion d'éclairer l'obscur, de fouiller le monstrueux, sorte de merveilleux répugnant et d'autant plus fiévreusement étreint ? A cela tient, en grande partie, la faveur dont jouit la psychologie du criminel. Ils sont nombreux ceux qui, comme le héros névrosé d'une célèbre affaire d'assises, voudraient se donner les sensations de l'assassinat pour les analyser, à la manière de Dostoïesky dans *Crime et Châtiment*. Ce bien-être matériel, ce confort relatif, qui a coûté à tant de siècles tant d'efforts généreux, notre société l'a, et elle le méprise, elle appelle autre chose. Ces vérités démontrées, ces étoiles de première grandeur, que tant de génies ont allumées dans le ciel de la science, elle les a, elle ne prend plus la peine de les regarder. Je parle de son élite intellectuelle. Elle rêve donc, de ce rêve réaliste et les yeux ouverts qui n'a rien de commun avec les visions religieuses du passé; et, faute de trouver ce qu'elle rêve, elle dit la terre insipide et le ciel vide; elle désespère. Pour tromper son désespoir ou son ennui, cependant, elle creuse à droite, à gauche, avec rage, ce qui n'a jamais été remué, ce qui a toujours été repoussé avec dégoût, les misères honteuses, les plaies hideuses, le cœur du scélérat ou de la prostituée tombée au plus profond du gouffre, la pédérastie, le saphisme, toutes les variétés de l'aliénation mentale ou de l'aberration morale. Ce n'est pas qu'elle compte sérieusement y trouver grand'chose; mais, si peu que ce soit, cela pourra distraire son immense soif d'inconnu.

Or, pourquoi tout ce trouble des cerveaux? Parce que certaines idées nouvelles y sont entrées, qui ont contredit les anciennes. Si froid, si étranger au monde sublunaire, que soit en apparence le travail tranquille de la pensée des philosophes, c'est à lui qu'il faut remonter comme à la haute source cachée des torrents qui nous ravagent, en attendant qu'ils nous fertilisent peut-être. Elevons-nous donc aux doctrines des maîtres. Tel qu'un voleur superstitieux qui, après avoir ravagé un champ, n'ose ébranler sa borne, Kant, dans sa critique universelle des idées de l'esprit humain, s'était arrêté devant l'antique notion du Devoir, et même, comme pour se faire pardonner toutes ses ruines, il avait fait d'elle la pierre angulaire de ses nouvelles constructions ou pour mieux dire de ses restaurations artificielles. Cette timidité exceptionnelle chez le plus hardi des penseurs est la preuve frappante du prestige qu'avait conservé jusqu'à la fin du dernier siècle la morale religieuse, seul débris subsistant de la religion. Mais, à présent, une borne n'est plus qu'une pierre comme une autre; il n'est maxime si vénérable qui ne soit traitée comme l'ont été depuis longtemps les dogmes les plus sacrés et sommée de produire ses titres. On ne s'entend plus, d'une école à l'autre, ni sur la limite des droits, ni sur celle des obligations, ni sur la distinction fondamentale du bien et du mal. Peut-être dira-t-on que l'on s'accorde mieux sur le mal que sur le bien, et que les mêmes faits sont qualifiés crimes par des personnes qui attribuent à des actes différents et parfois contraires le caractère de devoirs. Mais cet accord n'est qu'apparent ou passager ; en réalité, crime a un arrière-sens de *péché mortel* pour les uns, un sens de préjudice social pur et simple pour les autres ; et, à propos de chaque affaire d'assises, ce qui est pour ceux-ci une aggravation de la responsabilité, est pour ceux-là une circonstance atténuante. De là chez les premiers comme chez les seconds un affaiblissement plus ou moins fâcheux des convictions morales ; car elles ne se maintiennent dans chaque cas au degré d'énergie voulu pour lutter victorieusement contre l'égoïsme qu'à la condition d'avoir conquis l'unanimité, du moins dans la sphère de la société immédiatement environnante. Aussi tous les chefs d'école, pénétrés des besoins du présent et répondant mieux encore à ceux d'un prochain avenir, s'efforcent-ils de formuler avec force, et d'imposer avec autorité, la morale où aboutissent leurs théories. Pendant que les dépositaires éclairés de la tradition spiritualiste ou kantienne, — en un seul mot, chrétienne, — MM. Caro, Beaussire, Franck, d'une part, M. Renouvier d'autre part, élargissent les vieilles formules pour y faire rentrer les nouveaux désirs et les nouvelles idées en les y absorbant, les matérialistes, les utilitaires, les positivistes, les transformistes se coalisent pour jeter, au milieu d'esprits en proie à l'instabilité contemporaine, les fondements d'une éthique sûre, comme des ouvriers pour bâtir un pont dans un fleuve débordé. De leur côté, d'éclectiques penseurs, MM. Fouillée et Guyau, travaillent à résoudre la perplexité des consciences en une synthèse originale. Mais, à vrai dire, les Babels éthiques des novateurs s'élèvent à peine qu'elles s'affaissent ; la *morale évolutionniste* de M. Herbert Spencer elle-même, commencée sur un plan de pyramide, s'est terminée en tour penchée, bien fragile sur ses bases. En réalité, la morale traditionnelle est la seule qui vive ou qui se survive dans les cœurs, et les ligues contre elle n'ont encore servi qu'à l'ébranler sans parvenir à la remplacer par rien de durable. C'est là le danger du moment actuel.

Le mal est-il aussi grave, aussi irrémédiable qu'on est porté à le penser? Je ne le crois pas. Cette crise de la morale qui inquiète tant de penseurs se rattache, après tout, à cet ensemble de transformations politiques, industrielles, artistiques et autres qui impriment à la vie moderne son cachet propre. La morale elle-même se modernise. On voit se dissoudre les droits et les devoirs anciens, mais on aurait pu voir aussi bien que des droits et des devoirs nouveaux se forment, se propagent avec une rapidité inconnue à nos aïeux, et que, si le sentiment du respect est miné partout, le sentiment de l'honneur individuel (je ne dis pas familial) comme mobile des actions, se répand universellement du bourgeois à l'ouvrier, de l'ouvrier au paysan, mélangé d'envie souvent, de prétentions ridicules, mais utile en somme et fécond. Les droits et les devoirs anciens, formules immuables, préceptes massifs, résistants et quelque peu encombrants, ressemblaient à ces meubles d'autrefois, tellement solides qu'on ne pouvait pas les remuer; s'ils duraient sur place et traversaient des siècles, ils différaient et contrastaient d'un lieu à l'autre. Nos meubles d'aujourd'hui sont d'une fragilité compensée par la facilité de les renouveler et de les mouvoir; pareillement nos œuvres littéraires, nos romans, nos pièces de théâtre, nos tableaux, nos idées en général, qui prétendent de moins en moins à s'éterniser mais parviennent de plus en plus vite à s'universaliser durant le peu de temps qu'il leur est donné de vivre. Dans un autre chapitre nous montrerons que cette différence s'explique par les lois sociales de l'imitation. Le caractère que je viens d'indiquer, en effet, n'est pas exclusivement propre à notre âge, mais appartient à toute époque où la tendance à imiter le contemporain, l'étranger, l'emporte momentanément sur le besoin profond, et finalement triomphant toujours, d'imiter ses pères. De cette considération il est permis d'augurer que le trouble profond de nos âmes s'apaisera chez nos neveux.

En attendant, la situation est embarrassante, pour les criminalistes notamment. En tout pays se font sentir à la fois la nécessité et la difficulté de réformer les lois criminelles; la nécessité, à raison de leur désaccord flagrant avec les nouvelles idées morales qui commencent à luire; la difficulté, à raison de la contradiction de ces idées entre elles et avec les idées anciennes. A quelles conditions et dans quelle mesure l'individu est-il responsable de ses actes nuisibles à ses concitoyens? Cette question très simple, qui est le point fondamental en pénalité, est en train de paraître aussi insoluble que le problème de la quadrature du cercle. Le malheur est, à notre avis, qu'on l'a résolu trop vite, en faisant reposer la responsabilité sur le libre arbitre comme sur son postulat indiscutable, et que cette solution acceptée sans discussion a créé un conflit sans issue entre les déterministes et leurs adversaires. Nous allons tâcher de faire voir dans ce qui va suivre combien l'importance factice attribuée ici au libre arbitre a contribué à diviser les esprits, à désorienter les consciences, à énerver même la répression, et combien il importe, par suite, de chercher au Devoir et à la responsabilité, à la morale et au Droit pénal, un autre appui.

III

Tout d'abord, il est curieux de constater, au fond de toutes les théories rivales, contraires ou non à la liberté du vouloir, la conviction expresse ou implicite qu'elle est la condition *sine qua non* de la responsabilité morale. Un exemple frappant de cette association d'idées indissoluble nous est fourni par Kant. Ce grand penseur était déterministe; il lui aurait profondément répugné, à lui, constructeur du système d'idées le plus symétrique et le plus enchaîné qui se soit vu, d'admettre un monde où ne régnât point un enchaînement rigoureux. Mais en même temps l'idée fixe du Devoir l'éblouissait autant que le désordre divin du ciel étoilé. Or, pour avoir le droit de maintenir ce firmament pur au sommet de son système, il a cru devoir imaginer tout exprès son *autre monde*, ses noumènes, où il a placé la liberté, exilée des phénomènes (1). M. Fouillée, comme Kant, est déterministe, et, comme Kant, il veut sauver le Devoir à tout prix. Mais, comme Kant, il est persuadé que le devoir ne va point sans la liberté. Alors, ne croyant pas aux noumènes, il conçoit l'ingénieuse solution de ses *idées-forces*. Il est des idées, suivant lui, qui, en apparaissant dans un esprit, y rendraient possible leur propre objet, auparavant impossible, et, en s'affirmant illusoirement, trouveraient dans cette illusion même la force de se réaliser par degrés; visions créatrices,

---

(1) N'oublions pas l'influence prestigieuse exercée sur Kant par Rousseau.

pareilles jusqu'à un certain point à ce Dieu de saint Anselme dont la notion implique l'existence. La liberté, ajoute-t-il, est une de ces idées ; et la conscience trompeuse que chacun de nous a d'être libre est la voie de notre affranchissement véritable et graduel (1) Je ne comprends pas trop, il est vrai, comment, si la décision de notre vouloir est déterminée à chaque instant par le concours des influences externes et de nos dispositions internes, ce concours deviendra moins déterminant parce que nous aurons été plus fortement persuadés à tort du contraire. Tout ce que je vois de net ici, c'est que dans la mesure où s'avive la conscience de nous-mêmes, de notre personnalité, je ne dis pas de notre liberté, la prépondérance des causes intérieures, qui sont nous, sur les causes du dehors, s'accroît certainement, ce qui importe beaucoup plus à notre avis. C'est l'idée de notre moi, de notre identité personnelle, qui est vraiment une *idée-force*. Mais nous reviendrons sur cette considération. — M. Renouvier, lui, rejette ces transactions éclectiques ; il n'admet ni la relégation de la liberté sur un trône nouménal, pré-réel ou extra-réel, ni sa réalisation successive dans un avenir infini. Il nie à la fois, kantiste aussi indépendant qu'ardent, les noumènes et l'infinité des phénomènes. Mais comme, avec cette hauteur d'âme qui parvient seule à dompter en lui le radicalisme de la raison, il tient par dessus tout à raffermir le Devoir menacé, il tente un effort suprême, il replace au sein même du monde phénoménal d'où Kant l'avait expulsée, où Kant avait reconnu absurde et inconcevable son maintien, la liberté, postulat moral. Il arbore cette thèse, qu'il y a parmi les spectacles de ce théâtre sans coulisses, parmi les processions de ces spectres sans corps, dans un espace et pour un temps limités, qu'il appelle l'Univers, des apparitions non entièrement explicables par les apparitions antérieures ou concomitantes, mais en partie créées de toutes

---

(1) *La liberté et le déterminisme*, 2ᵉ édition, 1887. — Personne n'a d'ailleurs aussi fortement montré que M. Fouillée, dans son *Evolutionnisme des idées-forces*, que les faits psychiques sont des réalités agissantes et non de simples *épiphénomènes* dont la suppression ne changerait rien au cours des faits physiques. Il a raison d'attacher à cette démonstration une grande importance. A mon point de vue, elle en a une capitale. Il en résulte qu'il y a entre le *déterminisme mental* et le déterminisme physique une différence profonde qui permet d'asseoir sur le premier la notion, renouvelée, de responsabilité *morale*.

pièces par le jaillissement inopiné, que rien ne pouvait faire prévoir une seconde auparavant, de quelque nouvelle source de force, de quelque *premier commencement* de série, insérée dès cet instant dans le tissu des séries déjà lancées. S'il y a cependant un système qui logiquement dût aboutir au déterminisme, c'est bien le phénoménisme de cet auteur qui semble avoir, avant d'appeler la liberté dans son monde, fermé toutes les portes par où elle pourrait y entrer, à savoir en formulant sa double négation de la substance et de l'infini. En effet, puisqu'il n'y a rien *sous* les phénomènes, n'est-ce pas *autour* d'eux, dans d'autres phénomènes, que toute leur raison d'être peut être cherchée ; et si ces phénomènes ambiants sont limités en nombre, en étendue et en durée, n'est-il pas incompréhensible que l'effet de ces conditions précises et définies, seules existantes, puisse être indéterminé ? L'indétermination de l'effet ne peut être conçue, ce nous semble, que moyennant l'infinité des causes. N'importe, *l'ambiguïté réelle de certains futurs*, pour employer les termes de l'éminent philosophe, a beau être en opposition avec les principes de sa pensée, elle a beau surtout résister en vain au courant chaque jour plus torrentiel des sciences qui en sont venues à assiéger cette ambiguïté prétendue jusque dans son dernier retranchement, le cerveau humain ; malgré tout, avec une énergie désespérée, avec un redoublement de despotisme autoritaire qui se proportionne à l'ébranlement des consciences et peut servir à le mesurer, le chef du néo-criticisme impose ce dogme ; il enseigne que le Devoir est et que, par suite, la liberté doit être, en dépit de tous les arguments de fait. On s'est rattaché de toutes parts, dans les écoles, à cette doctrine, comme, en un temps troublé, on se resserre autour d'un ministre à *poigne*.

Ainsi, parce qu'ils affirment le Devoir, les penseurs dont il vient d'être question se croient obligés d'affirmer la Liberté, même quand ils se déclarent incapables de la comprendre (1). D'autres, les positivistes les plus avancés, parce qu'ils nient la liberté, se croient forcés de nier le Devoir et la responsabilité

---

(1) Autre exemple. M. Siciliani, dans son *Socialismo* (Bologne, 1879) fonde la responsabilité sur la liberté *relative*, comme M. Fouillée sur la liberté imaginaire.

morale (1). Les uns comme les autres, donc, sont imbus du même préjugé qui lie indissolublement ces idées ensemble. Les législateurs, par malheur, le partagent. L'article 51 du Code pénal allemand, plus explicite et moins raisonnable sur ce point que l'article 64 du nôtre, exige, pour qu'il y ait crime, que, au moment de l'acte, l'agent ait eu la *liberté de sa volonté*. Cette exigence a pour effet inévitable l'acquittement de beaucoup de malfaiteurs dangereux. Il est de plus en plus difficile au médecin-expert, commis dans un nombre croissant de cas pour apprécier l'état mental de l'inculpé, d'émettre l'avis que celui-ci a été libre de vouloir autrement qu'il a voulu. S'il exprime cette opinion, c'est en faisant violence à ses convictions scientifiques. Un médecin-légiste, M. Mendel (2) a publié un travail destiné à prouver que ses collègues à cette question : l'accusé jouissait-il de son libre arbitre? doivent s'abstenir de répondre. M. Virchow et d'autres notabilités médicales adoptent cette opinion. Ils ont raison ; penser autrement, c'est, de la part d'un expert déterministe, sacrifier la logique à l'utilité, la sincérité peut-être à la routine. D'autre part, devant les assises, il est de plus en plus facile à un avocat, les écrits des aliénistes en main, de démontrer le caractère irrésistible des impulsions criminelles qui ont entraîné son client ; et, pour le juré, comme pour le législateur, l'irresponsabilité de l'accusé s'ensuit (3).

(1) Cette conclusion a été tirée depuis longtemps. Dès le XII° siècle, l'exemple d'Amaury de Rennes aurait dû montrer aux chrétiens le danger qu'il y a à fonder la responsabilité sur la liberté. « L'idée du paradis et de l'enfer, dit cet auteur (cité par M. Franck dans ses *Essais de critique philosophique*) repose sur la croyance que nous sommes les auteurs de nos actions ; mais cette croyance est une erreur puisque c'est en Dieu que nous avons la vie, le mouvement et l'être. *Pour l'homme, il n'y a ni bien ni mal, ni mérite ni démérite*, ni jugement dernier ni résurrection. Le paradis, c'est la science : l'enfer, c'est l'ignorance. » — A la même époque, Roger Bacon, qui eut tant d'intuitions prématurées, pressentait la morale utilitaire, d'après M. Franck.

(2) *Arch. de l'Anthropologie criminelle*, livre 4, page 368.

(3) Je ne puis donc accorder à M. Fonsegrive que la pénalité doit pratiquement rester la même, qu'on admette ou qu'on n'admette pas le libre arbitre. « Comme la législation déterministe, dit-il, dans son intéressant essai sur le libre arbitre, le législateur partisan du libre arbitre prendra contre le fou furieux des mesures de précaution. Tous les deux seront plus sévères à proportion de la perversité que révèleraient les actions : seulement ce que l'un appellera perversité de volonté, l'autre le nommera perversité de nature. » Mais le législateur partisan du libre arbitre devra excuser d'autant mieux, punir et blâmer d'autant moins le coupable

Cependant, si enracinée qu'elle soit, l'idée de fonder la responsabilité et le Devoir sur le libre arbitre n'est pas d'une antiquité très reculée; elle est loin de remonter aux origines du christianisme et du spiritualisme. C'est dans les longues disputes sur la Grâce que s'est formée ou formulée peu à peu l'opinion précise des théologiens et plus tard des philosophes à ce sujet. On a dit que la liberté humaine était inconciliable avec le dogme de la prescience divine; mais elle ne l'était pas moins avec celui de la création. Dieu peut-il créer un être libre? auraient dû se demander les docteurs. Et ils auraient dû répondre : Non, car il ne saurait créer un être incréé. En effet, pour être cause absolue et première de ses actes, il faut être, par quelque côté au moins, éternel. Néanmoins, moyennant cet heureux don — je dis politiquement et socialement heureux — d'amalgamer les contraires, qui fait la force de l'esprit théologique comme de l'esprit féminin, « la grâce et la liberté, tout en se défendant de leur mieux, ont vécu en paix l'une avec l'autre », dit fort bien M. Franck, jusqu'au VIᵉ siècle. Pélage alors précisa le premier le concert du libre arbitre et provoqua la réaction déterministe de saint Augustin (2). Mais le pélaganisme, à vrai dire, et aussi bien l'augustinianisme, avaient pour

que celui-ci aura été poussé par un penchant plus violent, par une nature plus perverse; le législateur déterministe fera justement l'inverse. — Par exemple, M. Fonsegrive a raison de dire ailleurs que le législateur partisan du libre arbitre sera plus porté à espérer toujours la possibilité d'un amendement des plus pervers, et par suite à proscrire les peines irréparables, la *peine de mort* avant tout. — Avant tout, il importe de remarquer que la substitution de la foi déterministe au dogme du libre arbitre doit avoir pour effet l'adoucissement des peines et aussi leur changement. « Quand un vol, dit très bien M. Carnevale dans sa *Critica penale* (Lipari, 1889) était censé causé simplement par l'immoralité, la gourmandise, le mépris de la loi, il était naturel de penser que, par la condamnation du coupable à quelques années de prison, la société était suffisamment défendue contre lui et ses pareils. Mais quand, par delà ces causes, on en découvre de plus profondes, *dont celles-ci ne sont que la résultante*, quand on a égard, par exemple, à la perversité des ascendants du voleur, à son éducation, à sa mendicité effrontée, aux petits larcins qui furent son apprentissage pendant son enfance, à ses honteuses amours, à ses tristes compagnons... alors la société est moins rassurée parce qu'elle se sent plus menacée. En somme, le libre arbitre étant nié, elle comprend qu'elle n'a pas à lutter contre une force unique, accumulée et isolée dans un individu, mais qu'elle est en présence d'une complexité de forces convergentes dans un individu : sa colère contre lui en est diminuée, mais son péril en est accru. »

(2) D'après M. Fonsegrive, saint Augustin est partisan du libre arbitre « malgré toutes les exténuations qu'il lui fait subir ». Mais ces « exténuations » sont telles que M. Bersot a pu ranger ce père de l'Église parmi les déterministes.

caractère commun de marquer une nouvelle accentuation de ce principe essentiellement chrétien, la personnalité des fautes, et d'aiguiser le sentiment de la responsabilité individuelle substituée à celui de la responsabilité familiale ou *génétique*.

Tous les siècles où se déchaîne, en religion ou en politique d'abord, puis dans tous les ordres de faits sociaux, un de ces grands ouragans d'entraînement imitatif qui renversent les frontières de castes, de familles, de provinces, d'Etats, et font succéder momentanément l'engouement pour les idées étrangères au culte des exemples paternels, — tels que la propagation du christianisme aux III° et IV° siècles, du protestantisme au XVI°, du voltairianisme au XVIII°, du darwinisme dans la seconde moitié du XIX°, — se reconnaissent au caractère individualiste, je ne dis pas toujours *libéral*, de la morale régnante. Le christianisme a fait du salut de l'âme individuelle, non du salut de cette collectivité appelée la cité ou la famille, le but majeur de l'existence. Le protestantisme a individualisé le sacerdoce et substitué l'examen de la Bible par l'individu à son interprétation par les conciles. Le voltairianisme s'est adressé à la raison individuelle, s'est appuyé sur le droit et l'intérêt individuels, sur les sensations individuelles, pour les opposer à la raison traditionnelle et générale, au droit de l'Etat, aux croyances de l'humanité. L'évolutionnisme se fonde sur les variations individuelles pour battre en brèches la notion d'espèce, et, dans son application aux sociétés, dans les essais de sociologie qu'il fait pulluler de toutes parts, il justifie les divergences et les concurrences individuelles, l'indépendance des volontés en face du devoir. D'ailleurs, si la foi au libre arbitre est propre à Pélage, la foi au péché originel, héréditaire, au déterminisme théologique, est ancrée en Luther, et la foi au déterminisme scientifique, à l'hérédité des bonnes ou mauvaises dispositions de l'âme, caractérise Darwin et Spencer.

La grande question, théorique et pratique en même temps, ce n'est pas de savoir si l'individu est libre ou non, mais si l'individu est réel ou non. Le problème a été agité tant qu'a duré le moyen-âge entre les nominalistes et les réalistes. Abélard au XII° siècle, — encore un siècle traversé par un grand courant novateur, — était nominaliste au fond, le conceptualisme n'étant, on l'a dit, qu'un « nominalisme raisonnable ». Comme tel, il incarnait dans l'individu la réalité par excellence, il rompait les liens de solidarité annihilante, plus qu'asservissante, qui unissaient aux yeux de ses adversaires l'être individuel à l'univers ambiant. Hâtons-nous d'ajouter, il est vrai, que tout individualisme est, pour l'individu affranchi par lui, une simple transition entre son annihilation précédente et son annihilation prochaine. Il y a plusieurs manières d'anéantir l'individu ; une manière traditionnaliste, aristocratique si l'on veut, qui consiste à l'absorber dans sa famille ; une manière naturaliste, scientifique, qui consiste à l'identifier avec sa race, c'est-à-dire avec les générations passées. La solidarité collectiviste tend à devenir de nos jours ce qu'a été dans le passé la solidarité domestique.

Tel qui aujourd'hui dit, à propos d'un crime : « c'est la société qui est coupable », ou bien « c'est l'hérédité qui a fait le mal », n'eût pas manqué de dire jadis, par exemple au temps du lévite d'Ephraïm : « c'est la tribu qui est coupable. »

Il est à noter que les Puritains et les Jansénistes, c'est-à-dire les âmes les plus subjuguées par le sentiment du Devoir, niaient le libre arbitre. Il n'est donc pas permis de soutenir que le libre arbitre est la pierre angulaire de la morale. Avec une rare bonne foi, M. Fonsegrive le reconnaît, après une longue et consciencieuse discussion. « Il reste établi, dit-il en concluant, que les lois, les sanctions, les prières, les conseils, les promesses, les contrats, sont explicables aussi bien dans l'hypothèse du déterminisme que dans celle du libre arbitre. » Et, de fait, la conscience de l'humanité a de tout temps refusé d'accepter en pratique les conséquences déduites du préjugé courant. Si Socrate, accusé de ne pas croire aux dieux de l'Attique, si Théodore et Protagoras, objets de la même incrimination, avaient cherché à se défendre en alléguant qu'à la vérité ils ne croyaient pas à Minerve et aux héros éponymes, mais qu'ils n'étaient pas libres d'y croire : si Jean Huss et Wicleff et tous les hérésiarques grands et petits du moyen-âge ou des temps modernes avaient cru échapper au bûcher en prouvant qu'ils ne pouvaient ne pas nier les dogmes combattus par eux, il est infiniment probable que ce moyen de défense n'eût pas eu le moindre succès. Anaxagore aurait eu beau prêter serment que son esprit éclairé par l'observation astronomique, se refusait absolument à prendre le soleil pour un être animé et divin, il n'en eût pas moins été condamné à l'exil et à une forte amende pour avoir écrit que cet astre était une pierre incandescente ; et Galilée, nonobstant des protestations de même nature, n'eût pas laissé d'être mis en prison. Par exemple, si Anaxagore ou Galilée, avaient pu prouver que c'était en rêve qu'ils avaient commis les écrits reprochés à leur plume, ils auraient certainement été acquittés, non parce qu'ils n'auraient pas été libres de rêver autrement, mais parce que leur esprit endormi et rêvant eût été jugé non identique à leur personne normale et sociale, seule responsable socialement. Encore une fois, c'est d'identité, et non de liberté, qu'il s'agit ici. S'est-on jamais cru dispensé de reconnaissance envers un bienfaiteur tellement obligeant qu'il lui a été impossible de ne pas vous obliger ?

Cependant je dois prévenir une équivoque. On pourrait penser, d'après ce qui précède, que le libre arbitre est à nos yeux la plus radicale des erreurs, qu'il n'y a en elle aucune parcelle de vérité mal exprimée et que c'est là la seule ou la principale raison pour laquelle nous nous sommes vu forcé de chercher un autre fondement de la morale. Mais il n'en est rien : le déterminisme scientifique est loin de nous luire comme un dogme d'une vérité absolue, et à ce sujet nous avons quelques explications à présenter. Il est un sens, croyons-nous, de la notion de liberté qui n'est nullement contredit par l'esprit général des sciences et il se peut qu'entendu dans cette acception le libre arbitre soit inhérent au fond caché de la personne identique.

L'idée que nous devons nous faire de la nécessité universelle doit varier un peu suivant que nous résolvons les êtres en forces, terme vague, ou en mouvements, terme relativement clair ; mais, au fond, cela revient au même et il importe de mettre en lumière le postulat inaperçu, ou mal aperçu, que la croyance au déterminisme implique. — Si toute apparition phénoménale est l'effet d'une évolution, si toute évolution consiste en une rencontre de forces élémentaires qui produisent séparément chacune son effet, *et s'il est essentiel à chacune de ces forces élémen-*

taires de ne produire qu'un effet toujours le même, on a raison d'affirmer la prédétermination universelle et de nier la réelle ambiguité de certains futurs. La condition soulignée importe avant tout, car supposons qu'il en soit autrement, admettons des forces élémentaires dont l'essence — c'est parfaitement concevable, — consisterait à ne jamais se répéter, à émettre constamment du nouveau, le monde assurément ne serait pas moins admirable dans cette hypothèse, il aurait même une raison d'être bien plus manifeste, mais il ne serait point soumis à la loi de la prédétermination. Donc, prédétermination signifie au fond répétition. En affirmant que tout dans le monde est prédéterminé, on affirme que tout s'y répète. — On est conduit au même résultat en expliquant les phénomènes par des mouvements. Si tout phénomène est l'effet d'une transformation de mouvements qui se sont rencontrés et unis, *et s'il est essentiel à tout mouvement élémentaire d'aller en ligne droite, livré à lui-même*, tout phénomène est nécessaire et certain d'avance, théoriquement au moins. Ici encore la condition soulignée est d'une importance majeure et n'est, au fond, que la précédente exprimée géométriquement, avec une précision propre à bien montrer le caractère singulier, arbitraire, nullement justifiable à priori, de l'Univers déterministe. Si, en effet, on suppose que les mouvements élémentaires ont pour essence de s'accomplir non pas seulement suivant cette direction toujours la même, indéfiniment répétée, qu'on appelle la ligne droite, mais suivant une ligne variable, à chaque instant déviée, jamais la même, nous voyons clairement que, dans cette hypothèse, nul phénomène ne saurait être prévu avant son accomplissement.

Or, pourquoi tout mouvement simple, élémentaire, va-t-il répétant incessamment sa même direction jusqu'à ce que la rencontre d'un autre mouvement répétant aussi le sien dévie les deux et oblige les deux à une répétition indéfinie d'un nouveau genre ? Pourquoi cette singularité ? Pourquoi cette exclusion des lignes innombrables autres que la ligne droite, comme si la ligne droite, qui en réalité, joue un rôle si effacé dans la nature visible, était seule réalisable dans la nature invisible et agissante ? Je sais que l'habitude nous a familiarisés avec cette singularité ; mais je suis d'avis que les anciens n'avaient pas tort de juger plus vraisemblable à priori le mouvement curviligne des éléments.

Eh bien, puisqu'il est établi que prédétermination universelle signifie répétition élémentaire (ou rectilinéarité élémentaire, ce qui est une espèce particulière de répétition) demandons-nous, s'il est permis, en somme, de regarder comme certain que la vie universelle consiste en répétitions. Il est impossible de ne pas voir qu'elle peut être définie soit une répétition variée, soit une variation qui se répète, mais que, en tous cas, l'élément variation est inhérent au cœur des choses. Par suite, nous devons regarder comme insuffisante, comme bonne simplement à titre d'échafaudage scientifique, la résolution du monde en forces et en mouvements. Il y a autre chose au fond comme à l'origine de tout cela ; et ce quelque chose ne doit-il pas être cause de soi-même, c'est-à-dire libre ? La liberté est la faculté de l'initiative primordiale ou, aussi bien, fondamentale. Elle est impliquée dans la nécessité, comme l'invention l'est dans l'imitation, comme la variation en général l'est dans la répétition. Elle tombe dans la nécessité, et par une chute inévitable, comme l'effort dans l'habitude, l'innovation dans la routine, l'inspiration dans le procédé. Stuart Mill, le plus déterministe des logiciens et le plus logique des déterministes, a nettement vu que tout s'explique à merveille par des lois, sauf la matière première des lois et le point de départ de leur exercice, à savoir un ensemble de données de faits essentiellement irrationnelles. Il n'y a qu'à opter entre ces deux conceptions : celle d'une liberté concentrée en un seul être appelé Dieu qui personnifiera à lui seul le côté créateur des choses, universellement et continuellement créateur; ou celle d'une liberté disséminée entre les innombrables éléments substantiels et actifs de l'Univers. La nécessité universelle suppose donc la spontanéité divine ou la spontanéité élémentaire. Acceptons cette dernière hypothèse, et nous devons reconnaître au libre arbitre du vouloir une certaine vérité peut-être mais qui n'est pas celle dont les moralistes disent avoir besoin, une vérité non limitée à l'homme mais étendue à tous les êtres, une vérité non démontrée par le témoignage illusoire de la conscience mais suggérée par l'observation des surprises phénoménales, de ce qu'il y a de perpétuellement neuf et inattendu dans les évolutions les plus régulières du monde (1). Si, par l'athéisme panthéistique, on rend la liberté possible, en même temps on la rend nécessaire et universelle, ce qui revient pratiquement à nier le libre arbitre tel qu'on l'entend.

Il n'en est pas moins vrai qu'il importe de faire sa part à cette autonomie ou à cette anarchie sous-phénoménale, fondement de toutes les lois assujettissantes et de toutes les régularités despotiques des phénomènes, qui n'est sans rappeler de loin la liberté nouménale de Kant, celle en vertu de laquelle, suivant le grand penseur, chaque âme en naissant choisit librement son *caractère*, sauf à être ensuite fatalement enchaînée par son propre décret. Il faisait donc reposer sur la liberté l'identité même et la réalité du moi, et il est fâcheux qu'il ait masqué la profondeur de cette pensée sous les expressions factices et artificielles qu'il lui a données. En somme, la grande objection contre le libre arbitre était tirée autrefois de la prescience divine, aujourd'hui de la conservation de la force. Mais il y a cette grande différence que la force est inhérente aux êtres particuliers, tandis que Dieu leur était extérieur. Les êtres particuliers, dans le monisme actuel, peuvent donc participer en quelque sorte à la liberté du Tout, tandis qu'ils restaient étrangers à la liberté de Dieu.

Mais c'est assez nous attarder à ces considérations, puisqu'il en résulte que la question du libre arbitre, si elle doit être retenue, appartient de droit à la métaphysique, non à la morale; sans méconnaître toutefois que, sous toute morale, il y a une métaphysique cachée, comme M. Fouillée l'a si bien montré.

---

(1) Ceci suppose qu'on ne juge pas les nouveautés perpétuelles du monde suffisamment expliquées par la soi-disant loi de Spencer sur *l'instabilité de l'homogène* ou par les considérations à l'aide desquelles Darwin s'efforce d'interpréter mécaniquement l'apparition de ces innombrables variations individuelles qui sont le postulat de son système. Dans l'hypothèse d'où partent ces penseurs, celle d'une substance absolument homogène régie par des lois absolument inviolables et qui toutes consistent en reproductions de similitudes, il me paraît impossible de concevoir la possibilité même d'une broderie nouvelle sur le canevas éternel. On peut, il est vrai, et peut-être l'on doit regarder les variations comme consistant en combinaisons nouvelles de répétitions anciennes ; mais on ne saurait s'expliquer la nouveauté de ces combinaisons autrement qu'en admettant l'hétérogénéité innée, essentielle, des éléments répétiteurs, leur originalité éternelle, autrement dit leur liberté. — L'évolution universelle suppose la fixité éternelle de quelque chose d'invisible qui n'évolue pas. Il semble que l'intelligence de cette vérité s'impose confusément aux évolutionnistes, car ils donnent tous à leurs systèmes pour fondement la conservation de la force et de la matière. Mais pourquoi ces deux quantités seraient-elles les seules choses dont l'immutabilité et l'éternité fussent concevables ? Pourquoi ces attributs n'appartiendraient-ils pas aussi bien et mieux, aux *qualités* élémentaires dont elles sont le total grossier ? La stabilité, l'éternité des caractères distinctifs propres aux éléments derniers, tous originaux, de l'Univers, me semblent bien plus nécessaires encore.

IV

Cela dit, nous avons, avant tout examen du Droit et du Devoir de punir, à préciser les notions générales de Devoir et de Droit, de responsabilité et de justice. Nous donnons la priorité logique et chronologique à l'idée de devoir sur celle de droit, et l'on va voir pour quels motifs.

Suivant Littré, le jugement primitif d'égalité $A = A$ se retrouve au fond de notre concept d'équité. La justice, dit de son côté M. Spencer, est l'égalité de traitement. En d'autres termes, une action commise par des hommes différents mais semblables en tant qu'agents doit avoir un résultat semblable au point de vue du châtiment ou de la récompense, de la peine ou du prix. Il est juste que le même service reçoive le même prix, que le même préjudice soit réparé par la même indemnité. Dans un autre sens, en conflit avec le précédent, il est juste également que le même besoin reçoive la même satisfaction. Ainsi comprise, et elle ne peut pas l'être autrement, la justice présente une frappante analogie avec le postulat du déterminisme avec l'axiome de causalité, suivant lequel, dans des circonstances semblables, un phénomène semblable se produira. La justice, c'est le rapport des actes humains à leur prix ou à leur peine, ou le rapport des besoins humains à leur satisfaction, calqué sur le rapport de la cause à l'effet tel que le monde extérieur nous le présente. Elle est si loin de nier le déterminisme universel qu'elle le suppose et le copie. — A première vue, on pourrait croire que le devoir n'est que l'ouvrier de la justice, et que le meilleur moyen de vérifier si un devoir proposé est le devoir vrai consiste à se demander si, dans l'hypothèse où tout le monde le pratiquerait, le résultat de toutes ces obéissances au devoir serait de constituer la société dans un état de justice parfaite. Mais, en réalité, il n'en est rien. D'abord, on vient de voir que l'idée du devoir est déjà impliquée dans la définition de la justice, puisque celle-ci est conçue comme un rapport qui *doit* exister. Puis remontons à l'origine du devoir. Le devoir n'est qu'une espèce, seulement une espèce très singulière, du jugement de finalité, conclusion de ce que j'appellerai le syllogisme pratique, dont la majeure est une volonté, un but, non un simple jugement, et la mineure la perception d'un moyen propre à atteindre cette fin. « Je *veux* tuer mon ennemi ; or, je *sais* qu'une flèche empoisonnée tue un homme ; donc je *dois* le viser avec une flèche empoisonnée. » Ainsi raisonne le sauvage dans sa forêt. Il n'y a pas un être vivant qui, à tout instant de sa vie, ne tire inconsciemment des conclusions au fond toutes pareilles. L'acte réflexe en est l'expression la plus élémentaire. Le devoir simplement téléologique dont il vient d'être question se transfigure en devoir moral, en devoir proprement dit, quand la majeure du syllogisme, au lieu d'être un but suggéré par un besoin de l'organisme individuel, est une suggestion sociale, un but collectif, une œuvre commune telle que la grandeur de Rome ou d'Athènes, la vengeance ou la délivrance de la patrie française, ou « la plus grande gloire de Dieu. » Ce but a commencé par être la volonté particulière d'un homme puissant, d'un roi-dieu, d'un héros, d'un prêtre. Mais c'est quand, par contagion imitative, elle s'est communiquée aux cerveaux inférieurs, qu'elle acquiert peu à peu chez ceux-ci l'autorité de l'impératif catégorique. En effet, renforcé en chacun par le reflet ambiant du désir de tous, le désir d'atteindre le but général s'élève à une intensité supérieure, *pratiquement infinie* comme dirait un géomètre, et, à force de se répéter, devient inconscient : en sorte que, se présentant détachée des prémisses, la conclusion semble devoir planer en l'air, sans rapport terrestre, et affecte intérieurement le ton d'un arrêt sans motif et sans appel, d'un ordre absolu et divin. Ces « idées sourdes qui mènent la vie », ce sont des *fins finales*, pour elles-mêmes poursuivies, et qui sont telles parce qu'elles sont des volontés étrangères et communiquées. Sous l'appellation méprisante de morale *hétéronome*, donc, c'est la morale *sociale* (1)

---

(1) La morale *individuelle*, celle qui nous fait concevoir des devoirs envers nous-mêmes, n'est certainement qu'un écho intérieur de la morale sociale. Jamais, sans la culture civilisée, la délicatesse de sentiments qu'elle suppose n'aurait pu éclore.

que certains philosophes essayent de déprécier. Quoi qu'on fasse, qu'on mette des formules utilitaires, évolutionnistes, scientifiques, exprimant l'utilité générale comme on la conçoit, à la place des commandements de Dieu, n'importe, la morale sera toujours hétéronome, ou elle ne sera point. Franklin nous raconte qu'un terre-neuve et un mâtin, en se battant férocement sur le bord de la mer, tombèrent ensemble dans les vagues, et qu'alors le mâtin aurait péri si son adversaire, rappelé aussitôt par le contact de l'eau au souvenir de son devoir professionnel pour ainsi dire, ne l'avait sauvé, ramené à terre, sauf à recommencer ensuite sa lutte sanglante avec lui. S'il y a jamais eu une morale hétéronome, c'est bien celle qui dictait à cet animal son sublime dévouement. Mais c'est précisément son hétéronomie qui fait sa sublimité.

Or, le seul but majeur que la société souffle ainsi à toute âme droite, ou le seul qui puisse finalement triompher, est-ce la justice? Nullement. Le pôle où convergent toutes les volontés d'une nation et qui opère leur accord, c'est une grande œuvre quelconque à réaliser par leur collaboration, et cette grande œuvre exige le plus souvent l'établissement d'une hiérarchie militaire ou civile de privilèges, non la juxtaposition de droits égaux. Il y a des cas où la justice est irréalisable sans préjudice pour tous. Supposons que, par suite d'une mauvaise récolte sur le globe entier, la quantité de blé ou de riz disponible soit insuffisante pour empêcher tout le monde de mourir de faim. Si l'on distribue cette quantité par portions égales ou proportionnelles aux appétits ou même aux services rendus, entre tous les hommes, tous mourront de faim. Il sera donc préférable de procéder à une distribution inégale. Faudra-t-il, dès lors, tirer au sort ceux qui auront le privilège de manger? Oui, si tous s'accordent à accepter ce procédé, comme les naufragés du radeau de la Méduse. Mais pourquoi l'admettraient-ils plutôt que le procédé belliqueux? Par suite, dans tous les cas plus ou moins analogues à celui que je viens d'imaginer, et qui se reproduit à chaque instant sous mille formes en histoire humaine, la volonté sociale sera de recourir aux armes, et le devoir sera de s'entre-tuer. Alors même que, dans une société, il n'existerait aucune notion d'équité ni de droit, le sentiment du devoir ne laisserait pas de s'imposer à tous quand un but commun aurait lui. La justice n'en est pas moins le rêve intense de notre raison, amoureuse d'égalité et de symétrie; mais à combien d'amours de nos cœurs elle s'oppose ! La beauté, le génie, la gloire, autant d'injustices. Quoi de plus injuste que le progrès, cette supériorité des fils oisifs sur les pères travailleurs, grâce au travail même des pères !

Il y a quelque chose de chimérique dans la recherche d'une proportionnalité entre une action et sa récompense ou sa punition, sinon entre un besoin et sa satisfaction : mais il n'y a rien que de rationnel dans la poursuite d'une adaptation des moyens aux fins. L'axiome de finalité sur lequel le devoir se fonde et qui peut s'exprimer ainsi : « le même but étant donné dans les mêmes circonstances, le même moyen le réalisera », n'est que l'axiome de causalité renversé : c'est comme si l'on disait : « dans les mêmes circonstances, si le même acte a lieu (le moyen), le même effet suivra (le but). « Mais la justice est la simple copie artificielle de la causalité naturelle, le devoir en est l'emploi par la logique de la volonté. La volonté sociale étant donnée, et la causalité naturelle étant connue par la science, qui fournit les mineures du syllogisme moral, le devoir suit, expression de la finalité sociale. Voilà d'où il faut nécessairement partir, et c'est ce que font les nouveaux criminalistes en demandant une peine adaptée à son but, non précisément proportionnée au délit. A mesure que la causalité naturelle est mieux connue et que la volonté sociale est plus consciente d'elle-même, le devoir se précise et se fortifie tout en perdant de son mystère. A mesure que l'esprit est plus cultivé, il s'analyse mieux, à la vérité, et dissout plus rapidement les devoirs instinctifs non rationnels; en revanche, il conçoit, il embrasse de plus hauts objets, des plans plus vastes, des biens plus compréhensifs et propose à la volonté des buts plus propres à lui faire sentir l'insignifiance du moi comparé aux spectacles du moi lui-même, à ses perspectives et à ses espoirs.

— L'explication précédente, qui fait dériver le devoir moral du devoir téléologique, c'est-à-dire du vouloir (1), n'a pas plus pour effet de faire abdiquer au premier ses caractères essentiels, si magistralement esquissés par les philosophes spiritualistes, que le passage continu de l'ellipse au cercle n'enlève leur vérité aux formules géométriques sur la distinction nette de ces deux courbes. Mais elle a l'avantage de nous faire comprendre pourquoi le fatalisme s'est de tout temps concilié avec la moralité la plus profonde ; elle nous assure aussi que le sentiment du devoir ne saurait périr, et nous rend compte de ses variations de direction ou d'intensité. De même que le sentiment du devoir moral se rattache généalogiquement au sentiment du devoir de finalité, quoiqu'il en diffère radicalement, de même, quand le devoir moral n'a pas été accompli par celui qui le ressent, le remords ressenti alors par lui fait suite, malgré son originalité distinctive, au regret éprouvé par celui qui n'a pas exécuté ce qu'il a jugé utile à son dessein particulier. Or, on aura beau prouver à M. de Lesseps, s'il ne parvient pas à percer l'isthme de Panama, qu'il n'a pu triompher de ses obstacles, qu'il n'a pas été libre de réussir, son regret restera toujours aussi cuisant. Pareillement, il ne faut pas nous étonner qu'un simple quiétiste se repente avec une douleur sincère du péché qu'il a commis, même en étant persuadé que, faute de grâce au moment voulu, il a dû le commettre fatalement. — Le remords est d'autant plus douloureux que le sentiment du devoir est plus intense, et l'intensité du devoir est fonction de ces deux sortes de quantités combinées, le degré de désir indiqué dans la majeure, consciente ou inconsciente, d'où il découle, et le degré de croyance engagé dans la mineure (2). Le soldat français sent d'autant plus fortement son devoir de discipline qu'il partage plus profondément, d'une part, le vœu national de voir la France triompher de ses ennemis, et, d'autre part, la conviction militaire que l'obéissance est la condition nécessaire de la victoire.

---

(1) Le vouloir, en effet, diffère du désir en ce que l'acte que l'on veut n'est pas désiré immédiatement et par lui-même, mais seulement jugé propre à attendre ce qu'on désire. Le désir instinctif, immédiat, souvent inconscient, est la majeure du vouloir, de même que le vouloir, le but fixé enraciné, presque toujours inexprimé, est la majeure du devoir. Le devoir naît du vouloir aussi nécessairement que le vouloir du désir, et presque de la même manière.

(2) Ajoutons que l'intensité de cette croyance et de ce désir est elle-même fonction de l'activité de la vie sociale, de la contagion plus ou moins profonde et rapide des influences.

Augmentez chez lui la force de ce vœu, vous n'aurez pas fait grand'chose si vous diminuez en même temps la force de cette conviction. Autant vaudrait-il accroître cette conviction en atténuant ce vœu.

L'importance de ces oscillations éclate à l'instant psychologique de la décision. Toujours alors se livre en nous une bataille de deux syllogismes dont l'un conclut *oui* et l'autre *non*. Supposons que l'Allemagne nous déclare la guerre. Tout Français enrôlé sous les drapeaux sentira en lui ce devoir : « va te battre », mais en même temps la résistance plus ou moins molle ou tenace de son amour du repos, de l'étude ou du plaisir. Je ne sais quelle voix fausse, des bas-fonds de son égoïsme, lui murmurera ce conseil, le plus souvent non entendu : « je veux vivre et m'amuser ; or, le moyen est de déserter ; donc, je dois déserter. ». Mais aussitôt, un autre logicien intérieur et supérieur lui criera : « je veux que la France triomphe ; or, ma désertion lui ôte une chance de succès ; donc, je dois rester à mon poste. » Ou bien, s'il est lâche, il se dira : « je veux vivre ; or, en désertant, je m'expose à être fusillé ; donc, je dois ne pas déserter. » Dans ce duel interne de conclusions, laquelle l'emportera ? Il semble que le problème soit insoluble, puisque, en général, les biens entre lesquels il s'agit d'opter sont hétérogènes : la sécurité et l'honneur, l'argent et la considération, l'amour d'une femme et les joies de la famille, etc. Et cette hétérogénéité est, de fait, un des grands écueils de la pensée qui flotte sur ces questions. Mais tout se simplifie si l'on observe que, sous ses qualités sans commune mesure, il y a des quantités jusqu'à un certain point mesurables. En somme, la conclusion victorieuse est toujours celle qui s'appuie sur les désirs et les croyances les plus énergiques. Songez, par exemple, à ce qui arriverait si, quand se présente vaguement, inconsciemment, à l'esprit d'un conscrit ce raisonnement : « je veux vivre, le moyen est de déserter, donc désertons », il était absolument convaincu que le seul moyen de conserver sa vie est la désertion. Les épidémies de débandade, qui ne sont pas inconnues dans les plus vaillantes armées, n'ont pas d'autre cause : la mort brusquement dévisagée. — Remarquons-le en passant, ces combats singuliers dont nous sommes à la fois les champs de bataille et souvent les victimes, ces conflits qui seuls rendent possibles le sacrifice et le dévouement, ont eux-mêmes pour condition première la dualité de la croyance et du désir en nous, leur indépendance réciproque. Car, si nous avions la liberté de croire tout ce que nous aurions intérêt à croire, tout ce que nous désirerions croire, jamais la protestation de la conscience, évidemment, ne pourrait prévaloir en nous contre les impulsions criminelles de nos passions. La même bifurcation interne, et nullement quelque fiction politique telle que la prétendue séparation des pouvoirs, ou les soi-disant garanties constitutionnelles, explique pourquoi il y a des limites à l'oppression des esclaves par les maîtres, des peuples par les gouvernements, des minorités par les majorités, dans le cas même où le pouvoir des oppresseurs est sans borne et où leur désir, conforme à leur intérêt, est de l'exercer en entier.

V

Après ces considérations générales, il est temps d'aborder le problème spécial de la pénalité. Il résulte de ce qui précède qu'à nos yeux le *devoir de punir* a dû être senti par la société ou par l'offensé longtemps avant le droit de punir, et que l'intérêt de notre sujet se concentre dans la question de savoir jusqu'à quel point et à quelles conditions doit s'exercer ce devoir, non dans celle de savoir quelle est la justice idéale en fait de châtiment. Par malheur, l'école spiritualiste, qui a du reste si puissamment contribué aux perfectionnements du Droit pénal, semble avoir trop souvent oublié, dans ses préoccupations d'équité abstraite, l'importance de la finalité, de l'utilité sociale. Ses représentants français les plus accrédités, ont, il est vrai, évité cet oubli plus que les maîtres italiens ; mais ceux-ci y sont tombés à ce point que le droit pénal, entre leurs mains, était en train de dégénérer en une sorte de casuistique factice, où le classement des entités fait perdre de vue les réalités, où l'on s'occupe des délits, des modalités du délit, et de leurs rapports avec les peines, jamais des délinquants et de leurs rapports avec les honnêtes gens. Ici, ni psychologie, ni sociologie ; rien qu'une *ontologie* : le mot y est, et les élèves s'en prévalent (1). On dissertera, par exemple, pour décider si la récidive doit être traitée au chapitre de la *quantité* du délit et de la peine, ou au chapitre de leur *degré*, ou bien si la sentence absolutoire ou condamnatoire doit être rangée parmi les modes *naturels* ou les modes *politiques* d'extinction de l'action pénale. Mais des récidivistes et des progrès alarmants de la récidive attestée par la statistique, mais des observations faites sur le personnel des prisons et sur l'efficacité des divers régimes pénitentiaires, nulle mention, ou peu s'en faut. Même les esprits les plus éminents se laissent entraîner par le goût de l'ordre superficiel, de la symétrie pseudo-rationnelle. D'après Rossi, le délit et la peine qui le frappe doivent former les deux termes d'une équation (2). Il ne met pas en doute un instant la possibilité de cette équivalence. On en serait surpris, si l'on ne savait, par les *Principes métaphysiques du Droit* de Kant, à quels excès la rage de l'ordre peut conduire un grand génie. Kant veut que la peine soit non-seulement égale mais semblable au délit ; et l'impossibilité manifeste d'obtenir dans une foule de cas cette similitude, jointe à cette égalité, ne l'arrête nullement. Il se prononce, en vertu de ce principe, pour la peine de mort. Tout homicide, d'après lui, doit être suivi d'une exécution capitale, sauf l'infanticide et le meurtre commis dans un duel. En somme, cette philosophie du talion est d'une surprenante faiblesse ; si l'on y reconnaît son auteur, c'est seulement à cette passion de symétrie qui se révèle dans toute l'architecture et les moindres sculptures de son système. On pourrait la dire artificielle si la nature, en toutes ses créations physiques et surtout vivantes,

---

(1) Voir à ce sujet la curieuse et intéressante brochure de M. Innamorati, professeur de Droit pénal à Pérouse, *sur les Nuovi Orizzonti et l'ancienne école italienne* (Pérouse, 1887). L'auteur, qui appartient à l'école de Carrara, c'est-à-dire du dernier disciple illustre de Beccaria, cherche à ouvrir les cadres des idées traditionnelles, de « l'école nationale » dit-il avec une fierté patriotique, pour accueillir dans ce bercail les brebis égarées des nouvelles doctrines. Mais ce que ses efforts prouvent le mieux, c'est l'urgence d'aérer et de vivifier ce vieux local.

(2) D'après Romagnosi, que les novateurs actuels comptent parmi leurs précurseurs, au penchant criminel il faut opposer un *contre-penchant égal et semblable*. Ici intervient le souci de l'intérêt public ; mais la recherche de la symétrie se sent toujours.

depuis les cristaux et les mondes jusqu'aux animaux inférieurs ou supérieurs, tous marqués au sceau d'une symétrie rayonnante ou bilatérale, n'était dominée par le même besoin. Ne nous étonnons donc pas de voir les plus grands hommes adopter l'enfantine conception du symbolisme de la peine, de son analogie avec le délit. Ce n'est pas seulement l'enfer bouddhique qui, si l'on en juge par les dessins des bonzes, repose sur ce principe, les menteurs y ayant la langue arrachée, les luxurieux y grimpant à un arbre épineux qui les ensanglante, pour atteindre à une belle femme nue, assise au milieu des branches. L'enfer du Dante est tout semblable. Les gloutons sont gloutonnement dévorés par Cerbère; les violents, les sanguinaires, sont plongés dans un fleuve de sang; les astrologues et les sorciers s'avancent à reculons, la tête complètement renversée en arrière, pour avoir prétendu regarder en avant dans l'avenir (1). Et, puisque nous parlons des pénalités dantesques, remarquons incidemment, avec M. Ortolan, que les damnés y sont punis pour leurs vices plus souvent que pour des crimes déterminés; point de vue très rationnel, puisque la justice doit tendre à frapper, à travers le fait délictueux, la force délictueuse, danger permanent de nouveaux délits; mais point de vue inconciliable avec le libre arbitre donné pour fondement à la culpabilité.

Nous n'avons à nous occuper dans ce livre, — consacré à l'examen des idées les plus récentes sur la pénalité, — ni des théories criticistes ou néo-criticistes ni des théories spiritualistes, dont le caractère commun et le haut mérite est de perpétuer une tradition, de reverdir un arbre séculaire, non de planter un germe nouveau. Ce n'est pas qu'à nos yeux le talent plus ou moins utilement dépensé à cette œuvre d'affermissement, à cette consolidation des digues hollandaises, pour ainsi dire, que l'antique morale oppose à la marée des désirs modernes, ne puisse égaler celui des nouveaux ingénieurs, simples destructeurs parfois. Mais nous ne comparons pas des auteurs et des écrits: nous étudions des idées en train de faire leur trouée dans le monde, avec un certain retentissement prolongé pour la première fois. Tout notre effort doit donc porter sur

---

(1) Dans notre ancienne législation, les incendiaires étaient brûlés vifs.

les innovations positivistes qui vont être exposées dans le chapitre suivant et appréciées dans tout le reste de cet ouvrage. — Pourtant, il est bon auparavant de faire leur place aux idées éclectiques de deux penseurs très distingués dont le nom a été cité, M. Fouillée et son disciple Guyau, si prématurément enlevé dans la pleine floraison d'une pensée si poétique en sa rigueur, si religieuse en son irréligion.

M. Fouillée a très bien vu que la question de pénalité revient à se demander quelle est la nature de l'association humaine. Il a posé ce problème avec toute l'ampleur qu'il comporte. Le lien des associés, n'est-ce qu'un rapport de solidarité organique? ou est-ce une convention soit tacite soit expresse, un accord non forcé de leurs volontés? Il essaie de fondre ces deux concepts de l'*organisme social* et du *contrat social*, et, par là, il espère concilier avec l'idéalisme spiritualiste le positivisme naturaliste et avoir le droit de compléter par la considération éthique des motifs d'un acte délictueux la considération utilitaire du trouble matériel qu'il apporte dans les organes de la société. Illusion, croyons-nous. Il ne nous dit point ce qu'il entend par les relations *organiques* des sociétaires, en tant que distinctes de leurs relations *contractuelles*.

Qu'est-ce qui permet d'attribuer au corps social une similitude réelle, et non pas seulement métaphorique, avec le corps d'un animal si ce n'est l'unanimité des esprits et l'unanimité des cœurs? Et cette unanimité, qu'est-ce autre chose que le fruit lent et laborieux de l'imitation, considérée comme passivité crédule ou comme passivité docile, c'est-à-dire de ce travail interne de logique sociale, d'accord intellectuel, qu'on appelle religion ou science, et de ce travail interne de téléologie sociale, d'accord volontaire, qu'on appelle morale ou législation? Or, les contrats que sont-ils, sinon l'un des principaux modes de la téléologie sociale? Il n'y a donc pas à distinguer la société en tant qu'organique de la société en tant que contractuelle. Le premier point de vue embrasse le second, comme le genre l'espèce; ce qui, d'ailleurs, est suffisant pour motiver les objections que les partisans de la première conception, par exemple l'un de ses plus savants promoteurs, M. Espinas, ont dirigées contre la seconde. — Maintenant, suivant M. Fouillée, il résulte du contrat social que le condamné a d'avance consenti à subir sa peine, et que, par suite, d'après la manière dont ce philosophe conçoit la justice, sa peine est juste. Est-ce bien exact ? Non ; mais il est certain que, le plus souvent, imbu à son insu et malgré lui des convictions de son milieu, le condamné *juge*, *croit* juste la peine qui le frappe, quoiqu'il soit loin de la *vouloir*. S'il ne va pas jusqu'à sentir d'ordinaire « le devoir d'être puni », suivant l'heureuse expression de M. Beaussire, il reconnaît à la société le devoir de le punir. Or, est-ce que sa peine n'est pas aussi bien justifiée par t unisson de la pensée du malfaiteur avec la pensée de tous, qu'elle le serait par l'harmonie supposée de sa volonté avec la volonté générale ? Si le contrat social a paru n'être qu'une chimère, c'est parce qu'on a omis de le compléter par la communion sociale des esprits, beaucoup plus évidente et non moins importante juridiquement que celle des cœurs. Il est rare qu'un homme, à moins qu'il ne soit un monstre ou un fou, échappe aux deux à la fois ; tantôt, dissident intellectuel, il reste conformiste de cœur et d'action ; tantôt, c'est le cas du malfaiteur ordinaire, hérétique de volonté, il reste orthodoxe de foi.

Au demeurant, fût-il vrai que le condamné a voulu son châtiment, la question serait toujours de savoir si ce châtiment, même voulu par lui, doit l'être par ses juges, et si cette « pénalité contractuelle » est nécessairement rationnelle. Le contrat n'est que l'asservissement réciproque des volontés, substitué à leur asservissement unilatéral ; il ne suffit point à prouver l'utilité de ce qu'on s'accorde à vouloir, et il ne prouve pas non plus l'accord des volontés unies avec les croyances uniformes. C'est à cet accord toujours incomplet que travaille la critique philosophique en relevant des contradictions et des inconséquences inaperçues. Elle remonte aux prémisses du syllogisme dont les jugements et les sentiments moraux (jugements consolidés), sont la conclusion, et elle montre ou elle croit montrer que cette conclusion est une *survivance* de prémisses évanouies, remplacées par des prémisses nouvelles, qui les contredisent ; que, par exemple, notre morale chrétienne, nos idées sur la chasteté, l'humilité, le mépris des richesses, sont démenties en beaucoup de points par les buts majeurs, redevenus païens, de notre vie, et par les découvertes de nos sciences. Elle enseigne ainsi à réformer nos idées morales, non pas en les conformant à un idéal de justice qui existerait en dehors et au-dessus de notre logique et de notre téléologie sociales, mais en poursuivant la tâche séculaire de cette double coordination. Seulement, le moyen le plus sûr de hâter l'achèvement de cette harmonie est de proposer de plus en plus aux volontés associées, pour but majeur, le culte du droit, puisque les aptitudes et les tendances les plus contraires des hommes se concilient ingénieusement dès le moment où elles contractent l'habitude d'entrer dans le vêtement des droits, c'est-à-dire à prendre pour point de visée leur borne même (1).

Exprimés de la sorte en jugements généraux, les intérêts rivaux paraissent ne plus rivaliser autant, et la solution logique de leur conflit téléologique devient aisée. Alors, au lieu d'être batailleur, on devient processif, et les plaidoiries à l'audience dispensent des coups dans les champs. Quand les avantages de cet uniforme ou de ce déguisement juridique sont bien connus, il se généralise au point de s'appliquer non seulement à la limite de deux intérêts particuliers, mais à celle d'un intérêt particulier et d'un intérêt général, et l'on cherche à traduire en termes de droit le besoin même de réaction que provoque la violation criminelle d'un droit dans la masse entière des honnêtes gens. Ce besoin, cette force spontanée, qu'on la nomme soif de

---

(1) L'idée que M. Fouillée se fait du droit, regardé par lui comme la délimitation des libertés et leur mutuelle reconnaissance, a le malheur de se fonder sur un postulat que lui-même sait illusoire, le libre arbitre, ou plutôt l'ombre de ce fantôme, l'idéal de cette illusion. « Nous plaçons, dit-il, ce fondement (celui de la responsabilité morale de la peine) dans une liberté tout idéale, non dans une liberté déjà actuelle, comme le libre arbitre des spiritualistes. Cette liberté est à nos yeux une fin, non une cause proprement dite. En un mot, la légitimité morale de la peine se déduit, selon nous, *de la liberté idéale conçue comme le principe du droit*, et sa légitimité sociale se conclut de la commune acceptation de cet idéal par le contrat (*Science sociale contemporaine*, p. 282) ». Pourquoi M. Fouillée n'a-t-il pas donné pour principe au droit, au lieu de cette liberté idéale où il l'asseoit en l'air, avec tant d'éloquence et de profondeur du reste, l'identité à la fois réelle et idéale de la personne ? Quand je me sens tenu à respecter mes engagements, est-ce nécessairement parce que je sens que j'étais libre de ne pas les souscrire ? n'est-ce pas, avant tout, parce que, au moment où leur exécution m'est réclamée, je me sens le *même*, ou à très peu près le même, qu'au moment où je les ai conclus ? Identité toujours imparfaite en fait, mais qui se réalise de mieux en mieux en se pensant elle-même, idée-force s'il en fut comme je l'ai déjà fait remarquer.

vengeance ou indignation, haine ou répugnance (1), est directement opposée aux besoins et aux intérêts personnels du délinquant; celui-ci veut vivre et jouir, la société veut qu'il meure ou qu'il souffre; et il s'agit, juridiquement, de dissimuler cette opposition insoluble en soi, de la métamorphoser en accord apparent, comme, lorsque mon voisin convoite ma vigne que je désire garder, la contradiction radicale de nos désirs est palliée par notre respect commun d'une même haie ou d'un même fossé. Le législateur aura donc, là comme ici, à faire un bornage; il devra préciser dans quelle mesure l'appétit social de punition sera satisfait, et non au-delà. Dirons-nous avec les utilitaires que c'est seulement dans la mesure où la mort, la souffrance, réclamés à grands cris par une foule indignée, peut servir à prévenir, par l'intimidation, la répétition des faits délictueux en vertu de cette imitation de soi qu'on nomme habitude, récidive, ou de l'imitation d'autrui? Je le veux bien; mais on m'accordera que l'utilité générale est susceptible d'un sens plus large. Pourquoi ne dirait-on pas, aussi bien, que le vœu de mort et de douleur hué par une multitude contre un particulier criminel ou non, doit être accompli dans la mesure où son accomplissement servirait cet ensemble de fins communes, de desseins ou de caprices communs, qu'on nomme en bloc l'utilité générale? En fait, si pour réaliser un caprice politique qui lui vient, pour passer d'un régime gouvernemental à un autre, il ne faut à un peuple que la tête d'un homme ou son exil, ce sera bientôt fait; et il ne manquera pas d'historiens pour prouver que le progrès ainsi produit n'est pas acheté trop cher. Effectivement, on ne voit pas trop ce qui autoriserait les philosophes utilitaires à admettre qu'il peut y avoir des crimes commis par une nation contre un homme, par une majorité même contre une minorité, quoique ce fait, précisément l'inverse des crimes ordinaires, soit fréquent en histoire. Il se produit

---

(1) « Les malfaiteurs, dit M. Garofalo, sont l'objet de la haine universelle. Car les conditions qui expliquent l'anomalie d'où dérive le crime ne peuvent être connues du peuple, elles ne sont étudiées que des savants et des spécialistes D'ailleurs, même chez ces derniers, si la reconnaissance des causes fait disparaître la haine, un autre sentiment qui l'égale à peu près ne pourra pas ne pas persister, je veux dire la répugnance pour des êtres si dissemblables de nous et si malfaisants. » (Criminologie).

toutes les fois que la foule viole un droit individuel qui la gêne mais qu'elle reconnaît forcément — la croyance et le désir étant indépendants l'un de l'autre, nous le savons, — qu'il s'agisse d'un peuple primitif révolté contre son roi, dont le droit divin ne fait doute, au fond, pour aucun des rebelles, ou qu'il s'agisse d'un gouvernement populaire acharné contre une petite classe de citoyens dont les libertés essentielles violées par lui font partie des Droits de l'homme reconnus et proclamés par lui. Ici je prétends, et mes principes m'en donnent le droit, qu'il y a crime, et que les auteurs de ces attentats se sentent eux-mêmes criminels; mais encore une fois les historiens, avec leur utilitarisme habituel, aussi inconscient que profond, amnistient tous ces forfaits. Si l'on se place à ce point de vue trop répandu, je ne vois pas pourquoi on serait plus avare de sang criminel que de sang innocent; pourquoi, au nombre de ces désirs, de ces projets, de ces passions qu'on sous-entend pêle-mêle par ce nom collectif d'intérêt social, on ne comprendrait pas le besoin de vindicte ou d'indignation, d'expiation ou de flétrissure?

Par suite, il n'y a pas lieu de le limiter plus que d'autres; il devrait recevoir sa pleine satisfaction. Je ne m'explique donc pas que la pénalité expiatoire soit si unanimement combattue par les philosophes utilitaires, plus idéalistes, il est vrai, qu'ils ne croient l'être; je m'expliquerais plutôt qu'elle le fût par leurs adversaires, qui précisément en sont les champions décidés, à l'exception toutefois de M. Franck, en cela, et non en cela seulement, l'un des spiritualistes les plus éclairés.

On dira peut-être : ces indignations, ces « haines vertueuses » que soulève le délit et qui nous poussent à tourmenter le délinquant pour le plaisir de le tourmenter, même sans le moindre intérêt d'intimidation exemplaire, qui nous font rêver le mauvais rêve d'un enfer terrestre, succédant au songe du paradis terrestre évanoui, sont des passions nées d'une erreur Cette erreur, le libre arbitre, étant dissipée, on ne peut plus sans contradiction haïr le meurtrier qui a été forcé de tuer, ni s'indigner même contre la fatalité dont il a été l'organe, et la logique sociale exige que cette inconséquence disparaisse. — Je réponds : l'exigerait-elle, combien d'autres inconséquences une société quelconque porte dans ses flancs, et que le législateur supporte et doit supporter, et sur lesquelles il faut qu'il se fonde! Mais elle ne l'exige pas, s'il est vrai que le libre arbitre n'ait rien à voir ici et que nous haïssions dans un acte la perversité d'une nature, non la liberté d'une volonté. J'ajoute cependant que l'indignation a ses excès et que la haine est un mal à combattre, à refouler par le concours de tous les cœurs généreux ; et à cela tient sans doute en partie l'adoucissement graduel des peines qui est une des lois historiques du Droit criminel. N'importe, la haine est une des grandes pentes irrésistibles du cœur, et il faudra des siècles pour la niveler. Que ne puis-je à cet égard partager les espérances de Guyau ! « Déjà, dit-il, à notre époque, il n'y a plus à pouvoir éprouver de la haine que les ambitieux, les ignorants ou les sots. » Trois exceptions qui constituent des catégories bien nombreuses. Or, tant que l'homme aura absolument besoin de haïr quelque chose, ne sera-t-il pas bon qu'il se tourne à détester le crime et le criminel ? Qu'est-ce que la haine peut faire de mieux que de se prendre elle-même pour objet et pour aliment ? Exécrer un assassin, n'est-ce pas, en quelque sorte éprouver la haine de la haine ?

La sympathie que la société ressent pour la victime d'un crime doit s'exprimer nécessairement, même chez les gens les plus instruits, par une antipathie profonde contre le criminel à raison de son crime et sans nulle prévision des crimes qu'il pourra commettre encore ou que son exemple pourra suggérer. Si l'on juge irrationnel cet élan d'antipathie, il faut juger avec la même sévérité l'élan de sympathie auquel il est lié et dont il est inséparable. On dit que notre indignation, en ce qu'elle a d'excessif, nous fait désirer pour le malfaiteur une peine sans utilité pour nous, soit ; mais on peut dire aussi bien que notre sympathie en faveur de sa victime nous fait éprouver une peine souvent inutile, qui ne fera pas revivre la personne assassinée et ne rendra pas à la personne volée l'objet soustrait. Ira-t-on jusqu'à proscrire ce sentiment oiseux, cette bonne volonté impuissante ? Le malheur est que, le jour où ces belles inutilités et d'autres semblables auraient disparu, toutes les utilités survivantes perdraient leur prix, et le charme de vivre serait rompu. Mais, quand la foule honnête, sympathisant avec un malheureux, tué ou mutilé par ce criminel, veut et ne peut pas réparer son malheur, elle s'en prend à l'auteur de cette impuissance, elle le hait d'autant plus et se procure un soulagement momentané en le châtiant.

Il semble presque, en vérité, tant la ténacité de ce sentiment est remarquable en dépit de tout calcul et de tout raisonnement, qu'une loi supérieure intervienne ici, qu'un écho social de la mystérieuse loi physique sur la réaction égale et contraire à l'action, se fasse vaguement sentir dans ce penchant qui nous porte irrésistiblement à nous venger d'un délit comme à contredire une erreur, à opposer volonté à volonté, dans le premier cas, qui est celui des procès criminels terminés par un châtiment, comme jugement à jugement dans le second, qui est celui des procès civils. Dans les procès civils, on peut croire et on est censé croire que la violation du droit par l'une des parties a eu lieu par erreur, et cette erreur est contredite par le dispositif de la sentence ; dans les procès criminels, la violation du droit a été volontaire, c'est là leur caractère essentiel (ainsi que la nature simple, élémentaire, du droit violé), et cette mauvaise volonté du délinquant est redressée par celle de la société qui fait exécuter la condamnation. On se venge en somme par la même raison qu'on réfute spontanément, souvent sans besoin, comme le prouvent tant de litiges ruineux pour des riens.

Ce besoin étrange et profond de symétrie que j'ai déjà combattu chez Kant, que je retrouverai encore bien souvent et avec lequel je dois compter sans cesse tout en le combattant sous certaines formes, n'a pas été sans causer une surprise instructive aux moralistes pénétrants. Quelques-uns cherchent à lui faire sa part. « Le bon doit être heureux », M. Fouillée l'accorde, mais il ne s'ensuit nullement, d'après lui, que « le méchant doive être malheureux ». A l'inverse, M. Janet semble disposé à renoncer au rapport obligatoire entre le mérite et la récompense, mais il persiste à maintenir la relation entre le démérite et le châtiment. A vrai dire, l'une de ces deux positions n'est pas plus aisée à défendre que l'autre. En vain, M. Fouillée croit justifier la sienne en faisant remarquer que la douleur n'est jamais une fin et ne peut être qu'un simple moyen d'arriver au bonheur. Mais est-ce que le bonheur lui-même, et d'abord son élément, le plaisir, est sa propre fin ? Physiologiquement, le plaisir, ce bonheur physique, n'est qu'un stimulant et un avertissement de l'action ; socialement, le bonheur, ce plaisir social, n'est de même qu'un encouragement de l'activité. — Est-ce à dire, entre parenthèses, que l'action elle-même soit la fin finale ? Nullement, car le but, c'est l'œuvre et non l'opération, la victoire et non le combat, l'empire universel de Rome et non la *romanisation* graduelle de l'univers, le triomphe absolu de l'hellénisme, du christianisme, de la civilisation moderne, et non leur propagation de proche en proche.

Mais l'œuvre, qu'est-ce, sinon l'idée de l'œuvre, son plan, qui ne se réalisera jamais en entier ? Voilà la fin. Encore reste-t-il à se demander pourquoi tel plan et non tel autre a été choisi. Ce n'est pas toujours parce qu'on en attend plus de bonheur que de tout autre, ou, si on en attend plus de bonheur, c'est précisément parce qu'on l'a choisi. Il en est des hommes et des peuples comme des enfants. Un enfant capricieux refusera de manger le plat qu'il aime, de boire le sirop qu'il préfère si vous ne le lui servez pas dans telle assiette ou dans un tel verre, ou à telle place, ou dans telle position, simplement parce que cette *idée* lui a traversé le cerveau et qu'il l'a saisie au vol en copiant quelqu'un comme il eût attrapé n'importe laquelle. Ces caprices d'enfants ne sont pas si loin qu'on pourrait le croire de l'entêtement que met une nation à ne vouloir être riche, prospère, heureuse que sous telle forme de gouvernement acclamée ce soir, apportée par un courant d'imitation, et demain matin renversée sans plus de raison. Or, les enfants sont d'autant plus capricieux, semble-t-il, qu'ils ont plus d'esprit. Leurs caprices, c'est déjà de l'idéalisme, le sacrifice du plaisir à l'idée pure et désintéressée. Il y a toute une morale à bâtir sur ces observations de psychologie enfantine et populaire.

Mais revenons. Guyau pose fort nettement le problème en question : « Est-il vrai, demande-t-il, qu'il existe un lien naturel ou rationnel entre la moralité ou l'immoralité du *vouloir* et une récompense ou une peine appliquée à la *sensibilité* ? Existe-t-il aucune espèce de raison, en dehors des conditions sociales, pour que le plus grand des criminels reçoive, à cause de son crime, une simple piqûre d'épingle, et l'homme vertueux un prix de sa vertu ? » Il ne peut comprendre « qu'il puisse exister dans l'ordre profond des choses, une proportionnalité entre l'état bon ou mauvais de la volonté et l'état bon ou mauvais de la sensibilité ». Mais, demanderons-nous, n'existe-t-il pas, par hasard, « dans l'ordre profond des choses », des raisons qui obligent la volonté et la sensibilité, pour s'épanouir, à élaborer le milieu social? Et, dès lors que la société est nécessaire, le lien qui paraît injustifiable à Guyau ne s'impose-t-il pas, ne s'imposait-il pas de toute éternité? Puisque la société suppose la récompense des services intentionnels, elle repose aussi, logiquement, sur le châtiment des préjudices volontaires. Montrons que la logique le veut ainsi.

Qu'on fonde le monde économique sur *à chacun selon ses œuvres* ou sur *à chacun selon sa capacité*, il est certain que le prix d'un service doit aller en diminuant à mesure que son utilité ou celle du producteur est jugée décroître. Si l'utilité descend à zéro, il est dû zéro prix. Mais ensuite, si l'utilité devient négative, c'est-à-dire si le service se change en préjudice, que doit-il arriver? Le principe de continuité, fondement de l'évolutionnisme, exige que le mouvement ne s'arrête pas alors; les évolutionnistes utilitaires seraient mal venus à le contester. Or, de deux choses l'une, et c'est ici que la difficulté commence : ou bien la logique commande que, au lieu de *recevoir* un prix, l'auteur du préjudice *donne* un prix, appelé indemnité, à sa victime, ou bien elle veut que, au lieu de recevoir un *prix*, l'auteur du méfait reçoive le *contraire d'un prix*, une punition d'autant plus forte que son acte aura été plus nuisible ou sa volonté plus méchante. Mais de ces deux déductions différentes laquelle est la mieux tirée? Et d'abord devons-nous nécessairement opter entre elles, ou ne pouvons-nous les adopter ensemble, comme l'ont fait toutes les législations? La première, celle qui donne au prix l'indemnité pour pendant, a cette supériorité sur la seconde, qu'elle renferme implicitement une partie de celle-ci, tandis que celle-ci ne renferme nullement celle-là. Quand le voleur paie au volé la réparation pécuniaire de son délit, ce paiement est en même temps pour lui une punition, une douleur, souvent la plus cuisante. Au contraire, quand le voleur est emprisonné, le volé n'en devient pas plus riche. Il semble donc qu'on devrait donner la préférence à la réparation pécuniaire ou autre des délits sur toute autre peine. Et je m'empresse de dire qu'elle est loin, en effet, d'être pratiquée comme elle devrait l'être; M. Garofalo a cent fois raison à cet égard (1). Mais le malheur est que trop souvent, là où cette sorte de punition serait applicable, c'est-à-dire quand il s'agit de malfaiteurs riches ou solvables, elle serait insuffisante, et que, là où elle pourrait suffire pour réprimer des malfaiteurs pauvres que le paiement d'une indemnité contraindrait à une dépense longue et pénible de travail, elle serait inapplicable à raison de la paresse et de l'inertie de ces délinquants. Voilà pourquoi *l'inverse du prix* et non *l'inverse de la réception du prix* a été choisi principalement comme conséquence logique et analogique de la rémunération des services, pour la répression des délits. Il a donc fallu infliger des souffrances qui ne fussent pas seulement le chagrin d'avoir à se dépouiller de son argent pour indemniser sa victime ou à travailler pour elle. Aussi, Kant a-t-il pu définir le droit de punir : « Le droit qu'a le souverain d'affecter *douloureusement* le sujet pour cause de transgression à la loi ». Il est bon d'insister là-dessus, ne serait-ce que pour justifier historiquement, je ne veux pas dire humainement, les cruautés pénales de nos pères et pour expliquer la persistance des châtiments corporels, tels que le fouet (2) et la bastonnade, chez des peuples européens et non des moins civilisés. Si, né de l'instinct du châtiment, dès la première correction paternelle (3), le génie du châtiment, pour combattre le génie du crime, rivalise avec lui d'atrocité, d'horreur, et aussi de stérilité inventive, de rotation séculaire en un cercle étroit d'idées toujours les mêmes, disons, à l'excuse de nos pères, qu'un énergique sentiment de la justice, de la logique, les a égarés à ce point. Chez eux, la vengeance a été jugée un devoir aussi impérieux et du même ordre que la gratitude, et de même qu'ils croyaient avoir à récompenser le service passé, indépendamment de tout calcul relatif aux services futurs, de même,

---

(1) Ses idées ont trouvé de l'écho partout sur ce point. Voir notamment le *Bulletin de l'Union internationale de Droit pénal*, n° 3 (Berlin, 1891).

(2) La peine du fouet a été rétablie en Angleterre depuis quelques années et on propose au Parlement d'en étudier l'application.

(3) Lire à ce sujet les fortes pages de M. Eugène Mouton, ancien magistrat, dans son livre, riche en nouveaux aperçus, sur le *Devoir de punir* (1887).

ils croyaient avoir à punir *quia peccatum* et non pas seulement *ne peccetur*. — Par bonheur, le besoin de voir les services de plus en plus largement rémunérés, par l'élévation des prix, augmente sans cesse au cours de la civilisation, mais le désir de voir les préjudices payés en douleur ne fait pas de progrès ; loin de là, la pitié croît avec la sociabilité, et voilà pourquoi, je le répète, les peines vont s'adoucissant.

Concluons que M. Caro n'avait pas tort, dans ses *Problèmes de morale sociale*, de chercher au fond du principe de l'expiation, bien qu'en un autre sens, une âme de vérité. Nous aurons à revenir plus loin sur ces considérations. Nous verrons comment l'expiation, historiquement, a pu être conçue comme l'expression la plus forte de l'utilitarisme pénal, pour laver tout un peuple de la souillure que lui imprimait, croyait-on, le crime d'un seul ou pour procurer au coupable lui-même, imbu des idées de son milieu sur la vertu purificatrice de la douleur, le bonheur de se réhabiliter à ses propres yeux (1). Être le bourreau de soi-même, le vengeur et l'offenseur en même temps, rien ne prouve mieux que cette notion antique et mystique la force invincible du besoin de vengeance, ainsi que la profondeur où descend dans le for intérieur de l'individu la contagion des croyances ambiantes. Et cependant peut-on nier que la pénalité ainsi comprise, en dehors de toute idée de défense et d'utilité sociale, répondait à un désir, très noble et socialement très utile, de beauté morale ? On se fustigeait, on jeûnait, on souffrait de toutes manières, on se livrait parfois soi-même au juge pour se donner, à la fin, la joie intime de se sentir la conscience pure ; et, envisagées de la sorte, les peines les plus bizarres, les plus extravagantes, — dont il ne peut être question que pour mémoire, bien entendu, — processions pieds-nus, en chemise et un cierge à la main, pèlerinages en bourdon à Jérusalem, etc., étaient d'une incomparable efficacité utilitaire, que la coûteuse thérapeutique de nos pénitenciers n'égale point jusqu'ici.

(1) Guyau voit, non sans profondeur, un besoin de restauration artistique, esthétique, au fond du sentiment qui, en présence d'une laideur morale, nous fait désirer son effacement par une expiation, comme, en présence d'un beau marbre mutilé ou d'un beau vers inachevé de Virgile, nous rêvons de leur rendre leur complément. Ce sentiment peut être chimérique, mais il est si universel et si persistant sous des formes infinies, qu'il est nécessaire d'y avoir égard.

CHAPITRE DEUXIÈME

L'ÉCOLE POSITIVISTE

I

Avant de résumer les doctrines de l'école positiviste en analysant ses meilleurs écrits, il convient de tracer brièvement l'historique de sa formation. Ce serait aisé si cette école, à l'exemple de l'école idéaliste, s'était montrée soucieuse d'éclairer ses origines et d'entretenir en elle-même la conscience nette de ses états antérieurs. Mais il n'en est rien (1), et nous avons d'abord à noter ici cette singularité : c'est la philosophie de l'absolu, de l'impératif catégorique, des distinctions tranchées entre les principes et entre les êtres, qui se distingue par le goût des recherches historiques, par l'importance attachée à la généalogie des idées, et c'est le transformisme qui affecte le mépris de ses formes passées. Ce contraste s'explique pourtant ; le positivisme, qui a la prétention de s'appuyer exclusivement sur l'observation des faits, ne peut voir dans sa propre histoire qu'une préface plus ou moins inutile de ses démonstrations ; mais le dogmatisme, qui trouve dans la tradition son plus solide appui et son argument majeur, alors même que son argumentation est d'allure ou d'apparence rationnelle, fait de cette préface son chapitre principal. Si donc les évolutionnistes se montrent parfois révolutionnaires en science sociale, ce n'est pas une inconséquence de leur part, quoiqu'on en ait dit. — Puis, le

---

(1) Nous avons une exception à faire en faveur de M. Marro, qui a fait précéder son livre sur les *Caratieri dei delinquenti* (1887) d'une notice historique un peu sèche, mais assez complète.

positisme avance, le dogmatisme recule, et ce n'est jamais au moment de sa prospérité qu'une maison est le plus préoccupée de sa généalogie.

Si révolutionnaire qu'on soit, on est toujours traditionnaliste par quelque côté. Ce n'est point par une coïncidence fortuite que l'initiative des grandes réformes en législation pénale, depuis le moyen-âge, est partie de l'Italie. Le fondateur de la nouvelle école d'anthropologie criminelle, M. Lombroso, en donnant cette direction féconde à l'activité de son esprit, a obéi plus qu'il ne croit à une suggestion ancestrale. Il a écrit l'*Uomo delinquente* en partie parce que son compatriote Beccaria avait écrit le *Traité des délits et des peines*, et parce que, au xvi° siècle, Farinacius, Hippolytus de Marsiliis et autres grands criminalistes qui, dit M. Esmein (1), « brillent d'un éclat incomparable », avaient fait pour ainsi dire du sol italique « la patrie du droit criminel ». N'oublions pas l'école de Bologne au xiii° siècle, qui nous force à remonter jusqu'au *Corpus juris* des vieux Romains, source première en définitive de tous ces courants divers ou opposés. Il est cependant permis à un Français, non par patriotisme précisément, mais par une habitude toute nationale des analyses claires et exactes, de revendiquer pour la France une bonne part des germes d'idées qui, exportés, ont fleuri au-delà des Alpes. Beccaria, dont le livre a paru en 1754, c'est-à-dire deux ans après le supplice de Calas et les protestations éloquentes de Voltaire, est fils de notre xviii° siècle ; il en reflète, il en condense toute la philanthropie sentimentale, tout l'optimisme naïf, tout l'individualisme excessif, et il doit à ce fidèle écho de nos philosophes l'accueil qu'il a reçu d'eux, l'enthousiasme universel que cet accueil lui a valu.

M. Lombroso, il est vrai, semble s'être inspiré plus directement d'idées anglaises, du moins dans la *forme* de sa doctrine. Quant aux faits scientifiques qui en sont le *contenu*, ils n'ont évidemment pas de nationalité, et la méthode qui sert à les découvrir peut seule en avoir une. Mais, à ce point de vue, l'influence française est loin d'être insignifiante. Habiller à la

---

(1) *Histoire de la procédure criminelle en France*, p. 288.

mode darwinienne et spencérienne les résultats fournis par l'observation des aliénés dans les asiles, par les mesures des crânes ou des autres parties du corps dans les laboratoires d'anthropologie, enfin par les enregistrements des statisticiens ; en d'autres termes, interpréter physiologiquement, non socialement, le crime et le criminel, présenter l'un comme un phénomène de retour où se reproduit en miniature et en exception ce qui fut la règle autrefois, l'autre comme un sauvage poussé au crime par sa nature même, où nous devons voir l'image affaiblie de nos lointains aïeux : telle a été la première conception du célèbre professeur de Turin. Plus tard elle s'est compliquée. Lui-même, à regret, s'est vu forcé de reconnaître dans le criminel moins un homme primitif qu'un aliéné, moins un ancêtre qu'un malade, et il a cru fusionner ces deux interprétations par une troisième. Puis M. Enrico Ferri est venu, et, avec ces rares qualités d'assimilation et de synthèse, de lucidité et de force qui font de lui un organisateur et un vulgarisateur d'idées à un degré également éminent, il a complété l'œuvre du maître. Il a eu pour auxiliaire toute une phalange d'esprits novateurs, tels que la nouvelle renaissance italienne en compte un si grand nombre, et notamment un jeune magistrat, M. Garofalo, le plus fin logicien du groupe, qui s'est efforcé de conduire la doctrine au point de maturité juridique, apparente plus que réelle, où les réformes législatives à tenter se formulent d'elles-mêmes. Et si l'espoir de faire adopter dès aujourd'hui leurs innovations par les Chambres italiennes, où vient de triompher l'esprit de Beccaria, a dû être abandonné depuis, on peut compter qu'un jour ou l'autre il renaîtra, étant donné la ténacité souple, la flexibilité d'acier, qui caractérisent la trempe intellectuelle de nos voisins. Quoi qu'il en soit, par cette collaboration, le point de vue de Lombroso s'est élargi, une part considérable a été faite aux causes sociales du délit à côté de ses causes physiques et physiologiques, on s'est plongé dans la statistique aussi avidement que dans l'anthropologie, on s'est évertué à déchiffrer les chiffres hiéroglyphiques de la première avec autant d'ardeur que les signalements confus et contradictoires de la seconde ; des problèmes nouveaux ont surgi, la question de la peine de mort, tranchée par Lombroso d'abord dans un sens draconien, a divisé l'école ; d'autres divisions s'y sont fait jour.

Or, pour reprendre notre recherche des origines, au point de départ de toutes les voies qui sont venues aboutir à la *nuova scuola* comme à leur carrefour, nous trouvons des Français. Sa conception *formelle* lui a été fournie par une combinaison ingénieuse de l'évolutionisme darwinien ou spencérien avec l'utilitarisme de Stuart Mill et de Bentham ; mais derrière Darwin, ne voyons-nous pas Lamarck ; derrière Spencer, Auguste Comte ; derrière Stuart Mill et Bentham, tous nos encyclopédistes et tous nos idéologues même ?

Sa substance *matérielle* lui a été fournie par l'heureux concours de deux sciences jeunes et rapidement croissantes, la statistique et l'anthropologie, sans oublier la médecine légale et la pathologie mentale, qui, ayant précédé l'anthropologie, ont contribué à la faire naître et s'emploient toujours à la nourrir. Mais, émanée d'un quasi-français, du belge Quételet — car nous ne remonterons pas, je suppose, aux ébauches en ce genre des Florentins du xiii° siècle, — la statistique a reçu en France même ses plus beaux développements au point de vue qui nous occupe ; Guerry est, dès 1829, le véritable précurseur des statisticiens de la nouvelle école, à tendances naturalistes ; notre statistique criminelle qui fonctionne régulièrement depuis plus d'un demi-siècle, est la source la plus abondante et la plus pure où ait puisé M. Ferri qui ne cesse de lui exprimer son admiration et sa reconnaissance.

L'anthropologie, d'autre part, a Broca pour père si elle a Gall pour aïeul plus ou moins légitime ; la psychiâtrie a débuté à la fin du dernier siècle par Pinel, s'est continuée dans le nôtre par Esquirol, et toute une lignée de grands aliénistes contemporains nos compatriotes, parmi lesquels il faut citer Lucas, Morel, Despine, qui ont expressément, et bien avant Maudsley (1), énoncé, étayé la thèse de la criminalité native conçue comme une variété de la folie ; enfin, la médecine légale, qui se confond en partie avec la science précédente, compte parmi nous ses

---

(1) *Jacques le Fataliste*, de Diderot, « ne connaissait ni le nom de vice, ni le nom de vertu ; il prétendait qu'on était heureusement ou malheureusement né. Quand il entendait prononcer les mots récompense ou châtiment, il haussait les épaules ». Encore un prédécesseur français de la *nuova scuola*.

représentants les plus illustres, depuis Orfila jusqu'à MM. Tardieu et Brouardel (1).

Telle a été, très sommairement, la part contributive de notre nation dans l'apport ou la première élaboration des matériaux utilisés ensuite par les criminalistes italiens. Le contingent de l'Allemagne est à peu près nul ; il se réduit aux anciennes conjectures de Gall et de Lavater : les travaux consciencieux de M. Benedickt sont postérieurs à l'*Uomo delinquente*, dont la première édition a paru dans les comptes-rendus de l'Institut Lombard de 1871 à 1876. L'Angleterre au contraire, nous le savons déjà, a contribué puissamment à l'œuvre commune, et non pas seulement par les grands noms déjà cités, mais par cette floraison de psychologues originaux qui lui a été propre en tout temps, et parmi lesquels il nous suffira de citer Thomson (The psychology of criminals 1870) et Maudsley (1873).

Au surplus, le mérite de Lombroso n'est guère amoindri par les recherches de ses prédécesseurs : il l'est davantage à nos yeux par cette absence de méthode, par cette insuffisance de critique, par cette complication désordonnée de faits hétérogènes, par ce penchant à prendre pour la preuve d'une règle une accumulation d'exceptions, enfin par cette précipitation nerveuse de jugement et cette obsession d'idées fixes, je veux dire d'idées filantes, qui se remarquent dans tous ses écrits, et que sa fougue entraînante, sa richesse d'aperçus, son ingéniosité originale, ne parviennent pas à faire oublier. Ce chercheur enthousiaste n'en est pas moins le vrai créateur de ce qu'il appelle, d'un nom assez impropre du reste, l'anthropologie criminelle, et l'impulsion qui engage dans les multiples voies de cette branche d'études, en dehors même de l'Italie, tant d'esprits distingués, émane de lui. En France, M. Laccassagne, professeur de médecine légale à Lyon, l'a suivi un des premiers, moins en disciple qu'en émule. Des essais sur les tatouages des criminels,

---

(1) La *psychologie naturelle*, de Despine, date de 1868 ; l'ouvrage de M. Morel sur les *Dégénérescences* est de 1857 et celui de Prosper Lucas est de 1850. Auparavant avait paru le livre de Lauvergne, sur les *Forçats considérés sous le rapport psychologique, moral et intellectuel observés au bagne de Toulon* (1841) Le premier ouvrage de Maudsley, *Mental responsability*, est de 1876.

sur la criminalité des animaux, sur le calendrier criminel, ont éveillé l'attention par leur piquante originalité et l'ont retenue par leur portée féconde (1). A la première édition de l'*Uomo delinquente* il a répondu par l'*Homme criminel* (1881), comme plus tard, à l'*Archivio di psichiatria*, organe périodique de la nouvelle école italienne, il a répondu par les *Archives de l'anthropologie criminelle* (2). Il explique la criminalité innée, non par l'atavisme, mais par l'arrêt de développement et la dégénérescence, explication qui tend à prévaloir, et il met en relief avec non moins de succès, le côté social de la question, que ses rivaux d'outre-monts ont une tendance manifeste à tenir dans l'ombre. Il a fait école à son tour, ses élèves enrichissent d'instructifs travaux la bibliothèque du criminaliste (3), et si le public français s'intéresse déjà si vivement à des théories, à des notions, qui passionnent au-delà des Alpes, c'est à lui surtout qu'on le doit.

En Italie, Lombroso a suscité une légion plutôt d'écrivains que de travailleurs peut-être (4), parmi lesquels il faut citer outre Ferri et Garofalo, MM. Virgilio, Morselli, Sergi, Puglia, etc. Aussi, à chaque édition nouvelle de l'*Uomo delinquente*, en 1878, en 1884, en 1887, cet ouvrage, grâce à des affluents successifs et à la fermentation continue du cerveau de son auteur, un peu prompt toujours à généraliser, mais aussi à raturer, s'enflait considérablement. J'en dirai autant des *Nuovi Orizzonti di diritto penali*, de Ferri, qui, mince brochure au début, n'ont cessé de grossir, comme les rangs de ses adeptes. Il faut avouer que ni lui ni ses collaborateurs n'ont négligé aucun des moyens connus d'agiter l'opinion : revues spéciales, conférences publiques dans les principales villes, polémiques avec les écoles

---

(1) Les *Tatouages*, (Paris, 1881). L'*Homme criminel* (Lyon, 1882), etc.

(2) La première livraison a paru le 15 janvier 1886.

(3) Voir *Du suicide dans l'armée* par Mesnier 1881), *De la criminalité en France et en Italie*, par Bournet (1881), *De la criminalité chez les Arabes* par Kocher (1884) *Criminalité en Cochinchine*, par Lorion (1887), et nombre d'ouvrages plus récents.

(4) Des adversaires passionnés aussi et sagaces : notamment M. Gabelli. — Citons aussi M. Orano, M. Giulio Mazari, M. Marco Wahltuch. Ce dernier a écrit une brochure où il prétend démontrer que Lombroso ce *pseudo-aliéniste*, est un véritable aliéné. — Un adversaire tout autrement redoutable par sa modération même autant que par la solidité de son savoir, est M. Alimena, l'auteur d'un bel ouvrage sur la *Premeditazione*.

opposées, enfin Congrès. Le Congrès tenu à Rome en 1885, sous le titre de « premier Congrès international d'anthropologie criminelle » a réuni une centaine de savants plus ou moins imbus des nouvelles doctrines et venus d'assez loin, de Russie même, pour faire profession et attester la propagation de leur foi positiviste (1). Il a permis néanmoins de voir se dessiner les divisions qui commencent à travailler l'école et ne tarderont pas à la fractionner ; et elles se seraient accentuées bien mieux si le programme de la seconde section, celle de *sociologie criminelle*, eût été aussi complet que le programme de la première, celle de biologie criminelle. Si l'influence des religions, des gouvernements, de l'instruction, de la richesse, des conditions sociales, du moment historique, sur la criminalité, eût été discutée comme l'a été l'influence de l'hérédité physiologique, de l'aliénation mentale, de l'épilepsie, de l'alcoolisme, de l'âge, de la température et des saisons, les socialistes auraient eu une belle occasion de montrer que la misère, non le froid ni l'alcool, est la cause des crimes, et de faire remonter jusqu'à la société soi-disant honnête la responsabilité des délinquants. Mais l'école, à vrai dire, est encore dépourvue d'une sociologie qui lui soit propre ; elle réserve une place indéterminée aux « facteurs sociaux » du délit, sans s'expliquer nettement à leur sujet ; tandis qu'elle est ou paraît fixée sur les « facteurs anthropologiques » et les « facteurs physiques » et se vante d'avoir esquissé le type ou les types criminels avec une précision inconnue jusqu'à elle.

La même lacune s'est fait voir en elle au second Congrès international qu'elle a tenu à Paris en août 1889 et qui a été d'ailleurs très brillant. Une beaucoup trop large place y a été usurpée par la critique des hypothèses de Lombroso ; mais il ne faut pas le regretter en somme, si, comme l'ont pensé la majorité des savants qui ont suivi ces séances, le prétendu type criminel est sorti de là bien estropié, ou plutôt réduit à l'état de fantôme

---

(1) Il n'en est pas moins vrai que l'école classique est encore prépondérante, aussi bien en Italie qu'ailleurs. Un tableau de M. Bournet (voir les *Archives d'anthrop. crim.*) montre qu'il se publie dans la Péninsule trente revues ou journaux relatifs à la criminalité, et que cinq seulement servent d'organe à l'école positiviste. Le Code pénal italien vient d'être réformé dans le sens de la vieille école et non de la nouvelle

en train de s'évanouir. Une science naissante doit considérer comme un gain la perte de ses chimères, qui auraient pu égarer ses débuts. Il serait temps cependant de remplacer les ombres par les corps, et les conjectures par des certitudes. Aussi le résultat le plus net de cet intéressant Congrès me paraît être d'avoir mis en lumière la prépondérance des causes sociales du délit et des remèdes sociaux au délit et, par suite, l'urgence de traiter l'anthropologie criminelle comme une psychologie avant tout et comme une sociologie criminelle.

Il faut reconnaître que ses premiers fondateurs, aliénistes ou experts-médecins pour la plupart, étaient excusables de s'être sentis portés, par la nature de leurs occupations habituelles, à exagérer les influences d'ordre vital ; et si les adhérents qu'elle a recrutés plus tard dans les facultés de droit, au barreau, dans le journalisme, dans la magistrature même, ont réagi contre cette tendance exclusive, les seuls, parmi ces derniers, qui aient apporté un point de vue net et systématique en science sociale, un remède radical et pratique, d'aucuns disent impraticable, au mal du délit, appartiennent à l'église socialiste. Compter ceux-ci, M. Filippo Turati, de Milan, entre autres, et M. Napoleone Colajanni, de Sicile, parmi les fauteurs de la *nuova scuola*, c'est peut-être une illusion due aux rapports de coquetterie politique qu'elle a entretenus avec eux. Mais, quand on compare la courtoisie chevaleresque dont elle a fait preuve en les combattant, du moins en combattant le premier jadis, au ton de ses polémiques avec les champions de l'école classique, avec les successeurs des Rossi, des Romagnosi, des Carrara, on ne saurait la juger hostile à ceux-là comme à ceux-ci (1), et l'idée vient que ces adversaires si sympathiques sont des alliés déguisés, un peu compromettants. Toutefois, s'il en est ainsi, si le socialisme est, en fait, le seul espoir d'éclosion qui s'offre au côté sociologique de la doctrine, on peut dire qu'elle est destinée à se con-

---

(1) En réponse à une brochure passionnée de M. Turati, sur *Il Delitto e la questione sociale*, qui a fait grand bruit en Italie (1883), M. Ferri a publié *Socialismo e Criminalità*, brochure très substantielle et très forte, mais sympathique à son adversaire. La différence est grande avec le volume intitulé *Polemica*, où les personnalités abondent.

trediré ou à se rompre, car la thèse socialiste est précisément le contre-pied de la thèse naturaliste. Cela est déjà visible d'après l'accueil hostile fait par Lombroso et les siens au dernier livre, très remarquable comme critique sinon comme théorie, de Colajanni, sur la *Sociologia criminale* (1889). L'école porte bien d'autres contradictions dans son sein, comme nous le verrons bientôt, sans compter des divergences moindres, notamment sur l'opportunité, il ne faut plus dire sur la légitimité, de la peine de mort; et l'accord en définitive semble n'y régner que sur ces points fondamentaux : la croyance à l'évolution, la négation du libre arbitre et de la responsabilité morale. Encore sur ce dernier point puis-je espérer personnellement, depuis le Congrès de Paris, que sa conviction négative est loin d'être inébranlable.

Malgré tout, elle fait son chemin, en France et en Europe. En France, le Congrès dont il vient d'être parlé a permis de mesurer la rapidité de sa marche. Ouvert par M. le ministre de la justice, il a compté parmi ses présidents ou ses membres les plus actifs, les docteurs Roussel, sénateur, Brouardel, Magnan, Motet, Manouvrier, Lacassagne, Magitot, Féré, Bournet, Coutagne, Mme Clémence Royer, MM. Bertillon, le prince Roland Bonaparte et bien d'autres. M. Herbette, conseiller d'Etat, directeur général du service pénitentiaire, y a souvent fait applaudir sa parole éloquente. Plus de deux cents personnes y avaient envoyé leur adhésion. La Belgique y était représentée notamment par le Dr Semal; la Hollande, par M. Van Hamel, professeur à la Faculté de droit d'Amsterdam, délégué officiel du gouvernement hollandais; la Suisse, par le Dr Ladame; l'Autriche, par M. Benedickt; l'Espagne, par M. Alvarez Taladriz, qui, sur le modèle de *Archivio di psichiatria* et des *Archives* de Lyon, a fondé, il y a deux ans, à Madrid, une revue d'*Antropologia criminale*. Si l'Amérique espagnole, où pourtant les écrits des criminalistes nouveaux ont un grand succès, et servent même à motiver des arrêts judiciaires (1), n'avait pu envoyer des représentants, la Russie en avait plusieurs, tels que

---

(1) L'année dernière, un arrêt de condamnation rendu contre un empoisonneur, par le grand-juge criminel de Buenos-Ayres, se fonde expressément sur deux passages de M. Garofalo... et de moi.

M. Bajenoff, directeur d'un asile d'aliénés à Moscou, et M. Drill, publiciste distingué. Les États-Unis avaient M. Thomas Wilson, conservateur de la section d'anthropologie préhistorique à l'institution smithsonienne, à Washington, et M. Clarck Bell, président de la Société de médecine légale à New-Yorck. Il serait trop long d'énumérer les représentants de l'Italie, mais nous savons déjà les noms des plus célèbres. Une place à part, cependant, revient à M. le sénateur Moleschott, dont la juvénile vieillesse et la gracieuse autorité n'ont pas peu contribué à modérer et diriger sagement les débats.

Il semble que, depuis ce Congrès, le besoin de réunir sur un terrain commun, vraiment positif et pratique, tous les fauteurs des nouvelles idées, tous les esprits convaincus de l'urgence d'une réforme, se soit fait sentir plus vivement que jamais. C'est à partir de ce moment que l'*Union internationale du Droit pénal*, dont les membres se recrutent dans l'Europe entière, est entrée dans la voie d'une prospérité destinée à être féconde un jour en résultats législatifs. Cette société a pour principe fondamental la prépondérance, désormais acquise, des causes sociales du délit, et c'est à ce point de vue qu'elle étudie les questions pénitentiaires.

Le moment est propre, du reste, à favoriser le progrès des novateurs. La résurrection soudaine du merveilleux, en ces dernières années, sous la forme savante de l'hypnotisme, et l'impression extraordinaire causée dans toute l'Europe par les expériences de la Salpêtrière ou de Nancy sur la suggestion, par les séances prodigieuses de divers « fascinateurs », ont paru jeter sur l'erreur innée du libre arbitre un jour terrible et apporter des arguments écrasants à la thèse de l'irresponsabilité. M. Liégeois, dans sa brochure sur « la suggestion hypnotique dans ses rapports avec le droit civil et le droit criminel » a signalé le premier les problèmes capitaux que cette nouvelle veine de découvertes psychologiques soulève ou rajeunit, suscite ou exhume. Mais, sans l'avoir lu, le premier venu qui assiste aux exhibitions d'un Donato, s'alarme et se dit : se peut-il que l'homme soit un automate qui se croit autonome, une marionnette inconsciente des ficelles qui meuvent sa volonté et déterminent sa conscience elle-même? que devient donc la culpabilité après cela? que devient la pénalité? De là maintenant, au fond des cœurs, une inquiétude morale qui, entretenue aussi par d'autres causes, par l'instabilité de tant de choses autour de nous, par le flot montant de notre délictuosité, dont les Parlements mêmes se préoccupent, prête aux leçons des nouveaux criminalistes un intérêt puissant d'actualité. La crise du droit pénal grandit ainsi, comme celle de la morale, dont elle n'est qu'un symptôme et un effet, et révèle l'imminence d'une révolution dans les lois et les mœurs.

II

Après ce préambule historique, nous allons résumer et analyser fidèlement la doctrine dont il s'agit; puis nous essaierons de la juger en nous plaçant à un point de vue particulier. La plus courte et la meilleure manière de l'exposer est, ce nous semble, non de résumer successivement les principaux ouvrages qu'elle a produits, mais d'en extraire la réponse qu'elle a fournie à quelques problèmes capitaux, à savoir : 1° Qu'est-ce que la responsabilité, le libre arbitre étant écarté? — 2° Qu'est-ce que le criminel, d'après l'état le plus récent de la science de l'homme, anthropologie et psychologie? Quelle est la classification la plus naturelle des délinquants? — 3° Qu'est-ce que le crime? quelles sont les causes qui agissent sur lui, d'après les informations de la statistique? — 4° Que doit être la peine? Quelles sont les réformes judiciaires et pénitentiaires qui s'imposent? — Après quelques observations préliminaires que nous puiserons dans l'introduction des *Nuovi Orrizonti* de M. Ferri, nous allons procéder à notre exposition dans l'ordre indiqué. En nous y conformant, nous suivrons presque pas à pas le volume que nous venons de citer et qui, malgré la juvénilité de son titre, est le fruit sinon le plus mûr, du moins le plus substantiel, de l'école novatrice.

Observations préliminaires. — L'ancienne école, dit Ferri, partait de ces abstractions, les délits, qu'elle considérait à part des criminels; elle construisait *à priori* son système de peines, fondée sur ces deux postulats : en premier lieu, le libre arbitre; en second lieu, l'erreur empruntée par Beccaria à tout le dix-huitième siècle optimiste et sensible, à savoir que l'homme naît bon et que, s'il fait le mal, c'est sans nul doute un égarement passager, facile à redresser moyennant une légère correction, à moins que ce ne soit la faute de la société. Illusion conservée jusqu'à nous par les socialistes. Mais le pessimisme, non moins que le déterminisme, si répandus de nos jours, forcent à rejeter ces deux axiomes, et, de la sorte, tarissent les sources du spiritualisme libéral en droit criminel. Beccaria fait pendant à Adam Smith; le point de vue économique de l'un, dans son explication de l'activité productive, comme le point de vue pénal de l'autre dans son explication de l'activité destructive, est dominé par cette conviction que l'homme poursuit partout son bien-être, et faussé par la préoccupation exclusive des fins et des droits de l'individu, sans égard aux fins et aux droits de l'Etat. Or, de même que l'économie politique a vu surgir, par réaction contre l'individualisme de son fondateur, l'école qui a reçu le nom de socialisme de la chaire, ainsi s'est élevée la *nuova scuola* par opposition à l'école classique du droit pénal. Elle s'inspire du même esprit, conforme aux besoins de notre temps, à la fois plus compréhensif et plus pénétrant, embrassant d'une vue plus large la complexité des faits sociaux et serrant les faits individuels de plus près. Elle s'occupe à classer les délinquants plutôt que les délits, à observer plutôt qu'à déduire. Avant tout, « elle se propose d'importer dans la science des délits le souffle vivifiant des dernières découvertes faites par la science de l'homme, renouvelée par les doctrines évolutionnistes. Qui aurait dit que les observations de Laplace sur les nébuleuses, que les voyages de découvertes dans les pays sauvages, que les premières études de Camper, de White, de Blumembach, sur les mesures du crâne et du squelette humain, que les recherches de Darwin sur les variations obtenues dans l'élevage du bétail, que les observations de Hœckel en embryologie et de tant d'autres naturalistes, intéresseraient un jour le droit pénal »? — En substance, les divergences entre l'ancienne et la nouvelle doctrine portent sur trois points : 1° le libre arbitre, affirmé par l'une, nié par l'autre ; 2° le délinquant considéré par l'une comme un homme quelconque, présenté par l'autre comme une anomalie physiologique et non pas seulement psychologique de la nature humaine ; 3° le délit regardé par l'une comme un futur contingent qui sera ou ne sera pas suivant le libre caprice de l'individu qu'il s'agit d'arrêter par la perspective du châtiment, et regardé par l'autre comme un phénomène naturel et nécessaire qui a ses causes physiques, anthropologiques, sociales, impossibles à neutraliser, si ce n'est dans une très faible mesure, par l'intimidation de la peine, quelle qu'en soit la gravité, et, dans une mesure beaucoup plus forte, par la réforme des institutions civiles. — Cela dit, voyons comment l'école répond à notre première question.

I. *Qu'est-ce que la responsabilité?* — Le criminel aurait pu, s'il l'avait voulu, les circonstances extérieures ou internes restant les mêmes, ne pas commettre son crime ; lui-même a eu conscience de cette possibilité ; donc il est coupable de l'avoir commis : tel est le postulat de l'ancienne école. Il est battu en brèche par l'esprit général de la science moderne, qui a pour principe directeur la foi à la répétition nécessaire de phénomènes semblables dans des circonstances semblables, et spécialement par les découvertes de la psychologie expérimentale, (sans parler même de l'hypnotisme). Tant de démentis sont donnés ainsi à l'illusion du sens intime sur ce point, que, dans des cas dont le nombre croît chaque jour, la démonstration de son erreur devient palpable. De là un véritable péril social : l'avocat trouve dans l'aliéniste un appui de plus en plus étendu et solide, et, comme il démontre que l'accusé n'a pas pu ne pas vouloir son crime, il assure à ce criminel l'impunité. C'est logique, puisque la responsabilité a pour fondement la liberté du vouloir. Mais cette conséquence fait toucher du doigt la nécessité de changer de principe. Quant à la solution provisoire que l'éclectisme propose, celle de la liberté limitée et de la responsabilité partielle, il est inutile d'insister sur la fragilité de ce compromis. Le libre arbitre écarté, cependant, comment asseoir la responsabilité ? En bons transformistes, cherchons les sources de la « fonction pénale », aussi bien que de la criminalité, dans la préhistoire, dans le monde animal même. Le vol et l'assassinat ne sont pas le monopole de l'espèce humaine, la pénalité non plus. « Tout être lutte pour sa propre existence », tel est le principe darwinien sur lequel il s'agit de fonder tout le droit pénal. La nécessité de lutter implique celle de se défendre contre tout agresseur (1). Cette défense est double : riposte immédiate, comme dans un duel, ou riposte différée, appelée vengeance. La vengeance est déjà un progrès, car elle suppose le souvenir et la prévoyance, un ressentiment et un calcul. Sous cette double forme, la défense est exercée par les organismes individuels, depuis les protistes jusqu'aux mammifères et à l'homme, et aussi bien par les organismes sociaux qui, des plus bas aux plus hauts degrés de l'échelle animale, forment une série non seulement semblable, mais parallèle à celle des premiers (2). Dans toutes les sociétés, soit animales, soit humaines, la vengeance personnelle de l'individu lésé coexiste avec la vengeance collective du groupe auquel il appartient, mais, de plus en plus, celle-ci se substitue à celle-là. Veut-on préciser mieux encore la nature de cette vindicte? Spencer a raison de dire que « la réaction défensive » d'une société est toujours la même au fond contre un agresseur extérieur ou interne. Le malfaiteur n'est qu'un ennemi du dedans. Par les mêmes raisons, donc, qui ont peu à peu transformé en défense collective, sous forme d'armée et de combat, la défense individuelle contre les agressions étrangères, il est inévitable que la défense individuelle contre les agressions intérieures se transforme en dé-

---

(1) On pourrait, plus profondément encore, rattacher la *fonction pénale* des sociétés à l'*irritabilité* des tissus vivants ; comparaison qui aurait, soit dit en passant, l'avantage de montrer l'insuffisance des définitions de la vie fondées sur l'irritabilité considérée comme la propriété vitale unique. Cette propriété, toute défensive, toute négative, suppose un côté positif, inconnu peut-être, mais pourtant affirmable. L'irritabilité n'est pas plus le caractère fondamental de l'être vivant que la pénalité n'est le caractère fondamental d'une société.

(2) Cette remarque, qui s'appuie sur des observations en partie exactes, mériterait d'être développée et rectifiée. Elle renferme au moins cette vérité, que le monde social ne fait pas suite au monde vivant mais en est l'accompagnement et l'agrandissement, non sans des dissemblances considérables que méconnaît la métaphore déjà bien usée de l'*organisme social*. Du reste, le parallélisme entre le développement vital et le développement social n'est pas sans de fortes exceptions. M. Letourneau dans son *Evolution de la morale* fait remarquer combien le singe, sous le rapport des instincts sociaux, est inférieur à la fourmi. Encore la remarque n'est-elle juste que si l'on proportionne l'élévation sociale au degré de cohésion et de discipline sociale, de division du travail poussée jusqu'au régime des castes... Si l'on se place au point de vue, plus large je crois, développé par moi dans mes *Lois de l'Imitation* (p. 67 et s.), l'exception disparaît.

fense sociale. Ainsi, le développement du militarisme et celui de la justice pénale marchent du même pas.

Ouvrons, nous, une parenthèse pour faire remarquer combien ce rapprochement de Spencer est plus heureux que ne l'est, sous bien des rapports, son antithèse perpétuelle entre le militarisme et l'industrialisme. Contrairement à ses vues, richesse industrielle et puissance militaire se montrent à nous, tout le long de l'histoire, en Egypte, à Athènes, à Florence, en France, en Allemagne, hélas! comme liées et non opposées. Il serait bien surprenant, du reste, que, parallèle d'une part au progrès judiciaire, l'esprit militaire, tant honni par l'illustre philosophe, fût contraire au progrès industriel; comme si l'industrie pouvait vivre sans la sécurité que la justice criminelle lui procure! Sans armée, point de gendarmerie. — Sans doute, si par son côté défensif l'armée répond aux institutions judiciaires dignes de ce nom, elle a un côté agressif, historiquement le plus important, par lequel elle répond aux institutions oppressives qui permettent de subjuguer et de rançonner des sujets inoffensifs comme les conquérants asservissent ou grèvent de tributs les peuples voisins les plus pacifiques. L'oppression n'est qu'une agression interne et partie d'en haut. Mais, même sous cet aspect, les choses comparées ne sont pas sans justification possible aux yeux de l'historien. Quelle grande nation se serait formée sans esprit de conquête? Quelle forte unité nationale se serait établie sans despotisme centralisateur et organisateur? (1) Le militarisme agressif a donc cette utilité profonde de nous acheminer vers l'ère des agglomérations immenses, sans lesquelles nulle paix durable n'est possible; et le gouvernement oppressif pose les fondements des centralisations puissantes, sans lesquelles nul grand Etat n'est viable, et sur lesquelles pourront s'asseoir plus tard les florissantes démocraties. — Il sera bon de nous rappeler souvent, au cours de notre travail, cette analogie, cette identité radicale entre la guerre et la poursuite criminelle, et notamment quand nous traiterons de la peine de mort. C'est la *mise hors de combat* non la mort de l'ennemi, qui est le but des combattants; c'est la mise hors de combat aussi, non la mort du coupable, qui est le but des tribunaux. Si

(1) Puis, citez-nous un peuple brave qui n'ait pas été belliqueux, et un peuple grand qui ne soit pas brave?

l'on objecte ces hétacombes horribles des champs de bataille qui doivent, par comparaison, étrangement atténuer l'horreur de quelques exécutions capitales çà et là, c'est le cas d'appliquer la distinction faite plus haut par Ferri, et de noter cette différence que la « réaction défensive » de la société contre l'ennemi sous forme de coup de lance ou de coup de canon est une riposte immédiate, tandis que sa réaction défensive contre le criminel est toujours une riposte différée, une vengeance. — Il y a bien d'autres différences, du reste, et non moins instructives que les ressemblances.

Revenons à notre résumé. — S'inquiète-t-on, en repoussant une attaque, de savoir jusqu'à quel point l'agresseur est coupable? Nullement. L'idée de culpabilité est d'origine mystique ; la prépondérance usurpatrice du prêtre au début des sociétés explique seule le caractère de *coulpe* attaché au délit. Le prêtre a superposé à la vindicte publique la vindicte divine et importé ici le formalisme rituel qui lui est cher. Mais son influence va déclinant. Considérée dans son ensemble, l'évolution des sentiments et des idées relatifs à la peine comprend trois phases : la phase religieuse, la phase éthique, la phase sociale ou juridique. La science classique, parmi nous, est restée à la seconde période, et la législation, encore plus attardée, n'en est qu'à la première. Mais le positivisme nous conduit à la dernière, par laquelle nous sommes ramenés au point de départ, ou au principe de l'utilité sociale, c'est-à-dire du droit. Le droit est « la force spécifique des organismes sociaux », une société sans droit est aussi inconcevable qu'un animal sans âme, qu'une substance chimique sans affinité. Mais il y a deux manières, l'une métaphysique, l'autre positive et utilitaire, d'entendre le droit. Partant de là, on voit que la société n'a pas à se demander, pour punir les actes nuisibles, s'ils sont intentionnels et volontaires, puisqu'elle n'exige pas que les actes utiles soient intentionnels et volontaires pour les récompenser ; et l'influence inconsciente « d'un résidu de traditions religieuses » peut seule rendre compte de l'importance que nous attachons à l'intention, en pénalité (1). Avec ou sans intention, l'acte a été fatal,

---

(1) Carmignani est plus logique encore que Ferri. Il rejette les termes de *délit* et de *peine* comme entachés eux-mêmes d'esprit mystique, et ne veut entendre parler que d'*offense* et de *défense*.

et une perversité native n'a pas plus lieu d'exciter l'indignation qu'un vice du sang. On plaint aujourd'hui les fous, qu'on brûlait autrefois. Un jour viendra où les délinquants aussi feront pitié ; ce qui n'empêchera pas de se préserver contre leurs atteintes.

Les remèdes au délit sont de quatre sortes : 1° préventifs ; 2° réparateurs ; 3° répressifs ; 4° éliminatifs (1). Pour l'application de ces divers remèdes aux divers cas, quelle sera la règle ? Garofalo a répondu : le degré de *temibilità* (de *redoutabilité* qu'on me passe ce néologisme) du délinquant. Cette réponse est juste, mais insuffisante. Il faut tenir compte à la fois du caractère plus ou moins antisocial de l'acte, et du caractère plus ou moins antisocial de l'agent. A cette dernière considération se rattache intimement la distinction des délinquants en diverses catégories. On voit l'importance de cette classification, qui nous conduit à poser notre second problème.

II. *Qu'est-ce que le criminel ?* — C'est, en étudiant de près, corporellement, les délinquants, sur le vivant et sur le cadavre, qu'on est parvenu à discerner entre eux des différences de nature plus ou moins tranchées et à les classer suivant un principe qui n'ait rien d'artificiel. D'abord, il est remarquable que tous les hommes compétents, en contact prolongé avec les détenus, notamment les directeurs d'établissements pénitentiaires et les médecins-légistes, s'accordent à reconnaître une classe de malfaiteurs incorrigibles, fait absolument contraire aux illusions optimistes du spiritualisme classique ; et, en somme, la grande distinction qui se retrouve au fond de toutes les classifications proposées — il y en a un grand nombre — est celle des délinquants d'*habitude* et d'*occasion*. C'est d'ailleurs une distinction qu'on pourrait appliquer aux honnêtes gens eux-mêmes : combien y en a-t-il dont l'honnêteté est toute occasionnelle et

(1) La classification de Garofalo est plus simple ; il ne distingue que la réparation du préjudice et l'élimination (temporaire ou définitive) du malfaiteur, les moyens préventifs étant mis à part. Il est difficile de comprendre en quoi consistent les procédés *répressifs*, considérés comme distincts des procédés préventifs, réparateurs et éliminatifs : la prison prévient et élimine temporairement, l'amende prévient et répare *socialement*. La place faite à la *répression* est donc une concession inconsciente et illogique à la théorie de l'expiation, et montre la force des répugnances qui s'opposent en nous à la suppression du châtiment pour le châtiment, faisant symétriquement pendant au délit.

tient aux heureuses circonstances de leur vie! Il se peut que ce soient précisément ceux-là qui, porteurs du type *criminel* sans avoir de casier judiciaire, constituent une objection apparente à la théorie de Lombroso et de ses pareils. — Les espèces ou les variétés de délits prévues par les diverses législations sont nombreuses, cent cinquante environ dans notre Code, deux cents dans le Code allemand; mais la délictuosité habituelle se localise dans quelques-unes seulement de ces formes. Dans tous les pays, elle porte principalement sur les vols; en Italie, elle s'attache aux coups et blessures, au port d'armes, aux faux témoignages, à la fausse monnaie (1), beaucoup plus qu'en France; beaucoup moins qu'en France, elle s'y attache aux délits ou crimes contre les mœurs. Quant aux meurtres et assassinats, ils ont une tendance très forte aussi à devenir habituels, surtout quand ils ont le vol pour mobile: mais on ne laisse pas toujours aux meurtriers le loisir de récidiver.

Cependant la proportion de la récidive est plus forte pour les crimes proprement dits, y compris les crimes de sang, que pour les délits. Et il en est ainsi en tous pays. La différence est de 84 à 32 pour 100 en Italie, de 90 à 34 en France, de 86 à 30 en Belgique. La coïncidence des chiffres est frappante.

Mettons à part le délinquant aliéné: quand on voit des individus tels que le sergent Bertrand, Verzène ou Menesclou, exhumer des cadavres pour les violer, violer des femmes après les avoir étranglées, ou violer un enfant de sept ans, puis le mettre en morceaux, peut-on douter du principe morbide de ces aberrations? Distinguons ensuite, comme il vient d'être dit, les délinquants d'habitude et les délinquants d'occasion, mais subdivisons-les. Parmi les premiers, il faut séparer les délinquants incorrigibles par perversité innée des délinquants incorrigibles par habitude acquise. Parmi les seconds, il faut faire un compartiment spécial pour les délinquants par passion, qui se rattachent en un sens aux criminels fous, la passion irrésistible n'étant qu'une folie passagère.

Deux traits psychologiques, soit réunis, soit séparés, caracté-

---

(1) Cela tient, on a tenu, au cours forcé de la monnaie de papier pour les petites fractions de sommes. Le meilleur remède à ce genre de crimes, ici, c'est donc, d'après Ferri, le retour à la monnaie métallique.

risent les criminels à quelque catégorie qu'ils appartiennent : l'insensibilité morale et l'imprévoyance. Ajoutons-y une incommensurable vanité. L'insensibilité morale explique de préférence le délit d'habitude, et l'imprévoyance le délit d'occasion. Le criminel par passion a la susceptibilité très vive, mais il est remarquablement imprévoyant. La précocité est un des signes les plus saillants du délinquant destiné à devenir fatalement récidiviste. Comparées au point de vue numérique, ces diverses classes ne diffèrent pas moins entre elles. Sur l'ensemble des malfaiteurs, les délinquants par passion ou par folie ne représentent que cinq pour cent ; les délinquants de naissance ou d'habitude s'élèvent au chiffre de quarante ou cinquante pour cent. Ce sont là les individus porteurs du signalement physique tracé, non sans force ratures et contradictions, par les anthropologistes de l'école nouvelle. Il est à noter que la proportion signalée, quarante ou cinquante, est loin d'égaler celle des récidivistes (délits et crimes réunis), cinquante ou soixante.

Cette classification de Ferri, je dois le faire observer, n'a pas été acceptée unanimement. Au Congrès de Rome, elle a donné lieu à de longues discussions. Mais elle est ce que l'école a élaboré jusqu'ici de plus complet, et son principe n'a pas rencontré trop d'opposition. On est porté, en général, parmi les novateurs, à accepter sa distinction assez nette entre la criminalité native et la folie, et ce n'est pas une des moindres originalités de la *nuova scuola* d'avoir résisté sur ce point, par le choix d'un appui ingénieux, découvert sur le terrain même des sciences naturelles en leur état le plus récent, aux entraînements du groupe aliéniste. Cet appui, c'est la théorie de l'atavisme et du transformisme darwinien (1). On a imaginé ou constaté des ressemblances anatomiques, physiologiques, psychologiques, sociales même, entre le sauvage primitif, tel qu'on a lieu de se le figurer d'après les sauvages actuels, et le criminel-né. Par ses oreilles *en anse*, très écartées et très grandes, par la lourdeur de sa mâchoire inférieure, par son front bas et fuyant, par sa physionomie féroce, par la longueur

---

(1) Suivant M. Topinard (*Revue d'anthrop.* nov. 87), cette idée aurait été émise pour la première fois par M. Bordier.

de ses bras comparés à ses jambes, caractère où l'on sent le proche parent des quadrumanes, par son insensibilité à la douleur et à la pitié, par son penchant à se tatouer, par son argot, langue ignoble et rudimentaire, par ses sociétés de brigandage, le criminel de naissance serait en quelque sorte un très vieux portrait de famille réapparaissant de temps en temps. S'il en est ainsi, et c'était là la première thèse de Lombroso, le criminel-né n'est point nécessairement ni habituellement un fou, ni un monstre, car les maladies du cerveau ou autres, pas plus que les monstruosités proprement dites, ne sont d'ordinaire des phénomènes de retour. Cette position paraissait forte ; mais, dès la seconde édition de son livre, Lombroso commençait à perdre pied en faisant l'aveu que le criminel-né présentait avec le fou, aussi bien qu'avec le sauvage ou l'animal pré-humain, des analogies indéniables. On lui a objecté, avec raison, qu'il devait opter entre ces deux thèses ; elles sont en effet contradictoires, la folie étant un fruit de la civilisation, dont elle suit les progrès, une exception déjà dans nos campagnes (1) et une rareté introuvable parmi les sauvages. Si donc le criminel natif est un sauvage, il n'est pas un fou, et s'il est un fou il n'est pas un sauvage. Pour résoudre la difficulté, Lombroso l'a embrouillée ; il a fait intervenir l'épilepsie, qui, soit manifeste, soit *larvée* (c'est-à-dire masquée), serait liée plus intimement qu'aucune forme de folie à la criminalité congénitale et opérerait la fusion entre les points de vue opposés. Mais il faudrait pour cela que l'épilepsie eût été l'état normal des populations primitives, assertion gratuite s'il en fut. D'ailleurs rien de plus fondé en un sens que la liaison entre l'épilepsie et le penchant au crime. Il est certain que l'épilepsie a souvent le caractère criminel ; mais il ne s'ensuit pas que tout criminel ait le tempérament épileptique. Je lis dans les curieuses *Études sur la sélection*, du Dr Jacoby (1881), qu'en Italie « l'enquête médicale faite en 1874 n'a constaté sur toute la population des pénitenciers du royaume que quatre-vingt-dix sept épileptiques et aliénés, y compris les idiots et les crétins ». La proportion des épilep-

---

(1) Je dis la folie, non l'idiotie, qui abonde dans les populations rurales. Il est vrai que l'idiotie ressemble étrangement au dernier terme de la folie, la démence. La démence est une idiotie acquise, et l'idiotie une démence innée.

tiques et des fous, d'après cet auteur, serait de trois, quatre ou cinq sur cent pensionnaires (1). Quoiqu'il en soit, dans la forme la plus récente donnée à sa pensée, nous constatons que Lombroso, sans abandonner toutefois le signalement anatomique du délinquant, insiste bien d'avantage sur les anomalies d'ordre pathologique qui le caractériseraient ; il s'éloigne peu à peu de sa première idée et se rapproche de la thèse émise par Despine, Morel et Maudsley.

M. Marro est venu ensuite, et son livre sur les *Caractères des Délinquants*, résumé de travaux conduits suivant la méthode anthropométrique du professeur de Turin, mais avec plus d'ordre, de mesure et de clarté, marque un nouveau progrès en ce sens (2). Les conclusions du maître se basaient sur l'observation, nous dit-il, de près de 4,000 malfaiteurs (3), chiffre considérable; mais ils avaient été examinés, soit en faible partie par lui-même, soit par d'autres savants, souvent superficiellement, toujours partiellement et à des points de vue différents, et comparés à un chiffre indéterminé d'honnêtes gens quelconques, non de même race toujours, ni de même classe sociale. Le disciple se borne à étudier 507 criminels et 35 criminelles, mais chacun d'eux, examiné à fond, par lui-même, de la nuque à l'orteil, après une recherche approfondie de sa parenté et de ses antécédents, est l'objet d'une étude à part : et ils sont opposés à 100 individus honnêtes, d'honnêteté vérifiée et garantie, tous de même origine piémontaise comme les précédents, et appartenant à peu près aux mêmes milieux sociaux. Tous les instruments de mesure à l'usage de la médecine contemporaine et de la psychophysique, sphygmographe, dynamomètre, esthésiomètre, etc., avaient déjà été mis à contribution par M. Lombroso pour caractériser dans le langage des chiffres ou des courbes graphiques, singulières arabesques, la manière dont les voleurs ou les assassins respirent, dont leur sang circule, dont leur cœur bat, dont leurs sens fonctionnent, dont leurs muscles se contractent, dont leur sensibilité s'émeut, et pour deviner ainsi

---

(1) Cette hypothèse du crime-épilepsie est fortement battue en brèche par Colajanni dans sa *Sociologia criminale* (1888).

(2) V. notre compte rendu fidèle de cet ouvrage dans la *Revue philosophique* de décembre 1887.

(3) Sans compter 383 crânes criminels.

à travers toutes les manifestations corporelles de leur être, considérés comme autant d'hiéroglyphes vivants à traduire, à travers leur écriture et leur signature même soumise à l'interprétation graphologique, le secret de leur âme et de leur vie. Il avait appris de la sorte, notamment, par la comparaison de trois tracés sphymographiques, que les malfaiteurs sont très sensibles à la vue d'une pièce d'or ou d'un bon verre de vin, beaucoup moins à la vue d'une *donna nuda*, en photographie il est vrai. Il avait surtout fourni la preuve de cette remarquable insensibilité aux variations de température et à la douleur physique qui explique (1) chez les malfaiteurs, deux autres caractères non moins frappants : leur profonde insensibilité aux souffrances d'autrui, d'abord; et, en second lieu, ce qu'on a nommé leur *discuinérabilité*, la rapidité merveilleuse avec laquelle, par une faveur étrange de la Providence, se guérissent leurs blessures, se cicatrisent leurs plaies, et, s'il s'agit des filles-mères auteurs d'infanticides, se terminent leurs accouchements sans nul secours médical et sans nulle complication fâcheuse. Or, M. Marro a repris toutes ces mesures et tous ces renseignements et il y a trouvé des lacunes, qu'il a comblées, en mesurant par exemple les mains, fortes et larges chez les meurtriers, longues et étroites chez les escrocs et les voleurs. — Si donc le type criminel existe, il y a lieu de croire qu'il va décidément se dégager, se dessiner maintenant avec toute la précision que rêve pour lui l'esprit essentiellement précis, précis même jusqu'à la minutie, on le voit, du nouveau et patient chercheur. Son existence, du reste, ne fait pas l'ombre d'un doute aux yeux de ce dernier, et il fait remonter haut dans le passé, avec une érudition peu familière à ses pareils, la généalogie idéale des précurseurs qui l'ont pressenti. Il nous apprend que Porta, au xvii° siècle, traçait, du coquin de profession, un portrait fort ressemblant au signalement *lombrosien* : oreilles grandes, joues longues, etc. Il n'a pas même l'air de sourire en nous rappelant que Socrate avait mauvaise opinion de Théétète, parce que

---

(1. Cette insensibilité diminue considérablement le mérite de ce stoïcisme qui frappe presque d'admiration quand on lit, par exemple, la *Maison des morts*, de Dostoïesky, livre d'un puissant intérêt où l'auteur, condamné politique, a résumé les souvenirs de 10 ans de travaux forcés. A chaque page il est question de forçats qui subissent sans sourciller 500 ou 1000 coups de fouet.

celui-ci avait le nez écrasé. Le jour où il parlait ainsi, d'ailleurs, Socrate avait apparemment oublié son propre masque, d'une si repoussante laideur. — Ainsi, M. Marro dirige ses recherches avec une prévention très favorable aux idées de son célèbre compatriote. Voyons cependant à quels résultats elles viennent aboutir.

Il est forcé de convenir que les recherches antérieures ont suggéré des conclusions parfois divergentes « et même opposées », que la capacité crânienne, la stature et le poids des délinquants ont paru aux uns supérieurs à la moyenne, aux autres inférieurs; il relate la déconvenue des anthropologistes quand il fut démontré (en 1882, par Giacomini) que la division quatripartite du lobe frontal, où un savant avait cru découvrir la caractéristique cérébrale du malfaiteur, n'était nullement spéciale à celui-ci et n'impliquait aucun rapprochement du type carnassier. Pour lui, il n'a trouvé qu'une différence insignifiante entre la taille des criminels et celle des *normaux* (c'est ainsi qu'il appelle les honnêtes gens, au risque de contrarier le professeur allemand Paul Albrecht, de Hambourg, suivant lequel l'homme vraiment normal serait le criminel et l'honnêteté serait une anomalie) (1). Quant au poids, celui des délinquants est sensiblement inférieur, d'après lui, ce qui montre peut-être que l'ordinaire des prisons n'engraisse pas. Il confirme, à la vérité, la remarque de Lombroso sur la *grande envergure* des délinquants, mais la théorie atavique n'y gagne pas grand'chose, car il constate en même temps que les *stupratori*, les « violateurs », c'est-à-dire précisément la catégorie criminelle la plus bestiale, ont les bras courts (2). S'il trouve la proposition des imberbes adultes treize fois plus forte chez les délinquants que chez les « normaux » et vérifie pleinement sur ce point, ainsi que relativement à la chevelure touffue des premiers, les observations de Lombroso et de Lacassagne, il faut avouer que ce sont là, en somme, des particularités assez secondaires. L'ambidextrie et le « mancinisme » ont déjà plus d'importance,

---

(1) Cela *résulte* de considérations anthropologiques développées par lui très sérieusement au Congrès de Rome, avec figures à l'appui. On a souri : une assemblée est toujours indulgente à qui l'amuse.

(2) A la préfecture de la Seine, au service anthropologique de M. Bertillon, il nous a été assuré que les grands criminels ont les bras plus courts en général.

et il compte, toujours d'accord avec son maître, deux fois plus d'ambidextrie et de gaucherie parmi les délinquants que parmi les « normaux »; mais cela peut-il être un effet de l'atavisme, du retour à la bestialité? Les animaux ne sont pas gauchers. Il importe bien plus d'observer le développement exagéré des mâchoires, l'étroitesse du front, l'amoindrissement de la partie antérieure et vraiment noble du cerveau, chez les malfaiteurs, « conclusions que nous pouvons tirer, dit M. Marro, de toutes les mesures crâniennes ». Encore rien ne prouve-t-il que cette prépondérance démontrée de la vie basse sur la vie haute dénote la réapparition d'un type ancien plutôt que le retard subi par le développement du type actuel. Un des plus ingénieux, des plus jolis arguments invoqués par la théorie atavique était fondé sur le tatouage fréquent des malfaiteurs. A cela on avait déjà répondu (1) en expliquant le fait par un simple courant d'exemples qui, traditionnels chez certaines tribus barbares en contact avec nos civilisés, marins ou soldats, se communiquent par mode à ceux-ci et ensuite aux détenus, par suite de la réclusion habituelle et des longs loisirs favorables à cette propagation chez les uns comme chez les autres. Les prisons deviennent ainsi parfois, presque fatalement, de vrais ateliers de tatouage. M. Marro interprète les choses de la même façon. « Esprit d'imitation, vanité et oisiveté, voilà les motifs qui, en général, ont déterminé les délinquants à se tatouer », non sur tout le corps et pour effrayer l'ennemi, comme font les sauvages, mais à l'avant-bras seulement le plus souvent et pour se distraire.

M. Marro, cependant, fait sa part à l'atavisme; mais voyons quelle part. Il classe toutes les anomalies, toutes les variations individuelles jugées défectueuses en trois espèces, suivant que leur cause probable remonte plus ou moins haut dans le passé : il les qualifie ataviques, si leur cause est une défectuosité semblable apparue chez les ancêtres de l'individu ; atypiques ou tératologiques, si leur cause est un accident survenu pendant la vie embryonnaire de l'individu lui-même; pathologiques, enfin, si leur cause est une circonstance postérieure à la naissance. Par une statistique irréprochable il découvre les faits

---

(1) Voir dans la *Revue philosophique*, juin 1885, notre critique très développée de l'*Uomo delinquente* sous ce titre : le *Type criminel*.

suivants : les anomalies de la première catégorie, sinus frontaux exagérés, front fuyant, yeux obliques, etc., sont à peu près aussi fréquentes dans le monde honnête que dans le monde criminel et ne peuvent nullement servir à caractériser ce dernier : les anomalies du second genre, déformations du crâne, strabisme, asymétrie faciale, nez de travers, oreilles en anse, goîtres, hernies, rachitisme, etc., distinguent encore moins les criminels des « normaux », quoi qu'il pût sembler naturel d'attribuer aux monstres moraux le plus beau lot de monstruosités physiques ; mais les anomalies de nature morbide, cicatrices, paralysie faciale, troubles de la circulation, difformités des organes génitaux, etc., sont en proportion beaucoup plus grandes chez les criminels ; la différence est même « énorme » et « montre clairement que dans les anomalies de cet ordre réside le caractère physique le plus important du délinquant ». Les lésions à la tête, par exemple, se présentent 125 fois dans le groupe des 506 malandrins de notre auteur, 9 fois seulement parmi ses 100 honnêtes gens. Or, ces lésions ont une grande importance si, comme on a lieu de le croire, elles expliquent force altérations cérébrales consécutives à des coups reçus (1). L'insensibilité physique des délinquants, c'est-à-dire la clé principale de leur psychologie, dérive en partie de ces altérations, en partie de maladies telles que la fièvre typhoïde ou de l'abus des liqueurs alcooliques. En somme, le délinquant est avant tout un malade, souvent un fou ; son infériorité intellectuelle, au surplus, est attestée par tous les observateurs, unanimes à cet égard, et il n'y a pas lieu d'en être surpris quand on apprend que le seul caractère vraiment démontré de son organisation cérébrale, le résumé de tout son être, sa formule finale, c'est « la nutrition insuffisante de son système nerveux central. » Cerveau mal nourri, malheur, misère : voilà donc ce qui reste du *type criminel!*

Autant vaut dire que, dans l'acception naturaliste du mot, il n'en reste rien ; mais, en un sens tout social, il est susceptible

---

(1) « Il résulte des statistiques dressées dans certains établissements d'aliénés, par Lunier notamment, et d'autres considérations, que les déformations artificielles du crâne n'engendrent pas l'aliénation mais qu'elles y prédisposent fortement. Les déformations artificielles du crâne doivent donc, par le même mécanisme, prédisposer évidemment à la criminalité. » Topinard, *Revue d'anthropologie* novembre 1887.

de revivre encore. Nous avons émis l'idée (1) que chaque profession se fait à la longue son type physique spécial, et que, la distinction des classes sociales correspondant *grosso modo* à celle des professions majeures, agriculture, industrie, armes, culte, chaque classe aussi a son signalement anatomique et physiologique plus ou moins reconnaissable dans la majorité de ses membres. Cela ne veut pas dire simplement que l'exercice d'un métier développe et adapte à ses fins les organes qu'il emploie, les bras du serrurier, les jambes du facteur, les poumons de l'avocat, et même par contre-coup les organes qu'il n'emploie pas, comme le remarque Darwin à propos des cordonniers qui auraient la région frontale du crâne très développée parce qu'ils ont l'habitude de courber la tête (2). Cela signifie, en outre, qu'un métier, s'il est ouvert à tous et librement recruté, attire à lui de préférence les individus les mieux organisés pour y réussir, et, s'il est une caste close, accumule et fixe héréditairement son action directe ou indirecte sur les organes des générations successives qui se le transmettent.

D'une manière ou de l'autre, par le choix des vocations ou par la force de l'hérédité, il doit se faire que la plupart des gens exerçant une profession soient nés pour elle, qu'ils aient « le physique de l'emploi ». On est donc en droit d'appeler type professionnel l'ensemble des caractères particuliers, souvent bizarres et sans justification apparente, qui se remarquent d'habitude parmi les confrères et les collègues en tout genre et qui font de la *confraternité* une sorte de fraternité vraie, avec ou sans parenté. Pourquoi, dès lors, le crime et le délit, qui sont, sinon des métiers, du moins des occupations caractéristiques, des coutumes très antiques inhérentes à nos sociétés comme le champignon à l'arbre, n'auraient-ils pas leur type professionnel aussi? C'est infiniment vraisemblable, et le type criminel ainsi conçu aurait cet avantage sur la conception atavistique de s'appliquer non au criminel-né seulement, mais au criminel de toute catégorie. Or, il est à remarquer que cette manière de

---

(1) Voir l'article déjà cité de la *Revue philosophique*, juin 1885

(2) Darwin dit, en thèse générale, qu'il suffit de l'attitude imposée par un métier pour modifier considérablement la conformation cérébrale et crânienne. S'il en est ainsi, une révolution doit s'ensuivre dans toute l'économie, qui est régie souverainement par le cerveau.

voir a fait son chemin parmi les anthropologistes de profession. M. Manouvrier, dans un très fin article (1) lui a fait bon accueil, et M. Topinard (2) l'accepte à son tour après avoir combattu énergiquement le point de vue de Lombroso. Le D**r** Corre lui fait sa part dans la classification des délinquants (3).

En somme, et pour revenir à la classification de M. Ferri, sa seconde classe, celle du criminel-né, ou n'est qu'un rêve, ou rentre soit dans la première, celle du criminel aliéné, soit dans la troisième, celle du criminel d'habitude; d'autre part, la cinquième, celle du criminel de passion, fait manifestement partie aussi de la première, la passion poussée à son paroxysme n'étant qu'une folie passagère. Il ne reste donc plus que le délinquant d'habitude et le délinquant d'occasion en face l'un de l'autre; mais, en vérité, comment les distinguer avec une précision absolue? N'est-ce pas toujours l'occasion qui fait le larron et aussi bien le meurtrier? Quelle est l'habitude qui n'ait pour principe un accident, et quel est l'acte accidentel qui ne tende à se reproduire, à se consolider en habitude? Au sein de l'école elle-même, quelques-unes de ces objections ont été formulées. On voit qu'elle est loin d'avoir solidement établi, d'avoir même définitivement posé sa première assise, sa conception et son explication du criminel. Par suite, il serait surprenant que sa conception et son explication du crime fussent d'une parfaite netteté. Demandons-lui cependant maintenant :

III. *Qu'est-ce que le crime?* — Le crime diffère du criminel comme l'*acte* diffère de la *puissance*. L'un demande à être examiné à part de l'autre. C'est à la lumière des sciences naturelles que se révèle le délinquant et qu'il s'explique; le délit s'éclaire surtout par la statistique qui permet de le voir en masse, *in abstracto*, et de discerner les influences d'où il procède. On peut juger que la nature seule fait les vrais délinquants, parfois sans casier judiciaire, car la puissance ne passe pas toujours à l'acte, mais on ne peut méconnaître la part que

---

(1) Publié dans les *Archives d'anthrop. crim.*, mars 1886.
(2) Voir *Revue d'anthropologie*, novembre 1887.
(3) Voir *Crime et suicide*, p. 84, et s., 192 et s. M. Corre admet des types criminels multiples.

prend la société à la production du délit, soit en faisant naître ses occasions, soit en attribuant plus ou moins arbitrairement à certaines actions le caractère délictueux. C'est ainsi que l'homme de génie est un phénomène purement biologique, mais que l'idée de génie, nécessairement provoquée toujours par des inventions ou des découvertes antérieures qu'elle combine et dont le succès prépare le sien, est avant tout un phénomène social. Nous ne reprocherons donc pas à l'école positiviste comme une contradiction de faire jouer un plus grand rôle aux causes sociales dans la production des méfaits que dans la production des malfaiteurs. Elle aurait pu, sans se contredire davantage, accroître encore leur importance.

La question posée se divise en deux : quels sont les caractères propres du délit, et quelles sont ses causes? Commençons par la première. Si l'arbitraire du législateur suffisait à rendre délictueux l'acte en soi le plus innocent, si les variations des législations criminelles à ce sujet n'étaient renfermées dans aucun cercle infranchissable, ne se rattachaient à aucun thème immuable, il ne vaudrait plus la peine de discuter sur l'anomalie du criminel de naissance. Le plus honnête homme du monde, à notre époque, dans cette hypothèse, au point de vue de ce *relativisme absolu* pour ainsi dire, aurait pu être un criminel-né dans un autre pays et à un autre moment de l'histoire. Comment éviter cet écueil sans tomber dans un autre, dans le dogmatisme moral? La difficulté a été sentie par M. Garofalo, mais il a cru la résoudre par sa manière de définir ce qu'il appelle le *délit naturel*. Il serait plus exact de dire peut-être le *délit essentiel*.

Quel est l'acte inoffensif qui n'ait été incriminé quelque part? et quel est l'acte monstrueux qui n'ait été quelque part innocenté ou applaudi? Inutile de rééditer à ce sujet les horreurs et les extravagances que les voyageurs et les annalistes se plaisent à nous raconter, pour élargir, pensent-ils, nos idées en morale, et non parfois sans mettre à une rude épreuve notre crédulité. Mais, si nous y regardons de près, laissant de côté « quelques tribus sauvages dégénérées ou non susceptibles de développement qui représentent, pour l'espèce humaine, une anomalie pareille à celle des malfaiteurs au sein d'une société », et nous bornant à considérer, même à partir de leurs origines connues, « les races supérieures de l'humanité (1) », nous voyons qu'à travers les nuances et les métamorphoses infinies de la moralité superficielle sous l'empire des superstitions, des coutumes, des institutions, des législations les plus diverses, une couche profonde, toujours la même, de sentiments moraux élaborés durant la longue nuit des âges antérieurs, ne cesse jamais d'apparaître, et de servir d'indispensable humus aux floraisons variées de la vertu la plus délicate ou la plus sublime. Pour reconnaître que ce sens moral élémentaire a existé de tout temps et a été commun à tous les peuples dans les larges limites indiquées ci-dessus, il faut observer que l'individu pourvu des sentiments dont il se compose les a toujours exercés en faveur des seules personnes regardées par lui comme *ses semblables*, et que le cercle de ceux-ci, d'abord réduit au groupe étroit d'une famille ou d'une tribu, s'est élargi par degrés au point d'embrasser l'humanité tout entière. Ces sentiments aussi persistants qu'universels, qui sont le patrimoine fondamental de tout homme normal venant au monde, dont l'absence exceptionnelle caractérise le malfaiteur-né, dont la violation exceptionnelle caractérise le crime ou le délit véritable (2), quels sont-ils? On n'en peut citer que deux : un certain minimum de pitié et un certain minimum de probité. D'autres s'y ajoutent souvent, la pudeur, le patriotisme; mais ils peuvent disparaître tout à fait, et jamais leur lésion, bien que nécessairement qualifiée crime ou délit par les lois positives, n'est sentie immédiatement criminelle ou délictueuse par tout le monde. Entre le crime politique (3) et le crime sans épithète, entre l'adultère « ce délit politique de la famille » et le vol, il y a la différence de l'artificiel au naturel. Je passe les exemples, les distinctions, les finesses italiennes

---

(1) Voir la *Criminologie* et l'article publié en français par M. Garofalo, sous ce titre : *Délit naturel*, dans la *Revue philosophique* de janvier 1887.

(2) A moins que, nous dit l'auteur, les sentiments dont il s'agit ne soient violés en vue de leur satisfaction supérieure. C'est le cas du chirurgien insensible par pitié même, aux cris de son patient; c'est aussi bien le cas des sauvages qui, par piété filiale, immolent leurs parents âgés, ou des Agamemnon et des Jephtés qui sacrifient leur fille au salut de leur pays.

(3) Simplement et purement politique : s'il y a attentat contre les personnes, la question se complique. Sur le *délit politique*, voir notre étude publiée sous ce titre dans la *Revue philosophique* (1890) et relative au dernier ouvrage de Lombroso *Il delitto politico*.

qui prêtent à cette généralisation vague un air de rigueur et dissimulent habilement l'omission de ce qu'elle exclut de parti-pris : les idées de droit et de devoir. Comme si l'idée du crime n'impliquait pas essentiellement, naturellement, celle d'un droit ou d'un devoir violé, et non pas seulement d'un sentiment violé, et comme si ce sentiment même était autre chose qu'une foi accumulée et consolidée au droit et au devoir! Ce qu'il y a de frappant ici, c'est de voir un évolutionniste faire cet effort désespéré pour se rattacher à un point fixe dans le flot sans fond des phénomènes et jeter l'ancre précisément dans ce qu'il y a de plus fluide au monde et de plus insaisissable, la sensibilité (1).

Les caractères du crime ainsi précisés dans la mesure du possible, cherchons ses causes. M. Ferri distingue les « facteurs » physiques, anthropologiques et sociaux du délit. Cette distinction correspond-elle dans sa pensée à celle des trois sphères concentriques de la réalité, la sphère physico-chimique, la sphère vitale et la sphère sociale? Non, physique ici signifie cosmologique et comprend l'ensemble du monde extérieur, animaux ou plantes, à l'exclusion de nos semblables. Fort bien ; mais pourquoi ranger parmi les facteurs anthropologiques la profession, l'état-civil, la classe sociale, l'instruction et l'éducation, toutes choses sociales au premier chef? On voit que Ferri, comme tous les esprits de notre siècle grisés par le vin nouveau des sciences naturelles encore en fermentation, est porté à confondre le social avec le vital au détriment du premier. Quoi qu'il en soit, la statistique criminelle, dont nos auteurs font avec raison grand état, permet d'isoler et de chiffrer jusqu'à un certain point le contingent spécial apporté à la criminalité générale, dans une période et un Etat donnés, par l'influence de la température chaude ou froide, du climat septentrional ou méridional, de la récolte abondante ou insuffisante en blé ou en vin, du séjour rural ou urbain, de la profession agricole, industrielle ou libérale; de l'ignorance ou de l'instruction, soit primaire, soit secondaire, soit supérieure; de la religion ou de l'irréligion, du

---

(1) La *Nueva Ciencia*, par M. de Aramburu, vice-recteur de l'Académie d'Oviedo, fait une critique très approfondie de cette théorie du délit naturel et en général de toutes les idées émises par M. Garofalo.

célibat ou du mariage, de la jeunesse, de l'âge mur ou de la vieillesse; de l'alcoolisme ou de la sobriété, de la misère ou de la richesse, de la barbarie ou de la civilisation : des événements politiques, etc. Quand je dis, cependant, que la statistique permet de procéder à une analyse si élevée et si délicate, je m'exprime mal ; elle le permettrait si elle fonctionnait depuis quelques siècles, non depuis quelques dizaines d'années seulement, et si, le même Code pénal, les mêmes institutions judiciaires, régissant par hypothèse tout un continent tel que l'Europe, elle fournissait des renseignements utilement comparables de nation à nation, non pas seulement comme maintenant de province à province, de département à département. Dans ces conditions, elle laisserait voir l'action diverse des différentes races, des différentes religions, des différentes latitudes européennes aussi clairement que, dans chaque Etat, l'action diverse de ses différents métiers. Mais la statistique criminelle est bien loin de cette haute perfection ; ce qui explique en partie pourquoi l'école positiviste s'est abstenue d'aborder de front la plupart des problèmes que nous venons de poser. Pourtant, à défaut ou comme complément de la statistique, l'archéologie, mieux encore que l'histoire proprement dite, peut aider à les résoudre en éclairant l'état moral des âges évanouis. Entre autres documents du passé, les mémoires, les livres de raison, les actes officiels conservés dans les Archives, sont des vestiges précieux à rechercher. Par malheur, nos criminalistes nouveaux dédaignent ces sources antiques ou les ignorent ; il est rare qu'un utilitaire soit archéologue et qu'un naturaliste soit érudit. Aussi l'école positiviste n'a-t-elle fait jusqu'ici que glaner quelques aperçus épars dans le champ où un faisceau d'idées fécondes attend son moissonneur. Elle est muette ou dénigrante sur l'effet des croyances religieuses; il serait pourtant bien peu vraisemblable que, révélé statistiquement même, en fait de divorce, de séparations de corps et de suicides (1), cet effet fût nul ou sans nulle manifestation statistique en fait de délits. Elle n'a pas ajouté grand'chose à ce que les statisticiens de profession, depuis Quételet, nous avaient appris sur l'effet proportionnel, à très peu près

---

(1) Voir la belle monographie sur le Divorce, de M. Bertillon.

invariable, des divers âges, et aussi bien des divers états civils. En tout ceci, ses recherches ont manqué de suite et de plan, provoquées le plus souvent par des besoins de polémique. Il s'agissait de combattre l'idée du libre arbitre; on a donc insisté, avec une prédilection singulière, sur l'efficacité criminelle de la chaleur ou du froid, de la récolte bonne ou mauvaise, de l'alcoolisme, des « facteurs physiques » en général. D'autre part, pour répondre à la fraction socialiste de l'école qui cherchait à établir par des chiffres la liaison de la misère et du délit et à incriminer de la sorte l'état social (1), on s'est efforcé de montrer au contraire que l'accroissement du bien-être est parallèle à celui de la délictuosité, que les années de belles vendanges et de belles moissons notamment se signalent par une recrudescence d'attentats aux mœurs, de coups et blessures et de meurtres (2). Ou bien, pour démontrer que le système des législation et des pénalités existantes était à réformer, on invoquait ses résultats, on triomphait à constater l'augmentation, véritablement alarmante, sinon des crimes de sang, du moins des délits d'astuce, de fourberie et de corruption pendant le dernier demi-siècle écoulé sous l'empire de ces institutions : argument, à vrai dire, en contradiction avec ce principe de l'école que les peines, quelles qu'elles soient, sont la moins efficace des causes propres à contre-balancer les tendances délictueuses. Quelques essais de généralisation particelle se sont produits, mais ils n'ont eu qu'un succès éphémère. M. Poletti avait cru découvrir une liaison fixe, quasi-mathématique, entre la progression rapide de la richesse, de l'activité productive, et la progression plus lente de la criminalité, de l'activité destructive; d'où il déduisait ce paradoxe optimiste que l'augmentation *absolue* de notre criminalité équivaut à son refoulement *relatif*. On a assez mal accueilli ce singulier théorème en France et en Italie. L'ingénieux calendrier de la criminalité, dressé par M. Lacassagne, n'a pas soulevé trop d'objections; mais le rapport inverse établi par quelques auteurs entre la criminalité

---

(1) Voir la brochure de M. Turati dont il a été question plus haut. Voir *Alcoolismo* et aussi *Socialismo* par M. Colajanni, et la *Dinamica del delitto*, par M. Bataglia et surtout *Sociologia Criminale*.

(2) Voir Ferri, *Socialismo e Criminalita*, surtout le chapitre intitulé *Benessere e criminalita*.

contre les personnes et la criminalité contre les biens a trouvé des contradictions, ainsi que la localisation géographique de la première dans le midi et de la seconde dans le nord (1). Un autre rapport inverse avait fait grand bruit, c'était celui qu'avait aperçu M. Morselli, dans son bel ouvrage intitulé *Suicidio*, entre le suicide et l'homicide. Mais cette dernière thèse elle-même, malgré le luxe de tableaux statistiques invoqués en sa faveur, n'a pas résisté aux coups de la critique.

Sur la question qui nous occupe, donc, l'école nouvelle est un chantier assez tumultueux, où les plans abondent, où les constructions se combattent, et où s'accumulent les démolitions.

IV. *Quel est le remède contre le délit?* — La réponse est tout un vaste programme de réformes soit morales, soit politiques, soit industrielles même, soit enfin législatives, judiciaires et pénitentiaires, qui sont exposées, dans les *Nuovi Orizzonti* et la *Criminologie*. Avant de les résumer, il n'est pas inutile de remarquer que l'ardeur extrême avec laquelle nos auteurs s'efforcent de faire prévaloir les modes d'instruction, de jugement et de pénalité qui leur sont chers (2), se concilie mal, chez eux, avec leur thèse sur la presque inefficacité des peines. Mais d'abord il convient de les entendre un moment sur ce dernier sujet. Dans un état physique et social donné, disent-ils, le climat, la saison, les récoltes, le commerce, les rapports sociaux de tous genres, étant ce qu'ils sont, un chiffre déterminé et une nature déterminée de criminalité sont attachés précisément à cet état, comme l'effet à la cause. C'est ce que M. Ferri appelle la loi de saturation criminelle, par une métaphore empruntée à la chimie ; mais *quel* est, pour chaque État différent, ce degré de criminalité qui est suffisant et nécessaire pour saturer une société, voilà ce que la loi omet de nous dire. Elle n'est donc qu'une expression pittoresque et *particulière* de l'idée-mère du déterminisme en général. Aussi n'avons-nous pas

---

(1) Voir *Revue philosophique*, janvier 1886, ainsi qu'une brochure de M. Colajanni sur la *Criminalité sicilienne*.

(2) M. Ferri législateur, dans ses discours à la Chambre des députés, en mai 1888, sur le projet de réforme du Code pénal, peut être opposé sur ce point à M. Ferri, professeur ou conférencier.

cru devoir en parler plus haut. Il ne s'ensuit pas moins de là que, parmi toutes les influences favorables ou contraires dont la rencontre détermine le chiffre des délits à chaque époque, l'indulgence ou la gravité des peines représente une valeur à peu près insignifiante. « De même que l'oïdium et le phylloxera, dit M. Ferri, valent mieux que les rigueurs pénales pour diminuer le nombre des coups et blessures, ainsi la disette réussit mieux que les meilleures serrures et les chiens lâchés dans la cour des prisons, à empêcher les évasions de détenus » ceux-ci appréciant alors l'avantage d'être nourris par l'Etat. Pour la même raison, pendant que, en 1847, tous les genres de vols augmentaient considérablement, on voyait diminuer les vols commis par les domestiques, qui ne voulaient pas se faire chasser de la maison où ils trouvaient à vivre. On a exagéré, ajoute le même écrivain, l'efficacité des châtiments. A Rome, les excessives pénalités contre le célibat n'ont pas arrêté le progrès de la dépopulation. Les tigres et les lions de l'Amphithéâtre n'ont pas retardé la propagation de la foi chrétienne ; l'atrocité des supplices au moyen-âge n'a pas empêché les crimes d'y surabonder à tel point qu'on était obligé d'établir des trêves pour limiter à certains jours de la semaine la faculté d'être criminel. Ce n'est pas à un affaiblissement de la répression que l'augmentation de la criminalité en France, depuis cinquante ans au moins, est imputable, puisque, au contraire, si l'on en juge par la proportion des acquittements, la répression est devenue plus sévère. En effet, cette proportion est descendue par degré, de 32 %, en 1826-1830 à 6 % en 1877-1881. En Italie, en Angleterre même, il en a été de même (1). « Le mari perspicace compte sur toute autre chose que les articles du Code contre l'adultère pour conserver la fidélité de sa femme. » La contrebande a été punie pendant des siècles atrocement, par la mort ou la main coupée, et elle a continué de fleurir ; maintenant, les tarifs douaniers s'étant abaissés, elle va diminuant très vite, parce que le gain qu'elle espère a perdu

(1) Ferri oublie de remarquer que le désir, éprouvé par les magistrats et réalisé de plus en plus habilement par eux, d'éviter les acquittements, de s'adapter toujours davantage à la faiblesse de plus en plus grande et de mieux en mieux connue des juges et même des juges correctionnels, suffit parfaitement à expliquer cet abaissement graduel de la proportion des acquittements. Il y a là un phénomène d'adaptation judiciaire aussi inévitable qu'inconscient. La répression, en réalité, est de jour en jour plus faible.

beaucoup de son attrait. Effectivement, « un peu d'incertitude enlève bien plus de force à la crainte d'une douleur qu'une incertitude même très grande n'en ôte à l'attrait d'un plaisir. Or, les coupables ont tant de chance d'échapper à la justice et d'être acquittés ! ».

Il est juste pourtant d'ajouter que tous les coreligionnaires de Ferri ne vont pas aussi loin que lui dans le même sens. M. Garofalo, qui est magistrat, fait ses réserves ; M. Lombroso (1) cite des exemples historiques de vigoureuses répressions couronnées de succès. Sous Sixte V, plus de mille exécutions en cinq ans ont extirpé momentanément le brigandage dans les Romagnes ; les Autrichiens, en 1849, par une égale sévérité, l'ont chassé des Calabres ; la loi Pica, plus récemment, l'a réprimé à Naples. — Il y a une peine, en tout cas, dont la plupart de nos auteurs reconnaissent et même proclament souvent l'efficacité, c'est la peine de mort. Encore ne sont-ils pas unanimes à affirmer l'opportunité de son maintien à l'heure présente. Ferri la juge inopportune aujourd'hui. Mais tous rendent témoignage à sa grande utilité, au moins dans le passé, et à sa légitimité en tout temps. — Il est curieux de remarquer, après cela, que le paradoxe des châtiments inefficaces a été mis en circulation, à l'origine, par les adversaires de la peine de mort, dont il est l'argument favori.

Il est incontestable que le vrai et souverain remède au délit serait la suppression de ses causes, si on avait pris soin de les étudier complètement. Encore faudrait-il que ses causes les plus actives fussent de celles qui dépendent de l'homme ; car, si les « facteurs physiques et anthropologiques », tels que le climat, la saison, la race, les idiosyncrasies individuelles, sur lesquels la volonté ne peut à peu près rien, sont prépondérants, comme le prétendent nos criminalistes novateurs, il n'y a presque qu'à se croiser les bras devant les progrès du fléau. Nous ne pouvons véritablement agir que sur les causes sociales, et encore sur une partie seulement de celles-ci. Or, nous l'avons vu, l'école a fort négligé leur examen et n'en présente nulle part le tableau méthodique, détaillé et complet. De telles prémisses il ne pouvait sortir qu'une

---

(1) Voir son *Incremento del delitto in Italia*.

conclusion vague et insuffisante. C'est ce qui est arrivé. Quand il veut dérouler la liste de ces grands moyens préventifs qu'il appelle les *substituts de la peine*, M. Ferri ne nous présente qu'une esquisse sans relief (1), dont l'idée première seulement est bonne à retenir : demander à la réforme des lois et des institutions civiles, principalement, le refoulement de la criminalité. Mais les lois et les institutions ne sont, à vrai dire, que l'écorce des sociétés, et leur noyau central, d'où procède la surface, est formé d'un faisceau d'idées géniales, de découvertes et d'inventions auxquelles il faut toujours remonter, ainsi qu'aux sensations et aux besoins primitifs de l'organisme, quand on veut s'expliquer les croyances et les mœurs, les religions et les institutions des États. Par malheur, on ne décrète pas le génie, et, comme la pluie ou le soleil, il échappe au pouvoir de l'homme. Il est bien possible, comme l'insinue quelque part M. Ferri, que la disparition graduelle de l'ivrognerie depuis deux siècles, dans les hautes classes des nations européennes, ait été provoquée par la propagation chez elles de l'usage du café depuis Louis XIV ; donc, la découverte de ce précieux tonique a été un admirable antidote du vin, cette autre découverte très antique, et a tari en grande partie la source abondante de délits que celle-ci avait fait jaillir. Cette remarque peut être même généralisée. L'invention de la vapeur appliquée à la navigation a fait disparaître la piraterie ; les chemins de fer font disparaître le brigandage partout où ils pénètrent. En Anatolie, d'après un voyageur (2), sauf dans les parties traversées par les chemins de fer, tout le territoire « vit presque sans relâche dans la terreur des assassins et des pillards. Récemment, ils venaient jusque dans les rues de Smyrne, ravageant les boutiques et rançonnant les marchands ».

---

(1) Contre l'infanticide, il propose le rétablissement des tours et le droit de rechercher la paternité ; contre le duel, le jury d'honneur ; contre l'adultère, le divorce. Il invoque à ce sujet la statistique du Massachussetts, de laquelle il résulte que, de 1865 à 1878, le nombre des divorces a augmenté de 337 à 562, pendant que le nombre des adultères (poursuivis) a baissé de 195 à 136. Mais je voudrais bien savoir si les divorces en question n'ont pas été prononcés ou demandés en grande partie à raison d'adultères... M. Ferri aurait pu choisir des exemples moins sujets à contestation, tels que l'interdiction du port d'armes qui, en Corse, avait diminué des quatre cinquièmes, sous le second Empire, le nombre des assassinats. — Voir à cet égard *En Corse*, par M. Paul Bourde, la *Réforme pénitentiaire et pénale*, par M. Labroquère, avocat général à Bordeaux, et la *Criminalité en Corse* par M. Bournet.

(2) M. Emile Burnouf, article sur la *France dans le Levant* (*Revue des Deux-Mondes*, 15 octobre 1887).

Ces exemples, qu'on pourrait aisément multiplier, sont de nature à nous faire penser que, si telle ou telle découverte ou invention encore dans les limbes des futurs contingents venait à éclore, telle ou telle branche actuellement florissante de l'arbre du délit, le faux, l'incendie, le vol, commencerait à dépérir, atteinte dans sa sève. Mais ce spécifique souverain est le secret de l'avenir, il échappe à notre volonté.

Voilà pourquoi, en définitive, il faut bien se rabattre sur les petits moyens dont on dispose, à défaut de prise sur les grands. Parcourons donc rapidement les réformes législatives qu'on rêve, et qui sont de deux sortes : les unes concernent la procédure et la justice criminelles, les autres ont trait au système pénal et au régime pénitentiaire. — Les premières s'inspirent de cette idée, parfaitement juste, qu'il importe de substituer, en matière criminelle, au point de vue strictement juridique, le point de vue sociologique, bien plus large et plus haut. Par suite, un ensemble d'aptitudes et de lumières spéciales, très distinctes des qualités qui font le bon juge civil, doit être exigé du magistrat appelé à juger des crimes et des délits; la préparation scolaire ou stagiaire qui convient à celui-là ne saurait convenir à celui-ci ; les habitudes d'esprit propres au premier, le goût des syllogismes et des arguties, faussent le jugement du second, qui devrait briller surtout par le talent de l'observation, l'amour des faits, l'aiguisement du coup d'œil; et c'est une erreur grossière d'appliquer tour à tour ou indistinctement à des occupations si diverses le même personnel de juges à tout faire. Il suit aussi de là que le jury « qui est à la magistrature ce que la garde nationale est à l'armée », est impropre à la tâche qu'on lui impose. L'éducation et l'expérience voulues lui font défaut. — Mais nous n'indiquons ici que pour mémoire les attaques passionnées de la nouvelle école contre le jury : elles méritent que nous leur consacrions plus loin un examen à part.

Si cependant on s'obstine à maintenir cette détestable institution, née de l'anglomanie du dernier siècle, au moins faut-il tâcher de l'améliorer. Aux deux verdicts d'acquittement et de condamnation avec ou sans circonstances atténuantes il serait bon d'ajouter ce troisième, le verdict de *preuve insuffisante*, analogue au *non liquet* des Romains. Dans nombre de cas, il permettrait aux jurés d'exprimer mieux le fond de leur pensée et d'éviter le scandale d'une absolution pure et simple. — En outre, on admet bien l'ordonnance de non-lieu *jusqu'à de nouvelles charges*; pourquoi n'admettrait-on rien de semblable en fait de jugements? Le Code autrichien et le Code allemand ont déjà reconnu en principe, à la société, le droit de révision des procès criminels quand des preuves nouvelles se révèlent. — Il faudrait aussi remédier à l'abus des recours en cassation pour vices de formes et à l'abus non moindre des grâces et des amnisties, « ces jubilés du délit ».

M. Garofalo s'est beaucoup occupé d'une réforme qui présente un caractère de haute justice (1): la victime d'un délit ne devrait plus être obligée de se constituer coûteusement partie civile pour obtenir une condamnation à des dommages-intérêts; cette réparation du préjudice devrait être requise par le ministère public avant toute peine. Un vol est commis; le voleur n'est pas tout à fait insolvable, et le volé pourrait se faire indemniser, si l'Etat ne se faisait d'abord payer l'amende qui lui revient. N'est-ce pas étrange? L'Etat bénéficie des délits qu'il a eu le tort de ne pas empêcher, et il en bénéficie au détriment de ceux qui ont à lui reprocher sa négligence.

Soit devant des magistrats, soit devant des jurés, la nature du débat entre la poursuite et la défense doit être changée. Il ne doit plus être question de responsabilité morale. S'il s'agit d'homicide, ce n'est pas la préméditation qui doit être la circonstance aggravante (2), c'est le caractère antisocial du mobile qui a poussé au meurtre ou à l'assassinat. Quand il est prouvé que les mobiles d'un acte délictueux quelconque sont antisociaux, il n'y a plus à plaider l'acquittement. Entre le Parquet et son adversaire, la seule difficulté qui reste à trancher est de savoir si c'est dans la catégorie des criminels *aliénés*, ou *innés*, ou *habituels*, ou *accidentels*, que le coupable doit être rangé.

---

(1) Voir notamment sa brochure intitulée *Riparazione alle vittime del delitto* (fratelli Bocca, 1887).

(2) Sur ce point, l'école classique est d'accord avec l'école nouvelle. Voir à ce sujet la *Peine de mort*, par Holtzendorff (chap. 22 et s.). Voir aussi la *Premeditazione*, par *Bernardino Alimena* (fratelli Bocca, 1887).

L'avantage serait grand de substituer à une joute de lieux communs oratoires une pareille discussion où des arguments scientifiques seraient seuls de mise, où le rôle de l'expert deviendrait prépondérant. L'expert serait choisi, d'ailleurs, sur une liste officielle, et dans les cas difficiles on aurait recours aux lumières d'un grand collège d'experts, tel qu'il en existe déjà en Allemagne, en Autriche, en Russie. L'expertise médico-légale déterminerait la classe à laquelle le condamné doit appartenir et on ne verrait plus un juré, qui d'ailleurs se reconnaît impropre à contrôler les conclusions d'un médecin-légiste, se croire de force à résoudre tout seul les problèmes les plus ardus de la psychologie morbide. Ferri attribue à l'influence des idées spiritualistes cette compétence supposée du premier venu en fait de maladies du cerveau.

Arrivons aux réformes pénitentiaires. La principale consiste à créer des asiles criminels, sortes d'hospices-cachots (1) où l'on enfermerait les fous bénéficiant d'une ordonnance de non-lieu à raison de leur folie, les fous acquittés comme tels, les condamnés donnant dans leur prison des signes certains d'aliénation mentale, enfin les aliénés ordinaires qui, dans leurs maisons de santé, auraient commis des actes qualifiés crimes. — Quant aux criminels-nés, incorrigibles, la question s'élève de savoir s'il convient de leur appliquer la peine de mort. Sa légitimité n'est douteuse pour personne dans le camp positiviste, pas plus que son illégitimité dans le camp opposé. Mais nombre de nos écrivains estiment qu'en temps normal l'exercice du droit social d'*éliminer* l'obstacle aux fins sociales est inutile et peut être remplacé avantageusement par la déportation. Nous reviendrons sur ce sujet dans un chapitre spécial. — Toujours en ce qui concerne les individus jugés dangereux, M. Garofalo s'est fait le champion des peines d'emprisonnement *indéfinies*, d'une durée non déterminée d'avance et variable d'après la conduite du condamné en prison. Cette idée, du reste, a été émise par d'autres auteurs, par Krœpelin, en Allemagne, notamment. Ferri ne serait pas éloigné d'approuver dans une certaine mesure les châtiments corporels,

---

(1) En Angleterre, Bedlam; en France, Gaillon, peuvent donner une idée, mais très imparfaite, de ce genre d'établissements.

ce que Roncati appelle le régime maternel, par une délicate allusion aux soufflets que les bonnes mères prodiguent à leurs enfants indisciplinés (1). Des secousses électriques, des douches froides seraient d'utiles procédés, de couleur tout à fait moderne et scientifique. — Les délinquants d'habitude, quoique souvent peu dangereux, réclament une répression sévère. La peine doit croître suivant une progression géométrique d'après le nombre des récidives. Tout le monde s'accorde à blâmer l'inutilité des courtes peines appliquées aux récidivistes. — Les délinquants d'occasion doivent être astreints, en prison, à payer par leur travail les frais de leur entretien et le dédommagement de leur victime. Pour eux, ainsi que pour la précédente classe de détenus, le système cellulaire est efficace ; mais le système irlandais de répression dans des établissements divisés en grandes catégories de détenus, est encore préférable. — Nulle peine n'ayant d'efficacité sur les délinquants par passion, il n'y a lieu de leur infliger d'autre peine que la réparation rigoureuse du préjudice occasionné par leur délit.

Dans le chapitre final de son livre, M. Ferri fait la place de la *Sociologie criminelle* qu'il vient d'esquisser, et que nous venons de résumer d'après lui et son école, parmi les autres sciences sociales. Il montre le Droit pénal se reconstruisant dorénavant sur des données fournies par la psychologie, l'anthropologie et la statistique ; il prédit que le Droit civil lui-même ne tardera pas à sentir le besoin d'une rénovation profonde fondée sur les mêmes études inspiratrices.

---

(1) En France, un ancien magistrat, M. Eugène Mouton. dans le *Devoir de punir* (1887), a eu la hardiesse de rappeler que la bastonnade et la flagellation sont pratiquées de nos jours même chez des peuples qui sont nos égaux en civilisation. M. Beaussire, dans ses *Principes du Droit*, ne se prononce pas catégoriquement contre ce genre de punition.

CHAPITRE TROISIÈME

THÉORIE DE LA RESPONSABILITÉ

Que résulte-t-il de ce qui précède ? Une conclusion peu encourageante en apparence. Nous l'avons vu, la responsabilité assise sur le libre arbitre jugé réel, est ruinée à sa base par le progrès du déterminisme scientifique ; la responsabilité assise sur le libre arbitre considéré comme un idéal à réaliser, n'est qu'une illusion, et la responsabilité fondée sur l'utilité sociale exclusivement n'a de commun que le nom avec la responsabilité entendue aux sens précédents ; encore son nom lui est-il refusé à juste titre par les utilitaires les plus rigoureux.

S'ensuit-il qu'il soit impossible de trouver un fondement rationnel à une idée que toute l'humanité voit luire, qui éclaire tout homme venant au monde social, qui n'est point une superstition en train de reculer devant les progrès de la civilisation, mais une notion précisée, fortifiée, répandue à mesure que la civilisation croît et s'étend ? Nous ne le pensons pas. Le meilleur moyen ce nous semble, de combattre ou de contrôler les théories différentes ci-dessus exposées, c'est de leur opposer une théorie qui n'a rien de scolastique, mais qui se dégage et doit se formuler d'elle-même, si l'on examine de près ce que les hommes, en fait, ont toujours voulu dire en disant qu'un de leurs semblables était responsable, civilement ou pénalement, à leur égard. Ont-ils pensé qu'il était responsable d'un acte parce qu'en agissant, il avait, par sa décision volontaire, par sa liberté d'indifférence, rendu nécessaire un simple possible qui, avant cette décision née *ex nihilo*, n'aurait eu aucun caractère de nécessité ? Jamais le bon sens humain n'est entré dans ces subtilités. De tout temps on a jugé un être responsable d'un fait quand on a cru qu'il était, lui et non un autre, l'auteur, l'auteur, bien entendu volontaire et conscient, de ce fait. C'est un problème de causalité et d'identité, non de liberté qu'on a résolu par ce jugement. Alors même que le libre arbitre serait une vérité et non une hypothèse, le seul fait qu'il est nié à notre époque par la presque universalité des savants et une proportion toujours croissante des gens instruits, devrait faire sentir l'urgence de chercher ailleurs l'appui de la responsabilité. Consulté par la justice, en effet, sur le point de savoir si un accusé est responsable dans le sens classique du mot, le médecin légiste doit toujours répondre, et, en fait, répond de plus en plus souvent négativement ; de là des acquittements aussi scandaleux que logiques. Nos utilitaires ont bien senti ce danger et ils se sont efforcés d'y parer. Mais ils n'y ont pas réussi. Par l'obligation où ils croient se trouver, après avoir nié le libre arbitre, de définir la responsabilité comme exclusive de toute idée morale, c'est-à-dire de la décapiter et de la détruire, ils ont l'air de donner raison à cette prétention, tant de fois émise par les partisans du libre arbitre, que, leur principe écarté, la morale croule (1). C'est là un préjugé si cher à la conscience spiritualiste, si éloquemment propagé et entretenu par les plus nobles esprits, qu'on ne saurait espérer de voir se rompre cette association d'idées tout au préjudice de la morale, tant qu'on se bornera à saper la prétendue base de celle-ci et qu'on ne lui aura point taillé ou exhumé quelque base nouvelle. L'importance et l'opportunité de cette tentative doivent faire excuser sa hardiesse. Nous allons donc nous permettre d'esquisser dans les pages suivantes, sous forme théorique, notre manière de voir ; après quoi nous essaierons de montrer qu'elle s'accorde avec l'évolution historique de la responsabilité et permet d'établir un lien pour la première fois, d'éviter pour la première fois tout hiatus entre la conception ancienne qui s'efface et la conception nouvelle, positiviste, qui tend à triompher.

(1) « L'homme, dit M. Dally, ne saurait être moralement responsable de ses actes pas plus qu'il ne l'est des maladies qu'il apporte en naissant ou qu'il a contractées dans le cours de sa vie. » Il a été fait, au Congrès de Rome, aux applaudissements de tous, des déclarations aussi radicales, et M. de Lapouge, dans sa chaire d'anthropologie, à Montpellier, a trouvé moyen de les dépasser.

I

I. Le problème de la responsabilité se rattache à la recherche philosophique des causes et n'en est qu'une application, seulement très ardue, à l'étude des faits de l'homme vivant en société.

C'est même à raison de cette connexion étroite des deux problèmes que la conception du libre arbitre est née. En effet, elle est née et elle a dû logiquement naître à une époque où régnait l'idée de la culpabilité infinie et absolue du pécheur. Si être coupable d'un acte, cela signifie d'abord en être cause, il s'ensuit que, en être coupable absolument et infiniment, à l'égard de tous et sans nulle restriction, comme il le faut pour justifier la notion de damnation éternelle, cela signifie en être la cause absolue et première, autrement dit la cause libre, au-delà de laquelle on ne saurait remonter dans l'enchaînement de la série causale. La liberté, en ce sens, est un pouvoir créateur *ex nihilo*, un attribut divin prêté à l'homme. L'agent libre fait face et peut faire échec à Dieu; il est, en réalité, un petit dieu opposé au grand. Refuser à l'homme cette puissance de création, ce privilège de suspension des lois divines par une sorte de *veto* incompréhensible, et en même temps le juger digne de châtiments sans fin pour avoir fait obstacle à la volonté de Dieu, c'eût été à coup sûr se contredire. — Mais si, au lieu d'une culpabilité absolue et infinie, désormais hors de discussion, il n'est question que d'une culpabilité relative et limitée comme toute chose réelle et positive, une causalité relative et limitée elle-même, une causalité *seconde*, comme on dit, nous suffit. Partant la liberté devient un postulat inutile. Nous en sommes là. Il s'agit de savoir, en définitive, si, pour être une simple maille du tissu serré des phénomènes ourdi par la nécessité, le moi a perdu tout droit au titre de cause, et s'il n'y a de cause vraie que la cause première, hypothétique et insaisissable. Il s'agit de savoir si, au lieu de se fonder sur l'indétermination supposée de l'acte, la responsabilité n'aurait pas pour condition la nature spéciale de sa détermination même, son déterminisme intérieur.

Plaçons-nous, par hypothèse, au point de vue déterministe. Suis-je moins réellement, parce que je suis nécessairement? Suis-je moins moi parce que, de tout temps, il était décrété que je serais, parce que des milliers et des milliers de chaînes causales, de rivières et de ruisseaux de force, ont convergé vers moi, à leur insu, mais inévitablement, depuis que le monde est monde? Ce n'est pas tout; il ne suffit pas même de dire que j'ai été de tout temps le confluent inévitable de tant d'évolutions dans le passé; il faut aller jusqu'à dire qu'un immense éventail d'évolutions causales, à jamais déployé dans l'avenir, émane de moi. Je suis le point d'intersection de cette double infinité, je suis le foyer de cette double convergence. Car, en vérité, pourquoi ne dirait-on pas, *si la nécessité est la règle universelle*, que ma véritable cause est dans l'avenir, qui n'est pas encore, aussi bien que dans le passé, qui n'est plus? N'est-ce pas par suite d'une illusion toute subjective, et par un reste de foi inconsciente, mais profondément subsistante, en la *contingence du futur*, que nous nous refusons à expliquer le fait actuel, la phase actuelle d'une évolution, par les phases ultérieures, et que nous nous obstinons à l'expliquer, toujours insuffisamment, par ses phases antérieures? Il n'y a pas plus de raison de dire d'un homme semblable à ses ancêtres, en vertu des lois de l'hérédité : « ce sont ses ancêtres qui agissent en lui », qu'il n'y en aurait de dire : « ce sont ses fils, ses petits-fils, ou, s'il n'en doit pas avoir, ses descendants sociaux, ses imitateurs futurs, qui agissent en lui »... Si l'on ne songe à parler que de ses ancêtres, c'est qu'on ne connaît qu'eux, c'est que l'imparfaite intelligence de l'homme est dépourvue en général de la faculté de prévoir, — si ce n'est les phénomènes astronomiques d'un certain ordre, — et est réduite à la faculté de se souvenir. — Ainsi, *toujours j'ai dû être*, *à jamais j'aurai dû être*, et je ne serais pas véritablement! — Je suis. Or, si je suis, et tant que je suis, c'est se moquer que d'aller chercher une autre cause de mes actes que moi-même.

Il faut le reconnaître pourtant, rien de plus obscur que l'idée de cause et le rapport de causalité, rien n'a soulevé plus de discussions parmi les philosophes. Hume et Kant, les positivistes et les criticistes, ne s'entendent guère à ce sujet ; et si la question devait rester en suspens jusqu'à ce qu'ils se fussent mis d'accord là-dessus, on pourrait la regarder comme insoluble. Mais la conscience de l'humanité ne s'est pas engagée dans ce débat; elle ne s'est jamais demandé ici : quelle est la cause? — Entendant ce mot dans le sens le plus clair et le plus pratique, elle s'est demandé simplement : *où* est la cause? Et elle a répondu, diversement suivant les époques, en circonscrivant le cercle plus ou moins étroit de réalité jugée indivisible où la cause doit se trouver renfermée. Nous disons en voyant un assassin qui vient de commettre son crime : c'est dans ce cerveau, dans cette âme que gît la cause de cet homicide. Il y a quelques siècles, nous aurions dit plus vaguement : c'est dans cet individu ; et, à une époque plus reculée encore, où l'individu était lié à sa famille comme le membre au corps, nous aurions dit plutôt : c'est dans telle famille. L'essentiel est de ne pas prendre une famille pour une autre, un individu pour un autre, une âme, un cerveau pour un autre ; ajoutons maintenant, car ce progrès se poursuit, un *moi* pour un autre. Une famille change à la longue et se renouvelle, un organisme se transforme, une « âme » se modifie, un moi s'altère ; mais aussi longtemps que la famille, le corps, la personne durent, leurs transformations sont des variations sur un thème qui reste plus ou moins identique et dont l'identité, atténuée mais non détruite, donne le droit de regarder ces cercles de réalité comme renfermant toujours la cause d'un acte antérieurement commis, la même cause ou peu s'en faut. Les psychologues ont attribué beaucoup trop d'importance au sentiment que nous avons de notre liberté et pas assez au sentiment, tout autrement solide, que nous avons de notre identité. Les moralistes ont dépensé des trésors d'analyse en pure perte à dresser l'échelle des degrés de liberté, et les degrés d'identité ont échappé à leur clairvoyance. Il est pourtant assez aisé de dire à un moment donné, quand on voit de très près une personne, jusqu'à quel point elle est restée la même qu'à une date antérieure ; mais nul ne peut dire dans quelle mesure elle a été libre en agissant. Admettons le libre arbitre, soit; mais au moins doit-on reconnaître qu'il y a un avantage pratique des plus incontestables à faire reposer la responsabilité sur l'identité, qui est un fait patent, plutôt que sur la liberté, qui est une force latente.

Est-ce à dire que l'idée seule d'*identité individuelle* suffise ?

Non, il faut y joindre celle de *similitude sociale*, comme nous allons le voir, et c'est seulement en combinant ces deux notions qu'on trouve la solution plausible du problème. Pour que je juge un individu responsable d'une action criminelle commise il y a un an, il y a dix ans, me suffit-il de croire qu'il est identiquement l'auteur de cette action ? Non, car j'aurai beau porter le même jugement d'identité à propos d'un meurtre commis sur un Européen par un sauvage d'une île nouvellement découverte, je n'éprouverai pas ce sentiment d'indignation morale et de vertueuse haine que m'inspirerait un acte pareil exécuté par un Européen sur un autre Européen, par un insulaire sur un autre insulaire. Une condition indispensable, donc, pour que le sentiment de la responsabilité morale et pénale s'éveille, c'est que l'auteur et la victime d'un fait soient plus ou moins compatriotes sociaux, qu'ils présentent un nombre suffisant de ressemblances, d'origine sociale, c'est-à-dire imitative. Cette condition n'est pas remplie quand l'acte incriminé émane d'un aliéné, d'un épileptique au moment de son accès, d'un alcoolique même dans certains cas. Ces gens-là, à l'instant où ils ont agi, n'appartenaient pas à la société dont ils sont réputés membres. — Mais, quand les deux conditions indiquées se rencontrent et s'élèvent ensemble à un haut degré, le sentiment de la responsabilité éclate avec une force remarquable. Chez tous les peuples, tels que les anciens Égyptiens, les Romains, les Chinois, les Anglais, où d'une part, l'assimilation des individus les uns aux autres, l'homogénéité sociale, est profonde, et où, d'autre part, la foi en l'identité de la personne est poussée jusqu'au dogme de l'âme immortelle, on voit les concitoyens, dans leurs rapports mutuels, se sentir profondément responsables de leurs fautes et de leurs dettes. En Chine, par exemple, malgré ce qu'on a pu dire sur l'improbité de cette nation, « le coupable, nous dit M. Simon (1), est *convaincu* avant d'être

---

(1) *Cité chinoise*.

condamné. J'ai vu, ajoute-t-il, des *convicts* chinois tendre eux-mêmes leurs jarrets aux fers qu'on allait leur mettre. » Bien plus, la loi de l'Empire du Milieu autorise, dans certain cas, le remplacement pour la peine de mort. On y trouve, en effet, d'anciens scélérats qui, faisant la honte de leur famille, consentent à servir de remplaçants sur l'échafaud pour se réhabiliter aux yeux des leurs (1). Rien ne peint mieux que ce trait la force de l'esprit de famille dans l'extrême Orient ; mais, en même temps, « tout cela suppose une idée de la justice (dans les relations réciproques des chinois) portée à une puissance extaordinaire ».

II. Cherchons à déterminer ce qui constitue la plénitude de responsabilité morale. Il faut d'abord que, en agissant, l'agent ait été en possession de toutes ses facultés habituelles et caractéristiques, qu'il ne soit nullement sorti de son être normal. Mais un homme né irascible et débauché n'est-il pas dans son être normal quand il crie et vocifère, quand il est en proie aux transports voluptueux ? Sans doute. Il faut donc compléter notre définition. Si l'état ordinaire d'un homme n'est en rien semblable à l'état ordinaire de la moyenne de ses co-associés, il y a irresponsabilité de sa part ; il n'y a de sa part responsabilité complète que lorsque son état ordinaire, sous l'empire duquel il a agi, est aussi semblable que possible à l'état moyen en question. Or, à ce point de vue, nous pouvons distinguer les états psychologiques des divers individus en deux grandes catégories : les états susceptibles et les états non susceptibles de s'associer durablement, division qui comporte cette subdivision : les états compatibles ou incompatibles avec la durée d'une forme d'association quelconque et les états compatibles ou incompatibles seulement avec la durée d'une forme d'association spéciale à une époque et à une contrée. Il y a assurément fort peu d'états dont la compatibilité ou l'incompatibilité avec la stabilité de n'importe quelle société imaginable soit absolue. Cependant on est en droit d'avancer que les états violents, en général, sont essentiellement non associables, non généralisables sans préjudice pour l'intérêt

---

(1) Ici la peine est essentiellement expiatoire et présente cependant, précisément à cause de ce caractère, une grande et profonde utilité sociale.

commun, et que, si une grande société les supporte, c'est en les
absorbant et les noyant, clair-semés, dans son sein. Quand la
proportion des colériques, des alcooliques, des joueurs, des
envieux, des politiciens, des vindicatifs, dépasse un certain
degré, le lien social se relâche ou se brise. Les états modérés
sont seuls associables habituellement. J'entends les états modérés
en fait de désirs et de besoins de consommation, ou en fait de
croyances subjectives nommées amours-propres ; car, en fait de
désirs et de besoins de production, et pareillement en fait de
croyances objectives nommées dogmes ou connaissances, les
états les plus excessifs, s'ils parviennent à se généraliser,
réalisent, au contraire, l'unanimité la plus solide. On voit des
activités belliqueuses ou pacifiques, sur un champ de bataille ou
un marché industriel, se déchaîner toutes ensembles, toutes
pareilles, avec une violence extrême, en Europe ou en Amérique,
et la force du lien militaire ou national n'en reçoit point la
moindre atteinte, au contraire ; on voit des convictions ardentes,
ayant les mêmes dogmes religieux ou les mêmes vérités scientifiques pour objet, s'affirmer énergiquement et à la fois au
nombre de plusieurs millions, et, si elles sont affirmatives ou
négatives dans le même sens, ce faisceau de fanatismes est toujours la plus tenace des communions. Mais on ne voit point,
sans qu'une société périclite, les appétits s'y débrider plus vite
que les activités ne s'y déploient, et les orgueils, les confiances
ridicules en soi, s'y dilater plus rapidement que les convictions
et les connaissances ne s'y fortifient. Plus les appétits sont semblables entre eux, c'est-à-dire poursuivent la même proie à consommer, et plus ils se combattent ; plus les activités sont
semblables entre elles, c'est-à-dire poursuivent le même but à
effectuer, et plus elles s'accordent ou sont accordables. Plus les
amours propres sont de même nature, chacun s'estimant supérieur aux autres sous le même rapport, et plus ils se contredisent ;
plus les croyances sont de même nature et de même sens, et plus
elles se confirment. Par suite, un état social excellent, vraiment
stable, se compose en tout temps et en tout lieu de fortes convictions semblables et de faibles orgueils dissemblables, de
grands besoins d'action commune et de petits besoins de jouissance privée. L'histoire proclame cette vérité, et les illusions

que notre siècle peut se faire à ce sujet ne prévaudront pas contre elle.

Donc, dès qu'un homme est saisi un jour d'une conviction, appelée hallucination, qui n'est point partagée par les autres hommes et qu'il ne peut jamais leur faire partager, car elle est en contradiction avec les croyances de ceux-ci, appelées certitudes; ou bien dès qu'un homme s'emplit soudain d'une tuméfaction d'orgueil extraordinaire, d'une confiance en soi hors de proportion avec celle que comporte la vie sociale de son milieu, et s'abandonne en conséquence au délire des persécutions, au délire des grandeurs ou à toute autre aberration du même genre; ou bien dès qu'une passion désordonnée et irrésistible pousse cet homme soit à une occupation étrangère ou contraire à tous les métiers, soit à une satisfaction intense et démesurée, opposée aux plaisirs sociables et licites d'autrui; dès cet instant, cet homme cesse d'appartenir à sa société; il se *désassimile* en même temps qu'il s'*aliène*. S'il est né avec un tempérament qui le porte à ces extravagances, à ces excentricités isolantes, on ne peut dire, il est vrai, qu'il se soit aliéné ni désassimilé en s'y livrant, puisqu'elles sont sa nature propre; mais par elles il est né exclu de l'association humaine. Dans un cas comme dans l'autre, il est irresponsable moralement.

Au point où nos races, civilisées depuis tant de siècles, sont parvenues, un homme qui n'est point né sociable est un être anormal, et, dans un homme sociable, un état non marqué du sceau de la société est un état anormal. Les conditions de l'identité personnelle sont, en général, celles aussi de la similitude sociale, bien que celle-ci suppose l'action du milieu sur la personne, et celle-là une indépendance relative de la personne à l'égard du milieu. En effet, les personnes associées s'influencent d'autant mieux les unes les autres et d'autant mieux échangent les unes avec les autres leurs meilleures manières d'agir ou de penser, que chacune d'elles est plus influencée par le souvenir de soi-même, par ses expériences antérieures conservées et accumulées; l'identité personnelle n'est que cette conservation et cette accumulation, cette suite et ce développement d'expériences, c'est-à-dire de souvenirs proprement dits et d'habitudes. L'aptitude à l'imitation d'autrui est ainsi en rapport avec l'aptitude à l'imitation de soi-même, autrement dit avec la fidélité de la mémoire (1).

Mais, parmi toutes les idées et toutes les actions, parmi toutes les excitations nerveuses et toutes les contractions musculaires de notre passé, quelles sont celles qui portent au plus haut degré l'empreinte de la personne identique? Ce sont les idées sur lesquelles s'est portée successivement notre attention ; ce sont les actions qui ont été tour à tour l'objet de notre volonté. L'esprit, ou pour mieux dire l'âme — nom vague et vaste qui convient bien à une chose si obscure et si grande, — est comme un ciel où il n'y aurait qu'une étoile, mais une étoile toujours errante capricieusement et changeant de couleur, ce qu'on nomme le *moi*. On peut dire encore que l'âme est un inextricable et immense labyrinthe où se déroule le fil ténu, continu, de nos attentions et de nos volitions multicolores, dont le moi est le peloton inépuisable. — D'autre part, une société est une collection non d'organismes précisément, ni même d'âmes, mais de *moi*. Ce sont les moi seuls qui se nent entre eux de liens sociaux, juridiques; ce sont les moi seuls qui se servent mutuellement d'exemples à imiter ou à ne pas imiter; ce sont les moi seuls qui peuvent contracter, donner, tester et aussi bien commettre des crimes ou faire des actes de vertu. — Par suite, et pour ces deux raisons, la responsabilité d'un acte sera d'autant plus parfaite qu'il aura été plus volontaire et plus attentivement délibéré (2). A mesure, donc, que la complexité croissante de la vie civilisée développe et facilite le fonctionnement de ce *mécanisme de l'attention* si bien décrit par M. Ribot,

---

(1) L'assimilation sociale est si peu contraire à l'identification individuelle qu'elle la constitue. Voici deux chrétiens, l'un chrétien de cœur et de foi, l'autre seulement d'habitudes et de pratiques extérieures. L'un et l'autre le sont par imitation d'autrui, par tradition et influence de leur milieu; mais chez le premier, cette contagion a été bien plus profonde que chez le second. Or, quel est celui des deux qui en agissant chrétiennement, engage le plus avant sa propre personne dans ses actes, qui réalise le plus complètement le *conscium et le compos sui* ? Le premier assurément. La solidité, la personnalité de son caractère se mesurent à la profondeur où l'action ambiante est entrée en lui.

(2) Voilà pourquoi, — j'en appelle à l'expérience de tous les magistrats. — l'audience civile est souvent plus écœurante que l'audience correctionnelle, et il y a plus de vraie immoralité en jeu dans certains procès où s'étale la mauvaise foi cynique d'un plaideur en pleine possession de ses facultés que dans la plupart des petits larcins ou des petites affaires de coups et blessures où se voit l'effet d'un égarement passager. Ce que les juristes appellent le *dol* est une sorte de *criminalité civile*, comme on l'a fort bien dit.

et l'exercice de la volonté ; à mesure que cette double centralisation de l'âme s'étend et se fortifie, l'individu devient plus pleinement responsable de ses actions. A moins cependant que, par l'effet d'une civilisation trop lourde ou trop dure pour lui, il ne tombe dans la folie ; dans ce cas, son acte a beau être volontaire, il n'est point *sien* ; il émane non de son moi, mais d'un coin révolté de son cerveau, qui n'a rien de commun avec la société ; et le meurtre qu'il a pu commettre ainsi n'est pas plus un crime que ne l'est aux yeux d'un sauvage absolument étranger à nos sociétés l'homicide d'un Français débarqué sur son rivage.

III. Une comparaison, qui n'est pas une comparaison seulement, éclaircira ce qui précède.

Demandons-nous à quelles conditions est pleinement, incontestablement engagée la responsabilité collective d'une nation, en tant que nation. Ici, l'équivalent de la mémoire et de l'habitude, fondement de l'identité individuelle, c'est la tradition et la coutume, fondement de l'identité nationale.

Quand un peuple est fidèle gardien de ses croyances et de ses mœurs, par exemple la Chine, il se sent, après des siècles même, — il se sent, quoique peut-être il ne veuille pas en convenir, — responsable des décisions et des actes de ses ancêtres, et il a beau parfois se récrier, au fond il ne trouve jamais surprenant qu'un peuple voisin le somme de réparer le préjudice occasionné à celui-ci, par ses aïeux, à une date ancienne. Mais il faut, pour que la justice de cette réclamation soit sentie de la sorte, que l'Etat réclamant présente une civilisation analogue à celle de l'Etat nommé. La Chine est loin de se croire responsable envers un peuple européen comme elle le serait envers le Japon et la Corée ; les principautés chrétiennes du moyen-âge se croyaient tout autrement liées par leurs traités entre elles, même très anciens, que par leurs engagements, même récents, avec des Sarrazins. Les petites républiques grecques dispersées dans tout l'Archipel, sur tout le rivage de la Méditerranée, montraient une fidélité remarquable à leurs traités réciproques si on la compare à leurs rapports avec les Barbares même les plus voisins. Responsabilité, je le répète, implique un lien social, un ensemble de similitudes de nature non organique seulement, entre les êtres grands ou petits, les États ou les individus jugés responsables; et responsabilité implique, en outre, un lien psychologique entre l'état antérieur durant lequel l'être jugé responsable a agi ou contracté et l'état postérieur durant lequel on le somme d'avoir à répondre de son acte ou à exécuter son contrat. Est-il nécessaire aussi qu'il y ait un lien psychologique entre l'état antérieur et l'état postérieur du réclamant lui-même? Oui, je le crois. Quand, à la suite d'une conquête ou d'une révolution, un peuple a été bouleversé de fond en comble, il est assez mal venu à invoquer contre un autre peuple des droits fondés sur une insulte faite au pavillon détruit de son ancien régime, ou même sur une convention conclue avec les chefs de cet ancien État, dont il ne lui reste plus que le nom. En Europe, la Révolution française elle-même n'a point produit de bouleversement tel que l'annulation de tous les traités diplomatiques antérieurs à 1789 ait pu s'ensuivre; mais, assurément, la transformation sociale qui en est résultée a porté à ces traités une atteinte au moins égale à sa profondeur. Pareillement, je ne me sens pas engagé à remplir une promesse faite à quelqu'un qui depuis mon engagement est devenu fou, si ce n'est quand il s'agit d'acquitter une dette dont le curateur de cet aliéné, ou son héritier après sa mort, peut toucher le montant; en effet, dans ce cas, la loi établit la fiction d'une personne juridique qui ne meurt jamais et se continue sans altération. J'ajoute que je ne me sens pas obligé non plus à payer une dette contractée par moi quand j'avais cinq ou six ans, avant la fixation définitive de ma personne, envers n'importe qui.

Il peut se produire plusieurs cas. 1° Une nation très persistante dans son identité nationale est entourée de nations très immuables aussi, mais très différentes d'elle : l'antique Égypte, par exemple, voisine des Israélites, des noirs africains, des Phéniciens; l'empire byzantin, voisin des Arabes ou des Turcs; l'Espagne chrétienne, voisine des Maures, etc. Dans ce cas, il pourra y avoir une suite de guerres et de massacres entre ces sociétés hétérogènes, mais jamais de traités sérieux, jamais de *droit des gens*. Il en est ainsi de deux individualités profondément originales ou excentriques qui se rencontrent : elles se heurtent toujours, et, si elles essaient de former une association, ni l'une ni l'autre ne se fait scrupule d'en violer bientôt les statuts. — 2° Une nation très changeante, très promptement oublieuse de ses traditions et de ses usages, est entourée de nations très variables aussi, et, en outre, très différentes d'elles à chaque moment de leurs mutations incessantes. Je doute que ce cas se soit jamais présenté dans l'histoire ; car, d'habitude, sinon toujours, la *variabilité interne* a pour cause l'accueil trop hospitalier fait à l'imitation des voisins, et, par suite, elle s'accompagne de l'*assimilation extérieure*. Si pourtant cette hypothèse se réalisait, il faudrait y voir l'idéal de l'irresponsabilité internationale. Elle se réalise bien, cette hypothèse, mais seulement au sens individuel, dans les asiles d'aliénés ; et nous savons que nul lien juridique n'est possible entre fous, séparément emportés et dénaturés par leurs évolutions morbides. — 3° Une nation variable est entourée de peuples variables aussi, mais constamment semblables à elle, par suite d'un courant continu ou d'un échange d'actions et de réactions imitatives. La responsabilité de l'un de ces États envers les autres est alors sentie très vivement, mais pour un temps très limité. C'est justement l'état des peuples actuels de l'Europe. Ils sont comparables à des jeunes gens, à des étudiants qui croissent ensemble, vivent de la même vie, changent à vue d'œil, mais tous ensemble, et qui se reconnaissent étroitement tenus à se rendre raison de leurs offenses mutuelles, à se payer leurs dettes réciproques, pourvu, toutefois, que les offenses soient de date récente et les dettes aussi. — 4° Une nation satisfaite, adulte et fixée en sa structure définitive, immobile ou mobile, d'ailleurs, mais au fond immuable, contenue dans ses coutumes soit comme un lac, soit comme un fleuve en marche l'est entre ses rives, est entourée de peuples aussi mûrs, aussi solides, aussi paisibles qu'elle, et, en même temps, très semblables à elle par la langue, la religion, la législation, le gouvernement, la culture, les mœurs. Cela s'est vu en Europe à la belle époque féodale, au douzième siècle, et, plus tard encore, à la belle époque monarchique, au dix-septième siècle. Les divers États européens, durant ces deux périodes, formaient une véritable fédération, et, malgré la fréquence des guerres et des conflits intérieurs, explicable par le morcellement excessif des territoires et la violence des passions, il y a eu alors ceci de remarquable, de très justement remarqué par les historiens, que les différends internationaux y semblaient à tous devoir être réglés par des décisions de hautes cours, ni plus ni moins que des procès entre particuliers (1). Telles sont les relations qui s'observent entre hommes d'un âge mûr appartenant à la même patrie, à la même classe, à la même opinion politique. Elles révèlent le sentiment de la responsabilité mutuelle élevé à sa plus haute puissance. — Il suit de là, entre autres conséquences, que si jamais les nations modernes de notre continent, comme on doit l'espérer, conduisent à maturité leur brillante civilisation encore juvénile et se fixent de nouveau, malgré la complexité supérieure de leurs éléments, en un équilibre stable et mobile à la fois, sans discontinuer d'aller s'assimilant de plus en plus, les Etats-Unis d'Europe pourront devenir une vérité. Chaque pas nouveau vers la fixité nationale, chaque pas nouveau vers la ressemblance internationale les achemine vers une phase finale où — si déjà quelque gigantesque conquête ne les a violemment unifiées — leur fédération s'établira, se consolidera d'elle-même, parce que chacune d'elles se sentira fortement liée par ses traités, engagée, par ses torts ou ses fautes, envers les autres, comme le seraient entre eux d'honnêtes concitoyens.

Il n'est pas inutile d'observer, en poursuivant notre analogie, que, soit dans les rapports de peuple à peuple, soit dans les relations de personne à personne, il suffit d'un moindre degré d'identité ou de similitude pour donner naissance au sentiment de la responsabilité civile que pour provoquer celui de la responsabilité criminelle ou quasi-criminelle. Tel Etat, après une crise révolutionnaire, se croit dispensé par sa métamorphose de toute réparation envers un autre Etat à raison d'une offense faite à celui-ci avant sa révolution par son gouvernement déchu, mais il croit cependant devoir faire honneur à la signature de cet ancien gouvernement en se conformant aux clauses d'une vieille convention diplomatique. Tel peuple civilisé se souvient sans le moindre remords d'avoir fait la traite des nègres de

---

(1) Ce caractère essentiellement juridique des rapports entre Etats au moyen âge a beaucoup frappé Cournot. Voir ses *Considérations*.

Guinée, empoisonné des Chinois ou massacré des Indiens (1), mais se ferait quelque scrupule de ne pas se conformer aux termes d'un marché conclu avec ces peuples inférieurs, qui, après tout, sont des fractions de l'humanité. Pareillement, un particulier rirait si on lui demandait réparation par les armes pour une injure remontant à dix ans, à deux ans même, surtout quand, dans l'intervalle, une grande maladie ou une catastrophe quelconque l'ont beaucoup changé; mais il prendrait au sérieux la réclamation d'une somme empruntée par lui-même sans titre et à une époque encore plus lointaine. Il se rappelle gaîment les vexations qu'il a fait subir à des Asiatiques, à des Africains, pourvu qu'elles ne s'élèvent pas à la hauteur de véritables crimes (en cela il est meilleur qu'une nation ne le serait à sa place), mais il se jugerait déshonoré s'il ne payait pas à ces étrangers ce qu'il leur doit. C'est peut-être par suite d'un vague sentiment de cette vérité que les délais de la prescription criminelle sont en général beaucoup plus courts, dans toutes les législations, que ceux de la prescription civile. — Remarquons que la jurisprudence criminelle de l'Angleterre, au siècle dernier, semblait prendre précisément le contre-pied de la vérité énoncée quand elle exigeait un degré plus avancé de folie, c'est-à-dire un moindre degré d'identité, pour l'acquittement d'un accusé que pour l'annulation d'un testament ou d'un contrat. Cette bizarrerie est justement blâmée par Maudsley. Il ne peut admettre qu'un homme jugé assez fou pour être incapable de contracter puisse être condamné à être pendu pour avoir tué quelqu'un.

Si les ressemblances entre la responsabilité nationale et la responsabilité individuelle sont instructives, les différences ne le sont pas moins. Tout le monde sait, et l'on a pu en faire la

(1) Et même de nos jours, que ne voyons-nous pas? « A Zanzibar, dit Corre, dans *Crime et suicide* (1890), des Allemands civilisent des nègres en se faisant accorder par le fouet et le fusil ce qu'on ne leur donne pas de bonne grâce. Au Sénégal, j'ai pu admirer les procédés grâce auxquels nos 'gros commerçants arrivent dans la mère-patrie, à la fortune et aux honneurs : on ne se gêne pas, entre européens, pour raconter, le rire aux lèvres, les tours de passe-passe à la bascule... » On sait à quels traitements Stanley et ses compagnons ont soumis les nègres africains qu'ils allaient *civiliser* : le commandant X... se faisait donner la récréation de scènes d'anthropophagie pour avoir le plaisir de les photographier. Il achetait dans ce but des enfants nègres tout exprès pour les donner à dévorer aux cannibales. La justice anglaise a-t-elle poursuivi l'auteur de faits pareils? Je ne le crois pas.

remarque incidemment dans ce qui précède, à quel point la première, malgré ses progrès, reste toujours en retard sur la seconde. La politique extérieure, cette morale des nations, tolère des duplicités et des cruautés, un cynisme et un égoïsme, une absence de scrupules et de pitié, que la morale des individus réprouverait sévèrement, et, au milieu de la civilisation la plus humaine, elle reste barbare (1). Des procédures qui, entre particuliers, ont disparu depuis des siècles, telles que le duel judiciaire, des principes qui, en morale, ont fait leur temps, tels que le droit à la vengeance, le talion, la composition pécuniaire, survivent en politique, entre États, sous les noms de guerre, de représailles, d'indemnités. Cela doit être, à notre point de vue, puisque l'identité nationale est toujours bien loin d'égaler en vérité et en profondeur l'identité personnelle, et que la similitude internationale n'approche jamais en général de la similitude moyenne entre les citoyens d'un même État.

II

Mais c'est assez insister sur la comparaison précédente. Attachons-nous maintenant à serrer de plus près la responsabilité individuelle, et demandons-nous ce qu'il faut entendre au juste, d'abord par la similitude sociale, en second lieu par l'identité personnelle, qui constituent ses deux éléments. Commençons par expliquer le premier des deux, le moins important d'ailleurs.

I. — En quoi doit consister la ressemblance des individus pour qu'ils se sentent responsables les uns envers les autres ? Est-il nécessaire qu'ils se ressemblent par les traits du visage, la conformation ou la capacité crânienne, le teint, les aptitudes physiques ? Nullement ; s'ils se ressemblent ainsi, tant mieux, parce que les similitudes d'autre source, d'origine imitative et non héréditaire, seront par là d'acquisition plus facile ; mais

---

(1) On en peut dire autant de la politique intérieure, cette morale des partis et des classes, en tant que ces partis et ces classes agissent comme des sociétés différentes et non comme des fragments solidaires de la même société.

ce sont celles-ci qui importent. Est-il nécessaire qu'ils apportent les mêmes appétits, et doit-on les regarder comme étrangers socialement les uns aux autres s'ils naissent avec certaines excentricités de goûts, telles que les aberrations du sens sexuel, si bien étudiées par nos aliénistes? Non plus, et pour la même raison. Mais il faut que, dans une large mesure, leurs penchants naturels, quels qu'ils soient, aient reçu de l'exemple ambiant, de l'éducation commune, de la coutume régnante, une direction particulière qui les ait spécifiés, qui ait précisé la faim en besoin de manger des plats français ou des plats asiatiques, la soif en besoin de boire du vin ou du thé, le sentiment sexuel en goût de marivaudage mondain ou d'idylle champêtre, en amour du bal en France ou des « bateaux de fleurs » en Chine, la curiosité innée en passion de voyages ou de lecture, de tels voyages ou de telles lectures, etc. Quand la société a refondu ainsi à son effigie toutes les fonctions et toutes les tendances organiques de l'individu, l'individu ne fait pas un mouvement, un geste, qui ne soit orienté vers un but désigné par la société. — En outre, il faut que, dans une large mesure aussi, les sensations brutes fournies par le corps et la nature extérieure en face l'un de l'autre aient été profondément élaborées par les conversations, par l'instruction, par la tradition, et converties de la sorte en un ensemble d'idées précises, de jugements et de préjugés, conformes en majorité aux croyances d'autrui, au génie de la langue, à l'esprit de la religion ou de la philosophie dominante, à l'autorité des aïeux ou des grands contemporains. Quoi que pense l'individu, après cela, il pensera avec le cerveau social, il croira sur parole dans ses plus grandes hardiesses d'esprit, et ne fera que répéter une leçon apprise de la société, ou que combiner, s'il est libre et fécond, des répétitions pareilles en une synthèse originale.

Maintenant, remarquons que toutes nos actions conscientes et réfléchies, courant mince, mais continu, du berceau à la tombe, sont les conclusions pratiques, formulées ou implicites, de ce qu'on peut appeler un syllogisme téléologique, dont la majeure est un désir, un but qu'on se propose, et la mineure une croyance, un jugement porté sur le meilleur moyen à prendre pour atteindre cette fin. Je veux manger du pain; or, je crois que le meilleur moyen pour moi de satisfaire ce désir est de labourer ; donc, je *dois* labourer. Ici se montre à nous le germe du devoir ; ce n'est pas le devoir social encore, ce n'est que le devoir purement individuel, mais nous allons bientôt voir l'analogie des deux, et que celui-ci est le principe de celui-là. Quoi qu'il en soit, il suit de ce qui précède que, lorsque les majeures et les mineures du syllogisme de finalité formulé par l'individu, c'est-à-dire ses buts et ses idées, sont des produits de fabrication sociale, il en est de même des devoirs soit individuels, soit sociaux de l'individu, conclusions de cette formule usuelle et universelle de raisonnement.

Est-il nécessaire, au moins, pour que la similitude requise soit obtenue, que les individus naissent avec un fonds d'instincts sympathiques qu'on appelle en gros le sens moral ? On peut hésiter à répondre non ; car cet ensemble de tendances favorables à la vie de société et passées dans le sang est une alluvion sociale, dépôt de longs siècles d'histoire. Mais, à la rigueur, il suffit, à défaut de ces dispositions natives, qu'on ait appris à porter sur les mêmes actes les mêmes jugements d'approbation ou de blâme que ses semblables, à partager leur conception du bien et du mal, à s'accorder, en thèse générale, avec eux sur les manières licites et les manières illicites de poursuivre téléologiquement ses fins. Expliquons-nous clairement à cet égard.

On nous dit de rejeter, comme entachées de mysticisme, ces vieilles notions de culpabilité, de responsabilité, de droit, de devoir, et, pour aller au fond des choses, de bien et de mal. Mais est-il vrai que le positivisme, le transformisme même, exigent ce sacrifice? Non, et, s'ils ne l'exigent pas, il n'y a pas lieu de résoudre l'idée de délit dans celle de préjudice, l'idée de démérite dans celle de danger social. Il y a deux téléologies, deux finalités enchevêtrées dans la conduite de chacun de nous : la téléologie individuelle et la téléologie sociale. Leur distinction est radicale et justifie les notions précédentes qui sont propres à l'une d'elles ; leur opposition rend compte du crime, leur coïncidence rend compte de la prospérité et de la noblesse humaines.
— Certainement, un être qui serait sans besoins et sans volontés n'aurait point l'idée du droit, du devoir ; un être qui ne connaîtrait point le plaisir et la douleur ne concevrait point le bien et

le mal, la bonne action et le délit, le mérite et le démérite. Mais il ne suffit pas à un être d'avoir des besoins et des volontés pour concevoir le devoir et le droit, ni d'avoir des plaisirs et des douleurs pour concevoir le bien et le mal, ajoutons le beau et le laid. Il faut encore que cet être vive en société. Vivant en contact avec d'autres êtres, il apprend, par des chocs multiples, à distinguer nettement, profondément, les besoins, les vouloirs, les plaisirs individuels qui se font obstacle, de ceux qui ne se heurtent point ou même s'entr'aident. Or, les plaisirs qui s'accordent, c'est-à-dire qui ne sont point achetés les uns par les autres, et aussi bien les douleurs qui s'accordent, c'est-à-dire qui sont provoquées chez tous ou presque tous les associés par les mêmes causes, font naître chez chacun d'eux un plaisir et une douleur d'un nouveau genre tout à fait caractéristique, le plaisir de voir se multiplier ces plaisirs et la douleur de voir se multiplier ces douleurs. C'est là le double sentiment du bien et du mal. L'individu appelle mal ce qui fait souffrir tout le monde, et aussi ce qui fait plaisir à quelques-uns en faisant peine à la plupart des autres: il appelle bien ce qui plaît à tous et aussi ce qui nuit à la minorité ou à l'*infériorité,* mais est utile à la majorité ou à la *supériorité (*car, en temps d'aristocratie ou d'absolutisme, l'intérêt égoïste du chef seul fait contrepoids à l'intérêt de tous ses sujets, aux yeux mêmes de ceux-ci). Mais ce n'est là que l'embryon informe de cette grande idée du bien et du mal. Nous venons de l'appliquer au rapport des sensibilités seulement, il reste à l'étendre aux relations des volontés et des intelligences; elle est, en effet, une *forme catégorique* pour ainsi dire, une catégorie de logique sociale, qui imprime son cachet à toutes les facultés des hommes assemblés en cité et leur impose une manière propre de sentir, de vouloir, de comprendre. Quand un homme a éprouvé les joies de la sympathie et les peines de l'antipathie, en même temps qu'il continue à chérir les faits, actes humains ou phénomènes naturels qui lui sont agréables, et à détester ceux qui lui sont pénibles, il commence à vouer un amour d'une nature toute spéciale aux faits qui agréent à la plupart ou aux plus importants des associés, et à vouer une haine toute spéciale aussi aux faits qui leur sont douloureux. Cet amour et cette haine, c'est le sentiment du bien et du mal *sensible.*

Pareillement, les besoins et les vouloirs qui s'accordent — et j'ai dit que c'étaient surtout les besoins ou les vouloirs producteurs appelés travaux — lui suggèrent, par le bonheur de leur accord, un besoin et un vouloir d'un nouveau genre, le désir, la volonté de développer les désirs et les volontés de cette espèce privilégiée, devenus des devoirs proprements dits, des devoirs sociaux. Quant aux appétits et aux volitions en conflit, ils lui suggèrent non moins fatalement le désir, la volonté de mettre fin à leur lutte en déterminant leur limite et en tâchant de concentrer toute leur intensité sur leur limite même. Quand cette limitation, quand cette concentration est opérée, cela s'appelle le sentiment du droit, réfraction originale et toute sociale du besoin et du vouloir individuels. Avant même d'être réalisé, l'accord obtenu ou cherché par l'ensemble des limites dont il s'agit est conçu comme quelque chose d'objectif. Dans l'esprit de chacun des associés de n'importe quelle société sauvage ou civilisée, il existe dès lors la représentation, non-seulement d'un système de devoirs mais d'un corps de droits existant dans le sein de cette société, — dans son sein seulement et non au-delà de ses frontières, — et dont le caractère essentiel est de ne pouvoir se contredire. Quand le droit contredit le droit, quand le devoir contredit le devoir, c'est sur un champ de bataille par exemple, c'est entre deux sociétés différentes, entre deux armées, dont chacune est un admirable concert et dont la rencontre est une effroyable dissonance. Mais, entre concitoyens, entre compagnons d'armes, les conflits de droits ou de devoirs, quand ils se produisent, sont toujours réputés n'être qu'apparents et jugés tels par le magistrat qui tranche ces différends appelés procès. Le droit vaincu, dans un procès, est censé n'avoir jamais existé, si ce n'est dans l'imagination abusée de la partie qui l'a invoquée par erreur. — Le droit et le non-droit, le devoir de faire et le devoir de ne pas faire, c'est la catégorie du bien et du mal appliquée aux tendances et aux actes, aux propriétés et aux activités, c'est le bien et le mal *fonctionnels*. Ajoutons qu'il y a toujours, même aux temps de la plus grande liberté d'esprit, un bien et un mal *intellectuels* qui s'appellent vérité et erreur et qui consistent dans le devoir d'affirmer les idées où l'on croit voir la vertu de produire (dès maintenant *ou plus tard*) le plus grand accord des esprits, et dans le devoir de nier les idées contraires. Nous y reviendrons.

Certes, au milieu d'une nature où toutes les forces semblent avoir pour essence de se combattre, où tous les êtres se tuent pour vivre, où le fratricide est la loi, cette conception de facultés essentiellement harmoniques, en contraste absolu avec ce spectacle, est une étrangeté qui fait honneur à l'âme de l'homme. Et je ne sais comment la doctrine de l'évolution continue et sans soubresauts peut expliquer ce phénomène. Mais le miracle, en réalité, est moins grand qu'en apparence, car il n'est pas aussi vrai qu'on l'a dit que la lutte pour la vie, l'hostilité radicale des êtres et de leurs éléments, soit le premier et fondamental principe de l'Univers. Elle n'en est, elle n'en peut être que le second. Le premier, c'est, comme on l'a fait observer, l'association pour la vie, la solidarité interne des êtres mêmes dont la bataille est le rapport extérieur. L'homme en société n'a donc pas eu besoin de créer l'harmonie de toutes pièces pour la concevoir ; il en a trouvé le modèle en lui, je ne dis pas seulement dans son *organisme*, comme le suppose la thèse de l'organisme social chère à nos sociologues, mais spécialement et avant tout dans son esprit, dans cet organe éminent qui s'appelle son cerveau, et dont toutes les fonctions jouent avec une consonnance égale à leur complexité. Il s'agit de faire non pas précisément avec des milliers d'organismes un seul organisme, mais avec des milliers d'âmes une seule âme. D'ailleurs, peu importe pour le moment. Quand on oppose, donc, les tendances « altruistes » que le milieu social développe dans le cerveau supérieur, aux impulsions égoïstes de l'organisme, on met en regard des réalités moins différentes qu'elles n'en ont l'air. Je ne veux pas dire par là, suivant une opinion vulgaire, que l'altruisme est un égoïsme raffiné. Je dirais plutôt que l'égoïsme dont il s'agit est, à y regarder de près, le résultat d'une conspiration des divers organes, des divers tissus, des innombrables éléments corporels, principalement des cellules cérébrales, et qu'il exprime une sorte de patriotisme organique en vertu duquel chaque fragment du tout se consacre, se sacrifie s'il le faut, au but commun. L'égoïsme, par suite, n'est qu'une espèce de dévoûment, le sacrifice est la loi universelle, et le *consensus* vital ne fait que se continuer, sous de nouvelles formes et sur une plus grande échelle, par l'assistance mutuelle des travailleurs, par la valeur disciplinée du soldat, par l'abnégation généreuse du citoyen. Qu'on l'appelle principe vital ou irritabilité nutritive et fonctionnelle, ou n'importe comment, il y a, à coup sûr, en chaque cellule vivante un discernement acquis du bien et du mal spécifique, du devoir, du droit cellulaire, forme plutôt que force vitale, sans laquelle les assimilations et les désassimilations continuelles de la vie n'auraient pas lieu, et qui remplit organiquement un rôle comparable au rôle social de nos notions morales et juridiques.

Ce reproche de mysticisme qu'on adresse à celles-ci, nous pouvons comprendre à présent ce qu'il signifie. Il signifie simplement, à notre point de vue, qu'elles sont à la société, ou, si l'on aime mieux, à l'homme considéré comme être social, ce que les idées subjectives sont à l'individu, à l'homme considéré comme tel. Qu'y a-t-il de plus éminemment subjectif que le plaisir et la douleur, l'élément affectif des sensations et des modalités quelconques du moi? Pourtant y a-t-il rien de plus réel et de plus important pour l'individu? Et ces autres qualités universelles de nos perceptions, l'étendue et la durée, l'espace et le temps, et même ces caractères non moins universels de toutes nos perceptions, la substantialité et l'énergie, la matière et la force, n'est-ce point chose subjective aussi d'après Kant et ses disciples, qui ont triomphé de tant d'adversaires sur ce point? Cela, néanmoins, est le fond le plus solide de nos pensées. Donc, quand j'aurai concédé aux utilitaires que ces antiques idées de coulpe et de vertu, de démérite et de mérite, de mal et de bien, sont entachées de subjectivisme social pour ainsi dire, il ne s'ensuivra nullement à mes yeux que la réalité des choses traduites ou symbolisées par ces idées ait moins de poids et de prix. Le jour où ils nous auront appris à faire de la géométrie sans l'idée subjective et tout à fait mystique d'espace, de la mécanique sans les idées d'espace, de temps et de force, je conviendrai qu'on peut faire de la sociologie après avoir éliminé les idées de bien et de mal. En attendant, je demande en quoi l'idée de force est plus claire que l'idée de devoir.

Une assertion incidente jetée plus haut demande un éclaircissement. J'ai parlé d'un devoir de croire et d'un devoir de ne pas croire. C'est qu'en effet le conformisme auquel une société assujettit tous ses membres ne se borne pas aux désirs, majeures du syllogisme de finalité, il s'étend aux croyances, qui en sont les mineures. De là, en tout temps, deux sortes de délits : les délits d'actes et les délits d'opinion, parce qu'il y a deux sortes de non-conformisme, celui des volontés et celui des intelligences. Entendons-nous bien. Si la dissemblance d'un citoyen, comparé à la masse de la nation, dépasse un certain degré, il cesse d'appartenir moralement à cette nation, et sa responsabilité morale (je ne dis pas sa responsabilité politique, pénale, ce qui est et doit être souvent différent) s'atténue ou s'efface, puisque, avons-nous dit, la similitude est une condition essentielle de la responsabilité au sens moral du mot. Il faut donc que la divergence soit partielle et très limitée. Comment cependant pourra-t-il se faire, si le délit est essentiellement un non-conformisme, que la responsabilité du délinquant soit pleine et entière? La réponse au problème est bien simple. Le malfaiteur sera pleinement responsable, dans le sens dont il s'agit, toutes les fois qu'il sera forcé au fond du cœur, en vertu de la conception du bien et du mal qu'il a reçue de son milieu honnête, de blâmer lui-même l'acte qu'il a commis. Il en sera de même, jusqu'à un certain point, du dissident, de l'hérétique, toutes les fois que, en vertu des dogmes enseignés par la société et tenus par lui-même pour articles de foi, pour *devoirs de croyance*, il sera forcé de reconnaître l'erreur où il est tombé en énonçant une thèse contraire à ces principes souverains. Il y a cependant une différence qui saute aux yeux, au point de vue de l'importance sociale, entre un conflit de paroles et un conflit d'actes, et la société ne doit frapper les discours dissonants que dans la mesure où ils lui paraissent gros d'actions préjudiciables. Mais cette mesure est et restera toujours fort large. Quoique ce soit un lieu commun d'affirmer aujourd'hui qu'il n'y a plus de délits d'opinion, il y a toujours des délits de presse; nul gouvernement encore n'a pu laisser le journalisme déborder sans digue, et, si les bûchers sont éteints, les excommunications faciles et terribles de la foule n'ont pas cessé de frapper les gens assez hardis pour ne pas penser comme elle sur certains points capitaux. Un certain esprit de tolérance, il est vrai, s'est répandu dans une partie de l'Europe depuis deux siècles, effet de lassitude peut-être ; mais un vent nouveau se lève, et, pour être plus hypocrites, les exigences de la démocratie de demain, en matière d'orthodoxie politique ou anti-religieuse, ne seront probablement pas moindres que celles de l'ancienne théocratie. Or, ce fait incontestable, soit dit en passant, qu'il a existé de tout temps, qu'il existe encore partout des hommes punis, ne serait-ce que par le discrédit, la destitution, l'injustice et la ruine, du malheur d'avoir des convictions contraires aux idées courantes, des informations contraires aux légendes vulgaires, ce fait démontre avec évidence que le libre arbitre n'a jamais été considéré, si ce n'est de bouche, comme le fondement véritable et nécessaire de la responsabilité. Tout le monde, en effet, s'accorde à reconnaître qu'on est pas libre de croire à volonté. Tous les auto-da-fé sont donc une protestation éclatante contre la théorie accréditée (1).

II. — Il est une classe de jugements qui, implicites ou verbaux, ont une importance majeure relativement à notre sujet et dont la similitude est particulièrement requise. Ce sont les jugements de blâme ou d'approbation portés sur les actes d'autrui. Dans une société en état de crise, en gestation d'un nouveau monde, les mêmes actes sont souvent applaudis par les uns, flétris par les autres ; les anarchistes portent aux nues des assassins que nos jurys condamnent ; et, dans de plus sereines régions, les principes spiritualistes et utilitaires, métaphysiques et positivistes, en fait de pénalité, se heurtent souvent, nous le savons. Mais, à mesure que cette fermentation critique s'apaise, dénoûment fatal, l'unanimité s'opère, au moins en ce qui concerne ces règles de pensée qui régissent le blâme et la louange, et elle embrasse même presque toujours les victimes de ces arrêts d'opinion. En effet, le malfaiteur qui, en somme, a respiré l'air social depuis sa naissance, et qui est, certes, trop

---

(1) Il y a encore une autre différence très importante entre les dissidences théoriques et les préjudices pratiques. La force suggestive est bien plus grande en fait de croyances qu'en fait d'actes ; on reçoit, on absorbe les préjugés du petit milieu où l'on vit et qui peut être contraire au grand milieu social, bien plus irrésistiblement encore qu'on ne reproduit ses exemples. La causalité sociale en fait d'opinions, est donc d'une recherche plus difficile qu'en fait d'actions, ce qui rend particulièrement délicate la persécution de la pensée.

peu inventif par nature pour trouver en soi la force de résister aux suggestions de son milieu, est contraint logiquement, après avoir blâmé tel criminel, de se blâmer lui-même en commettant un crime analogue. Remarquons-le, il aura beau sentir un désir irrésistible de commettre cette action, il aura beau même avoir conscience de l'*irrésistibilité* inhérente à ce désir, — car, est-on plus libre de désirer ou de ne pas désirer que de croire ou de ne pas croire ? — il ne cessera pas de juger son acte blâmable et mauvais et de s'en juger responsable, à moins qu'il n'ait été imprégné dans quelque école de philosophie du préjugé qui subordonne la responsabilité au libre arbitre. Si nous supposons au contraire, que la société où il s'est formé est imbue, comme lui-même par conséquent, des principes déterministes et utilitaires, il devra, d'après nous, se croire responsable d'un acte qu'il juge n'avoir pu ne ne pas avoir lieu. Ces principes, en effet, s'ils parvenaient à se généraliser, auraient pour conséquence non de chasser les idées de responsabilité, de blâme et de louanges, mais de se les approprier. Ni le déterminisme et le positivisme assurément, ni l'utilitarisme même, ne nous interdisent ces forts et nobles sentiments, l'indignation, l'admiration, le culte du devoir, la passion de la justice, la haine de l'injustice. Ces sentiments sont les moules héréditaires où toutes les doctrines quelles qu'elles soient doivent se couler, pure matière intellectuelle, pour jouer un rôle moral et social. Le déterminisme de saint Augustin et des jansénistes les a-t-il empêchés de croire au péché et à la culpabilité du pécheur ? Non. Au moyen âge, le malfaiteur était voué à l'infamie parce qu'il avait offensé Dieu, croyait-on et croyait-il lui-même ; à présent, il est envoyé en prison parce qu'il a violé un droit humain : il n'est pas question, ici ni là, de libre arbitre ni de futurs contingents. Ce n'est pas la contrainte exercée ou non sur la volonté qui nous intéresse ; c'est le fait de savoir d'où provient cette contrainte, si c'est de l'intérieur de la personne ou du dehors. C'est aussi le fait de savoir si, par notre action, nous avons blessé quelqu'un qui nous est cher. Le sentiment de la culpabilité, en effet, dérive, entre autres sources, de cette peine singulière et si poignante que l'enfant ressent quand il vient de se brouiller momentanément avec une personne de son intimité, qui lui sert d'exemple et a de l'autorité sur lui, avec sa mère, son père, sa grande sœur. Il est humilié et désorienté en même temps qu'affligé. *Une tristesse humiliante*, un isolement d'exil ou de naufrage : n'est-ce pas là tout le remords? Et l'enfant ne parvient à se délivrer de cette angoisse qu'en se réconciliant. Le délit en tant que coulpe, est de même une *brouille*, et la peine qui lui convient *à cet égard* doit être une *réconciliation* du pécheur avec la société.

Le conformisme en fait de jugements de blâme et de louange est exigé, disons-nous, et il l'est parce que ces jugements, qui sont des conclusions de syllogismes téléologiques, supposent qu'on s'accorde sur les prémisses. Mais il peut se faire que, tout en s'accordant avec ses concitoyens sur les buts à poursuivre, sur les majeures, un homme diffère d'eux par son opinion propre relativement aux mineures, aux meilleurs moyens d'atteindre ces buts. Dans ce cas, il est logique en louant ce que tout le monde blâme, en blâmant ce que tout le monde loue. Il est à noter qu'alors, plus sa conviction est forte, plus profonde est sa contradiction avec le public, et plus sa culpabilité morale s'atténue aux yeux d'un spectateur intéressé, s'il a, pour la plus grande gloire de sa patrie et le plus grand bonheur du genre humain, jeté une bombe sous un train royal ou incendié un palais. D'abord, parce que sa divergence, sur un point aussi capital que les jugements moraux, le sépare de la société des autres hommes, mais non entièrement, à raison de la conformité de ses fins avec les leurs ; et, en second lieu, parce que le caractère louable de celles-ci plaide en sa faveur. Si, au lieu d'aimer sa patrie, il la détestait et souhaitait le triomphe de l'ennemi, la séparation entre ses compatriotes et lui serait plus complète encore ; mais dans cette hypothèse, il arrivera le plus souvent que lui-même, en commettant un acte de trahison pour satisfaire cette passion contre nature, tombera sous le coup de ses propres jugements moraux, conformes à ceux du public, et, dans tous les cas, il sera traité comme un monstre plus haïssable que responsable, plutôt à éliminer qu'à punir. On plaint un fanatique, même en se défendant contre lui : il fait peur, non horreur ; on hait une nature méchante, fût-elle justifiée à ses propres yeux par ses convictions étranges au service de la perversité. Mais ni une méchanceté pareille, ni un fanatisme pareil, et encore moins celle-là que celle-ci, n'est pleinement en rapport de responsabilité morale, dans le sens propre du mot, avec ses soi-disant semblables.

III. On a pu voir par les développements qui précèdent combien il importe de préciser la limite d'une société, puisque c'est seulement en deçà de cette ligne que s'exerce ou se déploie le pouvoir conciliateur, la fonction téléologique et même logique, des notions de bien et de mal, de droit respecté et de droit violé, de devoir pratiqué et de devoir méconnu, de mérite et de démérite. Pour qu'il y ait délit, culpabilité, mal, droit violé, devoir méconnu, il faut que l'auteur du fait reproché appartienne à la même société que ses juges et qu'il reconnaisse, bon gré malgré, cette communauté profonde. Il y a des cas où il est difficile de résoudre ce problème, qui est pourtant fondamental en droit criminel. Telle émeute est regardée avec raison comme un crime ; telle grande insurrection, comme un fait de guerre. Une levée de boucliers, qui tranche soudainement un abîme entre deux classes ou deux partis trop dissemblables pour rester unis en une même nation, transforme les concitoyens d'hier en belligérants dont la lutte n'a rien de commun avec celle des honnêtes gens contre les voleurs ou les assassins leurs compatriotes. Aussi, après le combat, y a-t-il lieu à faire des prisonniers de guerre et non des procès criminels. Je me hâte d'ajouter qu'à mon avis ce cas ne s'est pas présenté en 1871, quand les partisans de la Commune et les « Versaillais », malgré la haine qu'ils se portaient, se rejoignaient dans l'unité indissoluble de la même patrie. Leur caractère de concitoyenneté était bien plus accusé que ne l'avait été au seizième siècle celui des ligueurs et des huguenots français. Il n'en est pas moins vrai que, dans des cas pareils, la dissemblance des adversaires en présence et le relâchement, sinon la dissolution du lien patriotique entre eux, doivent compter, aux yeux du moraliste du moins, pour une grande atténuation de responsabilité.

Même en temps normal, un paysan se croit, se sent plus coupable s'il a volé un paysan comme lui que s'il a volé un bourgeois, un grand propriétaire son voisin, et, réciproquement, un homme d'affaires qui se fera scrupule de tromper un de ses collègues dans un procès regardera comme une bonne plaisanterie de faire tomber un étranger dans un piège du même genre. A coup sûr, sous l'ancien régime, un clerc avait plus de remords d'avoir tué un clerc, un gentilhomme un gentilhomme, un manant un manant, que si la victime de l'homicide eût été étrangère à leur caste. Observons que l'extension ou le resserrement du domaine moral, le déplacement de la frontière qui sépare les deux morales coexistantes en chacun de nous, l'une relative à nos semblables, l'autre à nos dissemblables, ou plutôt aux individus jugés tels, dépend de mille accidents, de la circonstance souvent la plus fortuite. Dès qu'Alexandre eut conquis l'Asie et que le Grec put dire *mon, mien, nôtre*, à propos de tout ce qui était asiatique, les Orientaux s'hellénisèrent à ses yeux ; avant même de s'être réellement assimilé la civilisation hellénique, ils cessèrent d'être des Barbares, et, dès lors, comme l'a fort bien démontré M. Denis dans sa belle histoire des idées morales dans l'antiquité, le champ pratique du Devoir et du Droit reçut un subit, un énorme agrandissement qui fit faire un pas de géant à la conception philosophique de l'Humanité, imaginée sur le modèle infiniment élargi de la Cité antique. De là est née la Cité universelle des stoïciens, la Cité de Dieu de saint Augustin, quand l'Empire romain, véritable successeur d'Alexandre, vint compléter son œuvre.

Le malheur est que la limite des sociétés est loin d'être nette et visible à tous, comme l'est celle des organismes qui d'ailleurs est également importante. Dans l'enceinte du corps vivant, il peut y avoir des maladies qui forcent la *vis medicatrix* (aidée ou non par les médecins) à réfréner ou à expulser les cellules malades ; il n'y a de batailles pour la vie qu'au dehors. L'erreur de nos darwiniens en fait de criminalité est la suite de leur erreur en biologie. Ils ne veulent voir dans la plus belle harmonie intérieure d'un organisme que l'effet d'une concurrence vitale, au fond toute semblable à l'autre, et, pour une raison analogue, ils ne veulent voir dans les malfaiteurs que des *ennemis* à l'égard d'une société honnête, oubliant que ces prétendus ennemis sont de vrais associés, que le crime n'est nullement un acte d'hostilité, et que, par suite, la pénalité ne saurait être un simple acte de défense ou de représailles.

Chez les savants dont je parle, il est vrai, le point de vue darwinien alterne avec le point de vue aliéniste qui tend à prévaloir et qui présente le criminel comme un malade à guérir plutôt que comme un corps étranger à détruire ou éliminer.

Représentons-nous, à l'époque des invasions normandes ou pendant la guerre de Cent ans, un monastère au milieu des bois. Au dedans, la paix, la sécurité, l'union, la répartition intelligente du travail en commun sous la règle commune, la convergence de tous les cœurs vers un même espoir céleste ; au dehors, le meurtre, le pillage, l'incendie, l'anarchie. Telle est la différence qui existe entre l'intérieur d'un corps vivant et le monde extérieur. Aussi, de même qu'aux plus mauvais jours du moyen-âge, les monastères, seuls refuges contre le chaos environnant, ne cessaient d'aller s'emplissant et s'élargissant, puis, parvenus à leur limite infranchissable pratiquement, se prolongeaient d'une autre manière, en servant de modèle aux agrégations plus vastes, aux confréries et aux corporations laïques qui se constituaient en dehors d'eux ; pareillement, depuis l'âge lointain où les premiers êtres vivants, d'abord microscopiques, monocellulaires, ont apparu, leur volume et leur poids n'ont cessé de croître ou leur structure de se compliquer et de permettre un entassement plus grand d'éléments dans leur sein ; et, en même temps ou ensuite, à l'image de ces sociétés organiques qui ne pouvaient plus, pour des causes physiques, porter leurs frontières plus loin, les sociétés animales ou humaines se sont constituées, agrandissement libre et original de celles-ci, poursuivant le même but inconscient sous une nouvelle forme. Mais ce n'est pas tout : les sociétés humaines, primitivement limitées à une seule famille ou à un groupe étroit de familles, ont continué ce grand mouvement, et ce qu'il y a de plus manifeste en histoire, c'est la nécessité salutaire qui les pousse, à travers les péripéties de la défaite ou de la victoire, à s'étendre, à s'agrandir, à ne faire ensemble qu'un seul État géant ou une seule fédération d'État moindres. Par le rayonnement continuel et universel des exemples de tout genre en dehors de la tribu ou de la cité où ils sont nés, cette fin grandiose se poursuit, pôle inconnu des petites ambitions qui s'y orientent sans la voir.

Au début de l'histoire. — et quand je dis *au début* je ne

remonte pas nécessairement à l'origine inconnue de la première association humaine, mais plutôt à ces *recommencements* de l'histoire qui ont lieu bien plus tard sur divers points du globe, à des époques même historiques, chez les premiers Grecs, chez les premiers Romains, chez les premiers Chinois, — au début de toutes les histoires, pour mieux dire, non-seulement les États sont tout petits, car il ne dépassent pas le cercle de la parenté, d'abord naturelle, puis adoptive, mais encore les sociétés dont le champ est toujours plus étendu que celui des États, sont extrêmement étroites, parce que le champ des similitudes entre individus différents est très resserré. De là il résulte que chacun se sent responsable envers un très-petit nombre de gens et irresponsable envers la plupart des hommes ; tenu à la pitié, à la justice, à l'amour, à l'égard d'une minorité infime, et dégagé de toute obligation à l'égard d'une majorité immense. Ce que M. Letourneau dit des Mandingues (nègres africains), d'après Clapperton, peut s'appliquer à tous les sauvages et à la plupart des barbares. « A leurs yeux le vol n'est criminel que s'il lèse un membre de leur tribut ou petit État ; contre l'étranger, il n'est nullement blâmable. » Mais à mesure que le progrès de l'assimilation fait son œuvre, la proportion territoriale de la responsabilité et de l'irresponsabilité change et à la fin se renverse, jusqu'à ce que l'un des deux termes s'évanouisse. Quand un traité d'*extradition* vient d'être conclu entre deux peuples, cela prouve que chacun d'eux commence à se sentir atteint par les crimes commis chez l'autre ; qu'à ses yeux le citoyen du peuple voisin a cessé d'être un être à part contre lequel tout est permis. Or, un tel sentiment ne peut naître que lorsque, effectivement, la dissemblance entre les deux peuples a beaucoup diminué, par suite d'un échange prolongé d'exemples et de multiplication des rapports. — Donc, les traités d'extradition peuvent nous servir à mesurer, à dater approximativement les progrès de l'assimilation internationale, et aussi bien du champ territorial de la responsabilité.

Le premier traité de ce genre, en Europe, est de 1376, entre le comte de Savoie et Charles V. Il prouve les grands pas faits dans la voie du nivellement européen à la suite de l'immense mêlée des croisades et même pendant la guerre de Cent ans.

Mais c'est là un traité isolé. Il faut ensuite arriver au dix-huitième siècle pour voir de nouvelles conventions diplomatiques de ce genre, 1736, 1759, 1765, etc. (Voir du Bois). Notre siècle, *grâce aux chemins de fer*, a vu les traités d'extradition se multiplier. L'Angleterre, *à raison de son caractère d'originalité insulaire*, est restée le pays le plus sourd aux demandes d'extradition. Cette exception confirme la règle. — Ajoutons que le principe *d'exterritorialité*, en vertu duquel chaque Etat s'adjuge le droit et le devoir de poursuivre contre tous les individus résidant sur son territoire la répression de tous les crimes un peu graves commis en dehors même de son territoire, tend à se répandre dans nos nouvelles législations. C'est le mérite du nouveau code pénal italien, d'ailleurs si combattu par MM. Lombroso, Ferri et Garofalo, d'avoir fait à ce principe une part plus large qu'on ne l'avait osé faire jusqu'ici.

Cet agrandissement continu du domaine de la responsabilité et du devoir, encore plus que le perfectionnement de leur nature, est le principal bénéfice de la civilisation en fait de moralité; mais le cosmopolisme moral, qu'elle substitue de la sorte à l'exclusivisme des temps antérieurs, est d'un prix infini. Ce n'est pas seulement, en effet, par son extension, c'est encore par son approfondissement, que le champ moral s'est agrandi; car, en même temps qu'il embrassait de nouveaux peuples, il s'annexait de nouvelles classes dans chacun d'eux. Si la femme, par exemple — qui a été le premier animal domestique de l'homme, — a, par degré, acquis des droits reconnus par son maître et seigneur, autrement dit si l'homme, peu à peu, s'est senti responsable envers elle, c'est dans la mesure où, à raison des circonstances, elle a pu imiter notre sexe, lui ressembler par le genre de vie, les idées et les mœurs. On s'abuserait en pensant que c'est dans la mesure où l'homme a été adouci par la civilisation. Au moyen âge, malgré la barbarie des mœurs entretenue par des guerres perpétuelles, les droits de la femme étaient incontestés partout, par suite des croyances chrétiennes sans nul doute, mais aussi parce que l'isolement féodal, comme l'a si bien noté Guizot, blottissait l'un contre l'autre le mari et la femme, et les forçait, dans l'intervalle des combats, à mener une vie commune. Dans la Grèce antique, au contraire, en dépit de l'incomparable essor des âmes dans les hauteurs des plus pures de l'art et même de la science, la femme était traitée en esclave, parce que les habitudes de gymnase et d'agora d'une part, de gynécée d'autre part, séparaient absolument la vie des deux sexes. Quel contraste avec notre dix-huitième siècle français ! Dans toutes les tribus sauvages adonnées à la guerre et à la chasse, les femmes, qui ne peuvent chasser ni guerroyer, sont des bêtes de somme. Dans les tribus pastorales et agricoles elles sont regardées par l'homme comme des compagnes. — Ajoutons que, si la dissemblance des hommes et des femmes empêche les hommes de se sentir moralement responsables envers les femmes, elle n'empêche pas moins les femmes d'avoir conscience de leur responsabilité morale envers les hommes. Elles peuvent se courber sous la crainte des coups, mais il leur manque le sentiment du devoir. Elles l'acquièrent en conquérant des droits.

Quand on veut mesurer équitablement la moralité d'une personne, à une date et dans un pays donnés, c'est par ses rapports avec ses compatriotes sociaux reconnus tels qu'il faut la juger. Il ne faut pas juger les Anglais d'après leurs rapports avec les Chinois, ni les Chinois d'après leurs rapports avec les Européens. Il ne faut pas davantage juger de la valeur morale des peuplades sauvages, comme l'ont fait à la légère tant de voyageurs, d'après leurs procédés avec ceux-ci ; on s'en ferait une idée beaucoup trop noire, de même qu'on rabaisserait certainement outre mesure les voyageurs eux-mêmes si on les jugeait d'après leurs façons d'agir avec les insulaires. Les Polynésiens notamment sont féroces et perfides avec l'étranger, mais, entre eux, dans les limites de leur peuplade, ils sont pleins d'obligeance et de douceur, d'après Porter, Cook et beaucoup d'autres observateurs.

III

Il ne suffit pas, nous le savons, pour qu'il y ait responsabilité morale, que l'auteur d'un acte soit forcé, par ses habitudes de jugement inspirées d'autrui, et par sa communion sociale avec sa victime, de juger cet acte blâmable, il faut encore, et avant tout, qu'il soit aussi forcé de se reconnaître l'auteur même de cet acte. Examinons donc en quoi consiste et ce que vaut la foi de chacun de nous en sa propre identité, fondement de ce dernier jugement d'attribution. S'il est démontré que cette foi est une illusion, que la personne est une entité comme un fleuve, dont la persistance identique sous le changement de ses eaux n'est qu'un nom, la responsabilité est une chimère, et nous n'aurons pas gagné grand'chose à changer sa base. Malheureusement il est de fait que les écoles acharnées à combattre le libre arbitre sont portées à nier aussi l'identité personnelle. Mais leur tempérament les y porte non la logique ; elles ne peuvent miner ce principe qu'en s'exposant au scepticisme absolu, au nihilisme intellectuel ; elles ne peuvent ébranler cette dernière colonne du temple de la science sans courir le risque d'un effondrement. Qu'elles nient l'identité absolue et éternelle, soit ; mais il nous suffit d'une identité relative et temporaire.

I. — L'identité, c'est la permanence de la personne, c'est la personnalité envisagée sous le rapport de sa durée. Qu'est-ce que la personne et qu'est-ce que sa permanence ? — Pour éclaircir la nature de l'individualité personnelle, M. Ribot l'a comparée à l'individualité organique (1), où elle plonge par toutes ses racines et ses radicelles nerveuses. Il resterait à la comparer à l'individualité nationale qui s'alimente et vit en elle. Ces trois individualités ont cela de commun d'impliquer une solidarité d'éléments et de fonctions multiples concourant à un faisceau de fins (2) et de se maintenir par un renouvellement continuel de ces éléments et de ces fonctions, ainsi que de ces fins, sous des formes plus ou moins semblables. L'individu vivant est un ensemble et un enchaînement de secrets infiniment ingénieux qui, de cellule à cellule, invisibles pour nous, mais visiblement dirigés vers la poursuite de certains buts généraux ou spéciaux, se transmettent jusqu'à la mort avec le pli propre

---

(1) *Revue philosophique*, août 1884, *Les bases affectives de la personalité*.

(2) Dans la *Revue philosophique* de janvier 1890, M. Paulhan a fort bien montré, à propos de l'associationnisme, que les lois ou soi-disant lois de l'association des idées par contiguïté et par ressemblance n'expliquent rien, à moins de se subordonner à une loi plus générale de finalité (nous dirons, nous, de logique et de finalité, de coordination théorique et pratique) qui domine toute la psychologie.

à l'ovule initial, avec ce style ou cette manière qui les fait se ressembler en se transformant, se répéter en se variant, et qui élève les moindres variations vivantes au rang de vraies créations. L'individu psychologique, le moi, est un ensemble et un enchaînement d'états de conscience ou de *sub-conscience*, à savoir d'informations et d'impulsions, d'informations extérieures appelées sensations, ou intérieures appelées par les nouveaux psychologues cénesthésie, *sentiment du corps*, d'impulsions extérieures nommées attraits, ou intérieures nommées appétits. Et ces états s'ils sont simultanés, ont pour caractère de concourir à une même action théorique ou pratique, de s'accorder logiquement en rentrant, par exemple, dans le système général de jugements de localisation appelé l'espace, ou de jugements de nomination appelé le langage, et de s'accorder téléologiquement en servant au jeu de ces machines compliquées appelées instincts ou habitudes; s'ils sont successifs, ils ont pour caractère de se répéter indéfiniment et presque identiquement pour la plupart, ou en images et souvenirs, ou en cette sorte de sourd murmure fondamental qui est la base continue de la conscience, sur laquelle la diversité bientôt monotone des spectacles du dehors jette des modulations légères, des phrases répercutées elles-mêmes en mille échos de souvenirs, et développées en une espèce de long discours; le tout marqué au sceau d'une physionomie spéciale que les plus grands changements de traits n'altèrent presque pas. Je ne dis pas, du reste, que le moi n'est que cela, mais il est cela à coup sûr. L'individu social enfin, la cité ou l'Etat, est un ensemble et un enchaînement d'états sociaux, c'est-à-dire d'états de conscience encore, mais d'états de conscience, croyances ou besoins, appartenant à des personnes différentes et influencées les unes par les autres. D'ailleurs, ces états, comme les précédents, sont des informations et des impulsions, mais des informations le plus souvent reçues d'autrui ou perçues grâce à autrui, appelées connaissances, et des impulsions communiquées par autrui, appelées ambitions; et ces états comme les précédents, sont en harmonie plus ou moins étroite et durable. Simultanés, ils s'accordent en majorité non-seulement par la vertu de ces systèmes généraux de jugements ou de ces emplois généraux d'actions dont il a été déjà parlé, espace ou langage, locomotion ou guerre, etc., mais encore par l'autorité de ces coordinations plus spécialement sociales de pensées (1) qu'on appelle religion, philosophie, sciences, et de ces coordinations plus vastes d'activités qu'on appelle métiers ou institutions. Successifs, ils se reproduisent en copies inépuisables et à peu près invariables, connues sous les noms vagues de tradition et de coutume, qui sont à la société ce que la mémoire et l'habitude sont à l'individu; et ils se répètent aussi avec une continuité, avec une invariabilité même presque égale, si ce n'est aux âges de crise, en ce bourdonnement confus de conversations, d'écrits, de demandes, de plaintes, où s'expriment des idées et des besoins sans cesse renaissants, ce qu'on appelle communément en politique le sentiment et le vœu populaire et qu'on pourrait appeler aussi bien la cénesthésie sociale; pendant que, sur ce fond obscur, le génie des inventeurs et des novateurs de tout genre se détache en vives broderies, en révélations et en créations, solidaires les unes des autres, répétées aussitôt elles-mêmes par imitation et tombées les unes après les autres dans le domaine commun, traditionnel et coutumier; tout cela empreint du sceau national, qui donne aux produits les plus variés d'une même société une ressemblance aussi indéniable qu'indéfinissable.

Ce n'est pas le lieu de développer tous les rapports qui existent entre les trois individualités comparées, et il ne m'est permis que de les indiquer en courant. Non seulement elles se ressemblent, mais, dans une certaine mesure, elles s'entr'aident. M. Espinas a fort bien dit que « l'individualité psychique et l'individualité physiologique sont parallèles »; il aurait pu ajouter l'individualité sociale; car, si la conscience se disperse ou s'unifie avec l'organisme », elle s'abaisse ou s'élève, se resserre ou s'élargit, se relâche ou se fortifie avec le milieu social. Je tiens surtout à cette dernière comparaison, parce qu'elle est particulièrement instructive. Nous sommes, en effet, renseignés à merveille sur ce qui se passe dans l'intimité de la vie sociale, dont l'élément

---

(1) Il est à noter pourtant que le langage est chose sociale au même titre que la religion, mais j'ai été forcé d'en parler déjà, en définissant le *moi*, puisque le moi, à mon avis du moins, a attendu, pour éclore véritablement, la chaleur du milieu social.

premier est notre propre vie, mais nous ignorons absolument les secrets de la vie organique, dont les effets de masse se révèlent seuls à nos yeux. Si donc, pour éclaircir un fait psychologique, nous signalons sa similitude avec un fait vital, cette constatation, d'ailleurs intéressante, ne satisfera point notre curiosité; on n'éclaire point le clair-obscur par l'obscurité complète; tandis que, si nous constatons la similitude de ce même fait avec un fait social, il nous sera facile, en élucidant celui-ci jusqu'en son fond, d'élucider par analogie le phénomène intime. La sociologie est le microscope solaire de la psychologie. Cette remarque trouve son application immédiate en ce qui concerne notre sujet. Il nous importe de savoir en quoi consiste cette échelle des degrés de notre identité personnelle, dont nous avons le sentiment vague et constant, et qui, plongeant en bas dans l'aliénation mentale, a pour faîte suprême l'idéal de l'énergie et de la sagesse stoïque. Qu'est-ce que ce maximum et qu'est-ce que ce minimum d'identité, entre lesquels oscille notre existence? Là-dessus, l'observation de notre corps ne nous apprend rien, si ce n'est que le maximum de son identité, à lui, est réalisé par sa parfaite santé, le minimum par l'envahissement d'une maladie, vraie aliénation vitale, ou par le vice congénital d'une infirmité qui le rend monstrueux. Mais l'observation de nos sociétés nous en dit plus.

La maladie est un désaccord, la santé est une harmonie des organes, nous disent vaguement les médecins; sur la nature de ce désaccord et de cette harmonie ils restent muets. Mais les politiques, quand ils vantent la vigueur et la prospérité ou déplorent l'affaiblissement et la décadence d'un État, savent fort bien ce qu'ils entendent par là. Un peuple vigoureux, prospère, est celui où l'unanimité à confesser une foi commune, une science commune, domine les petites discussions secondaires et les contradictions des amours-propres, où l'unanimité à poursuivre un même but d'action patriotique, à réaliser un même plan de travaux solidaires, domine toutes les rivalités égoïstes, toutes les luttes d'appétits. Un peuple malade, affaibli, en train de s'*aliéner* et de disparaître, est celui où la part des contradictions et des obstacles réciproques l'emporte décidément sur celle des confirmations et des secours mutuels, où, en d'autres termes, les orgueils et les opinions individuelles se contredisent plus que les principes régnants ne se confirment, et où les avidités se contrarient plus que les activités ne s'assistent et ne s'associent. Sans doute, il n'est pas de nation si unanime et si forte qu'elle ne recèle des germes cachés de discorde, comme il n'est pas de raison si saine qu'elle ne renferme quelque grain de folie. La contradiction et la contrariété à faible dose, sous le pseudonyme de liberté d'esprit et de concurrence, sont les ferments nécessaires du progrès. Mais il est un degré d'incohérence qu'une société, comme une âme, ne saurait dépasser sans danger d'altération radicale.

Aux époques d'immutabilité relative des sociétés et des personnes, ce n'est pas la réalité seulement, c'est l'immortalité des trois individualités en question qui a été article de foi. Chaque nation antique, une fois assise et régnante, s'est crue immortelle, par la même raison que, plus tard, chaque corps humain ou chaque moi humain s'est jugé immortel. L'idée égyptienne de l'embaumement, en vue de la résurrection des corps, est fondée sur la croyance en leur impérissabilité; puis la croyance en l'impérissabilité de la conscience s'y est ajoutée; mais déjà l'impérissabilité des grandes nations et des grandes dynasties était établie depuis longtemps dans l'esprit des peuples, et Rome n'est pas la première, elle est la dernière plutôt, des villes réputées éternelles. — Ces trois grandes croyances, qui ont joué un rôle si considérable en histoire, et spécialement au point de vue qui nous occupe, survivent encore en Chine, où l'immobilité de toutes choses les a conservées. Dans notre Europe moderne, la fréquence des révolutions sociales ou mentales les a emportées.

Comment naît et croît l'aliénation mentale, la crise à travers laquelle se substitue un nouveau moi, en général informe et non-viable, au moi ancien et normal, nous l'ignorons profondément; nous savons seulement que ce travail interne du cerveau procède tantôt d'une invasion insolite de sensations et d'excitations extérieures qui troublent l'esprit par leur étrangeté, ou dont l'étrangeté dénote le trouble de l'esprit, tantôt une modification non moins étrange survenue dans le ton général du sens intérieur. Nous savons bien mieux comment débute et grandit l'aliénation sociale. Quand un Etat jeune et fort, parvenu à l'harmonie interne de ses éléments constitutifs, par exemple Rome primitive, entre en relations avec ses voisins, importe une partie de leurs arts, de leurs mœurs, de leurs dieux mêmes et se modifie de la sorte par ses agrandissements successifs, son identité ne souffre pas de cette importation tant qu'il s'assimile ce qu'il absorbe ; Rome s'est assimilé ce que l'Etrurie et même la grande Grèce avaient de meilleur ou plutôt de compatible avec son idéal de civisme religieux, héroïque et avare. Mais, après la prise de Corinthe par Mummius, après les conquêtes en Asie, la constitution romaine a reçu une forte atteinte, parce qu'un idéal nouveau d'esthéticisme philosophique, artistique et voluptueux entrait au cœur de la vieille aristocratie, puis du vieux peuple quiritaire, avec les sophismes de Carnéade et les marbres de Lysippe. Entre cet idéal et l'autre, entre l'ancien catéchisme et les doctrines nouvelles, l'accord était impossible, comme entre le oui et le non, le pour et le contre : les deux ne pouvaient donc que se combattre et chercher mutuellement à s'expulser, ou, s'ils n'y réussissaient pas, produire un schisme, soit un schisme manifeste par la division de la société en deux camps tranchés, celui des sectateurs du premier culte et celui des sectateurs du second, soit un schisme larvé par le trouble inoculé à chaque conscience individuelle qui, acceptant la contradiction en soi et s'y habituant, comme il arrive si souvent, se fausse et s'annihile. — L'identité de la personne, pareillement, n'est qu'une avidité qui se satisfait par une appropriation incessante du dehors. Le *moi* n'est qu'un mot ou n'est que le *mien sans cesse agrandi*. Or, on ne s'approprie que ce qu'on s'adapte, que ce par quoi on s'aide ou se confirme ; quand on rencontre la négation de son système habituel d'idées régulatrices, l'obstacle à son système de buts majeurs, tout effort qu'on fait pour assimiler cela est désorganisateur. Le moi, donc, dans ses mutations incessantes de perceptions en perceptions, d'acte en acte, procède comme la société dans son passage de découvertes en découvertes, d'inventions en inventions. Tant qu'une société absorbe plus d'innovations favorables que d'innovations contraires à ses principes, elle fortifie son identité ; dans le cas inverse elle s'aliène.

On peut demander, il est vrai, ce qu'il y a de contradictoire ou de contraire aux idées ou aux tendances antérieures de la personne, dans les états inaccoutumés qui conduisent un homme à la folie. Où est ici le système intérieur contredit ou contrarié, et analogue à celui des croyances ou des institutions nationales ? Je réponds que c'est l'ensemble des souvenirs et des habitudes, des perceptions antérieures et des talents acquis. Quand je m'attribue subitement la qualité de pape ou d'empereur, je contredis le système de mes souvenirs en y juxtaposant un passé autre que le mien. Quand, seul dans ma chambre, je crois entendre parler des voix de persécuteurs invisibles et rapprochés, je juxtapose au système de mes perceptions actuelles (car, qu'on le remarque, toutes les sensations reçues en même temps tendent à former une vraie synthèse par le faisceau de jugements immédiats qu'elles suscitent et qu'elles s'agglutinent) des perceptions contradictoires. Dans les hallucinations bilatérales, quand « une oreille est obsédée de menaces, d'injures, de mauvais conseils, l'autre, réconfortée par de bonnes paroles » ou que « un œil ne perçoit que des objets tristes et répugnants, et l'autre voit des jardins pleins de fleurs », la contradiction est patente (1). Quand, tempérant et pacifique d'ordinaire, je ressens tout à coup des goûts dépravés, des impulsions homicides, ces tendances ne sont-elles pas contraires à mon être habituel ? et me les imputer ne serait-ce pas me confondre avec mes ennemis ? et me rendre responsable de leurs conséquences au même titre que des conséquences de mon moi normal, ne serait-ce pas tout brouiller sous prétexte de méthode et de science ?

II. Je ne voudrais pourtant pas pousser à bout ma comparaison. Il y a des différences sensibles entre l'aliénation mentale et l'aliénation sociale. Il y a d'abord celle-ci, que la seconde, à raison du caractère moins net de l'identité correspondante, peut

---

(1) Cela nous paraît tout simple d'avoir deux mains et deux jambes d'accord dans tous leurs mouvements, s'entr'aidant, allant au but ensemble. Mais, chez les déments, cet accord même est souvent brisé. On en voit dont la main gauche arrête la main droite quand celle-ci veut agir, et, chez tous, le dédoublement de la personne en deux moi qui se combattent est le fait ordinaire, comme nous le verrons.

conduire d'un ancien régime à un nouveau régime tout aussi viable, tout aussi responsable par suite que le précédent ; tandis que le premier est toujours une perturbation funeste ou fâcheuse dont la seule issue possible est la mort ou le retour à l'ancien état (1). Si, par hasard, un nouveau moi se substitue définitivement au moi antérieur (2), ce changement est toujours une chute, tandis que les révolutions sociales constituent parfois un progrès.

S'il en est ainsi, ai-je dit, c'est que l'identité sociale est chose bien inférieure en réalité et en profondeur à l'identité psychologique. « Nous prêtons la personnalité, dit M. Beaussire (3), à une collectivité fortuite et passagère, à une foule, par exemple, qui, sur une place publique ou sur un théâtre, rassemblée le plus souvent par la seule curiosité, manifeste à un tel degré des passions communes et une volonté unique, qu'il paraît difficile de n'y voir que la résultante des passions et des volontés de chaque individu. Quel critique dramatique n'a remarqué l'unanimité des exigences vertueuses dans un public de théâtre où se rencontrent, comme partout dans l'humanité, avec un petit nombre de nobles âmes, tous les degrés de l'indifférence morale et du vice ? » Mais ici, comme l'auteur le fait observer, il n'y a qu'une pseudo-personne que nous pouvons nous expliquer par les lois de l'imitation. Sans doute, une nation, rassemblement non fortuit, agrégation vivante d'âmes confondues dans une suite séculaire de pensées et de desseins, non dans une préoccupation d'un moment, réalise un bien plus haut degré de personnalité. Toutefois, cela est-il comparable à la personnalité d'un homme ? Si nous nous en tenions à la définition que nous en avons donnée précédemment, celle-ci comme celle-là ne serait *identique* à elle-même qu'en tant que composée

---

(1) Quand il y a alternance de deux personnalités, ce qui rappelle les révolutions suivies de restaurations, l'un des deux moi finit par expulser peu à peu l'ancien, par exemple, chez *Felida*.

(2) Encore faut-il remarquer, avec M. Ribot, qu'il reste toujours du moi précédent d'importants vestiges, des *corps d'habitudes* pour ainsi dire, « marche, langage, travail manuel, activités purement automatiques, presque inconscientes, qui sont des esclaves prêts à servir tous les maîtres », en cela semblables à ces *corps de métiers*, à ces administrations que les révolutions n'atteignent pas et qui servent tous les régimes.

(3) Voir *Revue philosophique*, février 1885.

de pensées et d'actions *semblables* bien qu'émanées de consciences distinctes. Or, que l'identité se résolve ainsi uniquement en similitudes, cela n'est pas tout à fait vrai, même pour la société, dans le cas du moins où elle est régie despotiquement par le *roi-dieu* des primitives monarchies si bien compris par Spencer. En lui s'incarne l'État ; il est la monade centrale où toutes les autres se reflètent et qui prête à la reproduction fidèle, à la combinaison harmonieuse de leurs reflets, l'appui substantiel de sa permanence propre aussi longtemps que dure sa vie, fictivement prolongée après sa mort par son apothéose et la conformité de son successeur à ses exemples. La personne humaine est peut-être semblable à cette théocratie antique, le moi est peut-être le roi-dieu du cerveau, centre et foyer d'un groupe de consciences vassales et suggestives. Composer la conscience personnelle, comme on l'essaie si souvent, par la simple juxtaposition d'états de conscience, c'est comme si l'on essayait d'expliquer la formation de la société par une combinaison d'états sociaux. Faire jaillir le moi d'une simple mise en relation de consciences multiples dont aucune ne serait lui et dont le groupe seul la constituerait, c'est faire une hypothèse infiniment plus mystique que toutes les monadologies. Qu'on dise cellule nerveuse au lieu de dire monade, peu importe ; l'essentiel est qu'on reconnaisse dans le cerveau la suprématie d'un élément central, toujours le même à travers ses continuelles modifications, et dont les états intimes, écho mais non résultante des états propres aux innombrables éléments environnants et assujettis, constituent la personne normale.

Il importe beaucoup, en effet, à notre point de vue, de savoir si l'on regarde le moi comme disséminé, incompréhensiblement, dans le cerveau presque tout entier, — on ne saurait dire d'ailleurs dans quelles limites précises, ni en vertu de quelle propriété merveilleuse, — ou si on se le représente comme localisé en un point très petit, infinitésimal, de la substance cérébrale. Admettons, pour un instant, cette dernière hypothèse, si fort qu'elle heurte nos préjugés. Le sens intime, à la vérité, ce fallacieux organe de connaissance, semble nous assurer que le moi est partout présent dans la tête ; mais il assurait aux Grecs d'Homère que le moi résidait aussi dans la poitrine, il nous affirme encore que le moi est au bout des doigts pendant les opérations du toucher actif, et, si nous étions réduits au sens de la vue, il nous porterait à croire irrésistiblement que le moi remplit tout le champ visuel. Le malheur est que, si ses erreurs sur ses propres localisations extra-cérébrales peuvent être aisément rectifiées par le contrôle réciproque des divers sens, ses localisations intra-cérébrales échappent à la portée de cette rectification. Malgré tout, supposons, encore une fois, que le moi, très étroitement localisé, soit un simple entrecroisement, mais un entrecroisement vrai et réel, d'informations et d'influences, un *lieu* et en même temps un *lien* de renseignements et d'impulsions, émanées de toutes les cellules voisines. Dès lors, le problème du libre arbitre, traduit et transposé dans notre langage, s'éclaircit singulièrement, se dépouille des opacités dont la conception confuse, contradictoire et mystique, du moi doué d'*ubiquité cérébrale* l'avait surchargé. La liberté du moi devient son autorité sur les autres moi du cerveau. Le degré de sa liberté, c'est la mesure suivant laquelle il est bien informé et bien secondé par ceux-ci. Il cesse d'être libre au moment précis où il est plus contrarié que servi, plus contredit que confirmé par eux, c'est-à-dire où les impulsions et les informations qu'il a déjà reçues des uns et qu'il s'est appropriées et assimilées par son adhésion, non pas libre mais nécessaire en vertu de sa nature, sont contraires aux suggestions, non appropriables par suite et non assimilables, qu'il reçoit des autres. Dans le cas où ces dernières l'emporteraient, ce ne serait plus le moi qui aurait *causé lui-même* l'acte exécuté, et sa responsabilité serait dégagée. Mais il n'y a pas lieu de faire cette distinction si l'on admet que le moi est tout le cerveau : en effet, dans cette hypothèse, si une action a eu pour point de départ un centre nerveux cérébral quel qu'il soit, le moi en est responsable. On aura beau dire : cet individu est un fou moral, sa volition est l'effet d'une évolution morbide qui se poursuit dans sa substance cérébrale, qui se traduit par des accès périodiques et dont les phases peuvent être prédites avec certitude. N'importe, l'évolution du cerveau, maladive ou non, étant le développement même de la personne, tout au plus sa déviation, mais jamais sa substitution, c'est la personne qui a voulu l'acte commis et qui doit en rendre compte.

Au contraire, si le moi, atome spirituel aussi indispensable à la psychologie que l'atome sans épithète l'est à la chimie (1), n'est qu'un point, héritier en ligne directe de l'ovule initial, un point substantiel, dont la substance consiste dans les aptitudes innées qu'il déploie en habitudes acquises au cours de la vie, moyennant une série de perceptions ou de mouvements, d'affirmations ou de volontés ; un point infinitésimal, mais siège d'une ambition infinie aspirant à étendre et consolider chaque jour davantage, comme il l'a fait depuis la vie embryonnaire, son omnipotence sur une multitude de points semblables, subordonnés et disciplinés ; dans ce cas, le moi, contre lequel une partie de ses sujets s'insurge, n'est pas plus responsable des suites de cette émeute qu'un roi de Perse ne l'était de la révolte d'un satrape, et toute partie du cerveau qui échappe à sa domination lui devient absolument étrangère.

Je ne voudrais certainement pas dénaturer ma pensée et affaiblir sa portée en établissant un lien indissoluble entre l'hypothèse des monades, revivifiée d'une manière inespérée par la science contemporaine, et ma manière de comprendre la responsabilité. On peut rejeter toute monadologie et retenir ce dernier point de vue. Cependant il faut convenir que celui-ci a droit d'espérer des monadologistes une faveur particulière. On me pardonnera donc d'insister encore sur cette digression ou sur cette illustration utile de notre sujet, et d'indiquer en deux mots comment cet « atomisme spirituel », où se résout et se transfigure toute la vérité du matérialisme, se justifie. Il s'agit de savoir, après tout, si l'individu est une réalité pour tout de bon, si le visage est autre chose qu'une silhouette. Suis-je ou ne suis-je pas ? voilà la question (2). Si l'on veut que l'individu

---

(1) M. Taine, l'un des premiers, a admirablement compris cette vérité dans l'*Intelligence*, bien avant les spéculations savantes de Hœckel sur le moi de l'atome. Rien n'est venu infirmer, tant s'en faut, ses idées à cet égard.

(2) Ici et plus loin j'emploie presque indifféremment les mots *personne* et *moi*. Cependant, j'accorderai à M. Richet (voir *Revue philosophique*, mars 1883) que la personnalité en nous peut changer, — par suggestion hypnotique dans certaines formes de folie ou en rêve, — sans que le sujet cesse de dire *je*. Il a beau s'attribuer un passé autre que le sien, se prendre pour ce qu'il n'est pas, quelque chose en lui persiste de son être antérieur. Ce quelque chose, ce serait, d'après M. Richet, le *moi* proprement dit, qui serait très distinct de la *personnalité*. Cet auteur ne voit dans la personnalité qu'un phénomène de mémoire, une « collection de souvenirs particuliers » et dans le moi, qu'un phénomène de sensibilité et d'innervation, une collection de perceptions et d'impulsions actuelles. — Fort bien ; mais si, pour *colliger* les souvenirs des états de notre passé, il faut une collection d'états présents, pour colliger ceux-ci ne faudra-t-il rien ? J'estime que, dans ce cas comme partout

dualiste que le nôtre, les savants se donner tant de mal pour amoindrir graduellement, pour annihiler l'individu, le moi, comme si cet amoindrissement et cette annihilation étaient la conclusion forcée de leurs travaux sur les maladies de la personne, sur la folie, sur le rêve, sur l'hypnotisme. Car on nie ou on atténue sans cesse la responsabilité des criminels par la même raison qu'on diminue le plus possible le mérite des hommes de génie. Les découvertes attribuées jusqu'ici à Newton ou à Christophe Colomb seraient en réalité des œuvres collectives signées de leurs noms, de même que les forfaits d'un assassin ou d'un voleur célèbres seraient l'effet d'une suggestion sociale combinée avec une impulsion vitale, d'un entraînement de l'exemple combiné avec une tendance héréditaire. Mais alors qu'est-ce que l'existence individuelle? Un pur néant. On adopte trop à la légère ce préjugé que l'individu est pour l'espèce ou pour la société; en un sens profond, l'inverse est vrai. Mon espèce, ma race m'appartient, comme ma langue, ma religion, mon gouvernement; j'emploie ces choses et je les fais *miennes*, et, en tant que je les utilise, elles sont pour moi. L'individu est né d'hier; mais, en naissant, il s'est approprié toute une éternité antérieure sans laquelle il ne serait pas, et dont il ne peut être détaché. Il s'est approprié sa famille et sa race, chose ancienne; la vie, chose si antique; les forces physiques, les atomes chimiques, éternels, nous dit-on, qu'il subjugue et dirige. Il est donc devenu éternel lui-même par cette conquête, *causa sui*, et, par suite, vraiment libre, au seul sens vrai et clair de ce mot.

III. — C'est là de la métaphysique, mais j'en conviens : or, le mal, on le sait, n'est pas tant d'en faire que d'en faire sans le savoir. Abandonnant cependant un rivage si dangereux, bornons-nous à extraire de ce qui précède, pour tout résumé, cette conclusion : le moi est au cerveau ce que l'Etat est à la nation; l'Etat, c'est-à-dire le personnel dirigeant qui enseigne et ordonne, qui, dépositaire du legs traditionnel des institutions et des principes, des forces et des lumières accumulées par ses prédécesseurs qu'il continue, l'utilise et le grossit par ses décrets et ses enseignements, par ses actes conscients et volontaires de chaque jour, convertis à la longue en habitudes administratives surajoutées. A coup sûr l'Etat n'est rien que par la nation. Si absolu que soit le monarque où il s'incarne, il n'est pas un de ses actes qui ne soit provoqué nécessairement par les révélations des corps savants, analogues aux perceptions des sens, ou par les productions nouvelles de l'industrie et de l'art, sources de nouveaux besoins, de nouvelles forces, de nouvelles ambitions ; et, d'autre part, il n'est pas une de ces innovations qui ne traduise à sa manière ce chœur national d'avertissemets confus et de sommations plus ou moins respectueuses que j'ai comparés plus haut au sentiment corporel, vague et constant, afflux de millions d'actions nerveuses apportées de tous les points du corps par les nerfs centripètes, où M. Ribot voit la base profonde de la personnalité. De chaque point du corps social, en effet, de chaque corporation et de chaque confrérie émanent de petites pensées et de petites volontés qui s'expriment continuellement en entretiens, en plaintes, en lettres, en télégrammes, en articles de journaux, en notes, trouvent une expression plus haute et plus large dans les découvertes de la science et les inventions de l'industrie, dans les œuvres de la littérature et de l'art, jusqu'à ce qu'elles se réalisent enfin dans les professions de foi et les actes du gouvernement. Quand on dit que la littérature est le reflet de la société, que les hommes de génie sont les représentants de leur temps, que le gouvernement véritable est l'opinion, on traduit sous des formes différentes cette vérité que la personnalité sociale résulte de la vie sociale.

D'ailleurs, cette vérité demande à être complétée par cette autre, que, dans une large mesure aussi, la vie sociale dépend de l'Etat, comme la vie organique dépend du moi. Quelques décrets, suggérés par des théories particulières, peuvent avoir pour effet de transformer l'éducation de la jeunesse ; quelques volontés, nées de rencontres et de perceptions accidentelles, peuvent avoir pour effet de modifier profondément la cénesthésie, comme par exemple lorsque l'organisme, obéissant à un caprice de voyage, d'entreprise téméraire, change de milieu physique et social. Cette action modificatrice de l'Etat et du moi sur leur propre base tend-elle à s'amoindrir ou à s'accroître ? A s'accroître, sans contredit. Chaque pas nouveau dans la voie de la centralisation politique ou organique met aux mains du pouvoir directeur de plus grandes forces. — Il n'est donc pas permis de regarder comme secondaire, avec les criminalistes de l'école positiviste, la question de savoir si une action préjudiciable à autrui émane de la volonté ou simplement de l'organisme de son auteur; autant vaudrait dire qu'il importe peu de rechercher si l'Etat français a participé ou non au préjudice causé par quelques-uns de nos nationaux à une nation étrangère. Je ne veux pas dire par là, néanmoins, que l'acte délibéré, pleinement conscient et voulu, engage seul la responsabilité. Car, si je me suis bien fait comprendre, les perceptions et les mouvements, les raisonnements suivis des conclusions et les délibérations suivies de décisions, ne sont que le moi en train de se faire, de même que les doutes et les discussions des Chambres ou des Cabinets suivis de lois ou de décrets, ne sont que l'Etat en train de se faire. L'Etat fait, c'est l'assise profonde des institutions, conforme au génie national; le moi fait, c'est le faisceau des habitudes et des préjugés, des talents et des connaissances conformes au caractère lentement changeant. Si donc un crime est fait par habitude avec la facilité d'un réflexe, presque inconscient, notre point de vue exige que la responsabilité de l'agent soit engagée encore plus fortement que s'il avait été voulu après délibération. La doctrine classique de la responsabilité fondée sur le libre arbitre exige l'inverse; mais on voit ici à quelle conséquence désastreuse elle vient aboutir.

Au surplus, on peut nier la réalité de notre personne originale et identique à elle-même; mais on ne peut révoquer en doute l'idée que nous en avons, c'est-à-dire notre conscience. Or, si la thèse de M. Fouillée sur les *idées-forces* est illusoire, comme nous l'avons vu, dans son application à la liberté, il me semble qu'elle pourrait être avec avantage appliquée à l'identité. Il n'est pas vrai qu'à force de nous croire libres nous nous affranchissions le moins du monde des liens de la causalité externe ou interne dont notre décision volontaire est l'effet complexe; il n'est pas vrai il est contradictoire dans les termes, que la foi à cet indéterminisme idéal de notre vouloir détermine sa réalisation graduelle. Mais il est certain que notre personnalité s'accentue dans la mesure où elle s'affirme et que l'identité parfaite de notre moi, idéal conçu par tant d'âmes religieuses sûres de leur immortalité posthume, se réalise de mieux en mieux à chaque pas fait dans la voie de la logique et de la finalité. De plus en plus l'homme d'étude s'absorbe dans son idée-mère, l'homme d'action dans son but majeur, l'artiste dans sa nuance de beauté propre. La personne, ainsi, se fortifie, la physionomie se creuse et s'avive, et le fondement de la responsabilité va se consolidant.

IV. Signalons en terminant un des corollaires législatifs de notre manière de voir. Les altérations normales de la personnalité ne s'accomplissant avec une lenteur égale ni chez les divers individus, ni aux divers âges de la vie, il conviendrait d'avoir quelque égard à ces différences dans la fixation des délais de prescription criminelle. Les délais devraient être d'autant plus longs qu'on aurait lieu de juger ces altérations plus lentes. Je suis plus ou moins ce que j'étais hier, avant-hier, il y a un an, dix ans. Dans certains éclats de passion, je m'écarte beaucoup de moi-même. L'identité personnelle va et vient, sujette à des hausses et à des baisses alternatives, à des fluctuations périodiques. Mais, au milieu de cet ondoiement que nulle formule ne saurait fixer, on constate aisément ce fait général qu'après s'être transformée avec une rapidité relative pendant l'enfance et la jeunesse, la personne s'arrête, s'ossifie et, à partir de ce moment, se modifie fort peu, si tant est qu'elle se modifie encore. Il n'est donc pas vrai qu'on soit à tout âge d'autant plus différent de soi-même qu'il s'est écoulé plus de temps depuis une date donnée. Cette présomption, sur laquelle se fonde en partie la législation en établissant un même délai de prescription criminelle pour les jeunes gens et pour les hommes mûrs, est contredite par l'observation des faits. Il vient un âge où, loin d'aller se différenciant de plus en plus, le moi va s'identifiant de plus en plus pour ainsi dire. Sans tenir compte de toutes ces nuances, la loi pourrait au moins, ce semble, édicter deux délais de prescription pour les poursuites des crimes: l'un, beaucoup plus court, en ce qui concerne les mineurs ou les impubères, l'autre, en ce qui concerne les majeurs ou les adultes, beaucoup plus long. Quoi qu'il en soit, on reconnaîtra sans peine l'importance attachée au point de savoir dans quelle mesure une personne, de même qu'un État, est restée identique à soi-même entre deux dates considérées. Le crédit d'un État, non moins que sa responsabilité, dépend du plus ou moins de stabilité et de permanence dont il fait preuve aux yeux de ses voisins; un État agité par de continuelles révolutions n'a pas à espérer d'alliances durables.

V. Notre théorie de la responsabilité, observons-le, a l'avantage de s'appliquer aussi bien au civil qu'au criminel. Or la responsabilité civile est restée en dehors des polémiques suscitées par la question du libre arbitre; cela signifie qu'elle est entendue par tout le monde comme assise sur un fondement autre que cette faculté mystérieuse. Je sais bien que, d'après les moralistes et les juristes, un contrat ne lie pas celui qui l'a souscrit s'il n'a été *librement* consenti. Mais la liberté dont il s'agit ici, comme partout dans la matière des obligations, n'est point le libre arbitre, cette qualité inhérente à la volonté d'avoir pu ne pas se déterminer comme elle l'a fait ; elle est l'absence de contrainte *extérieure*, la qualité inhérente à l'acte, d'être conforme à la volonté de son auteur. Le souscripteur d'un billet aura beau dire qu'en le signant il a cédé à une passion irrésistible pour une femme ou pour le jeu, il n'en sera pas moins tenu de le payer; il est galant, il est joueur, c'est son caractère. Peut-être en serait-il autrement (ici le soupçon de folie naîtrait) si, en signant cette valeur, il avait cédé à un mobile d'une nature tout à fait exceptionnelle dans sa vie ; si, par exemple, ayant eu jusque là horreur du jeu, il avait contracté cette dette pour jouer au baccarat... Pourquoi cette différence? Parce que la question est de savoir *s'il a été lui-même* en signant.

Dans le cas de la responsabilité civile de l'obligation, il y a à considérer *deux identités personnelles* en présence, celle du créancier et celle du débiteur, comme, dans le cas de la responsabilité criminelle, nous avons mis en regard, et vis-à-vis l'une de l'autre, celle du coupable et celle de sa victime *ou des représentants de celle-ci*. De même, en effet, que la personne du débiteur se continue par celle de ses héritiers ou de ses ayants-cause, la personne de la victime se continue, d'abord, dans les temps anciens, par celle de ses proches parents, puis par celle de ses concitoyens, de ses compatriotes dans le sens de plus en plus étendu de ce mot. Cette extension fictive de la personne de la victime implique un état social élevé qui a multiplié les liens de solidarité entre les membres d'une même nation. Le coupable est tenu alors d'acquitter une sorte de dette envers la société tout entière personnifiant sa victime. Mais remarquons la différence importante qui s'est produite entre les deux évolutions de la responsabilité civile et de la responsabilité pénale. Le progrès a eu pour effet d'étendre à ce point le groupe des intéressés à défendre la victime, qu'on a fini par oublier la fiction d'où l'on était parti, à savoir que le dénonciateur, l'accusateur d'un forfait était le continuateur de la personne de la victime et n'avait droit de dénoncer et d'accuser qu'à raison de cette continuation supposée. On a donc cessé peu à peu, dans les procès criminels, de considérer la responsabilité comme un lien de personne à personne, et on s'est mis à le regarder comme le lien d'une personne avec un être purement impersonnel. Au contraire, le progrès a laissé la personne du débiteur restreinte au débiteur lui-même ou localisée dans un cercle étroit d'ayants-cause; en sorte que l'obligation civile n'a jamais cessé d'être et de paraître un lien entre deux personnes, et j'ajoute entre deux personnes plus ou moins semblables socialement.

IV

Il est aisé de résumer en deux mots la théorie précédemment exposée. La responsabilité d'une personne envers une autre suppose ces conditions réunies : 1° qu'il existe un certain degré de similitude sociale entre ces deux personnes; 2° que la première, cause de l'acte incriminé, ait été *elle-même* et soit restée ou paraisse être restée identique à elle-même. D'ailleurs, comme nous le verrons, la responsabilité pénale, non moins que civile, a toujours pour nature d'être une dette, c'est-à-dire de produire une satisfaction jugée utile à la personne ou au groupe de personnes qui a droit de l'invoquer. L'utilitarisme pénal, en ce sens, est vieux comme le monde. Montrons maintenant que ce n'est pas là un système de métaphysicien, mais que la responsabilité a toujours été comprise ainsi, à toutes les époques, par l'instinct populaire. Fondée sur le libre arbitre, cette idée se concilie fort mal avec l'histoire du droit pénal, et, si elle semble s'accorder avec les législations actuelles, elle tend à creuser un abîme entre celles-ci et les réformes prochaines, telles que la science déterministe les exige. Fondée sur l'identité et la similitude, elle explique le passé et permet de rattacher le présent à l'avenir, les vieux préjugés aux nouveaux principes.

I. — Dans les temps primitifs, le lien social est aussi énergique et persistant que restreint; il étreint fortement les membres d'un même clan et les sépare du reste du monde. Ce clan se présente aux autres clans comme une vivante unité, comme une seule personne qui jamais ne change ni ne meurt. Il est vrai que, parfois, les divers clans se ressemblent beaucoup entre eux par la langue, les superstitions, les rudiments d'industrie, les mœurs; mais souvent aussi ils sont très dissemblables, quoique juxtaposés. Quand ils diffèrent beaucoup, ils se regardent comme absolument étrangers les uns aux autres et aucun lien de responsabilité vraie ne saurait exister entre eux. Ils ne peuvent que se servir alternativement de gibier. Mais, quand ils se ressemblent à divers degrés, ils se sentent compatriotes sociaux dans une certaine mesure. Dans ces conditions, si la théorie esquissée plus haut est vraie, la responsabilité doit être, pour les crimes commis de clan à clan, collective, non individuelle; mais elle doit se faire sentir profondément de part et d'autre et durer indéfiniment. Or, c'est précisément ce qui a lieu : la phase dont il s'agit est caractérisée par le régime des *vendette* féroces et séculaires (1),

(1) Si, à l'origine, les familles faisant partie d'une même tribu se ressemblaient beaucoup entre elles, les tribus disséminées sur le sol devaient être très dissemblables : aussi la *vendetta* de famille à famille est-elle plus tenace que l'hostilité de tribu à tribu, et il ne faut pas confondre le sentiment de justice sauvage mais profonde, qui inspirait les vendette, avec le besoin d'extermination qui poussait certaines tribus hétérogènes à se massacrer. Ajoutons que, comme nous le redirons plus loin, pour les délits commis dans l'intérieur de la *famille* au préjudice de ses propres membres, la peine, qui n'avait rien de vindicatif, était inspirée par un sentiment du juste bien plus profond encore et bien plus pur.

pénalité réciproque d'où procède notre justice. Ce n'est pas qu'à ces mêmes époques la responsablilité individuelle fût inconnue ; les crimes commis par un parent contre un des siens, dans l'intérieur du clan, en éveillaient le sentiment intense. Mais ces crimes, qui paraissaient alors plus monstrueux encore que maintenant, révélaient un caractère de folie ou plutôt de suicide familial qui tendait souvent à déguiser leur nature; ils restaient cachés d'ailleurs dans le sein de la famille, close alors et murée, où le regard du législateur ne pénétrait pas. De là, par exemple, l'omission du parricide, non seulement par Dracon, mais par toutes les législations barbares, parmi les crimes passibles d'une peine. Ce n'est nullement, comme on l'a supposé avec candeur, parce que le sévère législateur athénien, ne prévoyait pas la possibilité d'un tel forfait; c'est parce que le parricide, crime *intra-familial*, tombant sous la loi particulière de la famille, était justiciable du seul *tribunal domestique*, sorte de cour d'assises paternelle trop souvent oubliée par nos criminalistes (1), quand, par exemple, ils font dériver de la vengeance et du talion, comme de son unique source primitive, la justice pénale. Leur erreur, très excusable, provient de ce qu'ils n'ont pas vu, ni cherché à voir, ce qu'on ne leur montrait jamais, le fonctionnement de cette justice occulte et privée où le remords, le repentir, le pardon, le sentiment moral tel que nous le comprenons, jouaient déjà un grand rôle, si nous en jugeons par les débris qui en restent en Chine, en Kabylie, et surtout dans une gorge du Caucase, parmi la tribu des Ossètes. Grave erreur, à vrai dire, comme le serait celle d'un publiciste qui prendrait la constitution fédérale des Etats-Unis pour l'unique loi de cette grande fédération, sans songer aux lois particulières de chaque Etat. Mais, malgré tout, la conséquence théorique de cet oubli n'a pas été aussi fâcheuse qu'on aurait pu le craindre, et la conception qu'on s'est faite de l'évolution pénale n'en a pas été radicalement faussée, au point de vue *formel* du moins. Les

---

(1) Voir, au sujet de ces tribunaux, le savant ouvrage de Dareste, *Etudes sur l'histoire du droit* (1889), notamment p. 148 et s. Voir aussi l'*Evolution juridique* (1891) par Letourneau. Le premier de ces deux auteurs a vu le démenti que donne l'existence de cette justice domestique à la théorie accréditée sur la conception toute matérielle et brutale du crime et de la peine chez nos lointains aïeux.

tribunaux domestiques, en effet, n'ont contribué par malheur que faiblement, nous le verrons, à la naissance de nos cours judiciaires, auxquels ils ont prêté seulement, ce qui est déjà beaucoup, l'esprit qui les animait, le caractère de flétrissure morale qui leur était propre et qu'ils ont ajouté au caractère vindicatif, atroce, des pénalités de ces dernières. La nature odieuse des châtiments au moyen-âge, par exemple, s'explique ainsi, par cette spiritualisation forcée de férocités brutales.

Cela dit, continuons.

Quand un barbare offensé jugeait légitime de *punir* un autre barbare, parce que celui-ci était le frère ou le cousin de l'offenseur, évidemment la *culpabilité* des personnes reposait à ses yeux sur un tout autre principe que la prétendue liberté de leur vouloir. Le *puni*, ici, n'avait été ni libre ni non libre de faire un acte dont il n'était point l'auteur. Cependant nous trouvons partout écrit, en tête des antiques coutumes, cette loi de solidarité familiale, de réversibilité héréditaire des peines et aussi bien des récompenses, qui révolte notre rationalisme étroit. Les preuves abondent de cette étrangeté universelle. Dans le monde sauvage, elle est la règle sans exception.

« Pour les Australiens, dit Letourneau (1), aucune mort n'est naturelle, tout décès est l'œuvre de maléfices machinés par un ennemi, et le devoir étroit des parents est de venger leur défunt en tuant, non pas précisément l'auteur présumé du meurtre, mais un membre quelconque de sa tribu. » Il est inutile de citer d'autres exemples. Dans le monde barbare, la coutume universelle des *vendette*, des vengeurs de famille à famille, de tribu à tribu, révèle la persistance de l'antique préjugé à cet égard. La loi gallique permettait à la famille de l'offenseur de racheter, à prix d'argent, le droit de vengeance qui appartenait à la famille de l'offensé contre le coupable : mais, « chose bizarre, remarque M. Beaune (2), celui-ci ne supportait pas seul l'indemnité. Il n'en payait qu'une partie ; le reste était à la charge de ses parents paternels et maternels, les premiers acquittant le double des seconds. La responsa-

---

(1) *Evolution de la morale* (Paris 1887).
(2) *Introduction à l'étude du droit coutumier*, p. 59.

bilité s'arrêtait seulement au neuvième degré (1). » Dans le droit Franc, pareillement, toute famille a droit de tirer vengeance de l'outrage commis sur l'un de ses membres, à moins que la composition pécuniaire n'ait eu lieu. Les États à demi-civilisés de l'ancien Orient, Perse, Syrie, Assyrie, Inde, ont tous infligé à la femme et aux enfants du criminel le supplice, en général atroce, auquel ils le condamnaient lui-même (2). La Chine aussi, antérieurement au troisième ou quatrième siècle de notre ère, a attribué à la généralité des crimes et des peines (sauf, bien entendu, ce qui vient d'être dit sur les délits intérieurs de la famille), ce caractère collectif. Un grand progrès accompli par la loi de Moïse consiste à ne pas faire « mourir le père pour les enfants, ni les enfants pour les parents (3) », ce qui prouve que jusqu'à la date de cette prohibition la culpabilité familiale par la faute d'un seul était reconnue en Israël. En Angleterre, c'est seulement à partir du neuvième ou dixième siècle que la femme cessa d'être frappée pour les crimes de son époux ; mais, sous Édouard-le-Confesseur encore, chaque guilde répondait tout entière du délit commis par l'un de ses membres. D'ailleurs, même chez les peuples plus ou moins civilisés qui ont depuis longtemps admis en principe le caractère individuel des délits et des châtiments, l'ancien principe survit ou revit dans certains cas particuliers, par exemple à l'occasion des crimes politiques ou religieux. En Égypte « la mère, les enfants, la famille entière du conspirateur, était livrée au bourreau (4) ». Au Mexique, sous les Aztèques, non seulement la vestale coupable d'avoir enfreint son vœu de chasteté était condamnée — comme à Rome, coïncidence singulière, — à être enterrée vive, mais ses parents mêmes étaient proscrits et sa ville natale détruite (5). Au Pérou, de même, si l'une des femmes de l'Inca était convaincue d'adultère, les parents des deux coupables étaient mis à mort avec eux. En Grèce, pendant la guerre contre la Perse,

---

(1) Dans ce vieux droit gallique, la parenté, que nous appellerions *rapprochée*, s'étendait jusqu'au dix-huitième degré. On voit par là quel énergique faisceau formait la famille antique.

(2) *Thonissen*, *Droit criminel des anciens peuples de l'Orient*, t. I, p 70 et 158

(3) *Deutéronome*.

(4) *Thonissen*, ouvrage cité.

(5) *Lucien Biart*. Le Mexique.

un sénateur ayant été d'avis d'accueillir les propositions de l'ennemi, on le lapida, et les femmes coururent à sa maison lapider aussi sa femme et ses enfants. Quand l'accusé, à Athènes, mourait au cours d'une procédure criminelle dirigée contre lui, elle ne s'arrêtait pas, comme chez nous, elle se poursuivait contre ses enfants. « En frappant les enfants des criminels, dit Thonissen, les juges croyaient imiter les dieux. » Souvent même nous voyons les *voisins* dans un même village, solidaires pénalement les uns des autres (1). Il en était ainsi en Germanie, où les habitants de la même « marche » non seulement succédaient *ab intestat* les uns aux autres et pouvaient exercer contre l'acheteur du bien de l'un d'entre eux une sorte de *retrait vicinal*, en souvenir sans doute de l'ancienne indivision de leur propriété commune, mais encore « répondaient des crimes commis sur le territoire de la marche ou dont l'auteur s'y était réfugié... » Certainement, cette solidarité vicinale n'est qu'une imitation de la solidarité familiale ou même repose au fond sur une présomption de parenté.

Est-il nécessaire de rappeler qu'en France, pour les crimes de lèse-majesté, cet archaïsme terrible de la responsabilité familiale survécut jusqu'au dix-huitième siècle? Les parents de Damien furent bannis comme l'avaient été ceux de Ravaillac. Mais, de nos jours encore, ne subsiste-t-il pas quelque chose de ce vieux préjugé historique et préhistorique, dans la fiction qui nous fait considérer les membres d'un cabinet ministériel comme solidairement responsables de la faute commise par l'un d'entre eux? L'immunité parlementaire, en vertu de laquelle un député ou un sénateur ne peut être poursuivi sans l'autorisation de l'Assemblée dont il fait partie, comme si celle-ci se jugeait responsable en partie de son honneur, dérive de la même source. Dans les classes illettrées, du reste, le préjugé antique vit toujours. Il y a quelques années, par exemple, d'après M. Ferri, un Italien poignarda un soldat qu'il ne connaissait pas, parce qu'un autre soldat l'avait offensé quelque temps auparavant.

Que signifie cette antique coutume? Elle signifie simple-

---

(1) Voir, à ce sujet, Dareste, ouvrage déjà cité, et Glasson, *Hist. du droit et des instit. de la France*.

ment qu'aux yeux des populations primitives tous les membres d'un même groupe naturel, tribu ou famille patriarcale, composaient un tout indivisible, indissoluble, une véritable personne identique et immortelle. Elles avaient beau savoir que l'auteur d'un crime était tel individu et non ses frères, elles frappaient tous ses frères avec lui (1), comme, maintenant, nous avons beau croire que la cause d'un crime réside dans une partie seulement du cerveau de son auteur, nous faisons parfois tomber sa tête tout entière sous le couperet de la guillotine. Nous nous fondons alors sur la solidarité étroite qui lie les organes d'un même individu; d'autres fois, sur celle qui est réputée fictivement unir les ministres d'un même cabinet et n'en faire qu'une seule âme. Nos pères se fondaient sur la solidarité, à leurs yeux non moins rigoureuse, qui liait de leur temps les membres d'une même race (2). Quand le relâchement du faisceau patriarcal leur permit de distinguer entre le coupable et sa famille, ils commencèrent à admettre le principe de l'individualité des peines; à mesure que le progrès de la médecine et de la physiologie nous permet de distinguer parfois entre les parties malades et les parties saines d'un même cerveau, entre la folie et la personne, nous sommes portés à épargner celle-ci en nous défendant contre celle-là seulement. La notion de la responsabilité, au fond, n'a donc pas changé, et nous pouvons, sans rompre le fil de l'évolution historique, avancer dans les voies nouvelles ouvertes par les aliénistes.

On objectera peut-être que la responsabilité collective reposait parfois sur la complicité présumée des parents ou bien sur l'appréhension de leur vengeance réputée probable. Soit; mais cette présomption même de complicité et de vengeance atteste l'énergie de la solidarité familiale qui la suggérait universelle-

---

(1) Au début, en effet, la responsabilité collective a toujours été entendue en ce sens que *tous* les parents devaient être punis à la fois. Mais plus tard, grâce à l'adoucissement des mœurs, on l'entendit en ce sens plus humain, qu'un membre *quelconque* de la famille doit être châtié.

(2) Les familles artificielles ayant partout pris naissance à l'image des familles naturelles, on leur appliquait la même fiction. En plein dix-septième siècle encore, l'ordonnance criminelle de 1670 admet que les communautés de villes, bourgs et villages, corporations et autres êtres moraux *peuvent commettre des crimes*. Dans ce cas, leur syndic les personnifie ; il est soumis à l'interrogatoire et à toutes les phases de l'instruction (y compris la question ?) » V. du Boys, *Hist. du Droit crim. chez les peuples modernes*.

ment. Il ne faut pas confondre, du reste, avec les exemples cités plus haut, certains faits qui ont l'air de leur ressembler. Sous Auguste, quand un maître était assassiné par l'un de ses esclaves resté inconnu, tous ses esclaves étaient mis à mort. Ici, évidemment, la peine n'a frappé le groupe entier que parce que l'inconvénient d'atteindre des innocents a paru préférable encore à celui de laisser impuni le coupable.

Mais, partout, dans les légendes du haut passé, les fratricides, les parricides, sans compter les infanticides, pullulent ; comment concilier avec ce fait le caractère d'intime union, d'indivisibilité absolue, que tant d'autres faits permettent d'attribuer à la famille primitive ? La difficulté est résolue si l'on se rappelle que la famille antique était un camp retranché, assailli de toutes parts et astreint à une discipline de fer sous peine de destruction. Il devait donc s'y passer ce qui se passe dans toutes les armées barbares : pas de milieu entre la rébellion criminelle et l'obéissance passive, entre la trahison jusqu'au meurtre et le dévoûment jusqu'à la mort. — D'ailleurs, que les liens domestiques aient graduellement perdu de leur force et de leur étendue, à mesure que se fortifiaient et s'étendaient les liens politiques, cela ne saurait faire l'ombre d'un doute. En veut-on une preuve entre mille ? J'irai la chercher en pleine démocratie, à Florence, où, aux treizième et quatorzième siècles, en vertu des redoutables *ordonnances de justice* de 1293, un crime commis par un *magnat* contre un *popolano* rejaillissait sur ses parents jusqu'au septième degré inclusivement. Comparez 1293 à 1793 ; certes, notre *loi des suspects* peut rivaliser d'arbitraire et de despotisme avec le sanglant produit de la législation florentine. Mais l'idée n'est pas même venue au législateur révolutionnaire d'incriminer les frères, cousins et arrière-cousins des aristocrates qu'il poursuivait. En fait, la *suspicion* s'étendait bien aux proches des *coupables* ; mais on n'eût osé écrire qu'en droit il devait en être ainsi (1).

(1) Même depuis le commencement de ce siècle, la famille a continué à se démanteler très vite. Les causes de récusation des témoins, telles qu'elles sont formulées par le législateur de 1805, en sont la preuve. Le parent jusqu'au quatrième degré est reprochable, ainsi que le domestique : cela prouve qu'en 1805 encore le domestique était un serviteur, partie intégrante de la maison. Si la loi était à refaire, ce n'est pas, je crois, sur une présomption de déférence des domestiques envers les maîtres, ou de dévoûment mutuel des cousins, qu'on songerait à fonder les récusations. Le fait d'appartenir à une même corporation politique ou religieuse aurait

Cependant il s'agissait, sous la Terreur, d'abattre surtout les familles nobles. Or, en tout pays et en tout temps, la noblesse s'est signalée par le haut degré de sa solidarité familiale ; et il est à remarquer aussi qu'elle a toujours été spécialement atteinte par le principe de la responsabilité collective, ce qui confirme mon explication de celle-ci. Il semble, *à priori*, que les familles plébéiennes devraient être partout plus unies, la faiblesse plus grande des individus les invitant à se lier davantage pour se fortifier ; mais n'oublions pas l'origine et la vie militaire des familles nobles, n'oublions pas surtout leur éclat relatif qui intéresse l'amour-propre de leurs membres à leur appartenir. Plus encore qu'à un besoin de défense commune, la cohésion sociale est due à un besoin d'enorgueillissement réciproque ; de là l'esprit de famille jadis, le patriotisme encore. Les nations les plus exposées à l'invasion ne sont pas toujours celles où le patriotisme est le plus profond ; les défaites qui font le péril de la patrie ne la rendent pas toujours plus chère aux citoyens qu'elles ont humiliés. — Comme la *gens* à Rome et en Grèce, la famille noble à Florence formait clan et servait d'exemple aux familles des *popolani* qui tâchaient de l'imiter. Il en était de même en France. Aussi, toutes les fois que le vent politique a tourné contre l'aristocratie, soit dans l'antiquité, soit au moyen âge, soit dans les temps modernes, c'est en masses compactes que ses membres ont été proscrits ou immolés, et, en tout temps, ses familles ont été plus sujettes que d'autres à être déconsidérées ou déshonorées par la faute d'un seul. Citons, pour la France, ce passage des Cahiers de 1789. Un grand nombre d'entre eux demande le maintien des lettres de cachet dans l'intérêt des familles. « Il faut bien faire la part, dit l'un d'eux, du préjugé qui rend, surtout dans la noblesse, la famille solidaire de chacun de ceux qui la composent (1). » Il fallait que cette solidarité fût bien vivement sentie encore pour faire

---

une toute autre importance aux yeux du législateur. — Malgré l'individualisme qui régnait dans les théories au dix-huitième siècle, la famille française était encore si unie en 1789, qu'un certain nombre de cahiers des Trois-Ordres proposent de donner une sanction légale, dans des cas graves, aux arrêts d'une assemblée de parents, érigée en tribunal domestique (Voir Desjardins, *Les Cahiers des États généraux*, 1883), et que plusieurs cahiers même ne repoussent pas absolument l'idée de faire peser sur toute la famille d'un condamné les conséquences de son crime (même ouvrage).

(1) Desjardins, ouvrage cité.

échec à l'individualisme excessif dont les Cahiers sont en général imbus, même ceux de la noblesse.

Le droit des représailles a toujours été exercé en temps de guerre : partout, quand *un* soldat d'une armée a commis une cruauté envers un soldat d'une armée ennemie, celle-ci se croit le droit d'en tirer vengeance non-seulement contre le coupable, mais contre tous ses compagnons d'armes et même contre tous ses compatriotes. C'est une vieille tradition militaire, fort difficile à justifier à notre époque d'individualisme, mais qui n'étonnait personne en des âges pénétrés du sentiment de la solidarité familiale ou nationale.

Au moyen âge, même en temps de paix, le droit de représailles était reconnu, et, dans les républiques italiennes, il s'était élevé à la hauteur d'une institution. Si un marchand pisan faisait perdre par son insolvabilité ou sa mauvaise foi une certaine somme à un marchand florentin, la cité de Florence demandait réparation du fait à la cité de Pise, et, sur le refus de celle-ci, on saisissait à Florence les marchandises ou biens quelconques appartenant à n'importe quel Pisan jusqu'à concurrence de la somme due. « Dans la seule année 1829, dit Perrens (1), Florence avait des représailles contre Pérouse pour 60) livres, contre Fano pour 2,000, contre Spolète pour 250, contre Pise pour 55, contre Forli pour 2,400, à l'occasion de prêts non rendus ou de marchandises volées. Viterbe, Venise, Padoue, quoique plus éloignées, n'échapaient pas non plus aux représailles de Florence ; quelquefois elles prenaient l'initiative. » Les Italiens de ce temps-là trouvaient la chose naturelle. « Ils y voyaient un droit, et à nul d'entre eux il ne fût venu à l'esprit de blâmer ceux qui en usaient. Jamais, on l'a justement remarqué, les chroniqueurs ne donnent aux représailles le nom de déprédation. » — Pourquoi, en temps de guerre, pourquoi, aux époques guerroyantes, la responsabilité collective tend-elle à se substituer de la sorte à la solidarité individuelle, si ce n'est parce que le lien social se resserre très fort entre concitoyens? Entre ceux-ci il n'y a plus simi-

---

(1) *Histoire de Florence.* Voir aussi *Cibrario, Economie domestique au moyen âge*, t. I, p. 143. Ce droit de représailles, sous le nom de droit de marque, est resté en vigueur jusqu'au quinzième siècle.

litude, il y a identité; il ne peut plus être question de similitude ou de dissemblance que dans les rapports des Etats belligérants.

II. — Nous avons dit que, dès les temps les plus reculés deux criminalités, deux responsabilités différentes coexistaient : une criminalité, une responsabilité collectives pour les préjudices causés par un membre d'un petit Etat à un membre d'un autre, et une criminalité, une responsabilité individuelles pour les torts d'un sociétaire envers l'un de ses co-associés. Il est clair que cette distinction a dû exister de tout temps, et que, par suite, une distinction correspondante a dû s'appliquer à la pénalité primitive. Le chef de clan, le chef de famille antique avait deux attributions capitales, il était doublement justicier, et comme protecteur de ses enfants, et comme dépositaire des vengeances et des haines ancestrales, de l'honneur des aïeux. Par lui, à défaut d'une autorité supérieure, sa famille se rendait justice à elle-même contre les familles étrangères, en même temps qu'il rendait la justice à ses enfants en désaccord. — Quand, après cette ère de morcellement patriarcal, les monarchies commencent à apparaître, simples fédérations d'ailleurs de familles agglomérées à l'abri d'un sceptre, le besoin d'une justice nouvelle s'est fait sentir; les crimes commis par un membre d'une famille au préjudice d'une autre, dans les limites de l'empire, réclamaient impérieusement une juridiction spéciale, distincte de celle des tribunaux domestiques et aussi bien de cette justice militaire qui châtiait par la guerre les crimes de nation à nation. Or, cette justice royale pouvait s'organiser en prenant exemple soit sur les procédés cléments des tribunaux domestiques, soit sur les us et coutumes belliqueux. Mais, bien que l'une et l'autre dérivation paraissent également admissibles, il est de fait que la seconde s'est seule réalisée, à cela près — et c'est fort important, à la vérité, — que quelque chose de l'esprit et du sentiment moral propre à la justice domestique a passé à la justice officielle. La peine est restée vindicative comme au temps des *vendette*, mais est devenue déshonorante, humiliante, comme l'excommunication familiale qui frappait les enfants coupables : caractère que n'avait pas le châtiment par vendetta, car une exécution capitale de ce genre ne faisait nullement rougir les parents de l'exécuté. En Corse, en Sicile il en est encore de même. D'ailleurs, pour qui n'a égard qu'aux formes et aux procédés extérieurs, la *vindicte publique* s'est modelée sur la guerre. Spencer, dans un passage que nous avons commenté, a remarqué fort justement que le militarisme et la justice pénale ont marché du même pas. L'atrocité des procédés mis en usage par celle-ci jusqu'aux temps modernes pourrait suffire à démontrer qu'elle s'est formée à l'image du carnage guerrier et non de la répression paternelle. « On ne doit pas être très versé dans l'histoire de l'antiquité, dit Thonissen, pour savoir que les peuples primitifs (lisez les grands États primitifs) avaient l'habitude de faire subir aux malfaiteurs les traitements auxquels ils soumettaient beaucoup trop souvent leurs prisonniers de guerre. » C'est ainsi qu'en Egypte les captifs étaient employés dans les mines, confondus avec les grands criminels, et qu'en Perse on mutilait ceux-ci comme ceux-là. L'origine de la torture qui remonte si haut dans le passé, notamment dans le passé pharaonique, ne se comprend aisément que si l'on se place à ce point de vue. On voit au Rhamesséum un tableau « où des soldats égyptiens donnent la bastonnade à deux prisonniers ennemis, afin, porte la légende hiéroglyphique, de leur faire révéler ce que font les Khétas ». Cette brutalité exercée sur son ennemi pour le contraindre à dire *ce qu'on est sûr qu'il sait*, est odieuse, mais nullement absurde, elle doit atteindre son but. Aussi est-elle aussi vieille que les combats. Plus tard, une fois cet usage établi, il se conçoit qu'on ait songé, après en avoir reconnu les avantages, à l'employer pour la découverte des crimes en soumettant à des tortures analogues les accusés ou les témoins. Mais alors on n'avait pas la certitude qu'ils savaient ce qu'on leur demandait, et cette demi-obscurité du procédé, ici ajoutée à sa constante barbarie, défend de penser que l'idée de son emploi judiciaire soit venue indépendamment de son emploi militaire. — Peut-être les ordalies ont-elles pris naissance également par imitation des aruspices ou en vertu du même principe. Il était naturel de consulter les dieux sur la décision à prendre dans un procès criminel après les avoir interrogés sur l'issue probable d'un combat. Notons, en passant, que ni la torture, ni les ordalies n'étaient en usage devant les tribunaux domestiques. — En tout cas, la coutume, si universelle aux âges barbares, de la composition pécuniaire se rattache manifestement à cette origine militaire de la pénalité. On a voulu y voir la preuve d'une absence de sens moral chez nos aïeux. C'est comme si les indemnités que nous exigeons d'une nation étrangère pour un préjudice criminel occasionné à l'un de nos nationaux servaient d'argument aux déclamations contre notre immoralité. Nous avons des raisons de croire au surplus, que le *wergeld*, introduit au cours de la barbarie comme un progrès tardif et dans un but de pacification, a commencé par froisser le sentiment moral de bien des guerriers : témoin ce chef danois qui, n'ayant pu s'habituer à cette innovation, s'écrie dans un chant populaire : « Qui jadis eût osé recevoir de l'argent pour prix d'un père assassiné ? »

C'est une erreur historique, on le voit, d'opposer le principe de l'*expiation*, en pénalité, au principe de l'utilité sociale. Aussi longtemps qu'a persisté la foi en la souillure nationale par le délit individuel, la peine n'a pu avoir de plus grande utilité que d'être expiatoire, c'est-à-dire purificatrice. Et toujours elle a été utilitaire aussi sous d'autres rapports, en tant qu'exemplaire et intimidante. Il est vrai que, même après l'avénement de la responsabilité purement individuelle, ou plutôt après son extension à la généralité des crimes (car les crimes domestiques avaient toujours eu un caractère individuel), la peine n'a pas cessé aussitôt d'être réputée en partie une expiation. Mais il s'agit de bien comprendre le sentiment auquel cette conception répondait. D'abord, quand, tout en reconnaissant de bouche la personnalité des fautes, on croit la nation intéressée à ce que la peine ait le caractère expiatoire, cela signifie au fond que, contrairement au principe qu'on affirme, on éprouve le besoin d'effacer une tache publique et non pas seulement privée. En second lieu, quand c'est dans l'intérêt du coupable même qu'on réclame cette purification par la peine, cela prouve qu'on a conçu le nouveau rapport établi entre l'âme pécheresse et le dieu outragé, en le calquant partiellement sur l'ancien rapport entre deux familles divisées par une vendetta séculaire. Ces familles étaient ou paraissaient être, par essence, semblables et immortelles ; d'où il suit que leur responsabilité devait être intense et indéfinie. A leur image, les âmes individuelles étaient réputées immortelles aussi, immortelles comme le Dieu offensé par elles et sur lequel elles étaient censées se modeler; — car, quel plus grand mystère, au fond, que la nécessité, que la possibilité même de la mort? — Il s'ensuivait, d'après nos principes, une idée de la culpabilité qui n'avait rien de mystique quoi qu'on en dise. Elle était parfaitement logique, au contraire, en partant de la foi en la similitude profonde de Dieu et du pécheur, et de la foi en l'identité de l'âme coupable poussée jusqu'à croire à son immortalité. L'éternité de la personne, la profondeur de sa réalité, paraissait avec raison devoir s'attacher à tout ce qui émanait d'elle, à ses démérites comme à ses mérites, à ses haines comme à ses amours, à ses douleurs comme à ses joies, et lui donner droit à des châtiments sans fin comme à des récompenses éternelles. Maintenant, l'idée amoindrie que nous nous faisons du moi, fleur fragile de l'organisme, a changé non moins logiquement la notion de la faute et de la peine; la vie s'est infiniment abaissée à nos yeux, et, puisqu'on n'en peut attendre que des joies courtes, il semble juste de n'avoir à en redouter que des maux temporaires.

Mais, tant que cette conception austère et déprimante ne s'est pas fait jour, le moi, fier et sûr de lui-même, de son importance et de son avenir, doit avoir souci, serait-ce au prix des plus cruels tourments, de s'épargner un déshonneur d'une durée et d'une profondeur indéfinies. On ne se fait donc point scrupule de lui infliger ces utiles maux. Quand un homme a subi un affront, il cherche à se relever par une action d'éclat. Aux yeux de la nation qu'un crime souille, soit qu'elle avoue, soit qu'elle sente inconsciemment cette souillure, la peine, éclatante et atroce, est analogue à cet exploit guerrier. Elle est la revanche de l'honneur public et privé à la fois contre l'injure du délit; elle est une protestation indignée qui équivaut à une réhabilitation. Même en nos sociétés ultra-civilisées, ce sentiment vit encore ou revit à certaines heures.

L'*expiation* a donc été la principale forme que l'utilitarisme pénal a d'abord revêtue. La forme secondaire, devenue principale plus tard, a été l'*exemplarité*. La dernière sera l'*amendement*, dans la mesure où il sera possible. En d'autres termes, le premier grand avantage qu'on attende de la peine a été de donner à la masse des honnêtes gens la satisfaction de se sentir dégagés de toute complicité, de toute solidarité avec le criminel, de voir entre eux et lui se creuser un gouffre. Le second a été d'inspirer à ceux qui auraient envie de marcher sur les traces du malfaiteur un salutaire effroi. Le troisième sera, quand il se pourra, d'améliorer le coupable.

IV. — Résumons-nous en nous complétant. A l'origine, la famille de l'offensé se dresse tout entière, mais se dresse seule, contre la famille de l'offenseur, du criminel. Il y a deux solidarités à peu près égales en présence, celle qui lie les parents de celui-ci, et celle qui lie les parents de la victime. Mais, plus tard, l'une de ces solidarités s'atténue et disparaît, pendant que l'autre déborde de son domaine : à mesure que le caractère individuel des fautes est senti d'avantage, l'intérêt de la société tout entière dans la répression est mieux compris aussi, et la responsabilité purement privée se formule quand l'*action publique* apparaît. Peut-être y aurait-il lieu de faire remarquer que ce contraste ne s'explique pas tout à fait rationnellement. Si la multiplication des rapports, même entre non parents, par suite des progrès sociaux, a dû conduire à reconnaître que tout le monde est intéressé à réprimer le meurtre ou le vol d'un seul, la même raison aurait pu faire admettre la complicité vague et indirecte de tous quand un seul a frappé ou volé. Et, de fait, cette dernière vérité aussi tend à se faire accepter implicitement : l'indulgence croissante dont bénéficient, et même outre mesure, tant de malfaiteurs, ne prend-elle pas sa source dans le sentiment confus de ce fait que le criminel est à bien des égards le fruit de l'arbre social ?

Notre individualisme exagéré est contraire en même temps à notre naturalisme, qui ne cesse de nous rappeler la solidarité des pères et des enfants, des morts et des vivants, étroitement unis par l'hérédité, et à notre socialisme, qui nous montre la solidarité non moins rigoureuse des co-associés, des vivants entre eux, par suite de leur mutuelle imitation. La société, en punissant ses délinquants, ressemble trop souvent à ces pères libertins qui châtient cruellement le libertinage de leurs fils. —

Mais, d'autre part, la considération suivante justifie le caractère de plus en plus individuel de la responsabilité. L'action criminelle, comme tout autre acte commis en société, est le résultat de deux combinaisons qui se combinent entre elles : une combinaison de traits physiologiques ou psychologiques accidentellement rencontrés et transmis héréditairement, le *caractère*, et une combinaison d'exemples entre-croisés, le *milieu social*. Or, plus les éléments de ces combinaisons sont multiples, comme il arrive pour la première par le mélange progressif des races, et pour la seconde par le progrès de la civilisation, — deux effets en général parallèles, — et plus l'acte émané de l'individu dans ces conditions est singulier, original, unique en soi. Ainsi, à mesure qu'une société se civilise, la responsabilité doit aller s'y individualisant.

Ajoutons maintenant que, après nous avoir conduits à affirmer par degrés l'individualité de toutes les fautes, le progrès social doit aller plus loin encore et se continuer sous de nouvelles formes. Comment cela ? Par le développement de la pathologie mentale, ou, si l'on veut, de l'anthropologie criminelle, qui permettra de démêler, dans ce tout complexe appelé l'individu, les éléments distincts, sinon séparables, dont il se compose, de les prendre à part et d'appliquer au traitement spécial de chacun d'eux les remèdes appropriés. En nous occupant donc, dans le chapitre qui va suivre, des limitations ou des suppressions de la responsabilité pénale sous l'empire de certains états anormaux, tels que la folie et l'ivresse, nous ne ferons qu'appliquer à ces cas singuliers les idées générales qui précèdent, et que nous engager dans la voie où l'évolution historique de la pénalité pousse les sociétés actuelles.

CHAPITRE QUATRIÈME

THÉORIE DE L'IRRESPONSABILITÉ

Aux yeux des philosophes qui sont enclins à résoudre les notions morales en sentiments moraux au lieu de reconnaître le fonds de jugements implicites et de notions accumulées que tout sentiment condense, et dont il n'est que le faisceau, la théorie précédente doit pécher par une évidente insuffisance. M. Binet l'adopte, il est vrai (1), mais il l'explique à sa manière. D'après lui, nous jugeons un homme responsable moralement d'un acte mauvais qu'il a commis, quand nous nous croyons le droit de reporter sur cet homme l'émotion d'indignation que son action nous fait ressentir, c'est-à-dire quand cette action est conforme à la nature de son auteur, quand l'agent est resté le même depuis qu'il a agi, ajoutons quand l'indignation ainsi reportée sur le coupable l'emporte en nous sur la pitié qu'il nous inspire à la pensée de la punition encourue par lui. Si, au contraire, la pitié est plus forte, nous le jugeons non punissable. Ainsi, le conflit de deux sentiments ferait toute la difficulté du problème et l'issue de ce duel dans le champ clos de notre sensibilité et de notre imagination, nullement de notre raison, entraînerait la solution demandée. Suivant que le juré est plus impressionné par la punition du crime ou par la perspective de la guillotine, il condamne ou il absout. D'où M. Binet conclut que la responsabilité morale étant chose purement sentimentale, notre législation pénale

---

(1) Voir son court et remarquable article sur la *Responsabilité morale*, dans la *Revue philos.* de septembre 1888. Il est à remarquer que le germe de notre théorie de la responsabilité avait été indiqué par nous dans un écrit antérieur, mais succinctement et incomplètement.

doit cesser de s'y appuyer. — Je réponds d'abord que cette conclusion ne résulte pas des prémisses. Serait-il vrai que l'idée de responsabilité morale eût pour tout contenu des émotions, il ne s'ensuivrait pas que la loi n'en dût tenir compte. Qui, mieux que M. Binet et son ami M. Féré, a montré l'importance des modes du sentir dans la vie psychologique et sociale ? Leur tort est souvent de l'exagérer, comme lorsque, par exemple, les convictions leur paraissent être des passions déguisées. Je dirais plutôt que les passions sont des convictions entassées et enracinées. Ne savent-ils pas que nos haines, nos répugnances, sont l'expression inconsciente d'anciennes expériences de *nuisance*, et nos amours celles d'anciennes expériences d'utilité ? Au fond de cette horreur qu'un crime soulève, n'y a-t-il pas pour ainsi dire l'utilitarisme condensé de toute l'espèce humaine, un amas de certitudes acquises ? Chez le moraliste qui raisonne ses sentiments, les convictions latentes du passé cherchent à redevenir conscientes, voilà tout. Il se justifie son indignation à ses propres yeux, ou plutôt il la déploie et la révèle à elle-même, en affirmant que ce meurtrier qui vient de tuer quelqu'un tranquillement, non dans un accès d'aliénation, tuera d'autres personnes encore si on ne se délivre de lui. Et pourquoi affirme-t-il cela, si ce n'est parce qu'il juge que ce meurtrier est resté identique à soi-même depuis son crime ? Il n'est point vrai que ce jugement d'identité serve uniquement à faire reporter sur l'agent le sentiment d'indignation provoqué par la vue de l'acte ; ce jugement crée ce sentiment ; sans ce jugement, ce sentiment ne se produirait pas à la vue d'un crime quelconque. Nous ne nous indignerions jamais contre l'entité crime, abstraitement détachée, par hypothèse, de l'être criminel ; nous ne commençons pas par nous indigner contre l'assassinat *in abstracto*, sauf à nous indigner ensuite contre l'assassin. Non, c'est à l'assassin, directement et primitivement, que s'adresse notre indignation, au spectacle ou au récit de l'assassinat ; et, je le répète, la première condition pour que nous soyons indignés, c'est que nous jugions le coupable identique à soi-même en agissant. La seconde condition c'est que nous le jugions semblable à nous ; sans cela, ni l'indignation, ni la compassion ne sont possibles. C'est dans la mesure où le malfaiteur nous reflète notre propre image que nous lui faisons l'honneur de nous indigner contre lui ou de nous apitoyer sur lui. Du reste, au point de vue qui nous occupe, gardons-nous de mettre sur le même rang ces deux sentiments opposés. Le crime et le criminel ont pour effet naturel d'exciter notre indignation; c'est accidentellement, c'est secondairement qu'ils excitent notre pitié, quand la loi les frappe d'un châtiment que nous *jugeons* excessif. Si la loi les frappait d'une peine moindre, notre pitié diminuerait et serait surpassée par l'émotion rivale. Cela signifie que le niveau de la pitié s'élève ou s'abaisse avec les changements de la législation, qu'il est *fonction* des variations législatives. Au contraire, le niveau de l'indignation reste indifférent à ces modifications extérieures; il n'est influencé que par les variations internes du criminel, d'où peut résulter dans certains cas son *aliénation*, et par les variations internes de la société, d'où peut résulter le caractère inoffensif d'un fait jadis qualifié crime, ou le caractère malfaisant d'un fait licite autrefois. C'est donc ce dernier sentiment, à l'exclusion du premier, qui doit servir à mesurer la responsabilité. Et le juré le sait bien quand, tout en acquittant parce qu'il trouve la loi trop sévère, il juge le coupable digne d'une punition moindre ou tout au moins d'un blâme énergique. Le blâme, à vrai dire, le verdict de la raison, voilà la punition essentielle, l'âme cachée de tous les châtiments dignes de ce nom. Il n'y a rien là de si sentimental. — Mais est-ce seulement quand nous sommes émus, indignés, que nous blâmons, que nous flétrissons, que nous jugeons un homme moralement punissable? Si le juré est esclave de ses impressions, le vrai juge ne l'est pas. L'habitude de porter souvent des jugements de responsabilité émousse promptement le sentiment d'indignation, pendant que, au contraire, l'énergie de ce jugement va croissant. Il y a rapport inverse entre cette manière de juger et cette manière de sentir; donc celle-là ne vient pas de celle-ci. Celle-ci plutôt procède de celle-là; car les idées que notre raison élabore en nous sur la nature du devoir et l'échelle des fautes modifient puissamment les émotions, en apparence spontanées, que la vue des actes délictueux ou jugés tels nous suggère. Telle exhibition de nudité, qu'un Athénien eût applaudie, scandalise un public moderne, parce qu'il est chrétien. C'est ainsi que nos admirations esthétiques, nos bravos les plus enthousiastes au théâtre ou dans un concert, sont en majeure partie le produit de nos jugements esthétiques, et non vice versâ.

Notre but, dans cet ouvrage, est précisément de rechercher et d'éprouver les principes sur lesquels se fonde, s'est fondé ou doit se fonder, notre sentiment d'indignation à la vue du méfait et du malfaiteur. Or, cette émotion est la résultante complexe de deux sortes d'idées différentes, et se proportionne, soit au degré de responsabilité que notre raison, en vertu de certains principes conscients ou inconscients, attribue au délinquant, soit au degré de gravité que, en vertu d'autres principes, elle attribue au crime dont nous le jugeons responsable. Dans le présent et le précédent chapitre, nous nous bornons à étudier les principes du premier ordre; nous nous occuperons, mais plus brièvement, des autres au cours d'un chapitre ultérieur. Ne confondons pas ces deux espèces de considérations, comme M. Binet semble le faire.

Cette objection écartée, poursuivons nos recherches.

Dans quelle mesure, et pour quelle cause, certains états, tels que la folie, l'épilepsie, l'ivresse, la vieillesse, l'hypnotisme, rendent-ils irresponsable? Nous allons essayer de répondre à cette difficile question. Notre théorie de l'irresponsabilité doit servir d'annexe et de contre-épreuve à notre théorie de la responsabilité; et, de même que celle-ci a la prétention de s'accorder avec l'évolution historique du droit pénal dans le passé, celle-là prétend se trouver d'accord, je ne dis pas avec la révolution radicale que rêvent nos nouveaux criminalistes, mais avec les réformes nécessaires que prépare pour l'avenir leur effort complexe. — Effectivement, il est indéniable que le champ de l'irresponsabilité s'est démesurément agrandi de nos jours et que son extension incessante est la caractéristique de la science pénale contemporaine (1). Très petit au dix-huitième siècle encore, limité aux cas de folie *à grand orchestre*, il s'est accru

---

(1) Dans sa *Nueva ciencia penal*, livre de critique incisive et chaleureuse dirigée contre la nouvelle école italienne, M. de Aramburu, malgré le classicisme de ses idées, en fait le mélancolique aveu. Il est forcé de reconnaître que « le nombre des malades est plus grand qu'on ne l'avait pensé jusqu'ici, et celui des criminels moindre », et qu'ainsi « le champ de la tératologie s'étend pendant que celui de l'antique droit pénal se rétrécit ».

par une série d'empiétements, grâce aux observations profondes de Pinel, à la doctrine des monomanies d'Esquirol, à celle des dégénérés héréditaires de Morel, enfin aux recherches récentes de nos hypnotiseurs et de nos anthropologistes. Un courant violent, irrésistible, pousse la science à ces usurpations ou à ces conquêtes ; mais la question est de savoir si elles doivent être sans limite et si la logique nous condamne, comme l'a osé dire un des premiers M. Dally, au cours d'une discussion demeurée célèbre dans les fastes de la société médico-physiologique, à l'assimilation complète du criminel et de l'aliéné. Est-il donc vrai que de cette vieille et vénérable idée de la responsabilité morale rien ne mérite d'être retenu et qu'il soit urgent de la raser jusqu'aux fondements pour dresser à sa place, comme le proposent tant de jeunes savants, M. Féré, par exemple, la nouvelle Bastille, non moins redoutable que l'ancienne d'ailleurs, la responsabilité sociale ? Bien des aliénistes distingués, M. Paul Dubuisson entre autres (1), ne sont pas de cet avis, et j'estime qu'ils ont raison de résister à l'entraînement général.

Nous avons étudié plus haut la responsabilité, mais nous n'avons dit qu'un mot de la responsabilité parfaite, idéale, infinie. Celle-ci, à vrai dire, implique contradiction. En effet, elle suppose, d'après nos principes, cette double condition : la similitude la plus grande possible de membres d'une même société et l'identité la plus durable, la plus profonde possible, de l'auteur d'un acte délictueux. Or, l'identité personnelle est d'autant plus parfaite que l'harmonie intérieure dont elle est la persistance est plus complète, c'est-à-dire que l'individu est plus moral ; et le progrès de la similitude sociale n'est possible au delà d'un certain degré que par le progrès de la moralité. Il n'est donné qu'aux gens très honnêtes de s'imiter de plus en plus les uns les autres sans que la société se désorganise. Ainsi, le maximum de responsabilité individuelle implique le maximum d'honnêteté non-seulement individuelle, mais générale. Donc, mon hypothèse d'un homme infiniment, pleinement responsable dans le sens criminel du mot est celle d'un homme absolument moral qui, dans un milieu absolument moral aussi,

---

(1) Voir sa remarquable étude intitulée *Essai de théorie positive de la responsabilité* publiée dans les *Arch. d'anthrop. crim.* Nous en reparlerons plus loin.

viendrait à commettre un crime. C'est contradictoire. — On peut dire encore que, dans un milieu immoral, un homme parfaitement conforme à ce milieu ne commettrait que des crimes excusés ou approuvés par l'opinion, c'est-à-dire n'aurait jamais rien de criminel à proprement parler. — En outre, l'accentuation de l'identité, de l'originalité individuelle, ne saurait progresser au delà d'un certain point sans entrer en conflit avec le progrès de l'assimilation sociale. L'idéal du socialisme et l'idéal de l'individualisme ne sont point réalisables à la fois et sans mutilation réciproque. — De là, il suit, et cette conséquence a sa portée, que la nécessité de joindre les deux conditions de la responsabilité morale lui impose, dans un état social donné, un *maximum* infranchissable, mais que la civilisation tend à reculer sans cesse.

La vitesse infinie, la force infinie, la durée infinie, ne sont pas moins contradictoires que la culpabilité infinie. Il y a aussi, dans chaque état physique donné, un maximum infranchissable de vitesse, de force, de vie, etc. Ce qui se réalise à chaque instant, c'est l'hypothèse à laquelle s'applique l'idée responsabilité finie, limitée, nette, à savoir l'hypothèse d'un homme plus ou moins honnête qui, dans un milieu à peu près honnête et auquel il ressemble jusqu'à un certain point seulement, a un instant de défaillance.

L'idée de l'irresponsabilité absolue est non moins contradictoire que celle de la responsabilité absolue, car elle postule sinon une hétérogénéité radicale du milieu social, qui rendrait toute société impossible, du moins une altération radicale, une transformation totale et incessante de la personne, qui serait incompatible avec le phénomène de conscience le plus simple, *à fortiori* avec l'exécution d'un acte criminel (1). Aussi, même chez l'aliéné parvenu au dernier degré de l'incohérence, chez le dément, l'irresponsabilité absolue à proprement parler

---

(1) Remarquons une différence entre ces deux idéaux contraires. Ce degré superlatif de logique et de finalité qui fait l'identité personnelle parfaite, exige impérieusement d'abord une pleine harmonie organique, puis et avant tout une remarquable harmonie sociale. *Mens sana in corpore sano* ne se produit que *in societate sana*. Mais le détraquement cérébral superlatif n'exige pas ou du moins n'exige pas au même degré, le bouleversement social, et le fou le plus fou peut exister au milieu d'une société admirablement équilibrée. — Cela prouve que la personne normale, identique, est chose sociale, et que la personne aliénée est chose simplement pathologique.

n'existe point. Elle n'est jamais que *pratiquement* absolue, pour emprunter aux géomètres une de leurs locutions. Cela est si vrai que les directeurs des asiles infligent souvent aux fous les plus incurables certaines punitions pour prévenir le retour des infractions graves à la discipline. Si les fous étaient tout à fait irresponsables, les châtiments seraient sur eux tout à fait inefficaces, ce qui n'est pas.

Entre l'idéal positif et l'idéal négatif que je viens de définir, ou mieux, en réalité, entre des *maxima* et des *minima* lentement changeants, s'interpose l'échelle immense des degrés de la responsabilité et de l'irresponsabilité réelles. Parcourons maintenant ces derniers et occupons-nous d'abord de la folie.

I

I. — Pour deux raisons, la folie nous rend irresponsable : parce qu'elle nous *désassimile* et parce qu'elle nous *aliène*, parce qu'elle nous fait étranger à notre milieu et parce qu'elle nous fait étranger à nous-même. Elle refond le moi, bien que, le plus souvent, elle le fasse tomber du côté où il penchait déjà, et le moi nouveau qu'elle lui substitue a pour essence d'être insociable, soustrait à l'action et à la réaction de l'imitation de toutes parts rayonnante. Le moi normal ne dit, ne pense, ne sent rien, même dans la solitude, qui ne soit dit, pensé, senti, sous l'empire inconscient et tout-puissant de l'exemple. Le moi anormal n'écoute et ne croit que soi-même ; de là, entre autres conséquences, cette tuméfaction d'orgueil qui est un des premiers symptômes de l'aliénation, car, dès qu'il cesse d'être impressionné par la contradiction salutaire des amours-propres d'autrui, l'amour-propre du moi s'enfle sans bornes, et il ne faut rien moins que leur mutuelle pression pour retenir dans les limites voulues les orgueils des hommes comme les alvéoles des abeilles. Voilà pourquoi nos principes défendent de punir le fou, même après que la série de ses transformations mentales s'est arrêtée, comme il arrive souvent, à une forme désormais immuable de délire. Si, dans ce cas, en effet, la condition d'identité individuelle est, ou plutôt paraît assez bien remplie, celle de similitude sociale ne l'est nullement (1). Toute folie est une extravagance qui nous isole, et elle nous isole d'autant plus qu'elle est plus fixée, consolidée, chronique.

Précisons davantage et entrons dans le détail des formes différentes de la folie. Elles peuvent être classées sans peine en ce qui concerne notre sujet. Le sens moral, nom collectif par lequel nous désignons un ensemble de répugnances à certains actes et à certaines faiblesses, est le frein du train de la vie ; il nous est donné par la nature ou la culture sociale, mais peut être suppléé par la peur des châtiments. La volonté en est le mécanicien ; par elle-même elle n'a aucune force, et tout son pouvoir est dans l'énergie plus ou moins grande du sens moral, comme tout le pouvoir de la capsule est dans la poudre du fusil. Il y a un degré normal de moralité qui permet à un homme, si sa volonté intervient à temps, de résister aux entraînements de tous genres, internes ou externes, pourvu qu'ils ne dépassent pas une certaine mesure, très rarement franchie en réalité.

Maintenant, il peut se faire que l'entraînement extérieur, par suite de circonstances exceptionnelles, devienne excessif et que, dans ce cas, le frein soit insuffisant. Telle défaillance commise sous la Terreur ou sous la Commune s'explique de la sorte. Ou bien c'est l'impulsion intérieure ou du moins cérébrale qui a dépassé la limite du frein, sous l'empire d'excitations morbides. Les accès de manie intermittente, d'épilepsie, d'hystérie, d'alcoolisme, réalisent cette hypothèse. Quand des meurtres ou des vols commis sous l'influence de ces désordres sont étudiés par les tribunaux, il est plus malaisé que dans le cas précédent de décider si la force tentatrice excédait ou non la force normale d'un bon frein moral ordinaire. En effet, cette force, ici, est cachée au-dedans de l'individu. On parvient, cependant à évaluer jusqu'à un certain point son intensité en comparant les symptômes qui la révèlent aux manifestations toutes semblables de folies déjà observées.

(1) Quand un caractère, sauvage au début, se transforme avantageusement, devenu plus social, le nouveau moi qui résulte de cette bienfaisante aliénation morale est plus responsable encore que le précédent, car, dû en général à l'action sociale, il est en tous cas plus propre que l'autre à la vie de société.

Il se peut aussi que, l'impulsion externe ou interne, ambiante ou nerveuse, restant contenue dans les bornes normales, le train soit emporté au-delà des rails, parce que le frein s'est rouillé ou s'est brisé. C'est le cas de cette perversion morale sans accès impulsifs qui, par exemple, précède l'explosion de la paralysie générale. On lui donne le nom de folie morale.

Il se peut, enfin, que, l'impulsion ne dépassant pas le degré voulu, et le frein conservant sa force habituelle, l'accident ait lieu à la suite d'une erreur commise par les signaux de la voie. C'est là l'image du délire intellectuel (1), qui est la forme la plus saillante, mais non peut-être la plus fréquente, de la folie.

Ce n'est pas tout. En général, la cause même qui suscite des impulsions exceptionnelles brise ou affaiblit le frein moral et trouble l'intelligence. Toutes les causes de malheur se rencontrent donc ici à la fois.

Dans toutes ces hypothèses, qui épuisent, à notre point de vue, toutes les catégories de l'aliénation mentale, l'individu est irresponsable, non point parce que son action a été *inévitablement* déterminée, causée, mais parce qu'elle a été déterminée par une cause extérieure au moi, à l'être social. Tout le problème sera de savoir si, dans certains cas, l'impulsion morbide n'étant pas très forte, étant telle qu'un bon frein eût résisté, la faiblesse tout à fait anormale du frein de l'individu est imputable à une évolution pathologique ou n'est pas plutôt la résultante de toute une vie de vices et d'infractions moindres aux lois sociales ; de toute une série d'actes qui n'ont pas eu la folie pour cause, mais qui s'expliquent comme les actes habituels dont l'individu est responsable ; en sorte que, comme le dit saint Augustin, par son *mauvais vouloir* l'individu a fini par perdre son *bon pouvoir*.

Tels sont les problèmes soulevés par la folie. Cela dit, il faut convenir avec le bon sens que, dans la grande majorité des cas, les impulsions, soit externes, soit internes, sont inférieures à la force des résistances morales que l'individu recèle en lui-même, mais dont il est loin d'user toujours. Que dirons-nous donc de ce cas, le plus ordinaire de tous, où l'individu, pareil au

---

(1) Par exemple, un halluciné croit entendre quelqu'un l'insulter, l'appeler *bougre*, pédéraste, comme un homme jugé par la Cour d'assises du Pas-de-Calais, en 1855, (cité par Tardieu), et tue cet homme.

pompier de l'Opéra-Comique qui avait près de lui un robinet dont il aurait pu se servir pour éteindre l'incendie à son début et qui n'y a pas songé, ne songe pas à mettre en jeu les énergies morales virtuellement renfermées dans sa nature ou dans sa mémoire, et cède à une tentation contre laquelle il aurait lutté avec avantage s'il l'eût voulu? — Il y a cette différence entre la volonté ici et le pompier de l'Opéra-Comique, que celui-ci, réellement, n'a pas songé à tourner le robinet, parce qu'il n'avait jamais eu à exécuter cette petite manœuvre dans des circonstances analogues, tandis que la volonté est toujours exercée de longue date — puisque c'est là son rôle essentiel, comme le montrent tous les psychologues, notamment M. Ribot, — à résister aux désirs. Si donc la volonté n'a pas eu pour objet, au moment opportun, l'usage des forces morales dont elle avait la clé, c'est parce que le *moi*, dont elle est l'expression la plus pure, sympathisait avec la cause tentatrice et se *l'appropriait*, la *faisait sienne*. Sans doute le moi, cela étant, *n'a pas pu vouloir ce qu'il n'a pas voulu*. Mais cela prouve précisément que le *moi est mauvais*.

Autre chose donc est *de n'avoir pas pu vouloir* résister à des tentations et *d'avoir voulu mais de n'avoir pu leur résister*. Ce sont là deux genres de nécessités bien distinctes. La première montre la perversité du moi, la seconde atteste son malheur. On appelle faute une inaction ruineuse, quand elle est due à la paresse; on l'appelle malheur quand elle est due à une infirmité. On appelle faute une action nuisible quand elle est commise volontairement; on l'appelle malheur quand elle est exécutée dans un accès de folie. Dira-t-on que la différence provient de ce qu'on est libre de n'être pas inactif par paresse ou de ne pas vouloir faire une mauvaise action? Mais, si peu déterministe qu'on puisse être, on est forcé d'avouer que, dans beaucoup de cas, la paresse est incurable et le mauvais vouloir irrésistible. Or, est-ce que la paresse et le crime nous paraissent moins blâmables quand ils tiennent au caractère même de l'individu? Loin de là. Pourquoi donc une paresse incurable et une criminalité innée nous indignent-elles, tandis qu'une infirmité permanente et une folie homicide incurable provoquent notre compassion? Je dis que c'est parce que l'infirmité et la folie sont toujours choses étrangères au moi, alors même qu'elles se sont enracinées à jamais en nous. Une folie chronique n'est pas plus une nouvelle personnalité, qu'une anarchie chronique, comme celle qui a régné en France pendant la guerre de Cent ans, n'est un nouveau gouvernement. Une maladie a beau se prolonger, il ne s'ensuit pas que la nature physiologique d'un individu soit d'être malade. Un fou et un épileptique ont beau rester fou et épileptique toute leur vie, leur nature physiologique essentielle ne cesse de protester contre l'oppression morbide qui l'annihile et de repousser les actes accomplis sous la contrainte de ce joug. Même quand l'individu apporte en naissant la prédisposition latente à la folie qui doit éclater un jour et l'entraîner au crime, puis à la mort, on ne peut par dire que ce vice organique fait partie de lui-même. Ce germe, hostile et meurtrier, lui est contraire et, par suite, étranger, pareil au traître qu'une société secrète compte parmi ses membres fondateurs et qui doit bientôt la conduire à sa perte.

Maudsley cite, dans *Crime et Folie*, des cas où le délit survenant dans une vie honnête jusque-là, n'est que le symptôme d'une paralysie générale qui commence (1), reconnaissable, en outre, pour un œil exercé, à un léger embarras de la parole joint à une dilatation inégale des pupilles; le médecin expérimenté peut, à ces signes, prédire avec certitude la marche fatale de la terrible maladie ainsi révélée. Qu'est-ce que le délit commis en cas pareil par un malheureux qui ignore lui-même la fatalité dont il est victime? C'est une des preuves du fait que cet individu perd chaque jour un lambeau de lui-même, aujourd'hui le sens moral, demain l'intelligence, bientôt tous les sens l'un après l'autre, et que, tombé dans la démence proprement dite, il va y trouver la mort. Perversion morale, aberration du jugement et des sens, imbécillité, ne sont, aussi bien que le trouble de la prononciation et l'état des pupilles, que des phases d'une même dissolution morbide. Peut-on dire par hasard qu'une maladie dont meurt un

---

(1) La paralysie générale est la maladie de notre âge. Ses progrès sont parallèles à ceux de notre civilisation. D'après les recherches statistiques du Dr Régis (*Manuel des maladies mentales*), il y a trois paralytiques généraux hommes et deux femmes sur cent aliénés de la campagne ; vingt-trois paralytiques hommes sur cent aliénés ouvriers des villes ; trente-trois paralytiques hommes et deux et demi femmes sur cent aliénés des classes élevées de la société. Dans celles-ci, la proportion des hommes est *treize fois* supérieure à celle des femmes.

individu lui est essentielle? Non. Rien ne peut nous être essentiel que ce par quoi nous vivons, ce qui nous fait être et durer. Un homme né immoral ne meurt pas de son immoralité, il en vit; la longévité des criminels de naissance est démontrée. — Ce sont là des distinctions qui n'ont rien de subtil et dont une société, toutefois, n'a pas lieu de s'inquiéter tant qu'elles ne sont point aperçues; mais, le jour où elle est assez éclairée pour les voir, où les aliénistes et les psychologues les lui ont mises sous les yeux, elle doit en tenir compte ; et, puisque les rayons de l'analyse commencent à pénétrer dans ce tout complexe appelé l'individu, elle doit faire ce qu'elle a déjà fait jadis, quand la famille, autre complexité, se laissa analyser peu à peu et résoudre en individus séparément punissables.

II. — On n'ose plus prononcer le nom de Félida, tant sa singularité est devenue banale après tant de citations. J'ai donc à m'excuser de rappeler ici, en passant, le cas de cette célèbre inconnue, qui a deux âmes alternatives, non artificiellement, comme certains hypnotisés, mais naturellement, deux âmes séparées par un court intervalle de vertige et d'assoupissement, l'une saine et bonne, l'autre morbide et mauvaise. Mais, bien que la mauvaise ait fini par l'emporter en durée, je regarde la bonne comme étant seule l'âme normale, et je tiens la responsabilité de Fétida pour engagée tout autrement par les actes de celle-ci que par les actes de celle-là. Un phénomène psychologique qu'on peut rapprocher du précédent, et qui a eu dans l'histoire du dernier siècle une importance capitale, nous est offert par Jean-Jacques-Rousseau. Il eut de tout temps, lui aussi, deux âmes qui le dominaient alternativement. La première est tranquille, franche et confiante, naïvement amoureuse, innocemment égoïste, indolente et insouciante ; c'est en lui l'âme du musicien, du poète et du botaniste. On la retrouve identiquement, on la voit renaître à toutes les périodes de sa vie : elle s'éveille à cinq ans, aux vieilles romances de sa tante Suzon, s'épanouit au premier regard de M*me* de Warens; à Turin, chez la jeune marchande; à Lyon, sous le ciel étoilé. Elle se repose et se possède aux Charmettes, inspire le *Devin du Village*, se recueille, enfin, dans l'étude et l'amour de la nature à Motiers, dans l'île de Saint-Pierre, et jusqu'à Ermenonville. C'est comme une ligne de repos par laquelle il passe et repasse, ou comme un lac intérieur qu'il ne fait que traverser, poussé par un souffle invincible. La seconde est sombre, fausse et méfiante; elle devait envahir l'autre par degrés, la conduire au délire caractérisé de la persécution et au suicide final. On la suit ainsi tout le long de ses jours. Cette foi hallucinatoire, qui le perdit, en une sorte de ligue européenne formée contre lui et à laquelle de grands ministres et ses amis les plus dévoués mêmes auraient pris part, n'est pas un égarement passager de son existence réservé à ses derniers ans ; et ce qui prouve bien que le germe de l'effroi et de l'hallucination existait en lui, c'est que, convenant mille fois de s'être trompé dans ses soupçons — à propos, par exemple, des Jésuites, qu'il avait accusés de falsifier l'*Emile* et de machiner à la cour contre ce livre en un temps où leur expulsion était imminente, — il ne se corrige jamais de son penchant fatal. On voit cette aberration se reproduire, sous des formes différentes et périodiques, aux Charmettes même, où la lecture des jansénistes lui donne une peur mortelle de l'enfer, où la lecture des physiologistes lui donne une peur si forte de toutes les maladies dont il lit la description, qu'il entreprend un long et coûteux voyage à Montpellier pour guérir un *polype au cœur* absolument imaginaire. Ne dirait-on pas, à lire son récit de l'heureuse époque où toute sa vie se renfermait dans ses livres, son jardin, ses fleurs, ses tourterelles et l'amour de Mme de Warens, que son cœur alors ne cessa d'avoir un seul instant la couleur du ciel d'Italie? Une pièce de vers (1), composée par lui dans ce temps si regretté, nous montre que cette félicité ne fut pas sans nuage. On y voit le même contraste qui nous surprend dans ses autres ouvrages : les mots de *complot*, de *crime*, de *fureur*, de *haine*, de *remords*, de *châtiments*, d'*horreur*, la pensée d'ennemis cachés qui menacent son asile et son amie, s'y remarquent à côté des mots souvent répétés d'*innocence* et de *vertu*. Opposition étrange dont la Révolution, son image et sa fille, devait être bientôt l'amplification violente et terrible. Cette idée de complot planait donc

---

(1) Elle est intitulée *Le Verger des Charmettes*.

déjà sur Rousseau adolescent, avant de s'abattre sur lui; elle tournoyait dans son cœur, comme ces points noirs des vues affaiblies, qui sont une incommodité légère, jusqu'à ce qu'ils se fixent et présagent les ténèbres. — A l'inverse, au plus fort de l'orage dont sa vieillesse fut agitée, cette sécurité indolente qui l'avait accompagné dans toutes les tribulations de sa vie instable, ne l'abandonna point; chassé de France, fugitif et déguisé, risquant à chaque moment d'être découvert, il écrit en poste le *Lévite d'Ephraïm*, une œuvre de fantaisie pure, où, chose à noter, il ne se trouve pas un mot, un retour sur lui-même; et, plus tard encore, après cette grêle de pierres qui faillit l'atteindre à Motiers, réfugié pour quelques jours dans une petite île où l'animosité religieuse ne le laisse pas longtemps dormir en paix, il oublie ses maux, se couche des après-midi entières au fond d'une barque et s'y endort content; comme il s'endormit jadis à vingt ans, sans argent pour payer un lit, sur le seuil d'un jardin, au bord du Rhône ou de la Saône, dans cette nuit délicieuse qu'il nous a décrite de son style le plus enchanteur.

Seulement, Rousseau ne serait pas l'homme de génie qui s'est peint en grand dans la France révolutionnaire et a laissé à la littérature française une empreinte profonde, si ses deux natures n'avaient su que se heurter ou se juxtaposer stérilement, comme celles de tant d'aliénés vulgaires. Elles se sont souvent pénétrées ou harmonisées, l'une prêtant sa force à l'autre, qui la tempérait de sa douceur ou l'éclairait de sa lumière; et leur accord, qui nous a valu des chefs-d'œuvre à l'âge de la maturité virile, a fait la gloire de Jean-Jacques, comme leur discorde définitive et leur schisme, à l'âge suivant, ont fait son malheur. Or, bien que la mauvaise nature, encore ici, ait fini par étouffer la bonne, la bonne est la vraie, et si les hontes qui pèsent sur la vie du grand écrivain émanent de l'autre, elles ne doivent que faiblement tacher sa mémoire. Elles lui sont imputables pourtant jusqu'à un certain point, précisément à cause de l'accord partiel et de la pénétration réciproque de ses deux personnes.

Ce serait le cas, si ce sujet ne devait nous mener trop loin, de traiter une difficile question : la responsabilité ou l'irresponsabilité des grands hommes. Nous n'en dirons qu'un mot. Rien de moins libre à coup sûr, que le grand homme ; et, si coupable qu'il soit, si funeste qu'ait été son action, il faudrait l'absoudre, par suite, au point de vue de l'ancienne école. Poète, soldat, tribun, artiste, hérésiarque, publiciste, ingénieur, n'importe la voie où il se lance et nous entraîne, cet aiguilleur des sociétés n'est jamais qu'un *impulsif*. Parfois sa grandeur n'est que l'à-propos de sa folie véritable. C'est alors le plus dangereux des aliénés et pourtant le moins responsable, puisque sa folie s'alimente des applaudissements mêmes qui l'accueillent. Combien de fous et de folles inscrits en lettres d'or dans le martyrologe des partis ou des cultes, depuis Marat et Colas de Rienzi jusqu'à tant d'illuminés fameux ! Plus souvent on voit de faux grands hommes dont tout le mérite consiste à ressembler si parfaitement à la foule, qu'elle ne peut s'empêcher de se mirer et de s'admirer elle-même en un *portrait générique* à ce point réussi. Leur supériorité postiche n'est donc que de la médiocrité condensée, élevée à une très haute puissance. Ici, la condition de similitude exigée par notre théorie est admirablement remplie : mais en revanche, la condition d'identité l'est si peu, la personne surfaite est si esclave de ses thuriféraires, si inconsciemment ballottée par les flots qu'elle croit régir, si constamment bouleversée et changeante, que le bénéfice des circonstances atténuantes doit en général être accordé, et même d'une main très large, aux idoles populaires dont il s'agit. — Il n'en est pas ainsi du grand homme vrai, de celui que la foule ne crée pas, ne dirige pas, mais qui plutôt la crée en un sens et à coup sûr la dirige. Car Sainte-Beuve a donné du génie une définition lumineuse : « Le génie est un roi qui crée son peuple. » Pour sentir l'exactitude de cette formule, il faut l'appliquer, non seulement à ces rois de la littérature dont voulait parler le grand critique, mais aux rois de la pensée, de la politique, de l'art militaire, de l'industrie, etc. Partout le génie s'offre à nous comme une originalité féconde, comme une étrangeté qui, en s'imposant, devient une supériorité reconnue de tous. Il n'est pas grand parce qu'il naît conforme à la multitude, mais parce qu'il la réforme et la conforme peu à peu à soi. Hugo, en ce sens, a créé son public, lentement, par un débordement irrésistible de sa forme d'esprit, de ses coupes de vers, de ses tics même, médailles étranges en 1830, monnaie courante aujourd'hui. Darwin aussi bien a engendré son peuple immense de lecteurs, et Spencer aussi, et jadis Platon, Aristote et tant d'autres. Napoléon de même — qu'on relise M. Taine sur ce point — a fait sa France administrative et militaire ; Mahomet a enfanté l'Islam. Supposez un fabricant qui, pour s'en faire un débouché, peuple un nouveau monde ; ou bien, supposez un grand coupable qui, pour s'en faire absoudre, compose lui-même son propre tribunal. Tel est le grand homme. Après son triomphe, ses victimes ont disparu, il n'est plus jugé que par ses enfants. Racine a été jugé et consacré par les classiques nés de lui ; Platon par les platoniciens ; Luther par les protestants ou par les libres-penseurs plus ou moins *protestantisés* ; Hugo par ses disciples ; Napoléon par ses soldats et ses légistes ; Darwin par les darwiniens. Est-ce juste ? C'est nécessaire : si le grand homme est responsable, il ne saurait l'être, en tant que grand homme, qu'envers ceux qui lui ressemblent par le côté qui a fait sa grandeur. Il est un étranger à l'égard des autres. Avec raison on dit qu'il est au-dessus des lois, j'entends des lois littéraires, artistiques, industrielles, politiques, des us et coutumes quelconques qu'il a pour mission de refondre ; mais il doit être jugé par ses propres lois, en vertu des réformes mêmes qu'il a introduites, des règles qu'il a posées et dont il s'affranchit parfois. Chez lui, la condition d'identité est réalisée au plus haut degré par l'originalité qui le caractérise, par sa poursuite constante d'un but fixe, d'une idée fixe ; mais la condition de similitude ne se réalise que d'une certaine façon. Sa ressemblance avec les autres hommes, sous le rapport spécial que la gloire signale en lui, est d'une nature à part et lui fait une responsabilité à part. C'est une ressemblance unilatérale, non réciproque. Il n'imite pas, il se fait imiter. Il n'est donc qu'à moitié en rapport social avec les autres hommes *devenus* ses semblables. En réalité, il est né, par le côté qui le distingue, *extra-social* ; ou plutôt il est né sur les confins de la société dont il fait partie en apparence et de la nature ou des sociétés différentes qu'il observe curieusement. Savant qui découvre des vérités contraires aux dogmes, voyageur qui importe des usages nouveaux, inventeur qui rend inutiles de vieux procédés, il a vécu solitaire, errant, indépendant de sa sphère ; il joue socialement le rôle que jouent organiquement les cellules périphériques des corps vivants, sentinelles inquiètes toujours prêtes à recueillir les avertissements du dehors pour les transmettre à l'intérieur. Il n'est point tout à fait extérieur au monde social, comme le fou ; il n'y vit point plongé, comme l'homme ordinaire, comme le criminel lui-même, être anti-social plutôt qu'extra-social ; il côtoie ce monde et l'éclaire sans y pénétrer. De là, quand il est appelé à rendre ses comptes devant le jury de l'histoire, la singularité de son attitude. Ce roi créateur ne saurait, certes, participer au privilège royal, toujours fictif, de l'irresponsabilité ; mais ceux qui seuls ont le droit de lui imputer à crime ses abus de pouvoir procèdent de lui ; ils se frappent eux-mêmes en le condamnant. Plus ils sont nombreux, plus il est responsable ; sa responsabilité, de même que la reconnaissance qui lui est due, croît donc avec son succès. C'est ce que le bon sens historique avait déjà décidé, et il est bon de noter que la logique de notre système nous conduit au même résultat. Mais laissons là le génie et revenons à la folie.

III. — Tous les genres de folie sont précédés d'un trouble cérébral, d'une anxiété mentale qui dénote l'intrusion d'un élément étranger, la contradiction interne à laquelle le sujet est en proie. « Un grand changement dans le caractère », tel est, comme le dit Maudsley à plusieurs reprises, le premier et nécessaire symptôme de la folie, notamment de la folie morale. Il faut que l'individu « ne soit plus le même ». Si l'on doutait, d'ailleurs, de la dualité intérieure qui constitue l'aliénation, on n'a qu'à lire dans les écrits des aliénistes la peinture de ces terribles états de conscience où le fou lutte contre la tentation qui l'obsède. La meilleure preuve qu'on est deux, c'est qu'on se bat en duel (1). Maudsley a assisté à ces combats psychologiques

---

(1) Ce duel, ce combat intime, est la caractéristique la plus constante de la folie sous toutes les formes. En quoi, par exemple, l'ivrognerie pure et simple diffère-t-elle de la dipsomanie, qui seule est une variété de folie ? En ce que l'ivrogne a plaisir et se réjouit de se sentir entraîné à boire, sa volonté et sa passion étant d'accord, tandis que le dypsomane est forcé, malgré lui, de s'enivrer, s'en attriste et en souffre. En quoi l'incendiaire diffère-t-il du pyromane ? Le débauché de l'érotomane ? le voleur du kleptomane, etc ? Par un caractère analogue. — Il est à remarquer que, par des recherches tout à fait indépendantes de celles des aliénistes, M. Binet et d'autres auteurs sont parvenus à découvrir avec surprise, dans l'homme normal lui-même, l'existence d'une personne sub-consciente distincte de la personne consciente. Elle se révèle notamment dans les mouvements des personnes distraites Voir à ce sujet les travaux remarquables de M. Binet (Revue philosophique, février, mars août 1890; Revue des Deux Mondes, février, 1891).

et voici comment il en parle : « Comme le démoniaque du temps jadis, en qui l'esprit impur était entré, il (le fou) est possédé pas une puissance qui le contraint à une action dont il a la plus grande crainte et la plus grande horreur ; et parfois, lorsque, écrasé par cette lutte incessante, dans son affreuse agonie, il consulte le médecin, son appel à la science dépasse tout ce qu'on peut imaginer de plus triste et de plus émouvant. » Les hypnotiques honnêtes donnent le même spectacle (1) quand on leur suggère un acte immoral qui répugne absolument à leur nature. « On ne saurait s'imaginer, continue Maudsley, à moins de l'avoir vu de ses yeux, dans le cas de l'impulsion au suicide par exemple, avec quelle industrie est préparé, avec quelle détermination est consommé l'acte fatal, par celui-là même qui, pendant tout le temps, ne cesse d'en avoir horreur. » Calmeil cite un fils, qui pour résister à l'impulsion maladive de tuer sa mère, qu'il aimait beaucoup, s'était engagé, puis, revenu du régiment, avait supplié qu'on l'enfermât dans un asile. Les cas analogues ne sont pas très rares. Si, malgré toutes les précautions commandées par eux-mêmes, les malades de ce genre commettent le crime qu'ils redoutent, faudra-t-il donc, conformément aux vœux de la nouvelle école italienne, envoyer ces infortunés au *manicomio criminale*, à la maison des aliénés criminels, pêle-mêle avec les scélérats-nés les plus répugnants ? Évidemment ce serait une énormité.

La folie est donc le dédoublement de la personne, quelque chose comme l'équivalent moral d'un monstre double. Or, supposons que l'un des frères siamois fasse partie d'une association à laquelle l'autre soit resté étranger et que le second, non le premier, ait encouru les peines portées par les statuts sociaux contre les sociétaires convaincus d'une infraction au règlement. Si cette infraction a été commise par le frère non associé pendant le sommeil de l'associé, celui-ci doit être acquitté purement et simplement ; c'est le cas de la folie complète (2). Si, le second

---

(1) Voir, par exemple, les ouvrages de M. Beaunis *passim*.

(2) Le bon sens des peuples a toujours vu clairement que les actes du fou n'émanaient pas de lui ; et c'est cette conviction, très juste au fond, qui a inspiré de tout temps, et en tout pays, l'explication de la folie par une possession démoniaque. En voyant un homme agir contrairement à son caractère, on supposait un *autre esprit* entré en lui, et on ne se trompait guère

ayant voulu commettre l'acte délictueux, le premier, éveillé, a cherché à l'en empêcher, mais faiblement et sans faire usage de toutes les forces qu'on lui connaît, il y aura lieu à une condamnation, mais non au même degré que si, au lieu de laisser faire ou peut s'en faut, le coupable avait eu l'initiative de la faute. Enfin, si le non-associé, en agissant, n'a fait que mettre sa vigueur supérieure au service des mauvais désirs de l'associé, il faudrait condamner celui-ci avec moins d'atténuation. Les temps troublés sont pleins de ces folies dangereuses qui, auxiliaires d'une méchanceté et d'une haine natives, ajoutent la force et l'audace à la volonté de nuire. Elles exécutent ce que le moi a voulu. Toutefois convient-il, même dans ce cas, de punir la volonté complice de la maladie, comme on punissait au moyen-âge, en Allemagne et en Italie, les instigateurs des assassinats par procuration, si nombreux à cette époque et en ces pays, ou comme on devrait punir l'alcoolique qui, ayant expérimenté le caractère meurtrier de son ivresse, s'enivre tout exprès pour oser tuer quelqu'un, ou les hypnotisées de la Salpêtrière, qui, d'après M. Charcot, se font suggérer hypnotiquement par quelqu'une de leurs compagnes les petits larcins qu'elles désirent commettre sans en avoir le courage à l'état normal? Non, car on ne devient pas fou à volonté, et si le moi a trop bien accueilli son hôte impur devenu son sicaire, il n'a pas été le chercher; mais les malades de M. Charcot ont dû prier une personne complaisante de leur procurer la suggestion dont il s'agit; l'alcoolique en question a voulu son ivresse, et les seigneurs siciliens qui se vengent par le fusil d'un brigand se sont délibérément adressés à lui.

La psychologie des mystiques, tout autrement intéressante à bien des égards que celle des aliénistes, pourrait nous fournir ici plus d'un terme de comparaison. Elle abonde en étrangetés et en délicatesses infinies, qui ne sont pas toutes morbides. L'impossible amour qu'elle nous décrit, dans les mêmes termes de Plotin à sainte Thérèse, et qu'elle nous montre récompensé de loin en loin pas d'inespérées délices, par l'incompréhensible possession de son objet divin, n'est lui-même qu'un dédoublement du moi solitaire. Il n'est pas nécessaire, pour s'en convaincre, de s'élever jusqu'aux cîmes de l'extase complète, il suffit de s'arrêter aux états moins troublés, de douceur persuasive, où atteint Marc-Aurèle, où Fénelon se complaît, et, après lui, Maine de Biran. Mais quelle différence entre cette dualité intérieure que leur crée la visite du dieu ineffable, c'est-à-dire la nouveauté brusque de leur joie sans motif, et la scission de la personne due à la folie! Auto-suggestion, si l'on veut, vision imaginaire, ou *audition* de sa propre voix dont le timbre est changé, n'importe. Le moi mystique, comme le moi amoureux et transformé par la fermentation d'une image fixe, ne se dédouble que pour s'unir délicieusement à lui-même; le moi aliéné se combat, se déchire d'ordinaire, et, même quand il pactise avec son ennemi intérieur, il est malheureux et inquiet.

On a vu un homme, affligé de la monomanie du suicide, éviter de monter en wagon de peur de céder à l'irrésistible tentation de se jeter par la portière. A-t-on jamais vu un amoureux fuir l'occasion de rencontrer la femme qu'il aime et de raviver ainsi le rêve ardent où sa pensée s'abîme? Et toutefois, si intime que soit l'*union*, si chère au cœur que soit l'altération apportée par elle à l'âme mystique, cette âme est altérée, c'est assez pour qu'elle ne soit pas entièrement responsable des excentricités qu'elle peut commettre, même volontairement et volontiers. J'en dirai autant des entraînements de la passion. Un avare qui, tombé amoureux, fait des dépenses insensées, doit être plaint plus que blâmé. Le moi, s'il pèche en pareil cas, ne doit être jugé que comme complice; l'auteur principal, la passion, dont la source est essentiellement organique et non sociale, échappe à l'action de la société.

Dans les cas de mélancolie, de lypémanie, d'hypocondrie, des perturbations organiques donnent lieu à de nouveaux états de conscience qui, ne se rattachant en rien au système des états habituels, sont attribués d'abord par le malade à un autre que soi. « D'abord, dit M. Ribot (1), cette nouvelle manière d'être apparaît à l'individu comme étrangère, hors de son moi. Peu à peu, par accoutumance, elle y fait sa place, en devient partie intégrante, en change la constitution et, si elle est de nature envahissante, le transforme en entier. » Mais à un moi systé-

---

(1) *Revue philosophique*, août 1884, les bases affectives de la personnalité.

matisé, cohérent, pétri et façonné par le milieu social, a été substitué de la sorte un moi contradictoire, incohérent, sauvage, dissemblable à ceux qui l'entourent, irresponsable par conséquent. Il n'en est pas de même lorsque, à la puberté, des sensations et des sentiments inconnus jusque là font irruption dans la personne et s'y installent impérieusement. Leur incorporation est normale, et le moi transformé par elle, loin d'être moins logique et moins sociable que le moi antérieur, s'en distingue par un degré très supérieur de finalité et de sociabilité. Aussi sa responsabilité s'est-elle accrue. A l'inverse, la castration, qui prolonge dans un corps adulte un moi enfantin, ou demeuré tel sous bien des rapports, et qui féminise un moi masculin, tend à amoindrir la responsabilité. L'eunuque coupable a droit à la même indulgence que la femme ou l'adolescent. Observons, à ce propos, combien est profonde la transformation mentale opérée par cette mutilation barbare. Car la folie change la personne en nous, mais le plus souvent sans changer le sexe ni l'âge. L'âme renouvelée qu'elle inaugure reste féminine chez une femme ou masculine chez un homme, juvénile chez un jeune homme ou sénile chez un vieillard, sauf le cas très rare de ces aberrations sexuelles qu'a si bien étudiées M. Glay (1).

La folie, comme la magnétisme, pourrait-on dire, a deux pôles opposés, entre lesquels se partagent et où se rencontrent superficiellement les formes d'aliénation mentale les plus hétérogènes par leur cause ou leur évolution. J'ai nommé la *manie* et la *mélancolie*, l'exaltation orgueilleuse de la toute-puissance imaginaire et l'oppression du désespoir; deux états contraires qui alternent dans la folie dite circulaire. Au point de vue de la responsabilité, il est difficile, sinon impossible, de décider laquelle de ces deux déviations du moi, par *excès* ou par *défaut*, par optimisme ou par pessimisme pareillement maladifs, l'emporte sur l'autre. Entre la fureur et la stupeur, entre l'agité qui se démène fiévreusement toute la journée dans sa cellule ou sa cour, ou l'excité qui ne tarit pas de propos absurdes et de verve insensée, — et le désespéré qui, accroupi dans un coin de sa cellule ou de sa cour, ne mangeant pas, ne bougeant pas, hébété,

(1) *Revue philosophique*, janvier 1884.

terrifié, suit en son for intérieur le spectacle sans fin d'hallucinations et de drames horribles, la différence est grande en apparence. Mais, dans un cas comme dans l'autre, la personnalité est brisée, brisée aussi la relation de la personne avec la société environnante.

Il est, dans les asiles d'aliénés, une troisième catégorie d'individus qui, comme aspect général, ne diffèrent en rien des gens ordinaires : ce sont les *fous partiels*. Le caractère de la folie partielle, c'est de n'être pas liée à un fond constant d'excitation ou de dépression. D'ailleurs, le délire est aussi précis, aussi limité dans la folie généralisée. Mais, en dehors de son délire spécial, le fou partiel raisonne et agit comme tout le monde, et recouvre en majeure partie sa responsabilité ; le fou généralisé pense et agit toujours en malade. Or nous constatons qu'en se localisant de la sorte la folie s'est fortifiée. La folie généralisée est guérissable, la folie partielle ne l'est pas. La folie partielle est qualifiée « essentielle » par le Dr Régis. Nous voyons aussi, par l'observation de ses phases, que le résultat de ce travail morbide est vraiment d'implanter un nouveau moi dans l'ancien. Sa marche, d'après cet auteur, est toujours celle-ci : 1° période d'analyse, le malade sent des symptômes qui l'effraient, des sensations étranges (folie hypocondriaque); 2° explication délirante, le malade s'explique la chose soit humainement (délire la persécution), soit divinement, par l'action d'êtres surnaturels (folie mystique) ; 3° enfin *sa personnalité lui apparaît transformée*, il se croit tantôt un grand personnage, tantôt un dieu ou un demi-dieu, la Vierge ou l'Antechrist (folie ambitieuse).

Toujours au point de vue qui nous occupe, il est utile d'établir ici une distinction d'un tout autre genre et de rechercher si la folie a été un véritable bouleversement ou n'a été qu'un renforcement pathologique du caractère primitif. Il y a des cas où elle substitue la violence, la méfiance, la haine, à la douceur, à la confiance, à la bonté ; d'autres fois elle n'est, comme l'ivresse le plus souvent, que l'exagération et l'hypertrophie d'une disposition naturelle. Tel a toujours été dur, insensible, il est devenu cruel ; tel autre, né irascible, est devenu frénétique, impulsif ; un troisième, libertin par tempérament, est devenu un vrai satyre. En général, les fous ont commencé par être d'un égoïsme remarquable, que leur folie accentue démesurément. Il est évident que la folie, quand elle nous fait tomber du côté où nous penchions, n'est pas une aliénation aussi profonde que lorsqu'elle nous renverse en sens contraire, et qu'elle ne nous rend pas irresponsable au même degré (1).

IV. — Après les développements ci-dessus, nous pourrions nous dispenser de parler de l'épilepsie, si cette névrose n'était très propre à nous faire comprendre ce que c'est que l'aliénation mentale. L'épilepsie est une folie intermittente, qu'on voit fréquemment naître, grandir et mourir. Les jours qui précèdent l'accès sont marqués par un changement d'humeur chez le malade; en lui s'amoncelle une sombreur d'orage, une sorte de *nimbus* qui demande à crever. Il crève de trois manières, comme le remarquent Maudsley et la plupart des aliénistes; et la crise, en effet, ne se termine que par l'une des trois décharges suivantes, sauf à se reformer plus tard : 1° la *convulsion*, la chute du malade qui se débat contre lui-même; c'est l'issue la plus ordinaire; 2° une *idée fixe*, une forte hallucination qui se déclare et s'empare du sujet (2); 3° un *désir fixe*, un besoin irré-

---

(1) À ce propos, M. Lévy-Bruhl, dans le très bienveillant article qu'il a consacré au présent ouvrage (*Revue philos.*, décembre 1890), nous fait une objection qui exige une réponse. « Tel individu, dit-il, n'est pas devenu frénétique parce qu'il était irascible, ou *stuprator* parce qu'il était libertin; il est fort probable, au contraire, qu'il était irascible parce qu'il avait déjà le germe de la folie impulsive, ou libertin parce qu'il subissait déjà l'influence de son aberration sexuelle. Dès lors, ces cas ne devraient-ils pas s'interpréter de la façon suivante : une aliénation à forme lente et progressive (ce sont les plus fréquentes), qui ne rend l'individu incapable de vivre en société qu'à partir d'un certain moment où elle se manifeste par un acte criminel, mais qui persistait sous forme de puissance de plus en plus prête à passer à l'acte ? » — C'est là une question de fait qu'il appartient aux aliénistes de trancher et qui fait sentir la nécessité de leur intervention, souvent, dans le domaine de la justice pénale. Doit-on cependant décider que, dans le cas où cette altération progressive du caractère par son renforcement même dans un certain sens se produit jusqu'à la rupture complète de l'équilibre de la personne et sa chute dans la folie déclarée, l'irresponsabilité propre à ce dernier état doit rétroagir en remontant aux états antérieurs? Non, car, quelle que soit la cause de l'altération survenue, la seule question importante à notre point de vue est de savoir à partir de quel moment elle a suffi à rompre l'équilibre de la personne. C'est difficile, non impossible à dire. Au demeurant, tout changement graduel et continu, fût-il géométrique, soulève des difficultés du même ordre.

(2) « De même que la fonction des centres moteurs, dit Maudsley (page 131, *Crime et Folie*) est le mouvement, de même aussi la fonction des centres nerveux les plus nobles est la pensée; et, comme un état morbide des centres moteurs produit la convulsion des mouvements, un état morbide des centres psychiques produit ce que, faute d'un terme mieux approprié, on peut bien appeler la convulsion de l'idée. » Cette convulsion mentale, c'est le *délire*, qui

sistible de commettre un acte violent, tel qu'un meurtre ou un viol. — Me reprochera-t-on l'abus de l'analogie, si je me permets de comparer en cela l'épilepsie, pour mieux l'expliquer, à son équivalent social, à ce grand trouble intermittent qui, presque périodiquement, agite certaines sociétés européennes? Nous savons tous que cette agitation — parfois salutaire, en quoi elle diffère de l'autre, — est toujours produite par l'apparition et la propagation imitative de quelque croyance ou de quelque désir en opposition avec les convictions et les besoins sur lesquels repose l'ordre de choses établi. Or, le trouble ainsi amassé, quand la littérature et la presse, la science et les arts ont longtemps déployé le germe de contradiction dont il s'agit — le germe chrétien sous l'Empire romain, par exemple, le germe du libre examen au seizième siècle, le germe de la libre pensée au dix-huitième, le germe socialiste au dix-neuvième, — ou bien se résout de lui-même s'il n'est pas profond et intense, ce qui rappelle le cas de l'épilepsie larvée, ou bien aboutit fatalement à l'un de ces trois dénoûments : 1° une guerre civile, convulsion sociale; 2° un enthousiasme, un culte extravagant, une foi fixe et non justifiée en un homme ou en une idée, en une famille ou en un dogme, véritable délire d'une nation ; c'est ainsi que toutes les apothéoses, toutes les dynasties et force religions s'expliquent (2), à savoir comme une des solutions inévitables d'un problème posé par la logique sociale ; 3° enfin, une guerre extérieure, qui, sans autre utilité d'ailleurs, s'offre comme un dérivatif nécessaire des embarras intérieurs d'un peuple.

répond de la sorte à la *chorée*. — D'ailleurs, en se propageant, l'état morbide des centres d'idéation se communique fatalement aux centres du mouvement. — Tout ramener ainsi à l'idée de mouvement, est-ce matérialiser l'esprit? Je ne le pense pas. Le mouvement, en effet, n'est que le symbole inné du changement *dirigé vers un but*. Voilà pourquoi tout mouvement se décompose pour nous nécessairement en mouvements rectilignes. La ligne droite, qu'on a essayé de définir en vain, a pour contenu essentiel l'idée de but. Elle implique essentiellement un *point de visée*. Dire que tout mouvement a lieu élémentairement en ligne droite, c'est dire que tout phénomène est composé de finalités élémentaires ou complexes, cachées ou visibles, *sub-réelles* ou réelles.

(2) Combien de fois, chez les peuples convulsionnaires, et au moment le plus inattendu, éclatent ces accès de délire, se reproduisent ces prostrations et ces agenouillements devant une idole, abstraite ou vivante, qui sont l'énigme des historiens? Ceux-ci, quand ces engoûments persistent, ne doutent jamais que l'objet de l'adoration générale ait une valeur proportionnée à son succès. C'est comme si l'on jugeait de la beauté d'une femme d'après la passion qu'elle inspire. L'*héroïsme* d'un homme (au sens où Carlyle entend ce mot) n'est le plus souvent qu'une qualité subjective, je dis *socialement subjective*.

Combien d'agressions injustifiables dont la raison d'être, au fond, est une contradiction interne de la société! En tout ceci, il est visible que rien ne s'explique que par la scission du groupe social en deux partis qui luttent et dont l'un finit par l'emporter, grâce à la guerre civile, à l'envahissement de la foi dynastique ou dogmatique, ou à l'attaque belliqueuse des voisins. De même l'épilepsie, et pareillement la folie (1) ne peut être, sous n'importe quelle manifestation, que le résultat d'un schisme intérieur, d'un combat, pour ainsi parler, fratricide.

Du reste, quel que soit le débouché, le canal où s'écoule l'accès épileptique, le malade ne saurait être responsable des actes commis pendant sa durée. La seconde issue n'est pas moins redoutable que la première et la troisième. C'est ainsi que le fanatisme d'un peuple visionnaire peut lui faire commettre autant d'excès que la fureur des guerres civiles ou des champs de bataille. Dans la nuit du 2 au 3 février 1886, un nommé B... commit en Belgique un quintuple assassinat sur les personnes de divers membres de sa famille, et il fut démontré par l'expertise médico-légale qu'il avait agi pendant un accès nocturne d'épilepsie, sous l'empire d'une hallucination : il avait cru voir deux meurtriers contre lesquels il avait cherché à défendre sa vie en leur lançant à la tête les poids de sa pendule. Il a été enfermé dans un asile. Rien de plus dangereux à coup sûr qu'un aliéné pareil, mais rien de plus irresponsable moralement. Notons, en passant, ce fait que les accès d'épilepsie ont surtout lieu la nuit, et après minuit. « Pendant vingt mois consécutifs, dit Etcheverria (2), soixante-dix-huit épileptiques ont eu deux mille huit cent quatre-vingt-seize attaques entre deux heures du soir et cinq heures du matin, et seulement quatre-vingt-douze attaques entre deux heures du soir et deux heures du matin ». Ne se peut-il pas que la grande fréquence des crimes nocturnes soit, pour une certaine part — pour une bien faible part, en tout cas, — attribuable à cette cause? Ce qui est certain, et ce qu'il

---

(1) C'est un fait remarquable et instructif, dit Maudsley, que l'énergie convulsive de l'impulsion homicide (chez l'aliéné) est souvent précédée d'une sensation morbide prenant naissance dans une partie quelconque du corps et montant de là jusqu'au cerveau, absolument comme celle qui précède l'accès épileptique et qu'on connaît en médecine sous le nom d'*aura epileptica*.

(2) *Arch. d'anthrop. crim.*, livraison 9.

faut accorder à Lombroso, c'est qu'il y a au fond de tout épileptique un meurtrier virtuel. Mais ce meurtrier est un malheureux, non un coupable. Et le danger qu'il présente ne donne donc pas le droit de conclure à l'identité de l'épileptique et du criminel.

V. — Nous ne sommes pas au bout des difficultés que soulève la responsabilité des névropathes. Le problème peut se compliquer, comme nous allons le voir. La transformation si fréquente de la folie exaltée et générale, de la manie, en folie spéciale, en monomanie (1), en est à la fois la limitation et la consolidation, nous le savons déjà. Par là, le moi s'approprie son mal, se l'identifie ; mais cela ne veut pas dire que l'individu devienne ainsi plus responsable ; car, s'il s'est accordé jusqu'à un certain point avec lui-même, il s'est de plus en plus détaché de ses semblables, auxquels il ressemble de moins en moins. Or, les phases de la folie, au lieu de se dérouler dans le cours d'une seule vie, peuvent, comparables à des ondes marines très élargies dont l'amplitude excède la longueur d'un vaisseau, embrasser plusieurs générations successives. A un père maniaque, aliéné de tous points, succède un fils simplement excentrique et extravagant à quelques égards. Celui-ci est un monomane né tel et non devenu tel, un monomane atténué, du reste. Ici, l'appropriation de l'excentricité ou de l'extravagance en question par le moi de l'individu est bien plus profonde que dans le cas précédent, et il résulte des statistiques de Morel que, tandis que les héréditaires simples guérissent cinquante-huit fois sur cent, les dégénérés en question sont absolument incurables. Cette anomalie, cette « originalité » de l'individu, pour employer l'euphémisme habituel, lui est essentielle (2) ; mais elle creuse

(1) De même, la mélancolie générale se résout souvent en *lypémanie*, pour employer l'expression d'Esquirol, en *mélancolie chronique*, comme disent les nouveaux aliénistes. — Ces deux transformations rappellent la terminaison du trouble épileptique en idée fixe ou en besoin fixe.

(2) Il est à remarquer, avec Maudsley, que telles excentricités qui, si elles survenaient au cours de la vie, seraient « un signe de mauvais augure et présageraient une terminaison grave », peuvent, si elles sont innées, durer chez l'individu jusqu'à la fin de ses jours « sans troubler la lucidité de sa raison à tous autres égards ». — Précisément parce que la monomanie, même acquise et non innée, est une *assimilation par le moi de son aliénation*, elle est très rarement guérissable. Pour la déraciner, il faudrait, dit très bien le même auteur, que je ne saurais trop citer, « arracher les fondements du caractère ». Cependant elle guérit quelquefois, ce qui prouve, malgré tout, que l'assimilation dont il s'agit n'est pas complète. Et, remarquons-le, elle guérit plus facilement quand elle est triste que quand elle est joyeuse, car, dans le premier cas, la souffrance même de l'esprit prouve que « son dérangement a une origine

une dissemblance partielle, sous ce rapport, entre les autres hommes et lui. Si donc elle consiste, par exemple, à rechercher les décorations ou les honneurs superficiels quelconques avec une avidité insensée, ou à éprouver en amour d'étranges appétits, les délits qu'il commettra pour satisfaire ces passions dépravées lui seront imputables, car, d'une part, il appartient en somme à la société, d'autre part il a voulu ces satisfactions délictueuses, il n'a pu même ne pas les vouloir et a montré ainsi le vice inhérent à sa constitution ; mais ils ne lui seront imputables qu'en partie, à raison de son hétérogénéité partielle. Ce n'est point à raison de sa non liberté : supposons qu'un autre inculpé ait cédé à une contrainte tout aussi impérieuse, mais exercée par un mobile très répandu dans le milieu ambiant, par la passion de l'or dans un milieu mercantile, par la passion du cirque ou du théâtre dans un milieu de gladiateurs ou de cabotins, par la passion des statues et des tableaux dans un milieu artistique, le délinquant, dans ce cas, chose étrange en apparence, paraîtra à tous bien moins excusable que notre monomane inné (2).

Il est vrai, que dans l'un comme dans l'autre cas, le caractère irrésistible du penchant auquel l'individu a cédé est dû à l'insuffisance ou à l'absence du *frein* moral dont j'ai parlé plus haut. Il nous faut donc dire un mot de cette *folie morale*, si contestée, qui consisterait dans une lacune ou une lésion cérébrale restreinte au siège des sentiments affectifs, sans nulle altération des aptitudes intellectuelles (3). Distinguons bien le cas où il y aurait lacune, c'est-à-dire absence innée, et celui où il y aurait lésion, c'est-à-dire destruction, par suite de coups reçus

---

extrinsèque ». Au début de la paralysie générale, le malade éprouve une dépression, née d'un sentiment pénible de trouble; si ensuite une excitation, un sentiment orgueilleux et joyeux éclate en lui, ce changement indique un enracinement de la maladie. — Le terme fatal où aboutissent toutes les formes de la folie incurable, c'est la *démence*. « imbécillité acquise ». La démence n'est pas un simple dédoublement du moi, comme la folie, elle est le morcellement, l'émiettement du moi en autant de fragments qu'il y a d'idées et de tendances absurdes juxtaposées dans le même cerveau: incohérence absolue qu'on peut comparer à l'anarchie complète où les guerres civiles chroniques conduisent un peuple.

(2) C'est le caractère incohérent et *insocial*, plutôt que le caractère irrésistible de ses impulsions, qui fait l'irresponsabilité de l'aliéné. Chez le *dégénéré* qui n'est point fou, l'impulsion est plus irrésistible que chez le fou (V. Saury, *Étude clinique sur la folie héréditaire*. 1886, p. 50) ; cependant le dégénéré est, aux yeux de tous, moins irresponsable que le fou, car il est moins illogique et moins étrange.

(3) Dans le premier volume de la *Sociologia criminale* (1880), M. Colajanni donne d'excellentes raisons contre l'hypothèse de cette *localisation* cérébrale du sens moral.

à la tête, par exemple, comme dans plusieurs cas cités par M. Marro. M. Garofalo et plusieurs criminalistes de son école refusent de reconnaître comme une folie spéciale la perversité native ; mais on doit convenir qu'il est difficile de ne pas rattacher celle-ci plus ou moins étroitement à la perversité acquise, qui en diffère seulement par le caractère accidentel de son apparition, et de ne pas voir dans cette dernière une maladie du cerveau. M. Féré oppose à cette opinion du savant magistrat italien, la conviction presque unanime des observateurs, et, de fait, leur accord est imposant. « L'étude des criminels, dit Maudsley (1), a convaincu tous ceux qui les ont pratiqués que le manque partiel ou total du sens moral, est très souvent, dans cette classe spéciale, la conséquence d'un vice d'organisation », et, d'autre part, l'observation des aliénés par les médecins les plus distingués « établit que l'absence de sens moral est un des effets occasionnels de l'existence de la folie dans une famille ». Ainsi, deux voies de recherches bien distinctes aboutissent à la même conclusion : le sens moral a une base organique (ce qui ne veut pas nécessairement dire un *lieu* cérébral), et, par suite, sa disparition ou son émoussement ne peut s'expliquer que par une lacune ou une lésion, par une atrophie ou une blessure du cerveau, ou par une nutrition imparfaite de ses cellules, par un malheur en un mot (2).

(1) *Crime et Folie.*

(2) Il serait surprenant d'ailleurs, qu'il en fût autrement, car le sentiment moral n'est après tout qu'une de nos facultés affectives, et les folies intellectuelles elles-mêmes nous fournissent la preuve manifeste que les états affectifs sont liés à des manières d'être du cerveau. Prenons, par exemple, deux délires fort bien étudiés, le *délire des persécutions* et le *délire des grandeurs* (voir sur le premier, le magistral ouvrage de M. Legrand du Saulle). Les deux sont liés à un même débordement de la personnalité, qui aurait pu d'ailleurs s'écouler par d'autres voies. Cependant l'orgueil ou la vanité n'est qu'une prédisposition à la folie. La cause vraiment efficiente est autre : elle consiste dans une lésion cérébrale. Un homme a beau être orgueilleux et méfiant, il ne se persuadera jamais, s'il reste sain de cerveau, qu'il a la police à ses trousses, que des magiciens ont juré sa perte. Que faut-il pour que sa méfiance doublée de son orgueil le conduise à une hallucination intellectuelle ou sensorielle de ce genre ? Il faut qu'un trouble organique d'un certain genre s'opère en lui. Le malade, alors, dit Legrand du Saulle, sent « une sorte d'inquiétude indéfinissable..., et, étonné d'une situation si nouvelle, il s'en demande la raison... Ce malaise si grand, ces impressions si pénibles et nettement justifiées doivent avoir une cause secrète ». De là l'idée de la persécution par des ennemis cachés. C'est précisément l'inverse de ce qui se produit en temps normal. Un homme sain apprend la nouvelle d'un grand danger, et il en ressent une grande inquiétude ; ici, le malade éprouve une grande inquiétude, d'où il conclut à l'existence d'un grand danger.— Il en est de même dans beaucoup d'autres genres de délires : on ressent une grande dilatation subite d'amour-propre, et l'on en conclut qu'on a eu des succès littéraires ou dramatiques ; on éprouve une vive satisfaction de cœur, et l'on en conclut qu'on possède une femme à la mode, etc. Tout cela prouve bien que chaque tonalité du sentiment a une base cérébrale qui lui est propre.

Il est certain que c'est un malheur d'être né pervers, comme d'être né sot, à la condition pourtant que l'on continue à punir les manifestations de la perversité, à s'indigner contre elles, à les blâmer et les haïr, comme on rit des sottises. Si, au contraire, on se mettait à plaindre les coquins, sous prétexte qu'ils le sont de naissance, il arriverait infailliblement que, au moment où cette compassion, accompagnée d'absolution, se serait généralisée, il n'y aurait plus lieu de les plaindre en aucune manière. La sottise, à bien des égards, serait un bénéfice de nature si personne ne s'en moquait.

D'ailleurs, il n'y a pas à contester la part énorme de l'hérédité en ceci. Les recherches de M. Marro à cet égard (elles ont porté sur 456 malfaiteurs et 1765 personnes honnêtes) lui ont donné les résultats suivants : Chez les assassins, la proportion de ceux qui sont nés de parents âgés de plus de quarante ans au moment de la conception s'élève à cinquante-trois pour cent, proportion très supérieure à celle des autres classes criminelles, et surtout à celle des gens honnêtes, laquelle est moitié moindre. Quarante-six fois sur cent, les délinquants ont eu des pères ou des mères alcooliques, — réponse brève, mais éloquente, à M. Colajanni et à M. Fournier de Flaix, — et quatorze fois sur cent, des parents ou ascendants directs aliénés. Si on ajoute ceux qui ont eu des parents épileptiques, hystériques ou délinquants eux-mêmes, on arrive à une proportion totale de quatre-vingt-dix pour cent d'hérédité morbide. Deux fois plus souvent que les parents des honnêtes gens, les parents des malfaiteurs sont morts de maladies cérébrales. Cela donne tout autrement à réfléchir que les mensurations anthropologiques. Mais, en somme, les conditions dans lesquelles un homme est né ne font-elles pas partie de lui-même et ne sont-elles pas les seules dans lesquelles il pouvait et devait naître ?

Et, puisque l'occasion se présente de toucher à cette question de l'hérédité, disons combien il est étrange de voir les déterministes eux-mêmes se préoccuper, au point de vue de la responsabilité, de la solution qu'elle recevra. Dès lors qu'on est déterministe, dès lors qu'on ne croit pas à la création *ex nihilo*, on admet que tous les caractères, tous les penchants apportés par le nouveau-né ont des causes extérieures et préexistantes. Que ces causes soient dispersées dans l'immensité du monde ambiant ou qu'elles soient concentrées, canalisées dans la plus rapprochée des sources vitales d'où sort l'individu, peu importe. Dans ce dernier cas, il est vrai, l'ensemble des effets, c'est-à-dire l'individu, se présentera comme semblable à l'ensemble de ses causes, c'est-à-dire à ses progéniteurs; tandis que, dans l'autre cas, cette similitude d'ensemble n'existerait pas et l'on n'aurait que la ressemblance de chaque effet particulier avec sa cause spéciale. Mais, encore une fois, qu'importe! La question est de savoir si l'individu, s'est ou non approprié, identifié ce qui le constitue. Est-ce que cette appropriation est en rien empêchée par le fait que ce qui le constitue est semblable à ce qui constitue d'autres individus, ses parents? Je ne vois pas pourquoi cette similitude rendrait plus mal aisée cette identité. Un homme naît, je le suppose, par génération spontanée, par miracle divin, comme Adam. Ici, l'hérédité ne joue aucun rôle; en est-il plus libre pour cela aux yeux des déterministes? Non, il ne l'est ni plus ni moins qu'un *dégénéré héréditaire*. Si la folie héréditaire engendre l'irresponsabilité, ce n'est pas en tant qu'héréditaire, c'est en tant que folie.

Appliquons ici nos principes, et nous allons voir que la folie morale innée, ou, pour mieux dire, l'imbécillité morale, est précisément l'opposé de la folie véritable. Celle-ci est une *aliénation* de la personne; d'où il suit que tels actes réputés nôtres, en réalité n'émanent pas de nous; la condition fondamentale de notre responsabilité, à savoir *notre* causalité, fait défaut. D'ailleurs, cette perturbation, qui nous rend différent de *nous-même,* n'empêche pas ce *nous-même* normal, virtuellement latent sous notre folie, de rester semblable à nos concitoyens sous les rapports essentiels et ne rompt pas nos liens avec leur société (1). Ici, l'*identité* n'existe pas, mais la *similitude* subsiste. Au contraire, voici une Brinvilliers, un Tropmann, un homme né sans pitié, sans équité, sans vergogne; il empoisonne, il poignarde, il viole une femme ou un enfant; peut-on dire qu'il est *autre* en exécu-

---

(1) Si j'ai dit plus haut que la folie nous *désassimile* en même temps qu'elle nous aliène, cela signifie que le moi anormal, le moi nouveau créé par la folie, est dissemblable à notre milieu autant que différent du moi normal; mais celui-ci, le seul qui ait des rapports juridiques et moraux avec la société, n'en reste pas moins, durant son sommeil, frappé à l'image de nos semblables.

tant ce forfait? Non il n'est que trop le *même* toujours. Mais, plus il se conforme ainsi à sa nature essentielle, plus il montre et accentue sa dissemblance profonde sur un point avec son milieu social. Non-seulement il n'a pas apporté en naissant ces instincts héréditaires d'humanité, de justice et d'honneur qui sont nécessaires à l'enfant civilisé comme le cotylédon à la plantule, mais l'éducation n'a pu même les remplacer en lui par de bonnes habitudes. Non-seulement le germe lui manquait, mais encore le terrain propre au développement du germe importé du dehors. Il est donc venu au monde dépourvu d'un sens (1) dont tout homme honnête est pourvu. Or, que la vue ou l'ouïe manque à un homme, qu'il soit daltonien, myope ou sourd, cela peut le gêner pour l'accomplissement de certaines fonctions sociales, de certains emplois, pour être chef de gare, juge, marin ; cela pourtant ne l'empêche pas de remplir un rôle quelconque dans la société, ou du moins de demeurer semblable au fond à ses compatriotes, d'accord avec eux sur un ensemble d'idées et de sentiments majeurs. Mais si le sens dont je parle, si l'aptitude à souffrir sympathiquement des douleurs d'autrui, à respecter les droits d'autrui, à aimer la beauté de certains devoirs et l'amertume de certains sacrifices fait défaut chez un homme, cet homme a beau partager toutes nos sensations physiques et acquérir même toutes nos connaissances scientifiques ou tous nos besoins artificiels, se mettre à la mode et parler le plus pur accent, il n'a de commun avec nous que les traits et les dehors.

C'est beaucoup malgré tout, et ce serait une déclamation ridicule que de lui refuser toute ressemblance avec nous, surtout quand une civilisation artistique comme celle de la Renaissance, industrielle comme la nôtre, en développant exclusivement les

(1) Je dis *sens* pour me conformer à la métaphore usuelle, dont trop de savants, du reste, semblent abuser. Pas plus que M. Paul Dubuisson, je ne crois à cette entité métaphysique, le *sens moral*, que nous apporterions en naissant et qui serait « chargé de discerner le bien du mal, absolument comme la vue fait distinguer le jour de la nuit ». Le sentiment moral, au moins dans sa partie délicate, est un dépôt cérébral relativement récent de la vie sociale ; et c'est peut-être pour cela qu'il est la première faculté touchée par le trouble morbide d'où naît la folie. C'est une chose remarquable que l'accord des aliénistes sur ce point : la perte du sens moral chez les aliénés précède la perte de l'intelligence. Esquirol donnait pour base à l'aliénation mentale *l'aliénation morale*. Or, en général, ce que le cerveau déclinant commence à perdre est ce qu'il a acquis en dernier lieu. Ce sont les souvenirs les plus récents qui se détruisent le plus tôt chez les vieillards. Voir la belle monographie de M. Ribot sur la mémoire.

côtés intellectuels de l'homme, leur a donné la prépondérance sur le côté moral et a répandu l'habitude d'apprécier le talent et l'esprit plus que le caractère et le cœur. Ni Benvenuto Cellini, ni les Borgia n'étaient des monstres de leur temps; leur anomalie n'était pas, certes, assez exceptionnelle pour motiver leur irresponsabilité morale, comme elle l'eût pu jusqu'à un certain point si elle se fût produite dans un pays de moralité universelle et rigide où les dons les plus brillants sont comptés pour peu de chose si l'honnêteté ne s'y joint pas. En de tels milieux, un fripon bien élevé ressemble à ses compatriotes comme une noix creuse à des noix pleines. Chez nous il leur ressemble comme une pomme véreuse à une pomme saine. Malgré tout, la différence importe. Ainsi, l'on peut conclure qu'ici la condition d'*identité* est complètement remplie, mais celle de *similitude* imparfaitement. Dès lors qu'elle juge le criminel un être à part, dissemblable radicalement aux autres hommes, l'école positiviste est fondée, suivant nos principes, à le juger moralement irresponsable. Mais c'est sa dissemblance radicale que je conteste.

La criminalité native, la monstruosité morale est donc, à notre point de vue, presque l'inverse de la folie. Il est vrai que, dans le premier cas, non plus que dans le second, les deux conditions de la responsabilité ne se rencontrent pleinement à la fois; mais, dans le second cas, l'une d'elles, la principale, manque absolument, et, dans le premier cas, l'accessoire seul manque, et seulement en partie. Dans le second cas, il est prouvé que la personne, l'individu en tant que social, n'est pas du tout l'auteur ou n'est que faiblement l'auteur du délit qu'on lui impute; dans le premier cas, il est prouvé qu'elle en est l'auteur, mais que, sociale sous bien des rapports, elle est non-sociale ou plutôt antisociale sous un rapport important. L'atténuation de responsabilité peut donc aller jusqu'à sa suppression dans le second cas, jamais dans le premier. En outre, cette atténuation, due à deux causes très distinctes, ne saurait avoir la même nature ici et là, ni les mêmes effets. Le demi-aliéné, complice momentané de sa propre aliénation, réclame un traitement surtout médical qui, en le guérissant, le corrige; il reste membre de la société qui lui doit des soins vigilants et une sévérité maternelle. Mais le malfaiteur inné est incurable et incorrigible, — cas rare, du reste, — et il ne peut être question ni de le guérir, ni de l'amender. D'autre part, il ne peut suffire de le frapper comme une bête fauve égarée dans nos rues, car il nous ressemble assez pour nous faire honte et non pas seulement peur, et pour justifier notre indignation contre lui. Il appartient encore à notre association, et voilà pourquoi il faut l'en chasser, moyennant les cérémonies juridiques d'une excommunication sociale qui se déroule tous les trois mois devant nos cours d'assises.

VI. — J'ajoute qu'il ne suffit pas de l'excommunier de la sorte; il faut encore se défendre contre ses retours offensifs et contre la contagion de son exemple. C'est ici qu'il y a lieu de faire sa part à une théorie de la responsabilité exposée par M. le Dr Paul Dubuisson (1). Nous ne pouvons l'accepter, puisque l'auteur malgré le positivisme de ses méthodes, emprunte au spiritualisme la vieille idée de la responsabilité fondée sur le libre arbitre. Mais il la rajeunit par la manière dont il l'entend : suivant lui, cela revient à dire que la responsabilité, en ce qui concerne les criminels par tempérament, se fonde sur la pénalité. En apparence, c'est le renversement de la logique des choses, puisqu'il est clair que la pénalité, au contraire, suppose une responsabilité préexistante. En réalité, la formule émise signifie simplement que la peine a droit d'être appliquée à l'homme né pervers, précisément parce que la menace de la peine, avant son crime, lui avait été faite (2) et que, grâce à elle, il a trouvé un contre-poids intérieur que l'homme moral trouve dans sa seule conscience. Il a donc pu s'appuyer sur ce contre-poids pour résister à ses vices: donc il a été libre, donc il a été responsable. C'est l'idée de la *contra-spinta*, de Romagnosi. Évidemment, cette doctrine est inadmissible d'après nos principes; elle conduit à affirmer que, dans le cas où l'appréhension de la peine a été plus faible que l'impulsion dépravée, il y a eu

---

(1) *Archiv. d'anthrop. crim.*, 1887 1888.

(2) « C'est, dit-il, parce qu'il existe une pénalité, que l'homme insuffisamment intelligent doit être considéré comme responsable de ses actes, cette pénalité n'étant en réalité que l'influence compensatrice jetée par la société dans la balance des penchants humains. »

irresponsabilité. Mais, précisément, ce cas se réalise toutes les fois qu'un crime est commis. La perspective de la peine est la même pour tous ; mais les uns se croiront sûrs d'y échapper, à tort ou à raison, et cette assurance, involontaire et fatale comme toute foi, fera que la peine, à leur égard, sera comme non-existante. Ceux-ci seront donc irresponsables, d'après M. Dubuisson, puisque, tout contre-poids pénal leur étant ôté, ils ne disposeront plus de leur libre arbitre tel qu'il l'entend. D'autres croiront plus ou moins fort à la possibilité, à la probabilité d'encourir la punition légale, et, suivant le degré, toujours involontaire et fatal, de cette croyance, ils résisteront ou ne résisteront pas à la tentation. Tant mieux pour ceux qui croiront assez pour se retenir sur la pente du mal, tant pis pour ceux qui ne croiront pas au degré voulu. Quant à ceux qui, tout en étant convaincus qu'ils seront punis, pécheront, il sera prouvé soit qu'ils sont fous à raison de l'anomalie de leur calcul dans certains cas, soit que la société, en ce qui les concerne, n'a pas rempli son devoir de les protéger suffisamment contre eux-mêmes. A des natures exceptionnellement audacieuses et perverses il faudrait opposer le danger de châtiments si horribles qu'on ne se sentirait jamais le courage de les leur appliquer, ce qui rendrait ce spectre ridicule. Ou bien si on ne reculait pas devant cette application, la logique sociale de l'analogie forcerait à frapper avec une sévérité outrée la grande majorité des natures moins mauvaises que des châtiments moindres auraient suffi à garantir contre leurs propres entraînements.

En tous cas, entre la conviction complète d'échapper à la peine et la conviction complète d'en être atteint, il y a une échelle immense, et, à mesure qu'on la descend ou qu'on la gravit, l'intimidation d'une peine passe de *zéro* à *m* ou de *m* à *zéro*. Il résulte aussi des précédentes considérations que l'épouvantail de la pénalité étant donné, également menaçant pour tous, le plus pervers, le plus fortement poussé au délit doit être jugé le moins responsable, c'est-à-dire le moins puni. Pour éviter cette dernière conséquence, M. Dubuisson, comme tant d'autres criminalistes, est obligé de distinguer deux responsabilités : l'une dite morale, l'autre dite sociale, celle-ci d'autant plus forte que celle-là sera plus faible. Notre point de vue, heureusement, nous permet d'éviter ces complications désespérées, analogues aux cycles et aux épicycles de Ptolémée. Ce qui s'oppose au *social* en toutes choses, est-ce le *moral*? Non, puisque le moral en fait partie. Mais c'est l'*individuel*. Je comprendrais donc qu'on opposât à la responsabilité sociale la responsabilité individuelle en donnant à cette dernière une acception spéciale et très étroite. La première, à vrai dire, est la seule dont la criminalité et même la moralité aient à s'occuper; elle est le corollaire et l'inverse de notre causalité extérieure, le rejaillissement légitime sur nous de nos propres actes en tant qu'ils atteignent autrui; par autrui il faut entendre une famille ou une nation, un homme ou un groupe d'hommes, peu importe. Quant à la responsabilité purement individuelle, telle que nous l'entendons ici, c'est, par exemple, celle du chrétien ou du stoïcien qui fait son examen de conscience et se punit soi-même pour ses fautes passées, même inoffensives, à l'égard de ses semblables. Mais pour que, sociale ou individuelle, la responsabilité existe et soit sentie comme telle, il faut d'abord nécessairement que certaines conditions *morales* subjectives soient remplies. Car entendre la responsabilité en un sens tout objectif et matérialiste, ce serait rétrograder aux temps primitifs où l'inceste inconscient d'Œdipe était jugé criminel comme s'il eût été conscient et voulu. Le chrétien ne se repent pas d'avoir mangé de la viande un vendredi sans le savoir et sans le vouloir; et, par la même raison, la société, qui a le devoir de n'être pas un monstre collectif d'égoïsme et de grossièreté quand l'individu est déjà depuis des siècles pénétré de sentiments sympathiques et délicats, ne saurait condamner un homme pour un préjudice, pour un homicide même, commis involontairement. Ce sont là des distinctions très simples, mais dont les positivistes ont souvent négligé de tenir compte.

VII. — Dans tout ce qui précède, nous avons résolu implicitement une question qui a beaucoup divisé et divise encore les aliénistes : celle de savoir si la responsabilité des aliénés peut ou non être partielle. Dans un écrit très remarqué (1), M. Falret a soutenu la thèse contraire à la nôtre en se fondant sur les diffi-

---

(1) *Dict. encyclop. des sciences médic.* Art. *Responsab. lég. des aliénés.*

cultés insurmontables qu'offrait, suivant lui, l'appréciation médico-légale des phases de transition entre la responsabilité complète et l'irresponsabilité absolue. Ainsi, pas de milieu ici entre tout et rien, entre l'infini et zéro. C'est bien plus net, j'en conviens, et d'une extrême simplicité; mais s'il est vrai que *natura non facit saltus*, combien c'est artificiel! Il nous semble d'ailleurs qu'à l'aide des règles et des distinctions posées plus haut le problème jugé insoluble par M. Falret perd beaucoup de son aspect ardu. Il convient d'ajouter que lui-même, quand il passe en revue les diverses formes de névrose, oublie souvent son idée si *carrément* formulée (1); et il lui arrive, à propos des cas de dégénérescence incomplète, de perversité native ou d'alcoolisme, d'admettre une responsabilité *atténuée*, sinon partielle. Partielle ou atténuée, je ne vois pas trop la différence. D'autres ne la voient pas mieux. M. le Dr Henri Coutagne (2) constate, en s'en félicitant, que la théorie de la responsabilité atténuée — ou partielle, car il ne distingue pas, — « vue d'un mauvais œil par les aliénistes confinés dans les études cliniques, affirme tous les jours sa valeur pratique dans le domaine des expertises judiciaires, où l'on peut dire qu'elle a acquis droit définitif de cité ». M. Legrand du Saulle estime que les aliénés affectés du délire des persécutions sont responsables partiellement. M. Ball, professeur à la Faculté de médecine de Paris, à l'occasion du crime mystérieux de Villemomble, a magistralement émis son avis dans le même sens. Appelé à étudier Euphrasie Mercier, ses antécédents, sa famille, il est arrivé à démêler la dualité radicale de cette nature complexe, de cette visionnaire doublée d'une commerçante très pratique, douée d'un grand bon sens, « d'une intelligence très remarquable et d'une volonté très énergique ». Aussi, que voyons-nous (3)?

(1) Maudsley n'est pas moins inconséquent ou oscillant. Un fou qui, imputant à quelqu'un une injure imaginaire, le tue par vengeance, ce qu'il serait inexcusable d'avoir fait alors même que l'injure eût été réelle, est-il punissable? Non, dit-il, car le trouble de son cerveau sur un point laisse supposer qu'il est partout affaibli et contaminé. Cependant il ajoute : « Pour être strictement juste, il faut admettre une certaine mesure de responsabilité dans quelques cas, mais jamais la pleine responsabilité de l'homme raisonnable. » M. Saury (*folie héréditaire*) se prononce dans le même sens que M. Falret.

(2) *Manuel des expertises médicales en matière criminelle.* (Lyon, Storck, 1887).

(3) *De la responsabilité partielle des aliénés*, par Ball (J.-B. Baillière et fils, Paris, 1886).

« D'une part, un crime commis, non seulement avec préméditation, mais avec un luxe extraordinaire de précautions et de combinaisons savantes, une habileté remarquable dans l'échafaudage des opérations financières destinées à faire passer la fortune de la victime dans les mains de l'assassin...; d'autre part, un état de folie héréditaire, s'étendant à tous les membres d'une même famille presque sans exception et présentant les caractères les plus évidents du délire religieux. D'une part, le type achevé de l'intelligence au service du crime; d'autre part, les indices les plus manifestes de l'aliénation mentale. » Comment ne pas reconnaître que l'Euphrasie cupide est responsable si l'Euphrasie mystique ne l'est pas? et est-il si difficile ici de démêler les deux? M. Ball n'hésite pas à généraliser son opinion. « Les aliénés, dit-il, et ils sont nombreux, qui ont conservé une partie souvent considérable de leur fortune intellectuelle, sont incontestablement gouvernés dans une certaine mesure par les *mêmes* sentiments, par les *mêmes* instincts et les *mêmes* motifs *que les autres hommes, et c'est pourquoi*, dans quelques cas particuliers, on est en droit de leur appliquer les principes du droit commun. » On ne saurait adopter implicitement avec plus de force que dans ce passage, la partie de notre théorie relative à la condition de similitude sociale exigée, aussi bien que la condition connexe d'identité personnelle, pour la responsabilité pénale. M. Ball termine par une considération plus brillante que solide à première vue, mais après réflexion plus solide encore que brillante; car elle a trait à ce besoin social de symétrie entre la récompense et la peine dont nous aurons à montrer plus loin toute l'importance. « Des hommes du plus grand génie, dit-il, des figures historiques de la plus haute renommée, ont présenté des signes non douteux d'aliénation mentale (1). En a-t-on jamais tiré parti pour diminuer leur mérite ou pour renier la dette de reconnaissance que nous avons contractée à leur égard? Pour avoir traversé une période de folie, Newton n'en a pas moins fondé le système du monde; pour avoir été séquestré dans une maison de santé, Auguste

---

(1) A cet égard, consulter l'*Uomo di genio*, par Lombroso, cinquième édition (Turin, 1888), où abondent les exemples de génies fous ou demi-aliénés.

Comte n'en a pas moins été un des plus grands philosophes qui aient jamais existé. Pour avoir été profondément halluciné, Luther n'en a pas moins opéré l'une des révolutions les plus gigantesques des temps modernes. Les visions de Jeanne d'Arc ont-elles empêché l'histoire impartiale de rendre justice à la noblesse de ses sentiments, à l'élévation de son patriotisme et à la grandeur de sa foi? Si donc les aliénés peuvent mériter, comment peut-on soutenir qu'ils sont incapables de démériter, et que ni le blâme ni le châtiment ne doivent jamais les atteindre? La première de ces deux propositions entraîne logiquement la négation de la seconde. »

Encore une remarque. Accordons aux aliénistes tout ce qu'ils tendent à prouver. Eh bien! soit, le génie, la folie, la criminalité sont des anomalies différentes, mais des anomalies enfin. Il n'y a de normal que le plat, le vulgaire et le médiocre: la nature est comme les tyrans antiques, elle a horreur de toute supériorité en bien ou en mal et la châtie par l'impuissance ou la stérilité jusqu'à la troisième ou septième génération. Mais, je le demande, au point de vue de notre théorie de la responsabilité, est-ce que cela prouve le moins du monde que l'homme de génie et le criminel-né, je ne dis pas le fou, sont irresponsables ou même moins responsables en somme que l'homme dit normal? Y a-t-il rien qui nous soit plus propre qu'une anomalie qui nous caractérise et qui, d'ailleurs, nous laisse ressembler à nos compatriotes par la plupart de nos autres caractères? Est-ce que la *normalité* de l'homme ordinaire, taillé dans le patron commun, lui appartiendrait mieux que n'appartient à l'homme de génie sa singularité? Quant au fou, il n'en est pas de même si, par folie, on entend, non pas une exception individuelle à la règle typique, mais une perturbation apportée au développement propre de l'individu, une *désindividualisation* pour ainsi dire. Si, au contraire, il s'agit d'une extravagance innée, persistante, logique, on doit appliquer à cette aliénation prétendue ce que j'ai dit du génie ou du crime. C'est l'homme normal, parfaitement vulgaire et médiocre, qui mériterait plutôt d'être absous comme irresponsable quand il a subi docilement, irrésistiblement, l'empire extérieur de l'exemple.

II

Quoique faciles à dénouer avec l'aide des idées précédentes, les problèmes de responsabilité soulevés par l'ivresse réclament une petite place à part dans ce chapitre. Dans la classification de Morel, après les folies qui ont pour cause l'hérédité, viennent celles qu'on doit attribuer à l'usage habituel de l'alcool, de l'opium (1), du haschich, de la morphine. Il est certain que si l'individu n'est nullement responsable de l'explosion des premières, il l'est dans une certaine mesure de celle des secondes, qu'il aurait pu empêcher. Je dis qu'il l'aurait pu s'il l'avait voulu, ce qui ne m'empêche pas de reconnaître qu'il n'a pu le vouloir, étant donné son caractère avec les circonstances de sa vie. Le fumeur habituel d'opium et le buveur habituel d'alcool ont donc été contraints, en ce sens, d'entrer dans leur voie fatale. Mais cette contrainte provenait d'une nécessité principalement interne, inhérente au fond de leur être, en quoi elle diffère de la nécessité essentiellement extérieure, c'est-à-dire pathologique, qui les contraint quand la folie, provoquée par leurs funestes habitudes, a enfin éclaté.

Mais ce n'est pas de la folie alcoolique, c'est de l'accès alcoolique qu'il s'agit. Distinguons, avec le docteur Vétault (2), l'ivresse involontaire et l'ivresse volontaire, et subdivisons la première en ivresse soit accidentelle, soit occasionnée par les artifices d'un tiers; la seconde en ivresse soit exceptionnelle, soit habituelle, soit intentionnelle (dans le but, par exemple, de se donner *du cœur* pour commettre un crime), soit enfin *compliquée*, par suite d'une organisation défectueuse qui la rend désastreuse.

(1) La question a été discutée au Congrès de médecine légale de 1889. Consulter aussi le livre de Pichon : *Le Morphinisme*, etc. Paris, Doin, 1889. V. aussi Corre, *Crime et suicide*, chapitre III. — D'après le Dr Magnan, 40 pour 100 des maladies mentales seraient attribuables à l'alcoolisme, qui, depuis ces dernières années, est en progrès chez nous.

(2) *Étude médico-légale sur l'alcoolisme, des conditions de la responsabilité au point de vue pénal chez les alcoolisés*, par le docteur Vétault, de la Faculté de Paris (Paris, J.-B. Baillières, 1887).

Dans ce dernier cas, ses conséquences, la première fois que le sujet s'y livre, n'ont pu être prévues par lui à raison de leur caractère exceptionnel. L'excuse qui en résulte est donc bien plus forte que dans tout autre cas; mais, à partir du moment où l'expérience a averti le buveur du danger terrible que ses excès de boisson font courir aux autres ou à lui-même, il devient hautement blâmable de s'être de nouveau enivré. Est-ce à dire qu'il puisse être dès lors aussi responsable d'un homicide commis dans cet état qu'il le serait si, à l'état normal, il eût exécuté le même meurtre? Nullement.

Un homme a un pistolet à la main; quelqu'un, par derrière, lui saisit le bras et le force à tirer un coup de son arme dans la direction d'un groupe de personnes. Evidemment, si l'une de ces personnes est blessée, cet homme ne méritera ni poursuites ni reproche. Tel est le cas de l'homicide par folie. Mais le même homme, pour s'amuser, pour s'exercer au tir, et sans se préoccuper de savoir si quelqu'un passe ou non, décharge son revolver dans la rue. S'il frappe un passant, sa responsabilité sera engagée. Elle le sera moins pourtant que s'il avait intentionnellement visé et frappé ce passant. Sa faute se réduit à n'avoir pas sacrifié son plaisir au risque de ses semblables. Il n'a pas voulu la mort d'un de ses semblables, il n'a pas même voulu la possibilité de cette mort; il a seulement eu le tort de ne pas repousser la perspective de cette possibilité et de l'avoir subie plutôt qu'agréée.

Ce genre de responsabilité, pour être bien compris, demande à être rapproché de cette responsabilité spéciale, si inexplicable par la théorie du libre arbitre, qui atteint, dans tous les codes, les auteurs d'homicides et de blessures par imprudence ou maladresse, et de cette autre responsabilité, appelée civile au Palais, qui punit le père ou le maître pour les fautes de ses enfants et de ses serviteurs. On est responsable « civilement » des délits intentionnels commis par ses fils, comme on est responsable, à la fois civilement et pénalement, des préjudices qu'on a, sans intention, occasionnés soi-même à autrui, et pour la même raison au fond. Dans un cas, comme dans l'autre, on a été cause indirecte, en ne surveillant pas avec une vigilance suffisante les éléments actifs dont on a la garde, soit les éléments nerveux et musculaires de son propre corps, soit le personnel de sa maison. La solidarité organique dans un cas, la solidarité domestique dans l'autre, est le fondement de cette responsabilité de reflet. Eh bien! la responsabilité de l'ivrogne, une fois réveillée, est de même nature à l'égard des actes que, pendant l'ivresse, il a commis. Il n'y a pas lieu de l'acquitter ; il n'y a pas lieu non plus de le traiter, s'il a tué ou volé durant son court délire, comme on traiterait un assassin ou un voleur ordinaire. Celui-ci est un danger continuel ; celui-là n'est qu'un danger conditionnel, à savoir s'il s'enivre de nouveau. On en peut dire autant du fumeur de haschich ou de l'hypnotisé.

L'ivresse d'habitude, qu'elle soit causée par l'opium ou l'alcool (1), nous pose ici une question délicate. D'un côté, l'ivrogne habituel, à mesure qu'il s'enracine dans son mal chronique, se rend un compte de plus en plus exact du péril qu'il fait courir à la société ; mais, d'autre part, il est poussé à s'enivrer par un attrait toujours croissant, toujours plus irrésistible. A l'inverse, l'ivrogne accidentel, habituellement sobre, est moins informé de ce que son ivresse peut avoir de dangereux pour autrui, mais le désir qui l'y pousse est moindre et il lui est plus facile de résister à la tentation. Au point de vue de la théorie du libre arbitre, que s'ensuit-il ? Il s'ensuit que l'individu le plus fortement tenté, le moins libre par conséquent, est le moins responsable. Il est vrai que, s'il eût été bon par nature, la perspective plus nette des malheurs rendus possibles ou probables par son ivresse eût suscité en lui une répulsion supérieure à l'appétit de cet impur plaisir. Mais qu'importe, au point de vue de la théorie du libre arbitre, qu'il soit démontré mauvais par nature ? Sa méchanceté innée est chose qu'il n'était pas libre de ne pas apporter en naissant. En somme, un attrait invincible, combattu par une répulsion insuffisante, et qui devait être tel à raison de sa perversité native, a entraîné ce malheureux ; donc

---

(1) Distinguons bien pourtant. L'alcool et l'opium abrutissent également peut-être, dit le docteur Lorion, qui a vu les effets des deux en Cochinchine (*Criminalité et Médecine judiciaire en Cochinchine*, Lyon, Storck, 1887) ; mais il y a cette différence que l'homme idiotisé par l'opium n'est pas méchant, et que l'alcoolisé est dangereux. La Chine, à ce point de vue, court donc beaucoup moins de danger que l'Europe.

il est irresponsable. Donc, il faut réserver toute l'indulgence du juge pour cet alcooliste invétéré et ne se montrer sévère que pour le buveur d'occasion (1). Fort heureusement, les législations diverses n'en ont pas jugé ainsi ; la plupart frappent avec une sévérité exceptionnelle l'ivrogne d'habitude. Rien de plus propre à confirmer notre point de vue. D'abord, la méchanceté native de l'agent est inhérente à sa personne ; puis, à mesure que son penchant fatal s'enracine, de plus en plus voulu, il fait partie plus intégrante de son être.

Quand, au réveil d'un accès d'ivresse, on a perdu tout souvenir d'un fait délictueux qu'on a commis dans cet état, on doit, d'après le docteur Vétault, être jugé irresponsable de ce fait. Pourquoi cela ? pourquoi l'amnésie, en pareil cas, est-elle liée, selon lui, à l'irresponsabilité (2) ? Est-ce qu'elle prouverait que l'ivresse a été complète, que l'aliénation momentanée a été profonde ? Non : mais, dit cet auteur, « les actes voulus laissent une empreinte plus ou moins durable dans l'esprit », et, par suite, « quand on constate l'amnésie de certains actes, c'est qu'ils ont été exécutés sans délibération, sans résolution, sans conscience ». Le raisonnement est loin d'être concluant ; il est démenti par tout ce qu'on sait, à la suite des observations et des expériences d'Alfred Maury, de M. Delbœuf, etc., sur l'importance tout à fait insignifiante qu'il convient d'attacher au rappel ou à l'oubli de ce qu'on a fait en songe ou dans le délire hypnotique. Il n'y a pas le moindre rapport entre la profondeur du sommeil et la profondeur

---

(1) « Quel est le degré de responsabilité d'un fumeur ou d'un mangeur de haschich ? » se demande le docteur Lorion (ouvrage cité), à la suite de Kocher (*Criminalité chez les Arabes*) ? Il résout la question par la même distinction que lui. 1° Si le haschichisme est accidentel, *aigu*, l'individu, d'après les expériences concluantes du docteur Moreau, conserve encore assez de conscience, même dans les hallucinations les plus effrayantes, pour se sentir délirer. *D'où ces auteurs concluent* qu'il est responsable ; 2° Si le haschichisme est *chronique*, la responsabilité est abolie, et l'impulsion à l'homicide peut devenir irrésistible.

La même distinction, d'après ces auteurs, doit s'appliquer à l'alcoolisme. Aigu, il laisse la responsabilité intacte (comme si l'homme ivre accidentellement était en possession de sa conscience et de sa volonté !) mais, chronique, il est irresponsable. Ne serait-ce pas plutôt le contraire qu'on devrait penser ? La distinction proposée est pourtant assez logique si l'on veut à tout prix appuyer la responsabilité sur le libre arbitre *apparent*. Il est plus apparent (quoique ni plus ni moins réel) chez le *haschichiste* et l'alcooliste *aigus* que chez le haschichiste et l'alcooliste chroniques.

(2) Il est bon de noter qu'en général le docteur Vétault, dont le travail consciencieux mérite d'être loué, est porté, dans les cas douteux, à se prononcer pour et non contre la responsabilité.

de l'oubli après le rêve. Le même rêve est tantôt oublié, tantôt rappelé au réveil, cela dépend de circonstances tout accidentelles. S'il est oublié, il n'en a pas moins été conscient, et les actes imaginaires qui le constituent n'en ont pas moins été voulus, délibérés même, *ou sentis comme tels* par le dormeur ou l'hypnotisé. Ils ont pu ne pas laisser trace dans la mémoire du moi normal ; mais plus tard, dans un nouveau songe, dans une nouvelle hypnose, et aussi bien dans un nouvel accès épileptique, ils seront ou pourront être remémorés par le moi anormal propre à ces états. Ainsi, ce n'est pas le caractère soi-disant inconscient ou même involontaire d'une action qui est attesté par son oubli au réveil, c'est plutôt son caractère étranger à la personne sociale (1), et d'ailleurs son souvenir ne prouverait nullement le contraire. Le fait n'a donc pas grande signification et n'en peut acquérir une qu'à la faveur de notre interprétation.

III

L'hypnotisme est un sujet si rebattu, que nous nous faisons presque scrupule d'y toucher. La responsabilité de l'hypnotique et de l'hypnotiseur a été traitée par M. Liégeois (2), MM. Binet et Féré, M. Campili (3), M. Ladame (4) et beaucoup d'autres savants. Il est aisé d'appliquer à cette question notre point de vue général. Mais un double intérêt, à la fois pratique et théorique

---

(1) Bien entendu, il faudra attacher une grande importance à la question de savoir si l'ivresse a été une *dénaturation* de la personne ou seulement une *exagération* de sa nature. Nous approuvons fort les remarques de M. Garofalo sur ce point : « Il faudra voir si le genre des crimes commis pendant l'ivresse répond au caractère de l'individu, si l'inhumanité ou l'improbité de l'acte est en rapport avec les penchants du délinquant. »

(2) *De la suggestion hypnotique dans ses rapports avec le droit civil et le droit criminel* (Picard, 1884). Malgré les critiques dont ce mémoire a été l'objet de la part de MM. Binet et Féré, il lui reste le mérite incontestable, et ce n'est pas le seul, d'avoir appelé l'attention publique sur ces questions. L'article de MM. Binet et Féré, intitulé : *Hypnotisme et Responsabilité*, a paru dans la *Revue phil.* en mars 1885.

(3) *Il grande hypnotismo nel rapporto col diritto penale e civile pel il dott.* Giulio Campili (Torino, Bocca, 1886).

(4) *Arch. d'anthropologie criminelle*, livraisons 10 et 12. — Voir aussi Gilles de la Tourette, *L'Hypnotisme au point de vue médico-légal*, et les travaux de M. Pitres, de M. Bernheim, de M. Beaunis, etc.

nous oblige à nous y arrêter un moment. Un intérêt pratique : les vols, les meurtres, les incendies suggérés hypnotiquement sont peut-être (je suis loin de dire *probablement*) appelés dans un prochain avenir à sortir des laboratoires, à se dérouler devant les cours d'assises (1), qui peut-être ont déjà eu à s'en occuper sans le savoir, — par exemple celle du Var en 1865 dans l'affaire Castellan, — ce qui ne veut nullement dire qu'ils soient appelés à jouer au milieu de notre civilisation le rôle sanglant qu'ont rempli dans le passé féodal, à Florence et en Allemagne, les *assassinats par commission*, encore usités, paraît-il en Corse. Un intérêt théorique surtout : l'hypnotisme, cette folie à volonté, éclaire toutes les formes de l'aliénation mentale que nous venons d'étudier. L'hypnotisme enfin est le point de jonction expérimental de la psychologie et de la sociologie ; il nous présente la vie psychique la plus simplifiée qui se puisse concevoir sous la forme du rapport social le plus élémentaire. Et spécialement, en ce qui concerne la responsabilité qui s'attache aux diverses sortes de névroses ou même d'égarements dues à des causes sociales, rien de plus instructif que l'hypnotisme.

Rien de plus propre aussi bien à nous guérir de l'illusion du libre arbitre. L'hypnotique réveillé, réveillé en apparence du moins, qui, sous l'empire persistant d'un ordre reçu pendant son sommeil, vole une montre ou soufflète un de ses amis, se croit libre d'agir de la sorte et fonde sa persuasion sur les faux prétextes que son imagination lui fournit pour justifier à ses propres yeux son acte absurde, pour s'approprier illusoirement une initiative de source étrangère. On peut me répondre, il est vrai, qu'ici l'illusion de l'identité personnelle semble être démentie aussi complètement que celle de la liberté. Il n'en est

---

(1) Cette prédiction n'a pas tardé à se réaliser. On sait le rôle qu'a joué l'hypnotisme dans l'affaire Eyraud-Bompard (déc. 1890). Gabrielle Bompard a-t-elle obéi à une suggestion hypnotique ? La question a été posée et avec raison, je crois, résolue négativement. Mais le problème général n'en subsiste pas moins, de savoir si et dans quelle mesure la suggestion criminelle est possible. On peut la résoudre dans un sens affirmatif assez large, tout en refusant à l'hypnotisme, avec nous, le pouvoir de transformer à fond le caractère, de changer un homme honnête en assassin. En effet, il peut suffire de suggérer à un honnête homme l'illusion de la légitime défense pour lui suggérer un meurtre. Toutefois il faut convenir que, pratiquement, la suggestion hypnotique sera toujours la plus périlleuse, et le moins commode des procédés criminels. Elle pourra servir plutôt à falsifier les témoignages d'enfants qui déjà sans elle sont si éminemment sujets à caution.

rien pourtant. Notre somnambule se trompe en croyant qu'il aurait pu ne pas vouloir son action ; mais il ne se trompe pas en croyant qu'*il* l'a voulue et que, par suite, elle *lui* appartient réellement. Seulement, ce *il* n'est pas son moi normal, c'est un « moi somnambulique » tout spécial, qui néanmoins, retient le caractère moral de l'autre moi. Car il n'a jamais été démontré, par un seul exemple authentique, que l'hypnotisme ait transformé une nature bonne et droite en une nature cruelle et fausse ; et les vols de montre ou les soufflets qu'on a suggérés à divers sujets honnêtes et doux, ou n'ont été exécutés que parce que l'hypnotisé avait conscience de jouer un rôle dans une comédie, ou bien n'ont pu aboutir à l'exécution, parce que le fond moral de l'être a obstinément résisté à cette suggestion. L'hypnotique en effet, n'est pas un pur automate, surtout dans cet état de réveil apparent, en réalité très incomplet, que M. Delbœuf appelle fort bien la veille somnambulique. C'est alors, et même pendant l'hypnose profonde « une personne qui a son caractère, ses aversions et ses préférences », disent MM. Binet et Féré. Caractère, aversions et préférences, du reste, qui la distinguent de la personne habituelle. Suffit-il pourtant que ce soit une personne telle quelle pour que la responsabilité de l'hypnotique réveillé, c'est-à-dire de l'autre personne, soit engagée jusqu'à un certain point, comme les auteurs cités sont portés à le penser, ainsi que MM. Pitres et Ladame ? Non, je crois, et pour deux raisons : d'abord, la personne qu'on suppose responsable n'est pas la personne coupable ; en second lieu, celle-ci n'est pas responsable davantage, car elle est essentiellement soustraite à l'action sociale et dissemblable au milieu social. Il est vrai qu'elle est en relation avec son hypnotiseur ; mais elle n'est pas plus en rapport social avec lui que le chien avec son maître, bien qu'il soit permis, à notre avis, de regarder cette action unilatérale d'un moi sur un autre comme l'élément premier et l'explication analytique de cette action réciproque qui constitue le véritable rapport de société. De l'unilatéralité à la réciprocité, en effet, il y a loin ici, il y a aussi loin que du rêve au réveil ou de l'âme animale à l'âme humaine.

On se réveille tous les matins, tous les matins on passe par degrés du moi rêveur au moi éveillé. De même, et quoiqu'on passe en général brusquement, sans transition, de l'hypnose à l'état normal, il est loisible d'imaginer une série d'étapes par lesquelles, grâce à un enchevêtrement de suggestions simultanées, en nombre toujours croissant et à échéances toujours plus éloignées et plus indéfinies, on rattacherait l'action suggérée du somnambule le plus endormi à l'action délibérée de la volonté la plus équilibrée et la plus saine. C'est de la même manière qu'on a rattaché l'acte volontaire à l'action réflexe. Sans contredit, cela se peut concevoir abstraitement ; mais cela prouve-t-il que l'état final ne diffère pas radicalement de l'état initial ? Sans nulle discontinuité on peut transformer une ligne droite en cercle, un cercle en ellipse et en parabole, ce qui n'empêche pas ces lignes ou ces figures d'être nettement définies par leurs formules propres et leurs théorèmes spéciaux.

J'ai dit que l'hypnose, et j'aurais pu dire aussi bien le sommeil ordinaire, est une simplification extrême de la vie mentale. Cette mutilation en est la transformation profonde. La merveille de l'hypnotisme en cela n'est guère plus surprenante que le phénomène du songe (1), et, au fond, s'explique comme celui-ci, par le simple jeu de l'association des images, où les Anglais ont voulu voir à tort la loi suprême de la psychologie. S'ils avaient dit vrai, il faudrait dire que le moi normal est le moi du rêveur, car c'est en rêve seulement que les images et les idées s'enchaînent en vertu du seul fait de leur liaison antérieure. Il faudrait en dire autant du moi hypnotique. L'esprit du rêveur est un firmament éteint, à une étoile près, je veux dire à une image près, qui en évoque une autre, et ainsi de suite ; l'esprit de l'hypnotisé est vidé de même de tout son contenu, sauf la vue ou l'audition du magnétiseur, et, quand celui-ci prononce un mot, une phrase, ou fait un geste, aussitôt se produit l'idée ou l'action *associée* à ce signe. La suggestion n'est

---

(1) Assimiler l'hypnose au sommeil a cessé d'être une hypothèse ; on peut dire que la démonstration de leur identité fondamentale a été faite par M. Delbœuf. Le premier, il a montré qu'on pouvait facilement rappeler aux hypnotiques réveillés le souvenir de l'état singulier d'où ils viennent de sortir. Or, comment les sujets de M. Delbœuf décrivent-ils ce qu'ils ont ressenti ? « A peine ai-je les paupières closes, dit l'un d'eux, que je sens un calme assoupissant ; je n'éprouve d'autre sensation que celle d'un grand bien-être. Je ne sens pas que je suis endormi, j'entends tout et me rappelle tout. C'est seulement quand on me réveille que je m'aperçois que je dormais. »

donc qu'une espèce d'association, et, réciproquement, l'association n'est qu'une espèce de suggestion. Les images vraiment associées sont celles qui se suggèrent l'une l'autre ; la première apparue évoque la seconde et joue ainsi le rôle de la phrase prononcée ou du geste ébauché par l'hypnotiseur. En rêve nous nous hypnotisons donc nous-même à chaque instant, et la suite des images qui constituent le songe n'est qu'une auto-suggestion continue. Ou, pour mieux dire, ce n'est pas plus *moi-même* qui me suggère en rêve toutes les absurdités dont je ris au réveil, que ce n'est l'hypnotisé qui se suggère *lui-même* les délits commandés par son hypnotiseur. Si l'on est forcé de reconnaître ici que l'instrument et la cause de l'acte sont deux, la logique veut qu'on étende cette conclusion au cas du rêve et aussi bien au cas de la folie. Quelle différence essentielle y a-t-il entre l'hypnotisme et le somnambulisme dit naturel ? Le somnambule spontané qui se lève la nuit, sans suggestion d'autrui, pour tuer quelqu'un, n'est pas plus l'auteur vrai de son crime qu'un hypnotisé ne le serait à sa place. Or, entre lui et l'aliéné homicide, il n'y a pas non plus la moindre différence sous ce rapport. Cette dualité que j'ai souvent signalée au sein du cerveau malade ou affaibli, c'est tout simplement la reproduction interne de la dualité du magnétiseur et du magnétisé.

Cela signifie que, toutes les fois que la loi de l'association des images règne seule, il y a en nous l'action d'un autre que nous Si dans le cas de l'hypnotisme, la chose est plus évidente, c'est d'abord parce qu'ici l'*autre que nous*, visible à tous, est l'hypnotiseur, une personne comme nous, et, en second lieu, parce que le lien de l'association, dans ce cas, est remarquablement rigoureux. Il n'y a pas d'association plus étroite et plus fixe que celle du signe verbal ou du geste avec l'idée qu'il exprime, et, par suite, avec l'acte qui réalise cette idée quand c'est une idée d'action. Il n'est donc pas étonnant que l'hypnotique obéisse machinalement à son magnétiseur et manifeste une foi aveugle en sa parole, car à une phrase ou à un geste de celui-ci ne répond d'ordinaire qu'une seule hallucination, qu'une seule action possible, tandis qu'à une image donnée sont liées habituellement plusieurs autres images. De là le caractère impérieusement déterminé des illusions de l'hypnotique et l'air capricieux des illusions du rêveur, malgré l'enchaînement non moins fatal de ces dernières. — Du reste, la vertu hallucinatoire de l'image suggérée, par la parole du magnétiseur ou par l'image antécédente du rêveur, s'explique aisément si l'on se représente le cerveau comme disposant continuellement d'une certaine somme de crédulité et de docilité qui, en temps normal, se distribue entre toutes les sensations et toutes les réminiscences simultanées, en nombre toujours considérable. Quand, par suite d'une paralysie momentanée et presque complète des sens et de la mémoire, l'esprit se trouve réduit à une seule sensation, comme dans l'hypnose, ou à une seule image, comme dans le rêve, toute sa force de foi et de désir qui appelle une direction, qui a besoin d'objectiver ou de réaliser quelque chose, se précipite de ce côté, et ce qui n'eût été qu'une ombre légère durant la veille devient alors une vision (1). Il est certain cependant que jamais rêve n'a eu sur les profondeurs de la vie organique, ni même sur le système musculaire, l'intensité d'action propre à la suggestion hypnotique, qui a guéri jusqu'à des plaies et qui, sans nulle difficulté, met en jeu tous les muscles du patient. Mais cette différence ne tient-elle pas à celle des circonstances où interviennent les deux genres de sommeil comparés par nous? Le sommeil ordinaire se produit par épuisement de force, au moment où le besoin de croire et d'agir est tombé au-dessous de l'étiage; l'hypnose, au contraire, a lieu par endiguement et refoulement de forces, au moment où le double courant de crédulité et de docilité dont nous parlons coule encore à pleins bords. On comprend donc que le rêve de l'hypnose, seul canal de ce fleuve, soit tout autrement actif et puissant que le rêve du sommeil, humble lit d'un petit ruisseau.

Maintenant, entre l'état de rêve et l'état de veille, n'y a-t-il rien de plus, encore une fois, qu'une différence de degré due à

---

(1) La force singulière des croyances et des impulsions chez l'aliéné s'explique en partie de la même façon, c'est-à-dire par l'extrême pauvreté de l'esprit du fou qui, à raison de la paralysie des centres modérateurs de son cerveau, ne pense jamais qu'à une chose à la fois, mais en est frappé d'autant plus fort. Alors, dit Morel, « la crainte devient de la terreur, le courage un emportement que rien n'arrête; le doute, le soupçon le moins fondé peut devenir une certitude. *L'esprit est sur la pente de l'exagération en toute chose;* la plus légère impulsion manque rarement de l'entraîner ». De là aussi, toujours comme dans le rêve, la succession rapide des passions les plus opposées, des convictions les plus contradictoires dans l'esprit de l'aliéné.

une simple complication croissante du fait élémentaire de l'association ou de la suggestion ? Mais la première condition voulue pour que cette complication soit possible, c'est qu'il existe un point central de ralliement où s'emmagasinent et se fusionnent les souvenirs ou les perceptions qui se multiplient. Et, de fait, pendant la veille, nous constatons avec M. Paulhan, que la loi de l'association des images est toujours subordonnée à une loi supérieure, à la loi de logique et de finalité. Celle-ci constitue vraiment la personne, et, parmi les idées multiples, concurremment offertes par leurs liens de similitude ou de contiguïté avec d'autres, désigne, élit l'idée conforme au but poursuivi, à la préoccupation majeure du moment. Déjà, du reste, nous aurions pu apercevoir en germe et en œuvre ce besoin essentiel dans le rêve même le plus profond. Le rêveur, en effet, et surtout l'hypnotisé, est loin de présenter cette passivité complète que nous venons de supposer tout à l'heure pour la commodité du discours. Nous savons qu'il a « ses aversions et ses préférences », ce qui veut dire ses sentiments ou ses préjugés dominants qui influent sur la marche et le déroulement de ses fantômes ; mais nous savons aussi que cette influence est trop insignifiante pour engager sa responsabilité.

Il importe de marquer cette distinction nette entre le moi inconséquent, instable, à chaque instant changeant, de l'hypnotisé, et le moi cohérent, tenace, longtemps identique, de l'homme éveillé. Sans cela on pourrait dire que le concours et l'accumulation des exemples et des influences innombrables de la société ambiante déterminent le crime de l'homme le plus éveillé et le plus sain, de la même manière que l'exemple et l'influence unique du magnétiseur déterminent les actes de l'hystérique la plus endormie. La société prise dans son ensemble serait donc toujours l'auteur véritable des méfaits exécutés par quelques-uns de ses membres, et la sociabilité de l'individu, loin d'être proportionnelle à sa responsabilité, serait en raison inverse. Or, il est certain que « la suggestion hypnotique, comme le dit fort bien M. Ladame, est de même nature que la persuasion à l'état de veille »; il est certain aussi, suivant nous, que, le rapport social étant l'imitation, l'être le plus pleinement social est l'être le plus largement imitatif. Mais il faut noter ce point très important : l'imitativité complète, la faculté de subir des influences de tous genres et de toutes parts, et non pas seulement d'un seul côté, comme chez l'hypnotique, implique essentiellement la faculté de résister à un exemple isolé, à une influence particulière. Une impressionnabilité universelle suppose une remarquable originalité, qui consiste en une finalité et une logique profondes, combinaison régulière d'impressions éparses sous la domination de l'une d'entre elles que le moi a faite sienne et par laquelle il s'incorpore toutes les autres. Ce n'est pas ici seulement que la combinaison s'oppose à ses éléments, la résultante à ses composantes. Aussi n'est-ce pas seulement par leur caractère anonyme que les influences multiples, dites si vous voulez les suggestions du milieu social, combinées en chacun de nous, se distinguent de la suggestion hypnotique; c'est surtout par leur caractère intérieur et non étranger à la personne, par leur incorporation et leur intégration personnelle qui n'a rien de plus mystérieux, après tout, que toutes les autres intégrations et incorporations de l'univers. Si c'était là une simple illusion, comme celle du libre arbitre, le monosyllabe *je* serait le plus insignifiant de tous les mots.

Et, toutefois, il faut convenir que bien souvent, bien plus souvent qu'on ne le suppose, l'ascendant d'un homme prestigieux, fascinateur des foules, sorte de Donato en grand, exerce sur ses contemporains un empire absolu qui doit faire remonter en grande partie jusqu'à lui la responsabilité des vices ou des crimes frappés à son effigie. Encore n'est-ce que sur les natures prédisposées à cette contagion qu'elle acquiert cette toute-puissance. Et cette observation s'étend aux cas, beaucoup plus simples, où la folie se propage de père à fils, de femme à mari, de sœur à sœur, d'amant à maîtresse. On en voit de nombreux exemples, comme on peut s'en convaincre par la lecture du *Délire des persécutions*, de M. Legrand du Saulle. En étudiant ces phénomènes de *délire à deux*, « et alors que les deux malades sont en traitement, le médecin peut remarquer que l'un domine l'autre, que celui-ci n'est que l'écho de celui-là, que le premier est intelligent et que le second est bien moins doué ». Souvent la force imitative va jusqu'à faire passer de l'un à l'autre les mêmes hallucinations de l'ouïe. Euphrasie Mercier, d'après le Dr Ball, possédait sur ses frères et sœurs un pouvoir pareil. — Mais il arrive fréquemment, lorsqu'on subit l'entraînement de l'exemple, qu'on l'a bien voulu. Qui se ressemble s'assemble : le malfaiteur qui a puisé dans la suggestion ambiante de ses camarades l'audace du meurtre ou du vol a commencé par choisir ses amis et se faire la société qui lui convenait. Ce cas, où les compagnons devenus complices renforcent par la suggestion mutuelle leurs tendances dépravées, n'est pas sans rappeler celui des hystériques de la Salpêtrière qui se font suggérer, nous l'avons vu, les larcins qu'elles n'oseraient commettre sans cela.

Avant de finir, remarquons aussi que la responsabilité indirecte de l'ivrogne, toujours coupable d'avoir exposé volontairement ses semblables au danger de son ivresse, n'est pas indistinctement applicable à l'hypnotique. L'hypnose est une folie à volonté, mais quelquefois à la volonté de l'hypnotiseur seulement, non de l'hypnotisé. Certains sujets présentent à leur insu des zônes hypnogènes dont le simple contact, sans nul consentement de leur part, les plonge dans un profond sommeil et les livre sans défense à celui qui les a touchés. Tel est le cas, signalé par M. Pitres (1), d'une jeune fille qui, pressée au coude, et endormie aussitôt, fut victime inconsciente d'un viol et s'étonna de se voir enceinte. M. Ladame croit pouvoir affirmer la fréquence des viols commis sur les hypnotisées. Il cite un crime de ce genre que l'hypnotisme seul a permis d'exécuter et que l'hypnotisme seul a permis ensuite de découvrir, la malade ayant été endormie par l'expert et ayant alors révélé et circonstancié le fait oublié par elle à l'état normal. — C'est surtout en matière de faux témoignages criminels que l'hypnotisme est redoutable dans l'avenir. M. Bernheim a démontré la possibilité de suggérer à un témoin une hallucination rétroactive.

IV

Si la folie, l'épilepsie, l'hypnose sont des altérations ou des aliénations accidentelles de la personne, l'extrême vieillesse en

(1) Voir dans les *Archives d'anthropologie criminelle*, livraison 10, p. 325, le récit de ce fait.

est la décomposition fatale. La question de savoir jusqu'à quel point le vieillard demeure responsable de ses actes est donc pratiquement bien plus importante que les problèmes ci-dessus traités. Nous n'en dirons cependant qu'un mot, car tout ce qui a déjà été dit aide à la résoudre. Dans quelle mesure la dégénérescence sénile est-elle une *dénaturation* de la personne? N'en est-elle pas plutôt, comme souvent l'ivresse, un renforcement et une amplification? Tel homme, né économe, devient d'une avarice sordide en avançant en âge; tel autre, né méfiant, devient ridiculement soupçonneux; très rarement le caractère s'intervertit par l'effet de la vieillesse. La vieillesse est le fruit ridé de la vie, une mauvaise vieillesse est un certificat de mauvaise vie; ainsi les passions auxquelles le vieillard succombe le font ressembler au cocher qu'écrase le char lancé par lui. Cependant cela n'est vrai qu'en partie, et nous ne saurions accorder à MM. Chauveau et Faustin Hélie que, loin de pouvoir prétendre à une atténuation de culpabilité, le vieillard non-aliéné doit être jugé plus coupable qu'un autre, à raison de son expérience, de sa prévoyance, de sa réflexion caractéristiques. Peut-on dire que le vieux satyre, poussé à des attentats à la pudeur sur des enfants par une passion maladive, mérite plus de sévérité qu'un homme mûr qui viole une femme? Il est à remarquer, avec Tardieu, que « plus l'âge de ces criminels s'élève, plus celui de leurs victimes s'abaisse », et ce contraste atteste un ramollissement cérébral qui nous ramène à l'aliénation mentale.

Une question assez délicate aussi est celle de la responsabilité du sourd-muet. Celui-ci, d'après Tardieu (1), serait bien près d'être irresponsable, si du moins il n'était élevé suivant les méthodes perfectionnées en usage de nos jours. A défaut de cette éducation spéciale, en effet, il serait étranger toute sa vie à la société des autres hommes, on ne saurait dire de ses semblables.

Ne dois-je pas enfin dire un mot d'une influence qui, sans avoir rien de morbide, mérite attention à notre point de vue : celle du sexe? D'après toutes les statistiques, les hommes sont poussés au crime beaucoup plus fortement que les femmes: il n'y a pas à

---

(1) *Etude médico-légale sur la folie.* — Consulter surtout Lannois : *La surdi-mutité et les sourds-muets devant la loi.* In *Arch. de l'anth., crim.*, n° 22, 1889, ed. Storck, Lyon.

garder le moindre doute à cet égard. C'est donc une chance fâcheuse pour un individu de naître garçon, du moins en ce qui concerne la moralité. Est-ce à dire que le fait d'appartenir au sexe masculin doit être considéré comme une circonstance atténuante des divers délits, surtout des crimes violents? Nul n'a émis cette ridicule opinion; cependant quelle raison y a-t-il de ne pas l'admettre si l'on croit devoir invoquer en faveur d'un assassin ou d'un voleur les assassinats ou les vols de ses parents ou toute autre condition déplorable de son origine? Je me borne à poser la question. Mon sexe, assurément, ne m'est pas plus essentiel que la nature de ma parenté.

V

Nous venons de parcourir toutes les causes morbides qui ont pour effet de transformer plus ou moins profondément la personne, et nous avons vu que, dans la mesure où elles portaient atteinte à son identité, elles dégageaient sa responsabilité. Mais n'est-il pas des transformations internes, des régénérations morales de soi par soi, aussi salutaires que les précédentes sont funestes, et qui, sans avoir rien de pathologique, rivalisent parfois de profondeur avec celles-ci? S'il en existe, faut-il étendre à ces bienfaisantes aliénations du moi le même privilège d'irresponsabilité? Cette double question vaut la peine d'être examinée (1).

---

(1) C'est ici l'occasion de faire une distinction générale, que j'avais négligé d'accentuer dans la 1re édition de cet ouvrage, ce qui m'a valu de voir de très bons esprits, parmi les anthropologistes, rejeter d'emblée et sans examen ma théorie de la responsabilité « Ne confondons pas, ai-je dit depuis, (*Revue philos.*, mai 1890) l'identité de la personne au sens biologique, individuel, du mot, avec son identité au sens social. Identité signifie toujours changement, comme repos signifie toujours mouvement, mais *minimum* de changement, de mouvement, ou bien *espèce* de changement, de mouvement, dont on n'a pas à s'occuper *relativement à l'objet que l'on vise*. Or, tel degré ou telle nature de modification qui suffit parfaitement pour opérer une transformation complète de la personne aux yeux du moraliste, peut fort bien laisser subsister l'intégrité du caractère individuel aux yeux du psychologue naturaliste. Pour celui-ci, la personne se caractérise par la singularité d'un certain faisceau, d'un certain équilibre, M. Paulhan dirait d'un certain système, de tendances innées, diverses et inégales, qui sont susceptibles d'ailleurs d'être employées aux fins sociales ou anti-sociales les plus contraires; mais, pour l'autre, pour le sociologue, elle est caractérisée essentiellement par un certain système de fins habituelles, volontaires d'abord, de sentiments *acquis*, où la personne naturelle trouve son emploi spécial, qui aurait pu être autre. Un individu n'est pas devenu physiologiquement, ni même psychologiquement, autre,

Les naturalistes du Droit pénal, pénétrés de l'idée malheureusement trop juste pour la plupart des cas, que les puissances mystérieuses de la vie peuvent seules modifier en nous leur propre ouvrage, le caractère, expression de l'organisme et de la race, ne croient guère à la « conversion des pécheurs » et n'en parlent qu'avec un sourire. Leur scepticisme, concourant sur ce point avec notre pessimisme d'autre source, a été contagieux ; notre siècle, si souvent dupe des mots, se dit désabusé des apparences, et, dans le roman même, il commence à ne plus souffrir le type usé de la pécheresse repentante, encore moins celui du brigand régénéré. C'est là une mode, contre-pied de l'optimisme factice qui régnait au siècle dernier. Tâchons de nous soustraire, s'il se peut, à l'une et à l'autre influence. Si le caractère moral d'un homme était quelque chose d'aussi arrêté que ses contours physiques, on pourrait le juger aussi immuable; les efforts de la volonté ne réussiraient pas mieux à le changer que les mouvements et les attitudes à changer les formes du corps, ou le jeu même de la physionomie à altérer sensiblement les traits du visage. Il en est ainsi toutes les fois que la nature d'un individu est régie par quelque vocation précise et forte, aussi tyrannique, aussi spéciale que l'instinct des abeilles ; impulsion héréditaire au métier des armes, à l'agriculture, à la vie maritime, parfois même au meurtre ou au vol. Mais ce cas est bien plus rare qu'on ne semble le penser. Sous l'influence de quelques missionnaires, les Fidjiens, ces cannibales féroces, ont été merveilleusement adoucis, de même que les descendants des sanguinaires Atzèques. Darwin, à l'époque de son grand voyage, avait déclaré les Fuégiens (habitants de la Terre de Feu)

parce que son audace naturelle, après s'être longtemps exercée en aventures maritimes, en férocités de brigandage, s'est tournée en bravoure militaire, en voyages scientifiques d'exploration ; mais il est devenu socialement autre ; et, par suite, le juger coupable, blâmable, à raison de crimes commis par lui avant sa conversion, ce serait, socialement et moralement, aussi injuste, que d'imputer au fou guéri, les actes extravagants commis pendant un accès de sa folie passée. Ce qui est vrai des individus l'est aussi des peuples Quand un peuple, tel que le peuple écossais, qui, il y a deux siècles à peine, dépassait en cruauté sanguinaire et vindicative, en chiffre d'homicides, la Sicile et la Corse, se montre à nous maintenant, le plus doux, le plus inoffensif de l'Europe, classé *le plus blanc de tous* sur la carte du meurtre et de l'assassinat ; quand les Bulgares, les Serbes, les Cosaques, les Piémontais, les Romagnols, les Suisses, et beaucoup d'autres, sans oublier les insulaires des Marquises, ces anciens cannibales changés en paisibles laboureurs, nous présentent un phénomène pareil ; et quand, à l'inverse, la Grèce moderne comparée à la Grèce antique, la Calabre comparée à la Grande-Grèce, nous offrent le passage de la civilisation la plus humaine à la plus cruelle barbarie, est-ce que nous ne sommes pas autorisés à dire que le caractère ethnique des peuples au point de vue social, le seul qui nous intéresse, a changé du tout au tout ? »

absolument incivilisables. Quelques années après, comme nous l'apprend sa Correspondance (t. 2, p. 449 et s.), il se convainquit, par des témoignages dignes de foi, « que leurs progrès étaient merveilleux », que ces bandits baptisés étaient devenus remarquables par leur honnêteté, et envoya aussitôt un chèque de 5 livres sterlings à la Société des Missions anglaises. Ces phénomènes, accomplis de notre temps, nous en expliquent d'autres du passé. La rapidité avec laquelle les Normands, ces loups de mer, se sont transformés en chiens de berger au dixième siècle, les Bretons en chrétiens au septième, les Gaulois en Romains sous César, montre le degré de plasticité des instincts humains réputés les plus indomptables à raison de leur antiquité. En moins d'un siècle, a pu dire Ozanam, « la Grande-Bretagne, cette île des pirates, était devenue l'île des saints » et « l'horreur du sang était remarquable chez ces petits-fils d'Hengist et d'Horsa ». Jadis, si l'on en croit M. Onésime Reclus, les habitants de la Cornouaille anglaise, « attiraient des vaisseaux sur l'écueil par des lumières errantes » pour les capturer, tandis que maintenant, sans que leur race ait changé, ils sont « devenus des sauveteurs toujours prêts à mourir ». Sans nul doute, à l'époque de transition entre ces deux extrêmes, il s'est trouvé beaucoup d'individus qui, après avoir eu la passion du crime traditionnel, ont eu celle du sauvetage. Il est très peu d'hommes, en effet, dont la *nature*, virtualité vague, problème indéterminé, ne comporte plusieurs réalisations, plusieurs solutions différentes qui sont autant de personnalités distinctes ou même contraires entre lesquelles opte seul en général le hasard de leur vie. Cela doit être si la personnalité, l'identité, comme nous l'entendons, consiste dans la domination de quelque conviction sourde, telle qu'un certain orgueil ou une certaine foi religieuse, ou de quelque sentiment profond, tel que l'ambition, l'avarice ou l'amour, qui a organisé à sa convenance, et à notre insu le plus souvent, notre pensée et notre conduite. Quand un patricien de Rome, un Athénien élégant, après avoir écouté la parole enflammée d'un Démétrius (premier siècle) ou d'un Démonax (deuxième siècle), prenait le parti de mener comme eux la vie du cynique dans toute sa rudesse, de vendre ses biens, de coucher sur la paille, de se retrancher du cœur tout désir et de l'esprit toute curiosité, c'était dans sa vie un bouleversement de fond en comble. Le jour où, combattue par une inspiration nouvelle, notre idée-maîtresse, notre passion-mère, nous apparaît à nu et perd de sa force ; le jour où, chirurgien de nous-même, nous parvenons à l'extirper et, par exemple, à semer sur les ruines de la vanité la résignation au néant propre, sur les ruines de l'illusion chère la vérité dure, sur les ruines de l'égoïsme, de la haine et de l'envie, la pitié, la bonté, l'abnégation, ce jour-là, une personne toute neuve se lève en nous, et nous pouvons chanter comme Dante notre *vita nuova*. Seulement il faut plus d'un jour pour que ce jour luise, et pas plus ici qu'ailleurs le cours de la vie n'admet de tournant brusque. Je sais bien que l'on prête à la plupart des grands fondateurs de religions ou d'ordres religieux, et cette coïncidence est remarquable, une crise aiguë du milieu de leur carrière, d'où en quelques jours ils seraient sortis miraculeusement métamorphosés ; Boudha, le Christ, aussi bien que Mahomet, ont eu leur hégire, leur retraite au désert ou dans les bois ; Pythagore, en Crète, passe un mois à méditer dans l'antre sacré du mont Ida. Saint Paul tombe sur le chemin de Damas. Augustin a son extase décisive sous son figuier, Luther dans son cloître ; Ignace de Loyola, blessé à la jambe, se refait dans son château une nouvelle âme en quelques semaines de méditation. Mais ce sont là des faits ou légendaires ou exceptionnels ; et ces grands hommes étaient si persuadés eux-mêmes de la lenteur des conversions vraies, qu'ils ont en général imposé à l'élite de leurs disciples un long temps d'épreuves préliminaires jugées nécessaires à leur régénération. Pythagore, dans son merveilleux monastère de philosophie, à Crotone, exigeait de ses ascètes un noviciat de cinq années avant de les autoriser à revêtir la tunique blanche, retenue par un cordon de lin, qui signalait aux regards ces dominicains d'un autre âge. Non-seulement les ordres monastiques de toutes les religions, boudhiques ou chrétiens, mais encore les armées civilisées de tous les temps, ont eu de telles exigences. Partout, même abrégé par l'application des méthodes d'entraînement les plus savantes, le noviciat militaire, qui d'un laboureur poltron doit faire un soldat « dans l'âme », d'un esclave circassien un mamelouk, d'un bandit montagnard un héros, est de plusieurs années. Quant à l'éducation des enfants, qui, dans de bonnes conditions, opère aussi des miracles, on sait qu'elle n'est presque jamais complète en moins de dix ans. Mais on conçoit aisément que, lorsque la transformation a lieu sans le consentement préalable de celui qui la subit, comme pour le mamelouk et l'écolier, elle doit être plus lente à s'accomplir que lorsqu'elle est voulue par le novice.

Ce qu'il importe d'observer, cependant, c'est que, réduite à ses seules forces, la volonté de l'individu est toujours impuissante, sauf la très rare exception de quelques grands hommes, à changer le versant de son cœur. Il y faut l'aide de la grâce, disent les chrétiens, c'est-à-dire le secours d'une émotion subite et profonde, enthousiasme ou douleur, amour ou déchirement; il y faut surtout le concours suggestif des exemples, l'entraînement réciproque des néophytes rassemblés sous une même foi et sous une même règle, et dont chacun est fortifié de la force de tous. Cette transformation de la personnalité qui, chez l'hypnotisé, est momentanée et plus apparente que réelle, devient une réalité continue et durable chez le néophyte, grâce à cette continuité de suggestions simultanées qu'il s'assimile. Les religions, jusqu'ici, ont eu à peu près le monopole de ces grandes refontes d'âmes, et c'est l'explication de leur vitalité. Si l'on ne veut voir en elles qu'un musée de superstitions antiques et de contes d'enfant, il est impossible de comprendre leur domination séculaire et universelle. Mais elles sont autre chose, à savoir l'appui nécessaire aux rénovations morales que l'individu a rêvées et qu'il ne peut réaliser tout seul, et aussi bien aux établissements intellectuels durables, aux convictions stables dont l'individu sent le besoin et que peu d'esprits peuvent fonder eux-mêmes sans la pression imitative de l'unanimité régnante autour d'eux. Religieux, ou pseudo-religieux, ou quasi-religieux, tous les instituts vraiment régénérateurs l'ont été : les couvents du Thibet ou des Aztèques, le Portique ou Port-Royal, les écoles des cyniques « ces frères mendiants de l'antiquité » ou les séminaires catholiques, la Genève de Calvin ou la Florence de Savonarole, les cénacles bruyants des quakers ou les promenades silencieuses des pythagoriciens, les grandes sociétés secrètes. Artificiellement si l'on veut, mais non superficiellement, une seconde nature se forme ainsi en chaque associé, œuvre collective de tous les autres et de lui-même, fruit d'une ardente collaboration. Mais en est-elle moins à lui parce que ses coreligionnaires y ont travaillé? Non, elle est bien sienne, autant, sinon plus, que sa nature première, qu'il n'avait pas même concouru à former.

Quoiqu'il en soit, la profondeur des métamorphoses morales qui souvent se produisent au cours d'une vie humaine ne saurait être niée, et le scepticisme à cet égard serait de l'ignorance. Sans doute il est bon de ne pas accueillir sans réserve ce que nous racontent les hagiographes sur les conversions en masse et instantanées de tout un peuple, sur les Francs, par exemple, régénérés du soir au lendemain par le baptême de Clovis. Mais est-il permis de contester l'efficacité des missions chrétiennes en Germanie (1), en Irlande, en Saxe, et même, malgré le recul des âges, la puissance des prédications de Pythagore? « Ce fut quelque chose d'analogue à la prédication de Bouddha dans les Indes », dit M. Lenormant (2). Les Crotoniates étaient abattus par un récent désastre : il les releva, les retrempa, leur rendit la victoire et la prospérité. La preuve que leur conversion fut profonde, c'est que leur contagion s'étendit au loin dans le temps et dans l'espace; toutes les villes de la Grande Grèce empruntèrent à Crotone ses institutions, si bien que, devenues semblables par l'imitation de ce modèle commun, elles purent avoir une monnaie nationale. L'unité monétaire est le signe le plus net, en général, de l'unité sociale. Quand on voit des Grecs, et des Grecs d'Italie, voisins de Sybaris, devenir chastes et muets sous l'influence de cet homme extraordinaire, et pratiquer le communisme fraternel; quand on voit la haute culture et le charme exquis des femmes pythagoriciennes, aussi réservées de mœurs qu'élevées d'esprit, aïeules d'Hypatie, éclore au milieu des gynécées ou des marchés de courtisanes, on ne peut douter que l'apostolat du maître ait eu la vertu attestée par l'antiquité tout entière. Le moins qu'on puisse accorder dans ce cas et dans

---

(1) Ce n'est pas seulement Ozanam et Montalembert, c'est Littré qu'il faut consulter à ce sujet. — La République du Paraguay est un autre exemple plus suspect, mais non moins probant. On peut lire à cet égard le marquis d'*Argenson* dans ses *Considérations* (1564). Son enthousiasme est exagéré, mais curieux.

(2) *La Grande Grèce*, t. 2.

tous les autres cas analogues, c'est que quelques âmes ont été remuées à fond et que, par l'action de ce levain, une cité, une nation a été soulevée peu à peu, gagnée aux nouveaux sentiments, aux mœurs nouvelles, jusqu'à une profondeur variable et chaque jour croissante. Pythagore, dit une légende, aurait apprivoisé un ours familier qui le suivait dans les rues de Crotone et un aigle blanc qui volait sur lui; cela rappelle, dit M. Lenormand, l'apprivoisement du loup d'Agubbio par Saint François-d'Assise. Ces symboles sont transparents : le fait est que la conversion morale — je ne dis pas la palinodie intéressée — d'un homme est comparable à la domestication d'une bête fauve, et il est naturel d'attribuer ce second pouvoir à celui qui a fait preuve du premier.

L'idéal d'une prison serait qu'elle fût un noviciat moral; c'est le but poursuivi par le régime cellulaire, mais l'on voit bien ce qui lui manque essentiellement pour l'atteindre. L'isolement peut être inoffensif, mais, nous le savons, il ne peut être qu'impuissant. Quoique bien éloignées de la perfection rêvée, les colonies pénitentiaires ont quelquefois donné de meilleurs résultats. Le dépaysement, le changement complet de climat et d'existence imprime à bien des déportés la secousse morale qui les dispose à changer de cœur, et la puissance de l'exemple est telle que, si le nouveau milieu où ils sont jetés est honnête ou à peu près honnête, ils s'y régénèrent sérieusement. Tel a été le spectacle offert par les *convicts* en Australie, du moins dans les divers centres où les colons librement accourus se mêlaient aux transportés et où, comme le dit M. Michaux (1), ceux-ci, « séparés par un peu d'honnêteté, étaient soustraits à leur mutuelle contagion »; car, à l'île Norfolk, où l'on a essayé de coloniser avec l'élément convict pur de tout alliage, et de faire de l'ordre rien qu'avec du désordre, on a vu l'émulation du vice et du crime aboutir au paroxysme de la dépravation et de la sauvagerie. Au contraire, à Sydney, huit ans encore après la fondation de la colonie, il n'avait pas été commis un seul assassinat. Aussi « un libéré, signalé pour sa bonne conduite,

---

(1) *Etude sur la question des peines*, par Michaux, sous-directeur des colonies (Paris, 1875). Excellente brochure, intéressante surtout par les détails qu'elle fournit sur l'histoire des déportations anglaises.

fut pourvu d'un office de magistrature ». En un quart de siècle, « une population de 40,000 âmes, dans laquelle figuraient plus de 2,000 convicts, s'était agglomérée, formée, organisée, policée, affirmant déjà sa vitalité et sa virilité par des actes considérables ». La civilisation australienne est née de là. J'ignore le rôle qu'a joué dans cette palingénésie si féconde la propagande protestante, mais on doit penser qu'elle a été un puissant auxiliaire. Si j'en crois la *Chronique de Nouméa* (1), là aussi « le relèvement matériel et moral du condamné n'est plus une abstraction philanthropique, c'est une réalité. A Nouméa, votre tailleur comme votre bottier, avant de devenir vos fournisseurs, ont fait partie du *4ᵉ marine* (c'est-à-dire sont des criminels transportés, qui prétendent plaisamment faire suite aux trois régiments d'infanterie de marine); ce sont maintenant de fort honnêtes gens ». Souvent « des colons confiants ne ferment ni portes ni fenêtres et n'ont pas à s'en repentir. On cite tel malheureux qui, condamné sur son aveu, pour vol qualifié, est aujourd'hui de ceux auxquels on fait un paiement sans reçu. » Pourquoi nous étonner de ces faits? Ne peut-on pas considérer comme des espèces de colonies pénales ces grandes capitales de l'antiquité, Athènes, Thèbes, Rome, qui ont été à l'origine de simples lieux de refuge hospitalièrement ouverts aux malfaiteurs venus de tous les pays environnants? Le *réfugié*, en pareil cas, n'était-il pas un *transporté volontaire?* Or, les plus brillantes civilisations du monde antique ont eu ce début. — Enfin, puisque la prostitution, d'après M. Lombroso, est une des principales formes féminines de la criminalité, j'ai bien envie de regarder la conversion des belles pécheresses comme rentrant dans notre sujet. Or, assurément, les Madeleines sont assez rares; mais enfin ne s'en voit-il jamais?

Eh bien! ces faits n'étant pas contestables dans certains cas, je prétends que, lorsqu'ils sont prouvés et manifestes, on ne saurait légitimement, sinon légalement, imputer à l'homme nouveau les crimes commis par le vieil homme. Un excellent officier supérieur de la marine française, suivant M. Maxime du Camp, aurait commencé par être voleur; lui rappeler ce délit

---

(1) Sous ce titre a paru un article très curieux de M. Kernwor, dans les *Archives de l'Anthropologie criminelle*, nᵒ 11.

eût été non seulement une cruauté, mais une erreur. Reprocher au convict, honnête négociant d'une irréprochable probité, un vol ou un meurtre de sa vie antérieure, ce serait une indignité. Il se peut que ce vol ou ce meurtre ne soit pas celui pour lequel il a été condamné, que ce soit un fait révélé tardivement et non encore prescrit suivant la loi ; n'importe, si le ministère public jugeait à propos d'exercer une poursuite de ce chef, la conscience publique serait révoltée. Pourquoi cela cependant? Et comment les partisans de la responsabilité fondée sur le libre arbitre peuvent-ils justifier cette révolte du sens moral? Est-ce que le changement survenu depuis son crime, dans la nature du criminel, fait que son crime ait été moins libre? Non. Il devrait donc être demeuré tout aussi punissable. Si l'on repousse cette conclusion, c'est qu'à son insu on fait reposer sur l'identité et non sur la liberté personnelle la responsabilité morale. Nous sentons tous au fond de notre cœur que, si grande qu'ait été la faute, le pardon est dû au repentir sincère et profond quand il dénote clairement une conversion radicale (1). Ce sentiment reste vivace dans la pratique pénale, en dépit de cette mode de sévérité à la Dracon qui tend à prévaloir en théorie. Les religions se croient le droit de pardonner parce qu'elles se croient, et non sans raison, le pouvoir de convertir ; ce n'est point parce qu'elles s'attribueraient la vertu de rendre fatal un acte passé qui eût été librement produit. Leur code pénal si indulgent, ce qu'elles appellent la pénitence, implique, au fond, la vérité que je développe. Dans la mesure où une religion se montre puissante à transformer les hommes, elle se montre facile à les absoudre. Ce que je dis des cultes est aussi vrai des civilisations. Si la

---

(1) Le repentir, le remords est l'état de transition entre l'ancien et le nouvel homme. D'un côté, il atteste notre persistance identique depuis l'acte que nous nous attribuons en nous repentant ; d'autre part, il révèle le travail de transformation d'où nous sortirons affranchis de toute honte, de tout remords, de tout repentir obligatoire. En tout cas, le repentir ne prouve nullement notre liberté. En rêve, quand nous venons de commettre une mauvaise action imaginaire, nous en éprouvons un vrai remords, car, comme le remarque finement M. Bouillier : « ce que nous approuvons ou condamnons le jour, soit en nous-même, soit dans les autres, nous l'approuvons et le condamnons également dans le rêve. Peut-être même est-ce au regard des notions morales de chacun qu'il y a eu le moins d'altération dans le passage de la vie réelle à la vie du rêve » D'ailleurs, une fois réveillés, nous ne rougissons pas plus, nous ne nous repentons pas plus de nos actions réelles ou imaginaires commises en rêve, que le fou guéri ne rougit et ne se repent des actes préjudiciables à autrui qu'il a pu commettre dans ses accès de folie.

nôtre disposait d'une plus grande puissance d'assimilation honnête, d'amélioration profonde de ses prisonniers, on la verrait exercer sur une plus grande échelle le droit de grâce et d'amnistie. Quand une société se montre impitoyable, on en peut conclure qu'elle a peu de prise sur les cœurs.

Ainsi, comme la folie, comme l'épilepsie, comme l'hypnotisme, la conversion morale engendre l'irresponsabilité ; mais il n'y en a pas moins, à cet égard même, une grave différence entre les altérations pathologiques et les transformations volontaires de la personnalité. Dans le premier cas, le nouveau moi, non-seulement n'est pas responsable des actes commis par l'ancien, mais encore n'est pas ou n'est guère responsable de ses propres actes, puisqu'il est étranger au monde social et peu identique à lui-même ; au contraire, dans le second cas, le nouveau moi du converti, supérieur à l'ancien en sociabilité et en persistance identique, est encore plus responsable de ses actes que ne l'était celui-ci. Plus on est élevé en honnêteté, plus on se sent, et, en réalité, plus on est coupable d'un acte commis dans un moment de défaillance.

Nous avons vu plus haut que la crise transformatrice de la personne est tantôt subie involontairement, tantôt appelée ou accueillie volontiers par le sujet. L'esclave chrétien dont on a fait un mamelouck ne s'est résigné à son sort qu'en pleurant, et, de même, l'enfant pris dans le cruel engrenage de nos écoles ; mais le jésuite est entré au noviciat de son plein gré. Aux yeux d'un partisan du libre arbitre, la distinction doit paraître importante, et quand la personne a été transformée malgré soi, il ne saurait lui imputer les actes, même les plus conformes à sa nouvelle nature, qu'elle commet par suite d'habitudes dues originairement à la contrainte et à la violence. Pourtant la transformation peut être aussi profonde dans le premier cas que dans le second, et je ne vois pas pourquoi le mamelouck ou le bachelier refondus de force par une éducation *ad hoc* seraient moins coupables de leurs fautes qu'un religieux ou un pythagoricien ne l'est des siennes. Le bon sens ne veut pas qu'on distingue ici, et l'on voit qu'il donne encore raison en cela à notre manière de voir.

VI

Il me reste à dire un mot d'une espèce d'irresponsabilité qui ne rentre pas dans les catégories précédentes : celle des despotes primitifs à l'égard de leurs sujets ; d'où, par survivance, est issue l'irresponsabilité fictive de nos monarques constitutionnels. De même que l'idiot par son infériorité de nature, le monarque absolu est rendu irresponsable par sa supériorité présumée, car l'un et l'autre sont ou paraissent être en dehors de la société, l'un au-dessus, l'autre au-dessous. Suivant Stuart Mill, cette irresponsabilité de l'autocrate viendrait à l'appui de sa manière d'expliquer le sentiment de la responsabilité qui consisterait simplement à prévoir la possibilité d'être puni, c'est-à-dire de recevoir une douleur d'autrui à la suite d'une action. Ainsi, le roi-dieu des premiers temps ne serait réputé irresponsable que parce qu'on le sait garanti par sa force armée contre l'éventualité d'un châtiment. Comme si le caractère sacro-saint de ce souverain, législateur suprême, par conséquent supérieur aux lois qu'il édicte et à la sphère sociale qu'il régit, ne suffisait pas à justifier son privilège aux yeux de ses sujets, qui n'oseraient évidemment se comparer à lui en lui demandant compte de ses actes ! Il est jugé irresponsable, d'abord parce qu'il est jugé incomparable, et puis parce qu'il est jugé impeccable et infaillible, mais non parce qu'on le sait non-punissable. On sait que les rois voisins disposent d'une force égale à la sienne et peuvent le châtier ; mais on n'en conclut pas qu'il soit responsable envers eux. J'ajoute que, quand une tribu sauvage a tué un membre d'une tribu voisine non parente et non alliée, sans affinité de race et de coutume avec elle, elle ne se juge nullement responsable envers celle-ci, quoi qu'elle s'attende à des représailles prochaines. Ainsi, au fond de l'idée de responsabilité, il y a autre chose que l'attente d'une peine, d'une douleur ; il y a, je le répète, le sentiment d'un lien social et de l'identité individuelle. — Le despote est d'ailleurs moins étranger à la société ambiante que l'esclave ou l'idiot. Il est en rapport non réciproque, mais unilatéral, avec elle, comme l'homme de génie en tant qu'homme de génie. S'il ne daigne imiter personne, il arrive souvent que ses peuples se haussent à prendre modèle sur lui. Par suite, et à raison de son infaillibilité supposée, il peut mériter, s'il ne peut pas démériter ; et s'il ne peut être tenu à une dette envers ses sujets — car être responsable, c'est être débiteur, — il a sur eux de nombreux droits de créance. La louange lui est due, non le blâme. L'inverse de la responsabilité lui appartient donc.

Montrons, en terminant, que l'impunité fondée sur les causes d'irresponsabilité énumérées dans ce chapitre ne saurait jamais avoir de conséquences préjudiciables à la société. Un crime est absous ou impoursuivi parce que son auteur, ou était atteint de folie, ou en proie à un accès d'épilepsie, ou hypnotisé malgré lui ; ou bien parce qu'il s'est, depuis son crime, converti sincèrement ; ou enfin parce qu'il est monarque absolu. Est-ce que la connaissance de ce fait pourra jamais encourager quelqu'un de bien informé (1) à commettre un crime dans les mêmes conditions? Non, car n'est pas fou ni épileptique qui veut, et, si on pouvait l'être à volonté, on se garderait de le vouloir ; on n'est pas non plus à volonté hypnotisé *malgré soi* ; n'est pas monarque absolu qui veut ; quant à vouloir commettre un crime et vouloir en même temps sincèrement s'en repentir après, ce serait une contradiction manifeste. — Supposez que l'on condamne un fou, un épileptique, un hypnotisé, un converti, un despote, pour un crime commis dans les conditions ci-dessus. La peine, dans tous ces cas, sauf le dernier, pourra empêcher le public de répéter ce crime, elle sera donc *exemplaire* pour lui : mais elle n'empêchera en rien l'auteur de se répéter lui-même éventuellement, elle ne sera donc pas *exemplaire* en ce qui le concerne, ou elle ne le sera qu'*inutilement*, je veux dire pour le converti, qui

---

(1) Je dis *bien informé* ; un acquittement fondé sur nos principes ne saurait, en effet, avoir des inconvénients que si le public en était instruit sans avoir connaissance de ses motifs. C'est fréquemment le cas ; mais l'ignorance des motifs d'un jugement publié ne peut pas plus être présumée que l'ignorance de la loi elle-même.

n'a plus nul besoin de cette menace pénale. Dans le dernier cas, celui du despote, ce sera l'inverse; la peine (si elle est appliquée, par hypothèse, hypothèse inadmissible du reste, puisqu'il est contradictoire d'être autocrate et puni) pourra empêcher l'auteur de recommencer, mais elle n'aura rien d'intimidant pour le public, qui ne se croira en rien menacé par le châtiment d'un être surhumain. Elle ne réunira donc jamais les deux avantages dont la combinaison, à notre avis, est exigée pour la justification complète du châtiment. Notre théorie veut l'utilité des peines, mais elle la veut complète.

CHAPITRE V

LE CRIMINEL

L'appréciation des doctrines contemporaines relatives à la pénalité exigeait impérieusement les développements qui précèdent. Pour qu'il y ait peine, il faut qu'il y ait crime et non pas seulement préjudice; et, pour qu'il y ait crime, il faut que l'acte reproché soit réellement imputable à son auteur apparent. La pierre angulaire de tout système pénal doit donc être une théorie de la responsabilité morale. Mais, jusqu'ici, toutes les écoles philosophiques ont admis en principe que la responsabilité morale reposait sur le postulat du libre arbitre; toutes, y compris celles qui, niant le libre arbitre, croient devoir conclure, par suite, à la complète irresponsabilité morale des agents humains. Or, nous avons reconnu que les premières établissent l'imputabilité sur un fondement ruineux, et, sans avoir à nous prononcer sur la valeur absolue du déterminisme, nous sommes tombés d'accord avec les secondes sur la nécessité de trouver un autre appui que la liberté. Les positivistes ont cru le découvrir en imaginant une responsabilité purement sociale, qui, malgré l'irresponsabilité parfaite d'un homme, s'attacherait à toutes ses actions nuisibles à autrui, même commises involontairement ou dans un accès de folie. Cette position nous a paru insoutenable; elle est aussi outrageante pour la société que dangereuse pour l'individu, car elle assimile la société à une brute qui riposte stupidement à un coup sans rechercher s'il est ou non intentionnel et excusable. D'ailleurs, elle blesse autant la logique que l'humanité; elle ne laisse à la responsabilité que son nom et pour ainsi dire sa forme fossile; si elle prétend sauver les notions de crime et de châtiment et donner satisfaction sur ce point à la conscience humaine, elle paie celles-ci de mots illusoires. Au fond, elle ne sert qu'à masquer, nullement à faire disparaître la conséquence fatale qui découle du déterminisme, s'il est vrai que le libre arbitre soit postulé par la responsabilité de l'individu. Cette conséquence est qu'il y a lieu de traiter le criminel, s'il est un sauvage réapparu parmi nous, comme nous traitons les insulaires de l'Océanie qui nous attaquent, autrement dit de l'exterminer ; ou bien, s'il est une espèce de fou, d'épileptique ou de dégénéré, de l'envoyer dans une maison de santé plus ou moins close ; et qu'il convient, en outre, de modifier les facteurs physiques, physiologiques ou sociaux du crime en appliquant au plus tôt les règles de l'hygiène et réformant radicalement l'état social. A parler franc, cela signifie qu'il importe non de corriger, mais de supprimer bel et bien le Code pénal. Raisonner sur la pénalité après cela, c'est comme disserter sur la théodicée en professant l'athéisme, ce qui, du reste, se voit quelquefois.

Voilà pourquoi nous avons été contraint, dans les trois chapitres précédents, d'exposer notre théorie personnelle de la responsabilité. A défaut de cette exposition, en effet, n'admettant ni la théorie spiritualiste sur ce point, ni le compromis positiviste que nous venons de battre en brèche, nous devrions nécessairement confesser que les idées de crime et de peine sont chimériques et renoncer nous-même à nous occuper de droit criminel. Si notre point de vue est vrai, s'il est acceptable au moins, s'il est d'accord avec la psychologie, avec la pathologie mentale, avec la sociologie, avec la science en un mot, et, qui plus est avec l'histoire, nous sommes autorisé à poursuivre notre travail.

Mais il reste à bâtir sur ce fondement. Les conditions de la responsabilité ou de l'irresponsabilité en général étant posées, il vaut la peine maintenant de rechercher les conditions de la responsabilité pénale, c'est-à-dire de nous demander, d'abord ce que c'est que le crime et ce que c'est que le criminel, dans quelles circonstances physiques ou sociales ils éclosent l'un et l'autre, comment il se forment et se transforment l'un et l'autre au cours des étapes de la civilisation, quelles sont les catégories naturelles de crimes et de criminels ; en second lieu, ce que c'est que le châtiment, quel est, quelle a été, quel doit être son but, quelles transformations il a subies et il est appelé à subir encore, ainsi que la procédure criminelle. Je dis qu'à présent il vaut la peine de remuer ces questions, car, si la responsabilité morale n'avait pas été solidement établie, leur discussion serait loin de présenter le même intérêt. Par exemple, le problème de savoir si les influences d'ordre naturel ou les influences d'ordre social ont prédominé dans la production d'un délit, est d'une importance majeure, pratique autant que théorique, à notre point de vue ; mais, au point de vue des diverses fractions de l'école positiviste, est-il aussi important ? Pour nous, dire qu'un crime est dû principalement à des causes sociales ou bien à des causes physiques, c'est dire qu'il est dû à des causes *d'origine* sociale, ou bien *d'origine* physique, mais individualisées par l'adhésion de la personne à leur action, par leur consonnance avec la nature de l'agent qui se les est appropriées plus qu'il ne leur a obéi, et qui a fait usage d'elles plus qu'il n'a été leur instrument ; à moins qu'on ne lui refuse, à ce *il*, toute réalité digne de ce nom. Dès lors, il doit toujours être puni : mais sa punition devra différer suivant que les causes naturelles l'auront ou non emporté. Dans l'un de ces cas, il sera prouvé qu'on a affaire à un incorrigible, et il pourra être question de l'éliminer ; dans l'autre hypothèse, il y aura espoir de réparer par des influences sociales d'un nouvel ordre le mal moral qu'un milieu mauvais a produit. Au contraire, si l'on regarde les *facteurs* physiques ou les *facteurs* sociaux du délit comme ses véritables auteurs, et si le délinquant n'a fait que leur servir de prête-nom, qu'importe de disputer, entre aliénistes et socialistes, sur la part plus ou moins prépondérante que ces deux grands criminels anonymes ont prise dans l'accomplissement d'un crime particulier ? Ce sont ces coupables-là qu'il faut atteindre ; mais, comme il n'est pas plus facile de modifier sensiblement la société que la nature, si l'on se rabat sur les coupables apparents, tout en sachant bien qu'ils ne le sont qu'en apparence, on doit, dans un cas comme dans l'autre, les traiter en incurables, et, par suite, — sans haine ni colère assurément, en les plaignant très fort même, — les décapiter.

Abordons cependant l'examen des divers sujets que nous

avons indiqués ; et, pour reprendre à peu près l'ordre déjà suivi dans notre exposition des doctrines positivistes, traitons : 1° du criminel ; 2° du crime ; 3° du jugement ; 4° de la peine. Dans ce chapitre, occupons-nous d'abord du criminel.

I

I. — Qu'est-ce que le criminel? — A la mort du grand Lama, les prêtres du Thibet se mettent à la recherche du nouveau-né dans lequel a transmigré son âme immortelle. Ils le reconnaissent à certains traits, à un vrai signalement anthrologique qui, assurent-ils, ne les trompe jamais. Les prêtres égyptiens ne procédaient pas autrement pour démêler le bœuf Apis parmi tous les bœufs de la vallée du Nil. Il y avait donc pour eux, comme il y a encore pour le clergé et le peuple thibétains, un type divin ; et c'est ainsi qu'aux yeux de Lombroso il existe un type criminel qui permet de reconnaître le malfaiteur de naissance. Telle était du moins sa conception première ; mais nous savons qu'en se développant elle a dû se compliquer pour se plier aux faits qui l'ont contredite. A présent qu'en reste-t-il? Peu de chose en apparence ; quelque chose d'essentiel, pourtant, nous le verrons. N'eût-elle servi qu'à faire savoir avec plus de précision ce que le criminel n'est pas, sans donner d'ailleurs aucune indication sur ce qu'il est, elle n'eût pas été inutile. Mais elle a fait plus, elle a accumulé des remarques curieuses, sans doute utiles plus tard, elle a ébauché, en traits qui ne périront pas, la psychologie du délinquant et a préparé les voies à son explication sociologique.

D'abord, par l'insuccès partiel de sa tentative, l'école de Lombroso nous paraît avoir démontré définivement que le criminel n'est pas un produit de la nature, c'est à dire qu'il ne correspond à aucune idée naturelle dans le sens platonicien et aussi bien scientifique du mot. Le Chinois, le Nègre, le Mongol correspondent à des schèmes réalistes de ce genre ; fusionnez par le procédé de Galton dix ou douze photographies de Chinois, vous obtiendrez un portrait générique où, sous leurs différences effacées, leurs similitudes apparaîtront seules en un relief singulier, vivante abstraction, incarnation individuelle de la règle idéale dont les individus sont les déviations oscillatoires. Cette image-type a cela de particulier qu'elle embellit ce qu'elle combine et qu'elle explique ce qu'elle résume. Opérez de même sur vingt, trente autres Chinois, l'image synthétique nouvelle ressemblera à la précédente encore plus que les photographies composantes ne se ressemblent entre elles (1). Mais, maintenant, essayez d'*intégrer* photographiquement de la sorte les quelques centaines de photographies de malfaiteurs qui remplissent l'album joint à la traduction française de l'*Homme criminel*. Assurément, la chose est possible, le procédé de Galton doit toujours donner un résultat, par la même raison que la vue répétée des choses extérieures et l'entassement des souvenirs dans la mémoire doivent toujours aboutir, dans l'esprit humain à des idées générales. Seulement, entre la fusion violente et factice d'images hétérogènes que nous pouvons produire dans ce dernier cas et le mutuel embrassement d'images congénères que nous avons provoqué plus haut, il y a la même dissemblance qu'entre une généralisation purement verbale et une généralisation fondée sur la nature des choses. On s'en apercevrait en opérant séparément sur divers groupes de cet album; autant de groupes, autant de résultantes qui différeraient entre elles profondément et n'auraient guère plus de rapport avec les portraits élémentaires violemment dissous et artificiellement combinés en elles. — Au moins, peut-on espérer qu'en photographiant à part des groupes de malfaiteurs appartenant à la même catégorie, des *caroubleurs* (voleurs à l'aide de fausses clés), des *cambrioleurs* (dévaliseurs d'appartements), des *escarpes* (assassins), des escrocs, des *stupratori*, on serait plus heureux? Pas davantage. Chaque nation, chaque race a ses escrocs, ses voleurs, ses assassins, porteurs des traits anthropo-

(1) Dans *la photographie appliquée à la production du type d'une famille, d'une tribu ou d'une race* (Paris, 1887), M. Arthur Batut présente plusieurs échantillons d'images-types obtenues par ce procédé, et l'on constate qu'elles se distinguent des images élémentaires par un degré supérieur d'harmonie et de régularité. Mais celles-ci appartenaient toujours à la même race.

logiques qui la caractérisent. Avec un type physique quelconque, dans certaines conditions sociales et moyennant certaines particularités cérébrales trop profondes pour se révéler anatomiquement au dehors, il se fait des délinquants de toute espèce. Il n'y a donc pas plus *des* types qu'*un* type criminel dans le sens *lombrosien* du mot; et M. Marro, quand il essaie de substituer ici le pluriel au singulier, n'est pas moins conjectural ni plus solide que son maître (1). De deux choses l'une : ou le délinquant est physiquement, sinon psychologiquement normal, et, dans ce cas, il a le type même de son pays, ou il est anormal, et alors il est sans type, et il est caractérisé précisément par son atypie. Mais dire à la fois qu'il est une anomalie et qu'il se conforme à un modèle naturel, c'est se contredire. Il y a une autre contradiction secrète à regarder la vie sociale comme tellement essentielle à l'homme, qu'un être humain « déshumanisé » pour ainsi dire, peut seul être antisocial, et de supposer que la nature s'est mise en frais d'une création spéciale pour mettre au jour cet individu contre nature.

Pour M. Topinard, le criminel, quand il n'est pas un malade, serait un individu d'une parfaite *normalité*, au moins sous le rapport physique. Il trouve que la collection de portraits rassemblée par M. Lombroso lui rappelle les albums photographiques de ses amis. « Sauf la saleté, le débraillé, la fatigue, dit-il, et souvent la misère empreinte sur la figure, la tête d'un coquin ressemble en général à la tête d'un honnête homme. » Je n'irai point jusque-là; Vidocq n'était point de cet avis, ni la plupart des fins policiers. M. Maxime du Camp, il est vrai (2), exprime quelque part la même impression. « Lorsqu'on voit ces gens-là de près, dit-il en parlant des malfaiteurs, qu'on cause avec eux et qu'on connaît leurs antécédents, on est surpris de leur voir des visages pareils à ceux des autres hommes. » Mais,

---

(1) L'école laisse échapper parfois des aveux décourageants à cet égard. « Il n'est ni juste ni exact, dit M. Benedikt au Congrès de Rome, de prétendre que l'on doit toujours trouver quelque chose d'anormal dans l'individu criminel. Ce n'est ni juste ni exact, parce que le fait psychologique est en partie le produit de phénomènes moléculaires, et que la science est encore très loin d'une anatomie des molécules et d'une physiologie moléculaire. » Au Congrès de Paris (1889), le même savant a accentué la même opinion, appuyée par M. le sénateur Moleschott et nombre de ses confrères.

(2) *Paris, ses organes et ses fonctions.*

quelques pages plus loin, à propos d'un voleur de grand chemin de la pire espèce, il écrit : « J'ai eu occasion de le voir, il est très grand, et sa force a dû être colossale ; *sa puissante mâchoire inférieure*, sa large bouche presque sans lèvres, *son front fuyant et ses yeux très mobiles* lui donnent l'apparence d'un *énorme chimpanzé*, apparence que ne dément pas *la longueur démesurée de ses bras.* » M. Lombroso n'eût pas mieux dit. C'est là une de ces rencontres, non très rares, du reste, qui prêtent à l'explication atavistique du criminel un certain appui apparent. Elles sont loin cependant de suffire à l'établir. Ce type simien, si mal porté ici, a servi ailleurs d'enveloppe à des personnages remarquables, d'une haute moralité. Robert Bruce, le libérateur de l'Ecosse (1), avait, on le sait, le crâne fait comme l'homme de Néanderthal, le plus simien des hommes préhistoriques (2).

Au point de vue social, le crime peut être une monstruosité, mais non au point du vue individuel, organique, puisque c'est le triomphe complet de l'égoïsme, de l'organisme, sur les freins de la société. Le vrai criminel-né ne saurait donc être qu'un très bel animal, un échantillon avantageux de sa race. Est-ce que les tyrans, est-ce que les artistes de la Renaissance italienne, aussi prodigues d'assassinats que d'exploits ou de chefs-d'œuvre, étaient des monstres? Ils ne l'étaient pas physiquement, c'est certain, et, socialement, c'est discutable. Si le caractère social de cette phase historique était, comme le démontre Burckhardt, l'épanouissement de l'individualité, il était inévitable qu'elle fût fertile en manifestations criminelles. Les Borgia (3) ne sont nullement une exception à leur époque. La même absence de scrupules et de sens moral caractérise tous les princes italiens des quatorzième et quinzième siècles, nés du crime, vivant du crime, morts dès qu'ils cessent d'être criminels. Le crime, chez

---

(1) M. de Quatrefages, dans *Hommes fossiles et Hommes sauvages*, cite plusieurs autres faits de ce genre.

(2) Dans un livre substantiel et profond (les *Criminels*, Doin, 1889) le docteur Corre me paraît avoir judicieusement évité les deux excès opposés, que je viens d'indiquer. D'une part, avec l'école française, il donne la prépondérance aux causes sociales du délit, et en cela il combat les exagérations de l'école italienne; mais d'autre part, il sait faire sa juste part au type criminel entendu dans le sens professionnel du mot; il se place, en général, au point de vue du docteur Lacassagne.

(3) Voir un article intéressant de M. Gerhard dans la *Revue des Deux-Mondes* 15 décembre 1888.

eux, prend le masque de la peine : ils massacrent pour intimider en se vengeant. Le crime est pour eux une nécessité de gouvernement, comme le gouvernement est, pour leurs peuples, une nécessité d'ordre et d'existence. Le crime a sa place, et sa place d'honneur, dans cette magnifique floraison de tous les arts en fête ; ils lui sont liés « comme les perles au poignard ».

C'est même là ce qui devait tuer en sa fleur cette belle civilisation esthétique. Car une civilisation qui glorifie le criminel n'est pas plus viable que celle qui rejette parmi les criminels les plus honnêtes gens, spectacle si fréquent en temps de révolution. Le criminel, c'est l'homme que la société, quand elle est viable et régulière, est forcée d'éliminer. Le criminel n'est donc pas plus, à vrai dire, un produit social qu'un produit naturel ; il est — qu'on me passe le mot — un excrément social. Et voilà pourquoi il est intéressant au plus haut degré d'examiner de près quelles sont les espèces de gens qui traversent les bagnes ou les prisons, rament aux galères ou montent sur l'échafaud, à chaque époque et dans chaque pays. Quand la nature de ce personnel vient à changer, c'est toujours un grave symptôme. Si une société *excrète* d'excellents éléments qu'elle ne sait pas utiliser — les protestants sous Louis XIV, les « aristocrates » sous la Terreur, — elle est dangereusement malade, à peu près comme l'est un diabétique, et pour une raison au fond analogue. Or, quelle société, à divers degrés, ne présente cette cause d'affaiblissement ? L'idéal serait qu'une société ne rejetât de son sein que les *coquins fieffés*, les individus absolument inassimilables et indisciplinables. Il faut rendre cette justice à notre Europe moderne, qu'elle fait de grands pas vers ce but ; le personnel de ses cachots est vraiment le rebut, de plus en plus abject, de ses campagnes et de ses villes. Mais la perfection est loin encore d'être atteinte. Si donc il existait un type criminel, ce type serait soumis à des fluctuations et à des métamorphoses qui, de siècle en siècle et de latitude en latitude, ne pourraient manquer de le rendre profondément dissemblable à lui-même. Quelques crânes, quelques cerveaux d'assassins pesés et mesurés à notre époque, c'est bien ; mais a-t-on soumis au même examen anthropologique les milliers de voleurs pendus annuellement aux potences anglaises il y a un demi-siècle encore, les suppliciés de Montfaucon, les cadavres flottant au vent devant la porte des châteaux féodaux, sur toutes les hauteurs, devant l'entrée de toutes les villes du moyen-âge, les vingt mille hérétiques ou sorciers brûlés en huit années par Torquemada, les Romains condamnés aux bêtes ou aux jeux du cirque, les Egyptiens condamnés aux travaux des mines ou des pyramides ? Tous ces pirates barbaresques qui infestaient la Méditerranée jusqu'à la fin du dernier siècle, tous ces routiers qui désolaient la France pendant et après la guerre de Cent ans, qui nous dira leurs formes crâniennes et leurs anomalies cérébrales ou corporelles, si anomalies il y a ? Qui vérifiera sur eux l'exactitude du ou des prétendus types propres, nous dit-on, aux malfaiteurs de toute race et de tout temps ?

II. — Cependant, l'observation même que je viens d'émettre implique la reconnaissance qu'il existe réellement un certain nombre de vrais criminels, dont la criminalité n'a rien de conventionnel. Par vrais criminels faut-il entendre ceux qui l'auraient été en toute société imaginable ? Non ; à coup sûr il n'en est pas de tels. Alors faut-il entendre ceux qui l'auraient été en toute société stable ? Peut-être. Cependant expliquons-nous bien. Qu'il existe des formes de délits incompatibles avec la stabilité d'un peuple quelconque, je l'accorde ; tels sont le meurtre et le vol commis, sans provocation jugée légitime, au préjudice du compatriote social ou jugé tel. Mais qu'il existe des gens qui, dans toutes les conditions sociales de n'importe quelle nation, à n'importe quelle époque, auraient été meurtriers et voleurs de la sorte, je le nie. Ne considérons, si l'on veut, comme des crimes absolus, ou, pour employer l'expression de M. Garofalo, naturels, que le meurtre et le vol, laissant de côté non-seulement tous les délits contre les mœurs, l'adultère et le viol même, que des peuples robustes ont supportés, mais encore l'avortement et l'infanticide, que certaines nations ont érigés au rang des actions louables. S'ensuit-il que tous nos meurtriers et nos voleurs incorrigibles soient marqués au sceau de la criminalité absolue, et qu'eux seuls le soient? Nullement. Ni l'une ni l'autre de ces deux propositions ne nous semble vraie. D'une part, nombre de nos escarpes et de nos filous, s'ils étaient nés riches, s'ils n'avaient pas eu la mauvaise chance de naître et de s'élever dans un faubourg impur, d'y subir l'entraînement de camarades pervers, n'auraient jamais tué ni volé. Et il ne faut pas qu'ici l'atrocité du crime commis nous fasse illusion. Quand on songe à un Pranzini étranglant la femme avec laquelle il vient de coucher, puis la servante et l'enfant de celle-ci, il semble qu'on ait affaire à un être essentiellement destructeur, né pour l'homicide comme Mozart pour la musique. Mais ces Cosaques, ces Prussiens si nombreux qui, en 1814 (1), violaient les femmes puis les égorgaient devant leurs maris garrottés, étaient d'honnêtes citoyens dans leur village, où ils n'ont jamais commis le moindre méfait, et plus d'un a dû gagner la médaille militaire (2). Il est donc possible que, dans certaines conditions sociales, un Pranzini même eût pu se rendre utile, ou du moins n'eût commis ni vol ni meurtre, quoique sa nature dépravée l'eût poussé sans doute à d'autres genres de délits, mais à des délits *relatifs*, tels que l'adultère ou le viol. D'autre part, ainsi qu'il résulte de cette dernière conjecture, il est à présumer que, parmi les individus frappés par nos tribunaux à raison des délits mêmes les plus relatifs, fût-ce pour braconnage et pour contrebande, il s'en trouve de foncièrement dangereux, plus dangereux parfois que bien des meurtriers siciliens ou corses.

Il suit de là que le « délit naturel » et la criminalité essentielle font deux, et que le premier ne peut servir à expliquer la seconde. S'il existe, comme nous le croyons, sans être en mesure de le prouver, des natures essentiellement antisociales, il y a lieu de penser que leur criminalité innée était susceptible de se révéler, en d'autres temps, en d'autres milieux, en d'autres destins, sous des formes très différentes de celles qu'elle a revêtues sous nos yeux. Tel est diffamateur de nos jours qui eût été blasphémateur au moyen âge ; tel a été fusillé pour rébellion et exécution d'otages après la Commune, qui eût été brûlé comme hérétique sous l'Inquisition. Cependant y a-t-il un crime plus relatif, plus conventionnel que le blasphème ou l'hérésie ? Il en

---

(1) Voir à ce sujet un article de M. Henry Houssaye dans la *Revue des Deux-Mondes* du 15 octobre 1887.

(2) Je ne veux point cependant les assimiler à Pranzini. La grande différence est que Pranzini agissait seul et qu'ils s'excitaient par leur mutuel exemple. Le chapitre suivant montrera la profondeur de cette différence.

est de la délictuosité comme des diathèses et des névroses, ces Protées pathologiques dont les transformations sont infinies.

Il y a, d'ailleurs, un fort petit nombre de gens, sans nul doute, qui, partout et toujours, auraient commis des délits, naturels ou non, comme il y a un fort petit nombre de gens qui, nulle part et jamais, n'auraient cédé à la tentation de pécher. L'immense majorité se compose de personnes qui sont retenues dans l'honnêteté par la faveur du sort, ou qui sont poussées au crime par le malheur des circonstances. Il n'en est pas moins vrai que la criminalité des unes leur appartient comme l'honnêteté des autres leur appartient aussi, car l'une et l'autre a sa source dans leur nature qui, dans les conditions où elle s'est développée, où elle s'est réalisée en se révélant à elle-même et à autrui, comportait ou ne comportait pas le délit.

Maintenant, le terrain étant déblayé, demandons-nous de nouveau s'il y a des signes extérieurs qui permettent de reconnaître et de désigner la criminalité absolue. Je réponds qu'on n'en a pas encore découvert d'un peu nets, pas plus qu'on n'est parvenu à découvrir les marques extérieures de l'honnêteté inébranlable. Si la première est reconnaissable à la mâchoire lourde, au front fuyant, à la barbe rare, à l'ambidextrisme, à la longueur du bras, à l'insensibilité tactile, la seconde devrait être signalée par le faible volume des maxillaires, le front droit, la barbe touffue, la supériorité constante et marquée du côté droit sur le côté gauche, les bras courts, la sensibilité exquise du toucher.,. Est-ce exact? A-t-on essayé de le vérifier?

Par là, je ne ne veux pas nier la liaison, très probable, des tendances du caractère avec certaines particularités anatomiques ou plutôt histologiques du cerveau et de tout « l'arbre nerveux », ni même la liaison, plus douteuse, de ces particularités cachées avec des conformations osseuses et musculaires qu'il serait possible de définir. Mais je conteste, *à priori*, que les tendances du caractère qui aboutissent au crime, qui doivent même y aboutir inévitablement, soient liées à un seul et même signalement anatomique. Car le crime est un carrefour de voies intérieures venues des points les plus opposés, et l'insociabilité profonde qui fait le criminel-né provient tantôt d'un incommensurable orgueil qui rend férocement vindicatif, comme en

Corse, en Sicile, en Espagne et dans la plupart des nobles races primitives, tantôt d'une paresse incurable qui, unie aux vices les plus divers, au libertinage, à l'ambition, au jeu, à l'ivrognerie, pousse au vol meurtrier les déclassés ou les dégénérés des races déchues. Il doit donc y avoir non pas un petit nombre, mais un très grand nombre de signes corporels, souvent inverses, qui décèleraient à un œil infiniment pénétrant les propensions délictueuses. L'expérience confirme ce raisonnement. Autant d'anthropologistes, autant de types criminels différents. Marro n'est pas d'accord avec Lombroso, ni Lombroso avec lui-même. Par exemple, « la capacité crânienne, trouvée supérieure à la normale dans les crânes des assassins, par Bordier, Heger et Dallemagne, serait au contraire inférieure, d'après Ferri et Benedikt (1) », elle serait égale d'après Manouvrier; et, d'après Topinard, conforme en ce point, par hasard, avec Lombroso, elle serait à la fois inférieure et supérieure. « Chez les criminels, dit-il, il n'y a pas d'autres différences avec les crânes normaux, (après correction de bien des mesures et des comparaisons fautives) qu'un certain nombre de capacités excessives — (ce qui s'expliquerait par l'hypertrophie cérébrale, source de folie, de criminalité ou de génie) — et aussi par un certain nombre de capacités très inférieures... » Par suite, ajoute-t-il, il y a *au moins* deux types criminels sous ce rapport, et non pas un seul.

En somme, la localisation cérébrale des propensions criminelles en est aujourd'hui au point où en était, un peu avant Broca, la localisation cérébrale des facultés en général. Les anatomistes avaient bien signalé telle ou telle lésion du cerveau comme liée parfois à telle maladie, et les observations de ce genre s'accumulaient, mais sans apporter une lumière décisive, jusqu'au jour où Broca découvrit une relation bien nette et bien constante entre les altérations de la troisième circonvolution frontale gauche et les troubles du langage articulé. Depuis lors, tous les observateurs ont confirmé cette relation; dès ce moment, la pierre angulaire de la science du cerveau était posée, et ce succès partiel, mais brillant, a encouragé toutes les espé-

---

(1) Marro, ouvrage cité.

rances. — Si la découverte qu'un savant a cru avoir faite un jour, relativement à une certaine division quatripartite du lobe frontal, qui eût été le signalement cérébral de l'assassin, avait été maintenue, l'anthropologie criminelle aurait trouvé son Broca. Mais le malheur est que c'était là une pure illusion. — Il n'en est pas moins vrai que, même avant Broca, il suffisait d'être au courant de la science pour affirmer la localisation cérébrale des facultés sans être encore en mesure de la démontrer. — Ajoutons que le succès ou l'insuccès des recherches tient à l'idée qui les dirige. Si notre éminent anthropologiste, au lieu de chercher le siège du langage, c'est-à-dire d'un phénomène simple, journalier, constant dans la vie mentale de l'homme, digne, par suite, d'avoir sa place bien visible dans le cerveau, eût cherché le siège de l'insulte, du blasphème ou tout autre fait accidentel autant que complexe, occasionné par l'excès ou le défaut de certaines facultés simples combinées ensemble, il est probable qu'il serait mort sans avoir rien trouvé. Cela signifie qu'il est sans doute illusoire de vouloir localiser cérébralement le crime, acte ou faculté si complexe, tant que l'orgueil, l'égoïsme, la sympathie, la justice, la soif de vengeance, etc., tendances relativement simples dont l'exagération ou l'atrophie explique la tendance au délit, ne sont pas encore localisés dans le cerveau. Laissons faire les aliénistes (1); quand ils auront commencé à débrouiller le casier cérébral, l'œuvre des criminalistes sera bien avancée. Tout ce qu'on peut dire de net, en attendant, c'est que les crânes et les cerveaux des criminels, dans leur ensemble, présentent une proportion d'anomalies et d'asymétries très supérieure à la moyenne, et, comme le dit le Dr Corre, « une prédominance de l'activité occipitale, en rapport probable avec la sensitivité impulsive, sur l'activité frontale, aujourd'hui reconnue tout intellectuelle et pondératrice ». *Moins de réflexion et plus d'action*, à cela se résume leur nature, d'après Bordier.

Relativement à la stature et au poids, il n'y a pas plus d'ac-

---

(1) Laissons faire aussi les anthropologistes *sans épithète.* « L'observation comparée des races, dit le Dr Corre (*Les Criminels*, 1889), d'après Mme Clémence Royer permet déjà de relever des connexions entre certains instincts et certains caractères physiques du crâne et du cerveau. »

cord entre les anthropologistes que relativement au crâne. « Lombroso a trouvé les délinquants plus grands et plus lourds, en moyenne, que les honnêtes gens ; Thompson, Virgilio et Lacassagne ont constaté précisément le contraire (1). » Lombroso a trouvé que l'*envergure*, c'est-à-dire la longueur des deux bras ouverts en croix et mesurés d'une main à l'autre, est plus fréquemment supérieure à la taille chez les criminels que chez les hommes ordinaires. Topinard conteste le fait. Quand les auteurs acceptent les mêmes données, ils se divisent sur leur interprétation. Où l'un voit un symptôme de folie, l'autre aperçoit un phénomène d'atavisme ; d'autres, parmi lesquels je puis citer MM. Manouvrier, Topinard, Féré, rejettent l'une et l'autre explication, et j'avoue que je me range à l'avis de ces derniers.

III. — Avant d'aller plus loin, écartons d'abord, et rapidement, les deux hypothèses dont il s'agit. Il y a des fous qui commettent des crimes, mais tout homme qui commet un crime est-il fou ? Non, dans notre chapitre précédent nous croyons l'avoir déjà implicitement prouvé. S'il y a des analogies, même anatomiques, entre eux, elles sont loin d'être suffisantes pour permettre de les confondre. Par exemple, des mesures prises sur cent trente-deux crânes d'assassins, par Heger et Dallemagne, il semble résulter que, chez ces malfaiteurs, la partie postérieure du cerveau est notablement plus développée que chez les honnêtes gens ; et j'ai été frappé de voir que M. Rodriguez de la Torre (2) en prenant des mesures semblables sur cinq cent trente deux aliénés de son hospice, a constaté la prédominance excessive de leurs lobes latéro-postérieurs. Mais ce rapport entre le crime et la folie n'a rien qui puisse nous surprendre, puisque l'un et l'autre sont des abaissements du type humain ; rien non plus qui doive nous arrêter. — Entrez dans une maison d'aliénés, que voyez-vous ? Des agités ou des mélanco-

(1) Marro, ouvrage cité.
(2) *El craneo i locura* (le crâne et la folie), Buenos-Ayres, 1888. — Un autre trait, bien plus marqué, semble-t-il, chez les fous que chez les criminels, à en juger par l'atlas de cet auteur, c'est l'asymétrie. *Tous* les cent cinquante-six crânes dont il a dessiné la coupe sont asymétriques.

liques, suivant chacun son rêve, oisifs et incapables de tout travail, étrangers les uns aux autres. Visitez une prison, vous y verrez les condamnés travailler, se promener par groupes, chuchoter entre eux, reconnaître l'ascendant de l'un de leurs camarades, donner les signes d'une masse humaine où commence à fermenter le levain social. Parmi les détenus, nous dit Dostoïesky, en se rappelant ses souvenirs de captivité en Sibérie, il en était de plus intelligents, de plus énergiques, qui avaient *de l'influence morale* sur leurs camarades. Des conspirations se trament, des révoltes éclatent dans les prisons, jamais dans les asiles. L'aliéné est incohérent, le criminel est logique. Gazine l'un des compagnons d'infortune de Dostoïesky, était, paraît-il une espèce de Tropmann. « Il aimait à tuer les petits enfants qu'il parvenait à attirer dans un endroit écarté ; il effrayait alors le bambin, le tourmentait, et, après avoir pleinement joui de l'effroi et des palpitations du pauvre petit, il le tuait lentement, posément, avec délices. » Voilà bien, dira-t-on, un cas d'aliénation caractérisée. Cependant notre auteur, observateur et psychologue d'une extrême sagacité, dit n'avoir jamais remarqué chez Gazine rien d'anormal, sauf dans l'état d'ivresse. « Lorsqu'il n'était pas ivre, il se conduisait fort convenablement, il était toujours tranquille, ne se querellait jamais, parlait fort peu. Son regard ne manquait pas d'intelligence, mais l'expression en était cruelle et railleuse. » Orloff, autre grand criminel : « C'était un malfaiteur... capable d'assassiner de sang-froid des vieillards et des enfants ; il était doué d'une force de volonté indomptable et plein d'une orgueilleuse conscience de sa force. *Cet homme se commandait parfaitement* ; il n'avait que du mépris pour les punitions et ne craignait rien au monde. Ce qui dominait en lui, c'était une énergie sans bornes, une soif de vengeance, une volonté, une activité inébranlables quand il s'agissait d'atteindre un but. » Autrement dit, Orloff personnifiait le contraire de l'aliénation et de la dégénérescence, le plus haut degré de l'identité persistante et originale.

« Après dix-huit ans de séjour dans les prisons et d'expérience des criminels, dit Bruce Thomson, j'estime que les neuf dixièmes d'entre eux sont d'une intelligence au-dessous de la moyenne, mais que tous sont excessivement rusés. » — Voilà une remarque à laquelle la fréquentation des fous n'a jamais donné lieu. Autre remarque du même auteur : il déclare n'avoir jamais connu un seul détenu (ce qui est une exagération, d'ailleurs) doué du moindre talent esthétique, capable de faire une esquisse, une pièce de vers ou quelque machine ingénieuse. — En est-il de même des fous? Non, « on sait, dit Maudsley, qu'ils montrent fréquemment un sentiment du beau remarquable et qu'ils possèdent des talents et des aptitudes artistiques tout particuliers. »

VI. — S'il n'est ni un fou ni toujours un dégénéré, le criminel est-il un sauvage? Pas davantage (1). Il est vrai que les crânes d'assassins portent souvent, non toujours, un cachet de brutalité marquée où l'on est excusable de voir parfois une régression vers la bestialité hypothétique de nos lointains aïeux. Leurs caractères, d'après M. Manouvrier, « peuvent se résumer comme il suit : faible développement frontal relatif, faible développement de la voûte crânienne comparé à celui de la base du crâne, développement excessif des mâchoires relativement à celui du crâne ». Sur ce point seulement les observations coïncident. Dès 1841, Lauvergne, disciple fervent de Gall, donnait la description suivantes des *assassins froids*, espèce rare, dit-il, et venue ordinairement des montagnes ou des pays perdus. Ils sont « porteurs de protubérances accusatrices et ont un *facies* spécial tout à fait frappé au coin d'un brutal et impassible instinct... Leurs têtes sont grosses et *écrasées au sommet*... Elles sont remarquables par leurs protubérances latérales (2); avec elles

---

(1) M. Lombroso persiste toujours à maintenir cette thèse; dans une lettre adressée à M. Moleschott (v. *Revue scientifique*, 9 juin 1883), il invoque à l'appui de son idée favorite le résultat obtenu par les *photographies composites* de six crânes d'assassins et de six crânes de voleurs de grands chemins. Ces deux photographies, dit-il, se ressemblent remarquablement « et présentent, avec une exagération évidente, les caractères de l'homme criminel, et, *par certains côtés*, de l'homme sauvage : sinus frontaux très apparents, apophyses zygomatiques et mâchoires très volumineuses, orbites très grands et très éloignés, asymétrie du visage, type piéléiforme de l'ouverture nasale, appendice lémurien » Fort bien; mais ces crânes ont été rapprochés les uns des autres, nous dit-on ensuite, parce qu'ils formaient un groupe homogène. Il est à remarquer que six crânes d'escrocs et de voleurs ont donné « un type moins accentué », et que la photographie unique obtenue à l'aide des dix-huit crânes à la fois présente des anomalies encore plus effacées. Que serait-ce si l'on photographiait cent, deux cents crânes ensemble?

(2) Lombroso a souvent signalé la brachycéphalie des assassins ; mais ce caractère est fort contesté et variable d'après les races.

semblent aller de compagnie de *larges et épaisses mâchoires*, des muscles masséters énormes qui font saillie sous la peau et *sont toujours en action.* » Mais qu'est-il besoin de faire intervenir l'atavisme et d'imaginer la miraculeuse résurrection d'un ancêtre préhistorique, séparé de nous par on ne sait combien de races superposées, croisées, tour à tour envahissantes, pour expliquer un résultat si simple ? Peu de front et beaucoup de mâchoire, cela signifie simplement, dit M. Bordier, « moins de réflexion et plus d'action » ; ce type grossier est fréquent chez les populations les plus paisibles, mais arriérées et vouées aux rudes travaux des champs, et il est naturel que l'assassinat choisisse ses adeptes parmi les individus marqués à ce sceau. — Le témoignage de M. Bordier est d'autant plus précieux qu'il aurait eu le premier l'idée, si l'on en croit son ami M. Topinard, d'expliquer le crime par l'atavisme. « Il compara, nous dit ce dernier, les assassins de Caen à la série de Broca de la Caverne de l'Homme-Mort et leur trouva des traits de ressemblance. Or, les deux séries me sont familières, et je dois dire qu'il est difficile de trouver, soit à la vue, soit à l'analyse, deux lots de crânes plus dissemblables (1). »

Je sais bien que les partisans de l'atavisme appuient les données précédentes de quelques autres considérations tirées de l'asymétrie crânienne plus fréquente chez les criminels que dans la masse honnête, de leur oreille difforme ou *en anse*, de certaines formes de leur nez, de quelques particularités propres aux forçats, telles que le tatouage et l'argot. Mais l'asymétrie, répond M. Topinard, est la règle, non l'exception, même pour les crânes ordinaires. Le Dr Lannois, dans une monographie instructive sur *l'Oreille humaine*, affirme n'avoir pas constaté plus d'anomalies de cet organe sur quarante-trois jeunes détenus observés par lui « qu'on aurait pu en trouver sur un égal nombre de sujets à

---

(1) Je me permets une dernière considération. Le volume des mâchoires tient à la nature de l'alimentation habituelle : chez les carnivores elles doivent être plus fortes que chez les frugivores ou les granivores. Par suite, dans une race d'hommes, qui passe de la vie de chasse à la vie pastorale et agricole, le développement maxillaire doit diminuer. — Or, je le demande, quand, parmi des chasseurs à mâchoire forte, un individu, exceptionnellement, présente une mâchoire mince, est-on en droit de voir là un phénomène de *prophétisme ?* Si on répond négativement, la logique défend de voir, dans l'apparition d'une mâchoire forte dans un milieu de mâchoires fines, un trait d'atavisme.

conscience nette (1) », et M. Marro convient lui-même que l'oreille *en anse* se trouve plus fréquemment chez les Turcs, les Grecs et les Maltais, que chez les barbares et les nègres du Soudan.

Il faut ajouter que, dans sa consciencieuse comparaison de cinq cent trente-neuf criminels et de cent honnêtes gens, M. Maro n'a pas été médiocrement surpris (p. 157) de constater chez ces derniers la fréquence au moins aussi grande, souvent plus grande, que chez les premiers, des anomalies d'origine atavistique ou supposée telle. Pour « le front fuyant, caractère auquel Lombroso attache tant d'importance », la proportion trouvée a été de 4 % chez les honnêtes gens, de 3,1 % chez les malfaiteurs ; pour l'oreille avec le tubercule de Darwin (saillie qui serait le vestige du bout de l'antique oreille animale), la proportion chez ceux-là est de 7 %, et, chez ceux-ci, *de moins de 1 %* (2). Pour les *sinus frontaux*, les délinquants l'emportent, mais de bien peu ; la différence est de 18 à 23 ; mais pour le *torus occipitalis*, les normaux reprennent leur étrange avantage, qui s'exprime par la supériorité de 9 sur 4,7, proportion double ou à peu près. Il est vrai que l'ambidextrisme et la *gaucherie*, caractères du reste plutôt atypiques qu'atavistiques d'après ce même auteur, sont deux fois plus fréquents parmi les malfaiteurs que parmi les « normaux ». Mais cette différence peut tenir, en grande partie au moins, à celle de leur éducation ; bien plus souvent que les seconds, les premiers ont été abandonnés, livrés à eux-mêmes et à leurs mauvaises habitudes durant leur enfance, et l'on sait combien de fois la vigilance de parents attentifs corrige chez les enfants une tendance naturelle à se servir de la main gauche (3). -- Le nez des criminels, comparé à celui des fous et des honnêtes gens, a été, il est vrai, l'objet d'études

---

(1) *Archives d'anthropologie criminelle*. Livraison 10.

(2) Il a paru dans la *Rivista de anthropologia criminale* (d'octobre 1888 une étude du Dr Frigerio, très approfondie et très développée, sur *l'oreille externe* chez les fous, les criminels et le reste de l'humanité. L'auteur conclut simplement que son travail « n'a pas été tout à fait stérile » ; et, à vrai dire, il ne se dégage rien de bien net de toutes ses mesures et de tous ses chiffres.

(3) Dans sa monographie sur les *Gauchers*, le docteur Jobert, élève de M. Lacassagne (Lyon, 1885) aboutit à cette conclusion : que l'on ne connaît pas exactement la cause de la *gaucherie*, mais que « elle semble surtout due à l'habitude et à l'éducation ». Dans la thèse plus récente du Dr Etienne Rollet (Lyon 1889), M. Lacassagne donne une autre théorie et attribue la prédominance marquée à la localisation du langage dans le cerveau gauche.

spéciales et approfondies dans le laboratoire de M. Lombroso. Il est sorti de là une curieuse monographie de l'un de ses élèves (1), de laquelle il semble résulter que plusieurs anomalies anatomiques (visibles sur le squelette seulement) de l'ouverture nasale, sont bien plus fréquentes parmi les criminels que parmi les gens honnêtes de même pays et de même race. Or, ces anomalies auraient un caractère bestial, d'après l'auteur qui, sur ce point du reste, me paraît en désaccord avec M. Topinard. Mais, si l'on admet cette explication par l'atavisme, on doit, et ce n'est pas là une médiocre difficulté, faire remonter l'origine des anomalies dont il s'agit bien plus haut que les races humaines inférieures, plus haut même que les singes, et, comme le fait expressément notre savant, donner raison à M. Albrecht, qui, dans son amusant rapport au Congrès de Rome, a mis l'homme au-dessous des simiens, au rang des insectivores. Ajoutons que, si le nez mort, mutilé, des malfaiteurs, les place si bas dans l'échelle animale, leur nez vivant et complet les met en tête des races humaines à quelques égards : beaucoup plus souvent que les honnêtes gens, d'après M. Ottolenghi encore, ils ont le nez droit et long (voir le tableau de la page 17), ce qui est un caractère avantageux. Ces résultats sont trop difficiles à accorder pour mériter qu'on s'y repose.

Que dire de l'argot, sinon qu'il ne rappelle en rien le peu que nous savons des langues sauvages? Celles-ci, d'après Tylor, sont caractérisées superficiellement par l'abondance des onomatopées et par la réduplication fréquente des mêmes syllabes dans le corps des mots, habitude tout enfantine. Les mots tels que *papa, bébé, nono, nounou*, habituels dans la bouche de nos enfants, et si rares dans celle des hommes civilisés, abondent dans le parler des océaniens et des américains indigènes. Or, quelques termes d'argot, *ty-ty*, typographie; *bibi*, Bicêtre; *coco*, ami, etc.; *fric-frac*, l'extraction de la prison exprimée par le bruit de la serrure, etc., se ramènent en apparence à ce double type; mais c'est pour se moquer, par besoin de tout rapetisser et dénigrer, que les familiers du crime parlent ainsi, à l'instar de nos enfants et nullement des Néo-Calédoniens ou des Peaux-

---

(1) *Lo squeletto e la forma del naso nei criminali* etc., par le Dr Salvator Ottolenghi (Turin, frères Bocca).

Rouges. Du reste, les calembours par à peu près, les mauvaises plaisanteries, les images salissantes qui animalisent l'homme (*cuir*, peau; *ailerons* bras; *bec*, bouche), composent le fond de leur vocabulaire, avec force mots empruntés à des langues étrangères, à la langue *calo* des tziganes, à l'arabe, à l'italien, signe manifeste d'un cosmopolitisme sans patrie. Mais le langage des peuples primitifs est grave en sa puérilité, poétique en son pittoresque; il a son vocabulaire à lui, patriotique et original, et, en outre, sa grammaire propre. Il ne diffère pas moins de l'argot, excroissance de nos langues, qu'un pommier sauvage d'un champignon vénéneux (1).

Quant aux tatouages des malfaiteurs, qu'on veuille bien comparer les planches de l'atlas de M. Lombroso où sont figurés quelques échantillons de ces dessins obscènes ou stupides, amusement de captivité, aux belles gravures représentant, dans *Hommes fossiles* et *Hommes sauvages*, de M. de Quatrefages, notamment (p. 488, 489, 433), des Maoris tatoués. Ici, d'étranges mais expressives arabesques, qui ne masquent pas mais accentuent le visage, et qui ont pour but de compléter son effet terrible sur la femme ou l'ennemi; parure et armure à la fois, estampille de la religion ou de la tribu sur le front de l'individu qui lui appartient corps et âme et se fait gloire de lui appartenir. Là, rien de pareil; mais sur l'avant-bras, le plus souvent, jamais sur la figure, des devises, des symboles cyniques, des profils féminins, toutes choses destinées à rester cachées et qui rappellent les caricatures d'un écolier sur son cahier de devoirs. Si ce tatouage honteux était un reste ou un retour des habitudes de la sauvagerie primitive, il serait plus fréquent chez les femmes criminelles que chez les malfaiteurs mâles; car c'est dans le sexe féminin, on le sait, que se réfugient les préjugés, les rites, les ornements des âges anciens, — par exemple, les pendants d'oreilles, — longtemps après leur abandon par les hommes. Mais, au contraire, ce sont les criminels masculins qui ont à peu près seuls le goût du tatouage. Les sacrificateurs antiques dépeçaient jadis les cadavres des captifs ou des animaux offerts aux

---

(1) J'ai traité ce point, et le point suivant, avec plus de développement, dans ma *Criminalité comparée*.

dieux pour en faire le partage selon les rites ; de même, nos assassins contemporains, par une de ces contagions criminelles qui ne sont pas le moindre des arguments à invoquer en faveur de l'origine sociale du délit et du délinquant, se sont avisés de mettre en morceaux leurs victimes pour échapper plus aisément aux recherches de la police. Dira-t-on que ce dépeçage criminel (1) procède du dépeçage religieux de l'antiquité, avec lequel il présente une similitude apparente ? Il n'y a ni plus ni moins de raison d'admettre cette origine que de rattacher le tatouage criminel au tatouage belliqueux des sauvages. M. Taine a remis en lumière plusieurs traits de cannibalisme qui se sont produits au cours des grandes journées de la Révolution française. Expliquera-t-on aussi par l'atavisme ces aberrations momentanées, ainsi que l'anthropophagie qui a régné quelques jours sur le radeau de la Méduse ? Il se peut bien que quelque darwinien avancé aille jusque-là. M. Frigerio, un des aliénistes les plus distingués de la nouvelle école italienne, a dit au Congrès de Rome avoir observé un « fou moral » qui dans un accès périodique d'exaltation, changeait soudain de caractère, devenait « querelleur, arrogant et batailleur », et, en même temps « était alors poussé d'une façon irrésistible à modeler avec l'argile une foule de figures d'une originalité et de formes toutes spéciales, dont le grotesque et l'invraisemblance rappelaient les bas-reliefs symboliques ou autres sculptures informes des siècles de décadence. Suivant M. Bournet, il y a là « des formes qui rappellent à s'y méprendre les essais des premiers chrétiens ». Or, M. Frigerio ne paraît pas éloigné de penser que l'hérédité à longue portée pourrait jouer ici un certain rôle. Si l'on accepte de telles conjectures, je conçois qu'on soit disposé à accueillir celles de Lombroso sur le sujet qui nous occupe. Mais il paraît infiniment plus simple et plus vraisemblable de ne voir dans les inscriptions et les barbouillages dont les malfaiteurs se couvrent la peau que l'effet d'un contact accidentel avec des peuplades primitives ; car c'est surtout chez les matelots criminels que cet usage se remarque. Toutefois, il se peut que l'inverse soit aussi vrai et que bien des peuples arriérés

---

(1) Voir à ce sujet la brochure intitulée : le *Dépeçage criminel*, par Louis Ravoux (Lyon, Storck, 1888).

doivent à leurs rapports avec nos marins civilisés l'avantage de pratiquer ces incisions dermiques. « Le tatouage est rare chez les indigènes de la Cochinchine, dit le docteur Lorion (1) ; ceux qui sont porteurs de ces dessins faits au moyen de diverses couleurs infiltrées dans le derme ont vécu parmi les Européens : ils ont été le plus souvent matelots, chauffeurs ou domestiques à bord des navires de guerre ou de commerce. » L'Arabe, bien plus civilisé que le Cochinchinois, mais bien plus en rapport avec les Européens, se tatoue davantage (2), et souvent la nature du dessin reproduit par lui atteste clairement qu'il copie nos compatriotes. Mais c'est trop nous attarder sur un point si secondaire. Concluons par cette dernière considération : en admettant que l'assimilation du criminel au sauvage ait jamais pu avoir le moindre fondement, elle perd chaque jour de sa vraisemblance, à mesure que le crime se recrute de moins en moins parmi les populations arriérées des campagnes, de plus en plus dans le milieu corrompu et raffiné des grandes villes (3).

VII. — Si la folie et l'atavisme (je ne dis pas l'hérédité) n'ont rien à voir dans le penchant au crime, qu'est-ce donc que le criminel ? Dirons-nous, avec M. Féré, qu'il est un dégénéré ? ou, avec M. Lombroso, dans son dernier ouvrage, qu'il est un épileptique ? Quelques mots suffiront relativement à la première de ces deux thèses, la plus solide des deux pourtant. La seconde nous retiendra un peu plus longtemps. (4)

(1) La *Criminalité en Cochinchine*, Lyon, Storck.
(2) Kocher, la *Criminalité chez les Arabes*.
(3) M. Colajanni, dans le premier volume de sa *Sociologia criminale*, après avoir consacré la première partie de ce volume à battre en brèches l'atavisme physique du criminel et les autres théories de Lombroso, avec une grande vigueur du reste, consacre la seconde à essayer de démontrer l'atavisme *moral* du criminel. Il y a là une contradiction au moins apparente. J'ai combattu cette thèse dans mon étude sur l'*Atavisme moral (Archives d'anthr. crim..*, mai 1889) à laquelle je me permets de renvoyer le lecteur.
(4) Le Dr Émile Laurent a été deux ans interne à l'infirmerie centrale des prisons de Paris, il y a vu et observé plus de 2000 détenus, avec lesquels il était en perpétuel contact. Or, dans son livre sur les *Habitués des prisons* (Storck, 1890), il affirme que les mensurations anthropométriques ne l'ont conduit le plus souvent « qu'à des résultats contradictoires ». Il n'a rien aperçu qui ressemblât à un type criminel. Mais il a remarqué la fréquence des tares physiques de toute sorte. Autant que les hôpitaux, « les prisons abondent en crânes pointus

Il est certain qu'il y a concordance entre les anomalies connues sous le nom de *stigmates* de la dégénérescence, prognathisme, strabisme, asymétries de la face, malformation des oreilles, etc., et les traits dont a été formé le prétendu type criminel. Mais ces stigmates, qui sont simplement fréquents, non constants, chez les dégénérés, semblent-ils prédisposer plus particulièrement aux mauvaises actions ceux qui en sont porteurs ? Nullement (2). Beaucoup d'imbéciles *stigmatisés* méritent le nom d'*innocents* que leur innocuité habituelle leur a valu. A l'inverse, comme le reconnaît M. Féré lui-même, bien des malfaiteurs-nés « sont remarquables par la régularité de leur conformation physique », et M. le Dʳ Magnan, au dernier Congrès d'anthropologie criminelle, en a montré plusieurs qui pourraient servir d'excellents modèles d'ateliers. Si donc la dégénérescence, c'est-à-dire la déséquilibration, sorte de déclassement physique, est souvent liée à la criminalité, du moins à la criminalité par faiblesse congénitale, on ne saurait dire quelle en soit la cause; et, quant à la criminalité par excès d'énergie et d'audace, celle-ci lui est si étrangère qu'elle lui est pour ainsi dire opposée. Les vrais et parfaits criminels, les Pranzini, les Prado, les Lebiez, sont aussi peu dégénérés que possibles. Peut-on même dire que, un certain caractère moral étant donné, non porté au crime, la dégénérescence, si elle s'y ajoute par hypothèse, l'incline au crime? Autant qu'il est permis de raisonner sur une hypothèse invérifiable mais concevable, il semble qu'on doive répondre négativement. Sans attacher plus d'importance que de droit aux statisques d'ensemble en pareille matière, je suis assez frappé d'un tableau

---

et aplatis, en nez écrasés, en mâchoires allongées, » en bégaiements, en strabismes, en claudications, etc. « On ne peut pas dire qu'on rencontre telle ou telle malformation invariablement, comme on rencontre les crachats rouillés dans la pneumonie, l'albumine dans le mal de Bright. Toutes les malformations de tous les organes peuvent se rencontrer chez tous les criminels, voilà la vérité. » Chez eux, une anomalie, très rare ailleurs, est relativement fréquente : « le développement exagéré et persistant des mamelles chez l'homme au moment de la puberté. » Ceci est d'accord avec l'opinion de Lombroso et d'autres observateurs sur la ressemblance plus grande des deux sexes dans le monde du crime, soit que les hommes se féminisent ou que les femmes aient l'air masculin.

(2) Ces stigmates, d'ailleurs, comme l'a montré M. Lacassagne, ne dénotent pas « le trouble actuel ou éventuel des facultés cérébrales ».

dressé par M. Colajanni (1), et duquel il résulte que les provinces italiennes où se rencontre le maximum de maladies et de difformités corporelles qui caractérisent les dégénérés et surtout les dégénérés alcooliques, à l'occasion desquels cependant semble se vérifier le mieux la thèse de M. Féré, sont précisément les plus morales, celles du nord, tandis que les plus criminelles, celles du sud, se distinguent par leur belle santé. Cette comparaison toutefois donne-t-elle le droit de conclure que « la dégénérescence constitue la meilleure condition pour l'accroissement de la mortalité ? » Assurément non, et je ne crois pas non plus que ce soit là l'idée de M. Colajanni. La vérité est que la criminalité violente et hardie des provinces incultes de l'Italie exclut, à raison de son caractère même, la participation des natures énervées et dégénérescentes, tandis que la criminalité voluptueuse et astucieuse des provinces cultivées admet parmi ses agents les volontés faibles. M. Féré fait à propos des dégénérés une remarque qu'il est bon de retenir : « ils subissent facilement, dit-il, l'influence du milieu ; ils se laissent communiquer les émotions et les passions du moment, dont ils se font souvent les trop dociles instruments ; on les voit sujets à la contagion du suicide comme à la contagion du meurtre. » C'est là le vrai mot ; et il suit de là que la dégénérescence, quand elle est liée au crime, aboutit à lui non en vertu d'une affinité et d'une attraction quelconque, mais par défaut de résistance à une impulsion criminelle qui vient d'ailleurs (2).

VI. — La question est de savoir, à présent, si cette impulsion, par hasard, viendrait du tempérament épileptique. Arrêtons-nous quelques instants sur cette hypothèse de Lombroso,

(1) *Sociologia criminale*, t. 1, tableau annexé à la fin du volume. V. aussi p. 315 et 317.

(2) Schopenhauer reproche à Gall d'avoir cherché dans le cerveau les bosses du crime ou des qualités morales. Il y voit avec raison un démenti à sa doctrine qui (voir *le Monde comme volonté et représentation*, traduit par Burdeau) incarne la nature morale de l'homme, la volonté, le *caractère*, dans l'*ensemble de l'organisme*, et ne localise dans le cerveau que l'intelligence, phénomène accessoire et secondaire d'après le célèbre penseur allemand. Il serait donc contradictoire à ce point de vue — si profond à tant d'égards, si plein de pressentiments scientifiques, notamment au sujet de l'hypnotisme, — d'admettre un type criminel caractérisé principalement par des anomalies cérébrales. En revanche, il me semble parfaitement conforme à ce système, de considérer la criminalité instinctive comme liée aux anomalies somatiques de la dégénérescence. Or, c'est ce qui paraît le mieux prouvé.

si singulière qu'elle paraisse. Lombroso ne dit pas que tout épileptique soit un criminel (1), mais il prétend prouver que tout vrai criminel est un épileptique plus ou moins déguisé. L'épilepsie serait le genre dont la criminalité serait la variété la plus répandue. Il passe en revue toutes les espèces de criminels, le criminel-né ou par folie morale, le criminel par passion, le criminel par folie, par hystérie, par alcoolisme, voire même le criminel d'occasion et le *criminaloïde*, et, au fond d'eux tous, il découvre les traces de tempérament épileptique ou *épileptoïde*. A première vue, une généralisation aussi abusive, en dépit des restrictions que l'auteur y apporte çà et là, mais qu'il oublie un instant après, ne paraît pas mériter l'examen. Elle se heurte d'emblée à l'insolence des chiffres. Le docteur Marro, de Turin, est un élève de notre auteur, son compatriote, et à l'époque où il composait son excellent livre sur *I caratteri dei delinquenti*, il ne pouvait ignorer l'importance que son maître attribuait dès lors à l'épilepsie. Son attention avait donc été dressée à ne point laisser échapper les moindres signes de cette affection en étudiant ses sujets. Cependant sur les 507 délinquants hommes observés par lui, il n'a trouvé que 20 cas d'épilepsie. Encore ajoute-t-il qu'*un seul* de ces 20 avait commis un délit sous l'influence directe de l'accès épileptique, chose vraiment surprenante si l'on veut que l'épilepsie soit le ferment organique spécial de la criminalité. Bien mieux, la proportion des épileptiques dans les prisons italiennes, d'après les études statistiques du même écrivain, est tout au plus de 0,66 pour 100 ; et Lombroso lui-même avoue qu'elle est seulement de 5 p. 100 !

La réfutation de l'idée dont il s'agit, si on la prend au pied de la lettre, est donc aisée. Trop aisée même ; et l'on a peine à croire qu'un savant de cette envergure ait pu se fausser à ce point l'esprit par précipitation de jugement. On reste convaincu au contraire, je ne sais pourquoi, après avoir lu attentivement son ouvrage, que, sous son amalgame d'observations et de con-

(1) D'après les recherches de Totini, cité par lui, la proportion numérique des menteurs, des voleurs, des pervers de toutes catégories, parmi les épileptiques, ne s'élèverait qu'à 4 ou 5 pour cent. (Elle serait, il est vrai, égale à 63 p. 100 d'après Cividalli). Le Dr Laurent, dans son ouvrage cité plus haut, dit avoir rencontré l'hystérie bien plus souvent que l'épilepsie, et rarement celle-ci, dans les antécédents des criminels

jectures, s'agite une idée profonde, comme une source sous un éboulement. Il a cherché, et c'est là le côté neuf de son livre, un trait d'union, un même foyer virtuel ou réel aux diverses formes de la criminalité : il a voulu rattacher intimement les uns aux autres, par un lien de chair, la férocité froide de l'assassin de race, sans peur et sans remords, le délire homicide de l'aliéné qui pleure après son crime, l'explosion meurtrière du coupable par passion ou par ivresse, l'aberration désastreuse du fanatique ou du *mattoïde*, la routine professionnelle du voleur d'occasion tombé dans l'engrenage de la récidive, la scélératesse impunie du criminel latent, du bandit homme d'Etat, ce privilégié des temps égalitaires ou ce favori des cours, suivant les régimes.

Or, je crois bien voir qu'il s'est trompé en spécifiant ce lien si intime, mais non que ce lien n'existe pas ou qu'il n'y a pas quelque chose de vrai dans cette *importance physiologique* et non pas seulement juridique prêtée au crime. Je puis accepter, en ce qui me concerne, cette importance physiologique, sans être embarrassé, comme on le verra, pour la concilier avec mon explication avant tout sociologique du crime. Or, que ce triste phénomène social ait ses racines profondes dans le cerveau, c'est ce que doit nous faire conjecturer d'abord un fait sur lequel Lombroso insiste incidemment, mais à un autre point de vue. Ce fait bien connu, que certaines formes classiques de l'aliénation mentale, la monomanie homicide, la cleptomanie, la pyromanie, l'érotomanie, correspondent aux formes différentes et permanentes du crime, au meurtre, au vol, à l'incendie, au viol, ne prouve pas le moins du monde, en effet, la commune origine du crime et de la folie ; mais en revanche, il montre que l'acte criminel n'est pas, cérébralement, une action comme une autre, et qu'il y aurait encore lieu d'admettre la possibilité, sinon la probabilité de sa localisation spéciale, alors même qu'on rejetterait celle de tout autre mode d'activité. On peut être frappé de voir qu'il y a des catégories de folies caractérisées par une impulsion irrésistible à tuer, à voler, à violer, à détruire, tandis qu'il n'y a en a aucune qui soit caractérisée essentiellement par une impulsion irrésistible à ramer, à labourer, à piocher, à tisser de la toile, etc. Ce sont là pourtant de bien antiques actions, répétées et multipliées depuis des siècles par d'innombrables générations. Mais il paraît que cette répétition si prolongée n'a pas suffi à fixer le désir de ses actions en instincts physiologiques, ayant un siège distinct dans les cellules du cerveau. Il faut donc, puisqu'il semble en être autrement pour le crime, que le crime, malgré sa moindre répétition, sinon sa moindre antiquité, ait joué dans l'humanité un rôle supérieur en force, en profondeur d'impression, à ces actes de la vie commune. Justement parce qu'il a toujours été l'exception, il a été le monstre, la sensation vive qui frappe de son sceau l'être moral et descend jusqu'à l'être physique. Il partage ce privilège avec ces autres actes qui, quoique grossiers et très communs, intéressent fortement l'organisme : boire des excitants (dipsomanie), manger gloutonnement (certaines formes d'hystérie), abuser des plaisirs sexuels, etc.

Mais revenons à l'épilepsie. Je ne suivrai pas Lombroso à travers les diverses *boges* de l'Enfer dantesque où il nous conduit. Pour donner une idée de sa méthode, bornons-nous à résumer son argumentation relative au *fou moral*, autrement dit au criminel-né, avec lequel, d'après notre auteur, il se confond presque. Les fous moraux, d'après lui, ressemblent aux épileptiques par les traits suivants. Même retard dans l'*équation personnelle* relativement aux gens normalement constitués. Même vanité. Même penchant à se contredire et à tout exagérer. Même irritabilité morbide, mauvais caractère, lunatique et soupçonneux. Même obscénité. (Incidemment, le coït est assimilé à la convulsion épileptique de même que l'*accès de génie* et la furie criminelle. L'*accès de génie*, notamment par son instantanéité, sa violence, l'amnésie consécutive (?), est épileptiforme... On se demande ce que signifie, au net, l'épilepsie ainsi comprise). Même disvulnérabilité. (Observons que la disvulnérabilité des malfaiteurs *ruraux*, illettrés, leur est commune avec toutes les personnes de leur classe; celle des malfaiteurs urbains, raffinés, est imaginaire) (1). Même cannibalisme : Cividali a vu un épileptique « manger le nez à trois de ses compagnons ». (Soit, mais dans les batailles après boire, entre paysans, on voit souvent l'un des

---

(1) Voir *le Crime*, de Henry Joly, à ce sujet.

combattants, point épileptique le moins du monde, enlever avec les dents un morceau du nez ou de l'oreille de l'autre. Ici, la persistance de sauvages habitudes, remontant aux lointains aïeux, peut être invoquée comme explication. Mais, chez l'épileptique, les excès dont il s'agit ont une autre origine, nous le verrons.) Même tendance au suicide. Même penchant à s'associer : dans les maisons de santé, les épileptiques se distinguent des autres aliénés par le goût de l'association qui leur est commun avec les pensionnaires des maisons d'arrêt. (Ajoutons : et avec les honnêtes gens. Si l'épileptique est sociable, c'est simplement parce qu'il n'est pas fou (1), quoi qu'en dise Lombroso. Car la folie est, par essence, l'isoloir de l'âme.)

N'objectez pas à toutes ces similitudes plus ou moins factices (2) que, par deux caractères au moins, l'intermittence des accès et l'amnésie consécutive, l'épileptique contraste avec le criminel-né. On vous répondra que, d'après les gardiens des prisons, les prisonniers ont dans leur journée un *mauvais moment*, et que, d'après Dostoïesky *(Maison des morts)*, le retour du printemps surexcite l'instinct de vagabondage chez les détenus. (Nous verrons plus loin que tout, psychologiquement, et non pas les seuls penchants criminels, est périodique). Lombroso et son collègue Frigerio disent avoir observé que, les jours d'orage, où les accès des épileptiques deviennent plus fréquents, les hôtes des prisons deviennent plus dangereux, déchirent leurs

---

(1) Je veux dire qu'il n'est pas fou dans l'intervalle de ses accès, malgré l'empreinte permanente que le tempérament épileptique imprime au caractère. Quant à l'accès épileptique, on doit y voir une folie intermittente, une *manie* passagère.

(2) Autre analogie, bien inattendue, entre les criminels-nés et les épileptiques. Leur manière de marcher, étudiée suivant la méthode de Gilles de la Tourette, est la même, et diffère pareillement de celle des gens ordinaires. A l'inverse de ceux-ci, les individus anormaux dont il s'agit, marchent en faisant le pas gauche un peu plus long que le droit; en outre, toujours contrairement à l'allure morale, ils s'écartent de la ligne d'axe un peu plus à droite qu'à gauche, et leur pied gauche, en se posant à terre, forme avec cette ligne un angle de déviation plus prononcé que l'angle formé par leur pied droit. Tels sont les trois caractères par lesquels, d'après les mesures du Dr Perrachia et de Lombroso lui même, l'allure des coquins non moins que leur conduite, s'opposerait à celle des honnêtes gens et ressemblerait à celle des malheureux atteints du mal caduc. Par malheur, on ne nous dit pas sur quel chiffre d'observations ces conclusions sont fondées; et il est fort possible qu'un nouvel anthropologiste, reprenant les recherches du Dr Perrachia, arrive à des résultats tout contraires, comme il est arrivé trop souvent en anthropologie criminelle.

vêtements, brisent leur mobilier, frappent leurs surveillants. Dans certains cas, nous dit-on encore, il y a une sorte d'*aura* criminelle qui précède le délit et le fait pressentir, et l'on nous cite un jeune homme « dont la famille s'apercevait qu'il méditait un vol quand il portait continuellement la main au nez, habitude qui finit par le lui déformer ». Quant à l'éclipse de mémoire après l'accès délictueux, elle a été observée par Bianchi sur quatre fous moraux, et l'on sait aussi que les enfants, ces criminels temporaires, ont l'oubli facile de leurs méfaits. Mais qu'est-ce que les enfants n'oublient pas très vite, méfaits ou même bienfaits ? (1)

On ne doit pas oublier qu'il y a une forme d'épilepsie sans convulsion, consistant en vertiges. Cette dernière, la plus profondément perturbatrice, d'après Esquirol, s'accompagne plus fréquemment que l'autre de tendances vénériennes, homicides, frauduleuses, incendiaires, chez des gens réputés honnêtes auparavant. Toutes les fois qu'on observe, chez les jeunes délinquants surtout, une certaine périodicité intermittente des impulsions délictueuses, il y a donc lieu de soupçonner leur nature épileptique. D'après Trousseau, quand un individu, *sans motifs,* commet un homicide, on peut affirmer qu'il a agi sous l'influence de l'épilepsie. De l'épilepsie ou de quelque autre névrose ? En tout cas, épileptique ou non, l'auteur d'un meurtre exécuté *sans motif,* ne saurait être, en général, et sauf l'exception que nous verrons plus loin, qualifié criminel. Il y a des cas, dit-on, où l'épilepsie, longtemps latente, ne se révèle que postérieurement aux délits, commis sans doute sous une influence inaperçue. Cela est vrai et cela est fâcheux ; mais cela ne prouve pas qu'il en soit toujours ainsi, ni qu'il faille assimiler au voleur qui vole conformément à son caractère habituel et fondamental, le voleur qui vole conformément à son caractère morbide et passager, greffé sur l'autre par un trouble cérébral. Dans le premier cas, le sujet est responsable, il est irresponsable dans le second. Lorsqu'on a, nous dit-on encore, des informations complètes sur la parenté des criminels et des épileptiques, on

---

(1) Il en est, du reste, de l'amnésie épileptique comme de l'amnésie hypnotique, qui n'est pas sans de nombreuses exceptions, comme le prouvent les sujets de M. Delbœuf.

voit, chez leurs parents et leurs aïeux, l'épilepsie alterner avec la criminalité. Mais l'alternance et l'identité font deux. La folie aussi alterne souvent avec le génie dans une famille, et la nuit avec le jour dans le ciel.

Pour bien marquer la nature du dissentiment qui, à mon grand regret, me sépare de Lombroso, je citerai un exemple qui lui est cher, celui du fameux Misdéa. Ici notre auteur semble triompher, parce qu'en effet la criminalité native et l'épilepsie sont enchevêtrées au point de désespérer l'analyse. Il n'est pas impossible cependant de les démêler si l'on a égard à nos principes sur la responsabilité pénale. En deux mots, Misdéa était un mauvais soldat italien, fourbe, haineux, violent, vaniteux, paresseux, insensible, et, avec cela, épileptique, qui, dans un accès final, provoqué par le plus futile froissement d'amour-propre, s'enferma dans une chambre de la caserne, et de là se mit à fusiller ses camarades dont il croyait avoir à se plaindre. Il fallut un siège en règle pour le désarmer. Or, en lui, nous dit-on, « l'insensibilité, la paresse, la vanité, la violence, la haine poussée jusqu'au cannibalisme, tous ces caractères que nous retrouvons dans le criminel-né et le fou moral sont exagérés par l'épilepsie. » Exagérés, soit, mais non créés. N'y avait-il pas, chez Misdéa, indépendamment de l'épilepsie, l'étoffe d'un criminel ? Et si par hypothèse, cette étoffe lui eût manqué, c'est-à-dire s'il n'eût été ni paresseux, ni orgueilleux, ni vindicatif, ni cruel, ni menteur, est-ce qu'il eût commis, dans un accès d'épilepsie, les meurtres qui l'ont conduit à l'échafaud ? Le dernier vertige épileptique qui l'a saisi paraît n'avoir fourni à ses virtualités criminelles qu'une occasion de se révéler. Et cette occasion aurait pu lui être procurée aussi bien, sinon mieux, par certaines circonstances de la vie sociale où d'autres malfaiteurs que lui se sont trouvés ; comme, par exemple, si un outrage réellement grave eût été infligé à son orgueil ou si l'excès de la misère l'eût acculé, un beau jour, au choix inévitable entre le travail, repoussé par sa paresse, et l'assassinat, accepté par son insensibilité. Dans ce dernier cas, combien les homicides qu'il eût commis, moins atroces peut-être dans la forme, eussent été plus dignes pourtant du nom de crimes ! Son caractère en se manifestant de la sorte sous un nouvel aspect, fût resté le même au fond ; tandis que la manifestation par l'épilepsie en a été, outre l'exagération, la *dénaturation* partielle. D'un lâche, notamment, elle a fait un brave, un héros sinistre, qui tient tête seul à tout un régiment. Par là le Misdéa habituel est devenu en partie irresponsable moralement des crimes qui lui ont été imputés, et à raison desquels je ne regrette guère, d'ailleurs, qu'il ait été exécuté. Mais supposons que Misdéa, en temps ordinaire, eût été laborieux, modeste, bon, franc, généreux ; si, par hasard, dans un accès d'épilepsie il eût tué un de ses camarades, croit-on qu'il eût été condamné. Acquitté, à coup sûr, et enfermé dans quelque asile.

Et cependant le meurtre commis par lui dans cette hypothèse aurait pu être motivé de même par un froissement d'amour-propre. Il suffit de supposer que l'altération de sa personnalité aurait porté sur sa modestie, transformée brusquement en vanité maladive, comme elle a porté sur sa lâcheté, devenue intrépidité. Lombroso a l'air de penser que lorsqu'un acte de violence ou de fraude commis par un épileptique ou un fou se présente précédé d'un motif, si grand que soit l'écart entre la futilité du motif et la gravité de l'acte, ou mieux entre le caractère momentané, accidentel, exprimé par le motif et le caractère permanent, essentiel, de la personne, on ne saurait distinguer raisonnablement l'acte ainsi commis d'un acte analogue commis par un criminel jugé tel sans contestation. Mais c'est une erreur. Il n'y a peut-être pas de meurtre commis par un fou, dans un moment d'impulsion maniaque, qui n'ait sa cause dans une passion propre à cet aliéné en ce moment-là. Si l'on a égard à l'intensité de cette passion, jalousie conjugale ou fureur de vengeance exaspérée, on verra qu'il y a le plus souvent proportion entre le motif (imaginaire) et l'acte. Mais cette proportionnalité ne suffit pas à prouver la criminalité de l'agent. A l'inverse, il peut y avoir la disproportion la plus énorme, en apparence du moins, entre un homicide et la circonstance qui l'a déterminé, sans que le meurtrier cesse d'en être pleinement responsable. Tel négus d'Abyssinie, tel roi de Dahomey qui voit l'un de ses sujets ne pas s'aplatir assez vite contre terre sur son passage, entre en fureur et lui tranche la tête d'un coup de sabre. Mais, à la différence de Misdéa, ce bandit couronné n'a pas, même partiellement, changé de caractère en exerçant une vengeance si féroce pour réparation d'une si faible offense. Aussi sa responsabilité morale, suivant nous, est-elle entière, à cela près que, alcoolisé par sa toute-puissance, il pourrait bien être en proie à une sorte de *delirium tremens* chronique. Mais beaucoup de brigands urbains ou ruraux, civilisés ou barbares, qui n'ont pas la même excuse à alléguer, arrivent pareillement, après une longue carrière d'assassinats cupides ou vindicatifs, à tuer un homme pour un gain de quelques centimes ou une simple injure, ou même, très rarement, pour le seul plaisir de tuer ; et, bien qu'ici le crime puisse être réputé sans motif, ou sans motif suffisant, la culpabilité de l'auteur n'en est pas le moins du monde atténuée. Car, à la longue, le goût du sang pour le sang chez le meurtrier, comme la soif de l'or pour l'or chez l'homme cupide, est, non pas une anomalie, non pas un symptôme d'aliénation de soi, mais, au contraire, l'expression et le fruit de leur nature la plus propre, de celle qu'ils se sont faite eux-mêmes et peu à peu, par la consolidation de leur volonté en habitude.

— Lombroso se donne, inutilement, beaucoup de mal pour tâcher de découvrir des traces d'épilepsie au fond du délinquant d'occasion lui-même. Ce que je lui accorde bien volontiers du reste, c'est qu'on a eu tort de creuser un abîme entre le délinquant d'accident et le délinquant d'habitue. Le malheur est que l'occasion est toujours le point de départ d'une habitude. Seulement l'occasion n'agit que par sa rencontre avec une condition interne du sujet, condition produite soit par l'hérédité, soit par l'éducation, soit plutôt par une combinaison des deux, mais, en tout cas, par une action directe ou indirecte du milieu social où les ancêtres de l'individu ont été constamment baignés comme lui-même. Distinguons, si l'on veut, les délinquants *d'hérédité* et les délinquants *d'éducation*. Or, dans ce dernier cas, c'est-à-dire quand la condition interne du délit est le fruit non de l'hérédité principalement, mais de l'imitation sous toutes ses formes (1), que vient faire ici l'épilepsie? Lombroso lui-même

(1) A ce propos, je ne puis m'empêcher de remarquer une fois de plus la fécondité de cette force sociale de l'imitation, qui se traduit par les effets les plus opposés. A son premier pas dans le crime, l'égaré a rompu momentanément avec son misonéisme ordinaire, il a innové, comme l'inventeur; mais, aussitôt après, il retombe fatalement sous le poids de l'habitude et de la cou-

nous parle (p. 430) d'une bande d'assassins composée de dix frères ou sœurs; seule, la plus jeune des sœurs, tout enfant (que devient ici la criminalité infantile?) se refusait à voler et à verser le sang; mais, contrainte par force à suivre ses parents, elle en arriva à être avec le temps la plus féroce d'eux tous. Etait-elle épileptique? Il ne nous le dit pas.

Nous croyons donc pouvoir assurer qu'il n'a pas prouvé sa thèse. Mais, en le lisant, on a le sentiment qu'il tourne autour d'une vérité. Je n'ai pas la prétention de la dégager entièrement. Il est cependant un aspect de cette inconnue qui me semble se laisser entrevoir çà et là, et dont la notion m'est suggérée par les explications finales de l'auteur sur la nature de l'épilepsie. Il était bien temps, à dire vrai, qu'il s'expliquât à ce sujet. Il acquiesce (p. 450) à la définition qu'en donne Venturi, et qui ne manque ni de profondeur ni surtout de largeur. Le tempérament épileptique, suivant Venturi, c'est simplement le tempérament outrancier, excessif en tout, en bien comme en mal: « aux mouvements, à la sensation, à l'émotion, à la rougeur, aux larmes, au jugement de la personne normale, correspondent les convulsions, l'hallucination, l'épouvante, la fureur, la congestion, la bouche écumante, le délire de l'épileptique »; ici et là, c'est la même vie nerveuse, plus ou moins fortement exprimée. Ce point de vue est acceptable si l'on observe, avec le même écrivain, que, chez les sujets les plus sains, une excitation brusque et forte peut donner lieu à des manifestations de colère, de peur, de jalousie, d'érotisme, assez semblables à des accès d'épilepsie, *et tendant comme ceux-ci à se reproduire plus tard spontanément* dans des circonstances propices. — Comme cela est vrai! Qui de nous n'a ressenti au cours de sa vie quelqu'une de ces fortes secousses du cœur, de ces perturbations à fond, motivées à l'ori-

---

tume, à cela près qu'il s'agit d'une habitude nouvelle et d'une coutume différente, circonscrite au petit monde de la haute ou basse pègre. Ainsi, la même cause qui nous retient sur la pente de la première faute, à savoir l'obéissance à l'habitude et à la coutume, l'imitation de nous-mêmes, et de notre milieu, nous conduit à récidiver, une fois la première faute commise. La raison pour laquelle les honnêtes gens restent honnêtes est la même pour laquelle les délinquants sont récidivistes. Cette progression des récidives, si souvent signalée de nos jours et si frappante, est donc une des meilleures contre-épreuves de mon principe sociologique. J'admire avec quelle simplicité s'opère ainsi dans nos sociétés cette loi de ségrégation qui s'étend à la nature universelle.

gine, mais plus tard renaissantes d'elles-mêmes et sous le plus léger prétexte, comme si leur empreinte dans l'intervalle avait subsisté en nous? Un cheval jusque-là tranquille, qu'une ombre ou une pierre blanche a épouvanté au crépuscule, se cabre dès lors, de temps en temps, à la même heure devant un fantôme intérieur. Ne peut-on pas dire que, depuis ce jour, il est devenu en quelque sorte épileptique? Un accès de passion quelconque fixé en un cliché cérébral distinct serait donc un commencement d'épilepsie. L'épilepsie, en ce sens, ne serait que la passion stéréotypée en quelque sorte.

Or, je n'ai pas besoin de faire remarquer que, même entendue ainsi, l'épilepsie n'explique pas suffisamment le crime, puisqu'elle explique aussi bien son contraire, et il est visible, en tous cas, qu'elle en serait l'explication sociale aussi bien que naturelle. On peut dire aussi qu'en s'élargissant à ce point, le cercle de l'épilepsie s'est tout à fait déformé. Il en subsiste pourtant un caractère essentiel et instructif à considérer: l'intermittence, la périodicité. Sans l'épilepsie proprement dite, l'importance de ce caractère, commun à tous les phénomènes psychiques il est vrai, mais en elle plus marqué qu'en nul autre, aurait pu ne pas frapper. Mais par elle nous pouvons apprendre qu'il y a en nous beaucoup de roues invisibles en train de tourner à notre insu pour faire détendre périodiquement quelque ressort terrible, pour faire éclater quelqu'une de ces substances explosibles intérieures que nous portons sans le savoir. Ces rotations innombrables et incessantes, qui sont la vie inconsciente de nos souvenirs, de nos désirs, de nos sentiments latents, la répétition continuelle de tout ce qui est entré une fois en nous par voie d'impression accidentelle, s'accomplissent dans l'intérieur de nos cellules cérébrales. C'est grâce à ces tournoiements sans fin, multipliés et enchevêtrés, que parfois des rencontres ont lieu en nous, d'où jaillissent des actes inattendus d'audace ou de perversité, des traits de folie ou de génie, qui nous étonnent nous mêmes; comme c'est grâce aux gravitations compliquées des astres que s'opèrent leurs conjonctions, d'où résultent des éclipses ou des moments de sublime éclat. Tout est périodique dans le moi, normal ou non, et les idées ou les velléités maladives ne sont pas les seules qui tendent à se répéter sans être appelées, mais ce sont celles qui y réussissent le mieux et le plus irrésistiblement. Si raisonnables d'ailleurs, si exempts de toute névrose que nous puissions être, nous ne pouvons nous empêcher de graviter dans une ellipse de pensées, d'actions, d'émotions qui se rééditent de jour en jour, de saison en saison, de circonstances en circonstances analogues. L'espèce de tristesse enchantée et poignante, toujours la même, que ramène invariablement dans beaucoup d'âmes le retour du printemps et qui les force alors à suspendre tout travail, a ses sources dans les chagrins d'amour de leur première jeunesse, oubliés et confusément ressuscitants avec accompagnement d'autres réminiscences décevantes, harmoniques de cette note et timbre de ce son. Cela forme un concert spontané du cœur, une sorte d'orgue de barbarie interne, plaintif et déchirant, qu'il est impossible d'arrêter. Certaines dispositions à la joie, sans cause apparente, qui durent pendant des semaines, s'expliquent par la résurrection vague d'anciens bonheurs. Mais il est aussi chez les malheureux qui ont souffert de grandes privations, de grandes humiliations, de mauvais traitements, dans leur enfance ou leur jeunesse, des jours où gronde en eux une sourde colère inexplicable, un besoin confus de haine et de vengeance, une envieuse cupidité. Et si, en de tels moments, quelqu'un les offense ou si quelque proie les tente, un homicide, un incendie, un vol pourront être la suite de cette fatale coïncidence. Et puis, le crime une fois fait, il y aura des jours, des mois où une sorte d'appétit criminel, indéterminé et inassouvissable leur reviendra on ne sait pourquoi ; car le crime imprime caractère, et, comme il n'est pas de sensation plus forte que celle-là, il n'en est pas qui se fixe en un cliché plus profond.

Mais, précisément parce que la périodicité dont il s'agit s'étend au monde entier de notre conscience et de notre inconscience, il ne suffit pas de la constater, de la découvrir là où elle est moins marquée, par analogie avec les phénomènes où elle l'est plus, pour avoir le droit de juger l'individu irresponsable de ce qui apparaît ou éclate en lui spontanément. Il y a ici des distinctions à établir. Le plus souvent l'ellipse de souvenirs ou d'habitudes dont je viens de parler est vraiment nôtre, parce que c'est avec notre adhésion ou d'après notre volonté initiale qu'elle a été tracée ; ou bien parce qu'elle est la perpétuation et l'assimilation intérieure d'accidents qui nous sont devenus essentiels, de cicatrices qui font partie de notre signalement ; comme la courbe décrite par les planètes, elle ne nous fait traverser en général que des états peu dissemblables les uns des autres, non évidemment contradictoires, du moins. Au contraire, l'ellipse démesurée où la folie nous projette, comme des comètes précipitées de l'extrême chaud à l'extrême froid et *vice versa*, nous aliène et nous dénature à chaque instant. On dira qu'entre ces caractères opposés il y en a beaucoup d'intermédiaires. Oui, sans doute, mais il y en a moins qu'on ne croit ; les planètes sont en somme assez nettement séparées des comètes, et, s'il a existé dans le passé des corps célestes hybrides, ils ont disparu ; les frontières de la folie, quoi qu'on en dise, sont une zone assez mince, et la demi-folie est un état d'équilibre instable où l'on ne séjourne jamais longtemps. Dans l'âme, comme dans la société, il n'y a guère de milieu entre l'ordre et le désordre. Ce qu'on appelle l'ordre dans la vie individuelle ou dans la vie sociale, n'est qu'un enchaînement harmonieux d'idées et d'actions périodiques avec le moins possible de périodes en conflit. Alors il y a identité sociale. Mais quand des périodes éruptives surgissent, quand le tissu des périodes enchaînées qu'on appelle travail, industrie, justice, ou santé, équilibre mental, vient à être déchiré par ces éruptions, il y a désordre ou folie, anarchie ou épilepsie. Et d'un de ces états à l'autre, la transition en somme est toujours brève.

Un certain ordre, à la vérité, peut bien se glisser à la longue dans le désordre même, mais il reste subordonné à celui-ci et ne sert qu'à l'accentuer davantage. Par exemple, il est à remarquer que les répétitions d'accès morbides, irrégulières au début, tendent à se régulariser. Chez les alcoolistes qui s'enracinent dans leur vice, le retour des troubles affecte, dit le Dr Vétault (1), « une période régulière ». Chez les dipsomanes pareillement. Un ivrogne, cité par le même savant, toutes les fois qu'il avait

---

(1) Voir son travail sur l'*Alcoolisme*.

trop bu, répétait machinalement un délit identique : il s'emparait d'une voiture et d'un cheval momentanément abandonnés par leur propriétaire.

D'autres conséquences sont à tirer des considérations ci-dessus. La répétition héréditaire des qualités intellectuelles et morales présentées par les ascendants rentre, comme un cas singulier, dans la périodicité générale des faits psychologiques. Ce cas est celui où la période excède la durée de l'individu et même parfois embrasse plusieurs générations. Spontanément, tout comme un accès d'épilepsie dans une âme calme, une organisation vicieuse ou perverse éclate dans une famille honnête. Le travail, répétition des mêmes actes, des mêmes idées, à intervalles très rapprochés ; l'habitude proprement dite, le souvenir et l'instinct, répétition d'actes et d'idées à intervalles déjà plus grands ; l'hérédité enfin et l'atavisme, répétition de tendances à certains actes et à certaines idées, à travers des temps considérables ; ce sont là autant d'ondes concentriques qui vont s'étendant et se compliquant, se greffant les unes sur les autres. Ajoutons que, sur ces formes diverses de l'imitation *de soi*, de l'imitation esclave et prisonnière de la vie organique, se greffent à leur tour toutes les formes supérieures de l'imitation d'autrui, de l'imitation libre, émancipée dans l'immense monde social. Mais, au centre de toutes ces rotations, comme premier moteur, il y a toujours une volonté, à laquelle la société a suggéré son but. Par tous les chemins on remonte à cette source du délit.

VII. — Si le groupe, aussi bariolé que nombreux, aussi changeant que persistant, des malfaiteurs, n'est uni par aucun lien vital à vrai dire, s'il n'existe entre eux ni cette parenté pathologique qu'établirait une même forme de dégénérescence ou d'aliénation mentale, un même ensemble de maladies dont ils seraient affectés, ni cette parenté physiologique qu'attesterait leur commune ressemblance avec des ancêtres supposés, de quelle nature alors est le lien qui les rapproche et leur donne souvent une physionomie spéciale, plus aisée à saisir qu'à formuler? A notre avis, c'est un lien tout social, le rapport intime qu'on observe entre gens adonnés au même métier ou à des métiers de même sorte ; et cette hypothèse suffit à rendre compte des particularités anatomiques mêmes, mais surtout physiologiques et psychologiques, qui distinguent les délinquants. Parlons des premières d'abord. Nous avons dit, dans un chapitre antérieur, pourquoi toute profession, soit ouverte à tous, soit murée en caste, doit à la longue recruter ses membres parmi les individus les mieux doués et les mieux conformés pour y réussir, ou développer héréditairement chez ses membres les talents et par suite les conformations qu'elle préfère. Il en est ainsi, non seulement de toute profession, mais de toute classe, de toute catégorie sociale plus ou moins nettement définie. Par exemple, une série de crânes d'*hommes distingués* — on entend par là l'élite de l'ensemble des professions libérales — se signale, d'après M. Manouvrier, par une face relativement petite, un beau développement frontal et surtout une capacité cubique très supérieure à la moyenne (1). En entrant dans le détail, en étudiant à part les artistes, les savants, les philosophes, les ingénieurs, on serait certainement conduit à tracer de chacun de ces groupes un portrait typique assez caractérisé. Il est même probable qu'il pourrait être facilement plus net et moins douteux que le fameux type criminel. En effet, de toutes les carrières, la carrière criminelle est bien celle où l'on entre le moins souvent par libre choix et où, par suite de l'extinction rapide des familles vicieuses, la transmission héréditaire des aptitudes a moins le temps de s'exercer. On y est jeté dès sa naissance; c'est le cas habituel; la plupart des meurtriers et des grands voleurs ont commencé par être des enfants abandonnés, et le vrai séminaire du crime doit être cherché sur chaque place ou chaque carrefour de nos villes, petites ou grandes, dans ces volées de gamins pillards qui, comme des bandes de moineaux, s'associent pour le maraudage d'abord, puis pour le vol, à défaut d'éduca-

---

(1) On a été surpris de remarquer, en Angleterre, que la classe des *clergymen* se distinguait du reste de la nation par une proportion de naissances masculines très supérieure à la moyenne générale. Bertillon, d'ailleurs, a constaté que chaque profession donne une proportion différente, et constante en chacune d'elles, de la natalité masculine comparée à la natalité féminine. Si l'on réfléchit que l'acte de la génération est comme le confluent et la condamnation de toutes les activités organiques, on sera porté à voir dans l'observation qui précède une raison de penser que toute classe, tout métier a sa caractéristique physiologique et aussi bien anatomique.

tion et de pain au logis (1). L'entraînement des camarades, souvent sans prédisposition naturelle, a décidé la voie de ceux-ci. Cependant il en est d'autres que la logique fatale de leurs vices a acculés au dilemme du délit ou de la mort. Et même des précédents on peut dire en général que la préférence accordée par eux à l'exemple d'une petite minorité de coquins sur l'exemple de l'immense majorité laborieuse, dénote en eux quelque anomalie de nature; quoiqu'on puisse répondre qu'il en est de l'imitation comme de l'attraction qui s'exerce en raison inverse du carré des distances. Il serait donc permis à l'enfant le plus normalement organisé d'être plus influencé par une dizaine d'amis pervers dont il est enveloppé que par des millions de concitoyens inconnus. Malgré tout, il n'est pas douteux que l'avancement dans le métier du meurtre et du vol suppose d'ordinaire une vocation véritable, plus ou moins vaguement reconnaissable à un œil exercé. Aussi MM. Topinard et Manouvrier sont-ils amenés séparément à cette conclusion que les criminels forment une de ces « catégories professionnelles » dont il vient d'être question.

On s'explique ainsi pourquoi, malgré l'insuccès des tentatives faites jusqu'ici pour saisir l'insaisissable, pour prouver scientifiquement la justesse de ce que la vue des malfaiteurs fait souvent éprouver, l'existence d'un flair spécial qui révèle au policier expérimenté, à l'observateur sagace, les tendances criminelles d'un homme de « mauvaise mine », n'est pas contestable. De la phrénologie il ne reste rien, mais il y a eu des phrénologues qui ont fait preuve assez souvent d'une divination frappante. Lauvergne cite plusieurs diagnostics de ce genre dans son livre sur les *Forçats*. De la *physiognomonie*, il ne reste pas grand'chose; mais il y a eu et il y a toujours des physionomistes depuis Lavater. De la graphologie, qui est assez à la mode en ce moment, que restera-t-il dans dix ans? Je l'ignore; mais à coup sûr il y aura longtemps encore des graphologues qui, sept

---

(1) La plupart des voleurs, dit Lauvergne, « ont été enfants des rues, fils abandonnés d'un père sans ressources » ou d'une prostituée. Voir dans la *Criminalitad in Barcelona*, par Gil Maestre, magistrat espagnol des plus compétents (1886), des détails intéressants sur ces bandes de malfaiteurs précoces. Nous les résumons plus loin.

ou huit fois sur dix, à l'inspection d'une écriture devineront le caractère du « scripteur ». Eh bien, sans vouloir le moins du monde humilier l'anthropologie criminelle par ce rapprochement, je me permettrai d'ajouter que, dût-elle périr un jour, les anthropologistes criminels ne laisseraient pas de lui survivre et de montrer leur sagacité à l'occasion. Du reste l'énumération de tant d'insuccès consécutifs n'a rien de décourageant pour elle; combien de fois n'a-t-on pas vu, dans la science et ailleurs, l'obstination des défaites successives attester la force et la solidité de certaines causes, et présager leur triomphe futur ?

Seulement, remarquons-le, le flair spécial qui fait discerner parfois l'homme dangereux et « capable de tout » parmi des gens honnêtes, est guidé beaucoup moins par le sentiment vague d'un certain signalement anatomique propre aux malandrins que par celui d'un signalement physiologique (1). Ce n'est pas l'œil, c'est le regard ; ce n'est pas la bouche c'est le sourire ; ce ne sont pas les traits c'est la physionomie ; ce n'est pas la taille, c'est la démarche, qui éclaire le devin à son insu. Le graphologue clairvoyant fonde ses inductions non sur l'écriture reposée, mais sur l'écriture cursive; non sur chacun des traits graphiques isolément, statiquement considéré, mais sur leur rapport de solidarité dynamique en quelque sorte, où se peint l'impulsion de l'âme dans le mouvement de la main. Dans une certaine mesure, en effet, la plume est à l'action de l'esprit ce que le sphymographe est à l'agitation du cœur ; l'un et l'autre donnent le dessin d'une activité. Malgré sa foi profonde dans le système de Gall, Lauvergne écrit cet aveu : « Un filou un escroc, un voleur, se décèlent autant par le jeu de la physionomie que par les protubérances significatives ; *ces dernières ne sont même reconnues que lorsqu'on a lu sur la face des condamnés qu'elles doivent exister.* » Or, il n'est rien de si rapidement modifié en nous par l'influence de l'éducation et des circonstances de la vie que l'expression mobile du visage et du corps, ce qu'on appelle l'air et les manières. Raison de plus de

---

(1) Mais, avant tout, la qualité la plus essentielle à un bon policier, c'est une excellente mémoire qui lui permet de reconnaître après des mois et des années tous les malfaiteurs qui ont passé sous ses yeux.

croire à la prépondérance des causes sociales dans la formation du malfaiteur. Du reste, les caractères anatomiques eux-mêmes ne sont pas soustraits à l'influence de ces causes. Si une bonne hygiène a la vertu, en fortifiant l'enfant, de modifier sa structure même, une mauvaise hygiène n'a pas moins de pouvoir ; et ce qui est vrai de l'ensemble du corps l'est surtout, comme le remarque M. Dubuisson (1) du plus plastique de nos organes, du cerveau. « Notre puissance de modification est, en toutes choses, en raison de la complication de l'objet à modifier. La multiplicité même des fonctions cérébrales ouvre la porte à plus d'agents modificateurs qu'aucun autre organe de l'économie. »

Il n'est pas jusqu'au plus précoce des jeunes monstres de dix-sept à dix-huit ans dont les exploits épouvantent la presse qui n'ait derrière lui des années d'apprentissage criminel dans toute son enfance vagabonde et souillée. Car le métier du crime, comme tout autre, a ses écoles spéciales. Comme tout autre métier aussi, il a son idiome spécial, l'argot : quelle profession ancienne et enracinée n'a le sien, depuis les marins, les maçons, les chaudronniers, jusqu'aux peintres et aux avocats — jusqu'aux agents de police eux-mêmes qui disent se *camoufler* pour se *déguiser*, le *coton* pour un *rassemblement*, etc. ? On peut lire M. Maxime du Camp à ce sujet. — Il a enfin ses associations spéciales, temporaires ou permanentes, épidémiques ou endémiques. Exemple des unes, la Jacquerie, et à certains égards, le Jacobinisme, qui ont passagèrement ravagé la France ; exemples des autres, la Camorra et la Maffia, qui sévissent traditionnellement en Italie. Ce sont là les grands syndicats professionnels du crime, qui ont joué un rôle historique bien plus important qu'on ne croit. Combien de fois une bande guerrière, qui s'est organisée au sein des tribus pastorales, a-t-elle été une société de brigands ? Combien de fois ce brigandage a-t-il été le ferment nécessaire qui a soulevé un empire et assis la paix sur le triomphe du fort ? Qu'on ne me reproche donc pas de faire trop d'honneur au délit en le rangeant au nombre des métiers. Si la petite industrie criminelle, qui

---

(1) *Théorie de la responsabilité* (*Archiv. d'anthrop. crimin*. 1886 1887).

végète dans les bas-fonds de nos villes, comme tant d'échoppes où se survit une fabrication arriérée, ne fait plus que du mal, le grande industrie criminelle a eu ses jours de grande et terrible utilité dans le passé, sous sa forme militaire et despotique, et, sous sa forme financière, on prétend qu'elle rend des services appréciés. Où en serions-nous, s'il n'y avait jamais eu d'heureux criminels, ardents à franchir scrupules et droits, préjugés et coutumes, à pousser le genre humain de l'églogue au drame de la civilisation? Puis, ne faut-il pas reconnaître, malheureusement, que du criminel fieffé au négociant le plus honnête on passe par une série de transitions, que tout commerçant qui trompe ses clients est un voleur, que tout épicier qui frelate son vin est un empoisonneur, et qu'en général tout falsificateur de marchandises est un faussaire? Et je ne parle pas de tant d'industries qui vivent plus ou moins indirectement des bénéfices du délit : auberges borgnes, maisons de prostitution, tripots, magasins de friperie, autant de lieux de refuge ou de recel pour les délinquants. Ils ont bien d'autres complices : dans les classes supérieures, que de concussions, de marchés véreux, de trafics de décorations exigent la complicité de gens riches et réputés honnêtes qui en profitent, non toujours à leur insu! Si l'arbre du crime, avec toutes ses racines et ses radicelles, pouvait jamais être déraciné de nos sociétés, il y laisserait un abîme béant. Il est bon de surmonter la répugnance qui nous empêche de fouiller le cœur criminel, ne serait-ce que pour nous aider à vaincre l'attrait si vif qui nous porte à creuser l'âme vicieuse. On doit juger l'arbre par ses fruits, le vice par le crime. La psychologie de la prostituée et du viveur, sujet presque unique où s'exerce le réalisme de nos romanciers et de nos poètes, intéressera sans doute un peu moins quand on connaîtra un peu mieux celle du voleur et du meurtrier.

IX. — Peut-être on naît vicieux, mais à coup sûr on devient criminel. La psychologie du meurtrier, c'est, au fond, la psychologie de tout le monde, et, pour descendre dans son cœur, il nous suffit de sonder le nôtre. On pourrait sans trop de peine écrire un traité sur l'art de devenir assassin. Fréquentez la mauvaise compagnie, laissez grandir en vous démesurément l'orgueil, la vanité, l'envie, la haine, la paresse, fermez votre cœur aux sentiments tendres et ne l'ouvrez qu'aux sensations fortes. Souffrez aussi, aguerrissez-vous dès l'enfance aux coups, aux intempéries, aux tourments physiques, devenez dur au mal, insensible, vous ne tarderez pas à être impitoyable; irascible et vindicatif, vous aurez de la chance si vous ne tuez personne au cours de votre vie. Et, de fait, les caractères psychologiques que je viens d'énumérer sont bien ceux qui frappent le plus chez les hôtes des prisons. Entrons, par exemple, avec Dostoïesky, dans sa *Maison des morts*; il n'y a pas de document plus propre que ce livre, où se résument dix années de bagne injustement subies en Sibérie, à nous faire pénétrer dans l'intimité des damnés de ce monde. « Tous les détenus, nous dit-il, à l'exception de quelques-uns qui jouissaient d'une gaîté inépuisable et qui, par cela même, s'attiraient le mépris général, étaient moroses, *envieux, effroyablement vaniteux*, présomptueux, susceptibles et *formalistes à l'excès*. C'était toujours la vanité qui était au premier plan... Le nouveau qui cherchait à s'orienter, insensiblement se soumettait, prenait le ton général, une sorte de dignité personnelle dont presque chaque détenu était pénétré. Le contentement de se sentir bien mis allait chez eux jusqu'à l'enfantillage. Ils regardaient les paysans du haut de leur grandeur, bien qu'ils fussent eux-mêmes paysans pour la plupart. » Notons ce titanesque orgueil des criminels; comme, de toutes les erreurs, il n'en est pas de moins conciliable avec les erreurs semblables d'autrui, que cette estime exagérée de soi, il n'est pas de cause plus grande d'insociabilité; aussi est-il remarquable que de tout temps, et en tout pays, chez le bandit corse ou grec, ou chez le *maffioso* sicilien comme chez l'*escarpe* de nos grandes villes, l'orgueil est la note dominante du caractère. — On travaillait, il est vrai, dans cette prison, mais par force ou faute de mieux pour passer le temps; et c'était heureux: sans le travail, ces gens-là « se seraient mutuellement détruits comme des araignées enfermées dans un bocal de verre. » On voyait bien « quelques bonnes et douces figures dans la foule sombre et haineuse », mais c'étaient des innocents ou des égarés. — Là, le grand plaisir, avec le gain de son travail, c'est de se soûler tout seul, sans inviter un camarade. Les forçats, chose incroyable, pouvaient, en promenade, malgré leurs chaînes et leurs gardiens, consommer de loin en loin quelque grossière idylle avec des femmes *ad hoc* ; mais, comme ils pouvaient aussi, avec non moins de difficultés, se procurer de l'eau-de-vie, ils préféraient d'ordinaire donner à leur argent ce dernier emploi. Ceci est d'accord avec l'expérience sphygmographique de Lombroso sur l'impression que font éprouver aux criminels la vue d'un verre de vin et celle d'une *donna nuda*. — Le stoïcisme des prisonniers était inouï ; il s'explique en partie par leur amour-propre, en partie par l'insensibilité physique qui caractérise les classes inférieures. Une punition fréquente était celle de cent, cinq cents coups de verges ou de baguettes tombant comme une averse de sang sur le patient qui courait entre deux rangs de soldats. Or, « tous les détenus sans exception, même les plus pusillanimes, supportaient courageusement cette peine ». Cette moindre sensibilité à la douleur peut permettre de comprendre un autre privilège dont jouissent les malfaiteurs : la facilité extraordinaire avec laquelle guérissent leurs blessures. Il leur est commun avec certains peuples barbares qui présentent la même rapidité de guérison unie à la même impassibilité. J'observe que M. Lorion, chez les Annamites, et M. Kocher, chez les Arabes, ont, indépendamment l'un de l'autre, signalé ce double bénéfice de nature. Certaines expériences de M. Delbœuf, qui, en suggérant à des hypnotisés de ne pas sentir la douleur de leurs plaies, en a singulièrement accéléré la cicatrisation, jettent du jour sur tous ces faits recueillis de divers côtés.

Par sa préoccupation de son effet sur autrui, par l'envie et la haine même qu'il porte à autrui, on sent bien que le criminel est en rapport social avec les autres hommes. Leur exemple l'a entraîné, leur jugement lui importe ; et ce serait le méconnaître que de le croire étranger à leur société. « Ce qui contribue à justifier le criminel à ses propres yeux, c'est qu'il ne doute pas que la sentence du milieu dans lequel il est né et où il a vécu ne l'acquitte ; il est sûr que le menu peuple ne le jugera pas définitivement perdu, sauf pourtant si le crime a été commis contre des gens de ce milieu, contre ses frères. » Il faut lire le récit des fêtes de Pâques au bagne sibérien : les forçats célèbrent avec toute la pompe qui leur est permise cette solennité : ils organisent une représentation dramatique ; beaucoup remplissent leurs devoirs religieux. « Outre la vénération innée qu'ils ont pour ce grand jour, ils pressentent qu'en observant cette fête *ils sont en communion avec le reste du monde.* » Aussi, ce jour-là, « on n'entendait ni les querelles, ni les injures habituelles ; il semblait qu'une sorte d'amitié existât entre eux », quoique, d'habitude, ils fussent « durs et secs » dans leurs rapports mutuels (1).

Loin de présenter cette imprévoyance profonde dont Lombroso fait la caractéristique du criminel, les compagnons de Dostoïesky montraient un calcul et une persévérance rares dans l'accomplissement de tous leurs desseins, pour leurs achats d'eau-de-vie ou leurs évasions au printemps, et l'idée de la punition éventuelle ne cessait de les préoccuper. Le type de l'impulsif était tout à fait exceptionnel. Pétrof en est l'incarnation accomplie. Cet homme a peu d'idées ; mais, de loin en loin, un désir violent et soudain provoqué par un objet insignifiant. « Un individu comme Pétrof assassinera un homme pour vingt-cinq kopeks, pour avoir de quoi boire un demi-litre ; en tout autre occasion, il dédaignera des centaines de mille roubles. » C'était « l'homme le plus déterminé de la maison de force (2) », parce qu'il mettait toute sa force de volonté et de foi, comme l'hypnotique et le fou, au service de son désir momentané, de son idée unique. Sa responsabilité n'était pas entière.

En somme, le *caractère du criminel* est déjà bien plus aisé à tracer avec précision que son type physique. Son type change d'après les races ; son caractère ne varie guère. — Au surplus,

---

(1) Remarquer cela : ils sont portés à se grouper sous l'empire de quelque camarade influent ; ils ne sont pas encore capables de s'aimer les uns les autres. Les premières sociétés se forment ainsi toujours par le lien unilatéral du prestige, avant de connaître le lien réciproque de la sympathie.

(2) « Mais, au bagne comme partout, dit l'auteur, les hommes déterminés sont rares. » Et il ajoute qu'il ne faut pas confondre le *déterminé* avec le *désespéré*, jeté dans l'égarement, dans l'ivresse de sa *vita nuova* criminelle, de son infernale émancipation, par le trouble d'un premier meurtre explicable qui lui en fait commettre cinq ou six autres sans raison. Le bagne le dégrise et « on ne dirait jamais à le voir, que cette poule mouillée a tué cinq ou six hommes ».

il ne faut pas s'exagérer les différences psychologiques, surtout intellectuelles, qui distinguent le délinquant de nous. Quand on compare les diverses espèces de livres, — romans, littérature, histoire, sciences, etc., — qui sont lus avec plus ou moins de plaisir dans les prisons parisiennes des deux sexes, aux lectures plus ou moins préférées dans les écoles municipales de Paris, on observe que la proportion relative des lectures pour chaque nature d'ouvrages est à peu près la même ici et là (1). Plus de la moitié des ouvrages lus par les prisonniers consiste en romans; ceux d'Alexandre Dumas principalement. On s'arrache aussi le *Magasin pittoresque*, le *Tour du monde*, le *Musée des familles* même. — Quant aux traits moraux que nous avons tâché de marquer avec quelque précision, les deux plus accusés, la vanité et l'insensibilité, sont bien loin d'être exclusivement propres au criminel, et peuvent être l'effet du crime autant que sa cause. J'en dirai autant de la paresse et du défaut de remords. — D'abord, le criminel est-il aussi insensible, physiquement du moins, que l'affirment Dostoïesky, Lombroso, et la plupart des auteurs italiens? Leurs observations semblent contredites par d'autres témoignages. « Je demande, dit M. Joly, à l'infirmerie centrale de la Santé, où l'on soigne tous les hommes gravement malades des prisons de la Seine, si on a jamais remarqué parmi eux la *disvulnérabilité*. On me répond que, loin de là, on les trouve toujours très sensibles à la douleur. On me déclare nettement que, pour quiconque a travaillé dans cette infirmerie spéciale et dans quelques-uns des hôpitaux ordinaires de Paris, (comme presque tous les internes), la différence saute aux yeux. Les braves gens, les honnêtes ouvriers, les pères de familles qui se font soigner à la Charité ou à l'Hôtel-Dieu supportent les opérations avec beaucoup plus de courage que les malades de la Santé. » Voilà qui ne s'accorde guère avec les faits de stoïcisme pénitentiaire relatés plus haut, et auxquels la mémoire d'un juge d'instruction quelconque *de province* pourrait facilement en ajouter d'autres. Neuf fois sur dix, les filles-mères qui tuent leur enfant nouveau-né, accouchent clandestinement dans des conditions telles qu'une dame, si elle se

---

(1) *Arch. de l'anthrop. crim.* 15 juillet 1888, article de M. Henri Joly, sur *les ectures dans les prisons de la Seine.*.

permettait de telles imprudences, en mourrait à coup sûr. Je sais une accusée — entre mille, — qui, prise par les douleurs de l'enfantement un jour de *grande lessive*, au moment où elle préparait le repas de cinq ou six laveuses, est montée dans sa chambre, a accouché, étouffé son enfant et, trois quarts d'heure après, est redescendue, a repris son travail de ménage, debout, allant et venant, sans nul préjudice, d'ailleurs, pour sa santé. — Mais la contradiction apparente dont il s'agit est facile à lever, je crois, par cette considération bien simple que Dostoïesky et Lombroso, comme la plupart des Italiens et des magistrats provinciaux, ont eu à faire à des criminels ruraux, peu sensibles physiquement comme tous les illettrés, tandis que les malfaiteurs soignés dans les hôpitaux parisiens participent à l'hyperesthésie générale et caractéristique des populations citadines.

L'idée de rattacher l'absence de pitié, chez le criminel, à son exemption relative de douleur, n'est donc qu'une conjecture sans preuve. Une autre hypothèse me paraît plus vraisemblable : c'est, je le répète, que le monstrueux égoïsme, et aussi bien le prodigieux orgueil, signalés chez le criminel, sont la suite encore plus peut-être que la source de ses crimes. — On a étudié les effets du crime sur la société ambiante qui s'en effraye, sur les émules du malfaiteur qui vont l'imiter ; mais ses effets sur son auteur lui-même, les a-t-on suffisamment éclaircis (1) en dehors de quelques romans à thèse ou à sensation ? C'est tout au plus si l'on a essayé de peindre l'impression, l'incision brusque et ineffaçable produite par l'acte criminel sur l'imagination de l'agent criminel. Mais, non moins que son imagination, son jugement et sa volonté, sa raison et sa sensibilité, son amour-propre, sont transformés ou déformés par ce coup terrible.

L'idée, la résolution, la préparation, l'exécution d'un crime, peuvent être considérées comme la marche d'une fièvre spéciale, innommée, comme la fermentation cérébrale d'une image, à mettre psychologiquement, — non socialement bien entendu, — sur le même rang que ces autres fermentations intérieures appelées l'impulsion au suicide, l'amour, l'inspiration poétique.

(1) M. Joly (ouvrage cité) a touché en passant à cette question dont il paraît avoir vu l'importance.

Or, il est des crises de maladies constitutionnelles d'où l'organisme sort refondu ; et celle-là est du nombre. Il est des fermentations qui, à peine achevées, recommencent sous de nouvelles formes plus dangereuses encore ; après la fermentation alcoolique, vient la fermentation acétique ; et telle est la fièvre criminelle. Avant d'agir, le futur coupable est agité, troublé jusqu'au fond par le vertige fascinateur de l'idée impossible à chasser, horrible à regarder, persécutrice. S'y précipitera-t-il ? Ne s'y précipitera-t-il pas ? Jusqu'au dernier moment il en doute encore. Si voulue qu'elle soit, sa propre chute le surprend et l'abasourdit, autant qu'elle alarme ou épouvante le public. Il s'étonne d'avoir échappé enfin à son obsession délirante ; il s'étonne d'avoir si facilement franchi tout ce qui lui paraissait naguère presque insurmontable, honneur, droit, pitié, morale ; il se sent à la fois, étrangement, affranchi et déchu, lancé dans un nouveau monde ouvert devant lui, chassé à jamais de la maison paternelle. Dans sa surprise, il y a quelque chose de ce que ressent l'adolescent qui, pour la première fois, a mordu aux joies illicites, ou l'écolier qui vient de composer ses premiers bons vers. Il s'enorgueillit de son isolement, il se dit qu'il est devenu un nouvel homme. Un abîme s'est creusé, une faille soudaine, entre ses compatriotes et lui ; il s'efforce dès lors de se prouver qu'ils lui sont étrangers, et, quoiqu'il n'y parvienne jamais entièrement, quoique l'empire tout-puissant de leur exemple le force à entendre et à répéter en lui-même l'écho flétrissant des jugements qu'ils portent sur lui, son effort intéressé pour se détacher d'eux n'en a pas moins pour effet de donner du large à son orgueil et à son égoïsme. Son orgueil s'enfle, comme celui de l'amant après la conquête, du général après la victoire, de l'artiste après le chef-d'œuvre ; l'amant, l'inventeur, l'artiste, le conquérant, ressemblent en cela au montagnard, à l'habitant des pays dépeuplés, dont l'amour-propre se déploie dans sa solitude réelle, comme le leur dans leur solitude factice. Le dessèchement du cœur, l'insensibilité à l'égard de cette foule dont on se sépare, suivent de là. De là aussi, peu à peu, à mesure qu'on progresse dans ce sentiment de scission complète avec la foule, l'absence de remords. Car, en vertu de nos principes, se croyant hétérogène, le criminel doit se croire irresponsable. Aussi a-t-on pu dire, avec une certaine profondeur, qu'il éprouve « du remords *avant* le crime, non *après*. » Avant, il appelait encore les autres hommes ses semblables ; après, non. Désormais, il se désintéresse de ses amis, de ses connaissances, et ne sympathise plus qu'avec ses plus proches parents et ses confrères en délit. Il rêve. Sa paresse s'explique ainsi. Elle est le fait du rêveur de toute catégorie, amoureux, poète, inventeur même. Le criminel est un grand rêveur, et Dostoïesky n'a pas négligé de relever ce trait.

Quiconque a dans sa mémoire un souvenir extrêmement saillant, qu'il sait ne pas exister dans la mémoire de ses concitoyens, nourrit en lui-même la foi grandissante en son étrangeté, bientôt en sa supériorité. Tel est le cas du meurtrier, même non encore découvert. Un meurtre est, pour celui qui l'a commis, une idée fixe, comme l'idée de génie chez l'inventeur, comme l'image d'une femme chez l'amant. Cette idée, sans doute, n'est pas toujours présente au foyer de sa conscience, mais elle rôde et tourne toujours à l'horizon de son esprit, pareille au soleil bas des régions polaires. Cette persécution n'a rien de maladif, elle est normale ; il serait anormal qu'elle n'eût pas lieu. Plus le battant de la cloche a frappé fort, plus les vibrations de la cloche se prolongent ; une sensation vibre, se répète d'autant plus, au for intérieur, qu'elle a été plus frappante. Par mille signes, cette préoccupation incessante se trahit : par des dessins, tels que celui où Tropmann a figuré l'un de ses crimes, par le tatouage souvent, par des paroles compromettantes où se révèle le besoin de dire ce qu'on est seul à savoir encore, par le silence aussi, par le sommeil même et les songes. J'ai connu un assassin qu'on allait relâcher faute de preuves, quand une parole de lui prononcée en songe et recueillie par le gardien de sa prison a permis de l'interroger utilement, de le troubler, de provoquer ses aveux. Ainsi, de tous les actes de la vie passée, le crime est celui qui doit se répéter le plus en imagination parce qu'il est le plus énergique ; et, par suite, il est aussi celui qui doit tendre avec le plus de force à se répéter en réalité. La pente qui pousse à la récidive criminelle est donc fatale, encore plus que la tendance à la récidive galante, artistique, poétique, à l'érotomanie, à la mélomanie, à la métromanie. Il suffit d'une faute pour faire d'une honnête femme une Messaline, il suffit d'une pièce de vers pour faire d'un clerc de notaire un versificateur à perpétuité. Et de même, il suffit d'un premier vol commis à 34 ans pour faire d'un brave officier un Lacenaire. Mais pourquoi ? Ce n'est pas seulement à cause de cette commotion imaginative dont je viens de parler (1).

On explique d'habitude la déchéance subite produite par le premier pas dans la voie du vice ou du délit en disant que le goût du fruit défendu ou le goût du sang a réveillé des instincts vicieux ou précoces. On dit encore que la faute en est à la société, trop prompte à repousser celui qui tombe et à le forcer de chercher abri dans la bande perverse. Mais, en parlant ainsi on oublie l'essentiel, à savoir le verdict par lequel le jury intérieur, écho de l'opinion extérieure, retranche le coupable de la foule honnête, avant même que celle-ci l'ait maudit ou même blâmé. Cette scission imaginaire, avec l'enflure morbide de l'amour-propre et l'endurcissement du cœur qui s'ensuivent, décident sa perte. Plus un homme se sent ou se juge séparé de ses semblables, par un affaissement ou même par une assomption, par une perversité rare ou même par une passion exaltée, plus il est dangereux. Si les prostitués de notre sexe sont, plus encore que les courtisanes, capables de tous les forfaits, c'est parce que le sentiment de leur dégradation est en eux particulièrement intense et profond.

Encore, tant que la faute reste cachée, ce fossé que la conscience du pécheur creuse entre les honnêtes gens et lui est-il susceptible de se combler. Mais quand les poursuites contre lui ont eu lieu et qu'il a été condamné, son gouffre intérieur s'élargit et s'approfondit singulièrement en se révélant au dehors, de même que sa mauvaise nature, en se révélant à elle-même par le crime, s'était accentuée et achevée. Une femme dont l'unique faute est rendue publique est perdue à jamais. Inévitablement, le criminel est l'œuvre de son propre crime autant que son crime est son œuvre; inévitablement aussi, le criminel est

(1) Voir les *Deux prostitutions* de M. Carlier.

l'œuvre en partie de la justice criminelle (1). Par elle, excommunié aux yeux de tous, il s'isole encore davantage à ses propres yeux, à peu près, mais en sens inverse, comme il arrive à un artiste, à un poète, qui, après avoir eu solitairement conscience de son talent, est touché d'un rayon de gloire et voit grandir aussitôt de mille coudées le piédestal qu'il se dresse à lui-même. Il n'en est pas moins vrai que, par le jugement porté en eux sur leur séparation de la société environnante, sur leur dissemblance avec elle et leur indépendance à l'égard d'elle, l'un et l'autre fournissent la preuve de leur intime similitude, malgré tout, de leur communion forcée, avec ce vulgaire dédaigné ou maudit. Dans le cas de la gloire comme dans le cas de la condamnation, le moi reflète en sa chambre obscure les jugements d'autrui ; il ne peut s'empêcher de s'admirer soi-même davantage quand on le loue, et, quand on le flétrit, de se flétrir davantage lui-même ; seulement, cette dernière position de l'amour-propre étant contre nature, il s'efforce alors souvent de rendre à la foule honnête mépris pour mépris, ce qui est encore une manière de la refléter en la repoussant. Il reste donc encore assez semblable à la société pour ne pas cesser d'être responsable envers elle ; et, d'autre part, son aliénation intérieure, qui est plutôt une révélation perturbatrice, est loin d'être assez profonde pour faire obstacle à sa responsabilité.

La nouvelle école italienne répète à satiété qu'il importe d'étudier et de punir la réalité appelée le criminel, non l'entité appelée le crime. Nous voyons à présent avec quelles restrictions il convient d'accepter ce jugement, et que l'ancienne école n'était point inexcusable en se plaçant au point de vue inverse ; ou plutôt, nous apercevons la facile et complète conciliation des points de vue opposés. Nous comprenons aussi pourquoi l'auteur d'un grand crime, même commis par accident, est

---

(1) C'est peut-être ce qui fait dire à M. Emile Gautier (*Archives d'Anthropologie criminelle 1888*) qu'il existe un *type pénitentiaire* plutôt qu'un type criminel. Par leur physionomie surtout, suivant lui, nous l'avons vu plus haut, les détenus se ressemblent. C'est que la vie de prison, avec son double entraînement irrésistible de routines disciplinaires et de corruption réciproque, achève ce que la vie de délit avait ébauché, la refonte psychologique des malfaiteurs et le sentiment de sa transplantation dans un autre milieu.

devenu du coup plus dangereux et plus sévèrement punissable qu'un petit malfaiteur d'habitude. Plus le crime effectué est grave, en effet, plus est restée honnête auparavant la conscience où il éclate, et plus la crise révolutionnaire du moi, qui en est la suite, est profonde et terrible. Mais quand, dès l'enfance, un homme s'est habitué à commettre des larcins insignifiants d'abord, puis progressivement plus importants, cette secousse violente de la personne lui a été évitée, et il n'a jamais cessé de sentir ses liens étroits avec la société environnante. Confondre ces deux catégories de coupables, en faisant aux assassins et aux récidivistes correctionnels un même sort colonial, c'est une injustice fondée sur une erreur.

II

I. — Si les considérations et les informations qui précèdent sont exactes, elles vont nous permettre d'apporter des éléments de solution bien simples à l'un des problèmes les plus agités, mais les moins résolus, par la nouvelle école du Droit pénal : la classification des délinquants. Il s'agit de diviser ceux-ci en catégories naturelles qui groupent côte à côte des individus vraiment semblables. Jusqu'ici, en vertu sans doute de ce principe implicite que les similitudes d'ordre vital sont seules importantes et relèguent au second plan celles d'ordre social, on a demandé à la physiologie, à la pathologie mentale, à la psychologie tout au plus, les bases d'une division rationnelle. De là, comme nous l'avons vu, des essais multiples de distinction entre les criminels aliénés, les criminels par tempérament, les criminels par passion, etc. Je m'étonne qu'on n'ait pas proposé une division fondée sur la dolichocéphalie ou la brachycéphalie des malfaiteurs, ou, conformément à l'analyse de Marro, sur le caractère atavistique, atypique ou pathologique de leurs anomalies crâniennes ou corporelles. Mais imagine-t-on un établissement pénitentiaire qui répartirait les détenus en dolichocéphales ou brachycéphales ! A vrai dire, cependant, l'amalgame de chaque compartiment ne serait pas moindre si l'on logeait pêle-mêle tous les délinquants par passion, ou tous les délinquants par tempérament, et alors même qu'on les subdiviserait d'après la nature de leur passion ou de leur tempérament, sans tenir compte d'ailleurs des distinctions de classe, de profession et de milieu rural ou urbain. La mieux accueillie des distinctions mises en avant a consisté à diviser les malfaiteurs en criminels d'occasion et criminels d'habitude. Déjà ici le point de vue social commence vaguement à se faire jour. Mais quel criminel ne l'est par occasion, et quel crime accidentel ne tend d'ordinaire à se répéter par habitude, si on ne s'y oppose ? Si, par criminels d'occasion, on entend les criminels les moins dangereux, la réalité ne correspond guère à cette hypothèse ; car les auteurs des crimes les plus monstrueux, arrêtés et condamnés pour toute la durée de leur vie dès leur première faute, n'ont guère le loisir de récidiver. Les récidivistes les plus incorrigibles, les plus pervers, — lisez les plus *pervertis*, car, en général, filous, escrocs, petits voleurs, ils ne sont nullement des *malfaiteurs-nés*, — ce ne sont point les grands criminels. Ceux-ci présentent à la fois un danger plus grand et une perversité moindre (1).

Nous devons partir d'un point de vue différent. L'argile plastique de nos innéités naturelles n'étant qu'une matière dont la forme est imprimée par le moule social, c'est aux ressemblances de vie sociale, c'est-à-dire de classe, de profession et de milieu, qu'il faut nous attacher pour ranger ensemble des délinquants vraiment semblables. Sans oublier qu'il convient en même temps de ne pas juxtaposer des délits trop dissemblables. Laissant de côté les délinquants plus ou moins aliénés, qui ne nous regardent pas, commençons donc par adopter cette séparation assez tranchée qui, à toute époque et en tous pays, partage en deux la foule criminelle suivant la nature des droits violés ; d'une part, les meurtriers ou les agresseurs violents,

---

(1) « Les réclusionnaires condamnés à une peine afflictive et infamante dont la durée *au minimum* est de cinq ans et au *maximum* de dix ans, sont, en général, *comme le savent tous ceux qui pratiquent les prisons*, bien moins pervers que la plupart des condamnés correctionnels, dont la peine n'est cependant, d'après le Code, ni afflictive ni infamante, et qui ne sont condamnés qu'à un emprisonnement dont la durée varie entre un an et un jour et cinq ans. » (*Les délits et les peines*, par M. Acollas).

d'autre part, les voleurs dans le sens large du mot. Nos statisticiens, en distinguant les crimes contre les personnes et les crimes contre les propriétés ne font que traduire en symétrie abstraite cette dualité réelle et toujours vivante. Au surplus, gardons-nous d'exagérer l'importance de cette distinction dont nos statistiques ont abusé. Cela dit, classons les meurtriers ou les voleurs séparément d'après la nature de leurs occupations et de leur vie habituelle avant leur condamnation, je veux dire d'après la catégorie sociale à laquelle ils appartiennent. Il semble mal aisé d'établir ici des délimitations précises; car, bien entendu, il ne peut être question de subdiviser les détenus en autant de classes qu'il y a de métiers divers. Cependant une importante opposition saute aux yeux, et, par le rôle majeur qu'elle a joué toujours et partout dans nos sociétés, mérite d'être prise en considération; c'est celle de deux groupes de professions et de populations, d'un côté les professions agricoles, les populations rurales, d'un autre côté les professions industrielles et mercantiles, les populations urbaines. Ces deux groupes sont solidaires l'un de l'autre assurément et ils ont une frontière indécise, mais ils s'opposent par tant de traits, l'un est si fidèle aux coutumes et aux traditions, l'autre est si ouvert aux engouements et aux nouveautés, l'un est si docile à l'exemple des ancêtres domestiques ou patriotiques, l'autre à l'influence des étrangers, l'un est si violent en sa grossièreté, l'autre si dépravé en ses raffinements, qu'il n'est pas permis de les confondre. La différence est telle que le mot *profession* est amphibologique quand il s'applique à la fois, comme nous venons de le faire, à des métiers recrutés le plus souvent par voie d'hérédité, ce qui a lieu dans les campagnes, et à des métiers recrutés d'ordinaire par libre choix, ce qui est le propre des villes. — A présent, de deux choses l'une : ou bien le condamné vivait d'un métier honnête autre que son délit, auquel il n'a demandé, comme la plupart des voleurs jugés en police correctionnelle et même aux assises, qu'un supplément de ressources tout à fait secondaire, et, s'il s'agit de coups et blessures ou de meurtre par vengeance, absolument nul. Dans ce cas, nous le classerons, suivant son origine, parmi les condamnés ruraux ou les condamnés urbains; il vivra ainsi avec ses pairs, non pas avec ses pairs physiologiques, ce qui importe secondairement, mais avec ses pairs sociologiques, ce qui importe davantage. La communauté des anciens travaux établira entre les codétenus un rapprochement qui pourra être salutaire; mais lorsque, entre des condamnés de diverses classes sociales, le seul trait commun est le délit, qu'attendre de leur contact? Ou bien, le détenu avait pour métier unique ou principal une spécialité délictueuse : filouterie, fausse-monnaie, vol à l'aide de fausses-clefs, assassinat de prostituées riches, vol de troupeaux *(abigeato)* en Sicile, vol de chevaux dans les montagnes espagnoles, etc. Or, dans ce cas aussi, le mieux est de le classer avec ses pairs puisqu'ils ne peuvent plus se gâter réciproquement; mais, si l'on veut qu'il en soit ainsi, si l'on veut éviter tout mélange hétérogène et ce monstrueux pêle-mêle de brigands corses, par exemple, confondus avec des assassins de grandes villes, qui indignait Lauvergne dans le bagne de Toulon, il me paraît essentiel d'établir entre le criminel rural et le criminel urbain une distinction analogue à la précédente.

II. — Pour bien sentir la nécessité de cette distinction, il est bon de s'en représenter les deux termes sous leur forme la plus parfaite, la plus hautement organisée. Le criminel *de ville* comme le criminel *des champs* n'est complet que lorsqu'il est parvenu à s'associer avec ses pareils, dans des conditions favorables à sa liberté d'ailleurs. Il tend toujours à ce genre de perfection, comme les tronçons du serpent coupé cherchent à se rejoindre. On appelle brigandage cette association professionnelle qui consiste à tuer pour voler, ou à voler en terrorisant par des menaces de mort souvent suivies d'effet, ou à voler avec la résolution de tuer s'il le faut. Partant de là, on voit sans peine qu'il y a deux sortes de brigandage : le brigandage tel qu'il se pratique ou s'est pratiqué dans la plupart des pays montagneux ou incultes (1), en Italie, en Espagne, en Grèce, en Hongrie, en

(1) Dans beaucoup de pays, en Sicile par exemple, le brigand des montagnes peut s'opposer au brigand des plaines ou du littoral; mais ce contraste est, au fond, identique à celui du brigand rural et du brigand urbain, les plaines et le littoral étant dans ces pays-là le séjour de la civilisation, relative du moins, à notre époque. Il fut un temps où les villes, au contraire, recherchaient les hauteurs inaccessibles et non les bords de la mer.

Corse; et le brigandage, moins romantique mais non moins dangereux, qui sévit dans nos grandes villes. Le premier est en décadence, le second en progrès. Je sais bien que ce sont là deux manifestations d'une même maladie sociale, et que le désir de vivre ou de s'enrichir, par d'autres voies que le travail, le talent ou la chance, c'est-à-dire aux dépens d'autrui, est la source commune de ces deux éruptions malignes. Mais la cupidité du brigand rural n'a pour but que la satisfaction de besoins simples, elle est jointe à plus d'orgueil encore que de vanité, au goût du pouvoir exercé par le terrorisme sur l'esprit frappé des populations; le brigand urbain, plus vain que fier, plus vicieux qu'ambitieux, n'aspire qu'à satisfaire ses besoins de luxe et d'orgie, inoculés par la civilisation. Le premier a le plus souvent été conduit à son existence à part, à sa chute définitive dans le crime professionnel, par un homicide *de vendetta*, comme en Corse, ou par un sentiment de révolte contre de réelles oppressions sociales, comme en Sicile ou en Calabre; le second, par la ruine de sa fortune dissipée en débauches, par une faute de jeunesse, ou par l'appétit effréné des jouissances. L'intensité et la ténacité des ressentiments, des haines ou des ambitions chez l'un, l'intensité et la multiplicité des vices et des convoitises chez l'autre, ont été la force d'impulsion criminelle.

Moins importante en réalité, quoique plus frappante en apparence, que la distinction du brigandage urbain et rural, est celle du brigandage terrestre et maritime. Cette dernière distinction, fondée sur la différence toute physique des continents et des mers, qui oblige le criminel à modifier ses procédés en conséquence, n'établit nullement entre le bandit des Calabres et le pirate de la Méditerranée, une grande inégalité sociale. En fait, l'écumeur des mers n'est qu'une variété remarquable et singulière du brigand rural. — Il y a à remarquer, à cet égard, que le brigandage terrestre a précédé le brigandage maritime et qu'il lui survit ou est appelé à lui survivre. A présent, la piraterie a cessé dans nos mers d'Europe, et cependant il y a encore des bandes de malfaiteurs dans nos campagnes et nos villes. Cependant on a vu de tout temps la prospérité de la piraterie continuer après le refoulement des associations criminelles sur le continent; et, soit dans l'antiquité, quand Pompée dut faire une expédition en règle contre les corsaires, — soit au moyen âge, quand au xie siècle, par exemple, les pèlerins aimaient mieux prendre la route de terre pour aller à Jérusalem que la voie de mer, à cause des pirates, — soit dans les temps modernes, où, jusqu'au xviiie siècle, les pillards marins de Tunis et d'Alger ont capturé des femmes et des enfants sur nos côtes, — toujours et partout, longtemps après que les montagnes sont purgées en grande partie de leurs écumeurs à elles, les mers restent entièrement infectées des leurs. — Pourquoi cela? Sans doute, parce que le besoin de sécurité pour les routes de terre, constamment fréquentées et d'une nécessité absolue, s'est fait sentir bien avant le besoin moindre d'assurer les communications par mer; mais que, lorsqu'enfin on s'est décidé à prendre les coûteuses mesures exigées pour faire la guerre à la piraterie, il a été possible de l'extirper tout entière, de supprimer des flottes, des ports, des arsenaux, tandis que le brigandage montagnard, à raison de son outillage beaucoup plus simple et plus aisé à dissimuler, ne saurait jamais être radicalement détruit, même avec la meilleure police. Il y a aussi une raison plus profonde. Les mers sont un territoire neutre, international; aucun roi, aucun Etat, n'est personnellement et exclusivement intéressé à y établir la sécurité des voyages, et les attaques des corsaires sont considérées comme un risque professionnel dont les navigateurs n'ont le droit de se plaindre à personne. Les corsaires font beaucoup de mal, autant de mal, sinon plus, que les brigands des monts, mais ils excitent moins d'indignation, car ils appartiennent, en général, à une autre nationalité, à une autre religion, à une autre espèce sociale que leurs victimes. Au contraire, les brigands des montagnes et leurs victimes sont compatriotes et coréligionnaires habituellement. Aussi le combat d'un navire de commerce contre un navire de pirates a-t-il un peu le caractère d'une guerre ordinaire; et de là cet aspect belliqueux qu'a gardé le commerce maritime après que le commerce terrestre l'eut perdu. — Mais, cela dit, revenons à notre distinction précédente et continuons à la justifier.

Voyons, par exemple, comment on devient brigand en

Corse (1). On commence par devenir bandit. Le banditisme est, là-bas, un genre de vie reconnu de tous, même des autorités, et qui ne déconsidère personne. Un corse, après s'être vengé, pour fuir la gendarmerie, se jette dans le mâquis, le fusil en bandoulière, seul ou accompagné de ses parents, et sa vie, désormais, se passe à errer dans ce désert, à souffrir de la faim et de la soif, à dormir d'un œil à la belle étoile ou dans une grotte. Or, « tant qu'il ne tombe pas dans le brigandage, le bandit conserve les sympathies » dit M. Paul Bourde. Mais souvent il y tombe. Il faut bien manger et boire dans ces lieux stériles : on commence donc par rançonner le voyageur, pour avoir de quoi vivre ; on finit par le rançonner pour faire fortune. — De tout temps les mêmes causes ont amené les mêmes effets. En Angleterre, par exemple, des statuts d'Edouard Ier et d'Edouard III nous révèlent l'existence, aux XIIIe et XIVe siècles, de véritables bandes organisées de brigands, qui sont appelés *Wastours* ou *Robertsmen*, et contre lesquelles il avait paru nécessaire d'édicter une véritable loi des suspects. Or, comment se recrutaient ces terribles corporations ? C'était, sans doute, parmi les vagabonds et les mendiants de l'époque, parmi ces faux pèlerins, ces faux frères prêcheurs, ces vendeurs de reliques fausses, ces ménestrels suspects, qui encombraient les chemins d'alors comme à présents les filous, les prétendus ouvriers sans travail, les colporteurs ; mais avant tout, c'était parmi les *outlaws*. Un paysan, condamné pour la plus légère des fautes, prenait la fuite ; il devenait par ce fait *outlaw*, il n'était plus, aux yeux de la loi, qu'une *tête de loup* bonne à traquer, dit énergiquement un texte : tels étaient les hommes, déterminés mais non pas nés pervers, qui alimentaient le brigandage anglais et que la grande révolte de 1381 eut aussi pour soldats. — D'autres fois c'est pour échapper à l'humilité de son sort, pour se faire une position sociale supérieure, pense-t-il, à sa classe d'origine, que le corse ou le sicilien se fait brigand. Il existe une aristocratie du délit dans ce pays de *vendetta* ou de *maffia* traditionnelle. « Le moyen de se faire respecter dans une bonne partie de la Sicile,

---

(1) Consulter les *Archives de l'Anthropologie criminelle 1888* ; Bournet, la *Criminalité en Corse*; Kocher et Paoli, notes sur Rocchini et causes de la criminalité en Corse, Lyon, Storch.

c'est d'être réputé avoir commis quelque homicide », dit M. Franchetti (1). Aussi maint paysan, traité de haut par le régisseur du grand propriétaire son voisin, ne résiste pas à la tentation de faire son petit exploit pour obtenir la considération que requiert son orgueil, cet orgueil incommensurable qui est la caractéristique de ces insulaires. Son ambition est de devenir bientôt *capo-banda,* chef de bande, et la terreur de ceux qui le méprisaient. — Il n'est pas aussi facile de devenir brigand urbain; il y faut, en général, une préparation plus précoce, un apprentissage commencé de bonne heure, sous les yeux de patrons expérimentés; c'est le cas des enfants abandonnés ou mal surveillés par leurs parents. Cependant il suffit quelquefois d'un désespoir causé par les suites de la débauche ou du jeu, par quelque catastrophe financière, pour jeter un français civilisé dans le déclassement, ce mâquis de la civilisation. Ainsi l'abandon des enfants et le déclassement, en d'autres termes le vagabondage sous diverses formes, sont l'équivalent urbain du banditisme. Ils sont, aux cafés interlopes d'assassins et de voleurs qui parlent leur argot sans cesse renouvelé dans nos capitales, ce que le banditisme est aux cavernes d'assassins et de voleurs qui parlent leur patois maternel et invariable dans les montagnes corses. Quand on voit, dans l'arrondissement de Sartène (2), depuis une vingtaine d'années, augmenter le nombre des bandits, des individus qui, soit après s'être vengés, soit pour se venger, soit pour échapper à la vengeance d'un ennemi, vagabondent sans feu ni lieu, dans les bois, hors la loi, on ne s'étonne pas de voir se multiplier les arrestations de voitures sur les grandes routes. De même, quand on voit nos statistiques révéler la progression ininterrompue du délit de vagabondage et de mendicité, et des enfants abandonnés, on ne doit pas être surpris de constater l'accroissement des agressions nocturnes, des vols avec effraction et à main armée commis à Paris, à Marseille, à Lyon, et dans la plupart des grandes villes.

---

(1) Cité par M. Alongi, dans son intéressante monographie sur la *Maffia,* où nous aurons à puiser bien d'autres renseignements ; M. Alongi est sicilien, et ses fonctions judiciaires lui ont permis de connaître intimement les mœurs spéciales de la grande classe criminelle qu'il décrit avec beaucoup de pénétration.

(2) *En Corse,* par Paul Bourde.

Il n'en est pas moins vrai qu'il faut se garder de confondre le meurtre par vengeance, là où il passe pour un devoir d'honneur, avec le meurtre par cupidité ; et il y a aussi loin de l'un à l'autre dans les pays primitifs que de l'adultère ou du libertinage au vol dans les pays avancés. — « A propos d'un bulletin contesté aux élections du 13 janvier 1888, à San Gavino de Garbini, un Nicoli tua un Pietri qui présidait le bureau. Une vendetta s'ensuivit entre les deux familles. Trois Nicoli et un Pietri furent tués successivement. Une vingtaine de membres des deux familles avaient pris la campagne et d'autres assassinats étaient imminents (1) » Le préfet et un député intervinrent, et l'on fit signer aux deux familles un vrai traité de paix, semblable à une pièce diplomatique de ce genre. Mais, comme deux Pietri seulement avaient été tués, les Nicoli trouvèrent juste de rompre le traité pour achever leur revanche. Un troisième Pietri fut tué, comme il convenait. Et d'autres exécutions eurent lieu de part et d'autre. — En vérité, peut-on assimiler cette criminalité-là à celle de nos assassins de Paris et les brouiller pêle-mêle, comme le font nos statisticiens? — Là où la solidarité familiale a gardé sa force première, venger un parent mort, c'est défendre sa famille toujours vivante, c'est comme se défendre soi-même contre une attaque mortelle, et l'excuse tirée de la vendetta n'est vraiment pas sans rapport avec celle de la légitime défense. Entre l'homicide *coutumier*, qu'on l'appelle vendetta ou duel, (la vendetta n'étant, au fond, comme on l'a fort bien dit « qu'un duel à l'américaine prolongé pendant des années ») et l'homicide criminel, il n'y a de semblable que le nom. C'est ainsi que le suicide chinois ou japonais, par vengeance, par animosité, ou le suicide romain, par stoïcisme, par épicurisme quelquefois, ou le suicide hindou, par dévotion, sans parler des suicides héroïques, légendaires, d'un Codrus et d'un Décius, n'ont rien de commun avec notre suicide à nous, par désespoir ou par folie.

(1) C'est la partie méridionale de la Corse, et aussi la plus arriérée, la plus enracinée aux vieux usages, non pas parce qu'elle est la plus méridionale, mais parce qu'elle est la plus éloignée du continent. Il en est de même du sud de la Sicile, et pour la même raison. Cela me paraît évident, quoique les criminalistes italiens n'aient pas résisté au désir de faire jouer ici même le principal rôle à l'influence du climat et de la latitude.

Est-il nécessaire de dire que le type moral et aussi bien physique, du brigand troglodyte, doit étrangement différer de celui du scélérat parisien ou londonien ? *A priori*, on peut l'affirmer avec une entière certitude. Leur manière de vivre n'est pas moins dissemblable. Le premier est tout autrement pittoresque que le second : loin de chercher à se déguiser, il a son costume, du moins en ses jours de splendeur. Les *maffiosi* de Sicile avaient autrefois un uniforme traditionnel dont ils étaient aussi fiers que nos officiers de leurs épaulettes : béret à gros flocon de soie et veste de velours. C'est à regret qu'ils ont dû renoncer à cette enseigne compromettante. Ils n'ont point d'argot mais seulement un laconisme spécial et une accentuation caractéristique. Chose étrange, entre parenthèses, si l'argot était un phénomène d'atavisme ; car, dans cette hypothèse, n'est-ce pas parmi les criminels les plus primitifs, les moins civilisés, qu'on devrait s'attendre à le voir fleurir, à l'inverse de ce qu'on observe ? Par ces traits et bien d'autres le sociétaire du crime faubourien contraste avec son collègue des monts et des déserts : il parle un idiome à part, composé de râclures de langues : il se dissimule sous des travestissements multicolores ou sous le vêtement le plus banal ; c'est dans des cafés ou des restaurants borgnes, nous l'avons dit, et non dans des anfractuosités de rochers, qu'il tient ses conciliabules. Homme de progrès, il connaît la division du travail. Il a ses spécialités, nous allons le voir ; tandis que le brigand rural, comme les ouvriers des villages, est obligé de faire un peu de tout à la fois, mais avec une simplicité de procédés qui s'oppose à la complication des ruses de son rival citadin. D'ailleurs, dans les annales de tous les peuples, et notamment de l'Italie, le brigand grossier a une bien plus brillante place que le brigand raffiné ; il a joué un rôle historique ; des rois et des empereurs n'ont pas craint de traiter avec lui (1), de s'appuyer sur lui ; par

---

(1) On a retrouvé la note des sommes payées par le Conseil des Dix à un grand nombre de sicaires pour *honoraires* d'assassinats commandés. Le chiffre des homicides par mandat est incalculable au moyen-âge et dans l'antiquité et plus encore au XVIe siècle, pendant nos affreuses guerres de religions. Mais ici les princes et les républiques se servaient du criminel comme d'un instrument utile. Dans d'autres occasions, et c'est de celles-là que j'entends parler, ils négociaient avec lui, le traitaient de puissance à puissance.

exemple le roi Ferdinand de Naples pendant la Révolution française. L'autre n'a eu pour lui, jusqu'ici, que l'alliance de quelques conspirateurs. Celui-ci est il destiné à voir son importance grandir, peut-être au point d'éclipser un jour son confrère des sierras et des appennins? Je l'ignore. Les ambitieux nouveaux n'ont encore osé prendre pour appui que les vices modernes ; on ne peut assurer pourtant qu'ils n'appelleront jamais le crime moderne à leur aide.

Le crime est d'ailleurs toujours prêt à reprendre son antique pouvoir, et, au moindre ébranlement des digues qui le retiennent, il menace de déborder. Il a fallu le combattre en instituant des corps à la fois contraires et semblables à ses associations ténébreuses ; et, comme *naturam morborum ostendunt remedia*, la distinction de la gendarmerie sous divers noms et de la police s'est naturellement produite depuis longtemps, pour répondre précisément aux deux formes rurale et urbaine du brigandage. Supposez la meilleure brigade de la gendarmerie corse transportée à Paris et chargée d'y faire l'office d'une brigade des agents *de la sûreté*, et *vice versa*. Dépaysée, chacune de ces deux milices sera ridicule d'impuissance. La moitié de la force du gendarme est dans la peur traditionnelle qui s'attache à son tricorne, à son baudrier, comme la moitié de la force du brigand montagnard a consisté parfois dans la terreur qu'inspirait la seule vue de son costume, la seule audition de ses commandements et de ses menaces suivant les formules consacrées. Le gendarme, comme le brigand des monts et des bois, c'est l'homme de la tradition et de la légende ; son prestige est en elle. C'est une chose remarquable, dit M. Alongi, que « la promptitude, l'invariable obéissance avec laquelle six ou sept personnes même armées, se jettent face contre terre, au premier commandement traditionnel (*Giorgio, à terra!*) d'un simple malandrin ». De même on a cent fois remarqué l'effet magique produit sur une foule ameutée par l'apparition de deux gendarmes à cheval. Quant au limier de police, — qu'il ne faut pas confondre avec le simple gardien de la paix, reconnaissable à son uniforme, — il n'a garde, lui, de se montrer revêtu d'une insigne quelconque ; il se faufile partout habillé comme tout le monde, parfois déguisé, aussi astucieux, aussi protéiforme que sa proie. On prétend que tout chasseur, à la longue, finit par ressembler un peu à son gibier. S'il en est ainsi, on doit croire que le criminel urbain l'emporte singulièrement en finesse, en dextérité, en souplesse, et surtout en initiative individuelle, en puissance personnelle d'imagination, sur le criminel rural. Le gendarme peut se permettre, comme le pêcheur, d'employer des procédés d'investigation toujours les mêmes; ils lui réussissent toujours parce qu'ils s'opposent à des manœuvres qui ne varient pas; plus il se conforme en ceci à ses habitudes réglementaires qui sont excellentes, mieux il remplit sa mission. Mais le bon policier ne vaut que par sa fertilité inépuisable d'invention.

Le rôle de la police ne cesse de grandir à notre époque, pendant que celui de la gendarmerie, du moins en tant qu'auxiliaire de la justice criminelle, — car elle joint à ces fonctions une foule d'emplois administratifs qui tendent à l'envahir de plus en plus, — va déclinant relativement tous les jours (1). C'est naturel, car on sait que la criminalité, comme la population, émigre à présent des campagnes vers les villes. En général, ce mouvement d'émigration urbaine, phénomène intermittent des sociétés, dénote un afflux inusité d'inventions et d'idées nouvelles, soit spontanément offertes, soit importées du dehors, qui viennent de faire jaillir au sein des villes cent sources de nouveaux exemples, de nouvelles imitations, bientôt devenues des rivières et des fleuves de richesse. L'*imitation-mode* alors, — si l'on me permet d'appeler ainsi celle qui s'attache aux nouveaux modèles, — fait chaque jour des brèches plus larges à l'*imitation-coutume*, jusqu'à ce qu'enfin, — époque non encore arrivée pour nous, — celle-ci absorbe et s'assimile ces courants d'exemples devenus traditionnels à leur tour, à peu près comme la mer boit les cours d'eau. En attendant cet apaisement inévitable de la fièvre du progrès ou, si l'on veut, cette consolidation du progrès

---

(1) La différenciation de la gendarmerie et de la police ne se fait qu'à la longue, mais elle se produit toujours; et, comme le développement rural précède le développement urbain, l'organisation de la gendarmerie, ou du corps qui remplit son office (à savoir, de la maréchaussée sous l'ancien régime français) précède l'organisation de la police. La police n'a été réellement constituée en France que par M. de Sartine, au milieu du xviiie siècle; la maréchaussée, sous Louis XI, exerçait des fonctions prévôtales, principalement contre les paysans.

par le retour à la tradition élargie, il y a de beaux jours encore pour le crime, à la condition qu'il se transforme lui-même dans le sens des transformations générales qui s'accomplissent. De même que, dans toutes les industries, dans toutes les voies même de l'art et de la pensée, le prestige de la nouveauté se substitue à celui de la vétusté ; de même que, en même temps qu'ils renouvellent leur outillage, tous les métiers se recrutent plus librement, moins héréditairement, et donnent souvent dans le choix de leur personnel la préférence à l'étranger sur le compatriote ; pareillement, la profession criminelle adopte alors des modes nouvelles, telles que le dépeçage des victimes ou la défiguration par le vitriol, et se montre plus hospitalière à tout venant. En d'autres termes, elle devient de moins en moins rurale, et de plus en plus urbaine. Une bande de brigands corses s'ouvre difficilement à d'autres que des Corses ; une bande de brigands siciliens pratique de temps immémorial les mêmes procédés d'intimidation ou de pillage, *lettera di scrocco* (*lettres d'escroc*), *abigeato* (vol de gros bétail dans les champs), séquestration de personnes (pour tirer rançon du captif), etc. Mais une bande d'escarpes parisiens accueille les chenapans de tout pays ; elle est essentiellement cosmopolite autant que progressiste, et ses engins sont aussi variés que ses membres.

III. — Quelques exemples sont nécessaires, si l'on veut vérifier l'exactitude de ces observations. Puisque nous venons de parler de la Sicile, faisons connaître sa *maffia*, plutôt que la *camorra* napolitaine, déjà beaucoup trop *urbanisée* pour servir de bon échantillon du crime rural (1). En regard de cette criminalité propre à la patrie de Théocrite, nous mettrons ensuite, en quelques mots, des spécimens du crime urbain. Nous nous appuierons ici et là sur les renseignements fournis par des écrivains qui, magistrats ou fonctionnaires élevés de la police, ont appris à connaître, en les traquant, les malfaiteurs de leur pays.

(1) M. Bournet (*La Criminalité en France et en Italie*, 1884) compare fort justement la *Camorra* de Naples à la *haute pègre* parisienne. Il ajoute: « Pendant notre séjour à Naples, au Borgo Loreto où les Camorristes sont nombreux, nous fûmes témoin de l'assassinat d'un policier par un *piccioto* (*aspirant camorriste*). Acclamé par la foule entière, l'assassin devint camorriste le soir même, et un grand banquet lui fut offert. »

On a trop étudié le criminel en prison, on ne l'a pas assez observé en liberté, à l'œuvre. Qui n'a vu le lion et le renard qu'en ménagerie ne les connaît guère. L'anatomie, la crâniométrie du lion peut intéresser un naturaliste, mais le moindre récit d'un chasseur africain instruit mieux le commun des mortels sur la nature de cette splendide bête. Leroy nous renseigne mieux sur les animaux qu'il a chassés que bien des naturalistes en chambre. Pareillement, ce sont les souvenirs des préfets de police ou des magistrats chargés de la répression des délits qu'il faut lire pour connaître le délinquant. On s'aperçoit alors, à la similitude des procédés qu'emploient les malfaiteurs d'une même région et d'une même époque, à la couleur locale et à la couleur historique qui distingue la *faune* criminelle adaptée à chaque lieu et à chaque temps, de la prépondérance des « facteurs sociaux » dans la production du délit et du délinquant. Le criminel imite toujours quelqu'un, même lorsqu'il invente, c'est-à-dire lorsqu'il combine utilement des imitations de sources diverses ; il a toujours besoin d'être encouragé par l'exemple et l'approbation d'un groupe d'hommes, soit un groupe d'ancêtres, soit un groupe de camarades, d'où la dualité du crime-coutume et du crime-mode. C'est précisément en cela que le criminel est un être social, qu'il appartient à la société, et que, comme tel, il est responsable. Le fou au contraire n'imite pas le fou ni personne. Il peut exister des ressemblances vagues entre les actes de folie commis par des fous différents ; mais cette similitude, toujours moindre du reste que celle des crimes de même espèce, n'est jamais un effet de l'imitation. Aussi, essayez de classer les aliénés en deux catégories correspondantes à notre distinction précédente des criminels ; vous n'y réussirez pas. Les manifestations de l'aliénation mentale sont ce qu'il y a de plus varié d'individu à individu, quoique, dans le même individu, elles se répètent identiquement. On peut bien appeler *habitude*, si l'on veut, cette répétition identique, mais elle n'a rien de commun avec l'habitude du *vol à la tire*, par exemple, ou du vol *au poivrier*. Le voleur à la tire s'imite plus ou moins consciemment lui-même, à chaque nouveau vol, en même temps qu'il imite plus ou moins consciemment autrui, et il met aussi à profit chaque fois l'expérience acquise par ses camarades et par lui-même.

L'aliéné qui reproduit d'heure en heure, de jour en jour, de mois en mois, les mêmes extravagances, obéit à une impulsion organique, à une habitude simplement physiologique, nullement psychologique, sans nul souvenir le plus souvent de ses étrangetés antérieures et semblables. En tout cas, si l'on peut dire à la rigueur qu'il y a une folie *habituelle*, il est certain qu'il n'y a point de folie *coutumière* et *traditionnelle*, car donner ce nom aux hallucinations religieuses ou aux possessions démoniaques, par exemple, ce serait prendre le reflet changeant et purement superficiel d'une étoffe pour sa couleur propre et persistante. Il ne serait pas plus vrai d'assimiler les épidémies intermittentes de folie aux contagions criminelles qui se répandent à certaines dates comme une mode d'un jour. Celles-ci, qui consistent en imitations, s'exercent souvent entre individus séparés par de grandes distances ; le terme de *contagion* qui rappelle l'idée du *contact* ne leur convient que métaphoriquement ; celles-là, phénomène pathologique avant tout, exigent le rapprochement physique des sujets atteints par le passage du fléau (1). C'est en général dans l'enceinte étroite et close d'un couvent qu'on a vu sévir ces dernières.

Cette parenthèse fermée, revenons. La *Maffia* est en Sicile ce que l'*esprit de clan* est en Corse, mais sur une plus grande échelle. Les membres d'un même clan conspirent ensemble en vue de s'emparer, par toutes les voies légales ou frauduleuses, pacifiques ou sanglantes n'importe, de toutes les fonctions électorales, de mettre la main sur le *sugillo* (sceau de la mairie) et d'exercer à leur profit toutes les exactions contre le clan adverse. Les *maffiosi* poursuivent le même but contre tous ceux qui ne font pas partie de leur association. Des circonstances politiques analogues, l'absence prolongée d'un pouvoir central, rassurant, ferme et juste, ont développé, dans les deux îles ce besoin de solidarité *per fas et nefas*, cette franc-maçonnerie intense, où l'affilié puise la sécurité qu'il ne trouve nulle part ailleurs. Ne nous en étonnons pas ; ce fait, exceptionnel aujourd'hui, a été universel un jour, et la Corse comme la Sicile, dé-

---

(1) Les aliénistes-criminalistes ont cru pouvoir assimiler la distinction de la folie par accès et de la folie chronique à celle de la criminalité d'occasion et de la criminalité d'habitude. Mais l'analogie n'est encore ici qu'apparente et ne se soutient pas.

bris du moyen-âge soigneusement conservés par la Méditerranée pour notre instruction, peuvent nous renseigner sur notre passé; il me semble que j'ai le droit d'y voir aussi la confirmation de certaines vues particulières sur l'imitation. L'*esprit de clan* ne régnait-il pas jadis sur tout le continent, claquemurant chaque bourgade, chaque châtellenie en soi ? S'il a été graduellement remplacé par une *conscience* plus large, n'est-ce pas dans la mesure où les divers peuples s'assimilaient les uns les autres par l'échange continuel des exemples de tout genre ? Et ne s'explique-t-on pas ainsi que, restées étrangères à cette réciprocité incessante d'influences, comme les lacs sont soustraits au mouvement des marées, la Corse et la Sicile aient gardé l'exclusivisme original, l'étroitesse inhospitalière de leur sens moral, si étrange à nos yeux ?

Le brigandage, du reste, n'est qu'une des manifestations ou pour mieux dire, des excroissances de la maffia; mais la maffia l'emploie et le pensionne, et il est sa force comme elle est son aliment. Les mêmes relations s'établissent en Corse entre le clan et les brigands ou les bandits qui lui appartiennent. On a vu, on voit encore, des conseils municipaux voter des rentes à des bandits du clan dominant. Et, de fait, le sentiment populaire prête une mission à ces nomades, transfigurés en paladins; l'assassin apparaît comme une sorte de justicier. Par lui, en effet, on se fait rendre justice, faute de mieux. On a vu, dans ces dernières années, une bande contraindre un maire de l'arrondissement de Sartène à régulariser sa situation avec son ancienne maîtresse qu'il refusait d'épouser. En 1886, une autre, faisant office de gendarmerie, a empêché un duel d'avoir lieu aux portes d'Ajaccio. Il en est de même en Sicile.

Faut-il voir dans le brigand sicilien un *criminel-né*? Le préfet de Messine va nous répondre (1). Tous ces gens-là, dit-il, en

---

(1) Quoique partisan de Lombroso et de la théorie du criminel-né, M. Alongi laisse échapper des aveux tels que celui-ci : Comment expliquer, dit-il, qu'à Palerme où règnent l'aisance et l'instruction, la maffia se développe ? Ce ne peut être, répond-il, un effet de l'*hérédité atavistique,* « car si l'on pense que les délinquants-nés sont en minorité, cette minorité aurait dû disparaître depuis longtemps sous les coups redoublés de la justice » tandis qu'au contraire le sang des assassins est une semence de nouveaux scélérats. — Il conclut fort justement que « la cause principale de la maffia ne réside pas dans l'état économique, mais dans l'esprit et le cœur du paysan, dans des *conditions historiques et morales du milieu.* »

parlant des cultivateurs devenus malfaiteurs, « sont sobres, de nature douce, très respectueux pour la bourgeoisie, et ils se seraient montrés toujours incapables de commettre des délits s'ils n'avaient dû servir aux ténébreuses intrigues, aux vengeances privées et aux rivalités de quelques privilégiés » dont ils sont les sicaires. Il est à noter que les chefs fameux de brigands, « de don Peppino à Reggio et de Don Pasquale à Raia » sont sortis de la classe des paysans. Il s'agit donc ici du brigand rural par excellence ; la Sicile d'ailleurs, comme la Corse, (en dépit du mépris des Corses pour les travaux des champs) est un pays essentiellement agricole, semé de petits villages. Les maffiosi ont pour rendez-vous les foires. — Dirons-nous, avec les écrivains socialistes, que la misère est la cause sociale qui a poussé le paysan sicilien à se faire brigand? M. Alongi commence par l'admettre, mais il se trouve fort embarrassé ensuite pour expliquer les progrès rapides de la *Maffia*, sous forme urbaine et raffinée, il est vrai, dans Palerme et ses environs, dans cette *Conque d'or*, région merveilleusement riche et fertile, où la propriété est très divisée et le cultivateur très aisé. C'est que, riche ou pauvre, le paysan sicilien est vaniteux au plus haut degré ; riche, il se hâte de se ruiner en dépenses de luxe, en fêtes, en beaux vêtements (1), pour rivaliser avec les classes supérieures : et, ruiné, il se fait *maffioso* par force ; pauvre, il se fait *maffioso* spontanément, pour s'élever au-dessus de sa condition (2). Sans raison aucune, un beau jour, « dégoûté de son existence ennuyeuse » il revêt

---

(1) En sucreries aussi. « Chaque fête, chaque saint a son bonbon spécial, et l'on pourrait faire un calendrier avec les divers bonbons. »

(2) Cet orgueil, ou cette vanité, comme on voudra, peut être une source d'héroïsme aussi bien que de crime. Mais il est certain qu'une telle *foi en soi* est une des erreurs primitives les plus contraires aux idées civilisatrices. » Le sicilien aime son île, le palermitain adore sa Palerme, tout habitant du plus petit village professe le même grand amour pour les quatre murs où il est né et a grandi... Le sicilien ne dit pas *mon père, ma mère*, mais *le père, la mère*, comme si c'étaient les pères et mères par excellence. Il affecte de ne rien admirer. » — Cette exagération est « *plus grande dans l'intérieur et les petits endroits, moindre dans les classes cultivées de Palerme et dans les grands centres.* « C'est un peu, beaucoup par ostentation, que le Sicilien, comme le Corse, est généreux et hospitalier à l'excès. — La victime d'un vol, en Sicile, est bien plus sensible à l'humiliation d'avoir été dupe qu'au préjudice souffert.

le costume des brigands; et, après une solennelle investiture, entouré d'un grand concours de parents et d'amis, il passe avec armes et bagages dans le camp des malandrins. » Au surplus, il a appris de bonne heure à s'armer. « A Palerme, à Bagheria et dans le zone méridionale, le paysan se retire invariablement des champs avec sa pioche sous le bras et son fusil en bandoulière, et son couteau fait aisément des victimes. » « On ne prête ni son fusil ni sa femme » dit un proverbe sicilien. Encore une analogie avec la Corse. — Sous le brigand, le paysan survit toujours. Jamais brigand sicilien n'est mort en dehors de son canton; la nostalgie, en dépit des plus grands dangers, le ramène au pays natal.

Nous avons dit plus haut que les procédés à l'usage des brigands ruraux de la Sicile sont la *lettera di scrocco*, l'*abigeato*, la séquestration; ajoutons-y la *grassazione*, c'est-à-dire le vol à main armée sur les grands chemins, l'arrestation des voitures. Ces procédés sont non seulement traditionnels, mais parfois héréditaires : on a vu la dignité de *capo-banda*, comme une couronne monarchique, se transmettre par hérédité. — Un grand propriétaire résidant sur ses terres reçoit un jour une lettre aussi respectueuse que possible, où l'on supplie Son Excellence, Son Illustrissime Seigneurie, de vouloir bien fournir à d'honnêtes gens dans le malheur un petit secours de deux, trois, quatre mille *lire*, si Elle ne veut pas qu'il lui arrive de *désagréments*. Cela s'appelle une *lettera di scrocco*. Si la demande reste sans réponse, seconde lettre plus pressante. Enfin, troisième lettre, laconique : « payez ou vous êtes mort. » Quelques jours après, la menace est exécutée : le récalcitrant est tué ou *séquestré*. Dans ce dernier cas, enlevé par surprise et transporté de nuit dans une caverne, il y est servi avec des raffinements d'égards, jusqu'au jour où sa famille se décide à le racheter moyennant une rançon énorme. — L'*abigeato*, l'enlèvement des vastes troupeaux errants dans les pâturages immenses, est un genre de vol qui remonte au moins à Cacus, le géant troglodyte, le brigand mythologique, ravisseur des génisses d'Hercule. La domestication des animaux ayant été l'une des premières formes, et des plus fécondes, du génie inventif, les animaux domestiques ont longtemps été le capital par excellence, l'objet par conséquent des plus ardentes convoitises (1). Un possesseur de gros bétail a été, pendant des siècles, regardé du même œil qu'un grand capitaliste moderne, c'est-à-dire plus exposé qu'un autre à être volé. Quand un caissier infidèle prend la fuite aujourd'hui en emportant un ou deux millions, il n'est point considéré comme un vulgaire voleur. Primitivement, le voleur de bestiaux inspirait une *considération* analogue. Quand un fils d'Attila voulut se faire une petite royauté, « il rassembla, dit Jornandés, des voleurs de bétail, des Scamares et des brigands venus de tous pays, et occupa une tour appelée Herta. » Là, « pillant ses voisins, à la façon des *voleurs de campagne*, il se proclama roi des malfaiteurs qui lui obéissaient. » Ce vol audacieux a d'antiques racines en Italie. Au treizième siècle, dans les environs de Florence, de riches *contadini* (paysans) s'associaient aux gentilshommes pour voler le porc du voisin (2). Il est des tribus, des peuples même qui se sont voués spécialement à ce genre de pillage. En Espagne, les gitanes (3) se livrent de temps immémorial au vol des chevaux; campés dans les sierras, au milieu des ruines d'un château féodal, parfois entre les quatre piles d'un ancien gibet où plusieurs de leurs ancêtres ont dû être pendus sans doute pour des méfaits pareils, ils guettent des chevaux ou des mulets à voler et sont très habiles dans l'art de les travestir, après les avoir capturés, au point de les rendre méconnaissables à leur propriétaire même. A défaut de ces bêtes de somme cependant, ils se contentent parfois de soustraire un porc en passant. Mais c'est assez prouver la respectable antiquité de ce délit rustique.

Comme exemple de délit antique et traditionnel, on peut citer encore la fausse monnaie. Des sociétés de faux-monnayeurs peuplent, paraît-il, sur le versant espagnol au moins, les cavernes des Pyrénées. M. Gil Maestre nous dit avoir rôdé « pendant de longues heures de la nuit » autour de leurs

---

(1) Dans ses profondes recherches d'archéologie juridique, M. Sumner-Maine a bien montré cela, notamment dans ses *Institutions primitives*. Il y fait voir qu'à l'origine des peuples connus on trouve toujours un état caractérisé par l'abondance des terres et la rareté du bétail : la noblesse alors consiste dans la richesse en troupeaux. De là bien des particularités propres à l'ancien droit irlandais, romain, ou hindou.

(2) Histoire du brigandage en Italie, par Dubarry.

(3) *La Criminalidad en Barcelona* par Gil Maestre.

repaires, et avoir souvent entendu les conversations, les rires des femmes « le tout accompagné des petits coups secs et réguliers des marteaux ». Mais ce crime déjà sent la civilisation et la ville.

Il y a, en effet, des transitions entre le brigandage rural et le brigandage urbain (1) ; et la maffia elle-même en est la preuve. Sous la forme que nous venons de décrire, elle va disparaissant depuis 1877, grâce à l'énergique répression du gouvernement italien; mais, en revanche, elle grandit sous ses formes citadines. En descendant de la montagne au littoral, elle change de caractère; montagnarde et sauvage, elle est simplement brutale; marine et urbanisée, elle est encore plus sanguinaire peut-être, mais surtout plus astucieuse et plus subtile; son organisation se perfectionne, son outillage se renouvelle. La classe ouvrière commence à s'y affilier. Déjà les associations ouvrières s'engagent toujours, soit implicitement, soit expressément dans leurs statuts, à pourvoir d'un avocat tout associé « qui serait inculpé de quelque délit » et à entretenir sa famille pendant sa détention. Il s'est formé des sociétés criminelles, dernier *avatar* de la maffia, qui, étendant leurs filets à la fois sur l'agriculture et sur l'industrie, embrassant les champs et la ville, rançonnant d'une part les propriétaires, mais plus ingénieusement que par le passé (2), et, d'autre part, disposant du crédit, faisant à leur gré la hausse et la baisse sur la place de Palerme, les adjudications de travaux publics ou de biens ecclésiastiques sécula-

(1) Notre siècle les connaît bien, car, par l'intervention des chemins de fer, il a donné l'impulsion la plus décisive à la transformation urbaine de la criminalité. On ne peut plus arrêter le train comme on arrêtait la diligence. Jusqu'à 1840 ou 1850, les dernières bandes de malfaiteurs qui ont attiré l'attention avaient un caractère évidemment rural : la bande des *chauffeurs* à la fin du dernier siècle, les brigands de la Vienne en 1834, etc. En 1857, la bande Graft est déjà mélangée d'éléments industriels. Depuis lors, les bandes renommées ont eu leur siège dans les grandes villes, par exemple, à Paris, la bande Vrignault en 1876 (150 associés), la bande Abadie en 1878, la bande du bois de Boulogne en 1880, etc. Je ne parle pas des petites bandes de faux-monnayeurs parisiens toujours renaissantes.

(2) Le chef va trouver un propriétaire et lui dit *respectueusement* que son garde-champêtre est mauvais, qu'il faut le changer et en prendre un autre, à savoir, un affilié auquel il s'agit de procurer un emploi lucratif. Le propriétaire cède, ou, s'il résiste, il trouve, dans son verger dévasté, une *croix*, menace symbolique qu'il ne se fait pas répéter. Il est à remarquer que le même symbole menaçant était employé par la Sainte-Vehme jadis, et l'est encore par les bandits corses.

risés, peuvent être considérés comme une synthèse des deux brigandages que nous comparons ou comme un passage de l'un à l'autre. Elles portent des noms attrayants, la *fratellanza*, les *fratuzzi*, l'*amoroso*, etc.

Cette forme hybride me conduit à la forme pure et complète du haut brigandage urbain, centralisé, puissant, élevé à la hauteur d'une institution, digne enfin de faire pendant à la *haute pègre* rurale, pour ainsi dire, que nous venons de peindre tout à l'heure. Des circonstances analogues à celles qui, nous l'avons vu, ont donné naissance à la maffia, dans les campagnes de Sicile, font surgir de temps à autre, en plein cœur des civilisations, dans les capitales, quelque secte terrible qui épouvante le monde et dont l'historien même a peur, si bien que, le plus souvent, à moins d'avoir le courage de M. Taine ou de M. Maxime du Camp, il n'ose pas dire ce qu'il en pense. Quand le pouvoir régulier, tout-à-coup, dans une grande cité, s'affaiblit ou s'affaisse, ou bien, à l'inverse, quand un despotisme excessif y suscite la rébellion, chaque citoyen, ne pouvant plus compter sur une autorité tutélaire, recherche l'appui d'une coterie. De là des clubs ou des sociétés secrètes qu'on voit pulluler; le plus violent de ces clubs, la plus dangereuse de ces sociétés ne tarde pas à absorber ou annihiler tout le reste, par sa force relative, et bientôt, quelle que soit l'honnêteté ou la grandeur première de son but, à attirer les natures criminelles qui s'en emparent; malfaiteurs haineux qui sont des tigres ou des hyènes aussi, mais d'une espèce nouvelle et compliquée. Ainsi est éclose et s'est propagée la secte des Maillotins, des Ecorcheurs ou des Cabochiens pendant l'anarchie de la guerre de Cent ans, la faction des Jacobins dès le début de la Révolution française, la Commune de Paris en 1871, ou plus récemment encore la conspiration nihiliste (1). Le mal ici a les caractères d'une épidémie, non d'une endémie, il ravage passagèrement tout un vaste territoire, au lieu de s'enraciner pendant des siècles dans un étroit rayon. C'est une mode, non une coutume. Les malfaiteurs qui deviennent chefs de ces bandes historiques ne sont pas des cultivateurs, mais des artisans, des boutiquiers, des rhéteurs, des

---

(1) Dans l'antiquité, la conjuration de Catilina offrait une couleur analogue.

comédiens, des artistes. Ils ne sont pas rivés au clocher natal, ce n'est pas à leur foyer natal qu'ils reviennent mourir ; la plupart sont étrangers ou cosmopolites. Ils pratiquent, non la *grassazione*, mais le dévalisement des caisses publiques; non *la lettera di scrocco*, mais la réquisition abusive, les listes de proscription, les lois de suspects ; non *l'abigeato*, mais la confiscation en masse des propriétés, la spoliation multiforme de l'adversaire ; non la séquestration dans une grotte ou le meurtre d'un seul homme, mais le peuplement des prisons, les fusillades, les noyades, la décimation d'une classe par la guillotine, le explosions de dynamite ; non l'incendie d'une grange ou la dévastation d'une récolte, mais l'incendie et le pillage des palais. Et ces procédés, ils les varient sans cesse, en les adaptant au goût du jour, avec une fertilité d'imagination qui fait honte à la routine séculaire des brigands ruraux. Mais on doit reconnaître qu'ils ressemblent fort à ceux-ci par un trait remarquable : par la légende populaire qui s'attache à leurs noms. Le plus féroce, le plus fourbe, le plus rapace des voleurs de grand chemin, un *Antonino Leone* ou un *Di Paschati* (1), a son image suspendue et vénérée dans les chaumières de Sicile ; Marat, Hébert, Robespierre et autres ont leurs bustes à la place d'honneur, dans bien des cabinets de travail (2). Une autre ressemblance encore mérite d'être signalée : le brigand rural ne serait pas possible sans les nombreux complices directs ou indirects, en action ou en paroles, en paroles ou en silence, qui lui aplanissent ses voies. On appelle en Sicile *manutengolismo* (littéralement, le fait de *tenir la main*) cette complicité de tous degrés, depuis celle du faux témoin, qui, par peur, se tait sur le crime qu'il a vu, jusqu'à celle du recéleur qui agit par cupidité. Quel rôle joue aussi ce double *manutengolisme* dans nos cités terrorisées par une poignée de factieux !

(1) Il n'est pas indifférent de remarquer que ces deux grands chefs de bande étaient ennemis et que le premier a fini par tuer le second.

(2) Cette vénération populaire pour les brigands date de loin. Les ménestrels du XIII° siècle, en Angleterre, chantaient Robert Hood, l'outlaw immortel « et comment cet homme pieux... dépouillait courageusement les grands seigneurs et les hauts prélats, mais était miséricordieux aux pauvres : ce qui était un avis indirect aux brigands d'alors d'avoir à discerner dans leur ronde entre l'ivraie et le bon grain. » (Jusserand, *la Vie nomade et les routes d'Angleterre au moyen-âge*).

Mais, en temps normal, la police empêche le brigandage urbain de se produire au grand jour de l'histoire sous ces dehors triomphants. Elle s'oppose à son organisation, à sa centralisation conquérante, elle le disperse, si elle ne le détruit pas. A la grande industrie criminelle la civilisation substitue ainsi la petite industrie criminelle, ce qui est précisément l'opposé de la transformation qu'elle fait subir à l'industrie honnête. Ne pouvant plus se concerter en nombre considérable pour de glorieux exploits, les déclassés haineux et mauvais en sont réduits à ourdir obscurément quelque forfait vulgaire, en compagnie de deux ou trois compagnons ou apprentis, ou, plus habilement, à monter quelque agence véreuse de chantage, quelque maison de jeu, une machine quelconque à exploitation du public. Dans un cas comme dans l'autre, ils déjouent souvent les poursuites par la variété de leurs inventions; ce n'est pas qu'ils soient individuellement imaginatifs, mais, bien placés pour se tenir au courant des innovations scélérates ou frauduleuses, ils se hâtent de les adopter. Puis, il n'a été question jusqu'ici que du haut brigandage rural, de celui qui ne recule pas devant le meurtre, l'incendie et la rapine en grand. Mais il y a encore le bas brigandage rural, les habitudes, non moins traditionnelles, de maraudage, de petits vols de poules, de blé, de vin, de bois, les fraudes coutumières des métayers, des bateliers qui mouillent leur vin, suivant l'usage, en toute sûreté de conscience, etc. A cette délictuosité relativement vénielle, à ce rez-de-chaussée du délit rural, répond une floraison urbaine, vraiment luxuriante, de filouteries, d'escroqueries, d'abus de confiance, infiniment plus multiple et changeante. C'est à cet épanouissement délictueux, bien plus qu'aux grands crimes, que les grands centres doivent leur originalité devant la Justice. Assez souvent cette criminalité inférieure des villes prend le masque de la mendicité. Il en était ainsi dans l'ancien Paris où les faux mendiants, les faux infirmes, vraies bandes d'escrocs, avaient pour caserne leur Cour des Miracles. A Pékin, cette organisation redoutable dure encore. M. Maurice Jametel (*Pékin, 1888*), nous apprend que les mendiants y forment une redoutable corporation, qu'ils ont un chef élu, un rendez-vous général, et taxent les boutiques, comme les camorristes de Naples. Il est inutile d'entrer dans le détail de la criminalité parisienne d'aujourd'hui, les écrits de MM. Maxime du Camp et d'Haussonville nous ont renseignés à ce sujet ainsi que les ouvrages de M. Macé. Parlons de Barcelone, par exemple, qui, n'étant pas une capitale, peut mieux servir à donner l'idée de la moyenne des grandes villes.

En Espagne, comme partout, la civilisation semble substituer la fraude à la violence, mais, en réalité, se montre simplement plus ingénieuse à renouveler la fraude qu'à faire entrer la violence dans les voies du progrès. Dans les provinces dépeuplées, sauvages, règne encore la vendetta, les crimes contre les personnes dominent; mais là où la population est dense et où les chemins de fer ont pénétré, les assassinats, d'après M. Gil Maestre, deviennent rares, et les attentats à la propriété, sous des formes d'ailleurs moins brutales, se multiplient. A Barcelone sévissent surtout le faux, la filouterie, l'escroquerie. Ce n'est pas que les meurtriers y soient inconnus; on y redoute fort l'*atracador*, (le *terrasseur*), la panthère de l'assassinat, qui se précipite sur sa victime et l'étrangle. Il est le héros de son monde ; c'est lui qui sera chanté par les aveugles, s'il a le malheur d'être pris. Les *minadores* (mineurs) n'épouvantent guère moins. Ceux-ci ont la spécialité d'entrer dans les maisons par les galeries souterraines ; ils procèdent méthodiquement, stratégiquement, louant d'abord une cave ou un magasin à côté de la maison où ils veulent pénétrer, et dissimulant derrière des tonneaux, vides ou pleins de terre, l'entrée de leur mine. Elégants le jour, le soir vêtus en terrassiers, ils doivent s'associer au nombre de quatre au moins, pour l'exécution de leurs difficiles tunnels et sous la direction de l'un d'eux qui fait fonction d'ingénieur. Les malfaiteurs barcelonais ont, du reste, leurs lieux de réunion et leurs conciliabules. Leur devise est : « du pain et des taureaux. » Ils sont protées ; tel, qui était hier habillé en villageois, l'est aujourd'hui en jeune premier, demain il portera la blouse et la casquette de l'ouvrier. Le découvrir sous ces déguisements est la tâche du bon agent de police. Le *topista* (à Paris, le cambrioleur) a la spécialité de dévaliser les appartements inoccupés: il est essentiellement vicieux, méprise profondément *le bourgeois*, nous dit-on, et ne tient qu'à l'estime des *siens*. Le péril l'attire autant que le plaisir. L'*espadista* (voleur avec effraction) ne connaît ni serrure ni fermeture quelconque qui lui résiste. Il commence souvent par assiéger le cœur de la servante du logis, qui devient sa complice sans le savoir. Ajoutons que les *santeros*, (voleurs domestiques) sont très nombreux à Barcelone; et l'on n'est jamais mieux servi que par eux. Enumérerons-nous les variétés infinies d'escrocs : l'escroc banquier, l'escroc monteur d'affaires, administrateur délégué des sociétés qu'il a fondées, etc.? L'espèce est innombrable. Un spécialiste utile est le *guitariste*, qui, moyennant un ingénieux instrument en forme de guitare, passe son temps à escroquer les autres escrocs. — Là comme dans toutes les villes fleurit la fabrication des faux billets de banque, rajeunissement civilisé de la fausse-monnaie. — M. Gil Maestre remarque l'émigration fréquente et le renouvellement continuel de la population des filous. Une fois leurs tours épuisés, ils vont ailleurs où ils reconnaissent leurs frères à des signes secrets et, grâce à ce contact, « ils se communiquent leurs informations, perfectionnent leurs procédés. » Ce magistrat prétend qu'il existe des écoles d'apprentissage de vols à la tire. — Il y a un genre de vol, bien espagnol, qu'on pourrait appeler le vol *au baiser*. Deux femmes, l'une jeune et jolie, l'autre âgée et paraissant être la duègne, ont l'air de regarder l'étalage d'une boutique à côté d'un homme d'aspect riche et naïf. La jolie se retourne et saute au cou de son voisin ; « Quoi! c'est toi! dit-elle, quelle joie de te revoir ! » et elle prolonge un moment cette effusion amoureuse, à laquelle elle met brusquement fin. « Ah ! pardon ! je m'étais trompée. » Et les deux femmes disparaissent avec une rapidité que semble expliquer le désir de cacher leur confusion. Mais, après leur départ, le bénéficiaire de cette étreinte trop tendre constate l'absence de son porte-monnaie. — A l'usage des enfants, il y a le vol *des terrassses*, d'une couleur locale encore assez marquée. Ces jeunes larrons dérobent, pendant la nuit, le linge, les vêtements laissés sur les terrasses des maisons. Ils forment un corps de francs-tireurs du délit, soumis à des chefs. Ils se dispersent pour exécuter le plan de campagne et se retrouvent pour partager le butin. Pillards comme des moineaux, ils sont d'une habileté extraordinaire à détrousser les gens ; le coup fait, ils rient, jouent aux cartes, puis, quelque part, se pelotonnent en grappe serrée « siège d'une corruption abominable » pour dormir profondément. Ils commencent par voler les terrasses et les pigeonniers, ils ne tarderont pas à voler les étages des maisons. Ils se battent à coups de couteau, comme les *grandes personnes* qu'ils imitent. Leur seule occupation est le vol, et cela devait être. L'enfant naît parasite; s'il ne vit pas aux dépens de ses parents qui l'abandonnent, il doit vivre aux dépens de la société. Et, si ses père et mère négligent de lui donner un métier, il apprendra celui qui s'offre à lui, et qui est si captivant, si amusant, un métier qui n'a rien de mécanique, une profession essentiellement libérale à ses yeux, la profession criminelle. Mais la preuve que ce novice du crime ne naît pas mauvais, c'est qu'il est en général loyal et bon avec ses camarades.

Quelques chiffres peuvent aider à préciser ces considérations. Sur les tableaux individuels, si pleins de renseignements multiples, que M. Marro a joints à son ouvrage *I caratteri dei delinquenti*, j'ai fait le compte du nombre des malfaiteurs qui, dès l'âge de 18 ans, ou au-dessous (souvent dès la petite enfance), sont notés comme ayant *abandonné leur famille*, ce qui suppose, à mon sens, que leur famille les avait auparavant fort négligés. J'en ai compté 160 sur 472 malfaiteurs mâles, sans parler de 47 qui, dès 18 ans ou au-dessous, étaient devenus orphelins de père et de mère. Or, sur 97 individus honnêtes, du même sexe, je n'en ai pas compté *un seul* qui, sans être orphelin, ait si précocement abandonné sa famille. Sur ces 97 *normaux*, il y a eu 14 orphelins dès l'âge indiqué, ce qui est une proportion un peu supérieure, fortuitement sans aucun doute, à celle des orphelins malfaiteurs. — D'ailleurs, d'un tableau de M. Marro, (p. 250) il résulte que, sous le rapport de la mort précoce de leurs parents, les malfaiteurs ne se sont pas trouvés placés dans des conditions plus défavorables *en apparence* que les normaux. Mais il ne faut pas se hâter, avec l'auteur, d'en conclure que la mauvaise conduite des premiers tient à leur nature bien plus qu'à leur éducation. En effet, qu'importe que ces malheureux aient conservé leurs parents aussi longtemps que les autres, si, comme l'auteur nous le montre ailleurs, leurs parents présentent une proportion de fous, d'alcoolistes, d'épileptiques, de déséquilibrés, très supérieure à celle des parents de fils restés honnêtes ? Ils n'ont pas mieux été élevés que s'ils étaient restés orphelins. Il est à remarquer, — l'observation est encore de M. Marro, — que, sur 76 délinquants dont les parents n'étaient ni alcoolistes, ni aliénés, ni délinquants eux-mêmes, 50 étaient devenus orphelins de très bonne heure, proportion vraiment énorme. On voit ici la mort prématurée des parents jouer le même rôle que les vices des parents vivants ; et ces deux causes ne peuvent être équivalentes que par la mauvaise éducation qui est leur effet commun. — N'est-il pas possible, probable même, que la moindre criminalité des femmes s'explique en partie par ce fait que la société s'est bien plus préoccupée jusqu'ici de fonder des orphelinats de filles que des orphelinats de garçons, comme l'a prouvé le rapport de M. Théophile Roussel (1882) sur ces établissements charitables en France ?

Pour revenir à M. Gil Maestre, à coup sûr, les futurs *espadistas* ou *minadores*, qu'il nous peint à l'état de larrons en herbe, sont moins coupables que les auxiliaires du crime, fripiers ou logeurs de nuit, receleurs d'objets volés ou receleurs des voleurs. M. Gil Maestre nous dit connaître une *casa di dormir*, où, dans une pièce sans air, tapissée de toiles d'araignées, tous les hôtes, hommes et femmes, petits garçons et petites filles, couchent pêle-mêle et, vu la chaleur suffocante, dans un état de complète nudité, mais, se connaissant très bien les uns les autres, ont soin de ne s'endormir qu'en tenant leurs vêtements pressés entre leurs bras de peur qu'on ne les leur vole.

Cette légère esquisse de la criminalité propre aux grands centres (1) serait par trop incomplète si je n'y ajoutais un mot sur ce crime à la fois essentiellement urbain et essentiellement masculin qui s'appelle l'attentat aux mœurs. Surexcités par les facilités mêmes de leur satisfaction, les désirs des sens acquièrent dans les populations agglomérées une acuïté maladive. Je ne veux pas nier l'action des causes physiques sur le crime en question, puisque sa courbe statistique annuelle s'élève régulièrement en été, mais sa répartition géographique révèle clairement

---

(1) Le mauvais renom des villes au point de vue criminel date de loin ; et, sans remonter jusqu'à Sodome et Gomorrhe, j'observe que, quand, au douzième siècle, la comtesse Mathilde vieillie errait de château en château, son chapelain Donizo, lui recommandait, nous dit M. Perrens, « de fuir les cités populeuses où les crimes se multiplient avec les parjures des marchands » (Hist. de Florence).

l'action dominante des causes sociales. En France, par exemple, sur les cartes dressées par le Dr Lacassagne, (1) l'infection criminelle dont je parle se traduit aux yeux par quatre taches, par quatre rayonnements de contagion ayant pour foyers des grandes villes, Paris, Nantes, Bordeaux, Marseille. Le plateau central et quelques montagnes émergent seuls entièrement au-dessus de ce déluge. Nous avons donc lieu de croire que la plupart des hommes reconnus coupables de ce crime l'ont été parce qu'ils ont eu le malheur de naître ou de s'établir au sein ou dans le voisinage de nos Babylones, au lieu de naître ou de vivre en Auvergne. Mais cette considération, nous le savons, ne fait pas obstacle à leur responsabilité : une virtualité vraiment *leur* était en eux, qui s'est réalisée grâce au séjour des villes, mais ne leur appartient pas moins pour cela.

En résumé, par tous ses caractères extérieurs et intérieurs, par ses dehors plus dissimulés et plus multiples comme par sa nature plus astucieuse et plus voluptueuse, par ses procédés plus ingénieux et moins routiniers comme par l'origine sociale plus variée et plus exotique de ses agents, la criminalité urbaine contraste fortement avec la criminalité rurale. L'une monte quand l'autre descend. Il est bon de noter qu'une opposition du même genre se prononce à la longue, au point de vue du temps et non de l'espace, entre la criminalité *primitive* et la criminalité *avancée*. On voit l'utilité de ne pas méconnaître cette dualité fondamentale, d'autant mieux qu'à certains égards elle coïncide avec celle de la délictuosité d'occasion et de la délictuosité d'habitude, qui a trop absorbé et usurpé l'attention des savants. En général, la délictuosité d'*habitude*, celle que l'individu est le plus porté à enraciner en lui-même par la répétition d'un premier méfait, revêt dans un pays les mêmes formes que la délictuosité de *coutume*. Nous savons qu'en Italie elle porte plus souvent qu'en France sur les coups et blessures, sur les *coltellate*, vieil usage national, et qu'en France elle porte plus souvent qu'en Italie sur les attentats aux mœurs, vieille faiblesse gauloise.

Mais nous avons à nous excuser d'avoir un peu empiété sur le sujet du chapitre suivant. Il est vrai qu'il eût été malaisé de parler du criminel sans déjà nous occuper du crime.

(1) *Archiv. de l'anthrop. crim.*, livr. 5, p. 433.

CHAPITRE VI

LE CRIME

Sans vouloir diminuer le mérite des anthropologistes qui cherchent à régénérer le droit pénal, on doit convenir, après les développements précédents, que la pratique judiciaire ne saurait encore s'inspirer de leurs travaux, si ce n'est pour y puiser, quand les anomalies les moins contestables signalées par eux se présentent sur la personne d'un inculpé, une indication plus ou moins défavorable. Les mauvais et surtout les bons renseignements fournis par un maire ne sont pas toujours, d'ailleurs, plus dignes de foi. En revanche, il est à regretter que les aliénistes de cette école soient si rarement consultés par les magistrats et les avocats (1). Les innombrables observations d'aliénés ou de monstres moraux, accumulées par Morel, Tardieu, Maudsley, Legrand du Saulle, etc., ont réellement abouti à des résultats solides, que les multiples mensurations crâniennes et corporelles des délinquants sont encore loin d'avoir atteints. Ainsi, par ce côté, l'école positiviste, — car la pathologie mentale, je suppose, est chose positive, au moins autant que l'anthropologie, — mérite déjà d'être écoutée au Palais et aux Cours d'assises, où l'ignorance est si profonde à cet égard. Le champ de l'irresponsabilité, je le répète, s'est beaucoup agrandi par suite des travaux dont je parle ; et c'est précisément pourquoi il importe d'être fixé sur ses limites de peur de ne laisser à la responsabilité aucune part. N'oublions pas que le pervers de

---

(1) Ou pour mieux dire, il est à regretter, comme l'a fort justement remarqué au dernier Congrès un magistrat distingué, M. Sarraute, que les magistrats s'abstiennent de faire de l'anthropologie criminelle en ce sens, puisque les avocats d'assises en font déjà.... sans le savoir. Nous nous associons donc au vœu émis à ce sujet par ce criminaliste.

naissance, le *fou moral*, n'est nullement un aliéné, bien que les aliénistes nous aient fourni sur lui les meilleures informations que nous possédions encore.

En admettant même comme certaines les données anthropologiques de la nouvelle école, on a pu voir qu'elles comportent une interprétation sociologique bien préférable à l'interprétation trop exclusivement biologique que ses fondateurs ont formulée. Nous allons voir pareillement que, à un degré moindre, elle reproduit la même erreur en interprétant les données statistiques qui sont le fondement le plus sérieux peut-être et le plus durable de ses travaux. Après avoir par l'anthropologie et la pathologie mentale, cherché les caractères typiques du criminel, elle cherche par la statistique, les lois naturelles du crime. Elle accorde, nous l'avons dit dans notre exposé, un plus grand rôle aux causes sociales dans la production du crime que dans la production des penchants criminels. Elle parle, en effet, des « facteurs sociologiques » en même temps que des facteurs physiques ou anthropologiques. Son erreur, à notre avis, est d'avoir mis sur le même rang des causalités si hétérogènes et d'avoir méconnu la nature propre aussi bien que l'intensité supérieure de la première. Ce reproche ne s'adresse pas aux socialistes de l'école, mais, parmi les causes sociales du crime, ceux-ci ne veulent reconnaître que les causes économiques, et leur point de vue en cela n'est pas moins incomplet que celui de leurs confrères naturalistes.

Cela dit, nous ne saurions trop louer les efforts et les essais, même infructueux parfois, de ces statisticiens distingués. N'eussent-ils faits que mettre en lumière les progrès réguliers de la récidive en tout pays et provoquer des mesures urgentes contre les récidivistes, ils auraient droit à notre reconnaissance. Théoriquement ils ont fait plus. Si cependant ils ne nous ont encore donné que des ébauches, s'ils n'ont point travaillé sur un plan d'ensemble, s'il se sont bornés à élucider quelques problèmes détachés d'arithmétique sociale, tels que les rapports des saisons avec la courbe des crimes, ou les relations de la courbe des homicides avec celle des suicides, de la courbe des crimes contre les personnes avec celles des crimes contre les propriétés, etc.; les liaisons de faits qu'ils ont constatées sont des acquisitions précieuses pour la science. En cela ils ressemblent aux psychophysiciens dont les contributions à la psychologie portent sur des points secondaires encore, mais ont l'avantage d'y introduire pour la première fois la précision et la certitude, *aliquid inconcussum*, et sont des pierres d'attente pour l'avenir. Seulement, le psychologue qui, sur la base étroite de ses expériences, se hâterait de reconstruire dès à présent toute la psychologie, risquerait fort de se tromper. Il en est de même du criminaliste statisticien qui, sur la foi de ses chiffres, encore en si petit nombre, voudrait refondre le Droit criminel. Gardons-nous pourtant, même ici, de le blâmer. Quand, au fond des mers, le premier œil rudimentaire est éclos jadis, permettant à peine de discerner la lumière de l'ombre, ou les contours vagues d'un ennemi et d'une proie, l'animal qui s'est laissé guider par ces imparfaites indications a dû souvent commettre des fautes grossières et se reprocher de n'avoir pas continué à tâtonner comme ses pères. Il n'en était pas moins dans la voie féconde où ses chutes mêmes préparaient des élans. Eh bien, la statistique est en quelque sorte un sens social qui s'éveille ; elle est aux sociétés ce que la vision est aux animaux, et, par la netteté, par la célérité, par la multiplicité croissantes de ses tableaux, de ses courbes graphiques, de ses cartes coloriées, elle rend cette analogie chaque jour plus frappante. L'œil, en effet, est-il autre chose qu'un admirable appareil de dénombrement rapide, instantané, original, des vibrations optiques, qu'il nous présente sous la forme de tableaux visuels incessants, sorte d'atlas continuellement renouvelé.

Mais la statistique, assurément, est loin de l'époque où elle pourra réaliser un tel idéal, si tant est qu'elle le réalise jamais. Or, quand un homme, récemment opéré de la cataracte, commence à peine à y voir un peu, que doit-il faire ? Peut-il s'en rapporter entièrement, pour la direction de ses pas, aux faibles informations de sa vue ? Non, il doit s'en aider seulement, et suppléer à leur imperfection par le concours de ses souvenirs et de sa raison. C'est ainsi que les criminalistes et aussi bien les législateurs, dans l'état où la statistique criminelle se trouve encore, ont le devoir d'y avoir égard, mais en combinant ses données avec les lumières fournies par l'histoire et l'archéologie, cette mémoire des peuples, et par la science sociale, cette conscience rationnelle que les sociétés avancées finissent par acquérir d'elles-mêmes. Nous allons nous placer à ce point de vue.

I

I. — Quand la statistique a commencé à fonctionner, ses premières révélations ont paru bouleverser les idées reçues. La surprise a été grande alors de constater cette reproduction annuelle de chiffres à peu près les mêmes relativement aux mêmes délits (1). On a tout d'abord regardé ce contingent invariable comme inconciliable avec le libre arbitre, et, ayant l'habitude de fonder sur le libre arbitre la responsabilité, on s'est hâté de conclure que le criminel n'est point responsable de son crime. Sans doute on s'était fort exagéré au début l'invariabilité du tribut criminel dont il s'agit; mais les variations qu'on y a remarquées plus tard se sont montrées elles-mêmes régulières, assujetties à des périodes de hausse et de baisse continues. Or, en quoi la régularité ou seulement la continuité des variations est-elle ici moins opposable à l'hypothèse de la liberté individuelle que l'exactitude des répétitions? Ainsi, l'objection du début subsiste dans toute sa force, et l'habitude seule a fini par l'émousser. Quant aux réponses qui y ont été faites, elles se classent en deux parts, les unes d'une faiblesse, les autres d'une obscurité désespérantes. La plus spécieuse consiste à dire, avec Quételet, que les libres déterminations, en ce qu'elles ont de particulier et d'accidentel, jouent le rôle des pertubations d'une courbe astronomique et se neutralisent mutuellement. Explication illusoire. Imaginons une courbe astronomique qui serait produite par le jeu combiné de perturbations exclusivement.

---

(1) Et aussi bien aux mêmes actes volontaires quelconques de la vie, mariages achats et ventes : les naissances et les morts ne se reproduisaient pas plus régulièrement que ces effets de la volonté.

C'est bien notre cas, puisque tous les crimes, tous les mariages, tous les achats accomplis dans un Etat pendant une année sont censés émaner de l'initiative autonome des individus. Il s'agit de montrer en quoi ces initiatives-là peuvent se neutraliser, et comment, défalcation faite de leurs soi-disant neutralisations, on aboutit à un reste numérique égal ou conforme à une certaine loi empirique de croissance ou de décroissance. Or, cette uniformité absolue ou relative serait incompréhensible si l'on n'admettait que les volontés, réputées autonomes *en droit*, ne font pour ainsi dire aucun usage *en fait* de leur autonomie, et qu'elles obéissent constamment à une somme égale, ou régulièrement croissante et décroissante, d'influences d'ordre social, ou vital, ou physique, en comparaison desquelles la part attribuable à leur liberté est une quantité négligeable. C'est ainsi que l'ellipse décrite par la terre autour du soleil est régulière, parce que sa cause, l'attraction mutuelle de ces deux astres, est immensément supérieure en énergie aux attractions réciproques de la terre et des autres planètes, causes des perturbations périodiques et compliquées qui dentellent cette courbe. Certainement, si la terre était libre d'aller à la dérive dans le ciel, ou si son mouvement, quoique nécessité et fatal, dépendait d'une complication d'influences accidentelles venues de tous les points de l'espace, elle ne décrirait pas un trajet géométriquement formulable. A chaque instant, l'attraction du soleil sur la terre *se répète*, égale à elle-même et semblable; ou, si l'on aime mieux, à chaque instant les ondulations de l'éther, cause hypothétique de cette attraction suivant force physiciens, se répètent égales et semblables : voilà l'explication vraie de la régularité présentée par les courbes des astres. — Pourquoi les mesures des anthropologistes portant sur la taille, le poids, les pulsations du cœur et autres caractères physiologiques ou anatomiques d'un nombre d'hommes suffisant, pourvu qu'ils appartiennent à une même race, ou à une même nation composée de races diverses, mais en proportions toujours identiques, donnent-elles constamment des résultats égaux? Pour une raison analogue. Tous ces hommes sont des copies héréditaires les uns des autres. Chacun de leurs traits est la reproduction d'un autre, par voie de génération. Et la constance des chiffres fournis par les mensurations anthropométriques prouve simplement que la somme des répétitions par hérédité l'emporte beaucoup sur la somme des variations individuelles et irrégulières par innéité inexpliquée. Quant aux variations régulières, que l'anthropométrie ferait découvrir aisément si elle s'appliquait à des races métisses en train de se former ou de disparaître, leur régularité démontrerait aussi l'action prépondérante exercée par la propagation héréditaire de certaines modifications organiques. Si, par impossible, tout n'était que variations originales dans l'individu vivant, si chaque individu était une espèce à part, on aurait beau compter, mille, dix mille, dix millions de tailles ou de pulsations du cœur, jamais on arriverait à des chiffres qui se reproduiraient ensuite à peu près quand on recommencerait les mêmes mesures sur d'autres sujets. La loi des grands nombres ne servirait à rien, et même plus le nombre des observations s'accroîtrait, plus s'élargirait, loin de se resserrer, l'écart des chiffres.

Tout ce que je viens de dire est applicable, *mutatis mutandis*, à la statistique morale. Si dans la détermination des citoyens à chacun des actes de leur vie, par exemple au mariage, la part de la libre initiative, affranchie de toute suggestion physique, vitale ou sociale, était prépondérante ou même appréciable, on ne verrait point le chiffre des mariages, dans un milieu et en un temps donnés, se reproduire tous les ans avec une monotonie frappante, ou suivant une progression non moins remarquable. Mais le concours des trois sortes d'influences indiquées exerce sur l'ensemble des volontés une action toute-puissante, parce que, plus forte ici, moins forte là — comme on voit le tirage d'un même cliché donner lieu à des exemplaires ou trop pâles ou trop noirs, mais semblables en moyenne — elle n'est combattue que dans une faible mesure par la spontanéité individuelle. On distingue fort nettement par le réactif délicat de la statistique ces trois sortes d'influences dans l'exemple choisi ; car, à coup sûr, c'est une impulsion physiologique, héréditaire, variable d'un âge à l'autre, et aussi une impulsion physique, variable d'une saison à l'autre, qui pousse les hommes à se marier ; mais c'est aussi une impulsion sociale, l'entraînement de la coutume ou de l'exemple ambiant. Sans cela, il n'y aurait que des unions libres, et point du tout de mariages officiels, pas plus civils que religieux. La régularité de la statistique nuptiale ne prouve donc qu'une chose, à savoir que la force de *l'imitation-coutume* à cet égard est constante, ou régulièrement croissante et décroissante par suite de sa rencontre avec des *imitations-modes* dont la propagation lui est favorable au contraire, et qu'elle est très supérieure en intensité à la force des initiatives individuelles indépendantes de la tradition ou de l'opinion. *La supériorité quantitative des énergies volontaires soumises à l'Imitation sur les énergies volontaires engagées dans les voies de l'Innovation* ; voilà en somme, tout ce qu'expriment les chiffres réguliers de la statistique sociale.

Il ne s'ensuit pas, il est vrai, que la part afférente à l'activité novatrice doive être considérée comme nulle. Elle est, par bonheur, bien réelle, et sa valeur est mille fois au-dessus de son volume apparent. Mais y a-t-il lieu de faire honneur au libre arbitre humain de ces heureuses perturbations que les initiatives vraies apportent au monde? Nullement, quoiqu'il soit permis, nous l'avons dit, de voir peut-être en elles l'indice de libertés élémentaires qui s'exerceraient souterrainement, à mille lieues de profondeur au-dessous de la surface lumineuse où la vie psychologique se déploie. Qu'on me montre, du reste, une invention, une découverte, qui ne se résolve pas en copies combinées, en courants divers d'imitation fortuitement rencontrés un jour dans un cerveau bien doué ; qu'on me montre une originalité individuelle qui soit autre chose qu'une intersection singulière de banalités, à très peu de chose près. Ainsi, l'explication de Quételet croule par sa base, et l'élément perturbateur même des courbes statistiques échappe aux partisans du libre arbitre. L'effroi des consciences n'était donc pas sans excuse quand, pénétrées de l'ancienne conception de la responsabilité, elles voyaient dans la statistique naissante une ennemie. Mais, notre manière de concevoir la responsabilité étant différente, nous n'avons, nous, aucune raison de nous effrayer. Loin de là, les résultats signalés par la statistique sont les plus propres à nous faire juger les criminels vraiment responsables à raison de leurs actes. La responsabilité, avons-nous dit, se fonde sur la similitude avec autrui et la persistance de l'identité personnelle. Or, les séries régulières de la statistique attestent que la première condition est remplie à un haut degré, puisqu'elles prouvent la ressemblance physique, vitale et sociale, des individus qui composent une même nation ou une même classe ; et elles prouvent aussi bien que la seconde condition est réalisée, si du moins, après examen, nous avons lieu de croire qu'elles impliquent la prépondérance des influences sociales sur les influences physiologiques ou physiques. En effet, l'individu ne reste identique à lui-même en subissant une influence qu'en tant qu'il se l'approprie. Physiologiquement, organiquement, il peut s'approprier une influence naturelle, telle que la vue d'une proie ou l'impression de la chaleur et agir suivant son tempérament en y cédant ; mais psychologiquement, il ne peut s'approprier que des motifs ou des mobiles suggérés par le milieu psychologique, c'est-à-dire social, dans lequel il est plongé en tant que *personne*, et c'est de son identité personnelle, non organique, qu'il est question ici (1). Le malfaiteur, en subissant les entraînements de ses camarades, agit conformément à son caractère. C'est comme être social, non comme être vivant, qu'il est responsable. Dans la mesure, donc, où il est sensible aux suggestions de la société ambiante, sa responsabilité s'accroît. Nous savons déjà que les progrès de l'homme dans sa propre identification personnelle sont en général parallèles à ses progrès dans l'assimilation sociale avec autrui, et qu'à l'inverse, en se désassimilant par degrés, il s'aliène.

En somme, l'immense organisme social va s'assimilant les petits organismes individuels comme ceux-ci vont s'assimilant les molécules et les forces du dehors : et c'est par suite de la première assimilation que les individus ont à répondre de leurs actes les uns à l'égard des autres, comme c'est par suite de la seconde que les molécules de leurs corps sont liés entre elles et sujettes à être éliminées si la santé l'exige.

(1) J'insiste et ne saurais trop insister, pour faire remarquer que l'identité de la personne sur laquelle je fais reposer ma théorie de la culpabilité, doit être entendue au sens social et non vital. Biologiquement, un criminel converti, devenu honnête homme, est resté identique à lui même; mais, sociologiquement, il est différent du tout au tout. Les transformations même qu'opère la folie dans la personnalité ne sont jamais de telle nature qu'elles puissent rendre l'individu *organiquement autre* qu'il n'était. Mais elles le rendent civiquement, civilement, socialement autre. Beaucoup d'adversaires, naturalistes par profession, ont critiqué cette théorie, faute d'avoir compris ce point.

Par suite, il importe grandement d'examiner quel est le véritable rôle joué par les suggestions d'ordre économique ou religieux, politique ou domestique, d'ordre social en un mot, dans la genèse du délit, et de décider si les suggestions d'ordre naturel leur sont subordonnées ou non. C'est le débat qui s'agite entre les naturalistes et les socialistes de la nouvelle école. Avec ces derniers je suis d'accord pour admettre la supériorité des causes sociales sur les causes extérieures ; mais, au lieu de conclure de là, avec eux, que la société seule est coupable de tous les forfaits, j'en conclus que l'individu est vraiment et justement punissable (1).

II. On le voit, je tiens pour exacte, tout d'abord, la division des causes du délit en *trois facteurs*, telle que M. Ferri l'a magistralement exposée. Autant sa classification des délinquants en cinq catégories est discutable, autant cette analyse tripartite frappe par sa justesse et sa clarté. Avec beaucoup de sagacité il a souvent démêlé dans le pêle-mêle des chiffres l'action de chaque cause prise à part. Mais il a une tendance marquée à s'exagérer l'importance des impulsions naturelles, et à méconnaître que, si toute la force dépensée dans nos actions sociales découle de là, toute la direction de cette force vient d'ailleurs. Il n'a pas, ce nous semble, assez respecté la hiérarchie des réalités qu'il distingue et qui se superposent les unes aux autres. De là des erreurs d'interprétation inévitables. Le supérieur, fréquemment, en ayant l'air de s'adapter à l'inférieur, ne fait que le plier à ses propres fins ; ainsi feint parfois la vie de s'adapter

---

(1) J'ai à faire une observation une fois pour toutes. L'imitation, dans la vie sociale, j'entends l'imitation normale et non maladive, est en grande partie volontaire, même en fait de langage et de mœurs, mais elle n'est pas moins déterminante. On imite volontairement, délibérément parfois, telle personne, pour mieux réaliser telle fin, satisfaire tel besoin, fin et besoin, il est vrai, imités d'autrui plus passivement, mais non inconsciemment. Si, à notre avis, on reste responsable des actes commis à l'exemple d'autrui, quoique sans cet exemple on ne les eût certainement pas commis, c'est que toute la personne, persistante et originale, a participé à cet acte d'imitation. Quand, au contraire, dans une foule ameutée, par exemple, l'imitation est absolument inconsciente et aveugle, opposée au caractère habituel de celui qui la subit, elle est un phénomène d'aliénation momentanée qui atténue la responsabilité ou la supprime.

aux forces chimiques, ainsi feint parfois la société de s'adapter aux races et aux climats. La température de chaque jour semble tenir sous sa dépendance la végétation du cep de vigne : plus il fait chaud, plus la plante pousse; et la nature de chaque sol semble imposer à la végétation du cep de vigne des allures ou des propriétés particulières. Il n'en est pas moins vrai que, sous cet apparent asservissement du germe végétal aux excitations extérieures, le naturaliste aperçoit l'aptitude de ce germe à utiliser les forces du dehors, à leur commander, à tirer ingénieusement parti de leurs obstacles mêmes. Semblablement, la vigueur physique des ouvriers d'une fabrique est la première condition de son fonctionnement : mieux ils sont nourris, plus ils sont vigoureux, et plus elle fonctionne; et le tempérament particulier des ouvriers d'une fabrique imprime à sa marche un caractère spécial : le service des chemins de fer ne se fait pas en Italie et en Espagne comme en France; en France même la Compagnie du Midi se distingue nettement de celle du Nord. Mais, au fond, cela signifie que l'invention des chemins de fer emploie les divers degrés de force des agents dont elle dispose et fait tourner les particularités à son profit. Sans doute, il est exact de dire que la maturité d'une grappe de raisin a pour cause le concours de deux facteurs : la température et le sol d'une part, d'autre part la direction du germe. Sans doute il est exact de dire aussi qu'un produit fabriqué résulte de trois facteurs concourants : 1° le climat et la saison; 2° la race et la santé; 3° direction de l'entrepreneur (incarnation momentanée de l'invention qu'il exploite). Mais on peut dire également que cette page que j'écris résulte de trois conditions : 1° l'existence du papier, de l'encre, des plumes; 2° le bon état de ma main, non paralysée, non entravée; 3° ma connaissance de l'art d'écrire et ma volonté d'écrire. Ne confondons pas *cause* et *raison*; sur ce point, Cournot est bon à relire. La vraie et unique raison de la grappe c'est le pépin; la vraie et unique raison du produit fabriqué, c'est l'entrepreneur; la vraie et unique raison de cette page, c'est l'éducation que j'aie reçue et la contagion des exemples multiples qui m'ont décidé à vouloir écrire ceci.

III. Ces préambules sont longs, mais il m'ont paru indispensables. A leur lumière, nous pouvons dès maintenant apprécier l'ingénieux *Calendrier criminel* dressé par M. Lacassagne (1). Cet auteur a fait voir que le dénombrement, mois par mois, des crimes contre les propriétés, et celui des crimes contre les personnes, s'exprime par deux courbes annuelles presque inverses l'une de l'autre. Le maximum des *crimes-personnes* se trouve en juin (2), le minimum des *crimes-propriétés* en juin et juillet. Occupons-nous des premiers. Faut-il voir dans l'élévation de la température l'explication unique de leur recrudescence en été ? Oui, répond M. Ferri ; la preuve en est que, non seulement les mois les plus chauds de l'année parmi les autres mois, mais encore les années les plus exceptionnellement chaudes parmi les autres années (3), et les provinces les plus chaudes, c'est-à-dire méridionales, parmi les autres provinces, se signalent par leur fertilité relative en meurtres, en assassinats, en coups et blessures. La coïncidence de ces trois ordres de faits ne force-t-elle pas la conviction ? A coup sûr elle prouve que la chaleur explique dans une certaine mesure une *partie* de l'excès des crimes ou délits violents présentés par les mois, les années et les provinces d'une température élevée. Mais une partie seulement, et peut-être une faible partie. Cette coïncidence que nous constatons à présent, les statisticiens l'eussent-ils constatée il y a quelques centaines ou quelques milliers d'années ? J'en doute fort, si l'histoire ne ment pas. Songeons que la douceur relative des mœurs dans les nations ou les régions septentrionales est de date assez récente ; qu'elle tient au déplacement moderne de la civilisation vers des latitudes plus hautes, phénomène historique on ne peut mieux démontré ; et que, si nous nous reportons au temps de la molle civilisation romaine menacée au nord

---

(1) *Revue scientifique* du 28 mai 1888, article intitulé : *La criminalité en France*. Il y a deux grandes planches et un tableau développé.

(2) Le dénombrement des crimes commis en prison *(Criminalita carceraria)* a donné lieu à un calendrier à peu près semblable. Il y a pourtant quelques différences : le maximum des crimes de personnes y est en *août*, non en juin. Voir l'ouvrage de M. Marro *I caratteri*. Tableau de la page 363.

(3) Sur ce point, M. Colajanni a élevé des objections d'apparence très forte dans les *Archives de l'Anthropologie criminelle* du 15 novembre 1886. Mais dans la livraison suivante, M. Ferri a reconquis une partie de sa position.

par des hordes sanguinaires, ou seulement à l'époque de la Croisade contre les Albigeois, nous verrons partout les climats les plus froids relativement fertiles en crimes de sang. La criminalité violente dépend si peu du climat et même de la race, que le même pays, sans que sa race et son climat ait changé, s'adoucit, s'énerve même en se civilisant, ou redevient sanguinaire en retournant à la barbarie. Lorsque la civilisation grecque florissait au midi de l'Italie, dans la Grande-Grèce, quand la civilisation arabe enchantait le midi de l'Espagne ou la civilisation gallo-romaine le midi de la France, c'est le nord de l'Italie, le nord de l'Espagne, le nord de la France qui était le lieu privilégié de l'homicide (1). Quant au mouvement de la civilisation vers le nord, s'explique-t-il au moins physiquement? Non plus. Les causes en sont historiques et peut-être accidentelles, à coup sûr toutes sociales ; c'est, avant tout, cette heureuse veine de découvertes scientifiques, d'inventions industrielles, militaires, politiques, que nous exploitons depuis trois siècles en Europe, et qui, par une plus profonde utilisation des ressources naturelles domptées et domestiquées ont permis à des régions auparavant ingrates, d'essayer avec succès l'acclimatation des idées civilisatrices, pendant que celles-ci dépérissaient dans leur berceau. Il est possible d'ailleurs que tant d'inventions coup sur coup à mettre en œuvre à la fois exigent nécessairement une dépense d'activité corporelle que les habitants des villes situées trop avant vers le sud ne sauraient fournir. Et il en sera sans doute ainsi aussi longtemps que l'exploitation de ces nouveautés, comme il arrivera toujours au début, restera rude et difficile. L'agitation fébrile, le tapage assourdissant, qui paraissent essentiels aux capitales modernes, le laissent supposer. On ne peut croire que Memphis et Babylone aient jamais été habituellement montées à ce diapason. Mais il est permis de penser que c'est là une crise passagère, et qu'une fois facilité par nos efforts actuels, l'emploi des nouveaux outils de la civilisation s'étendra jusqu'aux zones tropicales. Le refleurissement civilisateur de la vallée du Nil, l'admirable progrès de l'Australie, autorisent

---

(1) Voir le développement de cette idée dans notre *Criminalité comparée*, p. 152 et verso.

cet espoir. La civilisation a passé des belles régions tropicales aux zones tempérées ou froides, par la même raison, au fond, que la richesse passe des classes oisives et privilégiées aux classes laborieuses, phénomène où nulle cause physique n'intervient.

Il me paraît donc infiniment probable que l'action de la chaleur entre pour peu de chose dans la prédominance méridionale des crimes grossiers et violents. J'ajoute : dans leur prédominance estivale. L'été, on vit plus au dehors, on voyage, on se rencontre davantage : de là des chocs plus nombreux, des passions plus surexcitées et des occasions de meurtre plus fréquentes. C'est si bien là l'explication principale des phénomènes, qu'elle seule peut rendre compte des exceptions à la prétendue règle de l'influence des climats. Elles sont considérables : cette soi-disant loi ne s'applique en France (1), comme on peut le voir par les belles cartes officielles de M. Yvernès relatives à la répartition des crimes de sang entre nos départements, qu'à la Corse et au littoral méditerranéen. Ce qui frappe d'ailleurs, c'est simplement la noirceur des taches aux alentours des grandes villes, dans la Seine, les Bouches-du-Rhône, la Gironde, la Loire-Inférieure, le *Nord*, la Seine-Inférieure, le Rhône. Plus une ville est populeuse, même située au Nord, c'est-à-dire plus les contacts humains y sont multiples, et plus la proportion des meurtres, sur un nombre donné d'habitants, y grandit.

De tous les crimes contre les personnes, celui qui est le plus manifestement influencé par la température, c'est le viol ou l'attentat à la pudeur. Chez les peuples primitifs, il y a des époques de rut assez marquées; *le rut annamique*, d'après le Dr Lorion, a lieu en avril et en septembre. A mesure qu'un peuple se civilise, cette influence disparaît, cependant la courbe annuelle du crime dont il s'agit est très régulière Elle présente un accident que M. Lacassagne dit ne pouvoir expliquer et qui

---

(1) Je dis dans la France continentale. Dans la France coloniale, elle ne s'applique pas. C'est aussi l'avis de M. le Dr Corre « Il est incontestable, dit-il, et nous c· fournirons les preuves dans un autre ouvrage, que la criminalité contre les personnes est faible et par le nombre et par la qualité des attentats (s'il nous est permis d'exprimer la grandeur des forfaits par le mot de qualité) dans la population indigène de nos colonies intertropicales. » (Les criminels 1889). Il a fourni cette preuve dans sa très-intéressante monographie sur le *Crime en pays créoles*, Storck, Lyon.

me semble confirmer l'action physique révélée par elle. Stationnaire en février, ce crime a une ascension en mars et un abaissement en avril. Il est à remarquer que la courbe annuelle de la température présente habituellement un accident analogue. Eh bien, l'action de cette cause extérieure a beau être plus visible et plus forte ici qu'ailleurs, il n'en est pas moins vrai qu'il est à peine permis d'en tenir compte dans l'explication vraie de ce délit, tant il dépend plus vivement encore de la densité des populations, de l'intensité de la vie urbaine, du progrès de la civilisation. C'est dans les grandes villes, telles que Lyon, ou dans leurs alentours, au Nord ou au Midi n'importe, qu'il s'élève à son maximum de fréquence; dans les régions les plus méridionales, mais dépeuplées, agricoles et croyantes, il descend à son minimum. En outre, on a noté (1) qu'il croît en proportion de la longueur des jours, plutôt que de l'élévation de la température : « car il baisse en juillet et en août, avec la diminution du jour, malgré la température quelquefois (le plus souvent) supérieure à celle de juin. » Mais comment l'allongement des jours pourrait-il influer sur ce crime, si ce n'est pas la prolongation parallèle de l'activité sociale et la multiplication des rencontres dues à son exercice?

Les mêmes considérations s'appliquent aux crimes contre les propriétés. Que prouve leur maximum en hiver? Que le froid rend voleur? On n'a, bien entendu, rien dit de pareil. Il prouve que la disette des substances se fait surtout sentir dans cette saison (2). Mais pourquoi? Parce que notre principale nourriture consiste en céréales, et que, depuis notre passage de la phase pastorale à la phase agricole de notre civilisation, à raison d'inventions multiples et accumulées, nous nous approvisionnons l'été pour l'hiver. Mais, pour les peuples pasteurs, en est-il de même? Pour les peuples chasseurs, l'inverse a lieu, l'hiver étant la saison giboyeuse par excellence; c'est l'hiver pour ainsi dire qu'ils moissonnent, et il est à présumer que, chez eux, on vole de

---

(1) *Etude médico-légale sur la statistique criminelle en France,* par le Dr Chaussinand (1881). Voir aussi *Archives.* Livraison, 5, Article de MM. Garraud et Bernard sur les *Viols et attentats à la pudeur.*

(2) En second lieu, les nuits sont alors plus longues, et l'obscurité favorise le vol.

préférence pendant l'été. Pour eux aussi, les meilleures années de *récoltes* sont peut-être celles où la famine a sévi parmi nous.

Aussi bien qu'un calendrier criminel, on pourrait dresser un calendrier industriel, car il n'est pas d'industrie qui n'ait sa saison d'affaires et sa morte saison; un calendrier nuptial, un calendrier mortuaire, etc. Ne semble-t-il pas que, à l'égard de la mortalité au moins, l'action du climat, de la saison et de la race, se fasse seule sentir? Ce serait une erreur de le penser, et cet exemple nous fournit un argument *a fortiori* qui a sa valeur. Sans doute, pour l'âge de 1 à 5 ans, la forte mortalité infantile des départements riverains de la Méditerranée — elle est trois fois supérieure à celle de certains autres départements — est due surtout à la chaleur tropicale des étés dans cette zone, et la statistique nous a révélé ce fait très important, non soupçonné avant elle, que le maximum de la mortalité des enfants, en général, est en août et en septembre, le minimum en mai et en novembre. Mais pourquoi 14 départements autour de Paris sont-ils tristement privilégiés sous ce rapport? Pourquoi les pays de grande industrie se signalent-ils de la même manière? A quoi tiennent certaines étrangetés, celle-ci par exemple, que dans certains départements, à tous les âges, la mortalité des femmes est supérieure à celle des hommes, tandis que dans d'autres, on constate l'inverse? Les conditions différentes de vie sociale peuvent seules rendre raison du fait. Si le groupe des provinces flamandes en Belgique, comme l'a prouvé Bertillon, compte, à chiffre de population égal, plus de morts que le groupe des provinces wallonnes (parlant le français) la cause n'en peut être que sociale aussi, car « ces pauvres flandres » comptent en même temps plus d'aliénés, plus d'indigents, plus d'illettrés. Bertillon croit si fort à la prépondérance des causes sociales, même en matière de mortalité, que suivant lui, la société pourrait et devrait agir pour diminuer le tribut annuel payé à la mort par certaines régions de notre territoire.

Plus instructive encore serait la comparaison du calendrier criminel avec le calendrier de la natalité. Si vous lisez dans une statistique que le maximum des naissances légitimes a lieu en février et mars, et le minimum en juin, juillet et décembre, ne vous empressez pas d'expliquer ces différences par l'action aphrodisiaque du printemps (les enfants nés en février ont été conçus en mai) ou par l'action réfrigérante de l'automne (les enfants nés en juin et juillet ont été conçus en septembre et en octobre). D'abord, cette interprétation n'explique pas le minimum de décembre, qui, comme date de conception, nous reporte en mars c'est-à-dire en Carême. Ici l'influence des habitudes religieuses se fait sentir ; on ne se marie point en pays catholique à cette époque de l'année. Puis M. de Foville (1) vous apprendra que dans les pays scandinaves, le maximum et le minimum ne sont plus les mêmes, et cela tient, dit-il, à ce que, dans ces pays « les périodes les plus laborieuses, pour les populations rurales, correspondent à d'autres saisons qu'en France » La cause de ces différences est donc économique bien plus que physique (2).

Entre la natalité et le climat on pourrait établir une liaison assez constante, aussi bien qu'entre la criminalité et le climat, et même une liaison semblable, la fécondité des mariages comme la fréquence des crimes de sang se trouvant coïncider de notre temps, par une sorte de compensation naturelle, avec le séjour dans les climats chauds. Il n'en est pas moins reconnu certain par la plupart des économistes, de Malthus à M. Tallqvist (3), que les causes sociales, au fond, donnent seules la clé du phénomène de la population. Mais, comment donc, pourra-t-on dire, expliquer alors les variations du chiffre des naissances parallèlement aux variations de certaines causes physiques, et comment expliquer aussi la différence du taux de progression présenté par les diverses races ? Sur ce dernier point, bornons-nous à relever une confusion. Ce n'est pas la race anglo-saxonne qui fait la fécondité de l'Angleterre, ni la race celtique qui fait l'infécondité de la France. En Irlande, les Celtes sont très féconds

---

(1) *La France économique*, 1887.

(2) Elle est cependant physique en partie, et ce qui le prouve, c'est que les *maxima* et les *minima* des naissances naturelles correspondent presque à ceux des naissances légitimes.

(3) Recherches statistiques sur la tendance à la moindre fécondité des mariages (Helsingfor 1886) : brochure remplie d'informations du plus haut intérêt et aussi remarquable par la solidité de la critique que par l'étendue des recherches.

comme les Français au Canada (1). Toute race, en parcourant les phases de sa civilisation, traverse plusieurs périodes successives de fécondité et d'infécondité. Il suffit d'une conquête, d'une découverte de nouvelle terre ou de nouvel aliment, (2) pour réveiller de sa léthargie la nation la plus stérile et féconder sa vieillesse même. S'il est une influence qui paraît exclusivement physiologique, c'est celle que les statistiques révèlent, soit en fait de naissances ou de mariages, soit en fait de crimes, relativement à l'âge moyen des mariés, des parents et des criminels. Cependant, pour les naissances et les mariages, nous savons, à n'en pas douter, que le degré de la civilisation joue un rôle prépondérant parmi les causes qui déterminent l'âge moyen (3) où l'on se marie et où l'on a le plus d'enfants. Des raisons économiques, les mœurs, les idées, les besoins factices, l'emportent à cet égard sur les impulsions naturelles. Dans un pays comme la Chine où l'on s'étonne qu'un homme de vingt ans ne soit pas marié et où l'on a l'habitude de dire qu'un homme sans enfants est « comme un pommier sans pommes », la population doit inévitablement augmenter plus vite qu'en France où il n'est décent de se marier qu'à 30 ans en moyenne et où l'on se moque

(1) Dans nos populations très civilisées, dit Lagneau (*Dictionnaire encyclopédique des sciences médicales*, la race n'a aucune influence sur la natalité ». Celle-ci « dépend presque uniquement des conditions sociales ». N'en pouvons-nous pas dire autant de la criminalité ? — Ira-t-on prétendre que, si le nombre des enfants naturels augmente en France pendant que la natalité légitime diminue, cela tient à des causes physiques ou physiologiques ? Il est à remarquer que la région où la proportion des enfants naturels est la plus forte, 12 sur 100 naissances (19 même dans la Seine) est la région du Nord, qui, comme on le sait, est la plus riche et la plus civilisée. Et cela est d'autant plus fâcheux que c'est là la région modèle, le foyer de tous les rayonnements imitatifs.

(2) Les races espagnole, anglaise, portugaise, italienne, allemande, ont dû à la découverte de l'Amérique ou de diverses îles océaniennes et à la conquête de certains territoires américains ou insulaires, le décuplement de leur population d'outre-mer, et la découverte de la pomme de terre a fait progresser rapidement la population de l'Irlande.

(3) En général, le progrès de la civilisation retarde l'âge où éclate la crise matrimoniale de la vie, jusqu'à un certain point cependant. Depuis 1840, en Angleterre, les mariages deviennent, par degré, plus précoces ; en Suède et Norvège depuis 1861-65 ; en France depuis 1850. Mais quand la civilisation se met ainsi à avancer l'âge des unions, elle ne cesse pas pour cela de faire diminuer leur fécondité. De là ce paradoxe apparent que, dans cette nouvelle phase « la diminution de la fécondité va de front avec la précocité des mariages. » (Tallqvist). C'est que si l'aisance comme le fait remarquer l'auteur cité, fait qu'on se marie plus tôt, la prévoyance d'autre part, fait qu'on a moins d'enfants, et l'une est d'ordinaire unie à l'autre.

de ceux qui ont plus de trois ou quatre enfants, à moins qu'on ne les prenne en pitié. Si l'âge du maximum des mariages et des paternités est ainsi déterminé par des causes sociologiques, pourquoi l'âge du maximum des divers crimes ne le serait-il pas également? La précocité croissante de nos jeunes assassins est bien propre à confirmer cette opinion qui est d'ailleurs démontrée par la statistique, principalement internationale. L'âge de la délictuosité *maxima*, de 25 ans en moyenne, varie extrêmement d'un pays à l'autre et d'une époque à l'autre. La civilisation tend à le faire avancer, et la race ne semble jouer ici aucun rôle important. La proportion des détenus mineurs, sur 100 détenus de tout âge, est de 2 en Prusse, de 10 en France, de 8 en Italie, de 20 en Belgique, de 27 en Angleterre : ces deux derniers chiffres, rapprochés des précédents, à l'exception du premier, donnent un démenti complet, remarquons-le en passant, au préjugé courant sur le tempérament réputé retardataire des peuples septentrionaux. Mais ajoutons que la proportion des délits commis par les mineurs est en train de décroître, sous l'influence de l'éducation, en Angleterre, tandis que, en France, elle croît toujours; et c'est d'autant plus fâcheux pour nous, que le chiffre proportionnel des mineurs, vu la diminution de la fécondité des mariages français, va s'affaiblissant dans notre pays.

Or, quand on voit une influence naturelle aussi forte que celle de l'âge être recouverte elle-même et souvent intervertie par des causes sociales, comment douter que des influences bien moindres, par exemple celle des saisons ou de l'heure du jour, soient refondues, elles aussi, et entièrement remaniées par la société ambiante? J'en pourrais chercher la preuve dans ce fait, en partie prouvé, que, en passant d'un milieu moins dense et moins civilisé à un milieu plus dense et plus civilisé, des campagnes aux villes, du passé au présent, la courbe des suicides, des naissances, des mariages, des crimes, etc., se montre de moins en moins sensible aux influences physiques de cet ordre, et présente de ce chef des oscillations moins accusées. La courbe des voyages, par exemple, la différence entre le nombre des voyages de jour et le nombre des voyages de nuit, entre le nombre des voyages l'hiver et le nombre des voyages l'été, a décru depuis la substitution des locomotives ou des bateaux à vapeur aux diligences et aux bateaux à voiles. Mais cela n'est vrai que partiellement. A certains égards, on pourrait soutenir le contraire. Il vient un moment où une civilisation à son apogée trouve avantage à ne point violenter la nature des choses, bien que cela lui fût possible, et à se conformer aux indications des tempéraments, des climats, des saisons, des heures du jour, au lieu de n'en pas tenir compte. Quoique l'industrie dans son ensemble soit moins sous la dépendance de la pluie et du beau temps, des particularités géographiques et géologiques, que l'agriculture, il n'en est pas moins vrai que ni l'industrie ni l'agriculture, en se perfectionnant, ne tendent à s'affranchir chaque jour davantage de ces conditions extérieures. Loin de là, plus l'agriculture progresse, et plus elle subordonne ses procédés, ses constructions, ses opérations, au temps qu'il fait, à la nature du sol ; plus l'art militaire fait de progrès et mieux il s'adapte aux accidents du sol, aux circonstances météorologiques et autres ; plus l'industrie des bâtiments se développe, et plus elle a égard au climat, à l'exposition méridionale ou septentrionale, etc. Seulement, se conformer de la sorte à la nature, c'est adapter la nature à ses fins à soi, et il ne s'ensuit nullement que la nature ait sa part d'action dans les travaux industriels. De même, plus le mariage et la paternité deviennent chose artificielle et revêtent la livrée sociale, et plus cependant, à partir d'un certain point du moins, les conditions naturelles d'une heureuse union, d'une hérédité avantageuse, sont prises en sérieuse considération. Depuis le milieu de ce siècle, par exemple, on a compris presque partout en France l'utilité de se marier un peu plus tôt, et les statistiques démontrent ce salutaire changement. — N'en est-il pas de même, peut-être, en fait de crimes ? Plus le délit devient une industrie, et une industrie savante, et plus les adroits filous, les féroces meurtriers eux-mêmes, savent attendre l'heure, le lieu, la saison, les plus favorables à leurs desseins. De là une répétition plus fréquente de certains délits en telles saisons à tels moments de la journée. Mais cela ne prouve pas le moins du monde que la saison et l'heure aient été complices ou co-auteurs de ces méfaits. Ce que je dis sera, d'ailleurs, d'autant plus vrai que la proportion du crime professionnel ou habituel croîtra davantage et que celle du crime accidentel s'amoindrira. Mais le mouvement en ce sens est, malheureusement, attesté par la statistique des récidives, *dont la progression régulière et universelle* est un des faits les plus graves de notre état présent. Quel est le vagabond de profession qui ne s'arrange pas de manière à vagabonder, mendier et voler pendant la belle saison, et à se faire arrêter en automne ou en hiver ?

Les guerres ont lieu au printemps, bien plus régulièrement que les meurtres en été; est-ce à dire que les influences de température et de végétation aient décidé qu'on se battrait ? Les papeteries sont assises au bord des cours d'eau, les forges dans le voisinage des minerais de fer et de houille, bien plus régulièrement que les coups de couteaux ne se localisent dans le midi de l'Italie ou de l'Espagne ; en est-il moins vrai que l'industrie est chose essentiellement sociale et non physique dans ses causes.

Qu'on nous permette de comparer, un instant encore, la natalité et la criminalité. Ni une famille n'a, en moyenne, tous les enfants qu'elle pourrait avoir, ni un homme, même le plus récidiviste, ne commet tous les délits qu'il pourrait commettre. Donc, le chiffre des enfants d'une nation, et aussi bien le chiffre des crimes ou des délits d'une nation, expriment l'action d'une cause ou de causes restrictives. Ainsi, les criminalistes posent mal leur problème. La question n'est pas de savoir pourquoi telle nation a tel nombre de délits à telle date, mais pourquoi elle n'a que ce nombre de délits. On repoussera peut-être l'analogie que j'établis, sous prétexte qu'il y a une force naturelle qui nous pousse directement à la paternité, tandis qu'il n'y en a pas qui nous pousse directement au crime. Mais cette différence est illusoire. Aucune impulsion naturelle ne nous suggère le désir d'être père ; si l'attrait sexuel aboutit à la procréation des enfants, ce n'est pas ce but qu'il vise d'abord. Pareillement nous avons un désir inné du bien-être qui, par voie indirecte aussi, peut nous conduire au vol, à l'escroquerie, à l'abus de la confiance, et un sentiment inné d'orgueil qui, dans certains cas, peut nous conduire au meurtre par vengeance. A coup sûr, l'attrait sexuel ne nous pousse pas moins par lui-même à l'adultère qu'à la paternité; et même il est à remarquer que, nous invitant de moins en moins à la paternité, il nous entraîne de plus en plus à l'adultère. Étrange spectacle, entre parenthèses, que celui d'une société riche, active, éclairée, prospère, qui est toujours plus stérile en enfants et plus féconde en délits; d'une société qui a non pas tous les enfants, mais tous les besoins artificiels qu'elle peut nourrir, et qui se paye tous les luxes, excepté celui d'une nombreuse famille ! Si, cependant, l'individu n'écoutait que soi, et n'obéissait qu'au plus profond vœu de son être, au désir de se perpétuer, la logique devrait lui conseiller une autre conduite; et, à mesure que l'incrédulité le gagne, que le rêve de l'immortalité posthume le hante moins, il devrait chercher plus avidement à revivre en ses fils, puisqu'il ne s'offre plus à lui d'autre moyen de se survivre. Mais la contagion des exemples ambiants, des plaisirs factices, est si forte qu'elle lui fait oublier même ce vœu fondamental ; sa prévoyance s'élargit sans cesse, mais se raccourcit sans cesse ; elle s'étend à tous ses caprices multiples qu'il s'agit de satisfaire, mais se limite à l'horizon de sa vie brève ; et l'on pourrait dire *qu'une société moderne a tous les enfants qu'elle peut nourrir, une fois qu'elle a nourri tous ses besoins artificiels.* Il n'est pas aussi facile d'enfermer dans une formule la loi de la criminalité ; mais il semble bien que l'accroissement des besoins factices suggérés, et la préoccupation croissante de les satisfaire, doivent être comptés parmi les causes principales des deux phénomènes. Les départements français comparés entre eux, et aussi bien les provinces comparées entre elles des divers pays d'Europe, ont révélé à M. Tallqvist une correspondance suivie, complète, entre la fécondité relative des mariages et le nombre relatif des livrets de caisse d'épargne ou des assurances contre l'incendie. Une même cause, le progrès de la prévoyance — telle que je viens de la définir — lui paraît, avec raison, expliquer ces divers effets parallèles (1). Or, les contrées à faible natalité paraissent se distinguer par plus de crimes contre les propriétés et moins de

---

(1) L'infécondité croissante des mariages accompagne aussi le progrès de l'instruction. Ajoutons que, depuis 1872, régulièrement, le nombre des mariages décroît lui-même en France, de 8,8 pour 1000 habitants à 7,4. (*Revue scientif.* 8 mars 1890).

crimes contre les personnes (1) ; les contrées à grande natalité, inversement. Même explication : la cupidité, expression de la prévoyance dirigée vers la poursuite du bien-être, a dû, en grandissant, augmenter les vols et diminuer la population.

La question des « facteurs physiques » du délit, si on la creuse, soulève la question générale de savoir quel est le rôle de ces agents dans toute l'étendue de la science sociale. C'est un problème protéiforme qui se reproduit avec des variantes en droit, en linguistique, etc. Partout, on peut le dire, le débat a révélé la prééminence des « facteurs sociaux ». Sur ce point, Montesquieu a été vaincu définitivement. S'il y a une branche de l'activité humaine qui soit favorable au développement de son point de vue, c'est, à coup sûr, non le Droit, comme il l'a essayé, mais le Langage (2), puisque ce système complexe d'articulations et de sons est le plus inconscient des modes d'action où notre force se dépense. Aussi a-t-on fait des tentatives fréquentes pour expliquer par des différences thermiques, hygrométriques, climatériques, les changements phonétiques, et ces lois phonétiques si précises, celles de Grimm par exemple, qu'elles rappellent par leur rigueur les lois dont le physicien s'occupe. A ce sujet, un linguiste italien, M. Ascoli — car l'Italie semble avoir une prédilection marquée pour ce genre d'explications, — parle de *lignes isothermes*

---

(1) Dans le grand atlas de Guerry (statistique morale) on voit notamment que les provinces anglaises à natalité faible présentent une supériorité marquée de délits contre les biens. En France, cette supériorité s'exprime par les chiffres suivants : Dans les 18 départements où la natalité est la plus forte, pour 100 crimes-personnes on a 135 crimes-propriétés ; dans 50 autres départements où elle est plus faible, la proportion des crimes-propriétés devient 175 ; dans 18 où la natalité est plus faible encore, la proportion est 202 ; et dans le département de la Seine où la natalité est au minimum, la proportion est de 445. C'est très significatif.

(2) En passant, je dirai à ce propos que je ne sais pourquoi on a la mauvaise habitude de considérer la Linguistique comme étrangère à la Sociologie. Si, expressément et consciemment, on avait fait rentrer dans la sociologie la linguistique, qui en est, à notre avis, le fondement, on aurait évité le danger de traiter la science sociale en naturaliste, et de confondre ce qui est social avec ce qui est vital. On aurait vu clairement que le moment où l'homme *parle* est celui où il *s'associe*, et on aurait été amené ainsi à reconnaître que le fait social élémentaire, essentiel, est l'imitation, qui joue un rôle si capital dans la formation et la vie des langues d'abord et aussi des religions.

philologiques. (1) Mais rien de plus vague et de plus insuffisant que cet appel ici aux sciences exactes. La prétention même de rendre compte en majeure partie des phénomènes en question par des influences ethnologiques, par certaines conformations de la gorge ou de la bouche propres à certaines races, tend à être repoussée. En tous cas, l'illusion de caractériser chaque race humaine par une langue ou une famille de langues qui lui serait propre est complètement dissipée. Quand on aura appliqué aux langues, dans toute son étendue et toute sa profondeur, ce qui n'a pas été fait encore, le principe de l'imitation, on s'apercevra que les lois de détail posées par les philologues, lois phonétiques, lois de l'habitude et de l'analogie, et tant d'autres, s'expliquent par cette tendance générale, éminemment sociale, soit à imiter autrui, parent ou étranger, inconsciemment ou consciemment, soit par contre-coup, et une fois cet élan donné, à s'imiter soi-même, ce qui conduit aux habitudes machinales de parler et aux simplifications analogiques qui en résultent. Quant aux causes de chaque variation phonétique ou grammaticale qui se produit avec ou sans conscience, et qui entre chaque jour dans la circulation nationale quand l'imitation daigne s'en emparer, peut-on croire qu'elles soient principalement physiques ou vitales? Non, si l'on songe que, d'une part, cette production incessante de petites inventions linguistiques est due aux accidents et à l'intensité de la vie sociale, et, d'autre part, qu'elles n'ont nulle chance d'être reproduites et propagées si les classes supérieures ou les grandes villes ne les adoptent. En passant du Midi au Nord ou du Nord au Midi, d'une bouche latine à une bouche celtique, ou d'une bouche celtique à une bouche allemande, une langue se réfracte, par la transmutation régulière de telles consonnes en telles autres, à peu près comme un rayon lumineux se réfracte suivant tel ou tel angle en traversant tel ou tel cristal. Mais les lois de cette réfraction linguistique, si précises qu'elles soient, ne donnent pas plus la clé de la formation des langues en ce qu'elle a

(1) Voir un intéressant travail de M. Bourdon, intitulé l'*Evolution phonétique du langage*, dans la *Revue philosophique* d'octobre 1888. L'auteur, comme beaucoup de philologues à cette heure, se voit conduit à étendre beaucoup, pas encore assez à mon sens, le principe de l'imitation comme clé d'interprétation des phénomènes linguistiques.

d'essentiel que les lois de la réfraction optique ne donnent la formule de la formation des lumières. La lumière est due d'abord à la combustion qui s'opère au point de départ du rayon, à son foyer, puis à l'élasticité vibratoire du milieu éthéré qui produit son expansion rayonnante. Cette combustion est à cette élasticité ce que la force inventive dans nos sociétés étudiées sous n'importe quel aspect, est à la passivité imitative.

Si tel a été ou tel doit être le sort des explications principalement physiques et biologiques en fait de langage même, à plus forte raison devons-nous les écarter en fait de religion, de droit, d'industrie et d'art, et aussi de crimes. Les premiers mythologues, — à l'instar des premiers philologues et des premiers criminologues, — n'ont pas manqué de rattacher la diversité des dieux, des mythes, des rites, à celle des climats et des races, comme l'effet à sa cause. L'homme religieux, d'après cette hypothèse, n'aurait su que déifier les météores familiers ou singuliers, tout au plus la faune et la flore de son habitat, suivant le mode de déification suggéré invariablement par les particularités de ses instincts héréditaires et spécifiques. Cette vue naturaliste est discréditée; elle s'est montrée impropre à expliquer autre chose que les variantes accessoires d'un thème donné, identique à travers son passage de race en race, de climat en climat, et fourni par des causes essentiellement sociales. Elle a donc peu à peu cédé la place à des théories toujours sociologiques, soit à celle qui fait des mythologies une excroissance morbide des langues, soit à l'évhémérisme généralisé de M. Spencer, où il y a ceci d'incontestable que tout personnage saillant, surgissant, éruptif, tout initiateur, tout inventeur mis en évidence, est glorifié, et que toute glorification poussée à bout est une apothéose; soit encore à des systèmes qui, dans le dieu humain, aperçoivent l'incarnation sinon d'un inventeur, au moins d'une invention, par exemple de cette grande et féconde invention primitive de la domestication animale, symbolisée par le culte de la vache; soit enfin et en général à l'explication toute historique de la succession et de la transformation des religions par les accidents du passé, par les défaites et les conquêtes, par la lutte ou le mélange des diverses civilisations. On aurait pu remarquer aussi que le passage constant, universel, des religions de castes aux religions prosélytiques, ou plutôt dans chacune d'elles, de la phase fermée à la phase ouverte, n'est, en somme, qu'une des formes revêtues par ce grand fait social, dont nous parlerons plus loin, de l'*imitation-coutume*, de l'imitation servilement attachée encore à l'hérédité physiologique, remplacée par l'*imitation-mode*, par l'imitation affranchie et triomphante.

Pourquoi la théorie de M. Taine sur l'action combinée du climat, de la race et du moment, théorie dont la loi des trois facteurs de Ferri, n'est, au fond, qu'une application à la criminalité, n'a-t-elle pu satisfaire les exigences des historiens? Parce que son auteur, — qui d'ailleurs dans ses derniers travaux historiques, ses chefs-d'œuvre peut-être, s'est bien gardé d'en faire usage, — n'a pas réservé une part suffisante au génie individuel, accidentel, et surtout aux conditions sociales de son apparition, de son développement et de sa fécondité. Il a déployé un admirable talent, dans sa philosophie de l'Art, à mettre en lumière les influences physiques qui agissent sur l'évolution de la sculpture et de la peinture, et, certes, sa thèse pouvait sembler avoir beau jeu dans ce domaine. Cependant ce qu'il nous dit sur les caractères de la peinture hollandaise en ses beaux jours nous apprend-il pour quelle cause, le climat de la Hollande étant resté le même, son art n'a flori qu'à l'heure de sa grandeur politique et commerciale? La prospérité de l'imprimerie hollandaise au dix-septième siècle n'est pas non plus sans quelque explication physique apparente; mais la vraie cause, n'est-ce pas la liberté de penser dont cette nation avait le monopole à cette date, et qui faisait affluer chez elle tant d'esprits éminents? (1).

(1) Encore un mot pour revenir à la thèse de Montesquieu, reprise dans ces dernières années, avec tant de talent par M. Mougeolle. Si les circonstances géographiques avaient en histoire, sur le développement des peuples, l'importance que les historiens leur attribuent en général, les anciens Mexicains et les anciens Péruviens, étant riverains de la mer et possédant une grande étendue de côtes, auraient dû être des peuples essentiellement maritimes, comme Carthage, Venise et Londres. Cependant, ils n'ont pas connu la navigation. Notez que les Mexicains avaient à explorer commercialement (et ils étaient commerçants dans l'âme) cette *Méditerranée américaine* qu'on appelle la Mer des Antilles. Ils auraient dû s'emparer de cette mer. Ils l'auraient dû d'autant mieux que, tout animal de trait leur faisant défaut, la navigation semblait s'offrir à eux forcément comme le seul moyen de transport. Eh bien, malgré tout, ils n'ont pas navigué. Pourquoi ? C'est bien simple ; parce qu'ils n'ont pas eu la *chance* d'imaginer quelques inventions nécessaires aux navigateurs.

L'épanouissement artistique, en toute civilisation, arrive à son heure, au moment où, une société venant de faire sa vendange de découvertes et d'inventions apportées de toutes parts, la fermentation de ces éléments civilisateurs à accorder commence. Il est le bouillonnement révélateur et auxiliaire de ce travail intime. Tant que dure cette phase du développement autonome des sociétés sous n'importe quelle latitude, les inspirations de la faune, de la flore environnantes sont, comme toutes autres — beaucoup moins assurément que celles de la religion — utilisées par l'artiste : mais la source de l'art n'est pas là. La criminalité, en ses éruptions intermittentes, — sans parler de son cours habituel, — a son heure marquée aussi, elle éclate aussi aux moments de crise, quand les éléments civilisateurs ne sont pas accordés. Seulement, au lieu de travailler à leur harmonie, elle l'entrave ; à leur fermentation elle tâche de substituer celle d'éléments pertubateurs.

IV. — Ce qui vient d'être dit sur les influences physiques en général me permet de ne dire qu'un mot des influences physiologiques en particulier. Les excitations au crime, d'origine sociale ou autre, ne s'exercent que sur les individus plus ou moins prédisposés organiquement à les recevoir ; et la régularité des chiffres de la statistique montre que, dans une race donnée, ces prédispositions de naissance éclosent suivant une proportion numérique qui reste à peu près la même, malgré le renouvellement incessant de la population. Classées au point de vue de la taille plus ou moins élevée, les diverses catégories d'une population, comme l'a fait voir Quételet, se divisent en proportions symétriquement rangées autour de la taille moyenne et presque invariablement reproduites. Classées à n'importe quel autre point de vue, elles constituent une hiérarchie non moins immuable. *Il faut* donc, ce semble, qu'il y ait, à chaque instant, un nombre déterminé de géants et un nombre déterminé de nains ; et aussi bien, *il faut* qu'à chaque instant il y ait tel nombre de natures généreuses et tel nombre de natures perverses. Ce sont là des compensations naturelles. Toutefois, en examinant les choses de plus près, on aperçoit des mouvements lents sous cette apparente immobilité : la proportion des petites tailles, par exemple, n'est pas la même à diverses époques, comme l'a prouvé le mesurage des conscrits. Puis, de même qu'une meilleure organisation militaire a permis d'employer des tailles de conscrits jugées auparavant insuffisantes, il se peut qu'une organisation sociale plus parfaite parvienne un jour à tirer parti de certaines perversités natives. Enfin, si nous remontons aux causes, nous verrons que la proportion des natures dangereuses est l'effet des antécédents historiques. Celle des natures homicides est plus forte en Corse ou en Sicile qu'à Milan ou à Bordeaux, mais cette différence ne tient pas aux races ; la race corse, la race sicilienne (métal bien complexe du reste, résultant de bien des fusions, comme l'airain de Corinthe) fournirait actuellement un contingent tout différent si *l'esprit de clan* ou de *Maffia* ne l'eût depuis longtemps façonnée à son image, ou si les idées du continent, hostiles à cet esprit, eussent pénétré depuis plusieurs siècles, et non depuis hier, dans ces deux îles. Cette considération affaiblit considérablement la portée d'une objection formulée par M. Ferri contre M. Colajanni. « Il est évident, nous dit-il (1), qu'entre les provinces septentrionales et les provinces méridionales, par exemple, d'Italie, la différence du milieu social n'est pas si énorme que la différence entre la fréquence des crimes-personnes les plus graves. De là suit que la grande différence de ces provinces pour les crimes de sang ne peut provenir, pour la plus grande partie, que du climat et de la race. » Ce que M. Ferri appelle ici la race, comme tant d'autres écrivains, n'est que la résultante de l'histoire, le legs accumulé d'habitudes sociales passées dans le sang. Certes, il n'est pas d'influence physiologique plus puissante sur la criminalité que celle du sexe. La criminalité féminine est réellement, et non pas seulement en apparence, très inférieure à la criminalité masculine. A chiffre égal de leur population respective, d'après le rapport officiel de 1880, les hommes comptent annuellement cinq fois plus d'accusés que les femmes et six fois plus de prévenus. Il est instructif de mettre en regard de ce résultat celui que fournit M. Marro, d'après M. Théophile Roussel, sur la comparaison des punitions méritées par les garçons et les

---

(1) *Archives d'Anthropologie criminelle* janvier 1887

filles dans leurs écoles respectives. Sur cent garçons, neuf ou dix sont punis pour larcins ; sur cent filles, *pas une*. Sur cent garçons, cinquante-quatre sont punis pour disputes et voies de fait ; sur cent filles, dix-sept. Ce qui achève de démontrer à nos yeux la supériorité morale innée de la femme, c'est que ce privilège se manifeste principalement pendant sa minorité et dans les milieux ruraux, c'est-à-dire avant la contagion masculine qui la pervertit au cours de la vie et surtout de la vie urbaine. En effet, de la statistique anglaise sur les mineurs et les adultes des deux sexes, condamnés de 1861 à 1881, il résulte que, parmi les mineurs, la criminalité des filles est environ le sixième de celle des garçons, et que, parmi les adultes, celle des femmes est la moitié ou le tiers de celle des hommes ; et, d'après Mayr, la statistique de la Bavière fait voir que la participation des femmes au délit est plus forte dans les populations urbaines et plus denses. — Mais en même temps, est-ce que ces chiffres ne prouvent pas que l'influence physiologique dont il s'agit, malgré sa puissance singulière et indéniable, tend à être recouverte elle-même et neutralisée par les influences sociales ? (1)

Notons à ce propos une des singularités de la statistique : compté pendant une dizaine d'années, le nombre des femmes tuées par la foudre s'est trouvé environ deux fois moindre que celui des hommes foudroyés. Cela tient-il à la vie plus sédentaire, plus casanière des femmes ? En tous cas, cela ne peut tenir qu'à des particularités de leur vie sociale, et nullement, je le suppose, de leur vie physique.

En résumé, le fait révélé par la statistique que telles saisons ou tels climats coïncident avec telle recrudescence ou telle dimi-

---

(1) Entre la criminalité de l'homme et celle de la femme, l'écart est plus grand en Italie, moindre en Angleterre ; plus grand dans les campagnes, moindre dans les villes. Messedaglia explique le premier résultat par la participation plus active de la femme anglaise à la vie publique. Colajanni est d'avis que les conditions économiques, ici comme partout, jouent un rôle prédominant. En cela il pourrait bien se tromper. Assurément, à ce point de vue, le sort fait à la femme n'est pas plus mauvais dans la Grande-Bretagne qu'en Italie, ni dans les villes que dans les campagnes, où la ménagère se voit imposer tant de privations. La différence des idées me paraît avoir une importance supérieure : par exemple il ne faut pas oublier que la religiosité relative de la femme comparée à l'homme s'affaiblit à mesure qu'elle se civilise, qu'elle s'urbanise. Voilà peut-être en partie pourquoi, bien qu'elle s'enrichisse en même temps, elle se démoralise, au moins pour un temps.

nution de certains crimes ne prouve pas plus la réalité des *causes physiques* du délit, que le fait révélé par l'anthropologie d'une fréquence plus grande d'ambidextres, de gauchers, de prognathes, etc., parmi les malfaiteurs ne démontre l'existence d'un *type criminel* dans le sens biologique du mot. Mais cette conclusion négative ne peut nous suffire; (1) et, l'explication physique ou physiologique du délit étant écartée, nous avons à montrer dans quelle voie doivent être cherchées les lois du crime. Nous les trouverons dans une application particulière des lois générales qui nous paraissent régir la science sociale.

II

I. Avant tout, nous devons définir et analyser sommairement l'action puissante, inconsciente le plus souvent, toujours mystérieuse en partie, par laquelle nous expliquons tous les phénomènes de la société, l'imitation. Pour juger de son pouvoir propre, il faut en observer d'abord les manifestations chez les idiots. En eux, le penchant imitatif n'est pas plus fort qu'en nous (2), mais il agit sans rencontrer l'obstacle de nos idées, de nos habitudes morales, de nos volontés. Or, on cite un idiot (3) qui « après avoir assisté à l'égorgement d'un porc prit un couteau et le dirigea contre un homme. » D'autres pratiquent la tendance imitative en allumant des incendies.

Tous les actes importants de la vie sociale sont exécutés sous l'empire de l'exemple. On engendre ou on n'engendre pas, par imitation : la statistique des naissances nous l'a démontré. On tue ou on ne tue pas, par imitation : est-ce qu'on aurait aujourd'hui l'idée de se battre en duel, de déclarer la guerre si l'on ne savait que cela s'est toujours fait dans le pays que l'on habite ?

---

(1) Sur cette insuffisance profonde du point de vue naturaliste, de l'explication par la race ou le climat, je renvoie le lecteur aux substantielles et concluantes démonstrations accumulées par M. Colajanni dans les deux volumes de sa *Sociologia criminale*.

(2) En général, nous le savons, ce ne sont pas les impulsions qui sont fortes chez l'aliéné, même chez ceux qu'on nomme *impulsifs* ; mais ce sont les freins intérieurs qui sont faibles.

(3) *La Folie héréditaire*, par le Dr Saury.

On se tue ou on ne se tue pas, par imitation : il est reconnu que le suicide est un phénomène imitatif au plus haut degré ; impossible, en tous cas, de refuser ce caractère à ces « suicides en masse de peuples vaincus échappant, par la mort, à la honte de la défaite et au joug de l'étranger, comme ceux des Sidoniens défaits par Artaxerxès Ochus, des Tyriens par Alexandre, des Sagontins par Scipion, des Achéens par Métellus, etc, etc. » (1)

Comment douter après cela, qu'on vole ou qu'on ne vole pas, qu'on assassine ou qu'on n'assassine pas, par imitation ? Mais c'est surtout dans les grands rassemblements tumulteux de nos villes que cette force caractéristique du monde social demande à être étudiée. Les grandes scènes de nos révolutions la font éclater, comme les grands orages manifestent la présence de l'électricité atmosphérique, inaperçue bien que non moins réelle dans leurs intervalles. Une *foule* est un phénomène étrange : c'est un ramassis d'éléments hétérogènes, inconnus les uns aux autres (2) ; pourtant dès qu'une étincelle de passion, jaillie de l'un d'eux, électrise ce pêle-mêle, il s'y produit une sorte d'organisation subite, de génération spontanée. Cette incohérence devient cohésion, ce bruit devient voix, et ce millier d'hommes pressés ne forme bientôt plus qu'une seule et unique bête, un fauve innommé et monstrueux, qui marche à son but, avec une finalité irrésistible. La majorité était venue là par pure curiosité, mais la fièvre de quelques-uns a rapidement gagné le cœur de tous, et chez tous, s'élève au délire. Tel, qui était accouru précisément pour s'opposer au meurtre d'un innocent, est des premiers saisi par la contagion homicide, et qui, plus est, n'a pas l'idée de s'en étonner. Je n'ai pas besoin de rappeler certaines pages inoubliables de M. Taine sur le 14 juillet et ses suites en province (3). Comment cela peut-il se faire ? Le plus simplement

(1) *Le suicide dans l'armée*, par le Dr Mesnier.
(2) Bien entendu, il faut que ces hommes rassemblés se ressemblent en quelques points essentiels, la nationalité, la religion, la classe sociale.
(3) Relire ce qui a trait aux massacres de septembre (*Révolution*, t. 4 p. 295 et suiv.). Parmi les septembriseurs « quelques-uns, venus à bonnes intentions, sont pris de vertige au contact du tourbillon sanglant, et, par un coup soudain de la grâce révolutionnaire, se convertissent à la religion du meurtre. Un certain Grapin, député par sa section pour sauver deux prisonniers, s'asseoit à côté de Maillard, juge avec lui pendant 60 heures. » — Il y a eu, sans nul doute, bien des Grapins aussi dans la nuit de la Saint-Barthélemy.

du monde. La manière dont la foule agit nous révèle la force sous l'empire de laquelle elle s'est organisée. Nous sommes pendant la Commune ; un homme en blouse blanche, traversant une place, passe auprès d'une populace surexcitée, il paraît suspect à quelqu'un ; à l'instant, avec la vitesse du feu, ce soupçon se propage, et aussitôt, qu'arrive-t-il ? « *Un soupçon suffit, toute protestation est inutile, toute preuve est illusoire ; la conviction est profonde* (1) ». Supposez chacun de ces gens-là isolé chez soi, jamais un simple soupçon chez chacun d'eux, sans preuves à l'appui, n'aurait pu se transformer en conviction. Mais ils sont ensemble, et le soupçon de chacun, en vertu de l'action imitative, plus vive et plus prompte aux heures d'émotion, se renforce du soupçon de tous les autres ; d'où il doit résulter que, de très faible qu'elle était, la croyance en la culpabilité du malheureux devient tout à coup très forte, sans que l'ombre d'un argument soit nécessaire. L'imitation réciproque, quand elle s'exerce sur des croyances *pareilles*, et, en général, sur des états psychologiques *semblables*, est une vraie multiplication de l'intensité propre à ces croyances, à ces états quelconques, chez chacun de ceux qui les ressentent à la fois. Quand au contraire, en s'imitant, plusieurs personnes échangent des états *différents*, ce qui est le cas ordinaire de la vie sociale, quand, par exemple, l'une communique à l'autre le goût de la musique wagnérienne et que l'autre lui communique en retour l'amour du roman réaliste ; ces personnes sans doute établissent entre elles un lien de mutuelle assimilation, comme lorsqu'elles s'expriment l'une à l'autre deux idées ou deux besoins semblables qui s'y enracinent de la sorte. Mais, dans le premier cas, l'assimilation est, pour chacune d'elles, une *complication* de son état intérieur — c'est là essentiellement l'effet de la civilisation, — dans le second cas l'assimilation est, pour chacune d'elles, un simple *renforcement* de la vie intime. Il y a entre les deux cas la distance musicale d'un unisson à un accord. Une foule a la puissance simple et profonde d'un large unisson. Cela explique pourquoi il est si dangereux de trop frayer avec les âmes où l'on retrouve ses propres pensées et ses propres sentiments ; on arrive vite ainsi à *l'esprit de secte*, tout à fait analogue à *l'esprit de foule*.

(1) M. Maxime du Camp.

La folie guerrière, cette crise intermittente des peuples, s'explique par ce qui précède. Dans un pays où la civilisation a multiplié les relations, c'est-à-dire développé l'action imitative, trente ou quarante millions d'hommes sont en train d'échanger leurs fantaisies et leurs conceptions, leurs passions et leurs désirs; l'état intérieur de chacun d'eux se complique de la sorte, par suite de la dissemblance des classes, des intérêts, des habitudes, des esprits qui tendent à se fondre. De là, l'ardeur des convoitises, la fièvre du luxe. Mais, en même temps, sur un point, leur état intérieur doit simplement se renforcer par leur mise en rapport; à savoir, en ce qui touche au sentiment qu'une nation ennemie, ou réputée telle, leur inspire. Cette haine, comparée à l'ensemble des autres désirs, serait chez chacun d'eux extrêmement faible s'ils étaient isolés; mais elle est commune à tous; ils se l'expriment; le renforcement imitatif doit donc s'exercer sur elle particulièrement et donner lieu, de temps à autre, à ces accès de patriotisme sublimes ou extravagants qui, en plein siècle de raison, à la grande surprise des sages, éclatent avec une énergie proportionnelle au progrès de la civilisation. Pourquoi s'en étonner? C'est inévitable (1).

Revenons au phénomène des foules; il est intéressant au point de vue de l'embryologie sociale, parce qu'il nous montre par quel procédé une société nouvelle a pu, et souvent dû, prendre naissance en dehors de la famille; je ne dis pas s'entretenir, une fois née, sans la famille. Il y a, disons-nous, deux germes distincts des sociétés, la famille et la foule; et, suivant qu'elle aura eu principalement l'une ou l'autre source, qu'elle aura été grossie dans son cours par des affluents dérivés de l'une ou de

(1) La genèse électorale des popularités et des impopularités les plus inexplicables est un autre exemple excellent du rôle de l'imitation dans la vie sociale. Quand plusieurs élections successives ont lieu sur un même nom ou sur une même idée, le vote d'un département entraîne manifestement celui d'un autre, et l'engouement pour ou contre est irrésistible comme une marée montante. Après plusieurs tours de scrutin, l'homme le plus ordinaire apparaît grand homme et suscite partout l'enthousiasme sincère de gens qui ne le connaissent pas, mais qui l'entendent acclamer autour d'eux, non moins sincèrement, par une foule à laquelle il est tout aussi inconnu. Ou bien, c'est le contraire, il devient suspect puis conspué, puis traité comme le dernier des scélérats, et l'indignation qu'il inspire à d'honnêtes rentiers, on ne sait pourquoi, irait jusqu'au meurtre s'il avait le malheur de se montrer à eux. L'histoire du boulangisme est très instructive à cet égard.

l'autre, une nation revêtira des caractères profondément distincts. Sans doute, les deux origines se ressemblent par bien des points : dans un cas comme dans l'autre, la société est née d'une suggestion, non d'un contrat. Un contrat est la rencontre de plusieurs volontés nées indépendamment les unes des autres, et qui se sont trouvées d'accord : pure hypothèse. Une suggestion est la production de volontés qui naissent d'accord avec la volonté supérieure d'où elles procèdent; tel est le fait social primitif. Toute foule, comme toute famille, a un chef et lui obéit ponctuellement (1). Mais autre est le respect superstitieux, constitutionnel, du fils pour le père au foyer antique, autre l'engouement d'un jour suscité par un pasteur d'émeutes. Quand l'esprit de famille, agricole et rural, domine dans la vie sociale, l'imitation-coutume y règne exclusivement, avec ce particularisme et cette sérénité majestueuse qui caractérisent le monde égyptien ou le monde chinois; quand l'esprit de foule y prend place, l'imitation-mode y opère ses nivellements et ses changements, ses assimilations sur de vastes étendues et ses transformations en de courtes périodes de temps. Dans les campagnes domine la société-famille, la population ne s'y entretient ou ne s'y accroît que par le peuplement domestique; dans les villes domine la société-foule, de tous côtés y accourent des gens détachés de leur toit et rassemblés confusément. Voilà, en partie, pourquoi j'ai cru devoir attacher, dans le chapitre précédent, tant d'importance à la distinction du brigandage urbain et du brigandage rural. Il n'est pas indifférent de savoir si le penchant au crime est le fruit d'une mauvaise éducation familiale ou d'une dangereuse camaraderie. C'est toujours soit une famille, soit une secte ou un café plein de camarades, qui pousse au crime l'individu oscillant; et, dans ce dernier cas, l'entraînement qui l'emporte rappelle, au degré près, le courant populaire qui pousse au meurtre un émeutier.

(1) On peut voir dans les remarquables *Etudes sur les mœurs religieuses et sociales de l'extrême Orient*, par Alfred Lyall (Thorin, 1885) comment, aux Indes même, où le lien du sang semble de prime abord le ciment social unique, le prestige d'un individu célèbre, d'un ascète renommé par ses austérités, d'un brigand redouté, suffit à rallier autour de lui une clientèle de compagnons et à former une nouvelle caste.

II. — Après ces quelques mots sur la force et les formes de l'imitation, il y aurait à exposer ses lois générales, qu'il s'agit d'appliquer au crime comme à tout autre aspect des sociétés. Mais le cadre de ce travail ne nous permet, à ce sujet, que de brèves indications. Nous savons déjà que l'exemple d'un homme quelconque, à peu près comme l'attraction d'un corps, rayonne autour de lui, mais avec une intensité qui s'affaiblit à mesure qu'augmente la distance des hommes touchés par son rayon. *Distance* ici ne doit pas s'entendre seulement dans le sens géométrique, mais surtout dans le sens psychologique du mot; la multiplication des relations épistolaires ou imprimées, des communications spirituelles de tout genre entre concitoyens épars sur un vaste territoire, a pour effet de diminuer en ce sens leur éloignement. Il se peut donc, répétons-le, que l'exemple honnête de toute une société ambiante, mais lointaine, soit neutralisé dans le cœur d'un jeune vagabond par l'influence de quelques compagnons. Au point de vue économique, linguistique, religieux, politique, il en est de même : dans le voisinage des plus grandes villes on trouve encore des villages, peu en relations avec elles, où les anciens besoins et les anciennes idées se conservent, où l'on commande sa toile chez le tisserand, où l'on aime à manger le pain bis, où l'on ne parle que patois, où l'on croit aux sorciers et aux sortilèges... Cette considération ne doit jamais être perdue de vue. Maintenant, au lieu de prendre chaque exemple isolément, examinons le rapport de plusieurs exemples et cherchons le résultat de leur échange. D'abord, si infime et si méprisé que soit un individu, son contact répété ne laisse pas d'imprimer aux personnes les plus hautes et les plus orgueilleuses, une certaine tendance vague à le copier; on en a la preuve par la contagion des *accents*; le maître le plus fier, s'il vit seul à la campagne avec ses domestiques, finit par leur emprunter quelques-unes de leurs intonations et de leurs locutions mêmes. C'est ainsi que le corps le plus froid envoie de la chaleur au corps le plus chaud. Mais, de même qu'en somme l'échauffement du corps chaud par le corps froid est à peu près nul si on le compare à l'échauffement considérable du corps froid par le corps chaud, pareillement on peut négliger souvent, le plus souvent même, dans nos sociétés, l'action impressionnante exercée par l'exemple des esclaves sur les maîtres, des enfants sur les adultes, des laïques sur les clercs (aux beaux jours de la théocratie), des ignorants sur les lettrés, des naïfs sur les habiles, des pauvres sur les riches, des plébéiens sur les patriciens (aux belles périodes de l'aristocratie), des campagnards sur les citadins, des provinciaux sur les parisiens, en un mot, des inférieurs sur les supérieurs, et ne tenir compte que de l'action inverse, explication vraie de l'histoire. Il y a à toute époque une supériorité reconnue, parfois à tort; elle est le privilège de celui qui, plus riche en besoins et en idées, a plus d'exemples à donner qu'il n'en a à recevoir. L'échange inégal des exemples, tel qu'il est régi par cette loi, a pour effet de faire acheminer le monde social vers un état de nivellement comparable à cette uniformité universelle de température que la loi du rayonnement calorifique des corps tend à établir.

Il arrive quelquefois, trop souvent, que le pouvoir politique et militaire se trouve aux mains de la nation ou de la classe la plus pauvre en exemples civilisateurs à fournir. Dans ce cas, la classe ou la nation assujettie, se jugeant supérieure à celle qui la domine, se borne à se soumettre mais refuse de s'assimiler. De là une cause fréquente d'actes oppressifs et de révoltes sanglantes. Car le vainqueur, avant tout, sciemment ou à son insu, veut être copié, et ne croit pas à la réalité de sa victoire tant qu'il ne l'est pas. Tellement il sent toujours que la contagion imitative est l'action sociale par excellence. Aussi s'efforce-t-il de toute manière, par violence brutale ou par oppression déguisée, d'imposer au vaincu, non seulement son joug mais son type.

Philippe II, par exemple, a usé du premier procédé avec les Maures d'Andalousie. C'étaient les plus laborieux, les plus riches, les plus civilisés de ses sujets et non les moins fidèles. Mais ils gardaient jalousement leurs usages nationaux, leur manière de s'habiller, de se nourrir, de vivre, sans se laisser pénétrer par les mœurs espagnoles. Tout ce qu'on a dit alors contre eux, toute la haine qu'ils inspiraient au peuple et au clergé de la race conquérante provenait de là. « Un peuple victorieux) dit avec raison M. Forneron à ce sujet, aura toujours des griefs contre ceux qui profitent des lois sans se fondre dans son unité » (1), c'est-à-dire contre ceux qui lui obéissent mais qui ne l'imitent pas. Les décrets que Philippe II, en 1566, rendit contre les Maures aux applaudissements de tous les chrétiens, avaient pour but, en somme, de rendre l'imitation des chrétiens par les Maures obligatoire en tout et pour tout. « A partir du 1ᵉʳ janvier suivant, dit l'auteur cité, les Maures ne pouvaient posséder ni armes, ni esclaves, ni costumes à leurs modes… ils devaient se procurer immédiatement des pourpoints et des culottes, cesser de cacher sous le habarah et le féredjé le visage et les épaules de leurs femmes, contraintes de porter désormais des toques et des vertugadins… oublier leur langue et apprendre l'espagnol dans le délai de six mois… » etc. C'est là du despotisme en démence, et on sait les flots de sang qu'il a fait couler. Mais, aux époques et parmi les nations qui se vantent le plus de leur tolérance démocratique, ne voit-on pas une secte régnante, puritaine ou jacobine, poursuivre le même but, au fond, en s'emparant de l'éducation nationale et coulant les enfants dans le même moule qui est le sien, ou simplement, sans décrets et sans batailles, en excluant de tous les emplois, en excommuniant de mille façons, quiconque s'obstine à avoir *un genre* qui n'est pas le sien ?

Il n'en est pas moins vrai que l'imitation imposée de la sorte ne s'étend guère, ne descend jamais profondément ; en d'autres termes, c'est *le supérieur social*, le plus riche en idées civilisatrices, même lorsqu'il est distinct du supérieur politique et opposé à celui-ci, qui finit par l'emporter, sauf le cas d'une extermination radicale comme l'a été celle des Maures au XVIᵉ siècle.

L'histoire abonde en illustrations de cette vérité. Pénétrez dans une demeure de paysan et regardez son mobilier : depuis sa fourchette et son verre jusqu'à sa chemise, depuis ses chenêts jusqu'à sa lampe, depuis sa hache jusqu'à son fusil, il n'est pas un de ses meubles, de ses vêtements ou de ses instruments, qui, avant de descendre jusqu'à sa chaumière, n'ait commencé par

---

(1) Cet auteur ajoute : « La même répulsion s'observe aujourd'hui encore contre les juifs chez les chrétiens du Danube, et contre les chinois chez les américains de l'Ouest. »

être un objet de luxe à l'usage des rois ou des chefs guerriers, ou ecclésiastiques, puis des seigneurs, puis des bourgeois, puis des propriétaires voisins. Faites parler ce paysan : vous ne trouverez pas en lui une notion de droit, d'agriculture, de politique ou d'arithmétique, pas un sentiment de famille ou de patriotisme, pas un vouloir, pas un désir, qui n'ait été à l'origine une découverte ou une initiative singulière, propagée des hauteurs sociales, graduellement, jusqu'à son bas fond. Son langage, le français qu'il commence à parler correctement, est un écho de la ville voisine, écho elle-même de Paris comme le patois qu'il parle encore (supposons qu'il s'agit du Midi de la France) lui avait été communiqué par les châteaux voisins modelés sur les cours provençales, ou comme il s'était mis à parler latin après Jules César parce que la noblesse gauloise s'était empressée de copier la langue des vainqueurs. Sa haine même de l'ancien régime lui a été soufflée par les chefs de l'ancien régime; son besoin d'égalité lui vient des clubs jacobins qui l'avaient reçu des salons philosophiques où se discutaient entre belles dames et beaux esprits les nouveautés de Rousseau. Sa passion jalouse de la terre lui vient des grands propriétaires féodaux dont elle était l'âme et que ses pères, pendant des siècles, ont eus à la fois pour voisins et pour maîtres, double raison de les copier. — C'est surtout à favoriser l'expansion des exemples qu'une hiérarchie sociale est utile; une aristocratie est un château d'eau nécessaire à la chute de l'imitation en cascades successives, successivement élargies. Si la grande industrie est devenue possible de nos jours, si la diffusion de besoins, de goûts, d'idées identiques au sein de masses immenses lui a ouvert les vastes débouchés dont elle a besoin, n'est-ce pas aux anciennes inégalités qu'on est redevable de cette égalisation actuelle? Mais, gardons-nous de croire que le mouvement va s'arrêter; en temps de démocratie, l'œuvre des noblesses est continuée, et sur une échelle agrandie, par les capitales (1).

(1) Inversement, l'on voit l'œuvre des capitales se continuer par les noblesses qu'elles ont formées et qui leur survivent. Tout est relatif, en effet, et, par capitales, il faut entendre au milieu des forêts de l'antique Germanie ou dans le Latium primitif, un bourg plus considérable que les villages voisins. Là, naît et se forme toujours un patriciat. Avec sa profondeur habituelle, Niebuhr a ramené l'opposition fondamentale de l'histoire romaine, celle des patriciens et

Celles-ci, par bien des traits ressemblent à celles-là. Les noblesses, en leurs jours de splendeur, brillent par le génie, le luxe, la générosité, le courage, la galanterie, l'esprit d'entreprise ; elles achètent ces dons brillants par un contingent supérieur fourni à la folie, au crime, au suicide, au duel, aux naissances illégitimes, aux vices et aux maladies de toute sorte. Les capitales ne sont ni moins luxueuses, ni moins ruineuses, ni moins géniales et novatrices : elles affichent le même égoïsme et la même insolence ; elles rendent en mépris profond à la province l'admiration profonde qu'elles lui inspirent, et les traitent précisément comme les gentilshommes de jadis traitaient la roture, trop heureuse de payer leurs dettes et leurs extravagances ; elles accusent aussi une natalité moindre, une mortalité plus forte, et, par les chancres qui les rongent, par la tuberculose, par la syphilis, par l'alcoolisme, par le paupérisme, par la prostitution, elles périraient infailliblement si, comme toutes les aristocraties viables, elles ne se renouvelaient très vite par l'affluence d'éléments nouveaux (1). Elles s'entretiennent par l'immigration comme le patriciat romain par l'adoption. Ainsi, le moraliste d'aujourd'hui, pour prédire quelle sera la moralité de demain, doit avoir l'œil sur les exemples donnés par les grandes villes, comme le moraliste d'hier se préoccupait avec raison de ce qui se passait au sein des cours, des salons ou des châteaux.

III. Voyons comment tout cela s'applique à notre sujet. Si étrange que cela puisse paraître, il y a des raisons sérieuses d'affirmer que les vices et les crimes aujourd'hui localisés dans

---

des plébéiens, à la distinction, qui lui sert de source, entre *Rome-ville* et *Rome-campagne*. Cette lutte, à vrai dire, est le fond de toutes les histoires. Chaque jour, sous nos yeux, grandit le conflit où elle est en train de revêtir sa forme dernière : le duel électoral de l'ouvrier et du paysan. Elle a son fondement, enfin, dans l'organisme humain où le muscle, que la vie rurale nourrit trop, s'appuie et s'unit au nerf que la vie urbaine développe à l'excès.

(1) Comme les noblesses d'ancien régime, encore, les capitales démocratiques d'aujourd'hui sont les conservatoires du duel. Dans mon étude à ce sujet, j'ai cru montrer que le duel est devenu un phénomène essentiellement urbain, et que, sans quelques grandes villes, ce préjugé aurait vite disparu. De 1880 à 1889, sur 598 duels civils enregistrés dans l'annuaire de Ferréus, 491 sont d'origine parisienne, d'après mon compte ; et le reste, 107, a pris naissance à Marseille, Nîmes, Lyon, Limoges, etc. Il n'existe pour ainsi dire pas de duel rural, comme si l'honneur rural était d'espèce trop inférieure pour mériter le recours aux armes contre l'offenseur. La variété de duel urbain qui domine est le duel littéraire, assez inoffensif d'ailleurs.

les derniers rangs du peuple y sont tombés d'en haut. Dans toute société naissante ou renaissante, quand la production du vin est rare et difficile, l'ivrognerie est un luxe royal, puis un privilège aristocratique. A coup sûr les rois d'Homère s'enivraient plus que leurs sujets, les chefs mérovingiens que leurs leudes, les seigneurs du moyen-âge que leurs serfs. Au XVIᵉ siècle encore, en Allemagne « la célèbre autobiographie du chevalier de Schweinichen fournit la preuve que l'ivrognerie la plus grossière ne déshonorait point un personnage de marque » (1). Il raconte comme une chose toute naturelle que, les trois premières nuits de son mariage, il se mit au lit dans un état complet d'ivresse, ainsi que tous les gens de la noce. L'habitude de fumer, si répandue à présent dans tous les milieux, peut-être même plus répandue déjà dans le peuple que dans l'élite sociale où l'on commence à lutter contre cette passion, s'est propagée de la même manière. Jacques I d'Angleterre, nous apprend Roscher, frappa le tabac en 1604 d'un impôt très fort « parce que, dit la loi, les basses classes excitées par l'exemple des classes plus élevées, altèrent leur santé, empestent l'air et infectent le sol » (2). L'irréligion des masses, qui çà et là contraste aujourd'hui, avec la religiosité relative des derniers survivants de l'aristocratie ancienne n'en procède pas moins de celle-ci. Le vagabondage, sous ses mille formes actuelles, est un délit essentiellement plébéien ; mais en remontant dans le passé, il ne serait pas malaisé de rattacher nos vagabonds, nos chanteurs de carrefour, aux pèlerins nobles, aux ménestrels nobles du moyen-âge. — Le braconnage, autre pépinière criminelle, qui a joué dans le passé, avec la contrebande, un rôle comparable à celui du vagabondage à présent, se rattache plus directement encore à la vie seigneuriale. Il faut lire, dans l'*Ancien régime* de M. Taine, l'importance des braconniers au XVIIIᵉ siècle dans tous les pays de forêts. Précisément parce que chasser était un privilège féodal, le misérable qui en prenait sa part de vive force, avec une audace et une passion incroyables, y était poussé moins encore par sa misère que par la vague

---

(1) Recherches sur divers sujets d'économie politique, par *Roscher*.
(2) On fumait la pipe à la Cour de Louis XIII. (Voir Quicherat, *Histoire du Costume*, p. 478).

illusion de s'ennoblir en quelque sorte. Il y avait alors des parties de braconnage à l'instar des grandes chasses royales ; les braconniers au nombre de 25 à 50, échangeaient souvent des coups de fusil meurtriers avec les gardes-chasse et faisaient ainsi leur apprentissage de brigands.

L'empoisonnement est maintenant le crime des illettrés (1); au dix-septième siècle, encore, il était le crime des hautes classes, comme le prouve l'épidémie d'empoisonnements qui sévissait à la cour de Louis XIV, de 1670 à 1680, à partir de l'importation de certains poisons par l'Italien Exili. La Marquise de Brinvilliers est l'aïeule directe des vulgaires Locustes de nos villages. A la table de tous les rois d'abord, et ensuite de tous les principaux seigneurs, au moyen-âge et jusqu'au seizième siècle, l'usage constant était que nul plat n'était présenté au maître sans avoir été préalablement goûté, « essayé » de peur qu'il ne fût empoisonné. Ce trait montre l'ancienne fréquence de ce crime dans les cours et les châteaux, surtout en Italie. L'Italie, au moyen-âge, était la nation-modèle.

Le meurtre par sicaires, par *bravi*, si usité en Allemagne et en Italie au moyen-âge, n'aurait-il pas été la phase de transition que l'homicide a dû traverser en descendant du haut de la société en bas ? Le fait est que le pouvoir de tuer, d'où l'on a conclu le droit de tuer, a été, dans toute société primitive, le signe distinctif des hautes classes. *Les grands jours d'Auvergne*, si agrémentés qu'ils aient pu être par le récit précieux de Fléchier, suffisent à nous montrer qu'elles étaient à cet égard, jusqu'au dix-septième siècle encore, les tendances de la noblesse dans les pays arriérés (2). L'évolution de l'assassinat politique

---

(1) Il y a encore des exceptions à la règle, par exemple cette dramatique affaire d'Aïn-Fezza qui vient de se terminer au moment où je corrige les épreuves de cette page.

(2) Ce n'est pas en Auvergne seulement, c'est dans bien d'autres provinces que ces terribles tribunaux extraordinaires se sont réunis ; et contre qui étaient toujours dirigés leurs coups ? Contre les bandits de la noblesse. De nos jours quand une justice d'exception est appelée à fonctionner, par exemple en 1840, elle n'a à frapper que des brigands sortis des derniers rangs du peuple. — Au XVIᵉ siècle, pendant les guerres de religion, rois, reines, princes, grands vassaux gentilshommes quelconques, tous braves d'ailleurs, se croyaient le droit non seulement de tuer en duel leur ennemi terrassé, mais de l'assassiner, soit par vengeance, soit par ambition, et quelquefois par cupidité (Voir les *Ducs de Guise*, par Formeron, notamment). On s'illustrait alors par le nombre de ses

est instructive. Il fut un temps où les rois, les chefs de république, assassinaient eux-mêmes ; par exemple Clovis. Qui plus est, c'étaient leurs proches parents qu'ils tuaient de préférence ; le parricide, le fratricide, l'*uxoricide*, l'infanticide de sang-froid, à la Tropmann, étaient la spécialité mérovingienne, comme on peut le voir à chaque page de Grégoire de Tours. — Plus tard, les princes commettent des assassinats stipendiés ; on en a la preuve notamment par les Archives de Venise. M. Lamansky, qui les a consultées (1), y a trouvé, de 1415 à 1768, plus de cent délibérations du Conseil des Dix relatives à des commissions de ce genre. Voici un échantillon pris au hasard. « 1448, 5 septembre. Le Conseil des Dix charge Laurent Minio d'instruire le personnage inconnu qu'il agrée son offre consistant à donner la mort au comte François (Sforza), et que, après l'exécution, il peut lui promettre de dix à vingt mille ducats (2). » Enfin il vient un moment, — et d'ordinaire beaucoup plus tôt qu'à Venise, par bonheur, — où les hommes d'Etat rougiraient de de faire de pareils marchés ; et c'est le moment où les régicides, les tyrannicides, surgissent spontanément de la populace effervescente. Il est à remarquer que les grandes recrudescences de l'homicide privé, autant qu'on peut en juger pour un passé

---

assassinats audacieux, par exemple le baron de Vittaud, que la douce Marguerite de Valois elle-même alla voir au couvent des Augustins pour lui confier la mission de tuer du Guast, favori du roi qui l'avait outragée. — Philippe II décorait et anoblissait ses sicaires. La Saint-Barthélemy n'est que la plus connue des orgies sanglantes de cet âge. Plus haut nous remontons dans le passé, plus les mœurs de l'écume de la noblesse, je ne dis pas de son élite en temps normal, sont partout semblables à celles des bandits siciliens ou corses de nos jours. — Ajoutons il est vrai que le nombre extraordinaire de duels meurtriers ou d'homicides proprement dits (car la limite alors est malaisée à marquer entre le duel et l'assassinat dans bien des cas) commis au XVIe siècle et sous la Fronde encore par la noblesse, tient dans une large mesure à ce monopole du droit de porter l'épée qui lui a été si fatal. Il en a été des gentilshommes d'ancien régime comme des Corses d'aujourd'hui qui sont poussés au meurtre par l'habitude du port d'armes, si bien qu'en le leur interdisant on a subitement diminué leur criminalité des trois quarts, sous le second Empire. — A l'habitude de porter l'épée se joignait celle d'aller à cheval dans les rues qui, perdue vers la fin du XVIe siècle, eut aussi (V. Voltaire) une grande influence homicide.

(1) *Revue historique*. Septembre-octobre 1882, article sur l'*Assassinat politique à Venise*.

(2) Jean-Marie Visconti avait des sicaires d'une autre espèce : il lâchait ses dogues sur les bourgeois de Milan.

dépourvu de statistique, ont suivi immédiatement les explosions de guerres extérieures ou de guerres civiles, c'est-à-dire les grandes débauches de l'homicide officiel baptisé raison d'Etat. N'y a-t-il pas lieu de croire, enfin, que la cruauté des anciens justiciers, si sanguinaires, a été un terrible exemple offert solennellement, des hauteurs de la société, aux âmes féroces, et que les excès de la vindicte publique ont pu susciter ou stimuler ceux de la vengeance privée?

L'incendie, ce crime des basses classes aujourd'hui, a été une prérogative des seigneurs féodaux. « N'entendit-on pas le margrave de Brandebourg se vanter un jour d'avoir brûlé dans sa vie 170 villages? » (1) La fausse monnaie se réfugie à présent dans quelques cavernes des montagnes, dans quelques sous-sols des villes; on sait qu'elle a été longtemps un monopole royal. Les gouvernements se bornent maintenant, parfois, à mettre en circulation de fausses nouvelles. Le vol, enfin, si dégradant de nos jours, a eu un brillant passé. Montaigne nous apprend, sans trop s'en indigner, que beaucoup de jeunes gentilshommes de sa connaissance, à qui leur père ne donnait pas assez d'argent, se procuraient des ressources en volant. Comment s'en seraient-ils fait scrupule quand, à la même époque, le roi Henri III pillait et rançonnait à sa convenance les marchands de Paris; quand il était d'usage dans les armées les mieux disciplinées, de piller les villes prises et d'extorquer des rançons énormes aux prisonniers de guerre, même de guerre privée, capturés à la suite d'embuscades et de trahisons? La séquestration de personnes (2), usitée récemment encore parmi les brigands siciliens, ressemble étrangement à ce procédé d'extorsion, de même que leur *abigeato* rappelle les *razzias* militaires.

Dans une des chansons populaires allemandes du seizième siècle, reproduites par Janssen, on lit que le brigandage de la noblesse est intolérable, que les gentilshommes semblent con-

---

(1) *L'Allemagne à la fin du moyen-âge*, par Jean Janssen, (traduction française, 1887).

(2) Dans un procès criminel que me communique un archéologue distingué, le vicomte de Gérard, et qui s'est déroulé en 1653-54 devant le Présidial de Sarlat, je note qu'une des victimes fut détenue pendant 8 jours dans une basse fosse, au château de M..., au pain et à l'eau, et n'obtint sa liberté qu'en payant une forte somme.

sidérer le vol comme « une action honorable » et qu'on va jusqu'à l'enseigner « comme on enseigne à lire aux enfants ». Werner Roleswinck nous a donné d'amples détails sur la manière dont on formait au vol, en Westphalie, les jeunes gentilshommes (1487). Lorsqu'ils se mettaient en campagne, ils chantaient, dans le patois de leur pays : « Volons, pillons sans vergogne! Les meilleurs du pays le font bien! » On attribuait les mêmes mœurs, sous des formes moins violentes mais plus astucieuses, comme il convient, aux légistes; la différence du vol rural au vol urbain se sent ici. Dans tous les plans de réforme allemande au xv° siècle, on parle du « brigandage de la noblesse ». Un chroniqueur de la même époque dit que « les chevaliers brigands rendent les routes peu sûres ». Gœts de Berlichingen et Frank de Sickingen sont, au xvi° siècle, les personnifications éclatantes de cette criminalité seigneuriale. En Italie, le spectacle est alors pareil : les châtelains pillent et rançonnent, dans toute l'étendue de leur fief, voyageurs, marchands, bateliers. En France, nous sommes relativement privilégiés sous ce rapport ; notre noblesse et surtout notre royauté, sauf des exceptions qui se multiplient au xvi° siècle par suite de la contagion italienne, sont d'une douceur et d'une probité remarquables entre toutes. Il n'en est pas moins vrai que nos rois ne se faisaient guère scrupule de pratiquer la confiscation arbitraire, et que nos gentilshommes, même au xvii° siècle, si l'on en juge par mille inductions tirées de la littérature du temps, avaient des idées fort larges en fait de délicatesse. Dans le *Bourgeois gentilhomme*, Dorante, qui représente le type du cavalier élégant, de l'amoureux à la mode, commet un véritable abus de confiance au préjudice de M. Jourdain; il se charge de porter de sa part un diamant de grand prix à Dorimène (singulière commission du reste), et il le donne à celle-ci de sa part, à lui Dorante. Voilà un petit tour qu'il ne paraissait pas inconvenant alors de prêter à un homme de cour. On sait pourtant si Molière était bon courtisan. Dans les mémoires de Rochefort, on lit un trait qui prouve que les grands seigneurs du temps de la fronde se faisaient un jeu, non pas de tuer seulement, mais de voler. Un jour, dit-il, qu'il était en joyeuse compagnie « on propose d'aller voler sur le Pont-Neuf : c'étaient des plaisirs que le duc d'Orléans avait mis à la mode en ce temps-là. » Rochefort dit cependant qu'il y eut quelque répugnance ; cependant il regarda faire, perché sur le cheval de bronze. « Les autres se mirent à guetter les passants et prirent quatre à cinq manteaux. Mais, quelqu'un qui avait été volé ayant été se plaindre, les archers vinrent et nos gens s'enfuirent. » — Et dire que les derniers descendants de ces pick-pockets féodaux sont maintenant les plus purs représentants de l'honnêteté et de l'honneur français! Si l'hérédité en fait de moralité était le « facteur » principal, pourrait-il en être ainsi? Partout d'ailleurs, en Europe, jusqu'au XVI° siècle, a existé un droit d'aubaine, qui était un véritable droit de vol, au profit des seigneurs, au préjudice de tout naufragé échoué sur leurs côtes. Cette propagation de haut en bas est propre au crime urbain ou rural indifféremment. Quand, dans un pays tel que la Sicile, nous voyons fleurir le brigandage des champs par un recrutement continuel dans les basses classes agricoles, nous pouvons être sûrs qu'à une époque antérieure les hautes classes rurales qui, à présent, se bornent à protéger ce hardi pillage, l'ont elles-mêmes pratiqué jadis. De même, quand une bande d'insurgés obscurs terrorise une capitale et tient un gouvernement en échec, rappelons-nous qu'il fut un temps où les hommes d'Etat n'avaient pas honte de commettre les massacres et les exactions qu'ils répriment de nos jours. (1)

Je n'ai pas besoin de rappeler enfin qu'à toutes les époques de leur prospérité, les cours monarchiques ou aristocratiques, comme à présent les capitales, ont été une école d'adultère, de licence et de corruption morale pour le reste de la nation. Tous les délits contre les mœurs ont pour cause des exemples venus d'en haut. Violer, encore plus que piller, tuer ou brûler,

(1) A propos de l'hist. de la littérat. espagnole, M. Brunetière (Rev. des Deux-Mondes, mars 1891), observe que le roman chevaleresque a été le père du roman picaresque, conservé aux exploits de brigands et d'escrocs. D'Amadis aux Cartouche et aux Mandrin, il n'y a eu qu'un pas littérairement Ces derniers ne sont-ils pas à leur manière « des espèces de chevaliers errants? » Ou bien « dirons-nous qu'à mesure qu'une société se compose, s'organise et se règle, ce sont les chevaliers d'autrefois qui deviennent les gueux d'aujourd'hui?..... Ne peut-il pas y avoir une façon singulière d'entendre le point d'honneur qui serait à ne faire œuvre de ses dix doigts, et, n'ayant ni sou ni maille à vouloir vivre en gentilhomme? De nos jours, ce point d'honneur mènerait aisément les gens au bagne ou à la potence Du temps de Charles-Quint, l'histoire nous apprend qu'il les menait tout aussi bien à la conquête du Mexique ou du Pérou.

était le grand divertissement ancien des guerriers, de la classe militaire et dominante, quand une ville ou un château étaient pris et aussitôt saccagés. Brantôme raconte gaîment ces orgies féroces. De combien d'attentats criminels, l'habitude du viol et du pillage belliqueux, considérés pendant des siècles comme un droit de la guerre, a été la source en temps de paix même et dans le sein des populations industrielles ou agricoles !

Ce qui précède ne veut pas dire qu'il y ait eu un temps, même aux époques les plus barbares, où le meurtre, le vol, le viol, l'incendie aient été le monopole exclusif des hauts rangs de la nation ; mais cela signifie que lorsqu'un homme des rangs inférieurs se révélait meurtrier, voleur, *stuprator*, incendiaire, il se signalait par la terreur qu'il inspirait, s'ennoblissait en quelque sorte et entrait par effraction dans le cercle des gouvernants. En temps de barbarie — c'est-à-dire d'*illogisme social*, de morcellement et d'hostilité chronique — tout homme d'action, entreprenant et aventureux, aspire à devenir chef de bande, comme, en un siècle de paix et de grandes agglomérations, il aspire à devenir *chef de maison*. Puis, si son industrie criminelle prospère, il lui arrive de se faire proclamer roi, comme à ce Marcone, brigand des Calabres qui, en 1560, se fit appeler le roi Marcone. Ce fait, qui s'est produit fréquemment en Italie, peut servir à expliquer en partie l'origine de la féodalité, non seulement de la féodalité chrétienne, mais des féodalités quelconques, grecques et hindoues par exemple (1).

« Les petites dominations (italiennes) qui ont commencé (au XVe siècle) par un exploit de brigandage, sont très nombreuses et d'un caractère farouche » dit Gebhart. Est-ce que ce caractère

---

(1) N'oublions pas, du reste, que cette contagion criminelle des aristocraties a été en tout temps compensée, et le plus souvent avec avantage, au XVIIIe siècle notamment, par leur contagion bienfaisante. Le caractère propre que revêtent les vertus comme les vices d'un peuple lui vient de ses anciens chefs. Si le sentiment de l'honneur chevaleresque s'est vulgarisé en France, où il se traduit par des duels trop fréquents, si la fierté hautaine et l'indépendance caractérisent aujourd'hui l'espagnol, l'énergie et l'amour de la liberté l'anglais, ce n'est pas là une simple question de race : il est permis d'y voir l'effet d'une action séculaire exercée par les noblesses de ces différentes nations. Évidemment, c'est par imitation des classes jadis supérieures que tout espagnol a la prétention d'être hidalgo et que le plus plébéien des français se bat en duel aujourd'hui. Jadis le combat singulier était un privilège aristocratique comme l'honneur chevaleresque.

essentiellement criminel des classes dominantes, dans l'Italie des xv° et xvi° siècles, ne contriburait pas à expliquer l'extension si affligeante de la criminalité sanguinaire dans la plèbe italienne de nos jours? Et ne devrions-nous pas un peu, nous français, au caractère relativement doux de nos anciens maîtres notre moindre propension à l'homicide?

IV. — Si les crimes se sont jadis propagés, comme tous les produits industriels, comme toutes les idées bonnes ou mauvaises, de la noblesse au peuple, et si la noblesse, en ces temps reculés, a attiré à elle les éléments audacieux et criminels du peuple, on peut voir maintenant les crimes se propager des grandes villes aux campagnes, des capitales aux provinces, et les capitales, les grandes villes, exercer une attraction irrésistible sur les déclassés et les scélérats campagnards, provinciaux, qui accourent là se civiliser à leur manière, nouveau genre d'ennoblissement (1). Momentanément, ce dernier fait est heureux pour la province qui s'épure par cette émigration et traverse une ère de sécurité relative: jamais peut-être, dans les régions rurales, on n'a eu moins à redouter qu'à présent

---

(1) Remarquons, en passant, que la substitution des capitales aux aristocraties comme sommet social destiné à répandre les divers courants de l'imitation suivant la loi de leur marche de haut en bas, est elle-même peut-être un effet de cette loi. L'émigration des campagnes vers les villes, qui a fait depuis plus d'un siècle la prépondérance des grands centres, ne se rattacherait-elle pas par hasard à l'émigration, sous l'ancien régime, de la noblesse rurale vers la cour? Sous Henri IV comme on le voit par Olivier de Serres, la noblesse française résidait encore sur ses terres. A partir de Louis XIII, se dessine un mouvement de concentration des grands seigneurs à la cour du roi. On l'a blâmé, et avec raison; mais, en le blâmant, on l'a imité inconsciemment et universellement. La petite noblesse, qui ne pouvait se rendre à la cour, s'est dédommagée de cette impossibilité en se concentrant dans les villes plus ou moins grandes du voisinage, où elle a singé les manières et les divertissements de la cour, ou bien en se réunissant dans quelque château plus riche et plus hospitalier que les autres, miniature et pastiche de Versailles. En même temps les riches bourgeois, les financiers, les magistrats affluaient autour de la cour à Paris, ou autour de l'aristocratie provinciale dans chacun des petits faubourgs Saint-Germain que renfermaient la plupart des villes de France. (Voir à ce sujet, *La ville sous l'ancien régime*, par Babeau). Enfin les ouvriers, les paysans mêmes, se sont mis à regarder les villes comme les anciens gentilshommes campagnards regardaient la cour. La cour était pour ceux-ci l'Eden rêvé, le pays giboyeux par excellence en fait de bonnes sinécures à prendre, de doux et délicats plaisirs à goûter; et c'est parce que cette persuasion a longtemps régné que la ville est devenue peu à peu, pour nos cultivateurs, le Paradis terrestre, le lieu de tous les profits sans travail et de toutes les délices.

l'assassinat et même le vol à main armée. Mais, par malheur, l'attrait des grandes villes sur les criminels se lie intimement à leur influence sur le reste de la nation, à la puissance prestigieuse de leur exemple en tout. Il est à craindre, par suite, que le bénéfice de cette amélioration provinciale soit passager. Les capitales n'envoient pas seulement à la province leurs goûts ou dégoûts politiques ou littéraires, leurs genres d'esprit ou de sottise, leurs coupes d'habits, leurs formes de chapeaux, leur accent, elles lui expédient leurs crimes et leurs délits. Les attentats à la pudeur sur les enfants sont un crime essentiellement urbain comme le montre leur carte ; on les voit, en se répandant, faire tache d'huile autour des grandes villes. Chaque variété de meurtre ou de vol que le génie du mal imagine, naît ou s'implante à Paris, à Marseille, à Lyon, etc., avant de se répandre en France. La série des cadavres coupés en morceaux a débuté en 1876 par l'affaire Billoir et s'est longtemps localisée à Paris, à Toulouse, à Marseille, mais elle s'est continuée dans la Nièvre, dans le Loir-et-Cher, dans l'Eure-et-Loir (1). L'idée féminine de jeter du vitriol au visage de son amant est toute parisienne ; c'est la veuve Gras qui, en 1875, a eu l'honneur de cette invention ou plutôt de cette réinvention : mais je sais des villages où cette semence a fructifié, et les paysannes maintenant s'essaient elles-mêmes au maniement du vitriol (2). En 1881, une jeune actrice, Clotilde J..., à Nice, vitriole son amant. « Comme on lui demandait à quelle époque elle avait songé à se venger : depuis un jour, a-t-elle répondu, où j'ai lu, *dans un journal de Paris*, un article relatif aux vengeances de femmes (3). » Un autre instrument de haine féminine est le révolver : son emploi à Paris dans un procès retentissant a été bientôt suivi d'une détonation pareille à Auxerre (4). En 1825,

---

(1) Voir la *Contagion du meurtre* par le Dr Aubry, p. 137 et s/. En Angleterre, et même en France, Billoir avait eu des précurseurs, mais qui probablement étaient ignorés de lui. Le Billoir anglais se nomme Greenaer, qui lui-même avait été précédé de Théodore Gardelle et de Catherine Hayes. (V. les *Causes célèbres de l'Angleterre* par Lewis, 1884). Consulter aussi le *Dépeçage criminel* par Ravoux, avec notes et commentaires de M. A. Lacassagne (Storck, Lyon).

(2) D'une main souvent maladroite, il leur arrive de se défigurer par le rejaillissement du liquide sur leurs propres visages.

(3) Paul Aubry, ouvrage cité.

(4) L'affaire Clovis Hugues suivie de l'affaire Francey.

à Paris, Henriette Cornier tue cruellement un enfant qu'elle gardait ; peu de temps après, d'autres bonnes d'enfants obéissent, sans plus de raison, à la passion irrésistible de couper la gorge aux enfants de leurs maîtres. Pour les vols, il en est de même. Il n'est pas un procédé de filouterie, usité dans les foires des villages, qui ne soit né sur un trottoir parisien. « Il y a eu, dit le d⁰ Corre, (dans *Crime et suicide*), après les affaires Pranzini et Prado, quelques ébauches d'imitation en petit sur des filles publiques. Mais quel exemple plus saisissant d'attentat criminel suggesto-imitatif que la série des mutilations de femmes, commencée au mois de septembre 1888 *à Londres*, dans le quartier de Witechapel ! Jamais peut-être l'influence pernicieuse du *fait divers* n'a paru avec plus d'évidence. Les journaux sont remplis des exploits de Jack l'éventreur, et, en moins d'une année, jusqu'à huit crimes absolument identiques sont commis en diverses rues populeuses de la grande cité. Ce n'est pas tout : il y a répercussion des actes hors de la capitale et bientôt même, rayonnement à l'étranger : à Southampton, essai de mutilation d'un enfant ; à Bradfort, mutilation horrible d'un autre enfant ; à Hambourg, meurtre avec éventration d'une petite fille ; aux Etats-Unis, éventration de 4 nègres (Birmingham), éventration et mutilation d'une femme de couleur (Milville) ; à Honduras, éventration... etc. L'affaire Gouffé a son pendant presque immédiat à Copenhague.. Les épidémies infectieuses marchent avec la vapeur ou les vents ; les épidémies du crime suivent la voie du télégraphe. »

On peut m'objecter, il est vrai, en regardant la carte de la criminalité française, que beaucoup de milieux ruraux, à l'écart des grands centres, y sont cependant en voie de progression criminelle.

Mais étudions-la de près, cette carte, entrons dans le détail, et, après avoir paru nous écarter des considérations précédentes, nous allons être forcés d'y revenir. Nous allons voir que l'influence exercée par l'exemple des grandes villes sur la criminalité est, non seulement directe comme nous venons de l'indiquer, mais encore et surtout indirecte, comme celle des anciennes noblesses, par la propagation et l'attraction de leurs plaisirs, de leurs luxes, de leurs vices, prélude et préparation à la contagion de leurs délits. Elles attirent les campagnes parce que celles-ci ont commencé à les imiter en tout. On peut donc mesurer les progrès de cette imitation par les progrès de l'émigration rurale, qui, presque entièrement, se dirige vers Paris ou les autres grands centres. Exode intérieure et incessante qui va grandissant, puisque la proportion de la population des campagnes comparée à la population totale décroît sans cesse, et, en moins de vingt-cinq ans, est descendue de trois quarts à deux tiers. Or, qui dit déplacement dit déclassement presque toujours ; et quand on est hors cadre, socialement, on ne tarde pas à être hors la loi. En 1876, on a calculé que, sur 100,000 français restés chez eux, il y avait huit accusés ; que, sur le même nombre de français émigrés à l'intérieur, il y en avait vingt-neuf ; que, sur le même nombre d'étrangers résidant en France, il y en avait quarante-un. L'homme est d'autant plus dévoyé qu'il est plus détaché de son sol et de sa famille. Quand il se refait une famille et une patrie, il s'améliore aussitôt. Exemple : « Le Nord (1) a deux ou trois fois plus d'étrangers naturalisés que le Doubs, et la criminalité de ses immigrés y est quatre fois moins forte. » — Ce n'est pas tout ; l'exemple des grands centres n'agit pas seulement sur les individus jeunes, actifs, entreprenants, qui s'y précipitent ; il touche aussi, il estampille profondément et invisiblement les individus demeurés au logis ; et, si quelqu'un d'entre eux, par la viticulture, par l'industrie, par la spéculation, s'enrichit et s'élève, le premier usage qu'il fera de sa fortune sera de copier quelque parisien, autant que la chose sera compatible avec sa rusticité naïve, et d'éveiller à cette imitation gauche et tourmentante tous ses voisins. Ruraux citadins qui font suite et pendant aux bourgeois gentilshommes d'anciens régime. C'est comme si Paris lui-même avait apparu en caricature au milieu du village. Ceci s'applique à tous ces cultivateurs enrichis trop vite dans l'Hérault, par le vin, en Normandie même par l'élevage des bestiaux, aussi bien qu'aux parvenus du commerce, disséminés partout.

V. — Mais, encore une fois, regardons la carte. Je ne parle pas

---

(1) V. *La France criminelle*, par M. Henri Joly, p. 61.

de celle (1) où chaque département est teinté d'après le nombre d'accusations et de préventions qui y ont eu lieu, sans qu'on y distingue les accusés et les prévenus originaires du département et ceux qui viennent d'ailleurs. M. Joly a rendu à nos études le service de dresser une carte (2) dont les teintes sont graduées d'après le nombre proportionnel des accusations et des préventions dirigées contre les individus originaires d'un département, qu'ils soient poursuivis dans son sein ou au dehors. De la sorte il est attribué à chaque département toute la criminalité, interne et externe, qui lui est imputable, et rien que celle-là ; sa force d'impulsion propre vers le bien ou vers le mal est donc clairement exprimée. Or, il est remarquable que cette carte, expression la plus exacte et la plus complète de la criminalité départementale, en est aussi la distribution la plus large et la plus nette. Ce n'est plus l'éparpillement et le damier des anciennes cartes ; ce sont de grandes masses qui commencent à prendre une physionomie. Il m'a semblé que les départements de même teinte ou de teinte voisine s'y groupaient, à peu près, dans l'étendue du même bassin de fleuve ; le bassin de la Seine y est très sombre, et, visiblement, le foyer de ce rayonnement ténébreux est un gros point noir, Paris. Par contraste, tout le bassin de la Loire, ou peu s'en faut, est d'un blanc pur. La Loire baigne l'Allier, le Cher, la Nièvre, le Loiret, le Loir-et-Cher, l'Indre-et-Loire, le Maine-et-Loire, la Loire-Inférieure. A l'exception du Loiret qui est teinté en gris, sans doute à cause d'Orléans, tous ces départements brillent par leur moralité relative. Il en est de même de tout le bassin de la Charente, y compris celui de la Vendée. J'en pourrai dire autant de celui de la Garonne, si le voisinage de Bordeaux n'y noircissait le département de la Gironde ; il est surprenant que Toulouse. vieille ville *coutumière* et stationnaire il est vrai, n'assombrisse pas la Haute-Garonne. Tous les départements arrosés par la

(1) Par exemple, la première carte de M. Yvernès jointe au *Compte général* de 1888 et donnant le résumé de la *Criminalité générale* de 1878 à 1887.

(2) Elle est jointe à la *France criminelle*, en regard de la page 44. Les éléments lui ont été fournis par la seconde carte de M. Yvernès, jointe au *Compte général* de 1887. Seulement celle-ci ne repose que sur les chiffres bruts, non ramenés à la même unité de population.

Saône sont blancs, sauf le premier, département-frontière et, comme tel, assez sombre. Il s'opère sur la limite de deux états, une sorte d'endosmose et d'exosmose criminelle, d'immigration et d'émigration suspecte qui se traduit en chiffres élevés dans le compte général de la justice (1). Enfin, il n'est pas jusqu'au bassin du Rhône qui, en grande partie, ne présente des teintes claires, sur sa rive gauche au moins. Il faut excepter, naturellement, le département où est Lyon, et celui où est Marseille.

Nous n'avons pas à nous étonner, du reste, de voir un même niveau de moralité régner dans la vallée d'une même voie navigable et dans la région qui l'avoisine. Souvenons-nous que les fleuves ont été longtemps les seules voies de communication entre les hommes, le véhicule naturel des exemples, et qu'en fait d'usages, d'industries, de modes, aussi bien que de mœurs, ils ont à la longue nivelé tout leur parcours (2). Ceci soit dit de peur qu'un partisan des *facteurs physiques* ne s'appuie indûment sur cette division quasi-hydrographique de la criminalité française. Mais ce qui mérite d'être remarqué, c'est, en somme, l'action favorable exercée sur la moralité par la richesse agricole ou semi-industrielle des gras pays, par la richesse ancienne et solide, née de la terre et du travail (3). La règle étant telle, la grande exception que présentent le bassin de la Seine autour de Paris, et surtout la Normandie, ressort d'autant mieux, et accuse, en partie au moins, l'action de la capitale, comme, sur une moindre échelle, l'exception de la Gironde, du Rhône, des Bouches-du-Rhône, accuse l'action de Bordeaux, de Lyon, de Marseille. La Normandie est la région française la plus anciennement et la plus obstinément criminelle, bien qu'elle soit une

---

(1) Ce n'est pas seulement le mauvais choix de ce personnel errant qui fait sa criminalité supérieure; mais, à immoralité égale, nous savons qu'on se fait toujours moins scrupule de voler ou même de tuer l'étranger au milieu duquel on vit, dont on est l'hôte même, que le compatriote.

(2) Autre exemple : Qu'on regarde attentivement la carte 21 de l'*Atlas de statistique financière de 1889*, celle des débits de boissons, on y verra les mêmes teintes s'étendre séparément à tout le bassin de la Loire, à tout le bassin de la Dordogne et de la Garonne.

(3) Même les pays en train de s'enrichir assez vite, s'améliorent aussi quand leur enrichissement est le fruit de l'effort. Il y a vingt ans les départements bretons étaient comptés parmi les trente plus criminels ; aujourd'hui, ils sont au nombre des trente meilleurs. Et, dans l'intervalle, la Bretagne s'est fait remarquer par les progrès de son agriculture.

des plus prospères matériellement. Bien mieux, les parties les plus stériles, comme le fait remarquer M. Joly, de l'Eure et du Calvados, à l'est de ces deux départements, sont les moins criminelles, ce qui à l'air d'être un démenti opposé à notre remarque précédente; mais ce qui s'explique trop bien par la moindre participation de ces régions aux influences démoralisantes qui sévissent dans les parties les plus fertiles. Ici, l'exemple du cultivateur le plus rapidement enrichi par la spéculation sur les bestiaux — puisque le *supérieur* qu'on imite est maintenant le *plus riche*, et que le plus riche est en général, de nos jours, un *enrichi*, — suscite chez ses pareils, fâchés de se sentir ses inférieurs, une émulation déplorable qui s'exprime par l'imitation de son confort, de sa gourmandise, de son ivrognerie, de sa prévoyance malthusienne. Nulle part la population, surtout légitime, ne baisse d'une manière plus effrayante pendant que le délit monte. Deux effets d'une même cause : le progrès de la cupidité, la préoccupation croissante de se modeler *per fas et nefas* sur ceux qui s'enrichissent. Comparons ce qui se passe là à ce qui s'opère à l'autre bout de la France, dans l'Hérault. Depuis 1860, c'est-à-dire depuis l'époque où a commencé son enrichissement rapide et sans peine, ce département, qui était classé parmi les plus blancs, s'est teinté de plus en plus, si bien qu'il est aujourd'hui l'un des plus sombres.

L'arrondissement qui s'y est le plus enrichi, celui de Montpellier, est celui qui y a le plus empiré; et, dans cet arrondissement, le foyer manifeste (1) de l'inflammation criminelle est le port de Cette, la ville la plus prospère du pays. « On peut dire que les trois quarts des habitants de l'Hérault représentent des individus subitement et prodigieusement enrichis. » Ici, me dira-t-on, quel rôle peut jouer l'influence des grandes villes, et, avant tout, de Paris? Un rôle plus grand qu'on ne pense (2). L'enrichissement trop brusque est une sorte de déclassement supérieur, non moins dangereux que l'autre pour le déclassé, et bien plus dangereux pour le public. Or, il en est des déclassés de ce genre comme des autres : la grande ville ou l'exemple de

---

(1) V. Henry Joly, loc. cit.
(2) Assurément, il y a aussi à faire la part de l'immigration des ouvriers étrangers et de l'alcoolisme, comme pour les Bouches-du-Rhône.

la grande ville les attire et les éblouit; l'exemple de Paris surtout, où les déclassés de ce genre abondent plus que nulle part ailleurs, parce que, nulle part ailleurs, la spéculation, souvent frauduleuse, ne crée de si grosses ni de si promptes fortunes.

Ceci, d'ailleurs, ne doit pas nous faire oublier la part, toujours prépondérante en somme, de la coutume et de la tradition, des exemples paternels et héréditaires, dans la couleur propre que revêtent les manifestations vicieuses ou délictueuses de chaque province, même de la plus *modernisée*. On ne s'y conforme jamais sur l'étranger urbain au point de n'y pas ressembler encore plus au père, qui lui-même s'est modelé jadis sur le noble ou le clerc son voisin. Il faut donc combiner ces deux sortes d'imitation du supérieur pour avoir une idée à peu près complète de la réalité. En Normandie, par exemple, la criminalité et l'immoralité des paysans de nos jours rappellent étonnamment, par beaucoup de traits, les désordres du clergé normand, régulier ou séculier, tels que nous les retracent avec une sobriété si forte les visites pastorales de l'archevêque Eudes Rigaud, au XIIIe siècle (2). Ces joyeux chapitres, ces monastères délurés, à travers lesquels ce saint homme nous promène, auraient mérité plutôt d'avoir un Rabelais pour visiteur. Ivrognerie et luxure, mollesse et violence, épicuréisme avare et paresse cupide, y sont déjà les mobiles de toutes les fautes. On y est très joueur, assez processif, peu vindicatif pour l'époque, encore moins hospitalier et charitable. Ces caractères sont restés les mêmes au fond, malgré le changement des apparences. Au lieu de cidre et d'alcool, on s'enivrait alors de vin. Le luxe y consistait chez les religieux, à avoir quelquefois des chemises, souvent des coussins et des rideaux de serge rayée; chez les religieuses à porter des ceintures avec des ornements de fer. Nous avons progressé depuis. Moines et nonnes, du moins avant la nomination du pieux évêque et au début de son épiscopat, avaient force bâtards, comme leurs arrière petits-neveux. En revanche, il est à remarquer que, nulle part, Eudes Rigaud ne trouve les

---

(1) *Registrum visitationum archiepiscopi Rothomagensis* (Rouen 1852, in-quarto).

couvents au complet ; là où il devrait y avoir vingt moines, c'est tout au plus s'il y en a douze ou quinze. Les prieurs, on le voit clairement, par un calcul d'ordre économique éminemment égoïste (1), cherchaient à restreindre le plus qu'ils pouvaient leur famille spirituelle, comme les pères normands d'à présent leur famille charnelle, légitime du moins. En effet, ce malthusianisme monastique a plus d'une analogie avec le malthusianisme actuel et, comme celui-ci, n'empêche pas les enfants naturels de se multiplier. Je passe sur bien d'autres rapprochements du même genre. Il semble en résulter que, du moyen-âge à nous, le Normand est resté à peu près le même, peut-être à l'image des classes qui le dominaient autrefois et dont l'influence persiste encore sous l'action des modèles plus récents.

Il est encore en France des provinces où celle-ci ne joue aucun rôle marquant. Les départements du Massif central, principalement la Lozère, présentent des teintes foncées qui s'opposent désavantageusement à la blancheur générale des pays de plaines. Il faut se garder de confondre les délits de ces régions montagneuses, abris des vieilles mœurs, avec ceux des régions urbaines. L'imitation du supérieur s'y produit encore sous sa forme ancienne, aristocratique ou domestique; le père, religieux, violent, vindicatif, braconnier le plus souvent, et, en cela, copiste lui-même de ses anciens chefs seigneuriaux (2), est le type sur lequel le fils se règle, et jusqu'à un certain point, cette criminalité montagnarde, chastement féroce, toute de vengeance et de colère, peut être considérée comme une suite et une vulgarisation de la criminalité féodale, telle que les *grands jours d'Auvergne* nous la font connaître. La Corse rentre dans la même catégorie. On aurait pu y comprendre la Bretagne, avant l'adoucissement contemporain de ses mœurs. Mais cette forme archaïque de la criminalité est visiblement en déclin, et, partout où nous voyons sur la carte les teintes aller s'assombrissant, nous pouvons être sûrs que l'imitation des aïeux ruraux a été remplacée par celle des étrangers urbains ou des voisins urbanisés. Si

---

(1) Ce calcul apparaît nettement en divers endroits notamment p. 92.

(2) Comme le remarque M. Joly. la Lozère compte, malgré le petit nombre de ses habitants, plus de délits de chasse et de pêche que nul autre département.

pour tout un grand pays tel que la France, on pouvait décomposer les totaux bruts de la statistique en leurs éléments réels et vivants, on verrait clairement comme le dit fort bien M. Joly, que sous ces chiffres, il y a en réalité mille petits foyers de contagion inaperçue ou d'action bienfaisante non moins cachée, qui se sont allumés ou éteints çà et là, dans telle commune, dans tel village. Les hausses ou les baisses constatées par le statisticien ne sont que la somme algébrique de ces petites quantités positives et négatives. On reconnaîtrait alors l'importance de l'imitation du supérieur. On s'apercevrait que chacun de ces foyers est une supériorité sociale de bon ou de mauvais aloi, une fortune et une considération bien ou mal acquises, qui se font jour parmi des populations jusque là enfoncées dans la routine de leurs vices ou de leurs vertus traditionnels. Mais on s'apercevrait aussi que, si ces foyers ont l'air d'être nés spontanément, cette spontanéité n'est qu'apparente. La coïncidence même de leurs apparitions similaires montre bien qu'ils ont emprunté leur flamme ou leur étincelle première à quelque feu central, qu'on appelle une grande ville (1).

VI. — L'étude de la criminalité propre aux grandes villes contemporaines s'impose donc particulièrement à notre attention, comme le moyen le moins incertain de la criminalité future des Etats. Or, la statistique criminelle à cet égard n'est pas rassurante. Il convient toutefois de ne pas s'alarmer outre mesure. Actuellement, les capitales sont une aristocratie en voie de formation, ainsi que l'indique leur rapide accroissement. De 1836 à 1866, la population de Paris a doublé, pendant que celle de la France augmentait d'un huitième. Comme toutes les

---

(1) L'influence contagieuse de Paris est bien visible dans la Creuse. Ce département, si l'on ne compte que les délits commis chez lui par sa population sédentaire, se distingue par sa blancheur. Si l'on compte les condamnations encourues hors de ses limites, c'est-à-dire à Paris, par sa population de maçons émigrant périodiquement et dont une proportion toujours grandissante se fixe à Paris, il descend au 47e rang. C'est depuis 1865 et surtout 1864 que ces ouvriers ont perdu l'esprit de retour au pays natal. Or le nombre annuel des arrestations d'ouvriers de la Creuse opérées à Paris, s'est élevé dans l'intervalle de 1860 à 1886, de 172 à 543 — Pour la Haute-Vienne, ce nombre s'est élevé dans le même temps de 78 à 268; pour la Seine-Inférieure, de 304 à 1057; Pour les Vosges, de 98 à 371, etc. — On peut juger de l'étendue des ravages moraux dus à cette cause, quand on sait que le tiers seulement, ou peu s'en faut, de la population parisienne est née à Paris. (Sur tous ces points, v. Joly, loc. cit.)

aristocraties grandissantes, elles ont leurs fièvres de croissance, elles se livrent avec frénésie à tous les excès, à toutes les prodigalités. Leur infatuation se déploie avec l'engouement béat dont elles sont l'objet. Mais toutes les aristocraties, une fois établies et adultes, s'assagissent, et, quand leur prééminence décroît, leurs vertus se révèlent; rien n'égale le charme de leur commerce quand elles ont perdu leur pouvoir. Depuis Louis XIV, la noblesse et le clergé français tombés sous le joug royal, ont commencé à donner l'exemple de mœurs douces et paisibles. Certainement il a dû être imité comme celui de leur politesse, et cette action bienfaisante, propre à détruire en grande partie le mal moral imputable aux classes supérieures du passé, nous explique peut être pourquoi, à la veille de la Révolution, la criminalité française, à part les temps de disette ou de famine, et hors des régions démoralisées par le fléau du braconnage, paraît avoir été très faible. « Les brigands et les voleurs en France sont de plus en plus rares au xviiie siècle », à cette époque « la sécurité des grandes routes étonne les voyageurs anglais » (1) notamment Young. Il en sera peut-être ainsi un jour de nos capitales-aristocrates, après quelque insurrection triomphante de la province. Car les capitales, comme les aristocraties, travaillent inconsciemment à se rendre inutiles ou inoffensives, par le prolongement même de leur action. Dépeuplées, ruinées, impuissantes, mais non découronnées de leur antique auréole, elles garderont l'hégémonie de l'art et du goût, le prestige de l'honneur, qui survit à la déchéance des noblesses. Leur meilleure floraison, esthétique et pure, sera réservée à leur déclin. Telle fut Athènes vaincue sous l'Empire romain; telle Rome à son tour, après l'invasion des barbares. En attendant, il faut convenir qu'elles nous donnent, au point de vue du vice et du délit, un triste spectacle. Sans doute, comme Mayr dans sa *Statistica e vita sociale* le remarque en leur faveur, elles ont à invoquer cette excuse que, chez elles, la proportion des adultes âgés de 18 à 50 ans, c'est à dire ayant l'âge du délit aussi bien que l'âge de l'action, est très sensiblement plus élevée que dans les

---

(1) Babeau. *La Vie rurale dans l'ancienne France.*

campagnes, où, à l'inverse, le nombre des enfants et des personnes âgées est proportionellement plus considérable. Mais ce n'est là qu'une circonstance atténuante, si tant est que ce ne soit pas une circonstance aggravante : il ne vaut vraiment pas la peine que les grandes villes attirent à elles la partie la plus active et la plus robuste de la nation, si c'est pour diriger sa force et son activité dans les voies du mal. Au surplus, la différence signalée est, quoique notable, insuffisante pour justifier celle des criminalités que je compare. D'abord, en ce qui concerne les crimes proprement dits, les affaires portées devant le jury, si l'on dresse comme l'a fait M. Bournet (1) le tableau des crimes-propriétés et le tableau des crimes-personnes en marquant sur chacun d'eux, par trois courbes distinctes, le nombre annuel des accusés de 1826 à 1882 : 1° dans la France entière ; 2° dans les communes rurales ; 3° dans les milieux urbains, c'est à dire dans toute agglomération supérieure à 2.000 âmes, on voit que, pendant que la première courbe et surtout la seconde ont été s'abaissant au cours de ce demi-siècle, la troisième a été s'élevant *dans l'un et l'autre tableau* à la fois. Je dois faire observer, du reste, que l'abaissement du nombre des crimes, dans les campagnes mêmes, est un trompe-l'œil de la statistique et n'indique nullement une diminution réelle de la criminalité dans le sens vrai du mot. Beaucoup de faits réputés crimes par le Code de 1810 ont été classés comme délits par des lois ultérieures, et à cette correctionnalisation législative s'est ajoutée l'habitude chaque jour croissante de la correctionnalisation judiciaire qui se pratique dans les Parquets avec l'agrément des tribunaux et des prévenus. (2)

Sous le bénéfice de cette observation, j'ajoute que si, toujours avec M. Bournet, on étudie à part la criminalité du département de la Seine, autrement dit de Paris, de 1826 à 1882, on y est frappé d'un fait remarquable, peu propre, ce semble, à confirmer l'hypothèse de l'adoucissement nécessaire des mœurs par le progrès de la civilisation : c'est l'accroissement des

---

(1) La criminalité en France et en Italie (1884) P. 103 et s.
(2) Je renvoie pour la preuve du fait à ma *Criminalité comparée*.

crimes de sang. (1) Ils ont presque triplé à Paris pendant qu'ils baissaient d'un tiers dans les campagnes et augmentaient légèrement dans les autres villes. Sans remonter si haut que 1826, je constate qu'en 1857 il y avait à Paris 5 meurtres et 9 assassinats, qu'en 1887 il y a eu 16 meurtres et 36 assassinats et que dans l'intervalle s'offre une série de chiffres intermédiaires en progression irrégulière mais en somme ascendante, et plus rapide, on le voit, que le progrès de la population parisienne. (2) Or, comparons ce résultat avec celui que nous présente la criminalité violente de la France entière entre 1856 et 1880. Pour éliminer un élément perturbateur qui a souvent faussé les calculs de ce genre, j'ai eu soin de déduire les chiffres afférents à la Corse. Cette déduction opérée, j'ai trouvé que les cinq années de 1856 à 1860 ont donné en tout 1,299 meurtres et assassinats, et que les cinq années de 1876 à 1880 ont élevé ce chiffre à 1533 (3). C'est une augmentation d'un septième environ pendant que la criminalité violente à Paris augmentait des deux tiers, c'est-à-dire passait de 14 à 45.

Il est à croire même que l'augmentation est bien plus forte en réalité qu'en apparence. Je dois faire à ce sujet une observation qui, bien que très simple, paraît avoir échappé aux statisticiens. Pour savoir si le nombre des homicides, des vols ou des autres méfaits avait grandi ou décliné d'une époque à l'autre, on se contentait, à une certaine époque, de regarder le chiffre des condamnations judiciaires relatives à ces délits, sans songer que, même suivies d'acquittements, les affaires de ce genre n'en

---

(1) Dans sa *Contribution à l'Etude de la Statistique de la Criminalité de 1826 à 1880* (1884) M. Socquet, malgré son penchant à plaider la cause des villes, reconnaît, p. 17, que « la criminalité violente a considérablement diminué dans les campagnes et beaucoup augmenté dans les villes. » Il parle de la *grande* criminalité au sens légal du mot et nous savons ce qu'il faut entendre par sa diminution purement apparente, nous savons aussi que son augmentation là où elle apparaît est, pour les mêmes motifs, plus forte encore en réalité qu'en apparence.

(2) Voir diverses années du Compte général de l'Administration de la justice criminelle en France (Imprimerie nationale).

(3) Ceci s'applique à nos voisins, bien entendu, autant qu'à nous-mêmes. M. Illing, conseiller supérieur secret de régence, s'est donné la tâche de démontrer l'accroissement de la criminalité prussienne. Il y parvient sans peine. En outre dit à ce sujet M. Georges Dubois dans le *Bulletin de la Société des prisons*, 1886, p. 874) « tous les fonctionnaires de l'administration pénitentiaire, employés civils ou ministres du culte, s'accordent à reconnaître (en Prusse comme en France) que le mal moral, dont la criminalité est l'affligeante expression, se développe non seulement par l'accroissement des chiffres des crimes, mais aussi par l'intensité de la perversion que ces crimes récèl... »

révèlent pas moins l'accomplissement d'un fait délictueux, commis il est vrai par un autre que l'accusé ou le prévenu, mais qu'importe au point de vue de la moralité ou de l'immoralité générale? De nos jours, on a senti cela, et c'est maintenant le chiffre des accusations ou des préventions, non celui des condamnations, que l'on consulte. — Cependant cela suffit-il? Non, certainement. En effet, aujourd'hui comme précédemment, on ne tient compte dans les calculs que des délits ayant donné lieu à des poursuites devant les tribunaux, soit à la requête du ministère public directement, soit en vertu d'une ordonnance de renvoi rendue par le juge d'instruction ou d'un arrêt de renvoi rendu par la chambre des mises en accusation. Mais combien de plaintes ou de procès-verbaux qui, quoique dénonçant des crimes ou des délits très graves, des assassinats, des meurtres, des vols qualifiés, aboutissent à *un classement sans suite* dans les cartons des Parquets, ou du moins à une ordonnance de non-lieu! Il faut donc comprendre tout cela dans le compte total de la criminalité si l'on veut qu'il la traduise fidèlement. On ne l'a jamais fait, à notre connaissance. Or, si l'on comble cette lacune, voici ce que l'on découvre. D'abord l'ensemble des crimes et des délits impoursuivis de la sorte n'a cessé de grandir. Son chiffre moyen par année, dans la période quinquennale de 1846 à 1850, était de *114,014*, — dans celle de 1861 à 1865, de *134,554*, — dans celle de 1876 à 1880, de *191,740*, — et, dans celle de 1880 à 1885 de *225,680*... Si l'on décompose ces chiffres, on trouve que la moyenne annuelle des assassinats arrêtés au seuil des tribunaux était, en 1861-65, de *217*, — en 1876-80, de *231*. en 1880-85 de *253*; que celle des meurtres était à la première de ces trois époques de *223*, à la seconde, de *322*, à la troisième, de *322*; qu'aux mêmes époques la moyenne des coups et blessures volontaires non poursuivis, se chiffrait successivement par 12,000, — *16,397* — *18,234*, celle des incendies (volontaires ou réputés accidentels) par *12,683*, — *13,186*, — *16,470*; celle des vols par *41,369*, — *62,223*, — *71,769*; celle des escroqueries par *4,044*, — *5,998*, — *7,633*; celle des abus de confiance par *3,336*, — *6,453*, — *11,760*; celle des faux par *373*, — *696*, — *637*; ajoutons-y celle des outrages publics à la pudeur, 800, — 1.087, — 1.088; des outrages envers les fonctionnaires, 1.843 — *2.669* — 2,217, etc.

Maintenant, additionnons ensemble, pour chacune des époques considérées, la moyenne annuelle des crimes ou délits jugés ou non jugés. Celle des crimes et délits non jugés, nous venons de la donner. Celle des crimes et délits jugés, la voici, pour les lustres successifs de 1861-65, 1876-80 et 1880-85 : assassinats, 175, 197, 216; meurtres, 105, 143, 186; coups et blessures, 15.520, 18.446, 20,851; vols simples, 30.087, 33.381, 35.466; escroqueries, 3.314, 2.993, 3.502; abus de confiance, 2.800, 3.378, 3.696, etc. (1). Faisons maintenant l'addition des deux séries de moyennes annuelles. Le total sera :

Assassinats........	392	428	469	(Ajoutons, en 1887,		433).
Meurtres	328	465	508	—	—	600
Coups et blessures.	27.520	32.843	39.082	—	—	41.039
Vols simples......	71.456	95.604	*107.235*	—	—	105.344
Escroqueries	7.358	8.991	*11.135*	—	—	11.689
Abus de confiance..	6.136	9.831	*15.456*	—	—	16.018

J'omets les autres chiffres non moins significatifs. Ceux-ci suffisent pour faire apprécier la prétendue diminution des crimes sanglants à notre époque, l'augmentation énorme des délits astucieux ou sensuels n'étant pas douteuse. Or, la marche rapidement ascendante des crimes violents eux-mêmes, telle qu'elle ressort des chiffres indiqués, doit être imputée incontestablement aux grandes villes. D'une part en effet, nous savons que, en ce qui concerne les affaires jugées, leur part proportionnelle l'emporte; d'autre part, il doit paraître extrêmement probable que, en ce qui concerne les affaires non jugées, il en est de même *à fortiori*. La progression de ces dernières ne saurait s'expliquer s'il ne s'agissait que des populations rurales. C'est surtout dans les grandes villes que se rencontrent et se multiplient les conditions favorables à *l'incognito* ou à la fuite des malfaiteurs.

(1) La série se poursuit ainsi dans les années suivantes, 1886, 1887, 1888 : assassinats, 234, 234, 214; meurtres, 174, 186, 179; coups et blessures, 22.069, 21.065, 21.842; vols simples, 34.457, 35.349, *37.505*; escroqueries, 3.595, 3.581, *3.718*; abus de confiance, 3.824, 3.919, *4.040*, etc. On est surpris de voir certains journaux, à la suite du Journal officiel du 31 janvier 1891, s'applaudir de pareils résultats. Le journal *Le Matin*, du 12 février 1891, s'appuie sur ces chiffres pour rééditer l'erreur courante relative à la prétendue diminution de la grande criminalité.

— Ecartons une objection de détail : on pourra dire que, parmi les homicides non poursuivis, et certain nombre ne l'ont pas été parce qu'il a été démontré qu'ils ne constituaient ni crimes ni délits. Cela est vrai ; mais, en revanche, parmi les morts réputées accidentelles, dont le chiffre a plus que triplé depuis 58 ans, (1) et parmi les suicides qui ont passé de 1759 en 1827 à 7,902 en 1885, à 8,202 en 1887, combien d'homicides dissimulés! Si nous admettons que pendant ce demi-siècle, la proportion des erreurs d'appréciation est restée la même, nous devons avouer que, à supposer seulement (et c'est bien peu) *un* homicide classé à tort parmi un *millier* de morts accidentelles et de suicides, l'augmentation de ce chef serait très sensible. Mais je l'estime bien plus forte. — Puis combien de suicides vrais qui, tout vrais qu'ils sont et en un autre sens, sont de vrais meurtres! Combien de malheureux qui se tuent, sont tués aussi bien par les concurrents déloyaux ou les habiles escrocs spéculateurs qui les ont ruinés, par les diffamateurs qui les ont déshonorés, par tous ces honnêtes assassins contemporains qui foudroient à distance, invisiblement et impunément, leurs victimes (2)!

D'ailleurs, le chiffre des meurtres et des assassinats est moins à considérer que leur mobile (3). Leur mobile en France a changé et a, par suite, transformé profondément leur nature. La proportion des meurtres et des assassinats par cupidité, d'après le

---

(1) De 1781 en 1826-1830, la moyenne annuelle des morts accidentelles s'est graduellement élevée à *13,309* en 1880-1885. On s'est peut-être trop hâté d'attribuer à la multiplication des machines, à l'enfièvrement du progrès, cette augmentation énorme. Je comprends que le développement des chemins de fer ait fait passer le chiffre des accidents qui leur sont inhérents, de 25 en 1841-1845 à 366 en 1876-1880, que le progrès de la circulation urbaine ait fait passer le chiffre des morts rencontrés dans les rues de 873 en 1836-1840 à 2,619 en 1876-1880. Mais pourquoi, de 1840 à 1880, le chiffre des morts dites accidentelles *par submersion* a-t-il presque doublé, s'élevant de 2,887 à 4,130? En tous cas, admettons qu'en moyenne *une* mort dite accidentelle sur *100* soit un crime caché, et nous voyons de combien il convient de grossir le chiffre des homicides. Ajoutons que, de 1830 à 1889, le chiffre des cadavres non reconnus, reçus à la Morgue, s'est élevé par degrés de *325* à *906* (Macé, *Mon Musée criminel*).

(2) C'est d'autant plus vraisemblable et le chiffre des suicides-homicides de ce genre doit être d'autant plus grossi que, d'après la statistique, la proportion des suicides par revers de fortune ou revers domestiques va en augmentant.

(3) Compte général de l'Administration de la Justice criminelle en France, 1880.

rapport officiel de 1880, a presque doublé : de 1826 à 1880, elle s'est élevée de 13 à 22 pour 100; la proportion de ceux que les discussions domestiques ont inspirés a subi une augmentation analogue de 14 à 21 p. 100, tandis que les homicides par vengeance descendaient de 31 à 25 p. 100. Or, n'est-ce pas dans les grandes villes surtout, là où le plus souvent le meurtrier et la victime ne se connaissent pas, que la cupidité est l'âme du meurtre et de l'assassinat? A ce point de vue, la Seine et la Corse font antithèse; et il n'y a de commun que le nom entre les meurtriers ou les assassins de ces deux départements français, entre l'homicide vindicatif et rural de l'un, et l'homicide cupide et urbain de l'autre. Ce dernier l'emporte, c'était inévitable. — Mais, si frappant que soit ce contraste, il n'en est pas moins vrai que la même loi de l'imitation du supérieur par l'inférieur explique ces deux termes opposés. On a tort, en effet, de considérer le culte de la vengeance familiale, héréditairement léguée, comme un sentiment primitif, inné chez l'homme; rien n'est moins d'accord avec le caractère insouciant et oublieux des sauvages que cette mémoire tenace et persévérante des injures. Autant la vengeance immédiate est naturelle, autant la vengeance à longue échéance l'est peu. L'orgueil domestique intense, qui se révèle par les *vendette*, n'a pu être à l'origine qu'un privilège aristocratique. Voilà pourquoi les anciens peuples, qui ont créé leurs divinités à l'image de leurs chefs ont regardé la vengeance comme le plaisir des dieux. Mettre de la ténacité à se venger collectivement, c'est, dans les sociétés encore barbares et même aux trois quarts civilisées, une manière de s'ennoblir. Les assassinats vindicatifs ne sont si fréquents en Corse, en Sardaigne, en Espagne, que parce que l'esprit de famille y est resté remarquablement fort. Mais, à mesure que cette solidarité de source ancienne, aristocratique, est dissoute par l'individualisme de source moderne et urbaine, le besoin de jouir se substitue à celui de se faire respecter ou craindre, le besoin d'argent à celui de vengeance. Il n'est donc pas surprenant que dans les capitales fleurisse l'homicide par cupidité.

Mais, parmi les crimes contre les personnes, c'est surtout le viol ou l'attentat à la pudeur sur des enfants qui doit être mis au passif des grands centres. Avec une régularité ininterrompue, qui est le signalement statistique de toute propagation imitative, (1) le nombre annuel de ces actes abominables s'est élevé en France de 136 en 1836 à 791 en 1880; il a quintuplé. M. Socquet (ouvrage cité) est forcé de reconnaître que cette augmentation énorme a porté principalement sur les villes, et surtout que la part contributive des villes dans ce crime est très supérieure à celle des campagnes. Les départements qui occupent ici le premier rang, eu égard à leur population, sont ceux qui comptent les plus grands centres, Seine, Nord, Seine-Inférieure, Gironde, Rhône, Bouches-du-Rhône, etc. Le dernier rang appartient aux départements ruraux (2). C'est un crime essentiellement masculin et sénile, autant qu'essentiellement urbain; plus il augmente, plus, ce semble, augmente l'âge de ceux qui le commettent; la proportion des accusés âgés de 60 ans et au-delà va croissant, et révèle l'action d'une cause pathologique. Mais n'est-ce pas parce que les habitudes de libertinage, sous l'empire des excitations urbaines, se sont généralisées et enracinées chez les jeunes gens et les hommes faits, que, de plus en plus, les hommes mûrs et les vieillards tombent dans cette aberration monstrueuse du sens sexuel (3), résultante d'une vie de débauche?

Chose surprenante à première vue, les attentats à la pudeur contre les adultes ont un peu diminué (de 137 à 108) pendant que les attentats à la pudeur contre les enfants âgés de moins de 14 ans quintuplaient. Qu'est-ce que cela signifie? Cette diminution, au fond, a la même signification que cet accrois-

(1) Cette régularité s'observe de même chaque fois qu'un nouveau produit, un nouvel article industriel, est jeté dans la circulation et s'y répand de proche en proche : la statistique relative au débit de cet article, par exemple du tabac à fumer, du café, etc., monte si régulièrement qu'on peut prévoir d'avance ses chiffres futurs. Si l'on doutait du caractère imitatif propre au suicide, et de la part d'imitation qui entre dans la folie même, il n'y aurait qu'à observer l'ascension régulière de la courbe des suicides et des cas d'aliénation mentale.

(2) Voir la thèse du Dr Paul Bernard, un élève de M. Lacassagne. *Les attentats à la pudeur sur les petites filles* (Lyon, Storck, 1887).

(3) Ces dernières années ont présenté une diminution légère de ce crime, mais il serait téméraire de fonder une espérance sérieuse sur une oscillation numérique peut-être accidentelle, peut être aussi purement apparente, ce crime étant l'un de ceux qui laissent aux Parquets la plus grande latitude d'appréciation. Si le vent d'indulgence qui traverse le public se fait sentir jusqu'au cœur des magistrats, il n'est pas surprenant qu'ils *classent* à présent *sans suite* nombre de procès-verbaux qui auraient, il y a quelques années, motivé des poursuites.

sement. En effet, commis sans violence, c'est-à-dire avec le consentement du sujet, sur des individus de plus de 13 ans qualifiés adultes, les mêmes actes qui seraient poursuivis comme attentats si la violence s'y joignait restent impoursuivis d'après la loi. Or, nous ne pouvons douter, d'après le nombre croissant des agressions contre les enfants que les adultes aussi ne soient en butte à des attaques de plus en plus nombreuses. S'il en est ainsi, l'abaissement numérique des poursuites pour attentats contre les adultes prouve simplement que les adultes résistent de moins en moins, gagnés par la dépravation ambiante. L'accroissement du nombre des attentats contre les enfants ne donne pas lieu de penser, du reste, que les enfants résistent davantage; la preuve du contraire, c'est l'indulgence du jury à l'égard de ce crime spécialement, car la déposition de la victime est le plus souvent sympathique à l'accusé. Mais ici le consentement n'empêche pas les poursuites.

La proportion considérable des crimes ou des délits commis par les mineurs des deux sexes est un autre trait caractéristique de la criminalité urbaine. La précocité des jeunes gens en fait de vices comme en fait de talents et d'aptitudes de tout genre, est plus grande, on le sait, au sein des villes qu'au milieu des champs; cela s'explique par la sensibilité remarquable de la jeunesse à l'action de l'imitation. Nous pouvons donc attribuer à l'influence croissante des grands centres, le contingent toujours plus fort fourni au budget du crime par les délinquants de 16 à 21 ans. Le nombre de garçons de cet âge accusés ou inculpés a quadruplé en moins de 50 ans : de 5.933 en 1831, il s'est élevé à 20.480 en 1880. Le nombre des filles du même âge a presque triplé : il a passé dans le même temps de 1.046 à 2.830. Ce *progrès* s'est continué : en 1885, le chiffre des garçons est devenu égal à 25.539, et celui des filles à 3.149. C'est tout bonnement effrayant (1).

En somme, ce qu'attestent tous ces chiffres, c'est la volup-

---

(1) L'Angleterre, sous ce rapport comme sous beaucoup d'autres, se distingue avantageusement du continent. D'un tableau statistique reproduit par Colajanni (Voir sa *Sociologia criminale*, t. 2, p. 95-77), Il résulte que, dans ce pays insulaire, la proportion des mineurs mâles, dans l'intervalle de 1861 à 1881, est descendue de 7.373 à 4.688, et celle des mineures, de 1.428 à 795. La même diminution exceptionnelle se remarque en Espagne Il est à noter que moins on a d'enfants, plus ils sont mal élevés. En Angleterre, les familles sont restées fortes et nombreuses.

tuosité, c'est la dissolution croissante de nos mœurs. La progression des avortements et des infanticides confirme cette induction. Quant à l'avortement, il est si difficile de le découvrir que la prétention de le chiffrer est assez chimérique. Notons cependant qu'à travers des oscillations inexplicables, il reste en augmentation sensible (8 en 1826, 20 en 1880), et que pour 1 million de ruraux on comptait, en 1876-1880, 4 accusés de ce genre, tandis que, sur 1 million de citadins, on en comptait 14. (1)

L'infanticide échappe bien moins souvent que l'avortement aux recherches de la justice; aussi, depuis 1831 au moins, suit-il une marche ascendante sans interruption jusqu'en 1863, (chiffre moyen de 1831 à 1835, *94*; chiffre moyen de 1856 à 1860, *214*), et, si, après cette date, il descend un peu, cela tient à la loi de 1863 qui transforme en simples délits de suppressions d'enfants, des faits qualifiés infanticides auparavant; du reste, l'abaissement est faible et suivi de relèvement (chiffre moyen de 1856 à 1870, 186; chiffre moyen de 1876 à 1880, 194). (2) Je sais bien que, d'après nos statistiques, à nombre égal d'habitants ruraux ou d'habitants urbains, les campagnes participeraient à ce crime plus que les villes; mais c'est d'après leur lieu de naissance rural ou urbain qu'on classe ainsi les accusées, sans tenir compte de leur séjour à la campagne ou à la ville avant leur crime; et combien y a-t-il de filles-mères nées aux champs qui n'auraient jamais été criminelles si elles n'avaient séjourné dans quelque ville? Sans se déplacer même, combien de ruraux subissent en tout l'inspiration, la suggestion des villes!

La statistique, encore une fois, n'est qu'un hiéroglyphe à déchiffrer à l'aide de nos connaissances d'autre source. L'expansion de l'infanticide se rattache si intimément à celle de l'immoralité, dont la vie urbaine est le foyer reconnu, qu'il n'est pas permis de donner à ce crime, quelle que soit l'origine de ses auteurs, une origine rurale.

Ce serait une erreur de penser, avec plusieurs membres

---

(1) Socquet, ouvrage cité. Voir surtout à ce sujet *les Recherches sur l'avortement criminel* par le Dr Gaillot, élève de M. Lacassagne (Lyon 1884).

(2) Compte général de l'Administration de la Justice criminelle en France. 1880

éminents de l'Ecole positiviste italienne, qu'une loi d'inversion régit les rapports mutuels des crimes-personnes et des crimes-propriétés, et que, là où les uns montent, les autres s'abaissent. En ce qui concerne la France, les cartes de M. Yvernès, jointes à son rapport officiel sur la statistique criminelle de 1826 à 1880 révèlent, département par département, une concordance sensible, plutôt qu'un désaccord, entre la distribution géographique de ces deux sortes de crimes. Les tableaux de *von Liszt* pour l'empire allemand (1) ne montrent pas davantage cette espèce d'antagonisme qu'on imagine. Entre les deux criminalités il y a rapport direct et non inverse. Pour l'Italie, M. Bodio a dressé des cartes très détaillées (2) qui, examinées avec attention, n'apportent non plus aucune confirmation à la thèse de ses compatriotes. J'y vois par exemple que, teintée en blanc sur la carte des *omicidi*, la région de Sienne l'est en blanc également sur la carte des *reati contra la proprietà*, que la province de Rome a des teintes plus ou moins sombres, mais toujours sombres, sur les deux, ainsi que la Sardaigne et la Sicile, etc... La Corse, il est vrai, semble confirmer l'ingénieuse proposition dont il s'agit : toute en noir sur la carte des meurtres, elle est toute en blanc sur la carte des vols. Mais c'est un bon exemple à citer des illusions auxquelles la statistique nous expose . On pourrait croire, d'après cela, que cette île est le département de France où la propriété est le plus respectée. Il n'en est pas où elle le soit moins. Le septième du territoire insulaire n'est en forêts et en broussailles qu'à raison des obstacles opposés à la culture du sol par des habitudes invétérées de rapine et de maraudage. J'en dirai autant de Paris où je reviens après ce détour. Les crimes-propriétés y semblent avoir diminué de moitié (la moyenne annuelle, de 519 en 1825-27 est tombée à 261 en 1876-82). Mais tenons compte des lois de 1832 et de 1862 qui ont baptisé délits tant d'anciens crimes, et de la correctionnalisation judiciaire qui s'attache avec une préférence très marquée aux crimes contre les biens. Regardons maintenant à la table des délits ; nous y verrons que le chiffre

---

(1) *Archives d'Anthropologie criminelle*. Livraison 2. Des cartes sont jointes aux tableaux.

(2) *Archives d'Anthropologie criminelle*. Livraison 5.

des vols simples — parmi lesquels il s'en trouve beaucoup dont le Parquet n'a pas jugé à propos de relever les circonstances aggravantes, — n'a cessé de croître à Paris ainsi que le chiffre des escroqueries et des abus de confiance (1). Quelques indications suffiront : de 1865 à 1885, le chiffre des vols s'est élevé, presque régulièrement, de 3.205 à 5.364 ; le chiffre des escroqueries de 532 à 803 ; le chiffre des abus de confiance de 921 à 983.

En somme, l'action prolongée des grandes villes sur la criminalité est manifeste, ce nous semble, dans la substitution lente non pas de la ruse à la violence précisément, mais de la violence cupide, astucieuse et voluptueuse, à la violence vindicative et brutale. Par elles, par la fièvre de jouissances qu'elles surexcitent, toute civilisation intense, si l'on n'y prend garde, court inévitablement à une mêlée d'appétits, ennemis à mort les uns des autres. Comment s'étonner qu'elles impriment leur cachet au crime ? Comment s'étonner même qu'elles le stimulent ? Elles stimulent bien la folie, et qui plus est, le génie, cette autre prétendue névrose, où la nature, à coup sûr, entre pour une plus large part que dans la production de la « névrose » criminelle. Dans son *Uomo di genio* (2) curieux livre, aussi touffu et non moins intéressant que son *Uomo delinquente*, M. Lombroso a placé une carte d'Italie représentant la distribution géographique des talents ou des génies artistiques dans la péninsule. Le fait qui m'y frappe est leur répartition autour des anciennes capitales, Florence, Rome, Gênes, Milan, Parme, Palerme, Venise, etc. Il est infiniment probable qu'en tous pays il en est de même. Dans le nôtre c'est certain : des statistiques de Jacoby il résulte que le chiffre des hommes remarquables fournis par chaque département est en rapport direct avec la densité de la population et l'importance proportionnelle de sa population urbaine. Ce n'est pas le seul bon côté de la médaille urbaine ; mais quel revers elle a ! (3)

(1) Voir les divers volumes du compte général de l'Administration de la justice criminelle en France.
(2) Sous ce titre, M. Lombroso a publié (1888) la 5ᵉ édition de *Genio e Follia* très augmentée.
(3) Un fait qui, s'il était clairement démontré et appuyé sur des statistiques suffisantes, serait propre à nous rassurer, c'est la diminution de la *criminalité militaire*. C'est un sujet neuf, où le Dʳ Corre (*Archives anth crim.*, 15 mars 1891)

Malgré tout, on entendrait mal notre pensée si on en déduisait qu'à nos yeux la civilisation, nécessairement, affole et déprave l'homme.

La vengeance a beau être un mobile plus noble que l'intérêt elle est tout autrement dangereuse pour la sécurité des personnes et des biens. Si l'on compare la phase barbare à la phase civilisée des sociétés, on doit s'applaudir d'être né dans la seconde. L'Ecosse, au temps des clans, était une des terres les plus ensanglantées de l'Europe ; aujourd'hui elle brille par la douceur exceptionnelle de ses mœurs (1). Depuis que l'Italie est entrée décidément et entièrement dans le courant de la vie moderne, elle voit diminuer tous les ans ses crimes de sang et aussi ses crimes contre les biens ; les tableaux statistiques de M. Bodio en sont la preuve. L'Espagne, en se modernisant, fait de même. Les deux cartes de géographie criminelle, déjà citées, de Von Liszt, présentent en Allemagne un assombrissement graduel des teintes, à mesure qu'on passe de l'Ouest et du Nord, c'est-à-dire des régions les plus éclairées et les plus riches, à la partie orientale et slave où règnent l'ignorance et la pauvreté relatives. Aussi bien pour les crimes-propriétés que pour les crimes-personnes, (la considération des mobiles étant écartée), ces dernières provinces, récemment sorties de la barbarie, l'emportent sur les provinces occidentales et septen-

---

s'est l'un des premiers aventuré. Il s'est attaché à faire la part numérique des délits proprement militaires et des délits de droit commun. Laissant de côté les premiers qui nous importent moins, et dont la proportion du reste a elle-même diminué d'un tiers environ depuis 50 ans, il a trouvé que l'armée française comptait un crime ou délit commun en 1839 sur 466 hommes — en 1849, sur 483 — en 1865-36, sur 437, — en 1885-86 sur 738. L'amélioration tient, certainement, au service obligatoire pour tous. Auparavant la faculté du remplacement encombrait les régiments de remplaçants recrutés dans la lie de la population. A mesure que la différence s'effaçait entre la nation et l'armée il fallait s'attendre à voir les caractères propres à celle-ci, bons ou mauvais, perdre de leur relief. La criminalité militaire, de même que le suicide militaire — sinon le duel militaire, — a donc diminué. Or, bien que, malgré sa diminution, elle soit encore supérieure à celle du reste de la nation, quoique le Dr Corre le conteste, il n'en faut pas moins se réjouir de cette tendance nouvelle et déjà si marquée, du moins en France. En effet, le prestige de l'armée, dans nos démocraties, est devenu non moins contagieux que celui des capitales, et a partagé avec celui-ci l'héritage de la noblesse d'ancien régime. Les vrais aristocrates de nos jours, ce sont les officiers de nos régiments de plus en plus obéis et imités par tout le monde, tout le monde étant ou ayant été soldat. La distinction du *militaire* et du *civil* correspond jusqu'à un certain point, à celle de l'*urbain* et du *rural*. Un régiment est une ville très compacte et très réglementée.

(1) Sur 100 000 habitants, l'Italie comptait de 10 à 11 homicides en 1880, l'Espagne en comptait de 7 à 8, la France de 1 à 2, l'Ecosse *moins d'un demi*.

trionales. Berlin même, pour une capitale, offre une criminalité médiocre (1), sauf en ce qui a trait aux outrages aux mœurs, où naturellement, elle a le premier rang, comme Paris en France. En jetant un coup d'œil sur la statistique criminelle comparée de l'Europe, (2) on s'aperçoit immédiatement que les pays les plus sanguinaires sont les moins civilisés : Italie méridionale, Espagne méridionale, Hongrie, etc... Il en a été de même, ce semble, dans le passé. Au moyen âge, l'Allemagne était le pays le moins civilisé de l'Europe. C'était aussi l'un des plus criminels. La criminalité masculine, en effet, doit y avoir été bien épouvantable puisqu'on a recueilli, relativement à la criminalité féminine du même pays et du même temps, cet aveu de Conrad Celte, publiciste au xv° siècle. Après avoir parlé des supplices affreux auxquels les femmes étaient soumises (cousues dans des sacs toutes vivantes et enfouies sous terre, emmurées, etc.) il ajoute : « Toutes ces peines et toutes ces tortures n'empêchent pas qu'elles n'entassent crime sur crime : leur esprit pervers est plus fécond à inventer de nouveaux forfaits que celui des juges à imaginer des supplices.. »

Comment donc concilier, avec la démoralisation provoquée par l'exemple des grandes villes, cîmes et sources de la civilisation, l'amélioration morale que la civilisation produit partout? La contradiction se réduit, je crois, à une équivoque. Mais, avant de songer à résoudre cette difficulté, nous devons entrer dans quelques développements, après lesquels, elle se résoudra d'elle-même. Ce problème, si agité, des rapports qui existent

---

(1) *Archives d'Anthropologie criminelle*. Liv .2. Page 187 et Liv. 5. Tableau de Bodio sur la statistique internationale de la criminalité. Voir aussi la brochure substantielle du Dr Bosco sur *Gli Omicidii in alcuni stati d'Europa* (Roma, 1889)

(2) D'après M. de Wyzewa cependant (Rev. des Deux-Mondes, 1er mai 1891, *la vie et les mœurs en Allemagne*) il se forme, depuis une vingtaine d'années, à Berlin, une nouvelle société d'hommes d'affaires, de financiers véreux, de fonctionnaires et d'employés qui, avec l'armée des ouvriers, ont introduit des mœurs nouvelles. lesquelles « maintenant se répandent de proche en proche dans le reste de l'Empire ». L'ancienne société, paisible, honnête, est refoulée.

L'exemple de la capitale allemande étant devenu si contagieux, il est bon de voir l'aspect nouveau qu'y revêt le crime.

« L'armée du crime est, à Berlin, une armée réelle, avec une organisation toute militaire. Sous ce rapport, comme sous celui des pompes à incendie, des postes et des tramways, Berlin deviendra prochainement la première des villes : il n'y a pas un genre d'escroquerie européen ou américain qui n'y soit pratiqué par d'éminents spécialistes, groupés comme il convient pour une action commune ».

La police est en retard sur le crime : elle est restée traditionnelle et démodée.

entre le cours de la civilisation et le mouvement ou le changement de la criminalité demande à être précisé pour être résolu. Nous l'exprimerons autrement. La criminalité étant toujours, dans sa forme caractéristique et sa réalisation en fait, un phénomène de propagation imitative, il s'agit de savoir si les autres phénomènes multiples de propagation imitative, qu'on appelle en bloc la civilisation — diffusion scolaire des connaissances, diffusion domestique ou ecclésiastique des croyances et des rites, diffusion des idées politiques par le journal, diffusion des besoins de consommation par le contact des camarades, diffusion des aptitudes et des talents, industriels ou artistiques, par la vie d'atelier, de bureau, de métier, etc. — favorisent ou entravent le progrès de la propagation criminelle. Ou plutôt, il s'agirait de savoir, si c'était possible, quels sont, parmi ces rayonnements divers d'exemples qui se nomment instruction, religion, politique, commerce, industrie, ceux qui favorisent et ceux qui entravent l'expansion du crime.

VII. — La manière dont nous posons la question démontre déjà que le crime à nos yeux est un fait social singulier, mais après tout un fait social comme un autre (1). Il est une branche gourmande de l'arbre national, mais une branche nourrie de la sève commune et soumise aux lois communes. Nous avons vu que, prise à part, elle grandit en se conformant à la règle de l'imitation de *haut* en *bas*, comme toutes les autres branches fruitières et utiles du même tronc. Nous aurions pu ajouter que, comme elles encore, elle se transforme ou se développe par l'insertion intermittente de nouveaux bourgeons ou de nouvelles greffes d'*imitations-modes* qui viennent renouveler et alimenter, quelquefois refouler, un fonds d'*imitations-coutumes*, mais tendent elles-mêmes à s'enraciner, à grossir le legs coutumier et traditionnel. Toute industrie s'alimente ainsi par un afflux de perfectionnements, innovations aujourd'hui, traditions demain;

---

(1) Aristote, dans sa Politique, s'exprime ainsi : « Education des troupeaux, agriculture, *brigandage*, pêche, chasse, voilà les moyens d'industrie *naturels* à l'homme pour se procurer sa subsistance. » Si l'on concède aux économistes que toute richesse non acquise par le travail est due à la spoliation, brutale ou déguisée, on se fera une juste idée du rôle immense joué par le Délit dans le fonctionnement social.

toute science, tout art, toute langue, toute religion, obéit à cette loi du passage de la coutume à la mode et du retour de la mode à la coutume, mais à la coutume élargie. Car à chacun de ces pas en avant le domaine territorial de l'imitation s'agrandit, le champ de l'assimilation sociale, de la fraternité humaine, s'étend, et ce n'est pas, nous le savons, l'effet le moins salutaire de l'action imitative au point de vue moral.

Quelques éclaircissements sont ici nécessaires. Au commencement ou plutôt à chaque commencement de l'histoire, que voyons-nous ? Autant d'idiomes, autant de cultes, autant de législations embryonnaires, autant de procédés industriels ou artistiques, autant de morales, ajoutons autant d'espèces de vices ou de crimes, qu'il y a de familles ou de groupes de familles. Et à la fin, quand un même tourbillon civilisateur a longtemps agité toutes ces tribus, que voyons-nous ? Une même langue, une même religion ou une même science, un même corps de droit, une même forme de gouvernement, une même industrie, un même art, une même morale, une immoralité enfin et une criminalité uniformes, répandus sur tout le continent où régnait le morcellement initial (1). Comment ce changement s'est-il opéré ? L'observation de ses phases nous l'indique ; car il ne suffit pas de dire que la guerre et la victoire à la longue ont produit cette unité ; elles ne l'ont que provoquée. La conquête explique la sujétion, non l'assimilation du vaincu ; mais en rompant les barrières des tribus qu'elle fusionne en cités, plus tard des cités qu'elle lie en fédérations, plus tard des fédérations qu'elle organise en Etats, et en Etats de plus en plus vastes, elle ouvre la porte, de siècle en siècle, au prestige de l'étranger qui s'insère sur le prestige de l'ancêtre. La porte d'ailleurs ne reste jamais ouverte qu'un certain temps à l'invasion du dehors, à l'engouement des mots, des dieux, des droits, des métiers, des maximes, des goûts, des vices et des crimes extérieurs ; et l'on voit toujours un idiome, une religion, une législation, une morale, une esthétique, une forme de

(1) En revanche, si au début on voyait tout différer d'un lieu à l'autre, tout restait à peu près immuable d'un siècle à l'autre ; il y avait beaucoup de différences et peu de différenciations ; et à la fin, tout est uniforme partout, mais tout se transforme rapidement ; il semble que la différence dans le temps et la différence dans l'espace se fassent contre-poids l'une à l'autre.

dépravation et de brigandage, après avoir étendu son domaine grâce à cet enrichissement de son fonds, s'y renfermer jalousement derrière ses remparts élargis mais redevenus infranchissables, et s'y perpétuer par l'autorité de la coutume seule. De là cette résistance singulière qu'un dialecte ou un culte, local, provincial, national, dans l'intervalle des salutaires épidémies de *mode*, oppose à l'importation des locutions ou des croyances empruntées à ses plus proches voisins. — Par exemple, dans la Germanie primitive, antérieurement à l'invasion, chaque petit peuple avait son parler, son catéchisme, sa loi, etc... L'invasion a eu pour effet de déchaîner sur ces peuplades elles-mêmes un courant de *mode* qui a imposé à leur imitation le prestige du vaincu. Toutes leurs institutions alors se sont christianisées ou romanisées en partie, comme leurs langues, sous l'empire d'un entraînement universel. Il n'est pas moins vrai que leur nouvelle religion, leurs nouvelles langues, leurs nouvelles législations civiles ou criminelles, etc., — n'ont pas tardé à leur devenir aussi exclusivement chères que les coutumes de leurs aïeux. Mais je passe sur ces temps mérovingiens et carlovingiens si obscurs, en observant toutefois que le règne de Charlemagne se signale, comme l'ère des invasions, par un grand ébranlement général des murs de clôture juridiques, politiques, industriels ou autres, sous les coups d'un vent puissant de rénovation. Les frontières se relèvent après, et chaque nationalité se remet à se clore en soi ; mais, si l'on entend par nationalité, moins une découpure politique qu'une réalité sociale, on verra que, depuis l'âge mérovingien, les nationalités, les groupes d'individus suffisamment assimilés les uns aux autres, ont déjà diminué de nombre et augmenté d'étendue. Le moment épique des croisades, avant Saint-Louis, marque un autre grand ouragan d'imitation extérieure en tout genre ; c'est le temps où quelques nouveaux et larges courants d'imitation, dérivés de plusieurs inventions ou découvertes capitales, par exemple du droit romain retrouvé, d'Aristote en partie exhumé, de l'idée du style ogival ou de la chanson de geste, vont baigner et couvrir de leur limon toutes les coutumes locales, toutes les philosophies ou théologies locales, toutes les architectures et les littératures locales, noyant les unes, revivifiant les autres. Suit une période de repos relatif sous Saint-Louis, où les royaumes agrandis s'organisent à part, et où les grandes écoles de jurisprudence, de philosophie, d'architecture, de poésie, se recueillent et se circonscrivent, se transmettent et se perpétuent avec les caractères d'un legs héréditaire, d'une tradition nationale ou régionale. La Renaissance, la découverte de l'Amérique et la Réforme, mettent fin à ce travail de formation, et sous leur apport torrentiel de nouveautés multiples, transforment tout rapidement, langues, croyances, sciences, arts, lettres, commerce. Au lieu d'une transformation, on aurait eu un bouleversement absolu, si le xvii° siècle ne fût venu lier la gerbe de cette moisson, et, consolidation traditionaliste de ses progrès, les consacrer. Puis le xviii° siècle arrive, et, avec un égal enthousiasme sur une plus vaste échelle, reprend l'œuvre du xvi°; mais déjà, de nos jours, ne sent-on pas baisser un peu partout le débordement de cosmopolitisme suscité par nos philosophes de France, et la fin de notre siècle travailler à séparer les nations, très agrandies il est vrai, autant que l'âge précédent avait contribué à les unir?

C'est à chaque branche ou à chaque rameau séparément de l'activité sociale qu'il conviendrait d'appliquer en détail la loi de ce rythme irrégulier, mais continu, si ce sujet ne devait nous entraîner trop loin (1). Il y aurait aussi force corollaires à en déduire; je n'en indiquerai qu'un des plus simples, mais non des moins dignes de remarque au point de vue de l'avenir de la moralité. Un voyageur qui traverse un archipel ou un continent encore sauvage ou barbare y rencontre partout de petits peuples, tellement attachés à leurs institutions ancestrales, qu'à première vue tout chez eux lui paraît autochthone. Chacun d'eux est persuadé d'avoir sa langue exclusivement à soi, de « boire dans son verre », bien à lui, toutes ses idées religieuses, politiques, artistiques, etc. Cependant, sur une vaste région, ce voyageur observe que, malgré la différence de leurs races, les langues de ces divers peuples, hermétiquement clos aujourd'hui, offrent un fonds commun de racines, leurs religions un fonds commun

---

(1) Ce serait fort mal interpréter les faits que de voir dans ce rythme un cas du mouvement rythmique de Spencer, c'est-à-dire une action suivie de réaction. Ne confondons pas *action* et *réaction*, celle-ci détruisant celle-là, avec *ensemencement* et *enracinement*, celui-ci continuant et complétant celui-là.

de légendes et de mystères, leurs arts un fonds commun d'outils, de procédés et de thèmes, etc. S'il veut, en présence de cette similitude remarquable, retenir l'hypothèse de l'autochtonie d'où il est parti, il est fort embarrassé, comme on l'était avant Darwin (1) pour concilier avec la ressemblance des espèces d'un même genre, d'une même famille, d'un même ordre, l'hypothèse de leur création indépendante. Il se tire d'affaire un moment en expliquant, par l'identité prétendue de la nature humaine et l'invariabilité supposée de son développement nécessaire en tout temps et en tout lieu, tant d'homologies et d'analogies révélées par l'anatomie comparée des sociétés. Mais, dans le détail, cette conception aboutit à l'absurde, et elle est démentie par l'observation de nos nations civilisées et demi-civilisées, où nous constatons des homologies et des analogies semblables dont la cause se montre à nous avec une suffisante clarté. C'est avec l'énergie propre à une coutume ancestrale que le catholicisme, depuis des siècles, vit en Irlande et en Bretagne; nous n'en savons pas moins le nom des missionnaires qui l'y ont importé et propagé à la faveur d'un grand mouvement d'opinion hospitalière à l'étranger, hostile aux aïeux, telle que nos crises révolutionnaires. Partout, dans le monde entier, la machine à vapeur est implantée dans des usines et des fabriques de tout genre qui sont devenues, en moins d'un siècle, des industries locales, héréditaires, indéracinables, là où le touriste les voit à présent. Mais nous savons que la machine à vapeur vient de Watt, qu'elle s'est répandue peu à peu à partir d'un petit coin de l'Angleterre, et que, partout où les ouvriers la vénèrent maintenant comme une aïeule, elle a été d'abord accueillie par eux comme une intruse. Pas une machine à tisser, à filer, à coudre, etc., qui n'ait eu le même sort. Si nationale que soit la musique en Allemagne, elle y vient d'Italie; si grecque que soit la sculpture grecque, la Grèce en a reçu le germe de l'Orient ou de l'Égypte; si original que soit l'art étrusque, il est une importation phénicienne. Bien des expressions, bien des tournures de nos langues, introduites à l'origine par amour du

---

(1) Observons en passant que la loi de Malthus et de Darwin, la tendance de chaque espèce à une diffusion et aussi bien à une variation indéfinie, demande sans nul doute à être complétée par une tendance, non pas contraire, mais consécutive et alternant avec la première, la tendance à la fixation.

néologisme, ne sont retenues plus tard que par amour de l'archaïsme. Il n'est pas d'innovation littéraire qui, généralisée, ne prenne un air classique, autrement dit traditionnel. Il est inutile d'insister : nous pouvons conclure que toute chose sociale, c'est-à-dire toute initiative individuelle, toute manière spéciale de penser, de sentir ou d'agir, mise en circulation par un homme, a une tendance à se répandre par mode, aussi bien chez les peuples primitifs que chez les peuples civilisés, et, après s'être répandue, à s'enraciner en coutume, aussi bien chez les peuples civilisés que chez les peuples primitifs.

Ce qui nous importe, c'est de remarquer que ce ne sont pas seulement les langues, les dogmes, les instruments ou les talents industriels ou artistiques, mais encore les sentiments moraux ou immoraux, les habitudes morales ou immorales, qui tendent à se généraliser puis à s'ancrer de la sorte.

Combien de tribus d'Afrique où l'ivrognerie est déjà élevée à la hauteur d'une institution ont reçu de nous, il y a moins de cent ans, leur premier verre d'eau-de-vie, et ne l'ont bu qu'en faisant la grimace ! Combien de millions d'européens ressemblent à ces sauvages en cela ! La mauvaise habitude de fumer, inoculée à l'Europe et à tout l'ancien monde par quelques peuplades d'Amérique, s'est partout acclimatée à tel point que la cigarette est devenue en Espagne ce qu'était le calumet chez les Peaux-Rouges, un emblème national. La bouteille, dans tout pays anciennement adonné à l'ivrognerie, devient aussi une espèce de fétiche, comme le fusil, en Sicile et en Corse, est l'objet d'un saint respect (1) dû aux homicides traditionnels dont il est l'instrument, ou comme le couteau de silex du sacrificateur aztèque, servant à ouvrir les victimes humaines suivant les rites, était vénéré religieusement. Le phallus, porté au cou des enfants romains sous l'Empire, symbolisait le culte de cette religion du plaisir qui, de la Syrie, avait gagné Rome et toute la « romanité » et y avait si rapidement poussé de si fortes racines. Une épidémie, en fait de vices comme en fait de vertus, ne tarde jamais à devenir *diathèse*. Il n'est pas une vertu, barbare ou civilisée, l'hospitalité ou la probité, la bravoure ou

---

(1) « On ne prête ni son fusil ni sa femme » dit un proverbe sicilien. Le fusil passe avant la femme.

le travail, la chasteté ou la bienfaisance, qui, ancrée aujourd'hui dans les mœurs d'un peuple, n'y ait été importée hier ou avant hier. Il n'est pas une atrocité, pas une bizarrerie, pas une corruption, pas une superstition, — l'anthropophagie, le meurtre religieux des vieillards et des malades, le tatouage, la sorcellerie, la divination par les songes ou les augures, le massacre de l'adversaire politique ou la confiscation de ses biens, l'interrogatoire par la torture, le duel, le jury, l'inquisition, etc., — qui, partout où on la voit établie à l'état de mal constitutionnel, n'ait commencé par être un germe exotique apporté par un courant d'air social. Quelle absurdité que le duel ! et avec quelle autorité ancestrale il s'impose aux peuples civilisés, sur des continents entiers ! (1) Est-il possible pourtant de douter qu'à l'origine il ait été, comme toutes les ordalies, comme le wergeld, une invention individuelle, très indigne de son immense succès ? Assurément, l'idée d'un jugement de Dieu par le combat de deux plaideurs, alors que la seule raison d'aller devant un tribunal est d'éviter de se battre, n'a pu naître spontanément en tant de lieux à la fois.

Ce serait donc une erreur de croire que tous les peuples chez lesquels nous trouvons l'habitude endémique de manger les captifs, de sacrifier les vieillards, de vendre ou de tuer les nouveaux-nés, de traiter inhumainement les esclaves, et, d'abord d'avoir des esclaves, ou bien de se passionner pour les jeux sanglants du cirque, pour les auto-da-fé, pour les courses de taureaux, sont nés cruels ; ou que les peuples adonnés à la pédérastie comme les Arabes ou les Grecs sont nés infâmes ; ou que les peuples, les classes, voués par coutume nationale au vol des bestiaux, à la contrebande, à l'usure, à la spéculation financière, sont nés voleurs. La vérité est plutôt qu'ils sont devenus tels pour

---

(1) Il s'impose même à l'esprit des savants qui s'en occupent. Dans sa brochure *Du Duel au point de vue médico-légal* (Storck, Lyon, 1890), le D* Teissier estime que le duel est *nécessaire* dans l'armée. Comme si les armées romaines, qui ne l'ont jamais connu, avaient été dépourvues de discipline et de courage ! — Cet écrit renferme, d'ailleurs quelques documents intéressants, par exemple, celui-ci que, depuis 1878, il y a eu en France 617 duels non militaires, qu'il y a eu en moyenne un mort sur 77 combats, et que le maximum des duels a lieu au printemps, leur minimum en automne. Se trouvera-t-il quelqu'un pour expliquer par l'action des facteurs physiques ce maximum et ce minimum réguliers ? Si non, je me demande pourquoi la même explication aurait plus de succès pour le suicide et l'homicide.

avoir eu le malheur de laisser pénétrer chez eux le microbe de quelque funeste exemple étranger. Ce serait une erreur pareille de croire que la douceur, l'honnêteté, la pudeur natives des populations civilisées de notre Europe les protège suffisamment contre l'invasion et l'acclimatation de certaines cruautés, de certaines corruptions, de certaines abominations, dont le récit les scandalise. Plus un peuple est civilisé et plus il subit l'empire de la mode, plus l'avalanche de l'exemple s'y précipite inopinément et rapidement des hauteurs des villes dans les derniers bas-fonds ruraux. Les populations de l'Empire romain, pacifiquement assises autour de leur mer bleue, étaient les plus douces, les plus humaines, les plus amollies même, que le monde ait vues jusqu'au xviii° siècle français, et elles ne pouvaient se passer de regarder, à toutes les grandes fêtes, égorger des milliers de gladiateurs, parce que c'était l'usage de la ville de Rome, qui le tenait de Tarente, je crois. C'est ainsi que notre dix-huitième siècle a fini par la boucherie de la Révolution française, chaque meurtre parisien se répétant aussitôt dans Paris même et se répercutant bientôt en massacres ou en spoliations dans la France entière. Ce n'a été qu'une *mode*, mais elle tendait visiblement à se consolider en tradition par l'autorité des « grands ancêtres ». — Le malheur est que, lorsqu'un crime ou un vice quelconque peut s'autoriser de l'exemple des aïeux, il prend un air excusable, respectable même et patriarcal, qui lui vaut la sympathie de tous et l'indulgence du jury : tels les coups de couteaux (*coltellate*) en Italie, les assassinats par vengeance en Corse, le *sfregio* à Naples, ou, dans certains milieux trop commerçants, le faux en écritures de commerce, ou ailleurs l'incendie volontaire des maisons commis par le propriétaire lui-même au détriment des compagnies d'assurances. Il est des cantons, des arrondissements où ce dernier crime est si usité que les compagnies refusent d'y renouveler les polices d'assurances contre l'incendie.

Le *sfregio* est à l'usage des amants napolitains comme le *vitriol* est à l'usage des maîtresses françaises; il permet aux premiers de se faire épouser de force par la menace d'une balafre au visage, comme aux secondes par la menace d'une brûlure encore plus défigurante. L'une et l'autre défiguration ont eu au début un caractère épidémique, puis, la première au moins, un caractère endémique. Le coup de rasoir à la figure des femmes est tellement nationalisé aux environs de Naples, que, d'après M. Garofalo (1) « il y a des villages où pas une jeune fille, à moins que sa laideur ne la sauvegarde, n'a chance d'y échapper, si elle ne se résigne à épouser le premier venu qui lui en fait la proposition ». N'importe, le jury avait tant de complaisances pour ce vieil usage qu'il fallut le soustraire à sa compétence. Rome impériale jugeait si innocents les jeux de son Cirque et de son Amphithéâtre, qu'elle se scandalisait sincèrement et très honorablement des victimes humaines immolées par les druides, à peu près comme nous nous effarouchons de la polygamie des Arabes sans songer à la prostitution de nos grandes villes, ou comme l'Angleterre a fait une campagne contre la traite des nègres avant de se faire scrupule de laisser enterrer vivants des milliers d'enfants et de femmes dans ses mines de houille. Pour s'apercevoir du caractère odieux d'une coutume, il faut la regarder du dehors et de loin. Nous réprouvons les sauvages qui empoisonnent leurs flèches, et nous épuisons notre cerveau à imaginer des engins de destruction inouïs, mitrailleuses, torpilles, propres à faire sombrer en un clin d'œil le plus fort vaisseau de guerre ou à faucher deux cent mille hommes en une heure sur un seul champ de bataille. Rien n'égale le progrès de notre inhumanité militaire et politique, si ce n'est la profondeur de son inconscience ; nos polémiques de presse ne respirent que la haine à mort ; l'excitation au meurtre, la glorification de l'assassinat, n'y étonnent plus personne. Mais c'est surtout dans le sens frauduleux que la délictuosité autorisée se développe. Les empiètements de l'immoralité sur la morale, de l'improbité sur la probité, sont aussi continus qu'insensibles. L'esprit, dans les salons, s'exerce de préférence on le sait, à l'extrême limite des convenances, et s'évertue à la reculer ; si bien qu'au bout d'un temps, dans un milieu très spirituel, on reste convenable en disant les choses les plus indécentes du monde. Ce rôle que joue l'esprit dans les réunions de plaisir, l'habileté le joue dans les affaires sérieuses. Elle travaille à la limite extrême de l'honnêteté et recule tellement cette frontière vague que, en certains milieux très civilisés et très affairés, on peut se permettre hon-

---

(1) *La Criminologie*, traduction française, 1888, p. 280.

nêtement les malhonnêtetés les plus profondes, avec l'agrément de l'opinion. S'il n'y avait pas de tribunaux, croit-on que la tendance des marchands de vin à fuchsiner leur marchandise, c'est-à-dire à empoisonner leurs clients, ne deviendrait pas avant peu une tradition indélébile, une pratique usuelle dans les chais comme les *clauses de style* dans les études de notaire ?

VIII. — En résumé, les vices et les crimes, comme les besoins et les habitudes honnêtes, comme les idées et les mots, comme toutes les éditions imitatives quelconques, se conforment à cette loi de progression sans bornes et de persistance sans fin, qui domine à la fois le monde social et le monde vivant. Mais cette loi, ici et là, n'exprime qu'une tendance parfois secondée, souvent arrêtée, par la rencontre de tendances analogues, les unes auxiliaires, les autres rivales. Il est possible, je crois, de formuler la raison dernière de ces secours et de ces conflits, et nous allons voir maintenant que la question de savoir si, et comment la criminalité est favorisée ou contrariée par l'instruction, par la religion, par la science, par l'industrie et la richesse, par l'art et le beau, doit se résoudre en faisant appel aux lois générales qui règlent les rapports mutuels de la religion, par exemple, avec la science, ou de la science avec l'industrie, ou des diverses industries entre elles ou des divers arts entre eux. Mais ces termes abstraits ne disent rien de clair ; descendons au détail intime et explicatif. Deux rayonnements d'exemples distincts, émanés de foyers cérébraux distincts et souvent fort distants, arrivent en se répandant à se croiser dans le cerveau d'un homme. Ce sont *deux rayons d'imitation* qui *interfèrent*. On peut donner le nom de rayon, en effet à la série linéaire des hommes, tour à tour modèles et copies, qui se sont passé de la main à la main, pour ainsi dire, une même idée, un même besoin, un même procédé, depuis l'inventeur jusqu'à l'individu que l'on considère. Ils s'enchaînent, en effet, comme les atomes d'éther qui se transmettent la même vibration lumineuse. Il s'agit, je suppose, d'un savant, en qui se rencontrent deux rayons de ce genre, l'un qui, de Cuvier à lui, apporte la foi en la création indépendante de chaque espèce, l'autre qui, de Darwin à lui, apporte la foi en la parenté des espèces (1).

Evidemment, l'un de ces deux rayons doit s'arrêter en lui, car ces deux croyances sont contradictoires ; l'une dit oui, l'autre dit non. Si cependant par hasard, il n'avait point tout d'abord conscience de cette contradiction, comme il arrive souvent pour des contradictions non moins fortes entre certains dogmes religieux et certaines théories scientifiques, qui ne paraissent se gêner nullement dans certains esprits complexes, l'arrêt en question n'aurait pas lieu. Mais, tôt ou tard, toute contradiction éclate. Au contraire, si dans le cerveau d'un astronome, se croise, avec la foi venue de Newton à lui, en l'attraction stellaire, la foi venue de Leverrier à lui, en la découverte de Neptune, sa première croyance sera renforcée, parce que la seconde, de source indépendante, affirme précisément ce que l'autre affirme, dit *oui* là où l'autre dit *oui*, ce qui s'appelle une confirmation. L'interférence, dans ce cas, est un stimulant, comme, dans le cas précédent, un choc. — Supposons un médecin, qui, ayant la passion de voyager en chemin de fer, — désir spécial venu jusqu'à lui en droite ligne des premiers voyageurs qui sont montés dans un wagon, — ait en même temps l'ardent souci de guérir ses malades, désir professionnel, à lui transmis par une lignée de médecins remontant à Hippocrate : ces deux désirs se heurtent en lui, ils sont, eux aussi, contradictoires, mais d'une autre manière, en ce sens que l'un empêche l'autre d'atteindre son but. Chacun d'eux, par rapport au but de l'autre, est obstacle. Satisfaire l'un, c'est *ne pas* satisfaire l'autre ; l'un, en tant que réalisé, implique donc la négation de l'autre ; l'un *veut oui* l'autre *veut non*. Si au contraire les deux désirs s'accordent, comme, par exemple, chez un candidat de province, le désir d'être député et le désir d'habiter Paris, on

---

(1) La contagion des croyances et des désirs d'homme à homme présente de telles ressemblances avec la contagion des actes et est tellement impliquée dans celle-ci, que je crois pouvoir donner à la première comme à la seconde, le nom d'imitation. L'imitation-croyance et l'imitation-désir, il est vrai, sont involontaires, tandis que l'imitation-acte est volontaire, mais elles sont conscientes aussi et également attachées à l'identité personnelle. Le fond de la personne s'exprime souvent mieux par la nature des convictions et des passions les plus fatales que par celle des actions les plus réfléchies. Voilà pourquoi celles-là, non moins que celles-ci, laissent la responsabilité entière à notre point de vue.

peut dire que l'un confirme l'autre, la réalisation du premier impliquant la réalisation du second.

Je demande pardon de m'attarder sur des cas si simples et si clairs, mais ils permettent seuls de débrouiller les cas difficiles et obscurs.

Supposons maintenant un homme non plus seulement croyant et désireux mais agissant ; c'est alors que la contradiction de ses croyances et de ses désirs est forcée d'apparaître. Soit qu'il parle, soit qu'il agisse, il est obligé de faire son choix entre les idées ou les passions contradictoires qui le possèdent. Mais est-ce qu'à ce moment il ne se trouve pas en présence de nouveaux embarras? Non, ce sont toujours les mêmes sous d'autres noms. Pour exprimer la même idée, la même croyance, deux mots ou deux tournures de phrases s'offrent à lui : *deux rayons d'imitation verbale* dont il est souvent possible de déterminer l'origine distincte dans deux écrivains connus qui ont introduit ces locutions différentes dans la langue ; et ces deux rayons se heurtent ; pourquoi? Parce que la question pour l'orateur est de savoir, entre deux manières de parler, laquelle est la meilleure ; or, affirmer que l'une l'est c'est *nier* que l'autre le soit. Pareillement, pour réaliser le même désir, pour fabriquer le même produit, pour satisfaire le même besoin de consommation, deux moyens, deux procédés, deux articles se présentent à l'homme d'action, au fabricant, au consommateur ; ces deux procédés, ces deux articles émanent d'inventeurs distincts. Ce sont, par exemple, la roue ou l'hélice pour la navigation à vapeur, les meules de silex ou les meules d'acier pour la mouture du blé, le gaz ou l'électricité pour l'éclairage, le froment ou le maïs pour l'alimentation, etc. La question est de savoir quel est le procédé ou l'article le plus avantageux ; choisir l'un c'est dire qu'il l'est et que l'autre ne l'est pas. D'ailleurs, abstraction faite de la fin à laquelle ils répondent momentanément, un procédé, un article, un outil, un ouvrage, un acte ne se contredisent pas plus que ne se contredisent deux notions pensées *en l'air*, en dehors de toute proposition affirmative ou négative. Aussi, pour tous les emplois où elle n'entre pas en concurrence avec l'hélice, la roue peut-elle se propager sans que la propagation de l'hélice lui fasse obstacle ; de même, la meule de silex, sauf en ce qui concerne la mouture du blé, et l'électricité, excepté par rapport à l'éclairage, peuvent se propager sans être contrariées en rien par la propagation de la meule d'acier ou du gaz ; l'usage d'un mot n'entrave pas l'usage d'un autre mot en dehors des acceptions où ils sont synonymes. De même encore, le développement du suicide ne peut faire échec au développement de l'homicide que dans la mesure où, comme en Orient, l'homicide et le suicide sont deux moyens différents de se venger d'un ennemi ; et c'est s'abuser que de prétendre trouver dans notre Europe, avec MM. Ferri et Morselli, une loi d'inversion dans la marche de ces deux fléaux si profondément dissemblables parmi nous. Cette illusion a été dissipée (1). De même enfin, si l'expansion du travail dans une nation refoule l'expansion du vol, c'est parce que et en tant que travailler et voler sont deux moyens différents *offerts ensemble à un même individu* d'acquérir de l'argent. Chez les paresseux, chez les dégénérés, qui ne veulent ou ne peuvent pas travailler, ce choix, ce choc n'a pas lieu.

En ce qui les concerne, le progrès de l'activité laborieuse ne nuit en rien à celui de l'activité frauduleuse ; il est même possible qu'il la favorise indirectement, si, par le surmenage industriel et intellectuel, il épuise la classe ouvrière ou intelligente et y multiplie les cas de dégénérescence, de paresse incurable. C'est ainsi que la propagation des chemins de fer n'a nullement eu pour effet de nuire à celle de la locomotion à traction de cheval ; car si d'un côté, elle a supprimé les diligences, d'autre part, elle a multiplié les occasions de petits voyages en omnibus ou en voiture, pour lesquels on n'a pas l'option entre la force du cheval et la force de la vapeur.

Quoi qu'il en soit, nous pouvons poser ce principe : toutes les fois que la statistique nous révèle entre deux propagations simultanées, par exemple entre celle d'une religion et celle d'une science, entre celle de l'instruction et celle du crime d'empoisonnement, entre celle de l'émigration dans certains pays et celle du suicide, entre celle de la prévoyance et celle de la natalité, un rapport bien marqué d'inversion, l'une avançant à

---

(1) Voir notre *Criminalité comparée*.

mesure que l'autre recule, cela indique que l'une implique la négation de quelqu'une des choses que l'autre affirme essentiellement, bien qu'il puisse être souvent malaisé de découvrir où gît cette contradiction implicite et intime; et toutes les fois au contraire que la statistique nous révèle entre deux propagations simultanées, par exemple entre celle des polices d'assurances contre l'incendie et celle des incendies volontaires, entre celle du vagabondage et celle des vols, entre celle de la vie urbaine et celle des attentats à la pudeur, un parallélisme bien net, nous pouvons être sûrs que l'une implique la confirmation de l'un des points que l'autre affirme, ou la poursuite de l'un des buts que l'autre poursuit. La société, donc, dans les deux hypothèses — et il n'en reste qu'une troisième, celle de propagations hétérogènes qui se croisent indifféremment comme tant d'ondes sonores dans l'air, — a fait un travail de logicien sur elle-même; elle a cherché à supprimer une antithèse, à fortifier une synthèse: elle a fait un pas en avant vers l'unité logique dont le rêve systématique est son âme, comme l'âme du philosophe est l'élaboration lente et amoureuse de son système, décevant peut-être, captivant à coup sûr!

IX. — J'ai dit que la société fait, dans sa lutte et son concours incessants d'imitations, œuvre de logique; n'aurais-je pas dû dire plutôt œuvre de finalité? Disons les deux à la fois; mais c'est la logique qui éclaire la téléologie, comme c'est la géométrie ou l'algèbre qui éclaire la mécanique et non *vice versâ*. A vrai dire, il n'est pas d'action qui n'exprime une proposition muette. Se laver, pour le musulman, c'est attester la vérité du Coran; faire l'aumône, pour le chrétien, c'est attester la divinité du Christ et l'immortalité de l'âme; labourer, pour le cultivateur, c'est affirmer que la terre est la mère de toute richesse; sculpter, peindre, versifier, pour l'artiste, c'est certifier que la principale raison d'être de la nature est de fournir des sujets de statues, de paysages ou de poésies, au sculpteur, au peintre, au poète. Aussi toute idée simplement théorique même, qui, contredisant quelqu'une de ces affirmations, se propage jusqu'à l'agent dont elle nie la conviction-mère, tend à tarir la source de son action; et il n'est pas d'efficacité plus puissante que cette influence incessante, à laquelle presque personne ne prend garde. Or, est-ce que le vice et le crime n'impliquent pas, comme tout autre conduite, à un moindre degré, c'est possible, une croyance particulière, une certaine théorie de la vie, sinon de l'univers, inoculée au malfaiteur? Celui-ci, même lorsqu'il est superstitieux comme en Italie, a son positivisme et son pessimisme à lui, très anciens, et qui, pour n'avoir rien de scientifique, ne sont que trop logiques; il ne croit qu'à l'argent, aux plaisirs des sens, à la force; il ne pratique pas seulement, il professe le droit au meurtre et au vol comme d'autres le droit au travail, et n'a pas attendu Darwin pour se représenter la vie comme une guerre où l'extermination alterne avec le pillage. Je ne veux pas insinuer par là que la vulgarisation des théories darwiniennes a peut-être été un ferment de criminalité, du moins sous leur forme élevée et pure; car, matérialiste ou spiritualiste, n'importe, un système savant est un acte de foi dans la divinité du savoir et dans le devoir de lui sacrifier l'existence, de même que, sensuelle ou sévère, réaliste ou idéaliste, toute œuvre d'art vraie est un acte de foi dans la divinité de l'art et dans le devoir de se mortifier et de mourir pour elle (1). A coup sûr, donc, ce n'est pas la diffusion de l'esprit scientifique ni celle du sentiment artistique qui est de nature à encourager le crime; elles tendent à tarir sa source, et, s'il arrive au darwinisme d'être traduit par des nihilistes ou au réalisme d'être traduit par des pornographes ni Darwin ni M. Zola n'en sont responsables. Ce n'est pas non plus le sentiment religieux qui est propre à confirmer le grossier credo de l'âme criminelle; il en est le démenti le plus complet et l'adversaire encore le plus fort; le christianisme, notamment,

---

(1) En faisant donc remonter jusqu'à l'homme de science la responsabilité des crimes que la lecture de ses écrits peut suggérer à un scélérat, l'auteur du *Disciple* s'est placé à un point de vue aussi faux que banal, tout à fait indigne de son beau talent. Il lui appartient moins qu'à personne d'incriminer la négation du libre arbitre, nié aussi bien par tous ses romans dont la donnée repose sur la toute-puissance de l'hérédité psychologique. Pour faire suite au *Disciple*, il devrait bien dans un prochain ouvrage, étudier l'action malfaisante exercée par les romanciers et non par les philosophes, sur leurs lecteurs. Ses propres œuvres, j'en ai peur pour lui, avec leur luxe de voluptueuses analyses, d'où se dégage l'impression profonde que la vie d'amour, même de mensonge amoureux, vaut seule la peine d'être vécue, ont dû induire en tentation beaucoup de jeunes gens, beaucoup de femmes; et je doute que les auteurs de théories déterministes aient autant d'adultères sur la conscience, ou d'autres délits affectueux qui ont pu conduire à des méfaits plus graves et d'autre nature.

a beau être lui-même traduit par des imposteurs, et dégénérer parfois, très exceptionnellement, en superstitions complaisantes au crime même, en médailles portées au cou des brigands, en prières dites pour le succès d'un *uxoricide*, il n'en est pas moins vrai que, même dans notre Europe occidentale, les meurtriers et les voleurs se distinguent en général par leur irréligiosité relative (1). Mais il est un sentiment qui, en se généralisant, s'il se développe dans l'esprit sans un contrepoids suffisant, s'accorde avec l'un des principes chers aux délinquants. C'est ce qu'on peut appeler le sentiment mercantile, le culte exclusif de l'or et de la jouissance immédiate. Ainsi, quoique les habitudes de travail industriel, partout où elles entrent en concurrence avec les habitudes de vol, excellent à les refouler comme un moyen contradictoire et inférieur d'atteindre le même but ou d'exprimer la même conception de la vie, il se peut que le progrès de l'industrialisme, en somme, en redoublant la passion de ce but ou la foi en cette conception, provoque une augmentation des délits. De même l'extension des chemins de fer, en surexcitant la fureur de voyager, a contribué indirectement à augmenter la circulation des voitures elles-mêmes, publiques ou privées, et à développer en définitive la carrosserie, quoique le wagon

---

(1) La statistique de M. Marro à ce sujet (ouvrage cité) porte sur des chiffres trop faibles pour être d'un grand poids dans la question. Il n'en résulte pas moins que parmi les délinquants hommes 45 0/0 vont régulièrement à la messe, et parmi les normaux 57 0/0 (Italiens). Chez les femmes délinquantes, la différence numérique dans le même sens est bien plus tranchée encore, la question religion ayant plus d'importance morale pour leur sexe que pour le nôtre (V. p. 421). N'est-ce pas, en grande partie, à la religiosité de la femme comparée à l'homme, qu'il faut attribuer l'écart énorme entre les délictuosités masculine et féminine? Cette dernière représente une proportion qui varie entre le *dixième* et le *tiers* de la nôtre .. Dans la *Revue philosophique* (mai 1890) j'ai confronté à ce sujet les explications contraires de Colajanni et de Joly, et j'ai cru, tout en préférant la seconde, qui est toute religieuse, à la première, qui est toute économique, substituer aux deux une interprétation personnelle et différente : la moralité de la femme serait due à son assujettissement, comme celle des nègres de nos colonies avant leur émancipation ; et voilà pourquoi, à mesure qu'elle s'émancipe elle-même, en passant d'un milieu rural à un milieu urbain, d'un pays moins civilisé, tel que l'Italie, à un pays plus civilisé, tel que l'Angleterre, sa criminalité augmente et se rapproche de celle de l'homme. — Mais, réflexion faite, cette hypothèse me satisfait moins que celle de Joly : la femme française a eu beau s'émanciper depuis un demi-siècle, sa criminalité relative a baissé de 20 à 11 sur 100 accusés ou prévenus; tandis qu'elle aurait dû augmenter dans mon hypothèse. Mais cette baisse s'accorde fort bien avec l'explication de Joly, puisque, depuis un demi-siècle, la distance qui sépare chez nous les deux sexes au point de vue des croyances et des pratiques religieuses a certainement été en grandissant. Nous voyons, la criminalité de la femme devenir presque égale à celle de l'homme dans les départements bretons, où l'homme est presque aussi religieux que la femme, et dans les milieux très civilisés où la femme est presque aussi irréligieuse que l'homme.

soit l'exterminateur de la voiture publique ou privée partout où il rivalise avec elle ; et l'histoire de l'industrie est pleine d'exemples pareils. Quoique la machine à imprimer extermine le copiste partout où elle se trouve en rivalité avec lui, l'imprimerie, en développant l'amour de la lecture et l'idolâtrie des signes alphabétiques, a multiplié finalement le nombre des scribes occupés à copier et à recopier dans les bureaux. Quoique les fabriques mécaniques de tissus aient tué toutes les échoppes de tisserands dans leur voisinage et partout où les produits des deux entrent sérieusement en lutte dans l'esprit du consommateur, le progrès des premières, en développant le besoin de se vêtir convenablement et l'idée de dignité personnelle attachée à ce soin des vêtements, a fait accroître le nombre des seconds dans bien des campagnes où les produits des autres n'ont pas encore pénétré mais où leur esprit commence déjà à se faire sentir ; car les besoins et les idées stimulées par un genre de production en progrès devancent souvent ses pas, par suite d'une contagion d'homme à homme plus rapide que l'agrandissement de ses débouchés. Cette marche très inégale de ces deux propagations imitatives, l'imitation des buts et l'imitation des moyens, l'imitation des idées et l'imitation des expressions, mériterait d'être remarquée par les économistes ; dans leur domaine elle expliquerait bien des choses (1) : dans le nôtre, elle ne doit pas être perdue de vue quand on étudie les rapports de la criminalité avec l'instruction, avec l'éducation, avec la richesse, avec le travail, etc...

Il est inutile de répéter ce qui a été dit de tous côtés sur l'inefficacité, aujourd'hui démontrée, de l'instruction primaire. considérée en elle-même et abstraction faite de l'enseignement religieux et moral. Ce résultat ne peut nous surprendre.

(1) Par exemple, l'invasion commerciale du monde méditerranéen par les Phéniciens, du monde chrétien par les Vénitiens, du monde entier par les Anglais, les besoins de consommation de certains produits s'étant répandus plus vite à chaque époque que les besoins et les talents de production relativement à ces mêmes articles. Partout et toujours une nation avisée a profité de l'intervalle plus ou moins long qui s'écoule entre la naissance des premiers besoins et celle des seconds dans chacun des peuples qui lui servent de débouchés. Ceux-ci alors, pour consommer ce qu'ils ne savent ou ne veulent pas encore produire, n'ont que le choix entre ces deux décisions : subir les prix du fabricant étranger ou le subjuguer militairement et le contraindre à fabriquer pour rien. Cette dernière option, qui est fréquente en histoire, se réalise dans la vie privée par le vol, le faux, le meurtre cupide.

Apprendre à lire, à écrire, à compter, à déchiffrer quelques notions élémentaires de géographie ou de physique, cela ne contredit en rien les idées sourdes impliquées dans les penchants délictueux, cela ne combat en rien le but qu'ils poursuivent, cela ne suffit pas à prouver à l'enfant qu'il est de meilleurs moyens que le délit d'atteindre ce but. Seulement, cela peut offrir au délit de nouvelles ressources, modifier ses procédés, devenus moins violents, plus astucieux, et parfois fortifier sa nature. En Espagne, où la proportion des illettrés dans la population totale et des deux tiers, ils ne participent que pour moitié à peu près à la criminalité (1). M. Marro a constaté que, parmi les délinquants examinés par lui avec tant de soin, la proportion des individus pourvus de l'instruction primaire s'élève à 74 0/0, tandis que, parmi les gens honnêtes auxquels il les compare, elle n'est que de 67 0/0. Mais comment l'humanisation de l'esprit par la haute culture n'aurait-elle pas une influence moralisatrice ? On n'atteint pas à des vérités si élevées, si escarpées, sans avoir longtemps marché d'un pas correct, dompté les fatigues, évité les faux pas ; il n'est pas de discipline morale supérieure à cet exercice et à cette tension du cœur vers un pôle qui n'a rien de commun avec l'orientation de l'âme mauvaise. Qu'est-il besoin de statistique ici ? Je sais bien que si, en France, les professions libérales, eu égard au chiffre de leur population spéciale, avaient fourni un contingent remarquablement faible au tribut criminel, tant qu'on les confondait pêle-mêle avec les propriétaires et les rentiers, il n'en est plus de même depuis qu'on les a séparées de ces dernières. Il s'est trouvé alors que leur criminalité proportionnelle est très élevée, chiffrée par 28 sur 100.000 âmes, tandis que celle des cultivateurs est seulement de 16 et celle des propriétaires et rentiers de 6. Je sais aussi qu'en Prusse, et peut-être en Italie, la statistique a relevé les mêmes résultats. Mais qu'est-ce que cela prouve, sinon que tout le bénéfice moral des études supérieures se tourne en préjudice quand elles ne servent plus qu'à gagner de l'argent, dans des métiers où la concurrence est plus âpre et les périls plus nombreux que partout ailleurs ? Il est à remarquer au moins que celle des

---

(1) *La criminalita en Espana,* par Imeno Agius *Revista de Espana*, octobre 1885, février 1886.

professions dites libérales où l'on entre sans cette haute préparation théorique, le notariat, se signale entre toutes depuis quelque temps par le progrès effrayant de sa délictuosité. Les destitutions de notaires, qui en 1881 encore étaient de 18 à 25 par an, se sont élevées par degrés à 75 en 1887.

Un écrivain (1) récent voit dans le plaisir de contemplation que procure l'œuvre d'art, l'antidote du plaisir d'action qu'on trouve à réaliser quelque entreprise glorieuse incarnée dans un capitaine ou un homme d'état ; il exprime de la sorte la décadence politique ou militaire des peuples chez lesquels la culture littéraire et artistique est en progrès ; et il ajoute que le déclin de la criminalité violente dans un milieu donné à partir du moment où le goût des lettres s'y glisse est explicable pareillement. Ce rapprochement ne manque pas de justesse. Il est certain que le besoin d'émotions fortes, quand il vient à être satisfait dans une classe grossière de lecteurs comme il l'est actuellement parmi certains admirateurs du roman réaliste, n'a plus à chercher sa satisfaction dans le viol et l'assassinat réellement effectués. Aussi, loin d'être d'ordinaire une cause d'excitation au crime, comme on l'a cru à raison de la nature de ses sujets, la littérature contemporaine — je ne dis pas celle qui consiste en compte-rendus de cours d'assises — serait plutôt un dérivatif des instincts criminels. Malheureusement on n'en peut dire autant de son effet sur le vice, qu'elle surexcite sans aucun doute. Or, le vice prédispose souvent au délit. Mais le progrès du délit est moins rapide que celui du vice auquel il est lié. D'ailleurs, même en ce qui concerne ce dernier, l'action de la littérature la plus immorale est peut-être plus apparente que réelle, quoique réelle assurément, car, ici comme partout « le rêve dispense de l'action. »

X. — Je ne m'attarderai pas à démontrer la moralisation de l'enfant par l'éducation domestique. Quant à l'influence du travail, dont nous n'avons dit qu'un mot en passant, cette question a droit à une attention plus prolongée. M. Poletti (2) a émis à ce sujet une théorie originale qui a déjà été vivement

---

(1) M. Emile Hennequin, *Critique scientifique* Didier, 1888.
(2 *Il sentimento nella scienza del diretto penale* (Udine, 1882).

discutée en France (1) et en Italie. Sans reprendre à nouveau cette discussion épuisée, nous devons dire quelle est, selon nous, la vérité qui s'en dégage. M. Poletti prend son parti de voir le chiffre total des crimes et des délits français tripler en un demi-siècle et de constater une hausse pareille dans tous nos pays civilisés ; il se croit forcé d'en conclure, il est vrai, que le progrès de notre civilisation industrielle est lié à celui de la criminalité ; mais son admiration pour notre civilisation industrielle n'en souffre point. Pourquoi ? Parce que, si d'après lui, l'industrie est l'excitation du délit, elle l'excite à croître moins vite qu'elle même, et cet accroissement moindre équivaut à une vraie diminution relative. En France, (c'est la statistique de notre pays qui a suggéré cette manière ingénieuse de voir) de 1826 à 1878, les importations se sont accrues de 100 à 700, les exportations à peu près autant, les déclarations de successions mobilières ou immobilières ont porté sur des chiffres qui se sont élevés de 100 à 300 environ. De ces comparaisons et de beaucoup d'autres semblables, on peut déduire que la fortune publique de la France, c'est-à-dire son activité productrice, a quadruplé dans cet intervalle de temps ; or, sa criminalité ne s'est augmentée que de 100 à 254 ; donc, pour le même nombre d'actes producteurs, il y avait un moindre nombre d'actes destructeurs commis en 1878 qu'en 1826 ; donc le produit *net* du crime, si je puis me permettre de traduire ainsi la pensée de M. Poletti, a diminué sensiblement, pendant que son produit *brut* augmentait. Il y a ici deux erreurs superposées ; l'une qui consiste à regarder comme un effet régulier, permanent et inévitable, de l'industrialisme, un mal qui lui est lié par accident, indirectement et pour un temps ; l'autre à s'aveugler soi-même pour se prouver que ce mal est un bien. Par l'une, l'auteur se montre bien cruel pour l'industrialisme ; par l'autre, bien partial en sa faveur. La première le met en contradiction déclarée avec M. Spencer, d'après lequel (2), dans une société fondée sur l'industrie, les criminels doivent être « très peu nombreux,

---

(1) *Revue philosophique*, notre article sur la statistique criminelle (janvier 1883) *Toute l'école positiviste d'Italie*, MM. Ferri et Garofalo notamment, a donné son adhésion aux critiques formulées dans cet article.

(2) *Principes de sociologie*, Tome III, p. 814 de la même traduction française.

sinon en quantité inappréciable », et si Spencer en ceci est contredit par la statistique, il n'en est pas moins vrai que le travail est, par lui-même, abstraction faite des influences fâcheuses dues à la consommation de ses produits dans certains cas, l'agent de moralisation peut-être le plus puissant.

La seconde le met en contradiction avec la raison. Je veux bien pour un instant que la civilisation excite le crime comme la vibration de l'éther excite la sensation lumineuse; mais de ce que, d'après une loi fameuse des psychophysiciens, la sensation croît seulement comme le logarithme de son excitation, s'ensuit-il que lorsque j'allume neuf bougies au lieu de trois, ou vingt-sept au lieu de neuf, j'y vois moins parce que l'intensité de ma vision a seulement progressé de deux à trois ou de trois à quatre? On ne peut pas juger de la criminalité d'une nation et d'une époque, comme on apprécie l'insécurité d'un mode de transport; on a, sans doute, le droit de dire que, malgré leur contingent annuel, et chaque année croissant, de morts ou de blessés par accident, les chemins de fer sont un mode de locomotion de moins en moins dangereux parce que le rapport des morts ou des blessures accidentelles au chiffre des kilomètres parcourus va diminuant sans cesse; mais pourquoi a-t-on le droit de s'exprimer ainsi, de chiffrer l'insécurité des voyages non par le nombre des accidents pris à part, mais par le rapport entre ce nombre et celui des trajets? La raison en est qu'il y a réellement un lien, un lien forcé et indissoluble, entre la multiplicité des voyages et la production de quelques accidents de temps en temps. Quand même tous les employés et tous les voyageurs auraient la volonté arrêtée et constante d'éviter les accidents, il s'en produirait inévitablement; tandis que, si tout le monde voulait sérieusement et toujours qu'il n'y eût pas de délits, il n'y en aurait pas. La prévoyance et la prudence des employés et des voyageurs restant égales par hypothèse, on peut affirmer que, plus le nombre des trains augmentera, plus celui des accidents augmentera aussi. Mais, est-ce que, la moralité publique restant égale, et toutes les autres circonstances restant aussi les mêmes, plus le travail augmentera, plus il y aura de délits?

A priori, on peut prédire le contraire; et à *posteriori*, on en a la preuve quand, par hasard, on se trouve placé dans les conditions voulues pour voir se dégager l'influence isolée de la quantité de travail sur la délictuosité, indépendamment de toute autre influence perturbatrice. On peut croire que, de 1860 à 1867, la moralité des employés des postes est restée la même, et la nature de leur travail n'a pas changé, mais son intensité a beaucoup grandi; le nombre des lettres chargées, notamment, est devenu deux fois et demi plus fort; cependant le nombre de celles de ces lettres qui ont disparu annuellement, autrement dit qui ont été volées s'est abaissé par degrés de *41* à *11*. C'est que la force du devoir professionnel s'accroît avec la fréquence de son accomplissement et doit, par suite, l'emporter de plus en plus sur la force des mauvais instincts, si l'on suppose que celle-ci n'a pas varié.

On étonnerait un professeur en lui demandant si, à mesure que sa classe devient plus laborieuse, elle donne lieu à un chiffre plus élevé de punitions.

Seulement il y a travail et travail; et si dans une classe plus laborieuse, le travail est mal réparti, excessif pour les uns qu'il énerve et affole, insuffisant pour les autres qui se dissipent, ou s'il est mal dirigé, tourné vers des compositions et des lectures malsaines qui surexcitent les sens et la vanité et poussent au délire la convoitise du plaisir prématuré ou l'émulation en vue des prix, dans ce cas, il se peut très bien que le progrès en travail s'accompagne d'un progrès en indiscipline, en vices et en fautes scolaires de divers genres. Un phénomène analogue a lieu dans nos villes où la frénésie du luxe dépasse l'ascension des salaires, et où les délits contre les mœurs ont sextuplé ou septuplé pendant que la fortune publique triplait ou quadruplait seulement. Les socialistes, donc, ont raison d'imputer, en partie, à l'injuste répartition ou à la direction fâcheuse de l'activité productrice le mal moral qui grandit avec elle, et qui d'ailleurs ne diminue pas quand elle s'affaiblit. Car, depuis l'époque où s'arrêtaient les renseignements de M. Poletti sur la prospérité française, elle a cessé de croître, elle a baissé rapidement, comme on ne le sait que trop, mais le délit a continué sa marche ascendante avec un élan plus marqué. En somme, il ne reste rien de la loi posée par cet écrivain distingué, et toutes les statistiques la démentent. La délictuosité, comme le fait remarquer M. Garofalo, est si peu proportionnelle à l'activité commerciale, que l'Angleterre, où le crime et le délit sont en décroissance, est la nation la plus remarquable par l'accroissement extraordinaire de son commerce, et que l'Espagne et l'Italie, où la criminalité est supérieure à celle des principaux états de l'Europe, viennent loin derrière eux pour le développement des affaires. Ajoutons qu'en France la classe la plus laborieuse de la nation sans contredit, c'est la classe des paysans, et que c'est aussi l'une des moins délinquantes à chiffre égal de population, malgré les conditions défavorables de son existence. Concluons que le travail est en soi l'adversaire du délit, que s'il le favorise, c'est par une action indirecte, nullement nécessaire, et que ses rapports avec lui sont analogues aux rapports mutuels de deux genres de travaux antagonistes. Encore une fois, la « *criminologie* » n'est qu'un cas de la sociologie telle que nous l'entendons. Ce sont les lois générales de l'économie politique sur la production des marchandises qu'il faut appliquer à la production des délits si l'on veut s'expliquer les péripéties de cette industrie spéciale.

Cela est d'autant plus vrai que le délit, en se localisant dans certaines catégories de déclassés ou de dégénérés, devient de plus en plus une carrière. A cet égard, une difficulté apparente s'offre à nous. D'une part, les malfaiteurs s'associent de moins en moins pour agir, comme on en a la preuve statistique en comparant, de 1826 à nous, le chiffre des accusations à celui des accusés. Ces deux chiffres, dont le second excède toujours nécessairement le premier, ont été se rapprochant un peu, d'où l'on pourrait induire que, opéré plus isolément, le crime a un caractère plus accidentel, moins habituel et moins professionnel. Mais d'autre part la progression régulière, ininterrompue, fatale, des récidives en tout pays européen, atteste formellement le contraire.

---

(1) M. Jacoby ne veut pas qu'on puisse apprécier le niveau de la moralité d'un peuple d'après le chiffre de sa criminalité. En effet, répondrais-je, ce niveau doit être beaucoup plus bas que la statistique ne l'indique dans les pays où elle fournit des résultats déplorables. Dans les contrées où il y a des goîtreux, — la remarque est de M. Jacoby lui-même, — les gens mêmes qui n'ont pas de goître ont en général le cou plus gros, si bien que les chemisiers ont l'habitude dans ces localités de faire tous les cols plus amples. C'est ainsi que, dans les nations dépravées, les moralistes ont la manche plus large.

On peut observer, en passant, que, sous l'ancien régime, au contraire, le nombre des co-auteurs d'un même crime était très élevé, tandis que la récidive proprement dite semblait jouer un faible rôle dans la criminalité d'alors. A chaque famine, à chaque disette, les bandes qui s'organisaient, par groupes de 40 à 50 hommes parfois, pillaient et ravageaient tout; mais elles se dispersaient ensuite. — Au fond, ce rapport inverse entre l'importance numérique des bandes et la récidive n'a rien d'étrange. Le premier fait s'explique par les progrès incessants de la police, nullement par un progrès des mœurs; et le second est réellement alarmant. Plus accidentel à la fois et plus généralisé, le crime ancien avait les caractères d'une épidémie; le crime moderne plus circonscrit et plus enraciné, progressant lentement et continûment, a les allures d'un mal constitutionnel.

Où la progression des récidives est-elle plus rapide qu'ailleurs? Dans les grandes villes, parce que, arrivées à un certain point de densité et d'étendue, ces forêts d'hommes permettent aux malfaiteurs de retrouver, sous forme de cafés ou de logis interlopes, leurs cavernes d'autrefois. « Dans 40 villes qui ont plus de 30.000 âmes, dit un rapport officiel, on compte un récidiviste pour 307 habitants, tandis que dans les villes d'une population inférieure on ne compte un récidiviste que pour 712 habitants. » Mais c'est surtout dans les villes comptant plus de 100.000 âmes que la proportion des récidivistes, relativement au chiffre soit de la population, soit des condamnés, s'élève à un niveau significatif. Le délit y est légion, mais, à l'inverse des armées ordinaires dont la maxime est de se disperser pour vivre et de se concentrer pour agir, cette armée cachée se disperse pour agir, sous l'œil vigilant de la police, et se rassemble pour vivre de ses rapines. Ce n'en est pas moins une corporation très florissante en ce moment, et nous pouvons aisément comprendre pourquoi elle l'est. « A quoi cela tient-il en général, disais-je dans un précédent ouvrage, qu'un métier quelconque prospère? D'abord à ce qu'il rapporte davantage, puis à ce qu'il coûte moins, enfin et surtout à ce que l'aptitude à l'exercer et la nécessité de l'exercer sont devenues moins rares ou plus fréquentes. Or, toutes ces circonstances se sont réunies de notre temps pour favoriser l'industrie particulière qui consiste à spolier toutes les autres (1). »

« Pendant que la quantité des choses bonnes à voler ou à escroquer et des plaisirs bons à conquérir par vol, viol, escroquerie, abus de confiance, faux, assassinats, a grossi démesurément depuis un demi-siècle, les prisons ont été aérées, améliorées sans cesse comme nourriture, comme logement, comme confortable, les juges et les jurés ont progressé chaque jour en clémence. Les profits se sont donc accrus et les risques ont diminué, au point que, dans nos pays civilisés, la profession de voleur à la tire, de vagabond, de faussaire, de banqueroutier, d'assassin même, est une des moins dangereuses et des plus fructueuses qu'un paresseux puisse adopter. En même temps la révolution sociale a multiplié les déclassés, les agités, pépinière du crime, les vagabonds dont le chiffre a quadruplé depuis 1826 » (2), et comme les instincts charitables n'ont pas progressé dans notre société affairée, les condamnés, encore honnêtes après une première faute, « les libérés oscillant entre l'exemple de la grande société probe mais inhospitalière et celui de la petite patrie criminelle qui est toute prête à les naturaliser, finissent par tomber fatalement sur ce dernier versant comme les filles-mères dans la prostitution. » Je me demande à quel chiffre se serait élevée la criminalité des siècles passés si tant de causes à la fois y avaient secondé l'audace des criminels, qui devaient être singulièrement intrépides pour oser affronter les pénalités d'alors. Il y avait quelques femmes adultères à l'époque même où on les lapidait, et où l'opinion les accablait de ses foudres; est-il surprenant que maintenant il y en ait beaucoup?

Du crime comme de toute industrie, on peut dire que les obstacles ou les secours les plus apparents qui lui sont apportés

---

(1) A les spolier, c'est-à-dire à les exploiter *sans réciprocité* ; en cela seulement la criminalité diffère des autres métiers. Elle est, dirons-nous, une industrie à laquelle le progrès de toutes les autres sert, en vertu de la *loi des débouchés* de J. B. Say, de laquelle il résulte que toute production d'un nouvel article stimule la production des autres, même parfois, nous l'avons dit, la production des articles anciens que le nouvel article est destiné à remplacer. A cet égard, il y a analogie complète entre le métier du crime et tout autre. Mais le métier du crime a cela de particulier de ne servir à nul autre, sauf aux professions interlopes qui en vivent. Il est vrai que cette dernière exception s'étend fort loin ; la petite presse ne vit-elle pas de la chronique des cours d'assises, et si le crime s'arrêtait, son tirage ne baisserait-il pas prodigieusement?

(2) *Revue philosophique*, article sur la statistique criminelle, janvier 1883.

ne sont pas toujours les plus réels ; cela signifie, d'après ce qui a été dit plus haut, que les *contradictions* ou les *confirmations* les plus intimes et les plus efficaces, les plus propres à ruiner ou à fortifier une thèse impliquée dans un dessein, ne sont pas toujours les plus expresses. Rarement le meilleur moyen de développer une industrie est de lui payer une prime ; rarement le meilleur moyen de ruiner une industrie est de la frapper d'un impôt. Aussi serai-je d'accord avec M. Ferri pour reconnaître que le plus sûr moyen de refouler le crime n'est pas de le châtier de peines beaucoup plus fortes, et j'ajouterai que la perspective, offerte aux délinquants, de prisons plus agréables à habiter, n'est pas ce qui explique mieux la multiplication du nombre des délits. Les droits protecteurs ou prohibitifs n'en sont pas moins une arme puissante mise aux mains des gouvernements, la seule même qu'ils puissent aisément et rapidement manier dans l'intérêt des industries qui leur sont chères au préjudice des industries qui leur font ombrage ; l'exemple de l'empire allemand et des États-Unis est là pour prouver l'efficacité de ce jeu de princes. Les lois de police, les lois de procédure et de justice pénale, sont analogues aux droits prohibitifs : bien maniées, par des pouvoirs fermes, elles ont un effet sensible, parfois plus superficiel que profond, mais souvent décisif ; et comme, après tout, ce glaive légal est le seul instrument direct à la disposition immédiate de l'autorité publique dans son combat contre l'ennemi intérieur, son importance exige que nous lui réservions un chapitre à part. Nous n'en parlons donc dès à présent que pour mémoire.

Si l'on pouvait décréter le génie, le plus infaillible procédé pour frapper un genre de crime donné, comme pour faire prospérer une industrie donnée, serait certainement de faire jaillir certaines grandes découvertes, foyers puissants de nouveaux rayonnements d'exemples et sans rapport apparent avec le crime ni avec le travail. Par malheur, rien n'est plus fortuit que ces idées capitales, et rien n'est plus impossible à prévoir que leurs conséquences, parce que les contradictions ou les confirmations qu'elles apportent aux habitudes établies, aux idées régnantes, sont indirectes et implicites, complexes et confuses, jusqu'au jour où, en se réalisant, elles se révèlent. Quand Papin découvrit la force motrice de la vapeur d'eau, qui aurait pu deviner que la grandeur industrielle de l'Angleterre était en germe dans cette découverte, condition *sine quâ non* de celle de Watt ? De même, en découvrant l'Amérique, Christophe Colomb pouvait-il se douter que son merveilleux voyage aurait pour effet une diminution sensible de la criminalité anglaise ? Pourtant, d'après l'historien Pike, la chose serait incontestable. Il attribue à la découverte du Nouveau-Monde, par suite du courant épurateur d'émigration qu'elle a provoqué, le progrès sérieux des mœurs, le déclin de la violence et de la brutalité en Angleterre à la fin des xvii° et xviii° siècles. L'Eldorado américain en effet, a exercé sur tous les aventuriers en quête de *vita nuova* une fascination comparable à celle de la Terre Sainte au moyen-âge. L'élan vers la colonisation transatlantique a été la croisade des temps modernes, et, comme les croisades du passé, elle a assaïni le continent.

XI. — L'influence de la richesse et de la pauvreté sur le délit est une question à la fois distincte et dépendante de celle qui a trait à l'influence du travail. (1) Elle est le champ de bataille préféré de deux fractions rivales de l'école positiviste, la fraction socialiste et la fraction orthodoxe. Suivant MM. Turati et Colajanni, le véritable agent des délits commis par le pauvre, ce serait sa pauvreté, comme d'après M. Ferri le véritable agent de nombreux délits commis en été, ce serait la température. M. Ferri, s'il ne parvient pas à étayer son hypothèse, parvient-il au moins à démolir celle de ses adversaires ? Dans *socialismo e criminalità* il s'y évertue, et M. Garofalo, après lui, dans sa *criminologie*. Dans un tableau assez frappant, (2) le premier de ces écrivains nous montre qu'en France, de 1844 à 1858, année par année, la *hausse* ou la *baisse* du prix du blé, de la viande et du vin, a correspondu à la *baisse* ou à la *hausse* de la criminalité violente ou lascive. Les années où l'on boit le plus sont celles où l'on tue le plus. Ainsi, le bien-être serait une source de délits contre les personnes ; en revanche, il contribuerait à diminuer les délits contre les propriétés. M. Garofalo ne veut pas même

---

(1) Je me permets de renvoyer le lecteur sur ce point à mon article *Misère et criminalité*, publié dans la *Revue philos.* en mai 1890.
(2) *Socialismo e criminalita*, p. 77.

de cette dernière concession. « Il est bien vrai, nous dit-il, que le vol, qui est la manière la plus grossière d'attenter à la propriété, est répandu sur une (plus) grande échelle parmi les classes les plus infimes de la société ; mais il est contre-balancé par les faux, par les banqueroutes, par les concussions des classes supérieures ; et ces méfaits ne sont qu'autant de variétés d'un même *délit naturel* ». A l'appui de cette assertion, il invoque la statistique italienne de 1880 où il croit découvrir, non sans force inductions contestables, que 14,524 délits sont imputables à des prolétaires et 2,011 à des propriétaires, ce qui fait une proportion de 88 à 12, tandis que la proportion des prolétaires aux propriétaires dans la population italienne, est de 90 à 10. Les riches auraient donc plus que leur part proportionnelle dans la criminalité totale de l'Italie. Je me permets d'attacher une tout autre portée à un passage du rapport officiel sur la statistique criminelle de la France de 1887, où il est dit que, sur cent mille habitants de chacune des classes suivantes prise à part, on compte annuellement 20 accusés appartenant à la classe des domestiques, c'est-à-dire (1) à l'une des plus pauvres, et 12 accusés appartenant aux professions libérales, y compris celle des propriétaires et des rentiers. Quant à la classe la plus pauvre de toutes, celle des vagabonds et gens sans aveu, elle fournit 139 accusés. A la vérité, l'on compte aussi 21 accusés appartenant au commerce, 26 à l'industrie, ce qui est un chiffre très élevé vu les bénéfices considérables de ces professions entre les deux dates indiquées, et 14 accusés seulement appartenant à l'agriculture, ce qui est un chiffre très bas eu égard à la pauvreté relative des cultivateurs ; mais n'est-il pas possible de concilier ces résultats, discordants en apparence ? N'oublions pas que, le désir de s'enrichir étant le mobile ordinaire, et de plus en plus prépondérant, du délit, comme le mobile unique du travail industriel, la possession de la richesse doit éloigner du délit l'homme le

---

(1) Observons, à ce sujet, l'accroissement rapide du nombre des domestiques. A Paris, leur nombre s'est élevé de 112,031 en 1871 à 178,532 en 1881. C'est d'autant plus fâcheux que, d'après Parent-Duchâtelet notamment, cette classe « fournit un contingent considérable à la prostitution » ainsi qu'à la criminalité. — N'est-il pas surprenant qu'en un temps où le besoin d'égalité, le rejet de toute supériorité fait tant de progrès, on se rue ainsi à la servitude relative ? Y aurait-il moins de fierté que d'envie au fond du besoin de nivellement dont il s'agit, et cela permettrait-il de les concilier avec la paresse et la cupidité croissantes qui font rechercher les gains faciles de la domesticité ?

plus malhonnête, comme du travail industriel l'homme le plus laborieux — car il est contradictoire de désirer ce qu'on a, — si du moins la satisfaction de ce désir n'en a pas été la surexcitation, comme il arrive souvent, mais jusqu'à un certain point seulement et pas toujours. Or, dans les milieux affairés, où, grâce au mutuel enfièvrement, l'enrichissement constant plutôt que la richesse même est le but poursuivi, la fortune est comme ces liqueurs poivrées qui attisent la soif encore plus qu'elles ne l'apaisent; de là sans doute, à côté de l'agitation de ces milieux, leur délictuosité égale à celle des domestiques. De même, dans les milieux licencieux, grandes villes, agglomérations ouvrières, les attentats aux mœurs sont d'autant plus nombreux que les plaisirs des sens y sont plus faciles. Mais on pourrait poser en principe que, là où la richesse est un obstacle à l'affairement, elle est aussi un obstacle au délit, à peu près comme le pouvoir politique cesse d'être dangereux au moment où il cesse d'être brouillon et ambitieux; il en est ainsi parmi les propriétaires ruraux, petits ou grands, parmi les rentiers et même dans la plupart des professions libérales, là où elles sont, comme en France, assez peu absorbantes et enfièvrantes ; content de son bien-être relatif, l'homme s'y repose dans un demi travail intellectuel, artistique plus que mécanique, honorifique plus que vénal, et s'y abstient des moyens délictueux d'obtenir une augmentation de revenus qu'il désire modérément. Le paysan français, en général, partage cette modération de désirs, et, riche de sa sobriété, de son stoïcisme, de son épargne, de son lopin de terre acquis enfin, il est plus heureux que le millionnaire, financier ou politicien fiévreux, poussé par ses millions mêmes à en faire la semence de ses spéculations véreuses, de ses escroqueries et de ses concussions sur une vaste échelle. Les cultivateurs les plus aisés sont d'ailleurs les plus honnêtes en général. Ne parlons pas de richesse et de pauvreté, à vrai dire, pas même de bien-être et de mal-être, parlons de bonheur et de malheur, et gardons-nous de nier cette vérité vieille comme le monde, que l'excuse du méchant est d'être souvent un malheureux. Fils de ce siècle, avouons, quoi qu'il en coûte à notre amour propre *filial*, — car il n'est rien de plus vénéré que cette paternité-là, — avouons que, sous ses brillants dehors, notre société n'est pas heureuse, et, n'eussions-nous d'autres garants de ses grands maux que ses nombreux délits, sans songer même à ses suicides et à ses cas de folie qui se multiplent, sans prêter l'oreille aux cris d'envie, de souffrance et de haine qui dominent le tapage de nos cités, nous ne saurions révoquer en doute ses douleurs.

De quoi souffre-t-elle ? De son trouble intérieur, de son état illogique et instable, des contradictions intestines que remue en elle le succès même de ses découvertes et de ses inventions inouïes, précipitées les unes sur les autres, aliments de théories contraires, sources de besoins effrénés, égoïstes et antagonistes. En cette gestation obscure, un grand Credo, un grand but commun se fait attendre ; c'est la création avant le *Fiat Lux*. La science multiplie les notions, elle élabore une haute conception de l'Univers, sur laquelle elle finira, je l'espère, par nous mettre d'accord ; mais où est la haute conception de la vie, de la vie humaine, qu'elle est prête à faire prévaloir ? L'industrie multiplie les produits, mais où est l'œuvre collective qu'elle enfante ? L'harmonie préétablie des intérêts fut un rêve de Bastiat, l'ombre d'un rêve de Leibnitz. Les citoyens d'un Etat s'échangent des renseignements scientifiques ou autres, par le livre, par le journal, par la conversation, mais au profit de leurs croyances contradictoires ; ils s'échangent des services, mais au profit de leurs intérêts rivaux ; plus ils s'assistent ainsi mutuellement, donc, plus ils nourrissent leurs contradictions essentielles, qui ont pu être aussi profondes en d'autre temps, jamais aussi conscientes, jamais aussi douloureuses, jamais, par suite, aussi dangereuses. En quoi se confirment-ils tous ? A quoi collaborent-ils tous ? Si l'on cherche le désir, commun à tous, par lequel ils ne se combattent pas, on n'en trouvera qu'un : faire la guerre au voisin. Notre siècle n'a rien imaginé encore de mieux que cette antique et féroce solution du problème des intérêts qui consiste à faire l'ordre avec le désordre, l'accord des individus avec le conflit des nations. Supposez la paix du monde assurée par le triomphe définitif d'un Etat comme sous l'Empire romain, et dites comment, à défaut de guerre extérieure, nous pourrions éviter la guerre civile. De temps en temps, quand, par l'extension subite des suffrages, les masses électorales accrues, comme des lacs qui deviendraient mers tout à coup et s'ébahiraient de leur propre marée, sont agitées de grands mouvements d'ensemble, l'on croit qu'elles vont enfanter le Messie; mais ce ne sont que des balancements sur place, le va-et-vient d'une escarpolette grandiose. A certaines époques, dans l'Egypte des Pharaons, au moyen-âge chrétien, le débouché belliqueux des cœurs n'était point unique; il s'y mêlait, pour le combattre, leur convergence unanime vers un grand pôle imaginaire qui réellement les accordait, vers un point situé en dehors et au-dessus du monde réel, vers la vie posthume, sorte de *foyer virtuel* des désirs. On ne travaillait pas seulement ensemble à tuer l'ennemi, mais à revivre dans le bonheur rêvé. Aujourd'hui, en fait de « salut », de songe unanime et sauveur, d'astre de refuge, il n'y a plus à compter que sur l'art, la philosophie, la culture supérieure de l'esprit et de l'imagination, la vie esthétique, et, de fait, c'est là une Amérique illimitée qui reste aux hommes et qui leur offrira des domaines indivis, indéfiniment extensibles sans chocs de limites, sans procès ni combats, longtemps après que toutes les plaines du Far-West et de la Plata seront défrichées et peuplées de cultivateurs hostiles. C'est le culte de l'art, d'un art plastique il est vrai et superficiel, qui a été la passion souveraine et la sauvegarde de l'Empire romain, si nous en jugeons par cette prodigalité exhubérante de statues, de fresques, de monuments, d'ustensiles artistiques, qui fait contraster étrangement ses moindres villes de province avec les nôtres. Mais notre temps ne saurait se contenter de cette fête des sens; il réclame un art plus sérieux, des joies plus intenses de l'esprit; cela n'est encore qu'une ébauche, et il s'écoulera des lustres avant que la majorité des hommes s'abrite en ce futur paradis terrestre, à supposer qu'elle y entre jamais.

XII. — La question de savoir si la civilisation, — nom collectif de l'instruction, de l'éducation, de la religion, de la science, de l'art, de l'industrie, de la richesse, de l'ordre politique, etc. — fait diminuer ou non la criminalité, est amphibologique. Il y a deux sens de ce mot; ou plutôt toute civilisation traverse deux stades; un premier stade où les inventions, les initiatives rénovatrices, affluent pêle-mêle; nous en sommes là en Europe. Un second stade où l'afflux s'épuisant, ces éléments commencent à former concert et système. Or une civilisation peut être très riche sans être très cohérente ; c'est le cas de la nôtre ; ou très cohérente sans être très riche, c'était le cas de la cité antique ou de la commune du moyen-âge. Mais est-ce par sa richesse ou par sa cohésion, qu'elle fait reculer le délit? Par sa cohésion sans nul doute. Cette cohésion de la religion, de la science, de toutes les formes du travail et du pouvoir, de toutes les espèces d'initiation différentes, se confirmant mutuellement, en réalité ou en apparence, est une vraie coalition implicite contre le crime ; et, alors même que chacune de ces branches fruitières de l'arbre social, pour continuer ma métaphore, ne combattrait que faiblement la branche gourmande, leur accord suffirait à détourner de lui toute la sève. Aussi longtemps que Rome républicaine a gardé sa civilisation, dont les éléments assez simples étaient parvenus facilement à s'unir en masse compacte, la moralité romaine s'est maintenue. Mais dès la fin des guerres puniques, quand le culte asiatique de Cybèle pénètre à Rome avec les arts grecs, le désordre, le désarroi des esprits et des volontés commence à se faire jour. La corruption se révèle à des signes certains : l'accusation de péculat portée contre Scipion l'Asiatique, qui ne peut se défendre et n'est acquitté que par grâce, la révélation de ces orgies sanglantes des bacchanales qui donnèrent lieu à tant d'exécutions capitales, l'épidémie d'incendies contre laquelle le Sénat eut à sévir. Si les mœurs de la grande cité antique ne se sont jamais améliorées, n'est-ce pas que les arrivages continuels de religions exotiques, de civilisations hétérogènes, ne lui ont pas laissé le temps de mettre un peu d'ordre dans ce chaos? Le stoïcisme, tel qu'il a refleuri sous l'Empire au second siècle de notre ère, s'y est essayé, et sa tentative a de l'analogie avec celle du protestantisme en des temps non moins incohérents ; elle consistait à se retremper aux sources, et à concilier les vertus austères que le civisme primitif soutenait seul, avec le cosmopolitisme nouveau, entreprise aussi impossible que l'importation des vertus de la primitive Église au milieu du monde moderne, ou la conciliation des dogmes mosaïques avec le savoir encyclopédique de nos jours. L'invasion du christianisme dans l'Empire a incomparablement mieux réussi (1) à fondre en un tout une partie de ses éléments remaniés et refondus, du moins dans l'empire byzantin qui a eu, lui aussi, malgré des puérilités séniles, sa civilisation cohérente et originale, attestée par sa durée. Or, comparée à Rome, Byzance est morale en dépit de sa mauvaise réputation.

Ce n'est pas le progrès de la civilisation, c'est la misère de ses temps de crise qui s'exprime par le détraquement des cerveaux ou la perversité des actes. A la progression de l'aliénation mentale observée de nos jours, et indéniable (2), on peut comparer la recrudescence des procès de sorcellerie qui marque la fin du xvi° siècle. Brillante civilisation aussi, comme la nôtre, celle de cet âge! Les sorciers, les sorcières étaient des névropathes, consultés par des clients un peu fous eux-mêmes. Le recours universel aux sortilèges, les pactes avec le diable, le sabbat, tout cela révèle le désespoir d'une société qui ne sait plus « à quel saint se vouer. » La nôtre se précipite dans le suicide et la folie, nos pères frappaient à la porte de l'enfer.

Faut-il maudire ces époques critiques? Non, car elles sont le passage nécessaire à un état parfois meilleur. Et il ne faut pas, du reste, nous effrayer ou nous affliger outre mesure de voir se multiplier dans nos rangs ces êtres exceptionnels que les aliénistes appellent *dégénérés*, les esprits sans équilibre, les consciences sans ressort. Ce qui doit nous rassurer, c'est le lien profond, obscur encore mais certain, que ces observateurs pénétrants ont découvert entre ces déchéances et les exaltations les plus

---

(1) De même l'invasion du rationalisme français au xviii° siècle a été tout autrement féconde *pour l'avenir* que la réforme protestante.

(2) Si l'accroissement énorme des cas de folie traités dans les asiles ou à domicile — accroissement qui, de 1836 à 1869, d'après la statistique de Jacoby, a été de 24 pour 100 — était dû en grande partie aux progrès de la médecine mentale et à la sollicitude croissante des familles ou de l'administration pour le traitement des aliénés, on verrait l'augmentation des aliénés soignés dans les asiles, correspondre à peu près à celle des malades quelconques soignés dans les hôpitaux. Car on ne prétendra assurément pas que le progrès de l'assistance hospitalière se soit porté plus particulièrement du côté des maisons de fous, et que les villes, l'Etat, les particuliers, se soient montrés plus généreux pour la création et la dotation de celles-ci que pour la dotation et la création des hôpitaux ou hospices ordinaires. Or, d'après le tableau de Jacoby (Sélection, p. 414) le nombre des aliénés soignés dans les asiles a crû de *trois à quatre fois plus vite* que celui des malades dans les établissements hospitaliers. Il est donc prouvé que le progrès de la folie n'est pas apparent mais réel.

sublimes (1). Voilà pourquoi la flamme du génie leur est suspecte, et, quand ils l'aperçoivent briller quelque part, comme la flamme du grisou, ils s'attendent à quelque explosion de folie dans les descendants. Mais nous, demandons-nous si ce mot *dégénérescence*, employé pour désigner une filiation d'anomalies dont quelques-unes consistent dans le plus vif éclat intellectuel, est une expression heureuse et juste. Y a-t-il dégénérescence sociale ici? Mais le progrès social est dû à une accumulation de ces dégénérescences-là. Y a-t-il même dégénérescence vitale? Je le conteste, et je ne sais si l'on ne serait pas fondé à voir dans ces anomalies, dans ces singularités anatomiques et physiologiques qui sont, dit-on, *les stigmates des dégénérés*, autant de tentatives d'effraction hors de la prison de la race, conformément à ce vœu puissant de variation qui est le fond de la vie et l'unique raison d'être de ses monotones répétitions. Ce vœu est comprimé par le type régulier de l'espèce ou de la race, tissu étroit de caractères uniformément répétés où l'individualité, si elle veut se perpétuer sans trouble, doit se laisser emprisonner comme dans une cage de fer. Mais si ce vœu était jamais étouffé, le progrès de la vie elle-même s'arrêterait aussi bien que celui de nos sociétés. Toute variation individuelle est une nouvelle race en projet, une nouvelle espèce en herbe (2). A ce point de vue, ne pourrait-on pas interpréter les anomalies, les singularités signalées par les anthropologistes chez les aliénés, les criminels et les hommes de génie, en leur appliquant les considérations générales de Darwin sur les *Variations des animaux et des plantes*, le plus solide peut-être de ses ouvrages? Par exemple la civilisation, surtout pendant sa fièvre de croissance, n'agirait-elle pas sur le type humain comme la domestication agit sur les types animaux et végétaux? La domestication est

(1) Telle est la vérité cachée au fond de l'erreur de M. Poletti. Les mêmes causes qui, dans le premier stade des civilisations, font se succéder rapidement les inventions industrielles ou scientifiques, source de prospérité, font se multiplier les cas de folie et même les chutes dans le délit. Mais ne confondons pas avec cette *succession des inventions*, le *développement du travail* né d'elles par imitation contagieuse et destiné à se continuer après que leur mine sera épuisée. La Chine n'invente plus rien mais elle travaille toujours davantage.

(2) Examinez une variation individuelle quelconque; elle consiste dans l'atrophie ou l'hypertrophie plus ou moins accusée de quelque organe. Supposez cet excès, ce défaut poussé à l'extrême, et en vertu de la loi de corrélation organique vous verrez qu'une refonte générale de l'organisation s'ensuivra. A cela tend inconsciemment toute singularité innovée par un individu.

une espèce de civilisation animale ou végétale, comme la civilisation est une espèce de domestication humaine. Or, d'une part, en se domesticant, une race perd beaucoup de sa fécondité à l'état de nature, mais, d'autre part, « les animaux et les plantes, nous dit le grand naturaliste, ont varié infiniment plus que toutes les formes qu'à l'état naturel on considère comme espèces distinctes », Toute espèce domestiquée a révélé aussitôt une « variabilité flottante, indéfinie », sorte d'affolement fécond du type qui va bientôt produire les adaptations les plus merveilleuses et les plus fixes. Pareillement, une race en se civilisant s'affole mais s'émancipe, s'élance de tous côtés hors d'elle-même et parfois se surpasse. Il est possible, après tout, que la nature n'ait pas fait le cerveau humain en vue de la civilisation, et, que de là, provienne, au cours du progrès civilisateur, la progression de la folie. Mais, par là, le cerveau s'adapte peu à peu à son emploi supérieur. La nature non plus n'a pas fait l'œil humain en vue de la lecture, de l'écriture, du regard attentif à 20 centimètres de distance, et de là la fréquence de la myopie qui se répand au fur et à mesure de la diffusion des connaissances ; mais ce n'est pas une raison suffisante de brûler nos livres ; et il est à remarquer que la vue à la longue s'accommode à ses labeurs nouveaux.

XIII. — Dans tout ce qui précède, je me suis attaché à montrer que, soit par son mode de propagation et d'enracinement, soit par la nature de ses conflits ou de ses accords avec les autres genres d'activité ou d'existence sociale, avec les autres courants d'exemples, la criminalité se conforme aux lois générales qui régissent les sociétés. Mais nous n'avons étudié ainsi que les rapports des divers groupes d'imitations *coexistantes*, du groupe-travail notamment avec le groupe-délit. Il reste à compléter ce tableau en montrant brièvement que les inventions, les imitations *successives* dont la suite constitue l'histoire du crime, se sont substituées ou ajoutées les unes aux autres conformément aux lois de la logique sociale sur la substitution et l'accumulation des inventions, des imitations (1) successives en général. En

---

(1) Je dis indifféremment, ici, *invention* ou *imitation*, car je n'entends parler que des inventions réussies, *imitées* dans un certain domaine plus ou moins vaste, et pendant une durée plus ou moins longue; les autres ne comptent pas socialement.

d'autres termes, il s'agit de dégager les analogies que présentent les transformations historiques du délit, avec les transformations de l'industrie, je pourrais même ajouter du droit, de la langue, de la religion, etc. Mais ces considérations n'ayant qu'un intérêt secondaire au point de vue de la pénalité, je ne m'y appesantirai pas.

Je me borne à indiquer d'abord que, considérée dans son détail intime, élémentaire, toute transformation sociale consiste toujours dans le *duel logique ou l'accouplement logique* de deux inventions, dont l'une, la nouvelle, contredit l'autre ou la confirme, fait obstacle à l'autre soit en atteignant mieux le même but, soit en suscitant un but contraire au sien, ou prête secours à l'autre, soit en lui ajoutant un perfectionnement qui ne la dénature pas, soit en fortifiant et généralisant le besoin, le but auquel elle répond. C'est là la règle simple et générale, absolument sans exception, qui domine le transformisme social; et il est clair que le crime y est soumis. A chaque pas de l'histoire du meurtre, par exemple, nous voyons la hache de bronze entrer en lutte avec la hache de silex, la hache de fer avec la hache de bronze, le mousquet avec l'arbalète, le revolver avec le pistolet, comme à chaque pas de l'histoire de la locomotion, nous voyons la roue à rayons se substituer à la roue pleine, la voiture à ressorts à la voiture sans ressorts, la locomotive à la diligence (1). Ou bien nous voyons le meurtre par piété filiale, combattu successivement dans une île par chacune des nouvelles idées religieuses chrétiennes, bouddhiques, musulmanes, qui ne permettent plus de regarder comme le premier devoir d'un bon fils l'homicide de ses parents âgés; de même que nous voyons les voyages pieux au tombeau d'un saint, contrariés successivement par chacune des nouvelles doctrines ou des nouvelles modes qui diminuent la foi à la vertu des pélerinages et le besoin de les accomplir (2).

(1) Ou comme à chaque moment de la vie des langues, nous voyons celui qui les parle faire son choix rapide entre deux expressions, une ancienne et une nouvelle et le changement linguistique résulter à la longue d'une infinité de choix pareils. C'est ainsi probablement que l'*article* s'est substitué à la *déclinaison, caballus* a *equus*, etc. dans la formation des langues romanes. La vie politique ne consiste-t-elle pas aussi, à chaque instant, sur chaque question, en un conflit de *deux* opinions dont l'une dit *oui* et l'autre implique *non*? A-t-on jamais vu une bataille à trois? Il n'y a jamais eu que deux éléments rivaux en présence au fond de tout changement.

(2) Ou de même que nous voyons un mot tomber en désuétude parce que l'idée qu'il exprime est remplacée par une autre qui envahit les esprits.

Nous savons aussi que c'est par une suite de petits accroissements consistant toujours en un procédé nouveau greffé sur un groupe de procédés anciens, que les vols avec effraction ou la fabrication des faux billets de banque se perfectionnent sans cesse, comme la photographie et le télégraphe électrique; ou bien que le développement du vol de bestiaux dans un pays, du vol de titres au porteur dans un autre, y tient au secours qu'apporte à ce délit chaque importation de nouvelles variétés d'animaux domestiques ou chaque mise en circulation de nouveaux titres négociables de la main à la main, en contribuant à accroître l'avidité de ce genre de richesses; de même que la métallurgie reçoit un accroissement nouveau de chaque emploi nouveau trouvé au fer, d'où résulte une plus grande demande de ce métal. Grâce au jeu alternatif ou combiné de ces diverses opérations logiques, la criminalité, en tout pays, change de couleur et de nature d'âge en âge. On peut croire, à regarder les choses de loin, que les mêmes espèces de délit ont existé de tout temps. Mais on en peut dire autant des diverses espèces d'industries. De tout temps il a existé une industrie d'aliments, une autre de vêtements, d'autres d'abris, d'armes, de parures, d'art. En est-il moins vrai que les procédés d'alimentation, d'armement, de divertissement, etc. ont singulièrement varié depuis les troglodytes des Eyzies jusqu'à nous, et non moins les procédés d'empoisonnement, d'incendie, d'escroquerie, d'homicide même? En est-il moins vrai surtout qu'une industrie, en ayant l'air d'être restée la même, en ayant conservé les mêmes procédés, s'est profondément transformée, si elle ne répond plus aux mêmes besoins, mais s'est adaptée à des fonctions nouvelles, si, par exemple, telle manière de bâtir, qui était destinée jadis à loger des statues de dieux grecs et à satisfaire le besoin d'adoration, sert maintenant à loger des plaideurs ou à flatter la vanité d'un particulier, ou si des tapis faits jadis pour des Arabes accroupis sous des tentes silencieusement, sont fabriqués maintenant pour les pieds des dames qui babillent dans un salon? Il en est de même du crime: il y a vol et vol, coup de couteau et coup de couteau, incendie et incendie. L'incendie de la maison d'autrui par vengeance n'a que le nom de commun avec l'incendie de sa propre maison par cupidité. J'ai déjà dit combien le suicide, aussi bien, diffère de lui-même, suivant qu'il est un acte de fanatisme religieux comme dans l'Inde, un moyen de faire accuser un ennemi comme en Chine, une héroïque voie de réhabilitation comme en Chine encore, ou un acte de désespoir comme en Europe. Au début des sociétés, la haine et la faim, tout au plus l'amour physique, inspiraient tous les crimes ; plus tard des passions déjà moins simples, le fanatisme religieux, la vengeance familiale, la jalousie conjugale, le sentiment de l'honneur masculin ou féminin, enfin le désir du luxe, du confort, du plaisir orgiaque, des voluptés urbaines, deviennent les mobiles dominants. Qu'importe que, d'une époque à l'autre, ce qui n'est pas exact d'ailleurs, on ait tué ou volé de la même façon ? L'âme du délit a changé. La statistique française de 1880, en nous apprenant combien, en moins d'un demi-siècle la proportion des divers mobiles criminels, vengeance, jalousie, honneur, cupidité, a été bouleversée, nous révèle la force des causes internes qui poussent à ce changement. A l'inverse, il arrive souvent que le même besoin est satisfait industriellement par les produits les plus dissemblables, et, criminellement, par les actes les moins comparables en apparence. Il y a eu dans ce cas, une vraie métempsycose criminelle. Le guerrier polynésien qui achète des têtes coupées pour s'en faire un trophée mensonger et se procurer la considération attachée à ses exploits apparents, ne diffère pas beaucoup d'un européen qui achète à prix d'argent et moyennant quelque marché véreux une décoration.

Il ne faut pas oublier cette révolution interne de certains crimes sous la permanence illusoire de leur surface, si l'on veut juger le passé avec justice. Par exemple, avons-nous le droit de prendre en pitié les âges où la société se désintéressait de la punition des homicides ou des pillages et laissait à la famille de l'offensé le soin de venger sa mort ou son préjudice matériel ? Au lieu de prêter gratuitement à ces temps-là l'absurdité de n'avoir pas senti leur intérêt le plus manifeste, nous ferions mieux de voir dans cette singularité de leur procédure criminelle la preuve que leur criminalité habituelle différait profondément de la nôtre. Partout et toujours, chez les peuples les plus neufs, quand un meurtre ou même un vol audacieux est accompli sous l'inspiration d'un mobile tel que tout le monde ait à redouter la répétition de cet acte s'il reste impuni, tout le monde instinctivement se coalise pour obtenir la punition du coupable. On connaît la loi de Lynch en Amérique. Dans toutes les sociétés en voie de formation il s'établit spontanément quelque coutume semblable, qui équivaut à nos ministères publics. Je conclus de là que, puisque chez certains peuples et à certaines époques, parmi les Germains, par exemple, les meutres et les vols étaient punis par la seule famille de la victime, ces délits étaient en général des actes de vengeance provoquée par une inimitié de famille à famille, comme en Corse. Il en est de même des homicides commis en Cochinchine par les Annamites, en Algérie par les Arabes ; la colère, la jalousie, le ressentiment en sont les sources abondantes, comme nous l'apprennent MM. Lorion et Kocher. La preuve, c'est ce fait signalé par ces deux savants, que les Annamites, et aussi bien les Arabes, se tuent entre eux mais ne tuent pas les Européens. Au contraire, de nos jours, et dans notre Europe, le crime s'il est moins fréquent, est tout autrement redoutable ; on sait, à n'en pas douter, que le meurtrier qui est entré par effraction chez une vieille dame pour la tuer et la voler, entrerait aussi bien chez le premier venu si on le laissait libre. Chacun est donc intéressé à son châtiment ; et si notre société tout entière se charge de la poursuite, il n'y a pas là de quoi nous vanter. Cela prouve au fond que la cupidité est devenue le mobile ordinaire des assassinats. D'ailleurs, quand un brigand dangereux pour tous, apparaît dans le monde antique, le sentiment du danger commun suscite toujours contre lui, aussi bien que contre un monstre, à exterminer, un héros vengeur, un Hercule. La vindicte publique s'incarne en lui par le mythe ou la légende. Puis, la règle de la poursuite exclusivement familiale n'était pas sans exceptions significatives. Chez les Germains par exemple il y avait des crimes poursuivis et punis de mort par le corps entier de la nation. Mais quels étaient ces crimes? La désertion, la lâcheté, les mœurs infâmes (1). C'est qu'évidemment ces crimes étaient les seuls dont l'exemple parût être

(1) M. Thonissen, dans son bel ouvrage sur la *Loi salique*, dit que cette liste fournie par Tacite, est peut être incomplète, mais lui-même quand il essaie ensuite d'énumérer les crimes laissés en dehors de la composition pécuniaire par la loi salique et susceptibles d'être punis du dernier supplice n'en trouve que cinq : « la trahison, la désertion, la lâcheté le régicide les mœurs infâmes ».

une contagion de nature à se généraliser et non à se localiser. Si l'homicide eût été alors inspiré par la cupidité, eût-on omis de l'ajouter à cette liste où maintenant il ne manquerait pas d'avoir la place d'honneur ? Nous apprenons par un édit de Childebert de 596 que, de son temps, il existait en Gaule des brigands et des larrons, assassinant et pillant sur les grands chemins. Or, ceux-ci, par cet édit, sont exclus du bénéfice de la composition pécuniaire; le juge doit les faire garrotter et exécuter. Cet acte de la volonté royale n'a sans doute fait que régulariser une pratique antérieure. Mais la nécessité, reconnue à cette date seulement, de modifier par un texte législatif la vieille loi germanique, confirme ce qui a été dit plus haut sur la recrudescence et aussi sur la transformation de la criminalité pendant l'ère mérovingienne (1).

Ce caractère de moins en moins orgueilleux, vindicatif et passionné, de plus en plus voluptueux, calculé et cupide, que le délit a revêtu en passant de la barbarie, je ne dis pas de la sauvagerie, à la civilisation, se rattache aux causes générales qui, en tout ordre de choses, ont fait prédominer dans l'homme civilisé comparé à l'homme barbare, sur la passion le calcul, sur l'orgueil le vœu du bien-être. L'orgueil surtout, l'orgueil du sang, l'orgueil familial plus qu'individuel, est comme un mont psychologique très escarpé que l'usure de tous les contacts sociaux a eu pour effet de dénuder, d'abaisser lentement, au profit de cette alluvion de besoins factices et de raffinements voluptueux, qui n'a cessé de s'étendre à ses pieds. Tous les arts, toutes les industries se sont ressentis de ce grand mouvement des âmes. La peinture, la sculpture, la musique, l'architecture, la poésie, ont également commencé par avoir pour objet unique la glorification d'un roi, d'un héros ou d'un dieu, et pour mobile unique la gloire de l'artiste, et ont fini par répondre avant tout au besoin de confort ou de plaisir délicat répandu dans le public ainsi

---

(1) En lisant les *Origines indo-européennes* de Pictet, au milieu de tant de conjectures qui y sont accumulées, on est frappé de voir combien les analogies relatives au nom du *meurtre* et du *vol, mais surtout du meurtre*, dans toutes les langues aryennes, sont nettes, nombreuses, incontestables. Ce fait vient certainement à l'appui de l'opinion qui regarde l'homicide, et l'homicide non cupide, comme le crime habituel de la barbarie. La *fraude*, au contraire, l'abus de confiance, ne donne lieu dans l'ouvrage en question, qu'à des rapprochements philologiques rares et douteux

qu'au besoin de succès pécuniaire et non pas seulement honorifique, qui gagne le cœur des artistes mêmes. Toute industrie, — à l'exception, bien entendu, de celles qui satisfont les besoins les plus grossiers, et que je compare aux vols d'aliments ou aux actes d'anthropophagie nécessités par la famine, — toute industrie commence de même par travailler pour la grandeur des grands et en majeure partie pour l'honneur de l'artisan, et finit de même par servir les goûts de tout le monde en vue d'un dédommagement tout vénal. Autant le luxe des temps barbares vise à la magnificence et à l'ostentation, autant le luxe des âges postérieurs vise à l'élégance et à la grâce (1), à la mollesse et à la simplicité. Aussi, de même que le danger des meurtres anciens n'était redouté que dans un cercle étroit autour du meurtrier, pareillement l'utilité des industries anciennes n'était-elle appréciée, et avec raison, que par un nombre restreint de personnes, par les quelques familles auxquelles l'ouvrier destinait expressément son ouvrage. Maintenant le public entier se sent intéressé à la prospérité de nos industries nouvelles comme au refoulement de nos nouveaux délits.

Ces changements, remarquons-le, sont irréversibles. C'est une remarque que nous aurons occasion de reproduire ailleurs. On ne conçoit pas plus, à moins d'un effondrement de la civilisation remplacée par une société nouvelle, le retour de notre criminalité cupide lascive et subtile, à la criminalité passionnée, orgueilleuse et brutale de nos ancêtres, qu'on ne concevrait le retour de nos drames contemporains aux tragédies de Rotrou, de Racine même et aux mystères du moyen-âge, ou de nos tableaux de genre aux fresques des chapelles monacales, ou de nos ouvriers de chemins de fer *aux frères pontifes* du moyen-âge qui faisaient des ponts et des routes par charité, et aux maçons des cathédrales gothiques, ou même de nos langues analytiques, si commodes pour l'usage de tous, aux langues synthétiques d'autrefois, compliquées, sonores et pompeuses, bonnes pour une aristocratie de citoyens oisifs et discoureurs. Cette *irréversibilité* est la caractéristique de toutes les transformations naturelles, non seulement organiques, mais physiques. Nul être n'a rétrogradé sur le chemin de la vie,

(1) Voir *Roscher* (ouvrage cité) et *Baudrillart, Histoire du luxe*.

nul fleuve n'est remonté à sa source. Pourquoi ? Nous l'ignorons le plus souvent ; mais il me semble que, en ce qui concerne le monde social, le jeu des lois de l'imitation explique très bien l'impossibilité de cette rétrogradation : la nécessité de leur application la suppose.

XIV. — En passant d'une civilisation à une autre, ou en parcourant les phases successives d'une même civilisation, nous voyons certains faits tomber du rang des grands crimes à celui des délits moindres et devenir enfin licites sinon louables, — par exemple, du moyen-âge à nous, la libre-pensée religieuse, le blasphème, le vagabondage, le braconnage, la contrebande, l'adultère, la sodomie, — ou, à l'inverse, de licites, de louables parfois, qu'ils étaient, devenir légèrement délictueux, puis criminels, — par exemple, de l'antiquité au moyen-âge, l'avortement, l'infanticide, la pédérastie, la « fornication ». — Ce double mouvement de transformation qui consiste, non comme le précédent, dans les mobiles changeants d'un même fait toujours réputé délit, mais dans les qualifications différentes d'un même fait tantôt permis tantôt puni, s'opère sous l'action de la logique inconsciente qui préside à toutes les transformations des sociétés, et qui tend à y mettre d'accord les croyances avec les besoins, les croyances et les besoins avec les actes. De là, quand une croyance nouvelle, telle que la foi chrétienne, ou quand un besoin nouveau, tel que celui d'émancipation politique, surgit démesurément, ce malaise général qui dénote la rupture du système ancien des désirs et des idées, règle supérieure de la conduite. Il s'ensuit des courants d'opinion ou de passion, qui, comme les courants marins, tendent au rétablissement de l'équilibre rompu. — La transformation dont il s'agit peut être comparée à celle qui s'y produit, sous l'empire des mêmes causes, dans la valeur des objets naturels ou fabriqués. Quand le christianisme s'est répandu dans l'Empire romain, les temples, les statues des dieux, les peintures lascives, les amphithéâtres, les thermes eux-mêmes, qui avaient auparavant un prix immense, justification suffisante des profusions les plus inouïes, ont été rapidement dépréciés au point de se convertir en ouvrages encombrants qu'il a fallu parfois détruire à grands frais. Ainsi, plus tard, il suffit d'une hérésie entre mille pour réduire à néant la valeur des images de saints qui remplissaient l'Empire d'Orient, et agiter le marteau des iconoclastes. On sait, à la Bourse et à l'Hôtel des ventes, que ce n'est pas une soi-disant loi de l'offre et de la demande, mais l'explication même de cette prétendue loi, à savoir une opinion fausse ou vraie, un jugement capricieux du goût mis en circulation dans le public, qui fait hausser ou baisser la cote des actions d'une compagnie, des tableaux d'un maître, des meubles d'une époque. Tel livre qui s'était vendu au poids de l'or ne trouve plus acheteur. La bibliothèque d'Alexandrie était infiniment précieuse pour les Alexandrins ; pour Omar elle était gênante.

— Sans doute, si les besoins et les actes se conforment aux idées, les idées, en revanche, se modèlent à la longue sur les besoins et les actes (1), mais à la longue seulement. Il n'est pas vrai que la nature des actes jugés utiles ou nuisibles, vertueux ou criminels, et leur échelle de graduation, soient déterminées par la nature et l'intensité relative des besoins propres à chaque âge. Elles sont plutôt en rapport avec un idéal d'honneur ou un contre-idéal de déshonneur, conçus l'un et l'autre *à propos* et non à l'image des besoins généraux, non actuels mais anciens. L'honneur et le déshonneur d'un temps répondent aux besoins du temps qui l'a précédé ; ce sont des sentiments qui survivent à leurs causes et se fortifient même après la disparition de celles-ci. L'honneur chevaleresque n'a jamais été plus vivement senti que sous Louis XIII, quand la chevalerie avait déjà perdu sa raison d'être. S'est-on jamais tant battu en duel qu'alors, quoique l'intérêt social n'eût jamais été aussi contraire à cette épidémie ?

Le déroulement des croyances religieuses, aussi bien que des vérités scientifiques, est en grande partie indépendant du développement parallèle des besoins, bien qu'il en ressente le contrecoup, et la subordination du second au premier, par conséquent de la conduite humaine à la pensée humaine, me paraît être le fait dominant de l'histoire. Qu'on recherche, par exemple, quel

---

(1) Chez les Athéniens, d'après Lysias, l'outrage à un magistrat, même à l'occasion de l'exercice de ses fonctions, n'était punissable que lorsqu'il avait lieu dans l'enceinte même du tribunal où siégeait ce magistrat. Cela s'explique, d'après Thonissen, par les habitudes de médisance et de franc-parler invétérées à Athènes.

a été, à chaque phase des sociétés, l'acte réputé le plus criminel :
on trouvera que c'est l'acte le plus contraire au dogme régnant.
On trouvera de même que le bien réputé le plus précieux est
celui qui satisfait le besoin le plus conforme à ce dogme. Dans
la phase théocratique, toucher un objet *tabou,* un animal ou un
homme *impur*, adorer un autre dieu que celui de la tribu ou de
la cité, laisser éteindre le feu sacré, blasphémer, violer la coutume sur la sépulture des parents (dieux après leur mort), ne pas
immoler sur leur tombe les victimes humaines ou animales
réglées par les rites : tels sont les plus grands crimes. Pour le
disciple de Zoroastre, le plus grand des crimes est d'enterrer les
morts ; il faut exposer leurs cadavres aux chiens et aux oiseaux
de proie. Pour les Grecs, le plus grand des crimes est de ne pas
ensevelir les morts. Aux mêmes époques, un talisman divin
(le voile de Minerve à Athènes, les boucliers tombés du ciel à
Rome, la pierre noire de la Mecque), une relique de dieu, de
saint, un objet de culte : tels sont les plus grands biens. Le
trésor par excellence au moyen-âge était ce que nous appelons
encore, par une survivance linguistique, le Trésor des Eglises.
Aussi une des formes les plus lucratives de l'escroquerie d'alors
était l'industrie des vendeurs de fausses reliques et d'indulgences,
comme à présent l'industrie des vendeurs de titres de rentes.
Les meubles profanes mêmes devaient se modeler sur le mobilier
des églises pour avoir du prix, et les chaises de luxe avaient
l'air de stalles. Les sentiments moraux dépendent tellement des
croyances religieuses, pendant la période dont il s'agit, que
non seulement en Egypte et dans l'Inde, mais un peu partout,
en des temps où le respect de la vie humaine hors de la tribu
était ignoré, le respect de la vie animale était poussé au point
d'attacher au meurtre ou à la blessure de certaines bêtes un
caractère hautement criminel : longtemps avant qu'il y ait eu
des humanitaires, il y a eu des *animalitaires,* pour employer une
expression de M. Letourneau. C'est que des idées superstitieuses
étaient suggérées par l'aspect odieux, bizarre, énigmatique, des
fauves ou des reptiles objet de la vénération générale. Du reste,
la diffusion des croyances religieuses a eu de meilleurs effets.
Quand, dans une tribu où l'on ne se fait scrupule de tuer que
les membres de la tribu et nullement l'étranger, s'introduit une

religion prosélytique, ce n'est plus le compatriote seulement, c'est le *coreligionnaire* qu'on épargne et dont l'homicide est jugé criminel. « Comment, disait Mahomet, un croyant pourrait-il jamais tuer un autre croyant? » Il ne dit pas seulement « un autre Arabe. » — Si l'infanticide est inconnu en Cochinchine, à tel point qu'il n'est point prévu par le code annamite, la raison en est que la fille-mère n'y est nullement déconsidérée, mais trouve au contraire plus facilement à se marier, dans les familles où l'on tient à avoir des enfants pour perpétuer le culte des ancêtres (1). Voilà une superstition qui a fait échec à un préjugé et à un crime.

Dans la phase monarchique des sociétés, le plus grand des crimes est la lèse-majesté royale, la rébellion contre l'autorité du roi; le plus grand bien est la faveur du roi, un sourire et un présent du monarque. Tout, dans les vêtements et les meubles de prix, prend modèle sur les palais royaux.

Observons cependant que cette phase s'ajoute à la précédente plutôt qu'elle ne se substitue à elle. Aussi les sentiments théocratiques y persistent-ils. On peut juger, en effet, de la nature des crimes réputés les plus graves aux différentes époques par celle des crimes les plus souvent frappés de la peine capitale. Or il résulte des archives de la cour royale de Stockholm, d'après d'Olivecrona, qu'au xviie siècle, « la cour appliquait impitoyablement la peine de mort pour la sorcellerie, pour les discours impies et blasphématoires contre Dieu, pour le parjure, pour le péché de sodomie », mais que « l'homicide était admis à composition moyennant des amendes au profit du roi. » Même contraste en Angleterre aux xvie, xviie, xviiie siècles, et en France. En Angleterre, où l'on était si prodigue de la peine de mort, « peu de personnes étaient exécutées pour meurtres ». Dans la phase féodale, le plus grand des crimes est la *félonie*, c'est-à-dire la lèse-suzeraineté; le plus grand bien est l'éperon du chevalier; tout ce qui n'a pas un cachet seigneurial est dénué de valeur. Jusqu'au xvie siècle, il y a eu des crimes féodaux, disparus depuis, entre autres la chasse et la pêche, qui sont de simples délits ou plutôt des contraventions spéciales. Dans

---

(1) Voir le Dr Lorion à ce sujet (*ouvrage cité*).

notre siècle de démocratie, d'individualisme, le plus grand des crimes est l'homicide, quelle que soit la condition de la victime ; les biens les plus recherchés sont les fonctions électorales, les plaisirs des sens, le confort: tout affecte un air réaliste, individualiste, populaire. L'art même se plie à ce moule et mesure la valeur de ses œuvres à leur popularité. Au temps de Bouteiller (xve siècle), la coalition des ouvriers en vue d'augmenter leur salaire était un crime capital (1) ; elle est devenue à présent l'exercice d'un droit, presque un devoir. Il est à remarquer qu'à Athènes, la paresse chez le pauvre était un délit; chez le riche, la dissipation du patrimoine par le luxe et la débauche. Cette dernière loi peut sembler en opposition avec l'esprit démocratique des Athéniens ; mais la démocratie antique entendait autrement que la nôtre le culte de la famille, et croyait devoir, non moins que l'aristocratie, veiller à la conservation des foyers.

Je signale, sans y insister beaucoup, le caractère manifestement irréversible, dans une large mesure, des changements survenus dans la criminalité au point de vue que nous venons d'étudier, c'est-à-dire corrélativement à des révolutions d'idées dont la rétrogradation ne saurait être même conçue. Il en est ainsi dans certains cas au moins, par exemple quand l'esprit démocratique (sous forme monarchique ou non) succède à l'esprit féodal, et surtout quand une religion supérieure succède à un culte inférieur, une science ou une industrie plus avancée à une science et à une industrie plus rudimentaires. Il est certain que jamais une nation sérieusement convertie au christianisme ne l'abandonnera pour un culte grossier, tel que celui des Polynésiens, et ne s'avisera, par suite, de regarder comme criminel ce qu'elle jugeait licite auparavant, c'est-à-dire, par exemple, le fait de toucher un objet *tabou*. Il est non moins certain qu'une nation parvenue à notre degré actuel de lumières ne se remettra plus à punir d'une peine quelconque l'acte de jeter un sort sur un champ, ou d'assassiner quelqu'un par effigie avec accompagnement de paroles magiques, et qu'une société élevée au niveau de notre luxe contemporain, alluvion lente de tant de découvertes et d'inventions industrielles tombées dans le domaine

---

(1) Du Boys, *Histoire du Droit criminel chez les peuples modernes*. T. I

commun, ne songera plus à mettre une femme en prison pour avoir porté une robe de soie. Ici et dans tous les exemples de ce genre qu'on pourrait citer par milliers, il est manifeste que l'impossibilité de revenir aux incriminations du passé tient à l'impossibilité de remplacer nos croyances, nos connaissances et nos mœurs, nos idées et nos forces, au fond nos découvertes et nos inventions, par celles d'autrefois. — Mais il y a aussi un grand nombre de changements survenus dans l'incrimination qui ont pour cause, sans nulles découvertes ni inventions nouvelles, la simple expansion imitative de celle que l'on connaissait déjà. Dans ce nouveau sens, le caractère irréversible des transformations dont il s'agit est encore plus manifeste, car les vagues de l'imitation avancent toujours et ne connaissent pas le reflux. A mesure que des peuples voisins ou éloignés vont s'entre-reflétant davantage, nous savons que le domaine moral de chacun d'eux s'élargit et tend à embrasser tous les autres, et ce simple élargissement de la sphère du devoir fait apparaître ou disparaître de nombreux délits. Quand les populations d'un littoral sont entrées en rapports suivis avec les étrangers qui naviguent sur leurs mers, elles cessent de considérer comme licite le meurtre, la réduction en esclavage des naufragés, ou même la capture des bâtiments qui échouent sur leurs côtes : elles édictent des lois ou des peines pour la répression de ces actes sauvages, et désormais jamais elles ne songeront à rayer cet article de leurs codes. N'oublions pas que le plus grand bénéfice moral de la civilisation a été moins de perfectionner en nous les sentiments naturels de justice et de bonté que de reculer indéfiniment les limites de leur application en dehors de la famille, de la tribu, de la cité, de la patrie. Rien n'a été plus capital dans l'histoire de l'humanité que cette graduelle ouverture de nouveaux horizons à la notion du délit, primitivement renfermée dans le cercle du foyer, et il est clair qu'elle ne saurait plus rentrer ensuite dans son antique berceau. Le premier pas à franchir était de beaucoup le plus difficile, et l'on ne saurait assez bénir les naïfs inventeurs — car il a fallu ici l'insertion d'idées nouvelles, — qui ont imaginé les plus ingénieux moyens de tourner la difficulté. Par les formes symboliques de l'adoption, par certaines cérémonies telles que le mélange des gouttes de sang pour sceller une alliance, ils ont permis à la famille de s'étendre artificiellement, quand déjà, bien entendu, un certain degré de similitude sociale s'était établi entre elle et les éléments extérieurs qu'il s'agissait d'incorporer dans son sein. Un procédé particulièrement singulier est celui-ci, que Marco Polo a vu pratiqué par les Tartares : les familles qui cherchaient à s'unir célébraient le mariage de deux de leurs morts comme s'ils eussent été vivants, et, dès ce moment, un lien de parenté ou d'alliance était censé les rapprocher intimement. Ces gracieuses et salutaires fictions valent bien celles de nos codes, traquenards où s'embusque l'esprit juriste. — Ajoutons que, grâce à ces moyens et à bien d'autres, le progrès imitatif de la civilisation n'a pas eu seulement pour conséquence la multiplication des délits sous la forme d'actes précédemment non délictueux. Il a produit aussi l'effet inverse, l'abrogation de délits jadis réputés tels, puisque l'ignorance est la principale source des préjugés qui font incriminer des actions non nuisibles, et puisqu'il est impossible qu'en s'entre-reflétant de plus en plus les populations ne s'entr'éclairent pas tous les jours davantage. — Ainsi, soit en vertu des lois de l'imitation, que nous connaissons, soit en vertu des lois de l'invention (qui obligent les inventions les plus simples, par exemple, à précéder les plus complexes, ou les plus grossières les plus parfaites), les métamorphoses de l'incrimination forment une série qui, dans l'ensemble, ne saurait être renversée.

Demandons-nous maintenant si, au milieu de toutes ces transformations, il n'y a aucun point fixe. Nous avons dit un mot de la théorie du *délit naturel* esquissée par M. Garofalo ; il entend par là l'outrage fait, en tout temps et en tout pays, à un certain sentiment moyen de pitié et de justice dont il lui est fort difficile de déterminer même approximativement la limite. Malgré les faciles critiques qui peuvent l'atteindre, cette idée, nous l'avons déjà dit, implique un fond de vérité incontestable. Mais elle demande à être mieux précisée, et notre point de vue nous en fournit le moyen. Toutes les similitudes qui existent entre les êtres vivants ne sont pas d'origine vitale, c'est-à-dire le résultat de la répétition par hérédité; il en est beaucoup, qualifiées analogies fonctionnelles par les anatomistes, et du reste traitées par eux de très haut et avec le plus complet mépris, qui se produisent entre des animaux ou des plantes appartenant à des types sans parenté, ou du moins qui apparaissent en vertu de tout autres causes que le lien du sang. Telle est la vague ressemblance entre l'aile de l'insecte et celle de l'oiseau; tel est le fait que les animaux de tous les embranchements, en se développant suivant leur ordre spécial de progrès, acquièrent une tête et des sens, un estomac et des membres, etc. Tout cela a son importance, mais aucun anatomiste ne fera à ces coïncidences l'honneur de les mettre sur le même rang que les similitudes souvent bien effacées et insaisissables, mais dues à l'hérédité, qu'il appelle homologies. De même, toutes les similitudes qui existent entre les êtres sociaux ne sont pas d'origine sociale, n'ont pas pour cause l'imitation; il en est, et en grand nombre, dont l'apparition spontanée est due, entre plusieurs sociétés hétérogènes, à la suggestion des mêmes besoins organiques, aux prises avec les mêmes conditions extérieures à utiliser (1). Même non parentes, deux langues ont cela de commun de distinguer les noms et les verbes, de décliner et de conjuguer; même non rattachées à la même source mythologique, deux religions peuvent posséder des mythes solaires ou lunaires et diviniser le courage masculin ou la fécondité féminine. Même indépendamment de toute tradition commune, deux gouvernements peuvent être républicains ou monarchiques. On peut, si on veut, appeler *religion naturelle,* ce fonds commun que plusieurs religions se trouvent posséder, et aussi bien, quoique cela ne revienne pas toujours au même, ce qui subsiste d'à peu près invariable dans chacune d'elle en dépit de leurs plus grandes transformations: dira-t-on, par hasard, que c'est la foi en un principe divin et une vie future? On l'a dit, mais non sans s'exposer au démenti de bien des faits. On peut aussi, non sans bizarrerie toutefois, appeler *langue naturelle* l'ensemble des manières de parler, des inventions linguistiques, par lesquelles tous les idiomes se touchent sans le savoir et ne cessent

---

(1) Dans ce cas, remarquons-le, c'est la répétition par génération (hérédité) combinée avec la répétition par ondulation (forme de répétition propre à tous les agents physiques) qui explique les ressemblances non explicables par l'imitation. Des trois formes de répétition que je distingue, l'une au moins est toujours au fond de toute similitude.

de se toucher. Enfin, je ne vois pas d'inconvénients à ce qu'on dénomme *délits naturels*, les actes que les impulsions organiques de la nature humaine, en ce qu'elle a d'identique partout et toujours, ont fait commettre en tout temps et en tout lieu, et que leur opposition aux conditions fondamentales de la vie sociale a fait en tout temps et en tout lieu désapprouver, flétrir. J'ajoute que la dénomination de *droits naturels* appliquée aux facultés d'action sans lesquelles la vie sociale serait impossible, n'est ni plus ni moins justifiée, et qu'elle a aussi sa raison d'être, entendue comme il vient d'être dit. Et même, je crois qu'on pourrait aussi bien spécifier la notion d'une *pénalité naturelle* : le talion, avant tout, mérite ce nom. Chose remarquable, les Egyptiens, les Peaux-Rouges et les nègres africains, ont eu, séparément, l'idée de couper le nez aux femmes adultères, idée naturellement suggérée, je suppose, par le désir d'enlaidir celles que leur beauté avait fait pécher. Les vestales aztèques, de même que les vestales romaines, étaient enterrées vives quand elles manquaient au vœu de chasteté. D'autre part, non seulement le talion est universellement répandu, et souvent, on le voit, sous des formes similaires, parfois aussi, nous l'avons vu, sous des formes symboliques, symboles d'un symbole, mais il se maintient avec une énergie extraordinaire à travers toutes les métamorphoses du droit pénal. Maintenant encore, la résistance qu'opposent les peuples à l'abolition complète de la peine de mort ne provient-elle pas de ce qu'on l'applique exclusivement aux assassins ? — Ainsi, je ne repousse pas, on le voit, l'idée-mère du délit naturel, mais je la précise en l'expliquant, et on ne trouvera pas mauvais que, sans partager à son égard le dédain professé par les anatomistes pour les analogies fonctionnelles, je ne m'y arrête pas outre mesure.

Cependant cette explication aurait besoin elle-même d'être expliquée ou développée. On peut entendre de trois manières différentes, en tout ordre de faits sociaux, ces similitudes non imitatives auxquelles on applique inconsciemment la notion du *naturel*. Tantôt on regarde ces ressemblances spontanées comme surtout attachées au début des évolutions sociales indépendantes entre lesquelles elles se produisent. En ce sens, le langage naturel, la religion naturelle, la loi naturelle, le gouvernement naturel, l'industrie naturelle, l'art naturel, n'auraient existé dans toute leur pureté que dans les temps primitifs et iraient sans cesse s'altérant, comme un fond de tableau de plus en plus recouvert par la diversité des figures. Tantôt, au contraire, on nous parle de ces choses dites naturelles comme de choses plutôt idéales ou rationnelles, comme de causes finales entendues à la façon d'Aristote ; c'est au terme de leur développement et non à l'origine que les diverses langues seraient destinées à accentuer leur conformité à une même grammaire naturelle, les diverses religions leur conformité à une même religion naturelle, les diverses législations civiles ou pénales leur conformité à un même droit naturel, etc. Enfin, on peut, au lieu de remarquer la similitude non imitative de certains états déterminés, soit initiaux soit terminaux, affirmer plutôt celle de leur succession, et, avec nos évolutionnistes, s'essayer à condenser en une formule de développement commune aux sociétés les plus diverses, la série réglée de leurs transformations. J'avoue que, de ces trois interprétations, toutes acceptables du reste à divers degrés, la seconde a mes préférences. Je la crois plus conforme aux faits, moins mystique au fond malgré l'apparence contraire, et seule susceptible de concilier avec les aspirations de la raison, qui sont des réalités positives elles-mêmes, les données de l'expérience. Si c'est un premier pas vers cet idéalisme positiviste qu'il faut voir dans la théorie de M. Garofalo sur le délit naturel, je la salue à ce titre, et je m'empresse de l'accueillir, non comme le résumé des incriminations du passé, — car ce résumé serait singulièrement inexact, — mais comme le plan des incriminations futures, destinées, espérons-le, à se simplifier et à se rectifier en ce sens ou en un sens plus intellectualiste mais rapproché de cette pensée.

XV. — Aussi bien que les mobiles et la nature des crimes, les procédés des crimes ont beaucoup changé d'âge en âge : et cette dernière transformation, pour être plus superficielle que les précédentes, n'en mérite pas moins quelque attention. Encore ici, le crime s'est conformé au cours général de l'évolution sociale. Observons d'abord que l'industrie agricole se distingue de l'industrie proprement dite par son attachement caractéristique aux usages traditionnels. La criminalité rurale se distingue par le même trait de la criminalité urbaine. En second lieu, les progrès de l'industrie ont consisté à obtenir le maximum d'effet utile avec le minimum de force humaine dépensée, c'est-à-dire, à remplacer l'homme par des instruments de plus en plus obéissants et de moins en moins coûteux, autrement dit par des forces ou des substances vivantes d'abord, puis inorganiques, et assez souvent, si l'on entre dans le détail, par des forces ou des substances animales d'abord, puis végétales, puis physiques, et enfin chimiques (1). Sans être invariable, cet ordre est assez fréquent pour être remarqué. Les meules à moudre le blé, mues d'abord par des esclaves, puis par des chevaux, l'ont été ensuite par le vent et l'eau. La locomotion s'est opérée d'abord par le transport à dos d'esclaves, dans des palanquins, ou à dos de chevaux, d'ânes, de chameaux, d'éléphants, ou dans des voitures traînées par des chevaux, plus tard par la vapeur d'eau, résultat de la combustion des plantes fossiles (houille) (2), dans l'avenir peut-être par l'air comprimé ou l'électricité. Les offrandes et les immolations aux dieux ont été humaines d'abord, puis animales et enfin végétales avant d'être purement métalliques. Il s'agissait toujours d'obtenir au moindre prix possible le même avantage. La corne des animaux domestiques a rendu primitivement, pour divers usages, comme carreaux de fenêtres, vases à boire, etc., une grande partie des services que rend aujourd'hui le verre. On s'est jadis éclairé en brûlant du suif ou de la graisse (Néron s'en est souvenu en faisant brûler des chrétiens pour illuminer ses fêtes) avant de s'éclairer avec des torches, avec de l'huile d'olive ou d'autres graines oléagineuses, et enfin avec des huiles miné-

(1) La distinction des âges, telle que la comprennent les archéologues, n'est que l'expression incomplète de cette loi, si l'on songe que les âges de la *pierre* brute ou taillée, puis du *bronze* et du *fer* (ces dernières substances, chimiquement obtenues) ont été précédés d'un âge du *bois*, où l'arme et l'outil unique était le bâton et, plus primitivement encore, d'un âge où l'homme en était réduit à ses seules forces demi-animales ou à celles de ses semblables assujettis. — Mais, au lieu de considérer simplement cette succession de périodes comme une division générale de l'histoire ou de la préhistoire, il est plus exact et plus intéressant d'y voir avant tout une série de phases traversées par chaque industrie séparément et à des époques très différentes.

(2) Il y a des exceptions. Par exemple la navigation s'est faite d'abord à bras de rameurs, puis à voile, puis à vapeur. Ici le troisième terme, d'origine végétale, devrait être, ce semble, à la place du second. Mais, en réalité, ce cas rentre dans la règle générale du maximum d'effet obtenu par le minimum d'efforts.

rales ou du gaz. M. Bourdeau dans ses *forces de l'industrie*, a signalé des exemples frappants de cet ordre. On a commencé par cacheter les lettres avec un produit animal, la cire des abeilles, puis avec de la cire d'Espagne, produit végétal, ou avec des pains à cacheter et de la colle. De l'ivoire animal on a passé à l'ivoire végétal, etc.

Le crime a suivi une marche analogue. Aux poisons animaux, employés d'ordinaire par les sauvages qui trempent leurs flèches dans le venin des serpents, ont succédé dans l'usage courant des empoisonneurs, les poisons végétaux, en vogue au moyen-âge, aujourd'hui les poisons minéraux, phosphore et arsenic. Les premiers assassins ont dû terrasser, étrangler de leurs propres mains leur victime, plus tard lancer sur elle des chiens féroces, ou les atteindre avec des flèches, mues par l'élasticité du bois, plus tard employer contre elles l'explosion de la poudre et de la dynamite. Le progrès de la chasse, lié à celui de la guerre, éclaire ici celui du meurtre, le meutrier comme le guerrier ayant commencé par être chasseur d'hommes. Or, les premiers Nemrods poursuivaient eux-mêmes le gibier ; puis ils l'ont fait poursuivre et atteindre par le chien, ou par des oiseaux de proie, puis par la flèche de leurs arcs et la balle de leurs fusils. Le chien courant a nécessairement précédé le chien d'arrêt; celui-ci n'est devenu possible qu'après le perfectionnement des armes de jet, dont il n'est que l'accessoire. A une époque où ne remonte pas la lumière de l'histoire, nous avons lieu de penser que l'homme, dans les combats, et aussi bien dans les agressions homicides, s'est donné pour auxiliaire, avant toutes armes de jet suffisamment perfectionnées, la force domptée d'animaux féroces tels que le chien encore à demi chacal, le tigre même et le lion, apprivoisés dans les cours d'Assyrie (1). On ne voit pas à quoi pouvait servir le chien, fauve à peine adouci, à cette aube de l'humanité, si ce n'est à combattre pour son maître. Le chien *offensif* a précédé le chien *défensif*. Ce n'est pas tout: l'homicide par mandat, par sicaires, qui correspond à l'industrie par esclaves, a dû exister antérieurement même à l'homicide par chiens, tigres ou lions.

---

(1) Plusieurs empereurs romains, on le sait, se sont fait traîner dans leurs chars de triomphe par des lions domestiques.

Pour le vol, le maximum d'effet joint au minimum d'effort a été obtenu moins par un changement de procédés, quoique ceux-ci aient beaucoup changé, que par un changement dans la nature des objets soustraits. D'abord, on a volé des troupeaux, comme on le fait en Sicile encore; puis, des récoltes, ce qui était déjà moins malaisé et aussi lucratif; enfin, de l'argent, des billets de banque et des titres au porteur, qui, sous un petit volume, représentent bien des têtes de bétail. Mais, si l'on ne voit dans l'escroquerie, avec le sens commun, qu'une espèce de vol, on s'aperçoit que la succession historique des procédés du vol correspond à celle de ses objets (1). Entre le vol d'un troupeau, entre le vol même des moutons de Polyphème par Ulysse, le héros le plus rusé de l'antiquité, et le vol de plusieurs millions par un financier véreux d'aujourd'hui, qui dupe le public par les mensonges de ses journaux, il y a la même distance qu'entre la mort de César sous le poignard de Brutus et l'explosion d'une bombe nihiliste sous le train du tzar.

Encore un mot sur l'homicide. D'après une statistique de M. Bournet (2), je trouve qu'en Italie, sur 2983 crimes de sang commis en 1888, la proportion de beaucoup la plus forte est celle des meurtres commis à l'aide de couteaux, stylets, poignards, puis de bâtons, outils aratoires et autres instruments tranchants ou contondants qui exigent une dépense plus ou moins notable de force humaine. Leur total s'élève à 1815, tandis que les meurtres commis par armes à feu s'élèvent au nombre de 824 seulement. En Corse et en Sicile, c'est l'inverse. En Corse, notamment dans la période de 1836 à 1846, nous comptons 371 homicides par fusil ou pistolet et 69 par couteau ou stylet. Ainsi l'homicide italien et aussi bien espagnol ou même français (3), semble être, sous le rapport du procédé employé, en arrière de l'homicide corse et sicilien. Les nations

---

(1) L'escroquerie, de plus en plus, se développe de préférence au vol ordinaire par la même raison que les impôts indirects ont une importance chaque jour supérieure à celle des impôts directs. C'est qu'ils sont la forme d'impôt la plus perfectionnée dans le sens indiqué. — Ce changement paraît être irréversible.

(2) La *Criminalité en France et en Italie*.

(3) Dans la période 1856-73, nous trouvons en France 457 meurtres exécutés à l'aide de couteaux, de stylets ou de sabres, et seulement 273 commis à l'aide de fusils ou de revolvers; de 1836 à 1880, le rôle du pistolet va croissant et celui du stylet va diminuant.

industriellement les plus avancées seraient-elles les plus arriérées criminellement? Quoiqu'il en soit, cela n'empêche pas que les armes de guerre ne progressent du même pas que les machines de l'industrie, et en vertu du même progrès scientifique, comme nous ne le savons que trop en Europe.

Chez beaucoup de peuples très guerriers, que la contagion de l'industrialisme ambiant n'atteint pas, le progrès en fait d'armements ne laisse pas de se faire sentir. Combien voit-on d'insulaires qui, demeurés sauvages à tous autres égards, se servent déjà de fusils ! Il est à noter aussi que l'arme la plus grossière, précisément parce qu'elle est la plus ancienne, passe pour la plus noble. Le couteau en Italie est plus noble que le fusil (1).

En fait d'armements comme en fait d'outils, le progrès est évidemment irréversible. Il est inutile de le démontrer.

XVI. — Résumant tout ce chapitre, nous sommes, ce me semble, en droit de conclure que la criminalité suppose sans nul doute, comme toute autre branche de l'activité sociale, des conditions physiologiques et même physiques, mais que, comme l'industrie spécialement, elle s'explique avant tout, dans sa couleur locale comme dans sa force spéciale à chaque temps, dans sa distribution géographique comme dans ses transformations historiques, dans la proportion variable de ses divers mobiles ou la hiérarchie instable de ses divers degrés comme dans la succession de ses procédés changeants, par les lois générales de l'imitation. Nous avons dit l'importance que présente à nos yeux, au point de vue de la responsabilité pénale, cette démonstration, d'où il résulte que le délit est un acte émané non de l'individu vivant seulement, mais de l'individu personnel, tel que la société seule sait le créer et le faire croître à son image; de la personne d'autant plus identique à elle-même, jusqu'à un certain point du moins, qu'elle est plus assimilée à autrui ; d'autant plus volontaire et consciente qu'elle est plus impressionnable aux exemples, comme le poumon est d'autant plus fort qu'il respire mieux. On a dit que notre

---

(1) Chez les Annamites et les Chinois, la décapitation par le sabre est considéré comme un art national, qu'il y aurait honte à laisser dégénérer.

corps est un peu d'air condensé, vivant dans l'air; ne pourrait-on pas dire que notre âme est un peu de société incarnée, vivant en société? Née par elle, elle vit pour elle : et si les analogies que j'ai énumérées un peu longuement peut-être sont exactes, sa responsabilité criminelle ne saurait être plus méconnue que sa responsabilité civile, non contestée et non contestable assurément.

Entendons-nous bien, d'ailleurs, sur ce point si important. Je ne nie point que, dans une mesure plus ou moins forte, les provocations physiques ou physiologiques au délit aient déterminé la volonté; mais leur action, n'étant que partielle, n'empêche point la responsabilité du délinquant. Au contraire elles concourent elles-mêmes, pour leur part, à montrer qu'il est responsable. Sans doute, si elles agissaient seules sur l'individu, il ne serait point responsable socialement, puisque cela révèlerait en lui un être profondément étranger à la société des autres hommes ; mais il pourrait continuer à être responsable individuellement. Je veux dire par là que la condition de similitude sociale, exigée par notre théorie de la responsabilité, ne serait pas remplie à la vérité, mais que la condition d'identité individuelle, requise avant tout, pourrait être réalisée, malgré la fatalité des influences extérieures. On peut voir, sans doute, jusqu'à un certain point, dans le calendrier criminel, et, en général, dans tous les tableaux statistiques où se montre un lien entre des excitations d'ordre physique ou vital et une recrudescence de certains crimes, une confirmation *sociologique* de l'hypothèse physio-psychologique sur l'assimilation de la volonté à l'action réflexe. La volonté, d'après cette théorie, ne différerait de l'action réflexe que par le nombre des éléments psychiques, des souvenirs interposés entre l'excitation initiale et la réaction finale, appelée volontaire quand on a perdu conscience du lien complexe qui unit ces deux termes. La statistique nous rendrait donc cette conscience perdue, ou plutôt elle nous permettrait d'acquérir cette conscience que nous n'avons jamais eue en nous faisant toucher du doigt nos ressorts secrets. Or, ceci admis, et à certains égards prouvé, il est certain que la responsabilité fondée sur le libre arbitre s'écroule. Mais, fondée sur l'identité, sur le *caractère* individuel, elle subsiste, à la condition que la similitude sociale ne fasse pas défaut. Car l'excitation reçue n'a agi que parce qu'elle s'est trouvée d'accord avec les exigences du caractère ; cette convenance est l'un des intermédiaires nécessaires entre le premier et le dernier terme de la série. Au demeurant, on méconnaîtrait la vraie nature de l'acte réflexe, même le plus simple et le plus bas, en n'y voyant qu'un phénomène de causalité sans nulle finalité. Ce réflexe élémentaire, le réflexe d'organisation, pour employer le langage de M. Richet, est l'emploi de l'excitation en vue de réaliser les fins de l'espèce, de l'organisme physique. Quand il y a volonté, « réflexe d'acquisition », la réaction est l'emploi de l'excitation en vue d'atteindre les fins particulières de la personne. N'oublions pas ce mystère de la personne ; surtout gardons-nous de le nier. Affirmer l'inconnu, n'est-ce pas souvent le seul moyen d'utiliser notre ignorance? Quoi qu'il en soit, fût-il un réflexe supérieur, l'acte volontaire ne cesserait pas de nous appartenir. Mais il appartient, en outre, à la société, et, comme tel, nous rend comptables envers elle, quand les excitations qui l'ont provoqué sont en partie ou en majorité sociales.

Je ne voudrais pas finir sans avertir que les analogies ci-dessus développées entre le crime et les autres phénomènes sociaux, avec l'industrie notamment, ne doivent pas faire oublier les différences. Le crime est un phénomène social comme un autre mais un phénomène anti-social en même temps, comme un cancer participe à la vie d'un organisme, mais en travaillant à sa mort. Et, de fait, si Mitschlerlich a pu dire que la *vie est une pourriture*, parole amère justifiée jusqu'à un certain point par les nouveaux chimistes, suivant lesquels « les dédoublements chimiques de la putréfaction et ceux des combustions intra-organiques présentent la plus grande analogie », on est en droit de dire aussi bien, par conséquent, que la pourriture est de la vie, mais de la vie qui tue. Le crime est une industrie, mais une industrie négative, ce qui explique son antiquité : dès le premier produit exécuté par une tribu laborieuse, il a dû se former une bande de pillards (1). Frère et contemporain de

---

(1) A peine l'esprit de l'enfant commence-t-il à affirmer qu'il commence à nier. Ces propositions négatives puisent leurs lois dans la logique, comme les propositions affirmatives ; mais elles ne sont pas susceptibles des mêmes développements, si l'on se souvient de la théorie du syllogisme. La négation n'en est pas moins un ferment utile de l'esprit.

l'industrie qu'il exploite, le crime ne paraît pas avoir été, à l'origine, plus déshonorant qu'elle-même. Ils se sont développés parallèlement, en passant l'un et l'autre de la forme unilatérale à la forme réciproque. Au début, l'industrie était une production de services non rémunérés, fournis gratuitement au chef par ses sujets, au maître par ses esclaves; en se mutualisant, elle est devenue le commerce, échange de services. Le crime, en se mutualisant, est devenu la guerre, échange de préjudices. Comme le troc ou la vente est la forme réciproque du don, le duel est la forme réciproque de l'homicide (1), et la guerre est la forme réciproque non seulement de l'homicide mais du pillage, du vol et de l'incendie; elle est la plus haute et la plus complète expression possible du crime mutualisé. Le malheur est que, lorsque ce crime complexe a fait son apparition, le crime simple, le crime proprement dit, n'ait pas disparu. Mais il en est de même de l'industrie simple, esclavagiste, qui ne cède pas la place sans résistance à l'industrie libre, salariée, et, dans certains pays, parvient à se prolonger indéfiniment à côté de celle-ci. Il n'en est pas moins vrai que l'industrie libre est l'ennemie-née de l'esclavage, et que le militarisme est l'ennemi-né du brigandage. Spencer, nous l'avons vu plus haut, a eu raison de voir dans le développement militaire la source de la répression pénale.

Il en est ainsi précisément parce que la guerre procède du crime, le soldat du brigand, comme l'ouvrier de l'esclave, à savoir pour le remplacer. Cette dérivation n'est pas douteuse. Plus on remonte haut dans le passé, plus la limite s'efface entre l'armée et la bande pillarde. Au XVIᵉ siècle encore, dans les états civilisés de l'Europe, on ne craignait pas de considérer le brigandage comme un titre à l'avancement militaire. L'armée espa-

---

(1) Comme le suicide en est la forme réfléchie. Les nouveaux criminalistes ont aimé à sortir de l'enceinte de leur sujet pour s'occuper du suicide, faubourg dont ils cherchent à faire un quartier. Je ne vois pas pourquoi ils ne s'occuperaient pas aussi bien du duel, autre phénomène non moins dangereux. Il est fâcheux que les éléments fassent à peu près défaut pour la statistique du duel dans l'armée. Certainement la fréquence du duel ne doit pas être moins remarquable dans l'armée comparée à la population civile, que la fréquence du suicide. Si l'empire souverain de l'exemple n'est pas douteux en ce qui concerne le suicide, épidémie qui a souvent ravagé en quelques jours des populations fanatisées ou terrorisées il est encore plus manifeste en ce qui concerne le duel.

gnole, la plus disciplinée de toutes celles de cet âge « voit, dit M. Forneron, incorporer dans ses rangs des assassins ou des bandits qui ont fait leur soumission : quelquefois les brigands qui exploitent les montagnes de la Catalogne, se laissent, aux époques où le métier semble plus dangereux, constituer en compagnies sous les ordres d'un de leurs chefs, qui reçoit brevet de capitaine, et incorporer en un seul bloc dans un vieux régiment. Un crime utile procure le grade d'officier. »

Jusqu'au xviie siècle, en France même, les garnisons royales, dans les villes, « étaient regardées comme un véritable fléau (1) et, autant les villes maintenant sollicitent l'avantage de posséder une caserne, autant les villes d'autrefois repoussaient ce péril; c'était un privilège apprécié de ne pas en avoir. Les bandes d'Allemands, d'Italiens et de Suisses qui étaient à la solde de la France se conduisirent pendant les guerres de religion et pendant la Fronde, comme en pays conquis. Les compagnies françaises n'agissaient pas mieux. Toutes rançonnaient et pillaient les villages sans défense ». Partout les armées, même régulières, ont commencé par inspirer aux nationaux autant de crainte qu'aux ennemis (2). A cet égard, Thucydide est particulièrement instructif : ce qu'il nous apprend des âges reculés de la Grèce peut être généralisé. Quand parmi les îles d'un archipel, il en est une, nid de pirates comme les autres, qui commence à dominer leur groupe par la puissance de sa piraterie, elle complète sa domination en purgeant la mer de ses anciens collègues. Ainsi fit Minos, d'après l'historien grec. « Il déporta les malfaiteurs qui occupaient les îles et, dans la plupart, il envoya des colonies ». On voit que la déportation n'est pas une invention moderne. « Assurément, ajoute Thucydide, ceux des Grecs et des Barbares qui vivaient sur le continent dans le voisinage de la mer, ou qui occupaient des îles, n'eurent pas plus tôt acquis l'habileté de passer les uns chez les autres sur des vaisseaux, qu'ils se livrèrent à la piraterie... Les hommes les plus puissants de la nation se mettaient à leur tête. Ils surprenaient des villes

---

(1) Babeau. *La ville sous l'ancien régime*. Tome 2.

(2) « Les engagés chinois, dit M. Maurice Jametel, sont dans bien des cas, des brigands qui s'empressent de profiter des occasions qui s'offrent à eux de continuer leurs exploits sous la bannière du fils du ciel.

sans muraille et les mettaient au pillage. Ce métier n'avait encore rien de honteux, il procurait même quelque gloire. Les Grecs exerçaient aussi par terre un brigandage réciproque, et ce vieil usage dure encore dans une grande partie de la Grèce, chez les Locriens-Ozoles, chez les Etoliens, chez les Acarnanes et dans toute cette partie du continent. C'est du brigandage qu'est resté toujours sur la terre ferme, chez les habitants, l'usage d'être toujours armés. » (1)

C'est une chose vraiment surprenante de voir se développer côte à côte, au cours de l'histoire, avec une ampleur et une majesté croissantes, — d'une part, cet échange de biens, ce concours de productions, le commerce, — d'autre part, ce troc de maux, ce choc de destructions, la guerre !

La distance immense que la différence du simple au complexe, de l'unilatéral au réciproque, établit de la sorte entre le crime et la guerre, ne doit pas, d'ailleurs, nous étonner; cette méthode est habituelle à la logique sociale. Entre l'esclavage et le salariat, entre la donation et la vente, entre le commandement et le contrat, entre l'asservissement de la femme à l'homme par le mariage primitif et leur enchaînement mutuel par le mariage moderne, entre l'hommage, politesse non rendue, et la politesse,

---

(1) Cette origine criminelle de la guerre serait-elle, par hasard, au nombre des causes qui rendent compte d'un fait révélé par la statistique, à savoir, en tous pays la supériorité très marquée de la criminalité militaire relativement à la criminalité civile ? En tous cas, il y a bien d'autres causes qui concourent à l'explication du fait. L'armée est composée d'éléments exclusivement masculins, jeunes, célibataires, formant une population élevée au plus haut degré de densité : toutes conditions qui prédisposent au délit. Puis, les militaires ajoutent des crimes et des délits spéciaux aux crimes et délits de droit commun. Quoi qu'il en soit, nous constatons que sur 10.000 hommes, la nation française donne une moyenne annuelle de 40 méfaits et l'armée française une moyenne de *107* méfaits L'armée italienne en donne *189*. De 1878 à 1883, l'accroissement de la criminalité militaire en Italie a été rapide : elle s'est élevée de 3491 crimes ou délits à 5451, pendant que la criminalité civile était à peu près stationnaire. (Setti. *L'Esercito e la sua criminalità*. Milan 1886). Je rappelle que le suicide est dans l'armée bien plus répandu que dans le reste de la nation ; le duel pareillement. (*Du suicide dans l'armée* par le Dr Mesnier. Paris 1881). En 1862, le suicide était, dans l'armée française, *quatre fois* plus considérable à chiffre égal de population, que dans l'ensemble du pays ; mais comme il a été diminuant dans l'armée pendant qu'il augmentait dans la nation au point d'y *tripler* en 50 ans, ce mal est arrivé en 1878 à n'être plus que *moitié* plus fort que dans la France entière. La proportion du suicide s'élève du reste dans l'armée à mesure qu'on gravit l'échelle des grades, comme, dans la nation, à mesure qu'on gravit l'échelle des conditions sociales.

hommage mutuel, etc., il n'y a pas un moindre abîme qu'entre le meurtre et le combat. Il est certain que le crime, à présent du moins, n'est utile à rien, est nuisible à tout, tandis que la guerre a sa raison d'être profonde, inhérente au cœur même des sociétés ; et, malgré l'erreur de Spencer à ce sujet, le développement militaire d'un peuple est bien plus souvent en rapport direct qu'en rapport inverse avec son développement industriel. Peut-on induire de là que, avant les premières guerres, le meurtre et le vol avaient leur utilité ? Oui, s'il est vrai que le simple est le chemin du complexe. Ne fallait-il pas passer par l'esclavage pour arriver à l'assistance réciproque des travailleurs, par les prostrations des anciens sujets devant leur roi ou leur seigneur pour arriver à nos coups de chapeaux dans les rues ? Ne fallait-il pas traverser le régime du commandement et de l'obéissance, de l'autocratie domestique, politique, religieuse, pour arriver au régime du contrat, commandement mutuel, obéissance mutuelle ? Sans agressions, sans rapines spontanées, au début de l'histoire, y aurait-il jamais eu plus tard des conquêtes et de grands États, condition essentielle de toute civilisation élevée, paisible et honnête ? La vérité est que le crime est devenu un mal sans compensation depuis qu'il est remplacé avec avantage par le militarisme et la guerre. Une armée est un gigantesque moyen de réaliser, par le massacre et le pillage sur une échelle prodigieuse, les desseins collectifs de haine, de vengeance ou d'envie, qu'une nation fomente contre une autre. Condamnées sous leur forme individuelle, ces odieuses passions, cruauté, cupidité, paraissent louables sous leur forme collective. Pourquoi ? D'abord, parce qu'elles apaisent beaucoup de petits conflits intérieurs si elles en provoquent un au dehors ; puis, parce qu'elles conduisent à la solution belliqueuse de cette difficulté elle-même, et à l'élargissement territorial de la paix qui suivra. Le militarisme a pour effet de drainer les passions criminelles éparses dans chaque nation, de les purifier en les concentrant, et de les justifier en les faisant servir à s'entre-détruire, sous la forme supérieure qu'elles revêtent ainsi. La guerre, en définitive, agrandit le champ de la paix, comme le crime jadis a agrandi le champ de l'honnêteté. Ce sont là les ironies de l'histoire.

Mais, en vérité, s'il en est ainsi, je ne puis me défendre d'une réflexion : en un temps comme le nôtre, où le militarisme a débordé si fort, n'est-il pas doublement navrant d'avoir aussi à constater le débordement du délit? Il semble que, si notre criminalité se mettait à diminuer, comme il conviendrait, ce ne serait pas un dédommagement exagéré de nos armements et de nos contingents militaires chaque jour grandissants.

CHAPITRE SEPTIÈME

LE JUGEMENT

« Il faut être révolutionnaire en physiologie, mais conservateur en médecine », disait un éminent physiologiste contemporain (1). On pourrait dire aussi bien : soyez révolutionnaire en science sociale, mais conservateur en politique ou en justice criminelle ; et ce conseil de prudence contiendrait une bonne part de vérité. Il serait cependant impossible et imprudent de résister en politique, et pareillement en droit pénal, aux innovations pratiques qu'une révolution dans les idées provoque et prépare depuis un certain temps. Toute pathologie nouvelle implique une nouvelle thérapeutique. La *criminologie* positiviste a pour couronnement obligatoire une pénalité positiviste. Ici la nouvelle école italienne a beau jeu contre ses adversaires. Déjà elle avait, au point de vue utilitaire, battu en brèches leur théorie de la responsabilité fondée sur le libre arbitre ; mais elle avait été moins heureuse dans ses efforts pour fonder une théorie meilleure. Au contraire, au point où nous sommes parvenus, non seulement elle a porté aux institutions législatives, judiciaires et pénitentiaires construites sur les principes classiques, à l'institution du jury notamment et à nos prisons actuelles, les coups les plus forts qu'elles aient reçus, mais encore elle a posé les bases ou planté les premiers jalons d'utiles réformes à tenter. Suivant notre méthode à la fois théorique et critique, nous allons apprécier ces idées moins en les examinant à part et isolément qu'en les éclairant par d'autres et les mettant à la place qui nous paraît leur convenir dans un système général. Mais, avant tout, nous devons préciser la nature du lien qui rattache au corps de la science sociale la procédure criminelle et la justice pénale,

(1) M. Ch. Richet, *Revue scientifique*.

le rapport qui existe entre l'activité dépensée en instructions judiciaires, en audiences de cours d'assises ou de tribunaux correctionnels, et les autres formes de l'activité publique.

La vie sociale n'est qu'un entrelacement et un tissu de ces deux ordres de faits : la production ou l'échange de services, la production ou l'échange de préjudices. L'homme est né reconnaissant et vindicatif, porté à rendre don pour don, coup pour coup, comme fait l'enfant ; et les progrès de la civilisation ont consisté, non à dénaturer, mais à régulariser, à généraliser, à faciliter les manifestations de ces deux penchants. De même qu'elle a substitué au régime du présent volontaire, irrégulier, arbitraire, en retour d'un autre présent, le régime du troc, puis de l'achat ou de la vente suivant un cours uniforme, condition *sine qua non* d'un grand essor commercial ; pareillement, elle a substitué au régime de la vengeance capricieuse, fortuite, intermittente, le régime du talion, puis de punitions moins grossières réglées par la coutume ou la loi. Or, à chaque instant, et n'importe à quelle phase de ce double développement, les sociétés présentent partout, dans les champs comme dans les rues, dans les camps comme dans les *agoras*, le tableau varié de ripostes en paroles ou en actes, immédiates et sans procès préalable, à des compliments par des compliments, à des injures par des injures, à des sourires ou à des regards offensants par des jeux pareils de physionomie, à des services ou à des préjudices par d'autres actions utiles ou préjudiciables. Cet échange spontané, rapide ou du moins non entravé, de procédés bons ou mauvais, est le fait normal, habituel. Pour un marché qui vous oblige à aller devant les tribunaux civils ou consulaires, combien de marchés qui se règlent sans difficultés, de payements qui s'effectuent sans délai même, au comptant ! Pour une insulte dont l'insulté croit devoir demander réparation aux tribunaux correctionnels, combien d'outrages qui se lavent sur place, par quelque mordante réplique ou autrement ! On le voit, donc, l'importance des procès criminels serait mal comprise si on les séparait du groupe plus étendu dont ils font partie, de même qu'on apprécierait mal le rôle des procès civils si on ne les réintégrait, à titre d'espèces singulières et fâcheuses d'un genre infiniment plus vaste, dans la vie économique du pays. Les peines infligées par les cours et tribunaux font partie de ces innombrables punitions qui ont suivi immédiatement, ou sans débats judiciaires, les fautes auxquelles elles répondent, châtiment verbal d'une insolence, renvoi d'un domestique infidèle, expulsion d'un joueur malhonnête, destitution de fonctionnaires suspects, représailles des partis, enfin guerre des nations. C'est ainsi que les gains, les avantages poursuivis par les deux plaideurs dans les litiges civils, et obtenus par l'un d'eux en vertu du jugement rendu, font partie de ces innombrables rémunérations, prix des marchandises vendues, salaires, honoraires, fermages, appointements, bénéfices de tous genres, qui sont perçus sans nul obstacle. Un procès civil est la solution des difficultés accidentellement apportées, soit à l'échange des services, des avantages réciproques, soit à l'acquisition par l'un des plaideurs d'un bien que la résistance de l'autre l'empêche d'obtenir ou qui le dédommage d'un tort involontaire occasionné par l'autre (1). Dans ces trois cas, même dans le dernier, bien qu'il serve de transition aux procès criminels, il s'agit toujours, pour le demandeur, de poursuivre, non le mal d'autrui, mais son propre bien : et l'intérêt personnel est à tel point l'âme des actions de ce genre, comme de la vie économique en général, qu'on refuse de les accueillir, sans autre examen, quand ce mobile n'apparaît pas. Un procès criminel est, à l'inverse, la solution des difficultés apportées soit à l'échange des préjudices entre les parties en cause (la société d'un côté, qui, par son représentant, se dit lésée, et d'un autre côté l'inculpé qu'elle veut léser à son tour, dans un but d'expiation, d'intimidation ou de correction, n'importe), soit à la production d'un préjudice que l'une des parties veut, sans provocation, infliger à l'autre (c'est le cas des poursuites injustes et malicieuses). Ici, l'objet directement visé par la demande est le désavantage du défendeur, du coupable, en vue parfois de son

---

(1) Ce sont là trois variétés de procès. Toutes les demandes en paiement de sommes, en exécution d'obligations, tous les incidents d'ordre, etc., appartiennent à la première. Le demandeur dit : « Je t'ai rendu service, rends-moi service à ton tour suivant nos conventions ou suivant la loi ». La seconde variété comprend les actions en déguerpissement, en délaissement d'immeubles, les questions de mur mitoyen, etc. Le demandeur dit « tu m'empêches de jouir de ma chose, de tirer de ma chose le service que j'en attends, laisse-moi ma chose ». La troisième se réduit aux demandes de dommages-intérêts.

amélioration ultérieure; quant à l'avantage du demandeur, il n'est que l'objet indirect et médiat, je ne dis pas secondaire, de l'action.

On s'explique de la sorte, par les analogies brièvement indiquées ci-dessus entre les deux espèces d'échange, la confusion primitive des deux procédures pénale et civile qui, engagées l'une et l'autre par action privée, se déroulaient jadis suivant les mêmes formes et devant les mêmes juges; mais on s'explique aussi, par l'opposition de leur objet malgré cette similitude, leur séparation graduelle, et, par d'autres considérations, leur dissemblance devenue profonde. Il y a, en effet, entre les préjudices et les services, à ce point de vue, des différences évidentes. D'abord, ce sont toujours les plus graves préjudices, meurtres, blessures, vols, incendies, etc., qui donnent lieu aux poursuites criminelles, parce que ce sont ceux dont il est le plus difficile, et le plus interdit d'ailleurs, de tirer vengeance sans jugement. Mais ce ne sont pas toujours, ni même d'habitude, les plus grands services qui occasionnent des procès civils; les grandes maisons font entre elles des chiffres énormes d'affaires où la justice n'a pas à intervenir. Voilà pourquoi, bien que la proportion des préjudices réciproques, comparée à celle des services mutuels, ait sans cesse décru au cours de la civilisation et continue à diminuer encore sous nos yeux, l'importance de la justice criminelle, comparée à celle de la justice civile, paraît grandir parfois. Ce serait une erreur d'induire de cette importance croissante que la civilisation a reculé.

En second lieu, dans la plupart des procès suscités par la production des préjudices volontaires, la société est intéressée fortement à les intenter et à les poursuivre elle-même; mais elle ne l'est pas, où elle ne l'est pas au même degré, à exercer les actions civiles auxquelles donne lieu la production des services. On pourrait cependant, à première vue s'étonner de cette différence. Il est bon que tout produit soit payé, tout service récompensé, parce qu'il importe d'encourager la reproduction du produit, du service, ou de ne pas la décourager; il est bon que tout méfait soit châtié, parce qu'il importe d'empêcher ou d'entraver la répétition de cet acte nuisible. C'est là l'explication utilitaire de la reconnaissance et aussi bien de la probité, de la vengeance et aussi bien de la justice pénale. Or, sans avoir à examiner pour le moment si ce point de vue exclut ou non une justification plus sentimentale, si le châtiment *ne peccetur* se concilie ou non avec le châtiment *quia peccatum est*, ou la reconnaissance en vue du bienfait futur avec la reconnaissance à cause du bienfait passé, nous pouvons nous demander pourquoi la société croit avoir un moindre intérêt à favoriser la production des services qu'à prévenir celle des préjudices; pourquoi, par suite, elle ne se charge pas elle-même de mettre en mouvement les droits de chacun de nous, de faire des procès à nos débiteurs récalcitrants, comme elle se charge de venger les torts les plus graves dont nous sommes victimes. La vérité est qu'un peuple souffrirait encore plus de la suspension de ses industries, de la paralysie de son crédit, que de l'augmentation de ses crimes; et, quand il voit son crédit, son développement industriel, compromis par une crise, par des grèves, par une épidémie de faillites et de déconfitures, il ne néglige pas de prendre des mesures propres à arrêter ce fléau; par exemple, il intervient, tantôt d'un côté, tantôt de l'autre, dans les guerres que se font les coalitions de patrons et les coalitions d'ouvriers, pour la fixation des salaires. Mais le moyen le plus inefficace serait l'exercice par l'État lui-même des actions privées. Le mieux est ici de laisser faire les particuliers. Il est en leur pouvoir d'empêcher dorénavant par plus de prudence dans leurs placements et leurs ventes à crédit les pertes, les non-rémunérations, dont ils se plaignent, et leurs voisins peuvent utilement comme eux profiter de la leçon. Mais est-il au pouvoir de la victime d'un délit ou de ses concitoyens, sans le secours de la force publique, d'empêcher que le malfaiteur, enhardi par l'impunité, ne commette bientôt de nouveaux crimes? L'exercice de l'action publique en matière criminelle et non ailleurs se justifie donc très bien, quoique le motif de la différence n'apparaisse pas de prime abord avec clarté.

Enfin, au point de vue de la procédure, — et c'est pour le moment ce qui va nous occuper, — une autre différence s'impose. Sauf dans le cas très rare d'un bienfait anonyme, l'auteur d'un service est toujours connu, et l'on n'a guère à faire des recherches minutieuses et prolongées pour découvrir un bienfaiteur; mais l'auteur d'un préjudice a le plus souvent soin de se cacher, et on ne le découvre pas sans effort. Le véritable pendant d'un procès criminel ordinaire, ce serait un procès civil où le demandeur s'efforcerait de prouver au défendeur, malgré les dénégations complètes ou partielles de celui-ci, que celui-ci lui a procuré un grand avantage et l'obligerait à en accepter le payement. Cette hypothèse a pu se réaliser, mais il faut reconnaître qu'elle n'est pas fréquente. En général, c'est sur le point de droit, et non sur le point de fait, que porte, au civil, le désaccord des parties; et, quand elles sont « contraires en fait », le fait contesté n'est point habituellement de savoir si c'est l'une d'elles qui a commis un acte d'empiètement, par exemple, ou de passage illicite, mais bien de savoir si cet acte a réellement été commis. Au criminel, ce n'est point la question de droit, c'est la question de fait qui divise ordinairement le ministère public et l'avocat ; et le fait à éclaircir, ce n'est point la réalité même du crime ou du délit, de l'homicide ou du vol incriminés, c'est l'accomplissement de cet acte par l'inculpé. Le problème de la preuve judiciaire est donc d'une tout autre importance au criminel qu'au civil, et d'une tout autre nature.

II

Rechercher l'auteur d'un crime et démontrer sa culpabilité : ce problème, pour nous d'un intérêt théorique assez secondaire après tout, a dû être la gymnastique la plus intéressante de la logique inductive à son aurore. Avant tout problème scientifique, rien ne pouvait mieux passionner la curiosité et stimuler l'investigation que cette énigme à résoudre. C'était encore, comme à l'état sauvage antérieur, la chasse à l'homme, mais sous une forme meilleure et plus intelligente. Plus tard l'intérêt de cette recherche a diminué, mais jamais il n'a cessé d'être très vif. Il n'est donc pas surprenant que l'homme ait de tout temps, surtout dans les plus hauts temps, appelé à son secours, pour l'éclaircissement de ce mystère, toutes les ressources réelles ou imaginaires, positives ou mystiques, qui s'offraient à sa portée. Sans doute on a toujours entendu des témoins, interrogé les individus soupçonnés, constaté l'état des lieux, recueilli des indices de toute sorte ; toujours on a regardé l'aveu de l'accusé comme une éclatante démonstration de sa faute. Mais, en outre, chaque époque a eu son genre de preuve de prédilection, sa méthode caractéristique ; et il faudrait se garder de croire que la *reine des preuves* ait toujours été l'aveu. Croit-on que la décision d'un oracle accusateur aux temps héroïques de la Grèce, ou l'épreuve mal subie de l'eau bouillante ou du fer rougi, aux jours les plus grossiers du moyen-âge, n'eût pas autant de force probante que l'aveu même ? Chaque âge reflète visiblement dans la procédure criminelle qui le caractérise la foi fondamentale qui l'anime, c'est-à-dire sa croyance la plus universelle et la plus indiscutée : en sorte que la série des transformations législatives et judiciaires sur ce point correspond aux transformations mêmes de la pensée humaine.

Mystique au début, hallucinée, ivre d'illusions et d'orgueil, elle peuple l'univers entier de dieux, mais de dieux uniquement occupés et préoccupés de l'homme. Elle vit dans une nature dont tous les êtres vivants ou en apparence inanimés, ont des yeux pour regarder l'homme, un langage mystérieux pour s'entretenir de l'homme entre eux, et même pour se faire entendre de lui parfois, pour lui révéler le mot des énigmes qui le tourmentent, la cause de ses crimes ou le secret de son avenir. Le même esprit, donc, qui a permis à la divination par les augures ou les sorciers de se répandre et de se consolider pendant de longs siècles a dû favoriser la diffusion et l'enracinement de l'instruction criminelle par les ordalies. Etant donné que les actions bonnes ou mauvaises, passées, présentes ou futures, de chacun de nous, sont la grande préoccupation de la divinité ambiante et constituent toute son omniscience relative, il est aussi naturel de la questionner symboliquement sur la culpabilité ou l'innocence d'un accusé, que sur la victoire ou la défaite d'un général à la veille de livrer bataille. On consulte alors le fer rougi, l'eau bouillante, les cartes ou les dés, le sort aveugle des armes, les songes, autant de révélations divines, comme nous consultons aujourd'hui nos experts médico-légaux, ou plutôt comme nous les consulterons demain, quand la science fixée et dogmatisée, sera devenue peut-être une idole à son tour et rendra des oracles investis unanimement d'une infaillible autorité. Les ordalies sont en quelque sorte les expertises divino-légales du passé. (1) Elles correspondent à la phase mythologique de l'esprit humain (2) comme nos expertises actuelles commencent à correspondre à sa phase scientifique qui débute à peine. Mais, entre ces deux superstitions, dont l'une était puérile et chimérique, dont l'autre sera, je l'espère, sérieuse et, dans une large mesure, vraie, d'autant plus profonde par suite, il en est d'autres qui ont subjugué l'humanité et imprimé leur sceau à ses institutions pénales. Quand, par exemple, toujours religieuses, mais revenues du délire divinatoire, les populations européennes, aux douzième et treizième siècles, ont cessé d'ajouter foi aux duels judiciaires et aux autres preuves chimériques, un positivisme relatif, qui se fait sentir aussi dans la scolastique sèchement raisonneuse, étroitement aristotélicienne, de ce temps, a exigé l'emploi d'un mode plus rationnel d'instruction, le système inquisitorial. Toutefois ce temps de rationalisme sec et dur avait sa superstition spéciale, la superstition de la force, et c'est par force qu'il a prétendu découvrir la vérité, par la force du syllo-

(1) Nous devons cependant faire ici une distinction déjà indiquée plus haut, et toujours trop négligée. C'est seulement pour la découverte des crimes commis de tribu à tribu, de famille à famille, de classe à classe, que la nécessité des ordalies ou du serment déféré à l'accusé s'est fait sentir. Voici pourquoi. Dans ces temps de *vendetta*, il était impossible (cette impossibilité subsiste encore en Corse, en Sicile, chez les Ossètes, etc.) de trouver des témoins non suspects, c'est-à-dire non parents, par suite de ce fait que les spectateurs désintéressés et étrangers à la querelle ne conçoivent nulle indignation contre l'auteur d'un crime commis en dehors de la famille ou de la *gens*. De cette pénurie de témoignages résulte la nécessité de recourir aux ordalies ou au serment (qui est lui-même une espèce d'ordalie). — Mais, relativement aux crimes *intra-familiaux*, cette nécessité ne se fait pas sentir, car dans ce cas, les témoins sincères peuvent être découverts aussi aisément que de nos jours.

(2) Ajoutons qu'elles font partie du formalisme juridique habituel aux peuples primitifs, et qui, pour la création des droits, mais non pour la découverte des faits, a sa raison d'être. Les peuples primitifs ont un droit formaliste par la même raison qu'ils ont un langage gesticulé. Leur formalisme, quand il s'agit de conventions à établir, est un excellent moyen de preuve, comme leurs gestes sont un excellent moyen d'expression. En revanche, il entrave leur recherche des délits comme leurs gestes font obstacle à la précision de leurs raisonnements. Au surplus, leur formalisme a été fort exagéré, comme l'a montré M. Dareste dans son bel ouvrage sur l'histoire du Droit.

gisme d'école en théologie, par la force de la torture en justice criminelle (1). Cette période a duré, par une prolongation inouïe d'aveuglement universel, jusqu'au dix-huitième siècle. L'aveu de l'accusé ayant acquis une importance prépondérante qu'il n'a jamais eue à ce degré ni avant ni après cette période, la méthode par excellence pour arracher cette preuve par excellence a été la question. Puis, l'adoucissement des mœurs et la rénovation des esprits ont repoussé cette absurdité féroce ; mais une autre superstition, la foi optimiste en l'infaillibilité de la raison individuelle, du sens commun, de l'instinct naturel, a suscité en Europe, à l'exemple de l'Angleterre, le jury, révélation présumée du vrai par la conscience non éclairée et non raisonnante. La preuve par le jury méritait d'être préconisée en un siècle où le verdict du sens commun, regardé comme la pierre de touche de la vérité, servait de fondement non à la philosophie écossaise seulement, mais à toute philosophie, et suggérait en France le dogme de la souveraineté populaire. — Nous en sommes là, en attendant que l'expert, correctif pour le moment et antidote du juré, devienne son successeur en continuant à grandir.

Si ce tableau est exact, il n'est pas nécessaire à la rigueur d'aller plus loin pour justifier les attaques dirigées par MM. Ferri, Garofalo et toute la nouvelle école italienne ou même française, contre l'institution du jury. Un sentiment juste et profond des besoins du moment actuel est l'âme de ces critiques, ainsi que des efforts tentés par les mêmes novateurs en vue d'étendre, de régulariser, de perfectionner, de consacrer les fonctions judiciaires de l'expertise. Il est seulement à regretter qu'ils aient

---

(1) Cette sorte de positivisme ou de rationalisme grossier et cruel que suppose l'emploi prédominant de la torture explique peut-être pourquoi elle n'a jamais joué dans la théocratique Égypte qu'un rôle secondaire, et pourquoi, dans la Grèce et dans la Judée primitives, elle n'apparaît nulle part. Ni dans Homère, ni dans Hésiode, il n'en est question, pas plus que dans la Bible. Les Grecs, depuis Rhadamanthe d'après Platon, déféraient le serment à l'inculpé ; celui-ci, comme tous ses compatriotes, était convaincu que les dieux ne laissaient jamais le parjure impuni, et si intense était cette conviction suggérée par l'exemple unanime, du moins avant les premiers balbutiements de la philosophie, que cette délation de serment pouvait passer pour un moyen plus sûr que la torture même d'arracher l'aveu du coupable. Le scepticisme avait depuis longtemps envahi l'empire romain quand l'abus de la torture y a sévi contre les hommes libres eux-mêmes.

négligé d'aborder de front et d'embrasser en entier la question si ardue de la preuve judiciaire et oublié sur ce point, comme sur beaucoup d'autres, les enseignements de Bentham (1). Mais nous y reviendrons. Poursuivons.

En Angleterre, les ordalies, puis le jury ; sur le continent, les ordalies, puis la torture, puis le jury, bientôt l'expertise : tels ont été ou seront les talismans successifs imaginés pour la découverte du vrai en justice. Qu'on ne se scandalise pas de me voir mettre ainsi le jury sur le même rang que la torture ou le duel judiciaire : on ne tardera pas à se convaincre qu'il a pris leur place et qu'il doit être réputé leur équivalent, assurément préférable, je l'accorde, malgré tous les reproches qu'il a encourus. — Ce que j'ai voulu dire, en somme, c'est que partout et toujours, quand un grand crime se produit, il y a, sur la question de savoir quel est le coupable, ou si l'accusé est coupable ou non, un besoin général d'être éclairci, qui dispose à une crédulité plus ou moins forte. Cette crédulité cherche et trouve son objet, qui lui est fourni par l'idolâtrie régnante ; elle s'attache à quelque chose ou à quelqu'un réputé infaillible ; puis se transporte ailleurs ; mais, dans ses déplacements d'âge en âge, reste au fond la même. Elle faisait jadis la force probante des jugements de Dieu, plus tard celle de la question, hier encore celle des verdicts de douze hommes quelconques rassemblés en concile laïque, quand l'adage *vox populi vox Dei* ne rencontrait guère de contradicteurs.

Il ne me sera pas difficile de montrer, maintenant, que les transformations séculaires de la procédure criminelle sont un phénomène d'imitation comme un autre, régi par les mêmes lois, assujetti notamment au même rythme de mode et de coutume alternantes. Dans le haut moyen-âge, avant le treizième siècle, nous voyons la plus grande partie de l'Europe barbare, — à l'exception de l'Espagne et de l'Italie, si ce n'est passagèrement et incomplètement, — soumise à la procédure accusatoire et à la pratique du duel judiciaire, entre autres ordalies. D'ailleurs, chaque province, sinon chaque fief, a ses usages particuliers, ses ordalies spéciales, sans parler du privi-

---

(1) On connaît le *Traité des preuves judiciaires* de Bentham, en deux volumes rédigé par Dumont (1830).

lège du clergé, qui rend une grande partie de la population justiciable des officialités, tribunaux ecclésiastiques destinés à servir bientôt de modèle aux tribunaux laïques (1) après s'être modelés eux-mêmes sur le droit romain auquel ils ont emprunté l'enquête écrite. Malgré tout, une certaine uniformité de législation s'était déjà établie à cette époque reculée, ce qui suppose, par ce temps de particularisme local, un assez grand élan d'imitation extérieure en droit criminel. Il a dû se passer dès lors ce que nous savons avoir eu lieu plus tard, aux treizième, seizième, dix-huitième siècles, quand des peuples, encore indifférents aux autres exemples de leurs voisins, s'empressaient de copier leurs institutions de justice pénale, probablement parce qu'elles sont ce qui frappe le plus les regards de loin. Il n'est rien de plus remarqué à distance qu'un gibet dans un paysage (2). — Explique qui pourra comment, sans l'entraînement contagieux de l'exemple, les hommes, même barbares, même en proie au délire mystique le plus aigu, inexplicable d'ailleurs lui-même autrement que par une contagion imitative, auraient pu avoir tous ensemble et tous à la fois l'idée de faire battre en duel l'accusateur et l'accusé pour juger, d'après l'issue du combat, si l'accusation était fondée. Manifestement, une idée aussi absurde n'aurait pu se propager sans la prédisposition universelle au merveilleux ; mais, manifestement aussi, sans sa propagation à une certaine date à travers les frontières, son extension territoriale ne se comprendrait pas. Cependant, établis ainsi par mode, le duel judiciaire et les autres jugements de Dieu se maintiennent par coutume, et avec une énergie de résistance singulière, jusqu'à ce qu'une nouvelle pratique parvienne à se faire jour.

(1) Chez les Grecs, comme au moyen-âge, la justice criminelle laïque a fait suite à la justice criminelle cléricale et a pris exemple sur elle. Je ne comprends donc pas que M. Thonissen s'étonne de voir, chez les contemporains d'Homère, la procédure pénale contre le meurtre et le vol encore à l'état rudimentaire, pendant que les crimes d'ordre religieux étaient soumis à « un vaste système de répression, où toutes les exigences étaient prévues, où tous les détails étaient réglés, depuis la police judiciaire qui constate le délit jusqu'à l'intervention inévitable du juge qui en assure le châtiment. »

(2) Dans la France royale, l'unification du droit par la substitution graduelle des ordonnances aux coutumes, par l'envahissement progressif des juges royaux sur le domaine des juges seigneuriaux, s'est produit en droit criminel d'abord : toutes les provinces jugeaient déjà les crimes de la même façon qu'elles conservaient encore, en droit civil, leur originalité distinctive.

Ce nouveau moyen d'instruction, un peu plus atroce peut-être mais beaucoup moins absurde que le précédent, c'est, nous le savons, la torture. — Je dis qu'elle n'était guère plus atroce ; car l'épreuve par le fer rougi, par l'huile bouillante, par le duel même, égalait bien en souffrance la torture par le chevalet, le brodequin ou l'eau ; et l'épreuve par les songes ou le duel les surpassait en péril (2). Et j'ajoute qu'elle était bien moins absurde ; car elle reposait, je crois, sur une intuition psychologique d'une certaine profondeur. L'homme le plus menteur, en effet, a un penchant naturel à dire ce qu'il sait, et, s'il ne le dit pas ou s'il dit le contraire, c'est en exerçant son empire sur soi-même, qui suppose une dépense de force cérébrale — nos psychologues contemporains diraient : de force d'inhibition, — employée de cette manière. Or, en infligeant à cet homme un tourment physique, on oblige la plus grande part ou la totalité de son énergie à se tourner en résistance à la douleur ; et, dès lors, son secret doit lui échapper, faute d'obstacle qui l'arrête. Donc, lorsqu'on sait qu'un homme sait la vérité sur ce qu'on lui demande, la torture qui lui est appliquée peut et doit être efficace (1) ; là où l'absurdité commence, c'est quand on applique cette affreuse méthode à des gens qui peuvent ne rien savoir. — Quoi qu'il en soit du reste, l'histoire apprend que, comme la magie, comme la sorcellerie, comme l'anthropophagie, comme les sacrifices humains, comme tout ce qui est absurde ou atroce mais d'accord avec quelque grande absurdité ou quelque grande atrocité déjà régnante, la procédure par la ques-

(1) On a fait condamner à mort par l'empereur Claude plusieurs personnes, en lui produisant des témoins qui disaient avoir rêvé qu'elles voulaient l'assassiner !

(2) Les armées en campagne l'ont souvent fait subir avec succès aux espions et aux fuyards qu'elles arrêtent. Les voleurs de grand chemin ont ou avaient l'habitude de procéder de même. « La plupart de ces messieurs, dit Voltaire en leur attribuant ironiquement l'invention de la torture, sont encore dans l'usage de serrer les pouces, de brûler les pieds, et de questionner par d'autres tourments ceux qui refusent de leur dire où ils ont mis leur argent. » Ici la *question* a sa raison d'être : on est sûr que chacun sait où il a son argent. — M. Esmein, dans sa savante histoire de la procédure criminelle, cite des exemples de nombreux brigands qui, soumis à la question, ont révélé des milliers de crimes ignorés. L'observation psychologique ci-dessus leur est applicable. — La torture a aussi une autre explication plus palpable : c'est qu'une douleur vive et actuelle à éviter, dût-elle l'être au prix du bagne ou de l'échafaud pour bientôt, fait oublier à l'homme le malheur futur qui doit la suivre.

tion s'est répandue universellement et avec une assez grande rapidité. La question et l'enquête secrète sont les traits les plus saillants de la procédure inquisitoire, qui, introduite au treizième siècle par les juristes des sièges royaux dont l'influence grandit sans cesse, finit, au seizième siècle, par envahir l'Europe entière, à l'exception — apparente ou partielle, — de la seule Angleterre. Comment s'est accomplie cette transformation ? Ici il n'y a pas le moindre doute, nous marchons en pleine lumière historique. Le foyer de cette contagion a été un coin de l'Italie d'où, vers le milieu du douzième siècle, la découverte, l'exhumation du droit romain à demi enseveli, par les criminalistes de l'école de Bologne, a jeté le trouble dans tous les tribunaux féodaux et bouleversé leurs petites jurisprudences coutumières. C'est d'ailleurs par les cours supérieures de justice que cette innovation a commencé, puis elle s'est vulgarisée dans les tribunaux inférieurs (1). En Espagne, dès la fin du douzième siècle, l'action des criminalistes bolonais se fait sentir. A peine ouvertes, les écoles d'Italie sont encombrées d'étudiants espagnols. « Bientôt, dit Esmein, on oublia, on mit de côté les lois, *fueros* et coutumes nationales, pour suivre les maximes italiennes. » Les lois d'Alphonse le Sage ne firent que consacrer ces changements. En Allemagne, l'influence de l'Italie n'a pas tardé non plus à devenir dominante (2). « La procédure, issue du droit romain et du droit canonique, telle que l'avaient fixée les docteurs d'Italie, fait de rapides progrès (aux quinzième et seizième siècles) ». La torture, nous dit encore M. Esmein, fut employée « à l'exemple des Italiens »; les docteurs allemands puisaient toutes leurs connaissances chez les docteurs italiens dont ils présentaient les pâles copies. — Il faut que cette épidémie au moyen-âge ait été bien irrésistible pour avoir atteint l'Angleterre même, si close en ses vieux us. Les Anglais, il est vrai, se vantent de n'avoir pas connu la question, et nous l'ont fait croire; mais, sous Edouard Ier, au moment où elle se répandait sur le continent, ils se sont mis à pratiquer cette torture renforcée, avec la mort en plus, qu'ils appelaient *la peine forte*

---

(1) Du Boys, *Histoire du droit criminel chez les peuples modernes*, t. I.
(2) Voir à ce sujet les lamentations, non sans raison parfois, de M. Jean Janssen. (*L'Allemagne à la fin du moyen-âge*).

et dure (1) et qui a sévi plusieurs siècles dans ce pays de toutes les libertés. — En France, où la civilisation de l'Italie sous toutes ses formes a pénétré rapidement, surtout depuis l'expédition de Charles VIII, on ne peut douter que l'inspiration directe des italiens n'ait dicté les ordonnances royales de 1498, de 1539, de 1560, de 1566, de 1577, qui ont préparé les voies à la grande ordonnance de 1670.

Ainsi, partout, le prestige des institutions ancestrales, des méthodes inventées par les aïeux, ayant décliné, on lui a substitué, du XIII° au XVI° siècle, le prestige des institutions italiennes, des inventions à la mode. (2) — Or, chose remarquable, si odieuse que fût la question, et malgré son origine étrangère, elle s'est promptement enracinée en coutume nationale, à tel point que les ordonnances françaises, plus haut rappelées, qui prescrivent ou consacrent l'emploi de la torture, ont été à plusieurs reprises approuvées par les États-généraux et par les assemblées de notables. Les trois ordres se sont toujours rencontrés ici, exceptionnellement, dans un concert unanime d'éloges ! En 1614 même, « nous trouvons dans les cahiers des vœux qui tendent à aggraver les duretés de la procédure ». A la fin du XVIII° siècle encore, la question comptait d'illustres défenseurs. De même que les courses de taureaux en Espagne ont fini par devenir l'occupation principale et la grande affaire de certaines gens, ou les jeux du Cirque à Rome, on n'a pas de peine à trouver en Europe, aux XVI° et XVII° siècles, des dilettante de la torture, tels que le Perrin Dandin de Racine, ou Hessels, de Gand, l'un des commissaires du duc d'Albe pendant la révolte des Pays-Bas. « Il était laborieux, dit M. Forneron *(Histoire de Philippe II)* mais sa passion dominante était le spectacle de la torture. Il aimait à voir l'accusé

---

(1) V. Du Boys à ce sujet. Quand un accusé n'avouait pas, on le remettait en prison, renversé sur le dos, avec un poids énorme sur la poitrine, presque sans boire ni manger; et, s'il persistait à nier son crime *jusqu'à en mourir*, on le considérait comme innocent. C'était grand profit pour sa mémoire. Les Anglais auraient pu nous faire d'autres emprunts que la torture, comme nous-mêmes nous aurions pu leur emprunter autre chose que le jury.

(2) Le motif avoué de l'emploi de la torture fut partout que « d'un côté, on ne croyait plus aux ordalies et aux *co-jurantes*, et que, d'autre part, on ne voulait pas prononcer une condamnation sur des indices seulement, quelle que fût leur force. » Il fallait l'aveu à tout prix, ou la preuve de l'impossibilité d'avoir l'aveu.

suspendu par les mains, soulevé par la poulie, désarticulé, crachant le sang, commençant des aveux, les rétractant, les complétant sous de nouveaux tours de poulie. » Cette atrocité s'était donc fortement acclimatée partout comme jadis le duel judiciaire, et plus largement encore, en ce sens qu'elle régnait avec une plus grande uniformité sur un plus grand nombre de justiciables. — Mais, par la même raison qu'on s'était dégoûté du duel judiciaire vers le xII° siècle, ou s'est dégoûté de la question à partir du siècle passé. Alors a sévi une épidémie nouvelle, la mode anglaise du jury.

Le jury ne procède nullement des forêts germaines ; il est né, en 1215, comme l'ont démontré Du Boys et d'autres auteurs (1), de l'embarras qu'ont éprouvé les juges *itinérants* d'Angleterre pour se passer des ordalies que le Concile de Latran venait d'interdire. Tandis que sur le continent l'idée de la torture est venue s'offrir à propos, les Anglais ont imaginé, avec infiniment plus de sagesse sans nul doute, de rassembler douze voisins de l'inculpé (2) quand il n'avouait pas et de considérer « leur *conviction* relativement à l'existence et à l'auteur du crime » comme l'équivalent du jugement de Dieu. C'était d'autant plus naturel que depuis longtemps, l'embryon du jury, sous le nom de *preuve par le pays*, existait dans le système accusatoire des Anglais : et cette preuve y était mise sur le même rang que la *preuve par la bataille*. Entre les deux, l'accusé avait le droit de choisir. L'équivalence des ordalies et du jury est attestée par là. Il faut songer qu'à cette époque on était porté à croire le Saint-Esprit présent dans toute réunion un peu solennelle de chrétiens ; un jury pouvait paraître une espèce de concile, divinement inspiré. — Il était destiné à procurer, lui aussi, l'illusion de la certitude. Une présomption d'infaillibilité oraculaire était attachée par la foi religieuse, comme plus tard par la foi philosophique et humanitaire, à des décisions *non motivées*. Dès son origine du reste, on le voit, le verdict n'a été, comme de nos jours

---

(1) Voir notamment son *Hist. du droit crim. de la France*, t. 2, p. 555 et s.
(2) Sur ces origines un peu obscures du jury anglais, on peut consulter encore Mittermayer (*Traité de la procédure criminelle* trad. fr., p. 419 notamment). Son explication diffère un peu de celle de du Boys, mais elle se concilie au fond avec elle. V. aussi l'*hist. du peuple Anglais*, par M. Green, trad. Monod (1888).

encore, qu'un acte suprême d'information, un *constat* de fait, non un jugement proprement dit ; et, s'il prend de plus en plus la couleur d'un arrêt, si le jury se substitue en réalité à la cour d'assises, c'est par une véritable usurpation de fonctions. Les jurés anglais étaient si bien considérés comme de simples témoins, primitivement, que jusqu'à Edouard III, au xive siècle, aucun témoignage ne pouvait être produit devant eux, et de nos jours encore, en Angleterre, quand l'accusé avoue, le jury est incompétent, parce qu'alors la preuve est faite. C'est parce que le juré est une espèce de témoin inspiré qu'on ne lui a jamais demandé de motiver un verdict et qu'on repousse même cette idée autant qu'on repousserait celle d'un arrêt sans motif. En effet, est-ce qu'un témoin a besoin de motiver, de *prouver* ses dires, qui sont précisément la preuve cherchée ? — Au début de la Révolution française, la France s'est trouvée dans un embarras analogue à celui des *justitiarii itinerantes* de 1215 ; la torture venant d'être supprimée, il s'agissait de la remplacer. Il est certain qu'à ce moment l'exemple de l'Angleterre, devenue à divers égards le point de mire des philosophes français, prestigieux et rayonnants novateurs du dernier siècle, a été le motif déterminant de l'importation du jury en France d'abord, puis par contagion, dans la plupart des nations européennes, et au-delà des mers, dans l'Amérique du Sud. Cette mode, en effet, s'est étendue bien plus loin que celle de la torture, elle couvre la moitié du globe (1). — C'est sciemment, du reste, qu'on a importé le jury anglais. « Les cahiers de 1789, dit M. Esmein, avaient réclamé le jugement par jurés en matière criminelle ; ils recommandaient qu'on étudiât les institutions anglaises. C'est bien l'Angleterre qu'on imitera. On s'avancera même tellement dans cette voie qu'on sacrifiera, pour que l'imitation soit complète, quelques-unes des meilleures créations du génie français, (2) » l'institution du ministère public par exemple. Les rédacteurs du projet de la Constituante « sacrifièrent les insti-

---

(1) Chose étrange en vérité, que cet enthousiasme suggéré au siècle le plus raffiné et le plus artificiel, le plus épris du rationnel et du factice en tout, à notre xviiie siècle français, pour la procédure criminelle de l'Angleterre, c'est-à-dire pour ce qu'il y a de plus archaïque et de plus inculte en fait de procédure !

(2) Observons que M. Esmein est grand partisan du jury.

tutions traditionnelles aux principes de la procédure anglaise. »
Ce qui n'a pas empêché, en France et partout, le jury de devenir
à son tour la plus sacrée des coutumes auxquelles il est défendu
de toucher sous peine d'excommunication majeure. Cette coutume, si vite implantée, a un solide appui populaire dans la routine, et dans la plus incurable des routines, celle qui se prend de
bonne foi pour le progrès; dans la science même, elle compte des
défenseurs éloquents, aussi opiniâtres, aussi sincères malgré leurs
lumières, que l'était Muyart de Vouglans, à la fin du xviiie siècle,
quand il défendait passionnément la cause de la torture.

Mais voici qu'un vent nouveau souffle encore; depuis quelques
années s'élèvent de toutes parts des objections timides d'abord,
puis des accusations formelles, des raisons graves, des statistiques écrasantes, contre le pouvoir fantasque et insensé, qui
subsistait par la vénération aveugle de tous. On relève ses inep-
ties, on raille ses contradictions et ses méprises; on le traite
comme on se mit à traiter la Sybille, avec ses rébus non plus
incompréhensibles que certains verdicts, dans les derniers temps
du paganisme. Nul ne le craint plus parmi les coquins, nul
parmi les honnêtes gens ne le respecte plus. Son discrédit
complet est proche, sinon sa fin. Il s'agit maintenant d'apprécier
la portée des reproches qu'on lui adresse.

III

L'ignorance, la peur, la naïveté, la versatilité, l'inconséquence,
la partialité tour à tour servile ou frondeuse, des jurés, sont
prouvées surabondamment. On en cite mille traits caractéristiques, mais laissons ces anecdotes, si instructives qu'elles
soient (1).

(1) M. Lacassagne (*Revue scientifique*, 29 décembre, 1883) nous donne ce
souvenir personnel : après un verdict d'acquittement dans une affaire d'infanticide où il avait été beaucoup question du fœtus, on trouve sur le banc des
jurés cette note de l'un d'eux : « *Le fétusse c'est l'enfant.* » Le principal
intérêt de l'affaire, pour lui, avait été d'ajouter cette notion à ses connaissances.
Je tiens du chef d'un jury ce renseignement que, dans une affaire très grave,
sur 7 *oui* l'un étant écrit *voui*, on crut devoir voter de nouveau : il n'y eut
plus alors que 6 *oui*, l'auteur du *voui* ayant écrit *non* parce que l'orthographe
de *non* mais point celle de *oui*, lui était connue... etc. etc.

Le premier venu, quelle que soit sa profession et pourvu que sa moralité ne soit pas trop au-dessous de la moyenne, peut être juré ; si par hasard, il est suspect de quelque compétence judiciaire, on se hâte de le récuser. Son mérite est dans son incompétence. Comment s'étonner, après cela, de son insuffisance? On tire au sort ces singuliers magistrats (1) : c'était sans doute une garantie de haute sagesse aux époques superstitieuses qui attachaient à l'élu du sort un caractère providentiel (2) ; mais ce qui est plus aléatoire encore que le choix de leur personne, c'est le sens de leur décision. Elle dépend, d'abord, du plus ou moins d'éloquence dépensée par l'avocat, et de quelle éloquence! Les salles d'assises semblent être le conservatoire de tous les lieux-communs de la rhétorique démodée. Elle dépend, en outre, d'influences moins avouables et plus dangereuses encore. En Sicile, d'après M. Garofalo, le jury est esclave de la *maffia*; à Naples, de la *camorra* (3); en Romagne, de la passion politique contre le gouvernement actuel; en Espagne, il y a peu de temps, de la *mano nera*. Ajoutons : en Corse, de l'esprit de clan et du banditisme; en France, de l'esprit d'opposition ou de parti, de la presse, de l'auditoire. En Russie, comme ailleurs, il se garde de condamner les gens haut placés. En Angleterre même, il est faible devant la menace verbale ou écrite (4). Cependant le jury anglais est le meilleur du monde entier; il est relativement sévère, il est plein de déférence pour le juge qui préside, il consulte parfois des manuels du juré, composés à son usage ; on ne perd pas son temps chez nous à écrire de pareils livres. Malgré tout, il scandalise le public anglais par

(1) Aux yeux de Turgot, c'était une raison suffisante de repousser l'établissement du jury.

(2) Pourquoi 12 jurés, plutôt que 10 ou 20? La prédilection pour ce chiffre, en un siècle imbu du système décimal, ne se comprendrait pas, si l'on ne savait les vertus mystiques qui étaient jadis attribuées à certains nombres, et notamment à celui-là.

(3) Le jury, en Italie, paraît être plus mauvais qu'ailleurs. Il est vénal. On ne verrait pas en France, le soir d'un acquittement, les jurés prendre part à un festin offert par les accusés. Le fait est indiqué par M. Garofalo comme ayant eu lieu à Polenza, en 1879.

(4) Voir des traits cités dans une petite brochure sur l'*Institution du jury* par M. Emile Bouvier (Lyon, 1887), p. 33. — Dans certains états de l'Amérique du nord, d'après Duboys, on a dû, quand l'accusé est franc-maçon, autoriser l'accusateur à récuser le juré franc-maçon.

ses acquittements sans raison. Lord Kingsdown disait déjà à la Chambre des Lords en 1859, « qu'il vaudrait mieux abolir l'institution du jury que de la maintenir telle qu'elle est. » (1) M. Taine, dans ses *Notes sur l'Angleterre*, a recueilli des plaintes semblables. On va plus loin maintenant; en 1884, M. James Stéphen un des jurisconsultes éminents d'outre-Manche, a écrit un livre contre le jury, avec un grand succès. Cette institution étant ainsi traitée dans son propre berceau, ne soyons pas surpris d'apprendre qu'en Corse, parfois, quand la victime d'un assassinat ne paraît pas suffisamment vengée par le verdict, ses parents, « au sortir de la cour d'assises, complètent à coups de fusil l'œuvre des jurés » (2) et qu'à New-York, en 1884, l'indulgence géminée du jury a provoqué dans les rues une émeute sanglante où cinquante personnes ont trouvé la mort (3). On sait aussi que, le 15 mars 1891, à la Nouvelle-Orléans, 11 accusés sur 19 ont été massacrés par la population exaspérée parce que le jury dont ils étaient justiciables était suspect d'intimidation. L'habitude, j'allais dire l'institution du *lynchage*, cette monstruosité américaine est née du jury, auquel elle sert de barbare antidote : *similia similibus*. On aurait pu croire que cette atroce et sommaire procédure avait pour cause l'état anarchique des premiers colons, et que, par suite elle irait disparaissant avec les progrès de la civilisation. Mais les statistiques américaines ont prouvé qu'il n'en est rien. Elles comptent « en 1884, 103 exécutions légales contre 219 lynchages; en 1885, 108 contre 181; en 1886, 83 contre 133; en 1887, 79 contre 123; en 1888, 87 contre 144; en 1889, 98 contre 175. » (4) La proportion des lynchages croît donc sans cesse.

Ces exemples montrent, entre parenthèses, à quel point le jury possède peu le faible mérite même de réfléter l'opinion. Sous l'action absorbante de l'avocat, les douze jurés sont soustraits au sentiment populaire, comme un peu d'eau de mer recueillie dans un vase cesse de ressentir le mouvement des marées. Le jury ne possède pas davantage les qualités

---

(1) Loiseleur, *Les crimes et les peines*.
(2) Arthur Desjardins, *La loi de Lynch* (Revue des Deux-Mondes, 15 mai 1891).
(3) *En Corse*, par Paul Bourde.
(4) Enrico Ferri, *Nuovi orizzonti*.

politiques qu'on lui prête je ne sais pourquoi. Dans les temps troublés, et même à l'état normal, dans les causes où la politique intervient, il est servile ou il est rebelle, et aussi redoutable dans le dernier cas que dans le premier. Tantôt « tribunal de terreur » dit Mittermayer, par exemple en France sous la Révolution et la Restauration, en Angleterre aux xvi° et xvii° siècles, tantôt instrument de faction et encourageant tous les excès du journalisme, il a prouvé qu'il n'y a point d'indépendance et d'impartialité vraie sans un certain degré d'intelligence. C'est le jury d'Athènes, le tribunal des Héliastes, qui a condamné Socrate et Phocion à mort ; c'est le jury anglais qui a envoyé à l'échafaud Thomas Morus. « En France, le grand argument contre la peine de mort est la condamnation injuste de Lesurques, une autre victime du jury. » Il est à croire que, si nous avions eu le jury dans l'ancienne France, les procès de sorcellerie et d'hérésie, tant reprochés, et avec raison, à la magistrature, auraient été bien plus multipliés encore et plus rigoureusement jugés ; si des magistrats éclairés, comptant des esprits supérieurs dans leurs rangs, n'ont pas échappé à cette aberration, jusqu'où auraient pu aller des jurés ignorants ? Dans les colonies anglaises de l'Amérique du Nord ceux-ci étaient remarquablement terribles contre les hérétiques et les sorciers, d'après Mittermayer ; il est à remarquer que le jury de ces colonies se conformait en tout à celui de la métropole. (1)

On voit que le jury sait être sévère, quand il faudrait acquitter. On voit aussi qu'en religion comme en politique, il laisse fort à désirer. Mittermayer reconnaît que « à l'époque où le pouvoir est corrompu et où le juge est lâche ou intimidé, il ne saurait être d'un grand secours pour la défense de la liberté ». Mais

---

(1) « Dans quelques vallées des Alpes, soumises à la juridiction ecclésiastique, comme par exemple dans celle d'Abbondanza dans le Chablais et de Chamounix au pied du Mont-Blanc, la justice criminelle était exercée par le peuple, par l'intermédiaire des chefs de familles, que l'on appelait *hommes de coutumes*, parce qu'ils étaient les gardiens des anciennes coutumes du pays. » Il ne faut pas croire que ces hommes de coutumes, siégeant en jurés, fussent plus cléments que les magistrats ordinaires. On les voit, en 1462, condamner au supplice du feu un grand nombre d'hommes et de femmes poursuivis pour hérésie, et « une pauvre femme appelée Perroneta de Ochiis, accusée de commerce charnel avec le démon, fut avant d'être brûlée, assise toute nue pendant la vingtième partie d'une heure (trois minutes) sur un fer rouge. » (*Cibrario*, t. I, p. 140).

alors à quoi est-il bon ? (1) Car, d'autre part, on a dû reconnaître par expérience que, appliqué aux crimes de droit commun, quand ils sévissent avec une grande intensité, il est d'une impuissance désolante. La Sicile et la Corse le savent trop. Quand le Premier Consul résolut de mettre fin au brigandage rural qui régnait dans plusieurs régions de la France, il fut obligé de faire juger les brigands par des tribunaux d'exception. Toutes les fois, du reste, qu'on veut assurer l'exécution des lois, on doit faire échec au jury : de là l'usage croissant de la correctionnalisation, qui équivaut à sa suppression partielle et graduelle. Quant au brigandage urbain, il se moque ouvertement des jurés ; le débordement du crime dans nos grandes villes ne tient-il pas en partie à cette cause? Si le jury est compétent en quelque matière, c'est bien en ce qui touche à l'honneur des particuliers. « Dans les questions d'honneur surtout, où la conscience parle plus haut et plus clairement que la loi, nulle juridiction ne saurait valoir celle du jury, » dit M. Beaussire dans ses *Fondements du Droit*. Oui, en théorie, mais voyons la pratique. « Il est impossible cependant, ajoute-t-il, de se dissimuler combien, dans notre pays, cette juridiction s'est montrée impuissante, *pour cet ordre de questions particulièrement*, à protéger les intérêts matériels et moraux dont elle est l'arbitre. » A cela, il est vrai, il y aurait un remède, d'après le regretté professeur ; ce serait l'établissement d'un jury spécial ; mais ce jury spécial, que serait-il, si ce n'est un tribunal d'experts, à savoir la juridiction qui est destinée, comme nous allons le voir, à remplacer en partie le jury ? Et si la nécessité d'hommes spéciaux ici se fait sentir, pourquoi pas aussi bien ailleurs ?

Ce qu'on reproche le plus unanimement au jury, c'est sa faiblesse. Son indulgence proverbiale n'est pas seulement scandaleuse par sa fréquence, et souvent honteuse par ses causes, elle est encore plus dangereuse par son objet. Elle s'attache à l'espèce de crime qu'il importerait le plus de réprimer là où elle s'exerce.

(1) En 1890, le parti au pouvoir en France, malgré son engouement traditionnel pour le jury, s'est vu forcé de faire un grand effort législatif pour lui enlever la connaissance des délits de presse. Ses arguments sont irréfutables. Fort bien, mais, s'il vient à être décidé que le jury est incapable en cette matière, qui a toujours été considérée comme sa spécialité propre, *à fortiori* devra-t-on se hâter de proclamer son incapacité à tous autres égards.

Suivant le docteur Jacoby, le jury américain est aussi clément pour toutes sortes de fraudes que le jury italien pour les coups de couteau ou le jury corse pour les coups de fusil. C'est dans les provinces méridionales de l'Italie, où les crimes de sang atteignent un chiffre effrayant, que le jury italien leur témoigne le plus de faveur ; c'est dans les régions de l'Italie et de la France où les vols prédominent, que les jurys italiens et français montrent aux voleurs le moins de sévérité (1). J'entends de sévérité relative ; le vol est, effectivement, le seul délit que les jurés, propriétaires en général, éprouvent le besoin de frapper : encore ont-ils soin de se contredire après cela, en absolvant à qui mieux mieux les faux, les abus de confiance, les banqueroutes frauduleuses, ces vols sur une grande échelle. En Bretagne, ils sont féroces pour l'infanticide, apparemment parce que ce crime y est très rare et plus motivé qu'ailleurs, par la crainte du déshonneur. Dans les régions où ce crime est commun, et où les filles-mères ont moins à redouter la flétrissure d'une opinion aussi charitable pour elles que leur jury, celui-ci les acquitte régulièrement. Il eût été urgent qu'il sévît dès la première affaire de vitriol amoureux pour en prévenir la répétition ; sa complaisance en a fait un mal épidémique. Il y a mieux : en 1887, le jury de la Loire a acquitté, malgré l'évidence des preuves, une fille qui avait assassiné sa mère pour la voler. — On a beau multiplier les lois sur le recrutement du jury, rien n'y fait ; on peut à la faculté des circonstances atténuantes, qu'on lui a concédée, joindre bientôt celle des circonstances très atténuantes, rien n'y fera. L'institution pèche par la base ; et, si l'on songe à tous les homicides, à tous les infanticides, à tous les vols, à tous les incendies, à tous les faux, à tous les abus de confiance, à tous les viols, qui, sans elle, n'auraient pas eu lieu, on peut être excusable d'aller jusqu'à dire qu'elle a fait à la société plus de mal que la torture même.

Pourquoi donc, demandera-t-on, résiste-t-elle si fortement aux coups qui lui sont portés? Est-ce parce qu'elle serait liée indissolublement aux institutions parlementaires ? Je n'aperçois

---

(1) « Des membres du Tribunal de Marseille me disent que, non seulement la fraude y est en honneur, mais qu'on y voit acquitter par le Jury les fraudeurs qui ont avoué. » (Joly, *La France criminelle*, 1890) — Ah ! si la magistrature se permettait une seule énormité de ce genre, quel *tolle* contre elle ! Mais le jury peut tout se permettre.

pas ce lien (1). Est-ce parce qu'elle a été, malgré tout, un progrès de notre civilisation ? Elle l'a été, elle ne l'est plus. Il n'est rien de moins progressif qu'elle, rien de plus stationnaire, pendant que la magistrature, animée d'une émulation professionnelle qui s'explique par l'imitation réciproque de ses membres entraînés dans un courant d'utiles exemples accumulés, ne cesse de remplir ses fonctions, à certains égards du moins — je ne parle pas de l'audience correctionnelle, — avec un zèle, une intelligence et un accord croissants, attestés par les statistiques. Il est vrai que le chiffre proportionnel des acquittements par le jury est tombé graduellement, de 37 pour 100 en 1831, à 17 pour 100 en 1880 ; mais, ce résultat est dû, dit le compte-rendu officiel de 1880, à « la scrupuleuse attention que les magistrats apportent de plus en plus à l'examen des affaires avant d'en ordonner le renvoi devant les juridictions compétentes », et aussi à la correctionnalisation qui ne laisse arriver au jury que les crimes les plus graves et les mieux prouvés. — Ne parlons donc ni de progrès, ni de liberté, à propos du jury ; sa force est ailleurs. Elle consiste dans la difficulté de le remplacer.

Là est sa vraie raison d'être, sans compter la force de l'habitude. Que mettre à sa place, en effet, pour le moment, sinon la magistrature actuelle ? Or, malgré l'éloge qui vient d'en être fait, celle-ci est on ne peut moins préparée à prendre sa succession (2). M. Garofalo, parmi les novateurs, est celui qui a le

(1) On a dit la même chose de la garde nationale, aussi longtemps qu'elle a vécu.

(2) Malgré tout, la supériorité de lumières et d'intelligence ne laisserait pas de se faire sentir heureusement, si dès maintenant on substituait la magistrature assise au jury. Non seulement on y trouverait l'avantage d'une jurisprudence fixe, c'est-à-dire d'une justice égale pour tous, et l'on éviterait le scandale de verdicts successifs et diamétralement contraires dans des affaires toutes pareilles, mais encore, dans bien des cas, on peut affirmer que la culpabilité ou même l'innocence des accusés serait beaucoup mieux reconnue. Par exemple, en 1841, dans l'affaire La Roncière, une erreur judiciaire, devenue évidente aujourd'hui, grâce aux progrès de la pathologie cérébrale, a été commise au préjudice de l'accusé, qui, sur la foi d'une hystérique hallucinée, a été condamné à 10 ans de travaux forcés. On peut lire des détails à ce sujet dans le dernier livre de M. Liégeois, *De la suggestion* (Douai 1889). A présent, même devant un jury, cette monstrueuse condamnation n'aurait probablement pas lieu. Mais en 1841, elle eut répugné déjà invinciblement à une cour criminelle composée de conseillers éclairés. En effet, le president de la cour d'assises disait alors « qu'il se serait fait couper le cou plutôt que de signer le verdict de culpabilité. » En cela il pressentait l'arrêt définitif porté sur cette affaire, trop tard malheureusement par M. Brouardel, M. Legrand du Saulle, M. Liégeois, et autres bons juges.

mieux senti cela, peut-être parce qu'il est magistrat. S'il repousse l'idée de confier aux corps judiciaires le soin de juger les grands criminels, ce n'est pas, bien entendu, qu'il se range au paradoxe banal sur le danger du savoir, qui fausserait l'esprit, et sur le danger de l'expérience professionnelle, qui insensibiliserait le cœur; comme s'il fallait, avant tout, ne pas être chirurgien pour procéder à une opération chirurgicale! Ce qu'il reproche à ses collègues, c'est précisément de n'avoir pas le genre d'expériences et de lumières que réclame son école, non sans motif, pour la bonne administration de la justice criminelle. Ils sont juristes, et ils doivent l'être, puisque, à l'exception de quelques juges d'instruction, ils ont le devoir de s'absorber à peu près exclusivement dans les affaires civiles, et n'ont le temps de donner aux autres qu'un débris de leur attention. Ils n'ont appris, à la faculté, le droit criminel que comme un accessoire du droit civil; ils ne l'ont étudié que *civilement*, syllogistiquement, sans nul égard aux réalités psychologiques ou physiologiques, sans s'inquiéter ni se douter des rapports du crime avec les sciences naturelles non plus qu'avec les sciences sociales, avec la dégénérescence et la folie non plus qu'avec le progrès et la civilisation. Aussi la manière dont ils expédient les affaires correctionnelles, avec une indulgence presque aussi lamentable parfois que celle du jury, avec un abus des courtes peines qui est compté officiellement parmi les causes du progrès de la récidive, peut-elle faire sérieusement hésiter à leur demander la solution des affaires criminelles. « Les juges actuels, dit Garofalo, sont peut-être, parmi tous les fonctionnaires du gouvernement, les moins aptes à ce travail. Accoutumés par le genre de leurs études à faire abstraction de l'homme, ils ne s'occupent que de formules. Car le droit (civil) est complètement indifférent à tout ce qui regarde le physique et le moral des individus; la bonté ou la méchanceté d'un créancier ne saurait avoir la moindre influence sur la validité de sa créance. Ce caractère strictement juridique est très éloigné de la science pénale, qui a pour but de lutter contre une infirmité sociale, le délit. Le membre d'un tribunal appelé à juger en matière pénale garde toutes ses habitudes; ce n'est pas l'individu qui attire son attention, c'est la définition légale du fait qui le préoccupe. » Il subtilisera à l'infini, par exemple, sur notre article 405, et décidera que le simple mensonge ne suffit jamais à constituer la *manœuvre frauduleuse* exigée par cet article pour le fait d'escroquerie; le plus petit bout de papier montré par un escroc à l'appui de ses dires le fera donc condamner, tandis que la trame la mieux ourdie de ruses verbales lui vaudra un acquittement encourageant. Malgré mon profond respect pour la cour de cassation, je me permets de penser qu'il est des façons de mentir propres à duper l'homme le plus fin, et que chaque espèce ici doit être examinée à part; je me permets de croire aussi que, dans la bouche d'un inculpé dont les tendances déplorables sont déjà attestées par son dossier, par ses antécédents, par ses réponses et son attitude à l'audience, le mensonge le moins subtil présente une gravité exceptionnelle et, dans certains cas, démontre la nécessité d'une répression. Ce n'est pas le seul cas où le juge civil jugeant au criminel soit induit en erreur par ses habitudes; parfois elles le conduisent à des arrêts surprenants qui induisent en erreur le public lui-même, porté à les interpréter trop sévèrement. Le public ignore le plaisir *sui generis* que trouve un jurisconsulte à arguer de sa logique syllogistique habituelle pour contrecarrer les jugements de sens moral et prouver aux ignorants que, là où ils voient un délit, escroquerie, vol, abus de confiance, il y a un simple *dol civil*. — « Enfin, le juge oublie facilement que la peine qu'il inflige doit, avant tout, servir à quelque chose; qu'on atteint l'utilité par des moyens divers selon les individus, et que, partant, c'est l'examen des individus qui doit déterminer l'espèce et la mesure de la peine. » Pourquoi vient-il de condamner tel prévenu à 6 mois de prison, plutôt qu'à 8 jours ou à un an? Parce qu'il se souvient d'avoir, il y a une semaine ou un mois, dans une affaire analogue ou *paraissant* analogue, prononcé une condamnation semblable; il n'y a pas d'autre raison à chercher. Quand il a ainsi sa « jurisprudence », c'est pour colorer son arbitraire absolu et se le dissimuler à lui-même. A vrai dire, il est désorienté à l'audience correctionnelle (1).

(1) Il n'est point certain que la magistrature actuelle, si elle se substituait au jury, fût plus sévère que lui dans l'ensemble de ses décisions. Elle serait seulement plus égale envers tout le monde dans la mesure de sa sévérité ou de

Voyez le même homme siéger à l'audience civile: là il retrouve son pôle. Il n'est si mince et si byzantine question de procédure qui ne le captive, où il ne soit charmé de découvrir un côté *délicat*; si, par hasard, la question est neuve, ce qui, à cette heure, signifie oiseuse et insignifiante à un degré éminent, son intérêt se transforme en passion, et, entre l'avocat et lui, c'est alors une émulation fiévreuse de recherches et de subtilités, de fouilles dans les arrêts et les auteurs, pour parvenir à résoudre un cas si rare, à enrichir la collection judiciaire de cette variété non classée. Ne rions pas de ce profond sérieux, ne regrettons même pas trop la dépense de temps et de force intellectuelle enfouie dans ce labeur : la fixation d'une jurisprudence uniforme et complète était à ce prix, et ce n'est pas trop cher acheter un bien si précieux pour la sécurité publique. Mais, le lendemain, à l'audience correctionnelle, le spectacle est autre : des visages laids, je le veux, mais expressifs, des physionomies qui sont autant d'énigmes sociales ou pathologiques à déchiffrer, défilent sous les yeux distraits du tribunal et du barreau; ni l'avocat ni le juge ne remarquent les graves problèmes posés par ces malheureux et ne croient utile d'interroger à fond leur passé, de consulter à leur sujet parfois un bon médecin légiste, un vieux gardien de prison, de faire une enquête. Cela demanderait trop de temps et de frais. S'il s'agissait d'une haie ou d'un chemin sans valeur que deux plaideurs se disputent, on ordonnerait un transport sur les lieux, un plan des lieux colorié serait dressé par un géomètre, rien ne serait trop coûteux ; mais il ne s'agit que des plus noires obscurités de

son indulgence relative. — Avantage non à mépriser en un temps qui se dit possédé d'une telle soif d'égalité. — M. de Holtzendorff remarque qu'en Hollande, dans les années qui ont précédé l'abolition complète de la peine de mort, les magistrats, jugeant seuls et sans adjonction de jurés, se sont montrés plus indulgents encore, plus portés aux acquittements, pour éviter la peine capitale qui leur répugnait, que les jurés des pays voisins. — La grande différence actuelle entre le jury et la magistrature, à ce point de vue, serait, je crois, celle-ci. Le jury, étant plus ignorant, est surtout l'écho de l'opinion déjà faite, déjà assise dans les préjugés populaires; la magistrature, étant plus éclairée, refléterait davantage l'opinion en train de se faire. On peut être assuré que si, au XVIII° siècle, en France, les crimes avaient été soumis au verdict des jurés et non à l'arrêt des conseillers aux Parlements, teintés en général du sentimentalisme ou du « philosophisme » à la mode, les exécutions capitales et les tortures atroces eussent été bien plus prodiguées.

l'âme à éclaircir, et le même juge, qui, se croyant incapable de dessiner lui-même le croquis d'un champ ou de vérifier si deux écritures se ressemblent, invoquait hier le secours problématique d'un agent-voyer ou d'un maître d'école, estime à présent pouvoir parfaitement se passer d'un aliéniste. Pourtant, un siècle qui se dit savant se doit à lui-même, ce me semble, de juger savamment ses délits, dont il est si prodigue. — Certes, si la magistrature de l'ancien régime, en cela semblable à la nouvelle, n'eût pas donné une meilleure opinion d'elle au civil qu'au criminel, il est probable que nous jouirions depuis longtemps du jury civil, pour la plus grande joie des agents d'affaires.

L'intelligence et la capacité du personnel judiciaire sont hors de cause ; un magistrat d'un niveau intellectuel moyen, si on l'arrache aux procès et si on l'attache spécialement aux crimes, ne tarde pas, en général, à devenir un assez bon juge d'instruction. Mais c'est le mélange alternatif des deux occupations qui est déplorable. Où l'a-t-on rencontré, espère-t-on, du moins, le trouver dans tous les tribunaux, ce juge encyclopédique qui doit se plaire tour à tour à démêler les arguties des plaideurs et à lire dans les yeux des malfaiteurs, et exceller dans les deux cas? On peut-être sûr que, s'il a l'une de ces aptitudes, l'autre lui manquera ; que, s'il possède la vigueur et la subtilité logiques réclamées pour le maniement des dossiers civils, la profondeur et la finesse psychologiques exigées pour l'étude des délinquants lui feront défaut. C'est l'occasion ou jamais d'appliquer ce fameux principe de la division du travail que l'économie politique, avec tant d'exagération il est vrai, préconise dans sa sphère. Séparons nettement, donc, les deux magistratures, l'une criminelle, l'autre civile ; spécialisons et localisons chacune d'elles dans sa tâche propre (1) ; dispensons, par exemple, le ministère public d'assister à l'audience civile

---

(1) L'expédition des affaires civiles y gagnera tout autant que celle des affaires criminelles. Un magistrat commence par faire rapidement sa carrière dans les Parquets, puis il s'asseoit comme président, comme conseiller et exerce des fonctions auxquels il n'est nullement préparé par ses travaux antérieurs. La faiblesse juridique souvent reprochée à la magistrature provient de là. Il y a urgence de mettre fin à cet abus, malgré de brillantes exceptions à la règle .

où il perd son temps d'ordinaire, sauf quand il conclut et fait perdre à ses collègues le leur (1), et où des raisons historiques,— oserai-je ajouter un certain besoin inconscient de symétrie qu'il satisfait en faisant face au greffier ? — expliquent seul sa présence ; enfin, ayons non pas des chambres correctionnelles mais des tribunaux correctionnels spéciaux comme nous avons des commissaires de police spéciaux, qui ne sont pas en même temps des juges de paix ou des arbitres. Mais d'abord, ne serait-il pas bon de commencer par soumettre à un apprentissage spécial ces futurs justiciers, qui, non moins que nos policiers, doivent être façonnés de longue main ? Dès l'école de Droit, peut-être, il y aurait lieu d'imposer aux jeunes gens qui se sentent la vocation « criminologique », la fréquentation règlementaire des malfaiteurs dans la prison, et l'étude psychologique, sinon physique, avant tout biographique et domestique, de quelques-uns d'entre eux, sorte de vivisection morale. Ils feraient obligatoirement partie des sociétés de patronage, si insuffisantes encore, et peut-être, à raison de leur âge, seraient-ils mieux accueillis des prisonniers que ne le sont en général les personnes graves ou investies d'un caractère officiel, parmi lesquelles elles se recrutent. Un vœu de ce genre a été formulé au Congrès de Rome. L'idée est-elle réalisable ? Non, diront les hommes pratiques ; les hommes pratiques sont ceux qui trouvent tout impraticable, comme les hommes de goût sont ceux qui font toujours les dégoûtés. Il est bien possible cependant qu'ils aient raison ici ; mais de cette proposition ou d'autres semblables on peut au moins retenir ceci, qu'il importe d'avoir enfin un noviciat de criminalistes. On voit partout se fonder, depuis quelques années, à Rome (dans l'ancien couvent de Regina Cœli), en Suisse, en Suède, en Danemark, en Allemagne des écoles normales destinées à l'éducation des employés de prison ; et on ne comprendrait pas l'urgence, on ne daignerait pas même discuter l'idée de créer dans notre enseignement supé-

---

(1) Les conclusions civiles du ministère public sont un utile exercice pour lui, soit, mais, si brillantes qu'elles puissent être, elles fatiguent inutilement le juge qui est déjà *fixé* après les deux plaidoiries et les répliques des avocats. Dans certaine causes, la loi exige ces conclusions ; mais la pratique montre là aussi leur profonde inutilité. Le plus souvent le magistrat qui tient le Parquet « s'en rapporte à la sagesse du tribunal. »

rieur une section particulière pour les magistrats qui ont à peupler les prisons et à en surveiller les employés !

Cette lacune une fois comblée, ces réformes opérées, le moment sera venu, croyons-nous d'enlever au jury les fonctions qu'il remplit si mal, et de les remettre à des juges inamovibles, préparés à ce rôle par un stage suffisant. Dans ces fonctions, il faut distinguer d'une part le pouvoir que le jury a possédé dès l'origine de faire par lui-même *preuve du fait*; d'autre part, celui qu'il a acquis plus tard ou usurpé d'être *juge du fait*, juge du droit même, et, indirectement, de la peine (1). Toute cette seconde partie de ses attributions devra revenir à la magistrature; quant à la première, oubliée et inaperçue aujourd'hui, jadis unique ou principale, à qui sera-t-elle livrée? qui sera, en ce sens, le successeur du juré? J'ai déjà nommé l'expert scientifique.

L'expertise médico-légale remonte haut dans le passé. Dès le xiii° siècle, elle commence à poindre, soit devant les tribunaux ecclésiastiques, soit devant les juges royaux. Un édit de Philippe-le-Bel (2) consacra plus tard son emploi; la *Caroline*, le code pénal de Charles-Quint, exigeait la visite et le rapport des médecins et chirurgiens dans les procédures criminelles, et un bref du pape Pie V (1565-1572) « proclama solennellement la compétence des hommes de l'art dans l'appréciation des faits médicaux en matière ecclésiastique (3). « Dans les procès de sor-

(1) Depuis que le jury, par suite de cette usurpation consacrée, rend de véritables jugements, il devrait être conséquemment tenu à motiver ses verdicts. Tant que ses verdicts passaient pour des inspirations d'oracles, probants par eux-mêmes, il était permis, à la rigueur, de comprendre ces décisions sans *attendu* ni *considérant*. Mais un jugement, un arrêt, doit être motivé; cela lui est essentiel; c'est la garantie la plus élémentaire et la plus certaine de la sagesse et de la justice des sentences judiciaires. Or, si l'on veut voir s'écrouler avant peu l'institution du Jury sous la risée universelle, qu'on oblige les jurés à développer, à indiquer, au moins, par écrit, les motifs de leur opinion. Je n'en demande là pas davantage; et je ne demande pourtant que le *minimum* des exigences auxquelles le justiciable a droit et qui ne lui ont jamais été refusées en pays civilisé, sauf par les inventeurs du jury.

(2) En 1391, le comte Amédée de Savoie étant mort dans des circonstances qui laissaient croire à son empoisonnement par un empirique, deux médecins furent appelés à se prononcer sur cette question, et leur avis fut favorable à l'accusé (V. Cibrario, *l'Economie politique au moyen-âge*, t. 1. p. 296 de la trad. fr.).

(3) Linas, *Dict. encyclop. des sciences médic.* Articles sur les *aliénés* et la *médecine légale*.

cellerie, notamment dans celui de Jeanne d'Arc, le médecin-expert intervient pour décider si la cause de la folie n'est pas naturelle, et quelquefois il enlève des victimes au bûcher. (1) Au xvii° siècle, paraît le grand ouvrage de Zacchias, intitulé *Questiones medico-legales*, où est étudiée par ses côtés les plus ardus la responsabilité pénale, ainsi que l'influence de l'épilepsie, de la catalepsie, du somnambulisme etc. Mais ce début, déjà remarquable par sa précocité, était loin de faire présager l'importance que devait avoir de nos jours la médecine légale. Au commencement de notre siècle, elle était encore accessible au premier médecin venu; à présent, elle est une science véritable, une haute et difficile spécialité; elle a ses chaires de plus en plus nombreuses, ses laboratoires de plus en plus suivis, ses maîtres nommés qui font école. L'accroissement constant des pouvoirs remis aux experts, surtout aux médecins légistes, n'est pas seulement dans les vœux des nouveaux criminalistes, elle est aussi dans les tendances de la pratique judiciaire. Il est étrange, comme le fait remarquer avec raison M. Henri Coutagne (*Lyon médical*, 24 juin 1888) que, pour la sauvegarde d'intérêts privés et purement pécuniaires, notre code civil ait égard non seulement à la folie déclarée qui peut conduire un homme à l'interdiction, mais encore à la demi-folie qui suffit à le faire pourvoir d'un conseil judiciaire, tandis que notre code pénal, ayant à protéger nos intérêts les plus graves et les plus généraux, ne daigne prendre en considération que la folie déclarée. Et il est au moins singulier que la loi, en matière civile, ait soumis à une procédure des plus compliquées la constatation du désordre cérébral, tandis que, en matière pénale, elle a omis de réglementer cet ordre de preuves. Déjà, dans plusieurs pays et notamment en Allemagne, il existe un *tribunal de super-arbitres*. Cette institution est approuvée, — signe des temps, — par un juge d'instruction distingué, M. Guillot, d'après lequel elle serait propre à éviter le spectacle de « magistrats et d'avocats, aussi incompétents les uns que les autres, venant discuter devant les jurés (plus incompétents encore, assurément) les

---

(1) Dans le 125° livre de l'*Histoire de de Thou* (1599), on trouve tout au long le récit d'une possession diabolique avec examen médical et dissertations médicales à ce sujet. Les médecins sont déjà en conflit avec les théologiens.

problèmes les plus délicats de la médecine et de la toxicologie. Un juriste ne voit à cela qu'une objection (1) et elle est bonne à reproduire : « L'établissement, dit-il, d'une commission supérieure de savants analogue au tribunal de super-arbitres, porterait atteinte au principe de la souveraineté du jury ». Cela est certain, mais il faudra bien en passer par là, à moins de rester toujours en arrière dans une voie de progrès scientifique non contestable où d'autres nations rivales nous ont devancés. D'une manière ou d'une autre, la science finira bien par prévaloir sur l'ignorance, même souveraine; telle est la puissance nouvelle, chaque jour grandissante, devant laquelle fatalement le jury disparaîtra (2).

Ainsi, je souscris pleinement sur ce point aux critiques formulées par l'école positiviste, et en partie à ses projets. En partie seulement; si la *droite* de cette école, représentée par M. Garofalo, ne va pas dans ses souhaits au-delà d'une réforme acceptable, la *gauche*, sous l'impulsion de M. Lombroso, serait disposée à aller beaucoup plus loin. Ses adversaires lui prêtent

(1) *Gazette des Tribunaux*, 29 avril 1887.
(2) Alors il est à craindre que l'expertise ne devienne à son tour l'objet d'une foi superstitieuse. Car il n'est rien d'infaillible ici-bas, pas même la science. Dans une affaire d'empoisonnement que j'ai instruite, les premiers experts découvrirent dans les organes de la victime une quantité notable d'alun et conclurent à l'empoisonnement par l'ingestion de cette substance. Rien n'était plus inacceptable *à priori* qu'une telle hypothèse. La contre-expertise prouva que ces savants, d'ailleurs recommandables, avaient trouvé de l'alun dans les organes examinés par eux *parce qu'ils y en avaient mis sans s'en douter*. L'alun est une combinaison d'alumine et d'acide sulfurique. Or, ils avaient fait usage, pour leurs réactions, d'acide sulfurique qui avait mordu la porcelaine des vases où ils opéraient. — Dans une affaire récente, jugée à Tours, un innocent reconnu tel depuis d'une manière éclatante, a été condamné à un mois de prison sur le rapport de trois experts qui avaient conclu *unanimement* à l'identité de son écriture avec celle de la pièce incriminée. — Plus fréquentes, si l'on en croit le docteur Paul Bernard (*Archives* n° 26) doivent être les erreurs de diagnostic relatives à ce qu'il appelle les *fausses morts subites*. Le passage est à noter, car il vient à l'appui de l'hypothèse que j'ai émise dans un chapitre antérieur sur le chiffre considérable d'homicides qualifiés morts accidentelles. « Un vieillard, dit-il, est trouvé mort sur la voie publique; le médecin appelé examine le corps et, en l'absence de traces de violences, conclut à une mort subite par apoplexie ou par rupture d'anévrisme. Dans un certain nombre de cas où ce diagnostic ne satisfît pas la justice, il est arrivé qu'à l'ouverture du corps l'expert a trouvé des lésions considérables n'ayant absolument pas de rapport avec la prétendue cause de mort invoquée... Que d'erreurs ont dû se commettre et peut-être que de morts criminelles ont ainsi échappé aux recherches de la Justice! » Notez que, depuis 1835, le nombre des morts subites a beaucoup augmenté.

d'étranges prétentions; tous tribunaux étant supprimés comme le jury, on verrait fonctionner à leur place des commissions d'aliénistes, juges sans appel, qui « après avoir vu l'inculpé, ouï ses dires, palpé sa tête, examiné minutieusement ses organes (1) », l'enverraient pour le reste de sa vie dans un *manicomio criminale* s'il avait le malheur de présenter certains caractères corporels. Il faut avouer que, si c'est là une médisance, elle n'est pas sans excuses; des paroles imprudentes y ont donné lieu. Très éloigné de tels écueils, M. Ferri espère cependant que toute la discussion, devant les cours criminelles, se réduira un jour, le fait incriminé une fois prouvé, à déterminer dans quelle catégorie de délinquants le condamné doit être placé, et à préciser en conséquence le genre de peine ou plutôt de traitement qu'il devra subir. Mais il faudrait d'abord s'accorder sur la classification des malfaiteurs, et nous savons que l'accord à cet égard ne règne pas parmi les novateurs. Nous savons aussi que leur penchant les porte à amoindrir la part des causes morales. Pour nous, l'expertise, même organisée en corporation, ne doit jamais être qu'un moyen supérieur d'information mis à la disposition de la justice, une sorte de *preuve légale* d'un nouveau genre ; et si l'expert doit être un physicien ou un naturaliste d'un certain genre, le juge doit être avant tout un moraliste éclairé, psychologue et sociologue à la fois. Nos prémisses nous conduisent logiquement à cette conclusion.

IV

Je ne puis quitter ce sujet sans remarquer le contraste frappant qui existe entre l'importance supérieure qui appartient à la question de la preuve dans la pratique judiciaire et le rôle si secondaire qu'elle joue dans les théories des criminalistes, même de ceux que leur positivisme devrait habituer à regarder de plus près les faits. Un crime est commis ; le plus souvent son

(1) Il professor Lombroso, par Giulio Nazari (Oderzo 1887).

auteur est inconnu ou seulement soupçonné ; quel est alors le premier soin qui importe ? C'est de rassembler des renseignements, tâche longue et ardue où se déploie un art qu'il serait fort malaisé de formuler en science. Mais je suppose ce travail achevé. Un homme est accusé de crime, et traduit devant un tribunal quelconque. Il y a alors deux problèmes à résoudre : 1° jusqu'à quel point est-il prouvé que l'accusé ait commis le fait qui lui est imputé ? demande qui, au for intérieur de chaque juré ou juge, signifie : « jusqu'à quel point suis-je convaincu que l'accusé a commis ce délit ? » 2°, en admettant qu'il en soit l'auteur, dans quelle mesure est-il prouvé par là qu'il est dangereux et punissable ? Or, de ces deux problèmes, le premier est déjà si difficile à trancher, et en général l'est si imparfaitement, qu'il absorbe l'attention du magistrat et de l'avocat, et que le second est assez négligé. Dans les écrits des théoriciens au contraire, on tient toujours le premier pour résolu sans le moindre doute, et l'on semble ne se préoccuper que du second. Voilà pourquoi les discussions d'écoles, quoi qu'il arrive, n'auront jamais pratiquement l'influence capitale qu'on redoute ou qu'on espère. Toujours le grand effort des parquets, des juges instructeurs, des tribunaux eux-mêmes, sera de faire œuvre de logique inductive ou déductive pour parvenir à se former une conviction ; et ils ne se préoccuperont que brièvement ou secondairement, l'inculpé étant supposé coupable, de mesurer sa culpabilité, ou, si l'on aime mieux sa *temibilità*. Si la nouvelle école apportait à la justice de nouveaux éléments d'information, si elle pouvait sérieusement proposer son signalement anthropologique du malfaiteur comme une présomption grave contre un inculpé, elle aurait un titre incontestable à l'honneur d'être réformatrice. En fait, tous les progrès judiciaires ont été accomplis dans le sens de la preuve plus facile, ou plus prompte, ou plus complète, et toutes les inventions ou les perfectionnements modernes ont servi à cela, télégraphe, poste, chemin de fer, photographie, ainsi que les ingéniosités plus spécialement adaptées à ce but, casier judiciaire, méthode de Bertillon, appareils de Marsh ou de Mitcherlisch, etc., etc., autant de puissants instruments de découverte, et, pour ainsi dire, de juges d'instruction physiques ou mécaniques. Ce n'est pas, en effet, un traité de la preuve, fût-il de Bentham, qui suffirait à faire mieux découvrir un délinquant. Ici, comme partout, le progrès n'a été qu'une suite d'inventions grandes ou petites.

Il ne serait pas inutile cependant de spéculer à cet égard ; et il est à regretter qu'on n'y ait pas songé. Cet oubli a pour cause l'engouement de l'absolu qui a fait commettre aux philosophes tant de méprises. Dans leur prétention d'atteindre, comme les géomètres, à des vérités nécessaires, ou, comme les théologiens, à des articles de foi, les métaphysiciens ont appris à dédaigner sous les noms méprisants de probabilités, de preuves morales, d'empirisme, tous les degrés de croyance inférieurs à cette intensité superlative de conviction qu'ils ont intitulée certitude. Tout ou rien ; ce qui n'est pas absolument démontré ne compte pas à leurs yeux. Aussi longtemps qu'elle est restée imbue de ce préjugé, la philosophie a méconnu sa principale raison d'être, qui est de s'appuyer sur les sciences pour les compléter, de jeter sur leurs hiatus les arches de ses hypothèses, et, par suite, d'acheter l'élargissement de leurs formules par l'affaiblissement de leur démonstration. C'est la probabilité, non la certitude, qui est son domaine propre ou son champ d'opération. Mais, d'autre part, on s'explique sans peine qu'en des temps, tels que l'époque de Platon et le XVIIe siècle, où les mathématiques étaient à peu près les seules sciences florissantes, qu'au moyen-âge où la théologie était la science suprême, la philosophie ait contracté dans ce double commerce l'habitude de considérer comme indigne du savant et par suite du philosophe, tout ce qui n'était pas absolument certain, tout ce qui n'avait pas l'accent d'un dogme ou d'un théorème. — Pareillement, formés sous l'empire de ce dédain scolastique, le droit criminel du moyen-âge et surtout celui de Louis XIV devaient, en principe, exiger du juge qui condamne une entière conviction, idéale, infinie, requise d'ailleurs par le caractère expiatoire et sacré du châtiment. Aussi, de peur qu'il ne se fît illusion à lui-même sur ce point, lui défendait-on de se dire convaincu hors des seuls cas où il était réputé l'être légitimement : de là la théorie des *preuves légales* dont la dernière trace subsistante dans nos lois pénales est la défense faite au juge correctionnel de prendre en considération certains témoignages de parents, d'alliés ou de domestiques.

Mais l'on sait quelles chutes on s'expose à faire en regardant trop haut. Nulle part on ne se paie d'argument plus frivoles et on ne se contente à moins de frais en matière de démonstration que dans les écoles philosophiques les plus entichées de vérité *à priori* et indiscutable. Jamais on n'a si légèrement condamné et sur de moindres indices qu'aux beaux jours des preuves légales, quand le juge affectait de ne viser qu'à la certitude absolue, non susceptible de plus ni de moins. Au demeurant, le sentiment de ce fait d'expérience, que la conviction a ses degrés, que la croyance est une quantité, dominait le juge, et le législateur même, à leur insu. Par exemple, quand l'accusé, soumis à la question avec réserve de preuves, avait subi la torture sans avouer mais que les dépositions des témoins établissaient ensuite sa culpabilité, il était condamné comme si il y avait eu aveu, avec cette différence néanmoins qu'il ne pouvait l'être à une peine capitale. Pourquoi cette atténuation de peine, si ce n'est parce que la certitude obtenue par de simples témoignages a été jugée moins forte que la certitude obtenue par l'aveu ? De nos jours encore, la peine de mort est toujours épargnée à l'auteur du parricide le plus monstrueux s'il n'est point très rigoureusement prouvé qu'il lui soit imputable. En général, la gravité d'une condamnation semble à tout le monde, implicitement, devoir se proportionner non seulement, à l'énormité du forfait, ou au danger de sa répétition, comme les théoririens le veulent, mais encore à la force convaincante de sa preuve.

Il serait temps d'avoir conscience de ces calculs, de ces *dosages* intimes auxquels on soumet à son insu sa propre foi. Sont-ils valables? sont-ils rationnels? (1) Depuis deux siècles, c'est-à-dire depuis que le développement prodigieux des sciences en partie conjecturales, soit naturelles soit sociales, — géologie, paléontologie, archéologie, astronomie étudiée par la méthode spectrale, philologie et mythologie comparées, etc. — a devancé l'élan ralenti des sciences mathématiques, ou du moins a pris une plus large place à côté d'elles, la philosophie confesse que sa destinée est de naviguer à la surface ondoyante du probable

---

(1) Sur la possibilité de mesurer la croyance, et aussi bien le désir, voir deux articles publiés par nous dans la *Revue philosophique* en août et sept. 1880.

sans atterrir jamais au certain, et elle a appris à s'en consoler. Les doctrines criminalistes devraient prendre exemple sur elle et faire entrer en ligne de compte les doutes, les présomptions, les faibles persuasions du juge ou du juré, comme les philosophes évaluent la hausse ou la baisse de la foi générale du monde savant relativement à une théorie controversée, telle que la descendance simienne de l'homme ou l'origine *microbienne* de certaines maladies. Bentham, dans un passage trop peu remarqué de son ouvrage sur la preuve, a émis incidemment l'idée que chaque juge devrait, en opinant pour la condamnation, exprimer par un chiffre le degré de sa conviction, et qu'il y aurait acquittement si le total de tous les chiffres réunis n'atteignait pas un nombre *minimum* fixé par la loi. On a objecté que ce système donnerait un avantage abusif au juge le plus entêté, et cette objection a paru écrasante. Elle l'est si peu que nos examens universitaires, par exemple ceux du baccalauréat, qui donnent lieu à de si rares protestations, sont la réalisation de l'idée de Bentham. Ici on a fait tout ce qu'il a été possible de faire pour doser avec précision l'opinion de l'examinateur, le degré de sa foi dans la capacité ou le savoir du candidat ; et l'on y est parvenu de manière à satisfaire les intéressés. Est-ce que cette croyance est plus facile à mesurer que la croyance d'un juge ou d'un juré en la culpabilité d'un homme ? Je ne veux pas dire qu'il y aurait simplement à transporter de la sphère universitaire à la sphère judiciaire le procédé dont il s'agit. Mais je crois qu'il n'est point permis de repousser *à priori* tout essai de mensuration analogue dans le monde des tribunaux. — Si l'on donnait suite à cette tentative, on verrait mieux alors l'opportunité d'adopter un projet de réforme indiqué par les novateurs italiens et qui consisterait en somme à généraliser une coutume écossaise. En Ecosse, (1) le jury peut prononcer le verdict d'acquittement de deux manières, soit en déclarant *non coupable*, soit en disant *pas de preuves*. Rien de plus rationnel que cette distinction, surtout si la croyance est une quantité. Assurément, il est tout aussi utile de distinguer, si l'on acquitte, entre l'affirmation de l'innocence et le refus d'affirmer la culpa-

(1) Voir l'ouvrage de Mittermayer sur le jury.

bilité faute de conviction suffisante, que de distinguer, si l'on condamne, entre la condamnation pure et simple et la condamnation avec circonstances atténuantes. Souvent, en accueillant les circonstances atténuantes, le juge ou le juré veut dire qu'il n'est pas assez convaincu pour condamner purement et simplement.

Si l'on admet qu'une haute probabilité, plus ou moins voisine de la certitude, rend un accusé *condamnable*, il restera à déterminer autant que possible ce *point de condamnabilité* et à indiquer le rapport de ses variations avec celles de certaines influences. Ce point varie, en effet ; et il y a loin du vague soupçon qui fait tomber la tête d'un homme en temps de révolution ou de guerre au luxe de charges accumulées dont la justice croit avoir besoin en temps ordinaire pour condamner à huit jours de prison, avec l'assentiment du public, un personnage puissant et sans antécédents judiciaires. La conviction du juge, il est vrai a pu être aussi intense dans le premier cas que dans le second, mais il est visible qu'elle est née de sa passion, de son désir d'être convaincu, comme elle a été longtemps empêchée de naître, dans le second cas, par son désir de n'être pas convaincu. Supposons-le froid, désintéressé, impartial. Est-ce qu'il ne devra pas, surtout s'il a été élevé à l'école utilitaire, juger suffisant, dans certains cas où le besoin de répression se fait vivement sentir dans l'intérêt du salut public, tel niveau de conviction qui, dans d'autres, devrait ne pas suffire à ses yeux ? En termes plus généraux, est-ce que ce minimum de conviction exigible n'est pas en raison inverse du besoin social de répression ? L'affirmative ne semblerait pas douteuse si ce problème ne se traduisait ainsi, en réalité : est-ce que le juge doit exiger des preuves d'autant moins fortes que le fait est plus grave ? ou doit-il au contraire les vouloir d'autant plus fortes ? Suivant l'humeur des jurés, la difficulté est résolue tantôt dans un sens tantôt dans l'autre. Quand un crime atroce, tel qu'un assassinat en wagon, vient épouvanter le public, il semble qu'il faille à tout prix découvrir l'auteur de l'effroi commun et que l'individu le plus compromis, ou le plus désigné par le doigt de tous, sans bonne raison parfois, doive être le bouc émissaire. Le juré reste sous cette impression inconsciente aussi longtemps que le réquisitoire du ministère public lui retrace les détails du crime, lui en ravive l'horreur. Mais, dès les premiers mots de l'avocat, son indignation se change en pitié, il ne songe plus au crime, il songe à la peine qui suivra son verdict, il voit le terrible couperet s'abattre sur la tête de cet homme qui pleure entouré de ses enfants. Il lui semble alors que la force des preuves doit se proportionner à la gravité du châtiment, c'est-à-dire à celle du forfait. Ballotté entre ces deux sentiments contradictoires, il finit par acquitter ou par prendre un tiers parti qui consiste à condamner avec circonstances atténuantes, quelque aggravantes, quelque horribles que soient à ses propres yeux toutes les circonstances du fait. Nous, cependant, quelle solution adopterions-nous ? C'est pour mettre fin à tous ces embarras de conscience qu'il serait à propos d'accorder au jury la faculté de répondre non seulement par *oui* ou par *non*, mais encore par *non liquet*. D'ailleurs, nous estimons qu'en principe l'exigence des preuves doit croître avec la grandeur du crime ; car si la société est d'autant plus intéressée à voir châtier un crime que ce crime est plus grand, elle l'est surtout à ce que le châtiment ne menace que le criminel, et elle doit d'autant plus éviter le risque d'une erreur qu'il est plus terrible. Ajoutons que la société n'est pas un être de raison, qu'elle est composée de personnes qui n'ont pas seulement le sentiment de leur intérêt mais le souci de leur honneur, qui rougiraient de commettre par peur ou par calcul égoïste une injustice, et qui, même en s'inquiétant d'un danger, se plaisent souvent à le courir par générosité. Ces personnes veulent que leur représentant, le justicier, leur ressemble, et qu'il ne les déshonore pas en les défendant.

V

Nous ne croyons pas devoir nous étendre davantage sur ce qui concerne le jugement. Mais, après avoir étudié les réformes législatives proposées à cet égard par la nouvelle école, nous avons à discuter ses idées réformatrices en ce qui touche à l'incrimination, bien qu'il puisse paraître contraire à l'ordre logique ou plutôt chronologique, de traiter ce sujet après le précédent. Sans tenir compte de cette objection, examinons les critiques des novateurs relativement à la circonstance aggravante tirée de la préméditation, ainsi que ses théories sur la tentative et la complicité.

Sur le premier point, ils s'accordent par hasard avec le jury, qui, en général, a égard au mobile excusable ou honteux, passionné ou cupide, des homicides (1), non à la question secondaire de savoir s'ils ont été prémédités. Cette jurisprudence inconsciente mais constante du jury a été érigée en système, hors de l'école dont nous parlons, par M. de Holtzendorff d'abord, et plus tard par M. Mancini (1868) avant d'être adoptée par M. Garofalo. Dans un livre assez récent (2), un écrivain de tempérament éclectique, mais sympathique aux réformateurs positivistes, a résumé et systématisé les travaux de ses devanciers, en y joignant l'exposé des législations du monde entier sur le sujet qui nous occupe.

I. — Dès l'antiquité, nous voyons se dessiner deux points de vue différents qui, d'âge en âge, de peuple à peuple, se reproduisent, et peuvent servir à nous montrer la puissance de l'exemple dans le domaine législatif. Quoique mal précisée encore, la distinction de l'homicide simple et prémédité était connue des Romains, peut-être même des Grecs ; ils nous l'ont transmise, et nous l'avons passée aux codes criminels inspirés du nôtre. Mais, chez les barbares, une distinction différente et bien caractéristique se fait jour : l'homicide par vengeance, commis avec franchise et hardiesse, est excusé ; n'est punissable, n'est réputé assassinat, que l'homicide clandestin et lâche,

---

(1) Ce n'est pas le jury seulement, c'est la magistrature qui, dans la mesure où elle le peut, supplée sur ce point à la profonde lacune de la loi. Le ministère public, en classant sous la rubrique *homicides par imprudence* ou *coups et blessures ayant occasionné la mort sans intention*, beaucoup de meurtres véritables, a puisé certainement dans la considération des motifs déterminants la cause de sa décision. Enrico Ferri, dans son *Omicidio-suicidio*, remarque avec raison le chiffre infiniment faible des poursuites contre les amants qui, après avoir résolu de se tuer ensemble, ont exécuté en partie leur résolution et dont l'un a survécu à l'autre. Dans ce survivant on refuse, en général, de voir un meurtrier, et, quoi qu'il soit avéré qu'il a tué une personne, comme il l'a tuée avec son consentement, et par désespoir, on ne le poursuit même pas.

(2) *La premeditazione in rapporto alla psicologia, al diritto*, etc., par Bernardino Alimena (*Torino, fratelli Bocca*, 1887).

d'après la loi ripuaire. La même importance dominante attachée à la considération des mobiles est visible dans les dispositions suivantes. En Russie, un code du xi° siècle punit plus sévèrement l'homicide commis sans tirer l'épée du fourreau ; en Suède, les antiques lois frappaient des peines les plus atroces le meurtre d'un homme qui n'avait pu se défendre. Partout, aux âges de barbarie, c'est la lâcheté qu'on frappe dans le meurtre. A l'époque des croisades, l'Europe féodale distingue, parmi les formes lâches de l'homicide, une forme plus lâche encore que les autres, l'homicide par mandat, et lui réserve ses châtiments suprêmes. — Or, le point de vue romain s'est formulé avec précision dans la Caroline (1532) et, avec une invariabilité d'autant plus digne de remarque qu'elle se justifie moins, il se répète dans toutes les législations de notre temps, sauf dans le droit anglais et ses dérivés. Comment se fait-il que l'idée si simple et si rationnelle de proportionner la gravité des meurtres moins au degré de prévoyance et de réflexion qui s'y rencontre qu'à la nature des passions et des appétits qui ont poussé le meurtrier à réfléchir et à prévoir, ne se soit présentée à aucun législateur moderne ? Comment se fait-il que le meurtre prémédité ait paru à tous synonyme de meurtre exécuté de sang-froid, — comme si la passion la plus profonde n'était pas précisément la plus calculée et la plus propre à nourrir de longs desseins, — et que le meurtre non prémédité ait paru à tous nécessairement commis dans un accès de fureur excusable, comme si le voleur surpris, qui tue à contre-cœur et sans l'avoir voulu d'avance, était mû par la haine, la jalousie ou le fanatisme ? — L'empire souverain de l'imitation a seul pu fermer les yeux à ces vérités évidentes. Notons, spécialement, le code rédigé en 1870 pour l'État du Panama (Colombie). Ici, un autre genre d'imitation, celle de l'indulgence énervante qui sévit sur le continent européen, s'est ajouté au précédent : l'homicide simple est puni de 4 à 6 ans de réclusion, l'homicide prémédité l'est de 6 à 8 ans ou de 8 à 10, jamais davantage. Il était temps, on le voit, qu'un vent nouveau vînt à souffler. — Est-ce à dire que les dispositions de la législation anglaise, qui, dernier écho des lois barbares rappelées plus haut, fait bande à part, avons-nous dit, se distinguent des autres avantageusement? Non ; la circonstance aggravante qui constitue le *murder*, l'assassinat anglais, conduit à des résultats singuliers. Volontaire ou non, n'importe, un meurtre est qualifié *murder*, s'il a été commis à l'occasion d'une satisfaction donnée à un mobile mauvais, en poursuivant un but délictueux. Par exemple, d'après un éminent juriconsulte anglais consulté par M. Alimena, il y a *murder* quand un homme, entré chez son voisin pour lui voler une poule, tire un coup de fusil destiné à ce volatile et atteint son propriétaire : le caractère *malicieux* du mobile qui animait l'auteur de ce meurtre accidentel suffit à le classer parmi les assassins. Si bizarre que soit cette conception, elle a pénétré, avec des variantes, dans tous les corps de lois que l'Angleterre a inspirés, au Canada, dans la plus grande partie des Etats-Unis, à Malte, dans l'Inde (1), etc. Bien mieux, cette autre singularité de la législation anglaise, à savoir que l'homicide est présumé *murder jusqu'à preuve du contraire*, (2) a fait tache d'huile dans presque tous les codes américains. Telle est la puissance de l'entraînement imitatif. Peut-on s'étonner qu'elle domine les criminels, quand elle subjugue à ce point les législateurs eux-mêmes ?

Se plaçant en dehors de ces deux points de vue, Holtzendorff se préoccupe avant tout des motifs déterminants. Il les classe en trois catégories : 1° motifs d'ordre économique (cupidité), 2° motifs d'ordre sexuel (amour, jalousie, libertinage), 3° motifs d'espèce haineuse et vindicative (fanatisme politique ou religieux, vengeances privées ou familiales). Cette classification laisse à désirer : l'ambition n'y figure pas, et le fanatisme soit politique soit religieux méritait aussi de n'être pas confondu avec la vengeance et la haine dont il se sépare (3) souvent et

---

(1) Autres bizarreries du code anglo-indien : Celui qui a fourni le feu pour allumer le bûcher sur lequel veut mourir une veuve hindoue n'est pas coupable de *murder* si elle a plus de 18 ans ; si elle a moins de 18 ans, il y a *murder*.

(2) Aux âges primitifs où vivait la foi au châtiment posthume et terrible du parjure, il paraissait souvent naturel de mettre la preuve à la charge de l'accusé, qui *devait* prouver son innocence, parce qu'il le *pouvait* toujours en prêtant serment avec des *cojuratores*.

(3) Il est des sectes russes où l'on pratique non seulement le *suicide en masse* par piété, mais encore l'infanticide à la manière d'Abraham. (V. un article de M. Anatole Leroy-Beaulieu dans la *Revue des Deux-Mondes*, du 1er mai 1888). « En 1870, un moujik liait son fils âgé de 7 ans sur un banc et lui ouvrait le ventre, puis se mettait en prière devant les saintes images. Me pardonnes-tu ? demandait-il à l'enfant expirant. — Je te pardonne, et Dieu aussi, répondait la victime dressée au sacrifice ». Ici le fanatisme est à son paroxysme et parfaitement pur de toute haine.

dont toujours il se distingue par cette intensité de conviction dépravée, de sincérité perverse, qui lui est propre. Quoiqu'il en soit, d'après cet auteur, c'est seulement quand la préméditation concourt avec les motifs de la première catégorie qu'elle révèle une perversité plus profonde, mais non quand elle se combine avec les motifs des deux derniers genres. D'après la statistique allemande d'ailleurs, les homicides par cupidité sont trois fois plus souvent prémédités que simples, tandis que les homicides par haine et vengeance sont deux fois plus souvent simples que prémédités ; les homicides par passion sexuelle tiennent le milieu, mais en penchant du côté de la préméditation. Chose curieuse, une statistique de Quételet donne les mêmes résultats pour la France, à cela près que les meurtriers par cupidité fournissent ici un contingent six fois et non pas seulement trois fois plus considérable à la préméditation. On me permettra de n'admettre ces chiffres que sous bénéfices d'inventaire. Je tiens pour certain que la presque totalité des homicides sont voulus plus ou moins longtemps avant leur accomplissement ; mais, d'après leur nature, il est plus ou moins facile de le prouver, — pour les homicides cupides c'est très facile en général, pour les homicides haineux et vindicatifs, très difficile, — et, d'après leur nature aussi, le ministère public est plus ou moins disposé à relever contre eux, s'il y a doute, cette circonstance aggravante, — les homicides par amour ou par vengeance motivée inspirent bien plus l'indulgence à l'accusateur lui-même que les meurtres par cupidité. A cela tient, en grande partie du moins, la constatation statistique ci-dessus. Il ne faudrait pas croire non plus, parce que, de 1825 à nos jours, en France, la proportion numérique des meurtres relativement à celle des assassinats a été en diminuant, que le monde des meurtriers a progressé en prévoyance et en calcul criminel. Non l'habitude de la *correctionnalisation*, soit légale depuis 1832, soit judiciaire, explique bien mieux la chose : un nombre croissant de meurtres a passé dans la colonne des coups et blessures ayant occasionné la mort sans intention de la donner. Enfin si une statistique de Quételet, (contredite il est vrai, par une statistique allemande invoquée par Holtzendorff) montre qu'à partir de 30 ou 35 ans les meurtriers commettent plus d'homicides prémédités que d'homicides simples, faut-il se hâter de conclure de là que les criminels, en avançant en âge, remplacent la force par la ruse ? Encore ici la la considération précédente me semble applicable. Admettons cependant tous ces chiffres comme sincères ; admettons notamment les premiers résultats numériques ci-dessus, relatifs aux meurtres par cupidité, par passion sexuelle et par vengeance. Il s'ensuit que le meurtre du genre le plus vil est en même temps d'ordinaire le plus réfléchi. Mais est-ce parce qu'il est réfléchi et seulement parce qu'il est réfléchi, qu'il est vil ? Distinguons nettement deux problèmes, qui me paraissent avoir été agités confusément par les législateurs et les auteurs. Autre chose est le degré de responsabilité relative de divers agents qui commettent un acte semblable, autre chose le degré de gravité relative de divers actes commis par des agents également responsables. Un agent est d'autant plus responsable, nous le savons, qu'il s'est plus complètement approprié, assimilé son acte ; à cet égard il est utile de savoir s'il en a formé le dessein d'avance. Encore est-il à noter que certains genres de folie, par exemple l'hypocondrie, la lypémanie, où le malade tourne et retourne son idée fixe, sont loin d'exclure la préméditation. L'épileptique, dans ses périodes de demi-aliénation, prémédite fort. Mais un méfait est d'autant plus grave qu'il révèle chez son auteur une nature plus dangereuse, c'est-à-dire plus menaçante pour un plus grand nombre d'intérêts ou pour des intérêts réputés plus précieux suivant les lieux et les temps. Une faute a surtout une valeur symptomatique. Or, est-ce que *préméditer* est, en soi, le symptôme d'une nature dangereuse ? Cela dépend non seulement du dessein qu'on prémédite mais de la passion qui pousse à le préméditer. La préméditation cupide d'un meurtre révèle un danger pour tout le monde ; vindicative, un danger pour un nombre limité de gens, et, si la vengeance dont il s'agit est provoquée par des offenses injustes, un danger qu'il est au pouvoir de chacun d'éviter en n'offensant personne injustement. L'erreur législative a donc consisté à considérer la préméditation isolément, abstraction faite des motifs sans le concours desquels elle n'est qu'une aggravation factice. Son caractère artificiel apparaît clairement dans certains cas, qui n'ont rien d'exceptionnel. Par exemple, il arrive souvent qu'un mari outragé prémédite de tuer l'amant de sa femme s'il le rencontre chez lui, ou qu'un homme est résolu à tuer son ennemi la première fois que celui-ci se permettra de lui adresser la moindre parole offensante. Ici la préméditation est conditionnelle : si la condition se réalise par le fait de la victime, dira-t-on qu'il y a meurtre ou qu'il y a assassinat? à vrai dire, il n'y a ni l'un ni l'autre dans le sens strictement légal. Il faudrait donc se préoccuper davantage des motifs et beaucoup moins de la préméditation.

Si cette circonstance avait, par elle-même, la portée qu'on lui attribue en matière d'homicide, elle devrait, pour la même raison, jouer un rôle analogue en fait de vol ou d'incendie. Mais il n'en est rien ; on n'oppose point légalement au vol prémédité le vol simple, à l'incendie prémédité l'incendie simple, quoique, certainement, il y ait des incendies et des vols ourdis de longue date comme il y en a d'irréfléchis. Cependant peut-être y avait-il lieu, en fait de vol, plutôt qu'en fait d'homicide, de relever la préméditation. Si, en effet, comme le veut avec raison M. Alimena, elle importe surtout quand elle s'allie au sang-froid, c'est rarement chez les meurtriers, c'est presque toujours chez les voleurs qu'elle doit être importante à considérer. Au lieu, donc, de chercher les principales circonstances aggravantes de la soustraction frauduleuse dans les moyens dont le malfaiteur a fait usage, effraction ou escalade par exemple, on aurait pu, quel que fût le procédé employé, frapper d'une peine plus forte le vol le plus mûrement préparé. J'appellerais vol simple, dans cette manière de voir, le fait d'un paysan, qui, passant par hasard dans un chemin et voyant une échelle près de la fenêtre d'une maison où il n'y a personne, grimpe à l'échelle, prend un sac de blé et s'enfuit ; et j'appellerais vol qualifié un vol à la tire commis par ces industriels des foires ou des marchés qui, sans effraction ni escalade d'aucune sorte, mais avec une habileté toute professionnelle et péniblement acquise, avec une simplicité de moyens tout artistique, vous soustraient dans votre poche votre portefeuille ou votre porte-monnaie. Ce serait, par malheur, prendre justement le contre-pied des appellations légales.

— D'ailleurs, la considération des motifs me paraît aussi capitale en fait de vols qu'en fait d'homicides ; à ceux-là comme à ceux-ci s'applique la classification tripartite de Holtzendorff, rectifiée et complétée. Ce n'est pas toujours par cupidité que le voleur vole ; c'est souvent par libertinage ou par égarement de passion ; c'est quelquefois aussi par haine, vengeance ou envie. Ce dernier cas est rare en temps normal ; moins rare qu'on ne pourrait penser du reste : certainement Duval, le soi-disant anarchiste, qui mettait au pillage un hôtel, y trouvait, outre le plaisir de s'enrichir, celui d'appauvrir un *bourgeois*. Mais, en revanche, aux époques troublées, pendant les guerres extérieures ou les guerres civiles, le vol par animosité et représailles devient le plus fréquent. Quand les soldats, les officiers même d'une armée d'invasion, au mépris du droit des gens le plus élémentaire, pillent l'habitant, la joie qu'ils ont à le dépouiller de son mobilier est à la fois cupide et féroce ; cela est si vrai que parfois ce qu'ils ne peuvent emporter, ils le brisent pour se venger ainsi d'humiliations qu'eux-mêmes ou leurs pères ont subies. Évidemment, si sévère que doive être pour ces spoliations la justice de l'histoire, elle ne peut aller jusqu'à les assimiler tout à fait aux détournements que la cupidité seule inspira.

II. — Si la nouvelle école a eu la chance de s'accorder avec le jury, *grosso modo*, dans sa manière d'envisager la préméditation, son désaccord avec lui est profond relativement à la question de la tentative. Suivant elle, la tentative d'un crime « doit être considéré comme le crime même lorsque le danger qui dérive du délinquant est identique (1) », ce qui a lieu quand son plan était bien combiné et n'est resté inexécuté qu'à raison d'obstacles fortuits, « indépendants de la volonté » comme dit la loi française approuvée ici par nos réformateurs (2). Mais jamais, on le sait, un jury

(1) Garofalo, *Criminologie*.
(2) L'influence du droit romain sur le nôtre ne se fait-il pas sentir ici ? « La loi *Cornelia de sicariis* punit la tentative d'homicide comme le crime accompli. Il en était de même pour le cas de parricide prévu par la loi *Pompeia de paricidiis*. Sous l'empire, en matière de crimes de lèse-majesté, on allait beaucoup plus loin encore et la jurisprudence frappait même les actes préparatoires ». Idem pour les crimes de violence frappés par la loi *Julia de vi*, pour les crimes de *brigue* et de *faux*. Mais, « en ce qui concerne les délits privés, qui étaient au nombre de quatre, le *furtum* ou vol, l'injure (*injuria*), le *damnum* ou dommage prévu par la loi Aquilia, et la rapine (*rapina*), leur nature excluait en principe toute incrimination contre la simple tentative... » Justinien le premier établit une peine contre la tentative de vol. — En somme, en droit romain, « il n'y avait aucun système général sur la tentative ». (Humbert, v. *Conatus*, *Dict. des antiquités*).

ne refusera son indulgence partielle ou plénière à l'auteur d'un assassinat ou d'un vol manqué : il n'y a eu de mal pour personne, à quoi bon punir ? Il est curieux de voir sur ce point l'école positiviste s'attacher exclusivement au fait intérieur, à la résolution de l'agent, et repousser comme entachée de matérialisme grossier cette préoccupation excessive du fait externe, qu'elle reproche à certains chefs de l'école spiritualiste, en Allemagne et en Italie, à Carrara notamment. Pourtant il n'y a rien là de contradictoire en réalité. Si la pénalité a pour fondement l'intérêt social, elle doit frapper non précisément le crime accompli, qui n'intéresse que la victime ou sa famille, mais bien la source psychologique d'autres crimes possibles dans l'avenir. C'est pour avoir embrassé plus sciemment et plus résolument que personne la cause de la société, que les novateurs du droit pénal se sont trouvés conduits à leur théorie de la tentative ; elle sera de mieux en mieux accueillie, croyons-nous, à mesure que le souvenir de l'antique action privée s'effacera plus complètement et que la raison d'être de l'action publique sera mieux comprise. Elle ne l'est pas encore universellement, et, pour preuve, il me suffira d'invoquer l'embarras où la plupart des criminalistes ont été jetés par un problème voisin du nôtre, celui de l'homicide par erreur. J'ai résolu d'assassiner Paul, je le cherche et je trouve Pierre que je tue, le prenant pour Paul. Suis-je coupable d'assassinat ou d'homicide involontaire ? Là-dessus on a subtilisé à l'infini, et les systèmes se sont multipliés depuis le Digeste. Cependant il est clair que, au regard de la société, la vie de Pierre vaut celle de Paul ; l'assassin qui a tué le premier sans le vouloir est donc aussi coupable que s'il eût tué le second volontairement comme il a cru le faire. Par suite, la solution sociale de la question est toute simple, et, si des difficultés ont paru surgir, ce ne peut être que parce qu'on s'est placé inconsciemment au point de vue du temps où l'action pénale était mise en mouvement non par la nation mais par la famille ; car, assurément, la famille de Paul eût été mal venue, dans l'espèce ci-dessus, à poursuivre le meurtrier de Pierre, et, d'autre part, la famille de Pierre n'aurait pu démontrer que l'homicide de ce dernier avait été volontaire. Le fait n'aurait donc pu alors donner lieu qu'à des dommages-intérêts. Or, ce qui est vrai du délit accompli par erreur l'est aussi du délit non accompli par accident c'est-à-dire de la tentative. Un assassin a fait tout ce qu'il fallait pour tuer Pierre, mais, par un hasard providentiel, il n'a pu y réussir ; c'est très heureux pour Pierre, et sous les Mérovingiens Pierre n'eût pu, sans se faire moquer de lui, prétendre que le *wergeld* lui était dû comme il eût été dû à sa famille après son assassinat effectué ; mais si c'est heureux pour Pierre, est-ce également un bonheur pour la société ? Non, elle reste menacée par la méchanceté démontrée du malfaiteur, et cette menace est la même que si cette méchanceté avait atteint son but ; elle deviendra même plus forte si, pour faire en quelque sorte participer le criminel à la chance inespérée de sa victime, on le dédommage de son insuccès par une demi-impunité. — Par conséquent, il y a lieu, ce nous semble, de faire bon accueil sur ce point, comme sur tant d'autres, aux idées nouvelles.

Il n'en est pas moins vrai que cette assimilation complète de la tentative criminelle au crime achevé répugne au sentiment populaire ; et, outre la raison que je viens d'en donner, je crois en apercevoir une autre, mais non meilleure. Ce que le sentiment populaire demande à la peine, ce n'est pas seulement d'être efficace dans l'avenir en prévenant la répétition ultérieure de l'acte puni, c'est encore d'effacer une injustice du passé en établissant une compensation aux jouissances illicites que le crime a procurées à son auteur. Aussi, s'inspirant inconsciemment de cet esprit, les juges sont-ils portés, toutes choses égales d'ailleurs à condamner le voleur d'autant plus fort que la somme volée est plus élevée, bien que la tentation ait été d'autant plus entraînante, et, au point de vue du libre arbitre, ait dû dissimuler la culpabilité. Si, le crime ayant avorté, le criminel n'a pas joui de l'objet de ses convoitises, la peine perd la seconde moitié de son utilité aux yeux de la foule ; et voilà sans doute la raison cachée de la répugnance qu'elle éprouve à voir frapper aussi fort l'auteur de la tentative que l'auteur de l'acte consommé (1). Il ne faut pas confondre, du reste, ce désir d'une douleur compensatoire avec le sentiment qui a déjà suggéré le talion. L'un est

---

(1) Aussi, quand on voit, par exemple, le droit romain punir la tentative de séduction d'une femme mariée (v. Humbert, loc. cit.) comme la séduction consommée, il n'est presque personne qui ne se récrie.

précisément l'inverse de l'autre ; l'un veut que le coupable souffre ce qu'il a fait souffrir, l'autre qu'il souffre proportionnellement au plaisir qu'il a eu. Mais, rationnellement, l'un ne se justifie pas mieux que l'autre, et la conscience, à mesure qu'elle s'éclaire, doit résister à ce besoin tenace de symétrie qui lui fait rechercher dans la douleur actuelle un *pendant* à son plaisir passé, après lui avoir fait rechercher autrefois dans la douleur du coupable un *vis-à-vis*, pour ainsi dire, à la douleur de sa victime. Autre est la justification du châtiment, nous le verrons bientôt.

III. — Sur la question de la complicité, nous n'avons qu'un mot à dire. Ici encore, le principe qui sert de guide à la nouvelle école, à savoir qu'il faut, en jugeant, s'occuper non de l'abstraction appelée le délit, mais de l'être vivant appelé le délinquant, révèle son excellence ; et le principe opposé conduit à l'absurde. Le complice, dit la loi, doit être puni comme l'auteur principal. Autant l'assimilation pénale de la tentative au délit consommé se comprend, puisque la perversité est la même dans un cas que dans l'autre, autant se comprend peu l'assimilation pénale du complice à l'auteur principal, puisque ces deux individus diffèrent, peut-être profondément, par leur nature physique et morale, par leurs caractères et leurs passions, par le danger inégal et dissemblable que leur impunité présenterait. Sans tenir compte de ces considérations, la jurisprudence française décide, *in abstracto*, que le complice subit les circonstances aggravantes qui dépendent de la personne de l'auteur principal, (domestique du volé, par exemple), en sorte que, s'il eût été lui-même l'auteur paincipal du délit, il eût été puni moins sévèrement qu'il ne l'est à raison de sa complicité ; et l'on peut s'étonner, après cela, qu'elle ne fasse pas bénéficier le complice des circonstances atténuantes inhérentes à la personne de l'auteur principal (mineur de 16 ans par exemple). En réalité, le fil conducteur fait défaut aux magistrats en ce labyrinthe obscur (1) ; et il nous semble que la nouvelle école n'a point tort de leur offrir son flambeau, même un peu fumeux encore. Elle est loin, on le sait, d'être fixée sur la classification

---

(1) On peut voir quelques échantillons des écarts de la Cour de Cassation elle-même en ces matières dans les *Délits et les peines* de M. Acollas, p. 68 et 69.

des malfaiteurs. — J'ajoute une dernière considération. La coopération de plusieurs personnes à l'accomplissement d'un vol ou d'un meurtre est une circonstance aggravante. Evidemment, le législateur, en édictant cette disposition fort sage, ne s'est pas placé au point de vue de la théorie du libre arbitre donnée pour fondement à la responsabilité. Il s'est placé au point de vue de l'intérêt social, qui réclamait des mesures énergiques pour prévenir le retour d'un fait particulièrement alarmant, l'association des malfaiteurs. Mais, si le degré de culpabilité se mesurait au degré de liberté, cette association devrait être regardée comme une circonstance atténuante, soit pour tous les associés à la fois, s'ils se sont mutuellement suggéré le dessein auquel ils ont concouru ensemble, soit pour ceux d'entre eux qui ont été entraînés, si la plupart ont subi l'entraînement d'un chef. D'après notre manière de voir, au contraire, cette liaison criminelle doit en général motiver une aggravation de pénalité pour tous ; car le fait d'avoir choisi l'influence dépravée de ses compagnons de préférence à celle de cent autres camarades honnêtes dénote, d'ordinaire, chez chacun des co-auteurs ou des complices d'un crime, une dépravation innée ou acquise, en tous cas inhérente à sa personne même. Il n'en est pas de même quand un individu honnête est emporté violemment par l'exemple de tout le monde, quand, par exemple, un soldat prend part à la révolte de tout son régiment, ou massacre, viole, incendie dans un village, à force de voir massacrer, violer, incendier autour de lui.

CHAPITRE HUITIÈME

LA PEINE

I

Nous voici conduits au terme final de nos recherches, au problème pratique qui doit se résoudre par l'application des principes déjà discutés. Il s'agit de savoir quelles sont les meilleures pénalités qui existent, ou, s'il n'en existe pas de bonnes, quelles sont les réformes pénitentiaires qui s'imposent. Mais, avant de décider s'il convient d'aborder cette question, nous devons en trancher une autre, c'est-à-dire examiner ce que vaut la thèse de M. Enrico Ferri (1) et d'une grande partie de son école sur l'inefficacité à peu près complète des peines quelconques. Si cette idée était démontrée exacte, pourquoi perdrions-nous notre temps ensuite à étudier le régime pénal ? Il peut paraître singulier, comme nous l'avons déjà fait observer, que des novateurs, ardents à préconiser et à faire prévaloir leurs idées réformatrices aussi bien dans l'intérieur des prisons que dans le sein des Facultés de Droit, commencent par proclamer en quelque sorte la vanité du but où ils tendent; mais il n'en est pas moins vrai que la logique les obligeait, une fois posée en principe la

---

(1) Je parle de M. Ferri professeur. Mais quand M. Ferri député parle à la tribune, en législateur aussi pratique qu'éloquent, il n'a garde de méconnaître l'importance des peines. Je n'en veux pour preuve que son discours du 28 mai 1888, où, par exemple, on lit ce passage : « l'Angleterre, avec une population presque égale à la nôtre, avec 28 millions d'habitants, a 40.000 détenus, dont 14 000 sont dans des pénitenciers et des écoles industrielles (tandis que l'Italie avec 30 millions d'habitants, compte 70.000 détenus, dont 5 000 mineurs dans des pénitenciers); *et cela parce que l'Angleterre est le pays le plus sévère de l'Europe pour les malfaiteurs adultes...* » M. Ferri ajoute «... et le plus clément pour les jeunes, le plus prévoyant pour l'enfance abandonnée. » On remarquera combien cette dernière remarque vient à l'appui de notre thèse sur la prépondérance des causes sociales du délit.

prédominance des facteurs physiques et anthropologiques du délit, à conclure de là que la perspective de la peine, faible fraction des facteurs sociaux dont le groupe total est lui-même une portion peu importante des trois groupes de facteurs réunis, exerce sur le délinquant une action des plus minimes. A l'inverse, pour la même raison, l'importance prépondérante que nous avons accordée aux causes sociales nous défend logiquement d'accepter cette conclusion. Ce point mérite donc de nous arrêter. L'erreur que je combats est inhérente, je le répète, au cœur même de la doctrine de M. Ferri et surtout de M. Lombroso, à leur manière trop naturaliste d'entendre le déterminisme criminel. L'inefficacité des lois pénales joue chez eux le même rôle que l'inefficacité des lois civiles dans les théories des économistes classiques. Suivant ceux-ci, les lois civiles ne peuvent à peu près rien pour contrarier le cours des lois économiques qui régissent souverainement la production et la répartition même des richesses. Illusion en train de se dissiper.

Les preuves alléguées par M. Ferri et ses élèves en faveur de leur opinion sont de deux sortes : des raisonnements et des faits. L'imprévoyance est un des caractères psychologiques du malfaiteur, et surtout du malfaiteur-né ; donc, la pensée du risque pénal à courir lui vient très rarement à l'esprit quand il agit, ou elle se présente à l'état d'image si débile que cette digue de papier ne saurait arrêter un moment ce torrent de passion. Voilà l'argument *à priori*. D'autre part, la statistique a montré parfois que, la répression devenant plus sévère, la criminalité a grandi au lieu de décroître, et que, la répression se relâchant, la criminalité est restée stationnaire ou a diminué au lieu de grandir. Voici l'argument de fait. Ni l'un ni l'autre ne résistent à l'examen.

D'abord, si imprévoyants que soient les criminels, ils ne le sont pas plus que les écoliers. Cependant niera-t-on l'efficacité des punitions dans les collèges? Je sais bien qu'elles paraissent inutiles aux meilleurs élèves, et sans effet durable, si on ne les renouvelle pas, sur quelques rares indisciplinés ; mais les trois-quarts ou les quatre cinquièmes d'une classe sont sensibles à ce frein. Qu'on le supprime, et on verra. Même les écoliers qui ne sont jamais punis se dissiperaient s'ils étaient sûrs de ne pouvoir l'être. — Les fautes scolaires, remarquons-le, sont elles-mêmes le résultat des trois facteurs de Ferri ; les enfants qui les commettent cèdent toujours soit à leur tempérament paresseux ou insubordonné, soit à l'influence de certaines saisons — au printemps, si je suis bien informé, les peccadilles des écoles se multiplient, — soit à l'action des mauvais exemples ambiants. Il n'en est pas moins vrai qu'on a facilement raison de ces trois causes combinées par l'emploi intelligent de quelques châtiments. — Les criminels sont-ils plus imprévoyants que les amants? Je ne le crois pas non plus. Or, que nous dit la statistique à ce sujet? D'après Mayr (1), si la France n'a que sept à huit naissances illégitimes sur cent, tandis que beaucoup d'autres pays réputés plus moraux, par exemple la Bavière, en ont eu vingt-deux et en ont encore douze ou davantage (2), cette différence est due en grande partie à l'article de notre Code civil qui interdit la recherche de la paternité. Effectivement, toutes les provinces de l'Allemagne où cette disposition est en vigueur, se distinguent, d'après lui, par la proportion minime des enfants naturels, et, partout où la paternité est recherchée, le chiffre proportionnel s'élève. Ainsi, même dans l'ivresse suprême de la passion, les amants ne perdent point tout à fait la tête; et une femme éprise d'un homme a beau être portée, irrésistiblement dit-on, à se jeter dans ses bras, — plus irrésistiblement à coup sûr qu'un assassin n'est poussé à tuer sa victime — il suffit à cette femme de savoir que, dans le cas où son amant l'abandonnerait plus tard, elle n'aurait pas le droit de lui faire partager les conséquences possibles de leur amour, pour que la prévision de cette double éventualité, dont l'une doit lui paraître si improbable et l'autre si lointaine, la retienne un nombre considérable de fois sur la pente du désir. A *fortiori* doit-on penser que l'idée de l'échafaud ou de la réclusion pèse d'un poids sérieux dans la balance mentale d'un malfaiteur qui hésite à exécuter son dessein criminel. En réalité, les articles du Code pénal sont la grande préoccupation des délinquants, comme les

---

(1) *La Statistica e la vita sociale.*
(2) Paris ne donne qu'un contingent de 26 p. 100, ce qui est peu pour une capitale; Vienne élève cette proportion à 50 p. 100.

articles du Code civil sont celles des gens processifs. Un exemple entre mille : les faux-monnayeurs espagnols et leurs complices, très nombreux, savent fort bien, d'après M. Gil Maestre, que l'art. 301 du Code pénal de leur patrie punit d'une simple amende la détention de monnaie fausse quand elle ne dépasse pas 125 *pesetas*; aussi ils ont soin de ne porter sur eux qu'une somme égale ou inférieure à ce chiffre (1). On a beaucoup dit et répété que la plupart des assassins guillotinés avaient assisté à des exécutions capitales, et cité ce fait comme une preuve irrécusable de leur imprévoyance ou de leur intrépidité; mais dans leur assiduité remarquable aux spectacles du dernier supplice ne pourrait-on pas voir, avant tout, l'indice d'une idée fixe, d'une crainte ou d'une inquiétude constantes qu'ils s'efforcent de surmonter? Le malheur est que trop souvent ils y parviennent. On sait, par la statistique, que le nombre des empoisonnements a diminué très vite vers le milieu de ce siècle, à partir du moment où les découvertes chimiques en toxicologie ont permis de remonter plus sûrement aux causes et aux auteurs de ce crime. La crainte d'être poursuivies et condamnées a donc empêché beaucoup de personnes de le commettre. Le taux des peines qui le punissent ne s'est pas élevé, mais la probabilité d'en être frappé s'est accrue, ce qui revient au même. Il est donc certain que les empoisonneurs au moins sont gens prévoyants. — Du reste, le progrès en civilisation s'accompagne toujours d'un progrès en prévoyance; par suite, fût-il admis que les peines sont peu efficaces dans le présent, il y aurait lieu de compter sur leur efficacité croissante dans l'avenir. Mais, même dans le plus lointain passé, croit-on sérieusement que l'antique équivalent de la pénalité, la vendetta familiale, n'ait pas eu sa vertu de répression, et que la criminalité n'eût pas débordé au-delà de toutes les rives connues si l'humanité primitive, au lieu d'ériger la vengeance en devoir, eût pratiqué universellement le pardon des injures? Partout les premiers législateurs ont réprimé les désordres de leur temps par des peines sévères dont l'action salutaire est attestée unanimement par les chroniques et les légendes.

(1) M. Alongi, qui a une connaissance si approfondie des malfaiteurs siciliens, nous apprend que, malgré la terreur qu'inspirent les chefs de bande, leur sentiment dominant est la peur de la gendarmerie.

L'impuissance de la pénalité en général est un paradoxe propre à la *nuova scuola* (1), comme l'impuissance de la presse était un paradoxe propre à Emile de Girardin. Mais l'impuissance de la pénalité excessive est un lieu commun qu'on retrouve partout, et qui n'en est pas plus vrai pour cela. Par exemple, après avoir rappelé qu'à la veille de la Révolution française encore, l'impression, le colportage et la vente d'ouvrages contraires à la religion ou à l'autorité royale (déclaration de 1758) étaient frappées de mort ou des galères à perpétuité, M. Loiseleur (2) ajoute : « Leçon pleine d'enseignements ! Le siècle où ces rigueurs sont promulguées est précisément celui où le le pamphlet parle en maître et gouverne l'opinion, le siècle de toutes les témérités de la plume, de toutes les agressions de la pensée. Tant il est vrai qu'une pénalité trop rigoureuse va directement contre son but et pousse à faire ce qu'elle se propose d'empêcher. » Comme si c'était vraiment la perspective des galères ou de la potence qui avait poussé les encyclopédistes à écrire ce qu'ils ont écrit ! M. Loiseleur oublie que, quelques pages avant ces lignes, il vient de raconter les auto-da-fés de l'inquisition espagnole, répression rigoureuse s'il en fut, et qui n'a que trop atteint son but en déracinant de la terre la plus libre et la plus fière tout germe d'indépendance d'esprit. Si les peines édictées contre la liberté de la presse n'émouvaient guère dans la seconde moitié du dernier siècle, c'est qu'on ne les appliquait plus ; et on cessait de les appliquer parce que l'opinion les réprouvait, et l'opinion les réprouvait parce qu'il s'était fait en France une propagande libre penseuse qui avait son foyer où ? Dans deux pays voisins où nulle pénalité ne frappait l'écrivain libre, en Angleterre et en Hollande. Supposons que l'Angleterre et la Hollande, depuis le XVIe siècle, aient été régies par une législation criminelle aussi dure que la nôtre pour les dissidences intellectuelles, et nous verrons que Voltaire n'eût pu naître chez nous ou eût fini ses jours misérablement dans le fond de quelque galère.

(1) Elle a eu des précurseurs en cela aussi : dans les cahiers des Etats généraux de 1789 (v. le livre de M. Arthur Desjardins, à ce sujet) on voit la noblesse du Soule affirmer l'inefficacité de toutes les peines, sauf la peine de mort. C'est précisément l'avis de Lombroso.

(2) *Les crimes et les peines* (1863).

M. Ferri triomphe trop aisément à l'aide de quelques exemples où l'on voit que des peines extravagantes d'atrocité étaient loin d'obtenir un effet proportionné à leur degré d'horreur, parce que nul déshonneur ne s'attachait à l'accomplissement des faits frappés par elles : telles ont été les pénalités si souvent édictées contre les duellistes, les braconniers ou les contrebandiers. Encore savons-nous par Voltaire que, si Louis XIII échoua dans ses efforts pour réprimer le duel, Louis XIV y réussit pleinement. Après 1663, « son heureuse sévérité, dit-il, corrigea peu à peu notre nation et même les nations voisines qui se conformèrent à nos sages coutumes après avoir pris nos mauvaises. Il y a dans l'Europe cent fois moins de duels aujourd'hui que du temps de Louis XIII. » Mais l'échafaud, le bagne, la prison, ce n'est rien ; la grande, l'éternelle, l'invisible pénalité, c'est le déshonneur suivi de l'excommunication sociale. Niera-t-on la puissance de cette peine-là ? Autant vaudrait nier celle des interdits jetés par Innocent III ou le pouvoir politique de l'opinion, ce gouvernement anonyme et universel. D'où il suit, soit dit en passant, que, si des criminalistes trop anthropologistes, en cela semblable à des moralistes trop indulgents, leurs adversaires, diminuent par l'explication du crime le caractère déshonorant qui s'y attache, ils auront beau ensuite réclamer contre lui des peines draconiennes, ils n'en auront pas moins abaissé en somme la plus forte barrière qui s'oppose à ses progrès (1).

Est-ce à dire que la flétrissure de l'opinion puisse suffire ? Ce serait une grande erreur de le penser. D'abord, il est des crimes, même très grave, que l'opinion en certain pays ou en certains milieux ne flétrit point, précisément parce que à raison d'une longue impunité antérieure, ils y sont très répandus : l'assassinat en Corse, l'incendie volontaire dans maintes communes, le faux même parmi des commerçants obérés. Qu'arriverait-il si, en fait de meurtre, de vol, de faux, d'escroquerie, comme en

---

(1) M. Ferri observe, en faveur de sa thèse, que les dettes de jeu, quoique dépourvues de sanctions légales, sont les mieux payées de toutes. Mais c'est précisément parce que la loi ne les protège pas, que le tribunal tout puissant de l'opinion les a prises sous sa protection plus spéciale, en faisant considérer comme très déshonorant le fait de ne pas les payer.

fait de tricherie au jeu, la seule peine était le blâme et l'expulsion hors d'un cercle plus ou moins étroit de personnes ? Au début, l'opinion serait aussi rigoureuse que maintenant ; mais peu à peu, le nombre des délinquants venant à se multiplier, elle se relâcherait, se montrerait plus indulgente aux formes de délit les plus contagieuses, et il pourrait bien arriver, si la majorité passait du côté des malhonnêtes gens, qu'une certaine considération vînt à s'attacher aux malhonnêtetés en vogue. Il en est de l'utilité des peines comme de tant d'autres utilités : il y a celle qu'on voit et celle qu'on ne voit pas. J'accorde à M. Ferri que les peines n'ont pas la vertu immédiate que le vulgaire leur attribue : immédiatement, elles ne servent peut-être souvent qu'à rassurer les gens honnêtes, avantage non à mépriser. Mais, indirectement, à la longue, leur pouvoir est encore plus grand que la foule elle-même ne le suppose.

Là où l'efficacité, même immédiate et directe, de la répression éclate avec évidence, c'est partout où, comme en France en 1775 (1), comme en Sicile depuis 1877, comme en Grèce depuis une vingtaine d'années, comme en Italie sous Sixte-Quint (1585-1590) (2) quelques mesures énergiques ont eu raison en grande partie des habitudes criminelles les plus enracinées. Je le demande à M. Ferri, qui est presque florentin : pense-t-il que les rigueurs édictées par les terribles ordonnances de justice, en 1294, contre les magnats de Florence, aient été inefficaces ? Elles ont très bien atteint leur but, comme toutes les sévérités analogues dans les autres républiques italiennes. La crainte était leur ressort, dit M. Perrens. « Quiconque y voulut renoncer se perdit. Venise ne resta longtemps si prospère que parce qu'elle reconnut

---

(1) En 1775, il y eut en France une recrudescence de brigandages, même autour de Paris. On soumit les brigands, par une déclaration du 5 mai, à la juridiction prévôtale qui leur appliqua la peine de mort. Le brigandage cessa.

(2) Il est vrai que, après son règne, de 1590 à 1595, le brigandage romain fit un retour offensif, malgré un redoublement de répression. En 5 ans, 5000 exécutions capitales eurent lieu à Rome, d'après l'ambassadeur de Venise. Mais cela tient certainement à ce que cet intervalle de temps fut rempli par 4 interrègnes, périodes toujours favorables au soulèvement des natures indomptées. Les bandits et les armées pontificales combattaient souvent à forces égales. Les exécutions capitales dont il est question n'étaient, en somme, qu'un carnage belliqueux propre à provoquer des représailles criminelles et non à décourager le crime.

dans la terreur la source de sa force et qu'elle n'eut garde d'y renoncer. » Des peines sévères frappaient à Athènes le fonctionnaire qui ne rendait pas suffisamment compte de sa gestion ; et l'histoire grecque montre l'effet préventif de cette menace. Il n'est point douteux non plus que la peine de mort attachée à la proposition d'un décret contraire aux lois préexistantes ait empêché bien des innovations téméraires. On peut s'en convaincre en remarquant combien, en somme, les institutions sociales et religieuses se sont maintenues avec persistance chez les Athéniens, malgré la turbulence et l'instabilité notoires de ce peuple, malgré son besoin de nouveauté entretenu par sa vie de navigation et de commerce, par ses rapports continuels avec tant de nations si dissemblables. Opposez-lui le peuple français qui, bien moins léger au fond, bien moins novateur, bien plus porté à l'esprit de conservation par son genre de vie sédentaire, impropre aux aventures, sinon à la colonisation, a subi, en moins d'un siècle, les plus grands bouleversements sociaux. Est-ce que les rigueurs de l'Inquisition, par hasard, n'ont servi à rien ? D'après les archives de l'inquisition espagnole, plus de 300,000 personnes ont été condamnées à mort ou aux galères en trois siècles, mais principalement aux xve et xvie siècles, par ce redoutable tribunal. Laissant de côté l'horreur de ce spectacle, j'induis de là que ce pays a dû alors, pendant sa période héroïque, où son génie couvre le monde, faire preuve d'une remarquable indépendance d'esprit, égale à sa prodigieuse activité, pour avoir fourni un chiffre pareil de révoltes contre l'orthodoxie religieuse. C'est peut-être parce que la pensée y était exceptionnellement portée à s'affranchir que l'Inquisition y a fleuri avec tant d'éclat. Ni en France ni en Italie la nécessité d'une telle oppression des conscience n'a paru se faire sentir. Eh bien, on sait ce que la hardiesse et la fécondité intellectuelles sont devenues après ce régime un peu prolongé. Les bûchers ont atteint leur but.

On peut juger de l'efficacité des peines par les effets de l'impunité. On a vu des armées sans punitions disciplinaires, sans cachots ni pelotons d'exécution ; elles ne tardaient jamais à devenir des hordes. Si, dans une grande ville, la police se désorganise ou se relâche momentanément, on s'aperçoit bientôt que les rues n'y sont plus sûres. Quand, en 1819, le cardinal Consalvi décréta que la liberté serait laissée à tout meurtrier à la condition qu'après son premier crime il n'irait point grossir les rangs des brigands dans la montagne, la conséquence fut (1) que les coups de couteau, les coups de stylet, « plurent d'un bout à l'autre du territoire de l'Eglise. » Le prédécesseur de Sixte-Quint, Grégoire XIII, avait montré une faiblesse analogue ; elle avait été suivie d'un résultat pareil. En tout pays, quand une anarchie un peu prolongée, par exemple, en France pendant la guerre de cent ans, les guerres de religion, la Révolution française, a rendu son audace au crime, le crime pullule. Le *Livre de vie* de Bergerac, (2) manuscrit déposé aux archives de cette ville, contient, pour l'édification de la postérité, le récit officiel des meurtres, des vols de bestiaux, des exactions de tous genre, qui ont eu lieu aux alentours, dans la contrée aujourd'hui la plus paisible, de 1378 à 1382, au moment où la rivalité des deux dominations anglaise et française qui se disputaient le pays laissait le cours libre aux passions malfaisantes. La liste fait frémir. Au XVI° siècle, les meurtriers, grâce au trouble des factions, avaient toujours l'espoir de rester impunis ; de là en partie, on peut le croire, la longue épidémie d'assassinats qui a désolé ce temps affreux. (3) M. Taine a fait suffisamment rouler sous nos yeux ce fleuve de crimes que la Révolution française a déchaîné ; n'en parlons que pour mémoire. Animé d'un tout autre esprit, M. Perrens nous donne le même spectacle dans son *Histoire de Florence*; et, pour n'en citer qu'un trait, en 1301, après la victoire des noirs, les actes de brigandage commis dans la ville et dans tout son territoire sont incalculables. « Durant quatre jours, les bandes s'y répandirent, dévastant, pillant, brûlant les splendides maisons, les riches propriétés. Comme dans la ville, il y eut des blessés et des morts. » Lors du *tumulte des ciompi*, en 1378, mêmes scènes sanglantes. Il faut sans doute ici faire largement la part de l'entraînement : mais, sans l'impunité assurée, l'entraînement aurait-il eu lieu, et même l'impulsion première ? — Sans remonter si haut, rappelons ce qui s'est passé

---

(1) *Le brigandage en Italie*, par Dubarry.
(2) *Bulletin de la Société archéologique du Périgord*. 1887.
(3) Voir les *Sentiments moraux au* XIV° *siècle* par M. Arthur Desjardins, *passim*.

à l'origine de toutes les villes américaines, merveilleusement improvisées par le caprice d'un aventurier ou la découverte d'un mineur. San-Francisco naît en 1848 d'un de ces hasards aux incalculables conséquences; vers cet Eldorado affluent les émigrants du monde entier, écumes mêlées de toutes les civilisations. Point de police alors ; aussi, malgré la prodigieuse facilité de s'enrichir par la recherche des lingots ou le travail des mines, et l'inutilité manifeste de recourir au meurtre et au vol pour faire fortune, le métier du crime prospère à ce point qu'on assiste « au spectacle d'une organisation de malfaiteurs, opérant au grand jour, ayant leur président et leurs vice-présidents élus, leur quartier général dans un local baptisé par eux de *Tammany Hall*, paradant dans la ville musique en tête, bannières déployées.., et débutant, un certain dimanche, par le pillage et la destruction d'un quartier entier habité par les Chiliens. » (1) Cela dura jusqu'au moment où les hommes d'ordre se coalisèrent pour exercer une vigoureuse répression. De nouvelles bandes se reformèrent plus tard, il est vrai, et, en 1856, le pouvoir est entre leurs mains, mais de nouveau la coalition des gens de bien et quelques exécutions capitales suffisent à assainir la jeune cité. C'est à cette école pratique qu'il convient d'étudier le droit pénal.

Il en est, ce me semble, de l'action des peines sur la criminalité comme de l'action des prix sur la consommation. La consommation d'un article ne diminue pas proportionnellement à l'élévation de son prix d'achat. Tantôt elle descend bien plus vite que le prix ne s'élève, c'est le cas des articles qui répondent à des besoins faibles et factices ; tantôt elle descend bien plus lentement, c'est le cas des articles de première nécessité, qui répondent à des besoins forts et naturels. De même, ce que j'appellerais volontiers la criminalité de luxe, autrement dit l'ensemble des délits quelconques, vols, abus de confiance, faux, incendies, attentats aux mœurs, meurtres mêmes, inspirés par le désir, en grande partie artificiel, du libertinage et du bien-être, non par la faim, la vengeance ou l'amour, me paraît devoir être très sensible au frein de la répression, et se resserrer très

---

(1) *L'Océan Pacifique*, par de Varigny (1888).

rapidement quand sa sévérité s'accroît; mais la criminalité nécessaire en quelque sorte, la part des meurtres, des vols, etc., provoqués par la misère ou par de toutes-puissantes passions doit évidemment résister beaucoup mieux à l'accroissement des pénalités. Il vient toujours un moment où le prix de certains objets a beau devenir extravagant, le nombre de leurs rares consommateurs n'en est pas sensiblement diminué, ceux-ci étant des monomanes que nulle dépense n'empêchera de satisfaire leur fantaisie désordonnée. Tels sont les aliénés ou demi-aliénés criminels, les monomanes du délit, que nul châtiment n'arrêtera. Mais ces derniers sont une exception; plus la civilisation progresse, et plus augmente la proportion des crimes de la première catégorie comme celle des marchandises de luxe. L'importance des peines comme celle des prix va donc en grandissant. (1)

II

Il est prouvé, je crois, par ce qui précède, que les peines, même imparfaitement appliquées, comme elles le sont, rendent service à la société. Mais, pour qu'elles lui rendent de plus grands services encore, dans quel sens faut-il les réformer? Le problème est à l'étude maintenant plus que jamais; il a inspiré

---

(1) On peut essayer de démontrer l'inefficacité des précautions en vue d'éviter les accidents, par exemple les accidents de chemin de fer, par les mêmes raisons qu'on invoque pour démontrer l'inefficacité des peines. N'est-il pas certain pourtant qu'on pourrait, moyennant un notable accroissement de mesures de prudence, diminuer d'un quart, d'un tiers, de moitié, peut-être de trois quarts, le nombre des personnes tuées par suite de rencontres de voitures dans les rues ou de trains sur les rails? Cela est certain; mais il est certain aussi que la diminution des accidents ne marcherait pas du même pas que l'accroissement des précautions; *elle irait moins vite*, de moins en moins vite, et il viendrait un moment où le *minimum* des accidents serait en réalité atteint, car, pour en diminuer tant soit peu le nombre, il faudrait imposer aux gens des pertes de temps, d'attention et d'argent, supérieures en *valeur sociale* aux quelques vies épargnées par ce moyen.

de beaux travaux, enfouis sous des montagnes de livres fastidieux que nous n'essaierons pas de soulever ici. Il me semble que, sans de bien longs développements, nous sommes préparés à la résoudre. Mais, avant de reconnaître la parfaite justesse de bien des critiques adressées par nos réformateurs aux systèmes actuels de pénalité et d'apprécier leurs projets de réforme, commençons par les mettre à leur vraie place, suivant notre méthode habituelle, en jetant un coup d'œil rétrospectif sur les transformations de la peine.

I. — Elles sont étroitement liées aux transformations de la preuve, ou, si l'on aime mieux, de la procédure criminelle, dont il a été question plus haut. Il existe un lien, en effet, à chacune des phases de l'évolution judiciaire, entre la nature de la preuve qui *donne le ton* aux autres et le caractère que la peine tend à revêtir. J'ai distingué quatre espèces de preuves qui ont été ou commencent à être en honneur : les ordalies, la torture, le jury, l'expertise scientifique. Or, à la première correspond une pénalité *expiatoire*, si bien que l'offrande d'une victime aux dieux dispensait parfois d'une exécution capitale. A la seconde, à la torture, correspond une pénalité essentiellement intimidante et *exemplaire* : roue, écartèlement, bûcher, supplices plus atroces que jamais. A la troisième, à la preuve par la conscience populaire, par le jury, correspond une pénalité douce et prétendûment *correctionnelle*. Enfin, à la quatrième, à la preuve par la science dogmatisée, par l'expertise, quelle est la pénalité qui va correspondre? N'est-ce pas une pénalité, avant tout, *sanitaire*, soit qu'il s'agisse d'éliminer de l'organisme social des éléments inassimilables, des corps étrangers, soit qu'il s'agisse de guérir le désordre mental et moral des malades qualifiés malfaiteurs? C'est ce que nous verrons bientôt. On peut diviser ces quatre phases en deux groupes qui ne se ressemblent guère mais qui n'en présentent pas moins un trait commun. La première ressemble à la troisième, en ce sens qu'une foi mystique, la foi dans les révélations divines ou la foi dans l'infaillibilité de la conscience humaine, le culte du surnaturel ou la religion de l'humanité, leur sert d'inspiration. De même, la seconde et la quatrième, malgré leur profonde dissemblance sous tant d'autres rapports, ont également un air assez marqué de réaction utilitaire et rationaliste contre le mysticisme antérieur. Pour les romanistes du XIIIᵉ au XVIᵉ siècles, éblouis de la découverte encore récente du droit romain et du monde romain, la meilleure pénalité était la plus conforme aux principes de cette *raison écrite* qu'ils déchiffraient avidemment ; pour nos savants, pour nos naturalistes contemporains, ivres de tant de vérités naturelles révélées coup sur coup, la meilleure pénalité ne saurait être fondée que sur les sciences de la nature.

Je ne prétends pas, du reste, que l'enchaînement de ces quatre phases, quoique irréversible assurément, soit invariable ; un des anneaux de la chaîne peut manquer ou être remplacé ; il peut se faire aussi qu'elle se prolonge au delà du dernier. Nous savons enfin que le premier désigné a été précédé de *moments* encore plus anciens. Dans Homère, dans Hésiode, il est question de composition pécuniaire, mais on n'y trouve aucune trace encore, dit Thonissen, (1) « de cette purification religieuse qui, à une époque plus récente, était réputée indispensable pour permettre l'accès de l'agora et des temples à celui qui avait eu le malheur de répandre le sang humain. » Dans l'Iliade, en effet, « l'auteur d'homicides fréquente les citoyens et les étrangers sans leur imprimer aucune souillure. » Ainsi l'idée mystique de l'expiation aurait suivi en Grèce comme ailleurs l'idée utilitaire, (2) éminemment positiviste, du rachat et de la réparation pécuniaire. Le mysticisme religieux ici a paru être et a été effectivement un progrès sur l'utilitarisme barbare, comme celui-ci avait été un progrès lui-même sur cette sorte de mysticisme domestique qui imposait la vengeance irrachetable comme le plus sacré des devoirs. — Nous devons observer aussi

(1) On a cependant quelques doutes sur la légitimité de l'induction tirée de ce silence.

(2) La composition pécuniaire a dû être une invention d'hommes froids, calculateurs, pratiques, qui ont eu de la peine à faire prévaloir leur manière positiviste d'utiliser les crimes sur le sentiment inné d'indignation et de justice vindicative. Nous avons déjà cité cette exclamation d'un guerrier danois qui, dans un chant populaire, s'écrie : « Qui jadis eût osé recevoir de l'argent pour prix d'un père assassiné ? » Cette *nouvelle* coutume le révoltait. Dans les *Nombres*, Moïse défend « de recevoir aucune rançon du meurtrier pour le faire échapper à la mort qu'il a méritée ». Parmi les races sémitiques, nous dit Thonissen, les parents qui renonçaient à la vengeance moyennant finance étaient marqués d'une tache indélébile d'infamie.

que, dans son passage du polythéisme antique au christianisme, l'idée de l'expiation s'est profondément transformée et que cette transformation a elle-même un caractère d'irréversibilité manifeste. L'expiation, l'apaisement de la colère des Dieux offensés, avait toujours lieu, chez les Grecs et les Romains des plus hauts temps, dès que la peine conforme aux rites était infligée au coupable ou à quelqu'un des siens; mais le Dieu chrétien n'est apaisé, la faute à ses yeux n'est expiée, que si la peine est acceptée par le coupable comme une juste punition à laquelle il se résigne volontairement. La *peine volontaire*, la la *pénitence*, est une conception dont l'originalité ne nous frappe plus, mais qui suffirait à imprimer au monde chrétien sa couleur propre (1). Il faut que le coupable veuille sa peine pour être lavé de sa faute, comme il a fallu qu'il voulût sa faute pour en être sali. Cette punition de soi par soi est seule, en effet, un indice sûr de la régénération de son être. En voulant sa peine, le pécheur se l'approprie, et par conséquent se désapproprie son péché qu'il s'est approprié en le voulant; il serait contradictoire de continuer à faire sien son péché quand on a fait sienne la peine qui est essentiellement la négation de la volonté du péché. L'expiation toute sociologique et matérialiste des temps primitifs convenait à leur collectivisme familial et à leur grossièreté barbare, comme l'expiation toute psychologique et spiritualiste de l'ère chrétienne convient à l'individualisme élevé dont elle a marqué l'avènement. Le châtiment a cessé dès lors d'avoir une valeur par lui-même; il ne vaut que comme signe d'un état intérieur. On peut bien, sans avoir été châtié, s'être *converti* de cœur; mais qu'est-ce qui, sans la peine subie, prouvera aux autres et au coupable lui-même cette conversion? La peine est donc devenue simplement la manifestation extérieure et sociale du remords, le remords renforcé en même temps qu'attesté par la forme visible et traditionnelle, intelligible à

---

(1) Ce n'est pas, d'ailleurs, que le germe de la pénitence ne préexistât au christianisme. Il est infiniment probable que, de tout temps, et en tout pays, les crimes commis par un homme contre un membre de sa propre famille, de son étroit groupe social, ont fait naître en lui le remords et le besoin de se punir lui-même, d'exercer une sorte d'*auto-vendetta* contre lui-même. Mais l'originalité chrétienne dans notre Occident, a consisté à extérioriser et universaliser cette conception de la peine.

tous, qu'il revêt. Par malheur, la peine ainsi comprise ne règne qu'aux âges de foi; elle est infiniment rare dans nos prisons actuelles et il n'y a pas à espérer qu'elle y refleurisse.

Un progrès qui n'est peut être pas essentiellement irréversible mais qui, par sa continuité, depuis le milieu du moyen-âge au moins, mérite d'être noté, c'est l'adoucissement graduel des peines (1). Il semble que leur sévérité soit en raison inverse du degré de civilisation. Voilà sans doute pourquoi, aussi longtemps que le clergé a été supérieur en lumières au monde laïque, les cours ecclésiastiques se sont signalées par leur indulgence relative et unanimement reconnue (2), bien que la logique du dogme eût dû, ce semble, les pousser à accentuer plus encore que les cours séculières le côté expiatoire et cruel des châtiments. Quoi qu'il en soit, il en a été de la pénalité en cela comme de la thérapeutique. Avant Ambroise Paré, on plongeait dans l'huile bouillante les membres des blessés. Aux remèdes violents d'autrefois, aux saignées, aux trépanations, aux sétons, aux amputations atroces, on substitue par degrés une médication plus douce et des opérations chirurgicales non seulement plus rares mais moins douloureuses. Avec cela on guérit de mieux en mieux. Puissions-nous en dire autant de la vertu curative des châtiments adoucis! Au demeurant, le changement dont il s'agit répondait à un besoin bien général puisqu'il s'est étendu non seulement aux pénalités scolaires mais aux pénalités mystiques (3) elles-mêmes, malgré leur douceur relative. Au XIV° siècle encore, ce n'était pas des *pater* et des *ave* à réciter que les confesseurs donnaient pour pénitence. Ils ordonnaient

---

(1) A propos de l'*adoucissement* (et aussi du *remplacement graduel*) des peines, — voir mon article de Carnevale (*Arch. de l'Ant. cri* 15 juillet 1890, p. 450).

(2) Par exemple, quand Jacques Cœur, si indignement récompensé de ses patriotiques services, fut poursuivi devant la justice laïque de Charles VII, il sollicita, mais vainement, la faveur d'être jugé par les tribunaux ecclésiastiques, en sa qualité (plus ou moins discutable) de clerc. Voir à ce sujet, *Jacques Cœur* par Pierre Clément (Didier).

(3) En revanche, il est curieux de voir certaines assemblées délibérantes, qui viennent de voter des réformes de l'instruction criminelle ou du code pénal dans le sens de la clémence croissante, mettre à la disposition de leur président des pénalités parlementaires plus sévères. On a beau partager le préjugé de l'inutilité des peines en général, on ne laisse pas de croire au pouvoir de celles dont on sent le besoin.

de jeûner des mois entiers, des années entières, de se flageller, etc. Les *adoucissements* apportés alors à leurs rigueurs nous donnent l'idée de leur dureté habituelle. Par exemple, il fut permis à la longue « d'échanger un an de pénitence contre trois mille coups de fouet avec récitation d'un psaume à chaque centaine (1) ». Théodore, archevêque de Cantorbéry, au ix⁰ siècle déjà, avait dressé une sorte de tarif de ces échanges. Ces trocs finirent, en effet, par devenir de vraies ventes, comme on le voit par les taxes de la pénitencerie romaine. On aboutit ainsi au système des *indulgences*, sorte de composition pécuniaire avec le ciel, de wergeld mystique, dont la tardive apparition tend à confirmer l'idée que le wergeld antique lui-même n'a eu rien de primitif.

Du reste, gardons-nous de prendre la mitigation de la peine pour sa déchéance et son évanouissement. C'est une confusion où me paraît être tombé M. Carnevale, dans un chapitre de sa *Critica penale*, intitulée la *Décadence de la peine* (2). L'idée qui s'y développe est que, au cours de la civilisation, les auxiliaires et les succédanés juridiques, politiques, moraux, sinon religieux, de la peine, vont sans cesse se fortifiant, mais que la peine proprement dite va s'affaiblissant sans cesse et court à un terme final, très lointain, où elle disparaîtra fatalement. — Au fond, cependant, l'âme de la peine, la peine vraie, c'est la réprobation générale, par la même raison que le vrai gouvernement c'est l'opinion publique. Et l'on pourrait écrire sur la soi-disant *Décadence du gouvernement* un chapitre tout aussi motivé, et motivé de la même manière, que les pages consacrées par le savant italien à la décadence de la peine, faute de voir se développer le gouvernement de l'opinion. A mesure, en effet, que décroît le côté physique de la pénalité, son côté spirituel se dégage, se fortifie, de même que, parmi des pouvoirs politiques partout en déclin, sous forme monarchique ou autre, le pouvoir social de l'opinion grandit toujours. Je veux

---

(1) Jusserand, *La vie nomade*, d'après *Hardy*. Registrum palatinum dunelmense.

(2) *Criticate penale*, par Emmanuel Carnevale (Lipari, 1889). L'alinéa qui suit est extrait du compte-rendu que nous avons donné de cette substantielle brochure dans les *Archives d'anthrop. crim.*, n° 28.

bien que la compassion pour le malfaiteur progresse jusqu'à absorber toute indignation contre lui. Mais rien de plus humiliant que cette compassion-là pour celui qui en est l'objet et qui, dans sa vanité caractéristique, préférerait la haine à ce mépris déguisé, aimant cent fois mieux faire peur que faire pitié. Plus cette pitié croîtra, par son intensité redoublée dans l'âme de chacun, et par le nombre de ceux qui la ressentiront à la fois dans un public spécial que le progrès des communications, des informations par la presse, élargit incessamment, et plus cette pitié croissante, même aussi peu méprisante que possible, sera flétrissante, pesante, intolérable, pour le délinquant vaniteux, de plus en plus vaniteux parce que de plus en plus urbanisé. Plus le public s'étend, et plus, quoi qu'on fasse, la déconsidération de celui qui est blâmé publiquement, fût-il même publiquement plaint, est profonde et navrante.

II. — On ne se fera jamais une idée complète de la peine si on ne la compare avec son opposé, le Prix. Nous avons vu plus haut, par le tarif des indulgences et la composition pécuniaire, la force de la tendance qui pousse l'homme à tout chiffrer, à tout mesurer, même les maux et les douleurs, et à convertir les peines en prix ou, pour mieux dire, à traiter les peines comme des prix *au rebours*. Nous avons déjà indiqué cette dernière antithèse en comparant l'action des prix sur la consommation, et aussi bien sur la production des richesses, à l'action des peines sur la production des délits. Mais, sous bien d'autres rapports, ce parallélisme se poursuit. En termes plus généraux, nous dirons que toute société, inconsciemment, en établissant le système de ses châtiments, a cédé jusqu'à un certain point au besoin de le modeler sur le système de ses récompenses (1). Il

---

(1) L'échange des préjudices paraît aussi naturel, à l'origine, que l'échange des services, et il a sans doute précédé celui-ci. « Nous voyons chez les diverses tribus sauvages, dit Spencer (*Sociol.* III, p. 659) que, dans le principe, la guerre extérieure avait pour but d'opérer une égalisation de dommages du même genre. Chez les Chinoucks, lorsqu'un parti a un plus grand nombre de morts que l'autre, celui-ci doit l'indemniser ou la guerre continue. » C'est une vraie soulte de sang. « Chez les Arabes, quand les deux partis veulent faire la paix ils comptent leurs morts et celui qui en a le plus reçoit le prix du sang prescrit par l'usage. » A une politesse, ombre d'un service, il est d'usage de répondre

faut avoir égard à cette symétrie instinctive et séculaire si l'on veut apprécier à leur valeur pratique les idées des Italiens sur les peines indéfinies et leurs railleries à l'adresse des criminalistes qui se sont donné tant de mal pour proportionner *a priori* le chiffre des amendes ou des mois de prison à la gravité supposée des délits. Il faut avouer que rien n'égale la bizarrerie de cette échelle hiérarchique des délits tracée par la loi pour faire pendant à une hiérarchie de peines non moins bizarre et non moins chimérique (1), les plus hautes souvent étant les plus faibles. On peut se demander si, à cet égard, il a été fait un progrès de la loi salique à nos codes contemporains. Le taux de la composition pécuniaire était déterminé dans chaque cas, par la loi salique, suivant des principes invariables et intelligibles, comme l a montré M. Thonissen ; le taux est toujours triplé par exemple, quand il s'agit d'un compagnon du roi ou d'une femme enceinte. Mais on a beau chercher pourquoi, dans certains cas, notre code pénal a fixé tel maximum d'emprisonnement et d'amende, plutôt que tels ou tels autres, on n'y entrevoit d'autre raison au fond que l'arbitraire du législateur, à interpréter ou à compléter par l'arbitraire du juge. La loi ne semble avoir eu égard, dit Holtzendorff, qu'à « une certaine symétrie de chiffres, ou plutôt à une esthétique arithmétique de la pénalité, combinée avec des précautions pour éviter le point où le sens commun recevrait l'impression de l'injustice de la peine ». De là cette conséquence que nos peines, capricieuses et variables, ne se justifiant pas aux yeux du public, se discréditent, et sont considérées par les malfaiteurs comme un simple accident fortuit, un risque

---

par une autre politesse, monnaie de pareille nature. De même, quand un préjudice à la longue a perdu son caractère et n'a gardé qu'une apparence de son ancienne réalité, on y répond par une vengeance *pour rire*. Chez les Australiens par exemple, l'enlèvement d'une femme de la tribu par une tribu voisine, a cessé d'être regardé par la première comme une véritable offense ; mais comme c'est une offense simulée, l'honneur exige qu'on en obtienne réparation par un *talion symbolique* (Voir à cet égard Letourneau, *Evolution du mariage*, p. 112).

(1) Le besoin de cette *équation entre le délit et la peine* est si tyrannique dans les esprits dominés par les idées de l'école classique que nous retrouvons cette formule et cette préoccupation dans un livre rempli d'ailleurs de vues nouvelles et souvent excellentes, le *Devoir de punir* par M. Eugène Mouton, ancien magistrat. Ce préjugé, seul survivant peut-être dans le naufrage des illusions judiciaires de l'auteur, l'empêche d'admettre l'aggravation de la peine par le fait de la récidive.

professionnel. Mais est-ce que le meilleur remède à cet état de choses serait, par hasard, de supprimer d'emblée toute proportionnalité entre la peine et l'importance du délit? Oui, à condition de lui substituer une proportionnalité visible aux yeux de tous, appréciable par le malfaiteur lui-même, entre la peine et la perversité du délinquant. Par malheur, cette nouvelle proportionnalité serait encore plus malaisée à établir et à justifier que la précédente. N'importe, il y a nécessairement une tentative à faire en ce sens. Le législateur pénal de l'ancien régime, celui de 1678 par exemple, poursuivait un idéal de justice rigoureuse à sa manière, en vertu duquel il contraignait le juge à condamner quand certaines preuves, dites légales, lui étaient fournies, à absoudre dans le cas contraire, quelle que fût d'ailleurs son intime conviction; et, quand il condamnait, à prononcer telle peine fixe, prédéterminée invariablement. Sa grande préoccupation était de laisser le moins de marge possible au caprice du juge. On obtenait ainsi en apparence, — et l'apparence, qui satisfait l'opinion, n'est pas peu de chose en ces matières, — une parfaite égalité de traitement pour les accusés (1), et, pour les condamnés, une parfaite correspondance entre le degré de leur faute et le degré de leur châtiment. Mais, le mensonge de cette apparence s'étant dévoilé au public, on a dû changer de système; les législateurs contemporains ne mettent au pouvoir du juge, en ce qui concerne la preuve, presque aucune limite (2), et ne resserrent ce pouvoir en ce qui concerne la peine qu'entre des limites fort étendues, sans cesse élargies par l'admission facultative des circonstances atténuantes. Qu'est-il arrivé? La loi ayant laissé aux tribunaux le soin de trouver la boussole qui lui manquait, ceux-ci, aussi désorientés qu'elle, n'ont pu se faire pardonner leur pouvoir sans direction que par une indulgence sans borne, et leur faiblesse est née ainsi de leur toute-puissance. Le caractère irrationnel et aléatoire de la peine est donc devenu évident, tandis qu'autrefois il était

(1) Je dis pour les accusés de même catégorie sociale. D'ailleurs, les peines n'étaient pas égales, on le sait, pour le noble et pour le roturier.
(2) Le seul vestige des preuves légales qui subsiste est l'interdiction faite au juge d'entendre certains témoins ou de tenir compte de leurs témoignages, à raison de leur lien de parenté ou de domesticité avec l'inculpé. Bentham, par des raisons très fortes mais beaucoup trop sévères, critique cette disposition législative.

caché. Tant mieux, mais à une condition : c'est que l'on sente enfin la nécessité de faire les plus grands efforts pour sortir de cet état fâcheux et préparer un état nouveau, où la peine se justifie rationnellement aux yeux de tous, non pas seulement en apparence comme autrefois, mais en réalité.

La voie de ce changement nous est déjà indiquée par notre antithèse précédente entre la récompense et le châtiment, les prix et les peines. D'abord, à chaque époque, à notre siècle comme aux siècles passés, un genre de pénalité s'impose au législateur, et il est à remarquer que la nature de cette peine dominante est toujours en rapport avec la nature des biens les plus appréciés. Aux âges religieux où il n'est pas de richesse comparable à la faveur divine, l'excommunication est la peine majeure. Dracon, le terrible Dracon, a cru se montrer sévère en édictant que le meurtrier sera chassé du temple et ne pourra toucher ni à l'eau lustrale ni aux vases sacrés (1). En d'autres temps, et dans d'autres milieux, les peines infamantes, — marque, pilori, dégradation, etc., — sont les plus redoutées, parce que la considération est la richesse la plus chère à des âmes dont l'orgueil est le grand ressort. Les signes de l'infamie sont d'ailleurs calqués *à l'envers* sur les signes honorifiques. Chez les Wisigoths, l'honneur de l'homme libre étant de porter une longue chevelure, la *décalvation*, c'est-à-dire l'enlèvement de la peau du crâne, était un supplice usité et réputé capital (2). A l'honneur purement individuel, tel qu'on l'entend aujourd'hui, ne peut s'opposer que le déshonneur individuel ; mais à l'honneur familial d'autrefois répondait le déshonneur de toute une famille par la faute d'un seul (3), et cette solidarité n'étonnait personne. On est devenu, en général, moins irascible, ce qui n'est pas un mal, mais moins délicat, ce qui est regrettable, sur la question d'honneur, dans le sens domestique du mot ; et l'on en a la preuve en remarquant combien aujourd'hui « la protection

---

(1) Une punition terrible chez les Cambodgiens, dit M. Lorion, c'est le refus de la sépulture. Il en est de même chez les Chinois, qui ne conçoivent pas de plus haute récompense de leurs services que la perspective d'un beau mausolée, et s'envoient au premier de l'an un cercueil pour étrennes.

(2) On le combinait avec la flagellation. Dans le *Miroir de Souabe*, on voit encore *La tonsure et le fouet* infligés ensemble au voleur.

(3) Voir à ce sujet Joly, *Les lettres de cachet* (Paris, 1864).

légale de l'honneur » laisse à désirer (1). Aussi n'est-ce plus aux peines infamantes qu'appartient le premier rôle au xix° siècle ; c'est aux peines privatives de la liberté. A vrai dire, cependant, c'est moins la privation de la liberté que la privation de l'amour physique, qui fait redouter la prison au malfaiteur. Or, à mesure que le besoin d'indépendance et de licence voluptueuse s'est développé, l'emprisonnement, qui, au moyen-âge, n'était pas une peine à proprement parler et n'était employé que comme détention préventive, a envahi sous divers noms à peu près synonymes le champ presque entier de la pénalité. Ajoutons-y l'amende. Mais ce qui a droit de nous surprendre, c'est que cette peine pécuniaire ait fait si peu de progrès en ce siècle d'argent. Si elle n'a pas reçu plus de développement (2), c'est sans doute à cause de l'insolvabilité habituelle des malfaiteurs. Pourtant, n'y aurait-il pas moyen, malgré cela, de faire disparaître cette anomalie? Il suffirait de donner suite à une idée défendue avec talent par M. Garofalo (3).

Le délinquant condamné à la prison y restera jusqu'à ce que, par son travail, il ait économisé une somme déterminée, jugée propre à désintéresser sa victime. L'emprisonnement dans ce cas ne sera plus que l'accessoire et la condition de ce payement, converti de la sorte en peine principale. On évitera ainsi le scandaleux calcul de ces flibustiers qui se disent en emportant la caisse de leur maison de banque : après tout, ce million vaut bien les cinq ou six années de réclusion dont il me fait courir les risques. » Ces dommages-intérêts obligatoires dont je parle auraient sur l'amende un autre avantage, celui

---

(1) Voir à ce sujet une étude de M. Beaussire, *Revue des Deux Mondes* décembre 1887.

(2) Depuis longtemps, les publicistes demandent l'extension des peines pécuniaires (voir à ce sujet Prins, *Criminalité et répression*, et Michaux, *Question des peines*).

(3) Voir sa brochure intitulée : *Riparazione alla vittima del delitto* (Fratelli Bocca, 1887). L'idée n'est d'ailleurs pas aussi nouvelle qu'on pourrait croire) Dès 1783, Catherine II l'appliquait en Russie. La durée de l'emprisonnement institué par elle n'était pas fixée d'avance; « le condamné, dit M. Boullaire, ancien magistrat (*Bulletin de la Société des prisons*), devait par le produit de son travail, réparer le dommage causé et subvenir aux frais de son entretien. »
— Au congrès de Stockolm comme au congrès de Rome, la question des peines indéfinies a été sérieusement étudiée. Voir le *rapport* de M. Van Hamel, le distingué professeur de droit à l'Université d'Amsterdam, (publié dans le *Bulletin de la Société des prisons*, 1888).

d'être un acte de justice. Bien souvent un voleur n'est pas tout à fait insolvable ; mais, dans ce cas, le peu qu'il a sert à payer l'amende à laquelle il a été condamné envers l'Etat, et le volé est plus à plaindre que si la condamnation n'eût pas eu lieu. « Il est immoral, dit à ce sujet M. Fioretti (1), que le gouvernement réalise des bénéfices et s'enrichisse à la suite des délits mêmes qu'il était tenu de prévenir », comme pour se consoler lui-même, mais aux dépens des victimes, de ne les avoir pas prévenues. M. Fioretti est d'avis qu'il y aurait lieu de centraliser les amendes en une caisse générale qui servirait à indemniser les volés pauvres. M. Féré (2) va plus loin, il propose expressément la fondation d'une société d'assurance contre les préjudices du vol. La réalisation de ces projets aurait, je le crains, l'inconvénient de multiplier les vols; comme les polices d'assurance contre l'incendie ont multiplié les incendies. Le même reproche ne peut être adressé à la proposition de M. Garofalo ; et, bien que M. de Aramburu (3) ait une médiocre idée du gain que peut produire le travail d'un prisonnier, je sais, en France, sinon en Espagne, des prisons où l'on travaille avec une certaine activité. qui redoublerait à coup sûr si la durée de la détention en dépendait. Retenons au moins de cette idée ceci que, à notre âge de récompenses essentiellement pécuniaires, les peines pécuniaires méritent d'avoir un rang privilégié, très supérieur à celui qu'elles occupent à cette heure.

Poursuivons notre parallèle. Si de la nature des peines nous passons à leur quotité, nous voyons que, comme les prix, elles traversent trois phases différentes. Dans la première période, le prix, quel qu'il soit, se proportionne, non à l'étendue du bienfait considéré en lui-même, mais à la grandeur de l'obligé qui s'acquitte ; et pareillement, la peine se proportionne, non à la gravité de la faute, mais à la dignité de la personne outragée qui se venge. De là l'idée de l'enfer, peine éternelle proportionnée à la grandeur infinie de Dieu ; de là l'idée du ciel, récompense éternelle exigée non par nos faibles mérites, mais par la bonté infinie de Dieu. De là aussi, quand la majesté royale se fait jour

---

(1) Voir les actes du congrès de Rome.
(2) Voir *Dégénérescence et criminalité*.
(3) *Nueva ciencia penal*.

dans le monde féodal, l'atrocité des supplices réclamée par le caractère auguste du roi, qui se dit offensé par le délinquant. C'est dire qu'il entre beaucoup de reconnaissance dans les paiements et de vengeance dans les punitions. Les rois d'ancien régime montraient leur noblesse soit par leurs largesses excessives, sans nul rapport avec les services rendus, soit par leurs pénalités non moins intempérantes ; un gentilhomme de la cour de François Ier s'étant permis une plaisanterie contre une dame, le roi l'envoya chercher pour le faire pendre sur l'heure. Les libéralités des princes et des seigneurs étaient de même sorte. Elles n'en étaient pas moins des prix de bravoure et de mérite, mais des prix sans fixité, où le caractère du présent et du remercîment l'emportait sur celui du salaire. La rémunération que le grand seigneur devait à ses fidèles vassaux consistait avant tout dans l'hospitalité qu'il leur offrait, (1) hospitalité magnifique, s'il était riche et puissant comme le duc de Bourgogne, frugale et mesquine s'il n'était qu'un pauvre gentilhomme campagnard. N'importe, quelle que fût la valeur des services du vassal, il devait se contenter de cet accueil variable d'après la fortune de son suzerain, et l'un était quitte envers l'autre après que cet échange inégal de témoignages de dévouement et de marques d'affection avait eu lieu. De même, la cruauté des châtiments dont un seigneur disposait et surtout dont il usait, se mesurait sur son degré d'élévation, et la distinction des trois justices, haute, basse et moyenne, n'a pu avoir d'autre raison que celle-là à l'origine. Mais peu à peu, à mesure que le moyen-âge se décompose, ce que les seigneurs apprécient dans les services d'un vassal, d'un serviteur, d'un marchand, c'est de plus en plus leur utilité, et de moins en moins la fidélité ou la servilité qui s'y joint. Alors on commence à rémunérer les services de tout le monde autrement qu'en

---

(1) C'était là leur récompense, comme celle des saints était d'être les commensaux de Dieu, les invités permanents au banquet de la divine Joie. Les rémunérations célestes ont été imaginées, en effet sur le patron des rémunérations terrestres, de même que les châtiments infernaux sont le reflet des pénalités atroces qui déshonoraient les temps où on les a conçus. L'effet est devenu cause à son tour, et, par une réaction inévitable, l'atrocité des peines de l'enfer a dû contribuer à redoubler celles des peines judiciaires. Celles-ci nous paraissent folles de cruauté, mais elles devaient paraître douces à ceux qui leur comparaient les chaudières bouillantes et les tenailles ardentes des démons fonctionnant toute l'éternité pour châtier les mêmes crimes.

banquets, en réceptions, en festoiements; on se met à les payer. En même temps, les châtiments légaux tendent à se préciser, à s'uniformiser comme les prix. Il n'en n'est pas moins vrai que, jusqu'à la fin de l'ancien régime (1), les prix des mêmes objets ont présenté la plus grande diversité d'une province à l'autre, et que, de même, les pénalités, d'un parlement à l'autre, souvent même d'un présidial à l'autre, étaient restées fort inégales. Dans chaque endroit, en revanche, les prix, comme les peines, étaient invariables. Aujourd'hui, au contraire, les prix, comme les peines, sont plus variables chronologiquement, mais, géographiquement, plus uniformes.

Ce qui caractérise cette seconde période, malgré tout, c'est la tendance à envisager plus froidement, sans gratitude ni indignation, ce qui ne veut pas dire sans estime ni blâme, sans admiration ni mépris, le service et le délit, abstraction faite du servant et du délinquant, et à rechercher géométriquement les conditions de *l'équivalence* entre le service et le prix d'une part, le délit et la peine de l'autre. C'est l'âge d'or de l'économie politique telle qu'Adam Smith l'a fondée ; c'est l'âge d'or aussi bien du droit criminel à la façon de Beccaria. Pendant que l'économiste classique formule les lois soi-disant immuables qui déterminent à chaque instant ce que *vaut* un produit, son *juste prix*, le criminaliste classique se tourmente pour définir ce que *vaut* un délit, sa juste peine, juste en tout temps et en tout lieu (2). Le progrès économique paraît consister pour l'un dans l'amoindrissement graduel des prix, comme le progrès pénal consiste pour l'autre dans l'adoucissement graduel des peines. Il y a sans doute bien des différences dans leurs points de vue ; mais leur prétention commune est d'évaluer l'œuvre, abstraction faite de l'ouvrier. De là l'axiome : à chacun selon

---

(1) V. les *Prix en 1790*, par *Léon Biollay* (Guillaumin 1886).

(2) Mittermayer, malgré son érudition historique, est pénétré de cette idée. Dans son traité sur la peine de mort, je lis cette curieuse note : « Un habile magistrat français, Mouguier, fait observer avec raison, dans son traité des cours d'assises que la peine qui dépasse même d'un atome la gravité du crime est injuste. » Pas plus que l'auteur qu'il cite, Mittermayer ne paraît douter de la possibilité d'évaluer *à un atome près*, la quotité de peine qui revient à une quotité donnée de délit. A ses yeux, comme aux yeux de toute son école, la double échelle des délits et des peines exprime quelque chose d'aussi éternellement vrai que l'axiome d'Euclide sur les lignes parallèles.

ses œuvres. La pénalité, en somme, est traitée alors comme si elle était précisément l'opposé du salariat.

Nous en sommes là, et voilà pourquoi un criminaliste peut sembler mal venu à proposer de rompre ce bel ordre superficiel, ou ce qui en subsiste encore, pour inaugurer une troisième phase. Mais n'est elle pas déjà commencée économiquement par la poussée socialiste et réaliste de ces derniers temps? Sous le livre on cherche de plus en plus l'écrivain, sous le tableau le peintre, sous la partition le musicien. Sous le travail, entité des anciens économistes, on cherche le travailleur ; c'est à leurs besoins ou à leurs passions, c'est à leur pouvoir ou à leur capacité, plutôt qu'à leur ouvrage, que doit répondre leur salaire sous toutes ses formes, — appointements, honoraires, notoriété, succès littéraire, décoration, etc. — pour atteindre le véritable but du salaire, qui est moins, au fond, de récompenser un service passé, que d'encourager sa reproduction future. Dans une comédie, dans un roman d'un auteur qui débute, on salue moins un chef-d'œuvre nouveau, souvent bien imparfait, qu'un talent nouveau deviné à travers ses imperfections ; on l'exalte, on le surfait, pour qu'il se hâte de se surpasser. On applaudit avec la même exagération les moindres promesses de talent chez les orateurs politiques et les hommes d'Etat. La gloire a cessé d'être la récompense du génie, elle est plutôt sa surexcitation fiévreuse, sa culture intensive par le public. « A chacun selon ses besoins » ou bien « à chacun selon ses talents » : tantôt l'une, tantôt l'autre de ces deux devises triomphe, mais la précédente est en déclin ou ne se réalise qu'en apparence et dans le détail, pour la commodité des transactions. Si le besoin croissant de célérité dans les affaires fait prendre l'habitude dans la vie ordinaire d'apprécier impersonnellement les petits services sans tenir compte de la somme de travail dépensée par les auteurs ; si dans les magasins, la nécessité d'un prix égal pour tous, malgré l'iniquité que cette égalité recouvre, se fait de plus en plus sentir ; demandez-vous cependant pourquoi ce prix uniforme et impersonnel s'est élevé si rapidement pour tel ou tel article, pour certains meubles de fabrication parisienne par exemple, et vous verrez qu'il a été imposé par les exigences des ouvriers, fondées sur leur goût et leur habileté, sur leurs besoins et leurs bulletins de vote. A un prix plus bas, ils auraient refusé de travailler. Si donc chaque ouvrier, individuellement, est payé à raison de son ouvrage, l'ensemble des ouvriers est payé plutôt à raison de ses besoins ou de ses talents. Il en est de même de cette *peine égale pour tous*, que semble exiger la rapidité de la répression dans les tribunaux surchargés, où il existe, pour ainsi dire, un tarif pénal ; 3 mois de prison pour tel méfait, 6 mois pour tel autre. En réalité, le châtiment est moins impersonnel qu'il n'en a l'air, et les tribunaux s'efforcent, quoiqu'ils n'y parviennent guère, de régler le taux de chaque peine sur le dégré de dépravation habituellement propre à chaque catégorie de condamnés. « A chacun selon sa perversité » : telle est ou ou devrait être la devise pénale.

D'ailleurs bien au-dessus de cette menue monnaie du délit, se tiennent les vrais crimes, méfaits exceptionnels et non tarifés, analogues à ces « services exceptionnels », ou qualifiés tels, qui valent à un homme une récompense extraordinaire. Ici, chaque délinquant est examiné à part, avec des lumières insuffisantes nous le savons, puisque les examinateurs sont des jurés, mais au moins avec l'attention requise. Un homme vous sauve la vie, un employé de chemin de fer empêche un train de dérailler, ce sont là des labeurs qu'on ne paye pas en journées d'ouvrier. Toutes les fois que la bonne volonté de l'agent est évidente et l'utilité de son action majeure, il y a lieu à ces prix hors ligne, de même que la réunion d'une méchanceté manifeste et d'un préjudice grave provoque les peines supérieures. Il n'est même pas nécessaire que le préjudice soit très grave et l'utilité majeure. La personnalité de l'agent est d'une importance toujours si prépondérante à nos yeux que, même sans avoir reçu de bienfait notable et subi de fort dommage, nous nous croyons tenus à des récompenses ou à des châtiments transcendants, quand, par la répétition de petits travaux bien exécutés imperturbablement, ou de petits délits invariablement reproduits, une nature éminemment droite ou perverse se signale à nous. Un bon employé bien régulier a droit de la sorte à un avancement, salaire d'exception substitué à son salaire d'habitude ; un bon domestique, tous gages payés, est surpris souvent de ne pas avoir une ligne dans le testament de son maître ; un bon ouvrier qui a fait ses preuves, sans action d'éclat néanmoins, peut prétendre à devenir l'associé de son patron. Pareillement, un bon délinquant, un homme qui a commis une série de petits vols, de petites escroqueries, de petits attentats aux mœurs, et dénoté sa perversité native, quoiqu'il n'ait peut-être encore assassiné personne ni volé sur les grands chemins, un récidiviste en un mot, mérite un traitement privilégié de la part des tribunaux correctionnels. On le punit alors, non à cause de ses délits passés, remarquons-le, mais bien en raison des délits futurs qu'il commettrait si on ne le punissait pas. C'est ainsi qu'en donnant de l'avancement à l'honnête employé, on songe avant tout aux services qu'il rendra grâce à cette faveur et qu'il ne rendrait peut-être pas sans elle. On voit donc qu'à y regarder de près le point de vue de nos nouveaux criminalistes ne rompt pas la symétrie voulue entre l'évolution économique et l'évolution pénale. Est-ce à dire pourtant que le délit passé, si l'on était sûr qu'il ne se répéterait plus, devrait rester impuni? et ne serait-ce pas comme si l'on disait que le service passé, si l'on était sûr qu'il ne se répéterait plus, ne mériterait aucune récompense? Non, nos évolutionnistes le savent bien, il y a des organes rudimentaires et inutiles, reste du passé, que le progrès organique est impuissant à faire disparaître.

Mais des deux questions que je viens de poser, la première choque moins que la seconde. Nous consentirions à laisser non châtié un méfait dont l'impunité serait sans danger, plutôt qu'à laisser non récompensé un bienfait quelconque. Pourquoi? Peut-être parce que l'évolution de la peine est, en ce sens, plus avancée déjà que celle du prix. Elle a fait un pas décisif que celle du prix n'a pas encore fait, ne fera peut-être jamais. Quoique la fixation du prix appartienne, dans une large mesure, tantôt à la coutume tantôt à la mode, elle est du domaine privé. Au contraire la peine est fixée par les tribunaux, organes du pouvoir social. La peine est donc l'opposé symétrique de ce que serait le prix si, conformément aux vœux communistes les plus extravagants, toute vente, toute transaction particulière étant supprimée, la communauté toute entière se chargeait de payer les services que ses membres se rendraient entre eux, et leur défendait de s'acquitter eux-mêmes, comme à présent il leur est interdit de se faire justice eux-mêmes. Si cependant, chose peu désirable à coup sûr, ce grand et radical changement économique se produisait, la notion du prix serait profondément tranformée, à peu près comme l'a été la notion de la peine à partir du moment où elle a cessé d'être une vengeance privée et est devenue d'abord une vindicte publique, ombre de la première, puis quelque chose de plus raffiné encore ou de plus quintessencié. Il est probable que, dans l'hypothèse où la société se chargerait de la rémunération de tous les services rendus aux sociétaires, comme elle se charge du châtiment des préjudices dont ils sont victimes, on verrait avant peu des théoriciens critiquer la proportionnalité des récompenses aux services comme une idée arriérée et mystique. Ils n'auraient pas de peine à montrer que l'Etat doit se préoccuper, non des services rendus, éteints, évanouis, mais des services à rendre, les seuls sur lesquels il puisse agir ; que l'auteur d'un service ou d'une *tentative de service* doit, par suite, être payé en raison des travaux futurs dont il s'est montré capable ; que le but de la rémunération est non de réaliser une sorte de talion au rebours, mais de stimuler la production, soit en encourageant le rémunéré, soit en offrant aux autres citoyens l'appât de son exemple ; qu'il ne faut donc pas envisager le service isolément, abstraction faite du travailleur, mais établir des catégories de producteurs plutôt que des catégories de produits : d'un côté les producteurs d'habitude et de tempérament, à trier avec soin, à investir d'honneurs stimulants et à couvrir de traitements viagers : d'un autre côté, les producteurs d'occasion, à récompenser plus mesquinement.

On le voit cette troisième phase du système social des rémunérations et des châtiments, que nous venons d'esquisser, est précisément l'inverse de la première, et la seconde semble n'avoir servi qu'à passer de l'une à l'autre. Dans la première, toute de passion, c'était la personne de l'obligé, non celle du bienfaiteur, qui importait, ou bien c'était celle de la victime, non celle du malfaiteur ; en outre, on semblait n'avoir égard, dans l'élan de sa gratitude ou de son ressentiment, qu'au service ou au préjudice passé, nullement au service ou au préjudice à venir. Dans la troisième, toute de calcul, on ne songe qu'à la personne du producteur et à sa production ultérieure, ou à la personne du malfaiteur et à ses crimes futurs. Mais, au fond, le contraste indiqué est moins réel qu'apparent ; sous la reconnaissance la plus sincère, sous la vengeance la plus passionnée, il y a un utilitarisme inconscient (1), une arrière-pensée sourde de l'avenir qui a existé de tout temps, et dont les sociétés ont dû prendre conscience à la longue.

Pouvons-nous dire, par analogie avec l'idée citée plus haut, de M. Carnevale, que la transformation sociale vers laquelle nous semblons aller nous achemine à une graduelle *décadence du Prix?* Assurément, même dans le phalanstère le plus perfectionné, il y aurait toujours des achats et des ventes, malgré bien des utopies formulées à cet égard ; il y aurait toujours au moins des rémunérations de services sous forme de *bons* et surtout, espérons-le, sous forme d'éloges et de considération pour le producteur habile ou laborieux. C'est là le côté spirituel du Prix ; il est déjà à peu près le seul à l'usage des artistes et des écrivains, espérons qu'il ira se développant chaque jour davantage.

J'ai à noter encore l'application de l'antithèse précédente à une considération déjà indiquée plusieurs fois dans cet ouvrage mais qu'il n'est pas mal à propos de répéter. Plus on remonte haut dans le passé, plus on y voit se marquer ce grand fait économique, dont les économistes commencent à sentir l'importance : il y a deux prix pour le même article, l'un pour les gens de la tribu, plus tard les nationaux, l'autre pour les étrangers avec lesquels on a des rapports de commerce intermittents à certains jours de foire et dans certains lieux déterminés. Ce dernier prix est le seul qui soit réglé par le simple conflit des intérêts, conformément au vœu des économistes classiques. Le premier, réglé par la coutume, tient compte de la solidarité qui lie

(1) Je ne veux pas dire par là que les sentiments se sont formés *principalement* sous l'empire de l'idée d'utilité. Ce serait une grande erreur : en voici deux preuves entre mille. Tout le monde, sous l'ancien régime, était persuadé qu'après le roi il n'était pas d'homme plus utile, plus indispensable, que le bourreau. Tout le monde, dans l'antique Égypte, était convaincu que le plus utile des hommes était l'embaumeur, par qui les corps étaient conservés en vue de la résurrection future. Et cependant l'horreur qu'inspiraient ces deux hommes jugés nécessaires était telle qu'ils étaient obligés de fuir au plus vite après avoir rempli leur tâche, pour éviter d'être mis en lambeaux.

les membres d'un même groupe social et pose une limite à l'abus de leur mutuelle exploitation. Quoique graduellement effacée en apparence, cette distinction subsiste toujours, elle est encore très accentuée dans certaines villes d'Eaux, et, si l'on compare le commerce international des grands Etats modernes à leur commerce intérieur, on s'aperçoit qu'elle n'a rien perdu de son ancienne netteté. Or, de même qu'il a toujours eu et qu'il y a encore deux prix, n'est-il pas vrai qu'il y a deux peines, l'une pour l'ennemi du dehors, l'autre pour l'adversaire du dedans, comme il y a deux morales, l'une extérieure pour la guerre, la diplomatie et la politique, pour toutes nos relations avec ceux que nous considérons comme des étrangers par suite de la différence de nationalité ou simplement de caste et de classe, l'autre intérieure pour nos relations avec nos compatriotes sociaux ? Le malheur est que, trop souvent, dans le passé, la justice pénale a traité le malfaiteur, même national, comme s'il était un ennemi, et que l'évolution de la pénalité semble avoir eu pour point de départ la vengeance seule. Mais il n'en est pas moins vrai, lorsque le chef de la tribu barbare, ou même sauvage, est vraiment justicier, quand il réprime un attentat commis par l'un des siens contre un autre membre de la grande famille qu'il régit, sa préoccupation est toute autre que celle dont il est dominé quand il cherche à venger une injure causée par un membre d'une tribu étrangère. Dans ce dernier cas, la défense sociale le préoccupe exclusivement et il se venge sur le coupable ou sur son frère indifféremment ; mais, dans l'autre cas, il ne s'agit pas seulement de défendre la société contre le coupable, qui est d'ailleurs ici considéré individuellement et différencié des siens, il faut, si c'est possible, le *réconcilier* avec elle. Si c'est impossible, on rentre dans le cas précédent, et la pénalité alors, mais alors seulement, peut être tout utilitaire. — En se poursuivant de nos jours, remarquons-le, l'évolution pénale tend à nous ramener au vrai berceau de la peine, à cette pénalité individuelle, moralisatrice, et avant tout, spirituelle, c'est-à-dire consistant dans un blâme et une flétrissure, qui était propre à la justice domestique des premiers temps, mais en l'étendant à l'universalité des délinquants.

J'aurais regret de m'être tant attardé à ces préliminaires s'il n'en ressortait une constatation qui a son importance. Nos réformateurs, certes, ont perdu moins de temps que nous tout à l'heure aux considérations historiques, et, sans nul souci des précédents, ils ont traité *objectivement*, en réalistes, en naturalistes, le problème de la peine. Eh bien, il se trouve que leur solution, en ce qu'elle a d'acceptable, est la suite logique des solutions antérieures, dédaignées par eux, qu'elle était appelée par celles-ci, qu'elle vient comme elles à sa place et à son heure et que c'est là son grand mérite et la cause de son succès. Quand l'homme ne croit obéir qu'à sa petite raison individuelle, c'est encore la grande logique sociale qui le conduit. L'individu s'agite, le milieu le mène.

III

I — Essayons cependant nous-mêmes d'envisager notre sujet face à face, à l'œil nu, pour ainsi dire, sans l'interposition des verres de l'histoire. La peine doit être adaptée à son but, soit ; mais quel est son but ? La diminution des délits, nous dit-on, parce que tel est l'intérêt de tous. — Si simple pourtant et si claire que soit à première vue l'idée de faire reposer sur l'utilité générale la pénalité, elle présente, nous l'avons déjà vu, des difficultés et des obscurités à la réflexion. Pourquoi, en effet, la légitimité de la peine s'appuierait-elle sur l'utilité plutôt que sur la volonté générale ? J'en dirai autant de la légitimité des gouvernements, qui ont tour à tour ou simultanément, ces deux sortes d'appui. Quel est le pouvoir le plus légitime, celui qui gouverne avec l'opinion, ou celui qui, mieux qu'elle et malgré elle, poursuit l'intérêt public ? Ce serait le second, s'il pouvait longtemps se soutenir sans ramener l'opinion à lui. Mais en somme, la volonté nationale, spontanée ou suggérée, est le seul fondement durable des gouvernements ; n'en est-il pas de même des législations civiles ou pénales ? La prétention, l'intention même, très sincère d'ailleurs et parfois très fondée, d'être utile au peuple, en dépit de la volonté du peuple, cela s'appelle en politique absolutisme ; en droit pénal cela s'appelle utilitarisme. Or, l'un vaut l'autre en solidité et en durée. En fait, ce but donné à la peine : la diminution des délits, implique la conformité de la peine à l'opinion plus qu'à l'intérêt de la majorité. Car n'est-ce pas l'opinion, exprimée par le législateur, qui a imprimé à telles actions plutôt qu'à telles autres un caractère délictueux et mesuré leur degré de délictuosité relative ? M. Garofalo pourra m'objecter sa théorie du délit naturel ; mais le délit naturel n'est sanctionné par les diverses législations que dans la mesure de leurs convenances.

Quand le législateur a essayé, soit dans l'incrimination de certains faits, soit dans la sanction pénale de certaines prohibitions, de lutter contre l'opinion, il est rare qu'il n'ait pas été vaincu par elle, ou s'il a triomphé d'elle, qu'il n'ait pas eu à s'en repentir. Parfois il érige en délit une action, parce qu'elle est l'effet d'un vice national qu'il juge à propos de réprimer. La législation somptuaire, comme le remarque Roscher, frappait de préférence, à Rome, les excès de table ; en France, sous l'ancien régime, le luxe si français de la parure ; en Allemagne, la passion de l'ivrognerie, les tournois bachiques où l'on pariait à qui boirait le plus. Ainsi un genre de prodigalité prenait un caractère délictueux là où, à raison de l'exemple ambiant, il était le plus digne d'excuse. Animée du même esprit utilitaire, la législation ancienne sur le duel sévissait contre lui avec d'autant plus de rigueur que le courant des mœurs à détourner était plus fort. — Adam Smith trouvait injuste que, plus les droits de douane s'élevaient, plus la pénalité devînt rigoureuse contre les contrebandiers ; car de la sorte, disait-il, le gouvernement les punit plus durement après les avoir induits davantage en tentation. Il aurait pu ajouter que, plus la tentation est grande, plus le public est indulgent pour ceux qui y ont succombé. Au contraire, Bentham était d'avis qu'il convenait de proportionner la gravité des peines contre la contrebande à l'élévation des droits, afin que la crainte du châtiment fît toujours contrepoids au désir du gain. Lequel avait raison, du jurisconsulte qui parlait en utilitaire, ou de l'économiste qui parlait en moraliste, pénétré de l'idée de justice telle que l'opinion la conçoit ? Pour l'un, l'élévation des droits est une circonstance atténuante ; pour l'autre, une circonstance aggravante. Ici, la contradiction est formelle entre la pénalité fondée sur l'utilité et la pénalité fondée sur l'opinion. Or, longtemps, il est vrai, c'est le sentiment de l'utilité qui paraît l'avoir emporté dans la plupart des législations, car les châtiments les plus atroces ont été dictés contre les contrebandiers. Mais, neuf fois sur dix, ces édits sont restés lettre morte. Les condamnations qui ne déshonorent personne ont, en effet, pour commune destinée de tomber fatalement dans l'extravagance ; *n'étant pas déshonorante, la peine doit être d'autant plus afflictive pour être tant soit peu efficace.* L'excès devint bientôt si criant qu'il n'y a plus moyen de le tolérer. — Est-ce à dire que, dans les pays tels que la Corse et la Sicile où le meurtre et l'assassinat sont excusés par le public, je conseille au législateur et au justicier d'imiter la lâche indulgence du jury ? Non ; mais, dans ce cas, c'est sur l'opinion générale, continentale, que doit s'appuyer la justice pour combattre l'opinion locale, insulaire, et à la fin la ramener.

Assise sur l'opinion, la peine me paraît tout autrement justifiable qu'assise sur l'utilité. A l'intérêt de la majorité s'opposera toujours l'intérêt de la minorité rebelle : l'intérêt du voleur de profession sera toujours de voler, malgré l'intérêt contraire de la population honnête. Les besoins et les désirs ont beau se propager par imitation, ils ne laissent pas de se contredire, et leur unanimité même ne ferait qu'accroître leur hostilité. C'est au contact des gens très probes que maint escroc a contracté la passion de s'enrichir, qui le pousse à l'improbité. Or, de quel droit sacrifier les désirs des uns à ceux des autres, s'il n'y a à se préoccuper que des désirs humains, si l'utile est le seul bien, et voir dans le condamné autre chose qu'un vaincu ? Mais, en se propageant contagieusement, les idées s'accordent et se confirment, si bien que l'opinion de la majorité honnête qui flétrit la conduite de la minorité malhonnête finit par gagner celle-ci même et par la contraindre, en son for intérieur, à s'avouer coupable, nonobstant ses forfanteries.

Cependant, c'est cette opinion qu'il s'agit de juger théoriquement, ne serait-ce que pour l'inviter à se réformer elle-même s'il y a lieu. Je demande alors pourquoi l'on veut qu'elle soit exempte de toute indignation et de toute haine contre le malfaiteur et guidée par les plus froids calculs. Je demande si la vulgarisation de l'opinion positiviste et utilitaire à cet égard serait le meilleur moyen d'atteindre le but utile et positif donné à la peine. Ne voir dans le criminel qu'un être dangereux et non un coupable, un infirme ou un malade, et non un *pécheur*, et dans le châtiment qu'un procédé d'élimination ou de réparation, non une flétrissure, c'est vouloir que les criminalistes et, après eux, le public tout entier, portent sur le crime et la peine un jugement intellectuel, pur de toute émotion et de tout blâme. Mais, précisément, l'école qui propose ces réformes excelle à mettre en lumière cette vérité, que l'intelligence est inerte par elle-même, et que le sentiment seul est la force motrice des âmes et des sociétés. Quand on cessera de haïr et de flétrir le criminel, le crime pullulera. Au surplus, je le répète, pour quelle raison s'efforcerait-on, cela fût-il possible, d'arracher à la haine et à l'indignation leur objet le plus naturel, le crime, au risque de faire déborder davantage sur d'autres objets, et de détourner dangereusement vers d'autres fins, dans nos luttes politiques ou religieuses, par exemple, ces sentiments éternels du cœur? Je veux bien que le crime, étant soumis au déterminisme universel, soit un fait naturel comme un autre. Mais la colère qui nous saisit à la vue de l'acte criminel et le désir de vengeance qui nous anime aussitôt contre son auteur, sont des phénomènes naturels aussi. Pourquoi les jugerait-on irrationnels? Pourquoi les blâmerait-on, quand on estime que le crime même n'est pas blâmable? Fût-il prouvé que ces sentiments impliquent une erreur, celle de croire à la liberté de l'agent criminel, et notre théorie de la responsabilité prouve le contraire; est-ce qu'on supprime une sensation, une illusion d'optique ou d'acoustique, en prouvant qu'elle est décevante? Le daltonien le plus instruit voit le vert et le rouge de même couleur, quoiqu'il sache que ces couleurs diffèrent; et, pareillement, le mari le plus déterministe accable de son mépris et de sa fureur sa femme infidèle, quoiqu'il sache qu'elle n'a pas pu ne pas le tromper. Distinguons cependant: si la cause irrésistible de cette infidélité lui paraît résider dans la nature même de sa femme, dans le tempérament et le caractère combinés de celle-ci, nul argument ne pourra mordre sur son indignation et sa soif de vengeance ; si, au contraire, on vient à lui prouver que l'inconduite de sa femme procède d'un accès de folie momentanée, son mépris pourra se changer en pitié ou en douleur. De même, si l'on parvenait à démontrer aux victimes de certains crimes et à la foule spectatrice que leurs auteurs sont de pauvres malheureux atteints d'épilepsie larvée, de nutrition imparfaite du cerveau, il se peut qu'à la longue la conscience publique cessât de réclamer le déshonneur de ces infortunés. Mais, en admettant que les sentiments réprobateurs, épurateurs, dont il s'agit, puissent être atténués et convertis en compassion charitable, est-il bon, encore une fois, d'amincir de la sorte la plus forte digue qui s'oppose au progrès du mal social ? Utilitairement, il faut répondre non. Pourquoi, au contraire, répondent-ils oui, si ce n'est parce qu'il y a un esthéticisme, un idéalisme caché, au fond de l'utilitarisme ? L'idée d'une pénalité pure de toute vengeance et de toute haine est fort ancienne dans l'histoire du spiritualisme. Dès le III° siècle, Grégoire de Naziance affirme que « Dieu ne se venge pas en châtiant les méchants, qu'il les appelle à lui et les réveille du sommeil de la mort ». A Grégoire de Nysse aussi, la pensée de l'enfer éternel est intolérable. Il rêve d'amnistie finale et immense. « A la fin des temps, suivant lui, toutes les peines seront expiées, toutes les âmes seront justifiées. Le diable lui-même sera compris dans l'œuvre du salut universel (1) ». La même inspiration généreuse s'est continuée de nos jours, nous l'avons vu, jusqu'à MM. Fouillée et Guyau. Les utilitaires l'ont respirée avec l'air ambiant ; et c'est comme contraire à cet idéal, c'est comme entachée de laideur morale, qu'ils haïssent la haine, même utile. Ils ressemblent plus qu'ils ne pensent aux Egyptiens qui abhorraient l'embaumeur, aux Français qui exécraient le bourreau, tout en estimant que l'embaumeur et

---

(1) M. Adolphe Franck, *Essais de critique philosophique*, (1885). Je laisse subsister cette citation de M. Franck, bien que, d'après le *Monde* du 29 décembre 1890, — (dans un article très bienveillant du reste), — elle contienne « une erreur très facile à vérifier » Je le regrette. Je la maintiens ici, parce qu'elle exprime un sentiment qui a été protégé par plus d'un mystique du moyen-âge, par les disciples notamment de Joachim de Flore et de son *Evangile éternel*. V. M. Guerardt à ce sujet dans son *Italie mystique*.

le bourreau étaient les personnages les plus indispensables de l'Etat.

D'où je conclus, non que la doctrine utilitaire doit logiquement se purger au plus vite des éléments esthétiques et moraux qui s'y sont glissés, car l'idée de l'utile ne se soutient pas toute seule et est suspendue à l'idée du beau, du beau physique et du beau moral, — mais bien qu'il est illogique de proscrire en apparence les notions morales quand on s'en inspire en réalité et à son insu et qu'on ne peut pas ne pas s'en inspirer. Chose étrange, pendant que les novateurs positivistes en pénalité ne veulent plus, disent-ils, entendre parler de droit, de devoir, de culpabilité, de mérite et de démérite, même en remplissant ces vieux mots d'un nouveau contenu et en employant à de nouvelles fonctions ces vieux organes suivant le procédé de la vie, les novateurs, non moins positivistes en économie politique, les socialistes de la chaire, donnent à leurs innovations pour caractère essentiel l'introduction des idées morales dans l'ordre des phénomènes économiques. Ces derniers ont sur les premiers l'avantage d'avoir conscience de leurs tendances.

II. — N'oublions pas que la question du crime et la question du travail sont intimement unies ; n'oublions pas non plus que le problème de la pénalité se lie à celui de l'assistance publique. Le paupérisme et la criminalité qui se relient l'un à l'autre par la mendicité et le vagabondage, sont deux plaies de nature différente mais également nuisibles à la société. La société se mettrait donc en contradiction avec elle-même en résolvant l'un de ces deux grands problèmes par des principes contraires à ceux qui lui servent à résoudre l'autre, en se montrant, par exemple, impitoyable et préoccupée de son seul intérêt dans le traitement des criminels, quand elle prodigue aux paresseux et non pas seulement aux infirmes les trésors de sa charité. Dans quelle mesure doit-elle guérir les malades, nourrir artificiellement les malingres et les parasites ? Est-ce dans la mesure stricte où elle est intéressée à leur guérison ou à leur conservation ? S'il en était ainsi, elle devrait ne pas s'occuper d'eux. Mais elle croit avoir, elle sent qu'elle a des devoirs envers eux.

Pourquoi n'en aurait-elle pas aussi bien envers les malfaiteurs ? (1)
Il ne suffit donc pas de dire que son but, en les punissant, doit
être la diminution des délits ; ce but unique comporterait des
pénalités odieuses. Elle doit avoir d'autres fins encore : l'amélioration du coupable si c'est possible, ou, si c'est impossible et que
l'élimination immédiate du coupable ne soit pas jugée nécessaire,
son alimentation et son entretien plus ou moins dispendieux
jusqu'à la fin de ses jours. La société a le droit de se défendre,
comme chacun de nous, soit, mais, plus qu'aucun de nous, elle
est assez riche pour se payer le luxe de la bonté. Qu'est-ce que
cette collectivité impassible et sans cœur, aussi dénuée de
clémence que d'indignation, à laquelle on conseille de frapper
comme un boucher ce qui la gêne ou de le rejeter nonchalamment
par delà les mers, et à laquelle on défend en même temps de flétrir ce qu'on lui dit d'écraser ou d'expulser ? Qui de nous se reconnaîtrait en elle ? Ce sont les principes de l'ancienne économie politique, fondée sur le libre jeu des égoïsmes concurrents, qui ont
conduit Darwin à sa théorie de la concurrence vitale, et c'est en
élèves de Darwin que parlent les nouveaux criminalistes ; mais
les nouveaux économistes ont révélé l'étroitesse de ces doctrines,
invoqué la nécessité d'autres mobiles que l'égoïsme pour la
production même et la répartition des richesses, et cherché
d'autres fondements à la justice que le triomphe du plus fort.
En fait, les efforts généreux tentés jusqu'ici pour la réforme
pénitentiaire démentent les principes utilitaires des derniers
réformateurs. Que sont tant de colonies pénitentiaires, tant de
prisons cellulaires, tant de sociétés de patronage, tant de plans
et de projets coûteux, tour à tour essayés dans presque tous les
Etats civilisés en vue de résoudre la question pénale, si ce n'est
comme le dit très bien M. Prins, « l'organisation d'une sorte de
socialisme d'Etat au profit des délinquants » et non pas seulement au profit de la société ? L'élimination du délinquant, quand
il est reconnu incurable, importe : la réparation du délit, quand
elle est possible, importe aussi ; mais ce qui importe encore plus

(1) A l'inverse, on peut demander aussi bien : puisqu'elle ne croit pas devoir
refouler le sentiment de pitié que les misérables lui inspirent, quoiqu'il lui en
coûte cher, pourquoi croirait-elle devoir réprimer l'indignation, inutile par
hypothèse, mais moins coûteuse à coup sûr, que lui font éprouver les criminels ?

à la masse des honnêtes gens, et ce qui explique au fond le souci qu'elle a de la minorité malfaisante, c'est le besoin qu'elle éprouve de propager chez celle-ci l'exemple de sa propre honnêteté, dût cette propagande lui coûter cher et ne lui rapporter à peu près rien. Ce genre de dévouement instinctif à son type spécifique est tellement essentiel à tout être vivant ou animé que nul n'a conscience du degré d'abnégation impliqué dans cette expansion de soi-même. Ce zèle convertisseur n'est, après tout, qu'une variété de l'instinct propagateur, mais cet instinct est une sorte d'apostolat naturel qui porte toute créature, organisme ou nation, à répandre universellement sa foi en soi. Avoir des enfants, fonder des colonies : mauvais calculs, si c'étaient des calculs, pour les individus et pour les États. Mais ce sont plutôt des devoirs. De même, améliorer des coupables, civiliser des bandits, cela est pénible et coûteux, cela ne saurait s'appeler un bon placement du temps et de l'argent qui s'y emploient. Mais c'est une prodigalité obligatoire.

Donc, n'ayons nul regret de cette générosité, et, à tout prix, continuons nos tentatives en vue de remplir notre tâche ingrate. Mais, avant tout, pénétrons-nous bien de cette vérité, un peu banale je le veux, méconnue néanmoins, que le mécanisme pénitentiaire le mieux conçu, le plus ingénieusement agencé, reste inefficace s'il n'est mû par un personnel dévoué. Si la transportation anglaise a eu, au commencement de ce siècle, un merveilleux succès, c'est en grande partie grâce à la philanthropie intelligente des premiers gouverneurs, Philipp, Hunter, Macquarie. Partout où le système cellulaire, mitigé par des visites fréquentes dans la cellule et complété par des protections vigilantes à la sortie, a été pratiqué avec amour et charité, il a produit d'excellents fruits, en Europe comme en Amérique, en Belgique par exemple, dans le Nord, il est vrai, bien plus que dans le Midi, si on le compare à l'emprisonnement commun, non au système irlandais, qui lui est certainement supérieur. Partout ailleurs, il a échoué ; il n'a empêché les condamnés de se pervertir mutuellement qu'en les débilitant isolément, il n'a fait que substituer à la corruption la consomption (1). Depuis

---

(1) En Belgique même, ses résultats sont discutables. V. Beltrani-Scalia, *Réforme pénitentiaire*, p. 189 et 204.

1853, on vante avec raison le système de la servitude pénale, qui serait mieux nommé (1) celui de la libération conditionnelle et graduelle. Il a fort bien réussi en Irlande où un personnel d'élite était chargé de son application (2), moins bien en Angleterre, où cette condition, paraît-il, n'était pas remplie au même degré. Il en sera de même de tout autre méthode. Qu'on ne dise pas que le dévouement est une exception, difficile à rencontrer de nos jours ; notre société vaut mieux au fond qu'à la surface, elle a, comme les écrins, dirait Joubert, « son velours en dedans. » M. Maxime du Camp en a fourni la preuve surabondante dans ses derniers écrits, que tout le monde a lus. Si Mme Boucicaut eût fait son testament sous l'Empire romain, elle n'eût point songé, certainement, à fonder ou à doter des sociétés de bienfaisance, à soulager des infirmes, à enrichir des pauvres ; elle eût légué quelques millions de sesterces à Lutèce pour la construction d'un amphithéâtre, quelques autres millions pour la construction d'un théâtre, et le reste de sa fortune pour l'achat annuel de bêtes féroces, de gladiateurs ou de mimes destinés à l'amusement des Lutétiens. Le mérite de notre temps, — ajoutons, pour être juste, le mérite des siècles chrétiens qui l'ont précédé, — peut être jugé par cette hypothèse et cette antithèse.

Il faudrait pouvoir mettre en regard les uns des autres, dans une prison, les pires des brutes humaines et les meilleurs des hommes, les Cartouche et les Vincent de Paul. Qu'on cherche ceux-ci, on finira bien par les trouver, comme on finit par découvrir ceux-là. Alors il sera possible de tenter les réformes nécessaires, qui tendent toutes, en somme, à élargir les pouvoirs arbitraires livrés aux directeurs, aux inspecteurs, aux employés des établissements pénitentiaires.

III. — Je n'ai pas à entrer dans le détail des nombreux systèmes adoptés ou proposés. Mais les principes exposés dans

(1) Ne pas confondre, bien entendu, la *servitude pénale* dont il s'agit avec celle qui était pratiquée sous les Mérovingiens et sur laquelle on peut lire d'intéressants détails dans l'*Alleu* de Fustel de Coulanges (1889), p. 280 et s. L'esclavage alors était une peine fréquemment infligée, par exemple à ceux, et ils étaient nombreux, qui ne pouvaient payer le Wergeld.

(2) En Saxe également, où M. de Holtzendorff l'appliquait. En Irlande, son efficacité a été admirable ; de 710 en 1854, le chiffre des condamnés est peu à peu descendu à 241 en 1875 (Beltrani-Scalia).

tout le cours de ce travail nous permettent d'apprécier à un point de vue général leur valeur relative, en indiquant les conditions principales qu'ils doivent remplir. D'abord, il y a lieu de mettre à part les criminels qui, d'après l'avis d'une Commission médicale, seront déclarés avoir agi sous l'empire d'une folie plus ou moins caractérisée. La création d'un *manicomio criminale*, d'une *maison de santé criminelle*, s'impose en ce qui les concerne (1) ; entre la maison des fous ordinaires et la prison proprement dite, cet asile intermédiaire offrirait à la société la sécurité que le premier genre d'établissements ne lui procurerait pas au même degré, et que le second lui donnerait aux dépens de la justice. Quant à la prétention, émise parfois, de remplacer toutes les prisons par ce *manicomio*, nous ne la discutons pas ; la réalisation d'une telle idée aurait le double inconvénient d'infliger à de malheureux fous une injure gratuite en les traitant comme des malfaiteurs et de faire trop d'honneur aux malfaiteurs en les confondant avec des fous. Fût-il avéré que la criminalité, physiologiquement, est une variété de folie ou de dégénérescence, il n'en serait pas moins certain que, socialement, il y a un abîme entre un pauvre aliéné homicide, inconsolable, dans ses intervalles lucides, d'avoir tué un de ses semblables, et un assassin de profession incapable de repentir.

Ce premier triage opéré, il s'agit d'en faire un autre, non moins délicat et non moins important. Le danger serait grand, en effet, de confondre pêle-mêle les délinquants dont le délit est la profession principale ou unique et ceux qui, vivant d'un métier honnête ont commis une faute par accident ou même récidivé par faiblesse. Plutôt que de continuer à les confondre, mieux vaudrait supprimer même la seule séparation qui ait toujours été établie jusqu'ici, celle des sexes. Assurément les grossières églogues pénitentiaires auxquelles cette promiscuité donnerait lieu seraient préférables aux leçons de crimes, à la mutuelle dépravation, à la corruption contre nature, que favorisent nos prisons communes actuelles. Il importe donc d'y réserver au moins un quartier distinct pour la délictuosité chro-

---

(1) Voir la brochure du Dr Semal sur *les prisons-asiles* (Bruxelles, 1889).

nique. Si le régime cellulaire était appliqué à tous, cette division par catégories perdrait, il est vrai, beaucoup de son intérêt ; sous ce régime, chaque condamné a sa prison à soi. Mais l'utilité de la cellule se fait-elle vivement sentir pour les délinquants professionnels, pour ceux du moins dont l'incurabilité est démontrée après un certain temps d'épreuve ? Non, des malades gangrenés jusqu'aux os n'ont pas à redouter la « pourriture de prison. » On peut dire, il est vrai, que la prison commune fournit aux malfaiteurs par métier l'occasion de se mieux connaître et de former ou de fortifier leur *syndicat professionnel*. C'est là un grand danger, mais moins grave qu'il ne semble, car ils ne manquent pas de lieux de réunion, même en liberté. Quant aux délinquants accidentels, il est clair qu'ils doivent être mis à l'abri de tout contact, de toute communication, sinon entre eux, du moins avec les incorrigibles. C'est à eux que la cellule est utile, c'est eux aussi bien qui la demandent comme une faveur, et, si elle ne leur est pas accordée, le moins que l'on puisse faire est de leur affecter un local séparé de celui où les prisonniers de la catégorie précédente sont enfermés.

Mais, en établissant ces distinctions, il ne suffira pas d'avoir égard, comme il vient d'être dit et comme tout le monde s'accorde à le dire, au caractère professionnel ou accidentel de la délictuosité du prisonnier, il faudra aussi, d'après les considérations présentées dans nos chapitres antérieurs, se préoccuper de son origine sociale, c'est-à-dire avant tout rurale ou urbaine. On ne prend pas assez garde à cela maintenant ; on jette (1) dans une cour de prison, au milieu de filous et d'escarpes des grandes

---

(1) Cependant, l'importance attachée à cette considération avait été depuis longtemps signalée par Léon Faucher et Ferrus. Ce dernier, dans son livre sur les *Prisonniers* (1850) convient que Léon Faucher, en se plaçant à ce point de vue, c'est-à-dire en regardant les condamnés des villes et les condamnés des campagnes comme « deux races distinctes » et en donnant « cette grande différence de caractère pour base fondamentale à sa classification », est, parmi tous les esprits éminents qui se sont occupés de ce sujet, « celui qui s'est le plus rapproché des conditions d'une véritable réforme pénitentiaire. » Il est vrai que Ferrus préconise avant tout sa classification à lui, très vague et très défectueuse, exclusivement psychologique, mais il estime que les deux points de vue se complètent l'un l'autre. Ce qu'il y a de vrai au fond de sa pensée, c'est l'utilité, la nécessité formulée par lui, bien avant les auteurs italiens, d'*individualiser* la peine autant que possible.

villes, vicieusement raffinés, parlant la langue du ruisseau avec le plus pur accent, un pauvre paysan parlant patois, coupable de quelque viol brutal, d'un incendie ou d'un coup de fusil par vengeance, et on s'étonne de le voir sortir de là, après quelques années, bien plus dangereux qu'à son entrée! Mais c'était inévitable; le prestige du citadin sur le rural s'exerce même en prison, ou pour mieux dire en prison plus qu'ailleurs, puisque nulle part on n'est si serrés les uns contre les autres. Nos maisons de correction pour les enfants et les adolescents sont des séminaires de criminels, c'est bien connu (1); et les causes en sont multiples; mais, parmi ces causes, on doit compter en première ligne l'oubli de la vérité que je viens de rappeler. — En effet, la criminalité professionnelle dans les pays très civilisés, est devenue presque exclusivement urbaine, et les campagnes ne recèlent plus que des délinquants d'occasion, si l'on omet quelques maraudeurs. Aussi l'inconvénient que je signale ne se produit-il qu'exceptionnellement dans les prisons où les récidivistes affluent. Mais, en ce qui concerne la Sicile, la Corse, et bien d'autres provinces, il n'en est pas de même; puis, même dans les régions les plus *urbanisées*, la part de l'élément rural parmi les débutants du crime ou du délit, est considérable. Partout, donc, il vaut la peine de créer des établissements spéciaux pour les condamnés d'origine rurale, et d'y organiser à leur usage le travail agricole qui leur convient. Ce seraient des « fermes-écoles pénitentiaires » suivant l'expression de M. Michaux. Mettray et d'autres colonies agricoles sont déjà la réalisation partielle de cette vue. Par malheur, dans la plupart de nos prisons, cellulaires ou autres, on n'offre aux bras vigoureux de nos campagnards je ne sais quelles occupations ridicules de fainéant industriel. Il vaudrait peut-être mieux les astreindre à l'oisiveté. On s'étudie, en effet, à leur enseigner un métier urbain, comme si l'on prenait à tâche de favoriser par voie pénitentiaire l'émigration des champs vers les grands

---

(1) Voir le *Monde des prisons*, par l'abbé Georges Moreau, ancien aumônier de la Grande-Roquette. Voir aussi le *Bulletin de l'Union internationale de Droit pénal*, février 1891, p. 191 et ailleurs.

centres (1) qui est précisément l'un des principaux canaux d'arrosage où l'arbre du délit puise sa sève. Qu'on se rappelle la rapide histoire du crime esquissée plus haut. Jadis, le vagabondage, courant fécondant du crime, se recrutait aux champs; les Routiers, les Jacques du moyen-âge, n'étaient pas des bourgeois, mais des villageois; tous les nomades et les aventuriers, qui, sous de faux capuchons, débitant de fausses reliques, infestaient les routes d'alors, étaient des serfs dégoûtés de la charrue. Tous les déclassés du temps, un jour ou l'autre, s'en allaient grossir la bande errante par les chemins, ou la bande stationnaire dans les cavernes ou les bois du voisinage. Aujourd'hui tous ces chevaliers d'industries multiformes et multicolores, tous ces saltimbanques, ces coureurs de tripots, ces jongleurs de foire, ces filles publiques déguisées en arquebusières ou en chanteuses de café, ces vanniers même et ces étameurs de passage, ces innombrables variétés de touristes et de mendiants suspects qui sillonnent nos routes, sont l'écume des villes, alors même qu'ils sont nés ruraux; car, lorsque l'un de nos cultivateurs ou l'une de nos servantes de ferme aspirent à se déclasser, ils commencent par se rendre à la grande ville voisine comme autrefois ils se fussent enrôlés dans la plus proche troupe de brigands, et, après un stage d'alcoolisme, de fainéantise ou de prostitution suffisant, ils se mettent à courir le monde. L'émigration rurale vers les villes est donc l'un des affluents de la criminalité contemporaine, et c'est à l'entraver, non à la seconder, que les pouvoirs publics doivent tendre. Or, habitué pendant plusieurs mois de suite, dans sa cellule, à fabriquer de mauvaises galoches ou des chaussons de lisière, un jeune paysan à sa sortie rougirait de labourer encore; et, de bon laboureur devenu mauvais savetier, il est perdu pour la terre natale qui l'eût peut-être réhabilité. Mais ce n'est encore là qu'un côté secondaire de la question; le grand mal est de mêler ensemble dans nos prisons, des condamnés socialement *hétérogènes,* dont

(1) M. Prins fait à ce sujet, dans *Criminalité et répression*, des réflexions d'une parfaite justesse, auxquelles nous sommes heureux de nous associer, comme à la plupart des conclusions pratiques qui lui sont dictées par sa haute expérience. — M. Michaux, dans sa *Question des peines*, p. 233, exprime aussi le vœu de prisons correctionnelles « dans la campagne », pour les condamnés d'origine agricole », et son autorité est du plus grand poids.

les moins mauvais ne peuvent qu'empirer au contact des pires. J'appelle pires les citadins, car *corruptio optimi pessima.*

Si nous sommes bien persuadés de la prépondérance des causes sociales dans l'éclosion du délit, nous prendrons donc l'origine sociale des délinquants pour base principale, je ne dis pas unique, de leur classement. Puisqu'il n'y a pas encore, et qu'il n'y aura pas de longtemps en France, malgré la loi de 1875, assez de cellules pour tous les prisonniers, et que, du reste, s'il y en avait assez, on s'apercevrait vite des inconvénients du régime cellulaire universalisé et non mitigé, aussi bien de jour que de nuit; il est bon de nous demander quels prisonniers on doit, ou l'on peut avec le moins de dangers, laisser ensemble, au moins pendant quelques heures de travail ou de récréation. Je réponds : ce sont ceux qui, ayant exercé avant leur délit le même genre de vie à peu près honnête, ayant vécu dans le même milieu plus ou moins honnête, ont des sujets tout trouvés de conversation autres que leurs méfaits. A quoi bon, dans le système d'Auburn, condamner à un silence pythagoricien cet incendiaire, ce meurtrier, ce voleur avec effraction assis côte à côte et tous trois paysans (1)? Soyez sûrs que, s'ils parlaient ensemble, ce serait pour s'entretenir des apparences de la récolte prochaine, tandis qu'à côté un groupe d'ouvriers causerait sans doute politique (2). Il n'y aurait rien, assurément, dans ces entretiens, de bien corrupteur. Mais quand vous forcez l'un de ces ruraux à cohabiter avec l'un de ces citadins, de quoi voulez-vous qu'ils s'entretiennent, si ce n'est des juges qui les ont condamnés, et des faits qui ont motivé leur condamnation? Le délit est leur seul trait d'union, ils ne se rappellent que cela l'un à l'autre. Ce souvenir serait salutaire s'il était accompagné d'une humiliation, comme le veut le code Bavarois de 1813 d'après lequel le prisonnier doit subir tous les ans, à l'anniversaire de son crime, un châtiment supplémentaire, huit jours de cachot

---

(1) Je dis paysans ou propriétaires ruraux, n'importe. Je n'entends pas qu'on ait égard, en prison, à la différence des classes, mais, ce qui est bien plus important, à la différence des milieux professionnels.

(2) M. Prins dans *Criminalité et répression* semble se placer à ce point de vue. Il ne voit aucun danger (p. 165) à faire travailler côte à côte deux cultivateurs, criminels par accident. Au surplus, M. Prins veut comme nous qu'on mette à part les récidivistes ruraux et les récidivistes urbains, et je suis heureux de voir que M. Michaux émet aussi l'avis de la même séparation.

« solitaire et ténébreux ». Mais quand les co-détenus, dans leurs propos, célèbrent la commémoration de leurs forfaits, c'est au contraire pour s'en glorifier.

IV. — Deux grandes inventions pénitentiaires ont éclos ou plutôt se sont épanouies depuis un siècle, et se disputent encore l'imitation des divers Etats : la *colonisation pénale*, dont la transportation n'est qu'une variété importante, et la *cellule*. Nous sommes mis en demeure et nous sommes à présent en mesure d'opter entre les deux ou de faire à chacune d'elles sa part. Sous la forme de la transportation, la première, d'origine anglaise, a eu d'abord l'ambition d'être la panacée unique et universelle du délit après le brillant succès qu'elle a eu en Australie ; plus tard, la cellule, importation américaine, a suscité un engouement non moins exclusif et s'est posée en antagoniste de la colonie. Entre la régénération par le changement d'air et le travail en commun soit au-delà des mers, soit même sur quelques points écartés du territoire national, et la régénération par l'isolement et le recueillement, il semblait n'y avoir pas de milieu. Mais, plus récemment, et comme il advient souvent de deux inventions industrielles, ou linguistiques, ou philosophiques, ou artistiques, dont l'une la nouvelle, prétend supplanter l'autre, l'ancienne, on a vu le combat entre les colonies et la cellule aboutir à un traité de paix, leur rivalité se terminer par un accord. On a fait à chacune d'elles sa part, à la cellule les petits délinquants, à la transportation les grands criminels ; ou bien on les a successivement appliquées ainsi que d'autres genres de peines, aux mêmes catégories de malfaiteurs qui, subissant d'abord l'épreuve de l'isolement cellulaire, en sortent pour être ensuite transportés dans certains cas au-delà des mers. Cependant une troisième idée, celle de la libération conditionnelle, est venue s'insérer sur les deux précédentes, du moins sur l'idée de la cellule ; de là le système composite connu sous le nom de système progressif. En général, on tend à recommander la cellule au début de toute pénalité, comme on ordonne le lit et la diète au début de tout traitement médical dans les maladies un peu graves, mais pour un temps non entièrement déterminé d'avance et dont le maximum, un ou deux ans tout au plus, devrait seul être fixé par le juge (1). Ce qu'il y a de rigoureux dans cette retraite forcée, — car le mot de l'Imitation, *cella continuata dulcessit* n'a pas été imaginé par un prisonnier, — donnerait à ce régime un caractère exemplaire et intimidant, qui, d'après nos principes, ne doit jamais être perdu de vue en pénalité ; et d'autre part la brièveté de cette peine ainsi subie comme un simple prélude la mettrait à l'abri des reproches qu'elle a pu encourir en se prolongeant sans mitigation pendant des années. — La cellule, d'ailleurs, si fermée qu'elle soit, n'est un isolement complet que pour les détenus qui l'aiment ; les autres, perchés tout le jour aux barreaux de leur fenêtre, ou l'oreille collée contre leur cloison, ont mille moyens de se parler ; ils communiquent tout juste assez pour se *monter la tête*, pour transformer leur ennui en exaspération, pas assez pour satisfaire le besoin inné de sociabilité (2). La cellule obligatoire de nuit pour tous, facultative de jour pour la plupart, tel serait donc, ce me semble, le terme moyen à adopter. Au surplus, sans une certaine liberté de communication entre les prisonniers, comment apprendrait-on à les connaître d'après leurs propos et leurs rapports et à distinguer les corrigibles des incurables.

Il est singulier que l'idée première des deux régimes pénitentiaires en question ait été suggérée par les ordres monastiques. Qu'est-ce que le défrichement d'une île ou d'un rivage désert par des convicts déportés, si ce n'est l'équivalent de ce que le haut moyen-âge a vu si souvent en Europe, le transport d'un essaim de moines piocheurs et laboureurs dans une contrée malsaine, bientôt assainie et fertilisée, où ils posaient les premiers fondements de villes florissantes aujourd'hui? On peut, sans trop humilier les pénitents volontaires d'alors, comparer à leur œuvre civilisatrice la colonie australienne de nos pénitents

---

(1) On s'accorde aussi à préconiser la cellule pour la détention préventive. C'est l'avis de M. Beltrani-Scalia, malgré l'antipathie motivée qu'il témoigne au régime cellulaire appliqué aux longues peines. Son livre sur la *Riforma penitentiaria in Italia*, bien que datant déjà de quelques années (1879), n'a rien perdu de son importance. Il se prononce avec autorité en faveur du système irlandais.

(2) On peut lire de curieux renseignements sur les procédés de communication usités de cellule à cellule, dans les *notes d'un témoin*, souvenirs d'un ancien détenu politique, M. Émile Gautier, publiées par les *Archiv. d'anthrop. crim.* 15 sept. 88.

malgré eux. Qu'est-ce, de même, qu'une prison cellulaire si ce n'est un cloître (1) criminel ? La première prison cellulaire, établie à Rome en 1703, par le pape Clément XI, a été conçue sur le type des couvents. De Rome, ce germe a passé en Amérique, où il a été développé par les quakers de Pensylvanie. Or, non seulement la cellule du prisonnier est ainsi calquée sur la cellule du moine, mais la lutte qui s'est engagée entre le régime cellulaire et la transportation n'est pas sans rappeler quelque peu la concurrence que les ordres contemplatifs ont faite de tout temps aux ordres actifs, les anachorètes aux cénobites (2). Le débat, il est vrai, semble aujourd'hui se résoudre en faveur des premiers, et le système de la transportation perdre du terrain au lieu d'en gagner. A vrai dire, les procès de ce genre sont interminables parce que la question est mal posée. Si nos idées sur l'importance de l'imitation sont exactes, on ne peut attendre une sérieuse et profonde réforme morale de la plupart des condamnés qu'à la suite de leur contact prolongé avec des gens honnêtes. Les isoler les uns des autres, c'est les empêcher de se corrompre mutuellement (3), et nous nous empressons de reconnaître que, lorsqu'on a dit d'une prison qu'elle ne déprave pas les détenus, on en a déjà fait un grand éloge, mérité par un très petit nombre d'entre elles; mais on peut souhaiter encore mieux. Si le régime pénitentiaire doit être avant tout la médication des *maladies de la volonté*, il ne saurait atteindre son but en énervant ses malades. La diète ne suffit pas pour refaire un tempérament, il y faut encore un bon

---

(1) Il est à remarquer, avec M. Beltrani-Scalia, que le régime pénitentiaire de l'Eglise au moyen-âge était, non le système cellulaire proprement dit, malgré le préjugé courant sur ce point, mais un système progressif de libération conditionnelle.

(2) Le *travail* me paraît impliquer pénitentiairement la vie commune, de même que la *solitude* et l'*oisiveté*. Ce n'est pas qu'on n'occupe quelque peu le prisonnier dans sa cellule ; mais le travail véritable, l'emploi utile des forces, surtout sous la forme agricole, n'est possible, en général, qu'à l'air libre et dans des chantiers. « Disons pour mémoire, écrit un partisan convaincu du système cellulaire, que l'exercice de toutes les professions est possible dans la cellule. » De toutes, à l'exception de l'agriculture.

(3) Un directeur de prison affirme que « tenir trois femmes perdues emprisonnées ensemble, c'est, en dépit de la surveillance qu'on peut exercer, porter au cube leur dévergondage. » Voilà, sous forme humoristique, l'application mathématique des lois de l'imitation.

régime ensuite; la cellule n'améliore que si elle s'ouvre largement à un courant de visiteurs bienfaisants et bien accueillis par le prisonnier. Malheureusement, ce dernier point est le plus difficile à remplir. Tant que les pauvres ne feront pas partie des sociétés de patronage, elles auront une assez faible efficacité, comme le dit justement Mme Arenal. L'espérance qu'on avait fondée sur la visite des magistrats, des avocats et d'autres personnes d'un caractère officiel ou officieux plus ou moins transparent, et, en tout cas, d'une classe sociale différente, a été déçue, d'après M. Maxime du Camp (1). A présent, les sociétés de patronage ne vont plus, si ce n'est rarement, chercher le condamné dans sa prison, elles attendent qu'il vienne lui-même se présenter après sa libération, dans un asile spécial. Encore est-il à remarquer que « les départs spontanés de l'asile sont bien plus fréquents en été qu'en hiver ». Cela signifie que la dureté de la saison peut seule décider les libérés à surmonter la répugnance que cette hospitalité charitable leur inspire.

S'il en est ainsi, ce n'est donc pas durant son séjour en cellule que le condamné peut réellement entrer dans la voie de l'amélioration morale; ce n'est qu'après sa sortie de cellule. Mais alors grande est la difficulté d'agir efficacement sur lui, et tout le monde sent vaguement que c'est là le nœud du problème pénal. Les malfaiteurs, en effet, sont un gibier d'une espèce à part, qu'il est fort difficile de prendre, dont on ne sait que faire après l'avoir pris, et qu'il est aussi dangereux de relâcher qu'embarrassant de retenir. Faire passer brusquement de la cellule hermétiquement close à la pleine liberté le libéré, ou plutôt le condamné à la récidive, autant vaudrait faire sortir de son lit un malade alité depuis plusieurs mois pour l'envoyer courir au grand air. Dans ces conditions, les rechutes sont inévitables. On s'est ingénié à ménager la transition dont il s'agit, à entourer de précautions cette convalescence morale. — Si l'on en croyait les ardents fauteurs de la déportation, le mieux serait d'expédier en essaims par delà les mers les chrysalides de la cellule transformées en papillons émigrants. Par la vertu miraculeuse du voyage, du travail et de la liberté sur une terre neuve, un monde

---

(1) Voir son article sur le *Patronage des libérés*. *Revue des Deux-Mondes* 15 avril 1887.

honnête ne tarderait pas à sortir de ce cahos de malhonnêtetés en contact et en conflit, et dans ces cœurs déjà préparés par l'épuration de l'isolement, s'opérerait la régénération sociale. Le succès, remarquons-le, n'a répondu à ces enthousiastes promesses que dans la mesure où on pouvait y compter, d'après notre point de vue. La transportation anglaise a fort bien réussi en Australie et même en Amérique où le Maryland n'avait pas trop à se plaindre en somme, malgré ses vives protestations à ce sujet, des convicts que la métropole lui envoyait chaque année. Mais il ne faut pas oublier que c'étaient des transportés anglais ; nullement des scélérats comme les nôtres, loin de là, de petits délinquants pour la plupart. La loi anglaise ordonnait la transportation pour toute condamnation au delà de 3 ans d'emprisonnement: et, vu la sévérité, jusqu'à la reine Victoria, de cette législation qui punissait de la pendaison le vol d'un mouton, on peut croire qu'il suffisait d'un délit bien léger pour mériter à son auteur une peine de trois années de prison seulement. N'oublions pas non plus que la prospérité de l'Australie a commencé le jour où le courant de l'immigration libre, de la colonisation honnête, a fini par l'emporter sur celui de la colonisation pénale qui a été absorbée dans la première ou par elle expulsée. Les expériences tentées à Norfolk et à Van Diémen avec le seul élément convict ont clairement prouvé (1) l'impossibilité de faire de l'ordre avec du désordre. Aussi ne faut-il pas s'étonner que notre colonie de Nouméa, où domine l'élément convict, soit loin d'égaler la prospérité de Botany-Bey. Si cependant, à travers les contradictions des renseignements, venus de là-bas, on commence à entrevoir la possibilité, je ne dis pas la probabilité, certes, d'une certaine réussite dans l'avenir, c'est que la population des colons indépendants fait parfois bon accueil aux transportés ; c'est aussi qu'un bon nombre de libérés ont ouvert des magasins, inspiré confiance, fait fortune et encouragé les nouveaux-venus à marcher sur leurs traces (2). Ceux-

---

(1) V. à ce sujet *Michaux*.

(2) V. *Chronique de Nouméa*, Arch. d'antrop. crim. liv. 2. Mais d'après la discussion de M. Labiche au Sénat (5 février 1855), sur 2200 transportés en Guyane, M. François, député de cette colonie, ne compterait que trois libérés ayant fait souche d'honnêtes gens, et M. Chessi, gouverneur, en compterait 10. Il a été répondu officiellement (séance du 11 févpier 85) qu'à la Guyanne, sur 6,500 trans-

ci, corps étranger naguère dans la société de leur patrie, se sentent membres intégrants, malgré leur passé et moyennant une conduite passable à l'avenir, d'une société nouvelle et différente, régie par une nouvelle espèce d'opinion. Or, ici se montre comme partout le contraste entre l'indulgence d'une société pour les fautes qui ne la touchent pas et sa sévérité à l'égard de celles dont les conséquences l'intéressent. « Si l'on oublie aisément dans notre colonie pénitentiaire, dit un témoin oculaire, le crime d'antan qui a motivé le changement d'hémisphère du forçat, on exige par contre un règlement rigoureux pour les fautes nouvelles. Chacun se sent atteint ou menacé lorsque se répand tout à coup la nouvelle d'assassinats commis dans la campagne, » et l'opinion n'est pas satisfaite si la peine de mort n'est pas infligée au coupable. Les Canaques, en ces occasions, s'unissent aux transportés pour la recherche des malfaiteurs, et c'est un étrange spectacle que celui « des anthropophages concourant à l'œuvre de la justice contre de prétendus civilisés. »

Malgré tout ce qu'on peut dire en sa faveur, la transportation a des vices graves. Paradis souhaité des pires criminels, enfer redouté des meilleurs, elle n'est nullement exemplaire ni intimidante ; elle ne vaut pas, pour la garde des malfaiteurs dangereux et incorrigibles, une bonne maison de force sur le continent : et on peut, on doit se demander si, quand elle est régénératrice, elle ne l'est pas à bien plus haut prix que ne le serait sur le territoire national l'organisation sérieuse de la libération conditionnelle, partout à l'essai ou à l'étude en ce moment. Appliquée sous le nom de relégation aux petits délinquants incorrigibles, elle a un autre inconvénient : dans les colonies, il n'y a de pratiquement possible que le travail agricole ; or, ce travail est peut-être à la portée de la majorité des grands criminels transportés, où l'élément rural prédomine ; mais il désoriente et décourage les récidivistes relégués, malfaiteurs urbains en général. Je lis dans le *Bulletin de la Société générale*

---

portés, pendant 4 années seulement, il y avait eu 130 convertis au bien. Ce chiffre paraît indéniable. Malgré tout c'est assez peu encourageant. Le livre récent de M. Léon Moncelon, délégué de la Nouvelle Calédonie au Conseil supérieur des Colonies, sous le titre de *Le bagne et la colonisation pénale*, trace le tableau le plus pessimiste de notre pénitencier néo-calédonien.

des prisons qu'en novembre 1887, sur trois cents récidivistes relégués à l'île des Pins et destinés à être transformés en colons, il n'y avait pas un seul cultivateur de profession et d'origine. Or, on naît paysan comme on naît poète, on ne le devient pas. — D'ailleurs, la transportation ou la relégation ne peut jamais être qu'un expédient provisoire. L'égoïsme qui nous porte à rejeter nos détritus criminels sur nos voisins est de date ancienne ; jadis, la peine de bannissement était prononcée par chaque parlement hors des limites de son ressort, en sorte que les diverses provinces échangeaient leurs bandits ; on a fini par sentir l'abus de cet échange. Une variété raffinée du bannissement ancien et, par suite, de la transportation moderne, était le déclassement, peine par laquelle on chassait le condamné de sa classe pour l'introduire dans une classe nouvelle. La noblesse agissait ainsi à l'égard des siens quand elle les dégradait et les déportait pour ainsi dire dans le Tiers-État, ce dont celui-ci se plaint (1) avec une juste fierté dans les cahiers de 1789 à peu près comme l'Australie s'est récriée à la longue contre les envois de convicts. A Florence, inversement, on a vu le peuple, pour humilier les magnats, inscrire au registre de la noblesse les meurtriers et les voleurs. Ainsi, plus que nous ne le pensons, nous continuons l'ancien régime quand nous croyons innover.

Bien autrement neuve, bien autrement féconde que la transportation, est, sous des dehors plus modestes, l'idée de la libération conditionnelle combinée avec celle des sociétés de patronage. Dans le système Crofton, variété irlandaise de la servitude pénale, la libération conditionnelle est précédée d'une période d'affranchissement graduel dont le condamné franchit les étapes plus ou moins rapidement d'après sa conduite attestée par des notes. Il paraît prudent d'interposer de la sorte entre la cellule et la liberté, même sous condition, un temps de *sortie intérieure* pour ainsi parler. Quoiqu'il en soit, la prison conçue comme l'initiation à la liberté : telle est la notion nouvelle, paradoxale en apparence, qui est en train de faire son chemin dans le monde, mais surtout sous la forme de la libération

---

(1) Voir les *Cahiers des États généraux et la législation criminelle*, par Arthur Desjardins.

conditionnelle. L'idée de celle-ci est née en France où elle a été appliquée aux détenus mineurs des prisons de Paris sous le gouvernement de juillet; les résultats excellents qu'elle a produits (1) ont suggéré à l'Angleterre, imitée bientôt par l'Italie, l'Allemagne, la plupart des cantons suisses, les Pays-Bas et l'Autriche, son appplication non moins heureuse aux adultes ; et notre pays, qui, lui-même d'ailleurs avait déjà institué une sorte de libération conditionnelle spéciale à l'usage des déportés, s'est enfin décidé, en 1885, (2) à entrer dans le mouvement émané de sa propre impulsion. Toute la nouveauté consiste à faire remise d'une partie de sa peine, du quart, du tiers, de la moitié, jamais davantage, au détenu qui a paru mériter cette faveur légale par sa bonne conduite en prison ; la porte de son cachot s'ouvre avant terme devant lui, mais avec cette menace, que, s'il se conduit mal au dehors, s'il donne lieu à quelque nouvelle plainte, il sera réincarcéré sans jugement pour un temps égal à celui de l'emprisonnement dont on lui avait fait remise. Son sort est donc dans ses mains, il a désormais un autre moyen d'affranchissement anticipé que l'évasion et la grâce ; mais, dans une large mesure aussi, il dépend de la police et de la direction des prisons. Aux yeux de M. du Boys, c'est là l'inconvénient de ce système : il « dessaisit en quelque sorte la justice à laquelle se trouve substitué l'arbitraire de l'administration, du moment où le coupable a été condamné ». Cet inconvénient n'est nié par personne, il est aussi incontestable qu'inévitable ; dès lors qu'on soumet le condamné à une série d'examens pénitentiaires qui déterminent la durée de sa peine effective d'après la décision d'une commission, on donne au personnel qui compose celle-ci une latitude d'appréciation dont il peut abuser. Cela prouve, encore une fois, qu'on ne saurait se montrer trop exigeant pour le choix des hommes appelés à devenir les examinateurs et les libérateurs des prisonniers. Pour M. Garofalo et son école, du reste, le danger qui résulte de ce pouvoir extra-judiciaire ne doit

---

(1) Avant cette innovation, la proportion des rechutes, pour les détenus dont il s'agit, dans l'année de leur délibération, était de 70 p. 100 ; après, elle est tombée à 7 p. 100.

(2) Il convient de signaler à l'attention la séance du Sénat du 22 mars 1884 où la question qui nous occupe a été traitée à fond dans les beaux discours de MM. Herbette et Berenger, si hautement compétents en pareille matière.

avoir rien d'effrayant : ainsi se trouve réalisée pratiquement, jusqu'à un certain point, dans nos législations contemporaines, l'idée des peines indéfinies émise par cet auteur mais inaugurée jadis par l'Inquisition qui, en prononçant une sentence, se réservait toujours d'étendre ou de resserrer la peine suivant la conduite ultérieure du condamné.

L'Angleterre s'est d'abord émue à l'idée de voir lâcher dans son propre sein, comme autant de dogues démuselés prématurément, les forçats qu'elle avait l'habitude de répandre au loin dans ses colonies. Les libérés ont paru parfois justifier cette émotion par leurs nouveaux crimes, par l'audace de leurs *meetings* où ils ne se faisaient pas faute de discourir. Mais enfin, il a fallu reconnaître que, grâce à la mesure prise, la criminalité anglaise diminuait (1). Sans nul doute possible, la garantie offerte à la société honnête par l'épée de Damoclès toujours suspendue sur la tête du libéré sous condition, est préférable à la sécurité illusoire que procurait autrefois la surveillance de la haute police. Mais cela ne suffit pas ; on attend de la nouvelle méthode autre chose encore, l'amélioration morale du libéré. Or, nous le savons, il n'est permis de l'espérer que si le libéré est introduit dans un milieu d'honnêtes exemples. A cela servent ou doivent servir les sociétés de patronage qui, par leurs recommandations autorisées, font admettre le reclus d'hier, aujourd'hui libre et sans pain, dans une ferme, une usine, un atelier, une famille où son passé sera connu, mais jamais rappelé. On peut se faire une idée des services que ce patronage familial des condamnés libérés est destiné à rendre par ceux que rend déjà dans certains pays, en Ecosse, en Belgique, en Allemagne, le patronage familial des aliénés. M. Féré (2) donne ce nom à un mode de traitement qui consiste à isoler les aliénés les uns des autres sans les séquestrer, à les séparer de leur propre famille où ils respirent le plus souvent l'air malsain de la demi-folie, sans les enfermer dans des asiles. On les confie donc séparément aux soins de familles étrangères où chacun d'eux, sous une surveillance intermittente du médecin, fait partie de la maison,

---

(1) Séance du Sénat, 22 mars 1884, rapport de M. Bérenger.
(2) Voir *Revue scientifique* du 5 nov. 1887.

moyennant une indemnité toujours très inférieure au prix des pensions dans les maisons de santé. A Gheel, petite ville belge de 5000 habitants, cette méthode est en usage depuis le vii° siècle et se rattache à un pèlerinage au sanctuaire de Sainte-Dymphne, patronne des fous. Elle a si bien réussi qu'au 1ᵉʳ janvier 1883, 1663 malades y étaient traités comme il vient d'être dit. Plus récemment, en avril 1884, dans la province de Liège, à Lierneux, on a imité cet exemple ; le succès a été complet. M. Féré se croit autorisé à fonder sur ces essais et d'autres semblables de grandes espérances pour l'avenir. J'ignore si elles ne sont pas quelque peu exagérées ; en tout cas, quand on voit ici le contact prolongé de la raison suffire parfois à guérir la folie, comment douter de l'influence salutaire que le contact prolongé de l'honnêteté, grâce au patronage des libérés, est destiné à produire sur le criminel ?

Il y a cependant une observation importante à faire : les services qu'on est en droit d'attendre de la libération conditionnelle, même complétée par l'extension du patronage, seraient loin d'être atteints si les tribunaux et les cours n'avaient constamment présente à la pensée, en prononçant une condamnation, la prévision de sa mitigation probable par une mise en liberté anticipée, et si, par suite, ils ne s'habituaient à infliger des peines nominalement beaucoup plus fortes. On se plaint déjà avec raison de l'abus des courtes peines, une des causes du progrès de la récidive ; que serait-ce si elles devenaient de plus en plus courtes par un moyen détourné ? Autre chose est l'adoucissement graduel des châtiments, sorte de loi historique, autre chose leur abréviation progressive. Dans son discours du 28 mai 1888, à la Chambre italienne, M. Ferri cite la remarque suivante de la commission anglaise, instituée en 1878, pour étudier l'effet des pénalités comparées : « Les délinquants craignent plus la durée de la peine que sa modalité (c'est-à-dire que sa sévérité). » Il serait donc conforme à la fois aux progrès de la pitié et au besoin croissant de la répression, de tendre à prolonger l'emprisonnement, même en continuant à l'adoucir, si tant est qu'il n'ait déjà été adouci à l'excès. Ou plutôt, il y aurait lieu, ce nous semble, de supprimer purement et simplement ou d'abréger encore davantage les courtes peines d'emprisonnement (au-dessous de trois mois), tantôt en les remplaçant par un simple *avertissement judiciaire* pour une première faute correctionnelle, tantôt en les réduisant à consister presque exclusivement dans le déshonneur d'avoir traversé vingt-quatre heures la prison, sauf à accroître ensuite considérablement la longueur des longues peines, réservées aux rechutes. Plus rarement appliquée, et plus sévèrement, la prison verrait s'accentuer de plus en plus son caractère déshonorant qu'elle est en train de perdre en partie à force de se vulgariser, et qui n'en est pas moins la source principale de son efficacité préventive. Les temps où les châtiments dont une société dispose déshonorent de moins en moins sont aussi ceux où les honneurs qu'elle peut offrir honorent de moins en moins : deux mauvais symptômes (1).

Il faut aussi se faire une idée exacte du progrès qui a conduit à la suppression graduelle et presque complète des châtiments dits corporels (2), expression bien malheureuse du reste, tout châtiment, comme le remarquent MM. Beaussire et Eugène Mouton, ayant pour effet une atteinte directe ou indirecte à la vie et à la santé physique. Quoi qu'on fasse, une peine sera et devra toujours être une souffrance. Il faut prévenir ici une illusion superficielle. Non moins que l'adoucissement des peines, leur simplification paraît être une suite de la civilisation. Comparez l'extravagante collection, l'atroce musée des anciens instruments de torture, des supplices et des tourments sans nombre qui

---

(1) Depuis que ces lignes ont été écrites, la loi Bérenger, du 27 mars 1891, est venue répondre en grande partie aux vœux qui s'y trouvent formulés. On sait que, d'après cette loi, les condamnés pour la première fois sont admis à bénéficier d'une disposition qui permet au juge de suspendre pendant 5 ans l'exécution de leur peine : si, durant ce délai, aucune condamnation nouvelle ne vient les frapper leur peine ne s'exécute pas. Mais cette atténuation de la pénalité en ce qui les concerne est compensée par une aggravation à l'égard des récidivistes. Depuis longtemps, l'école positiviste du Droit pénal réclamait une réforme dans ce sens, et elle peut s'applaudir de l'avoir provoquée. (Voir au sujet de la loi dont il s'agit un commentaire du *Journal des Parquets*, 1891, n° 5)

(2) A titre de singularité, je note la proposition suivante : Schopenhauer émet le vœu que *tous les scélérats soient châtrés* et toutes les sottes jetées dans un cloître. En note, il cite un extrait des Mélanges de Lichtenberg, où il est dit : « En Angleterre, il a été proposé de châtrer les voleurs. Le projet n'est pas mauvais ; la peine est très rude, elle rend les gens méprisables, mais non incapables de s'occuper ; et, si le vol est héréditaire, il cesse de se transmettre. De plus, le courage s'affaiblit, et comme dans bien des cas, c'est l'instinct sexuel qui porte au larcin, voilà une occasion de plus qui disparaît. » (*Le monde comme volonté*, 3° volume, p. 388 de la traduction Burdeau). Au point de vue *utilitaire*, je ne vois rien à répondre à de tels arguments.

remplissent les annales du droit pénal, à la simplicité, à l'uniformité de nos moyens répressifs, qui vont toujours se simplifiant et s'uniformisant : la mort pure et simple sans aggravation, l'amende, l'emprisonnement, le travail. Mais, en réalité, la plus importante à considérer de ces peines, la prison, inflige au condamné — et, par malheur aussi, au détenu préventivement, — une diversité psychologique de souffrances qui s'accroît toujours, car elles consistent dans l'empêchement de satisfaire les besoins de plus en plus compliqués que la vie civilisée et surtout urbaine développe chez les malfaiteurs comme chez leurs concitoyens. Le prisonnier rural souffre bien moins, en ce sens, dans le même cachot, car il est privé de moins de choses. Ce vocable *emprisonnement* est une étiquette abstraite donnée aux privations les plus variées et les plus dissemblables : la privation, pour le paysan, d'aller piocher, labourer, boire à l'auberge ; pour l'ouvrier, d'aller au chantier, de parler politique au café, de fréquenter sa maîtresse, de se mettre en grève, etc. ; pour l'homme aisé des classes supérieures, de voyager en chemin de fer, de fumer d'excellents cigares, de courtiser et de posséder de jolies femmes, etc., etc. Cette douleur privative augmente sans cesse, et la douleur positive, physique si l'on veut, a beau diminuer, elle suffit à rendre plus insupportable le séjour des lieux de détention. De même, la peine de mort, par la suppression de tout supplice préalable et le perfectionnement futur de ses modes d'exécution, aura beau se réduire à la privation de la vie, elle ne laissera pas d'effrayer de plus en plus si la douceur de vivre va, par hasard, en augmentant, par la complication des jouissances et l'abondance croissante des biens de la vie. C'est peut-être parce que la civilisation ajoute chaque jour de nouvelles variétés à la flore du plaisir, qu'il peut de mieux en mieux lui suffire de condamner les coupables à des peines négatives en quelque sorte. Les temps barbares, où il y a peu de plaisirs en circulation, ne sauraient punir suffisamment par le seul fait de les supprimer, d'où la nécessité alors de recourir aux peines corporelles.

CHAPITRE NEUVIÈME

LA PEINE DE MORT

I

Le vin le plus impur a sa lie, plus impure encore, dont il faut le dépouiller. La prison la plus mal peuplée a son résidu d'êtres tellement déshumanisés, si manifestement incorrigibles, qu'il importe de les mettre à part. Que faire de ce rebut social ? Ces gens-là, qui n'ont jamais connu la pitié, ne connaîtront jamais le remords ; il est puéril de songer à les amender. Le seul objet de la peine, en ce qui les concerne, doit être de mettre un terme définitif à la série de leurs crimes et, s'il se peut, d'intimider leurs imitateurs encore impunis. Mais comment atteindre ce but ? Tue-les ! dit la nature à la société. Tue-les ! dit le passé de l'humanité au présent par les cent voix de l'histoire. La nature, sur une immense échelle, en ses hécatombes de faibles et de vaincus, par ses intempéries, par ses famines, par la griffe et la dent de ses carnassiers qui lui servent de bourreaux, applique la peine de mort. Quiconque ou ne peut s'adapter, ou ne s'adapte pas assez bien, ou ne s'adapte pas assez vite, aux conditions de son existence, est aussitôt sacrifié par elle. L'humanité de tout temps a suivi cet exemple ; les premiers outils de l'homme ont été des armes ; l'homicide son premier art. La peine de mort est chose si parfaitement légitime aux yeux des peuples primitifs que, lorsqu'ils se posent ce problème redoutable : « D'où provient la mort ? » (j'entends la mort naturelle, la seule qui les étonne, car la mort violente leur paraît très naturelle au contraire), une des solutions les plus habituellement offertes à leur esprit consiste à imaginer que l'homme, primitivement immortel, est devenu mortel par suite d'une infraction à quelqu'une des mille prescriptions puériles dont les rituels sauvages sont remplis (1). Chaque peuple, chaque fraction de peuple, chaque église, chaque coterie, ne semble avoir connu qu'une seule manière, au fond, d'éliminer ses adversaires ou ses dissidents : les exterminer. De là le carnage des champs de bataille et le carnage des échafauds. Pour un *iota* de différence entre deux catéchismes, pour l'épaisseur d'un cheveu entre deux credos politiques, il s'est versé et il se versera encore des flots de sang sur la terre. Il semble, en vérité, qu'après cela la question de savoir si l'on continuera ou si l'on ne continuera pas à décapiter quelques malfaiteurs endurcis pour s'en délivrer ne mérite pas les honneurs d'une discussion. Pourtant il n'en est rien ; et ce n'est pas seulement par la difficulté de le résoudre que ce problème si agité se recommande toujours à l'attention, c'est surtout par la gravité des principes dont sa solution dépend.

Je sais bien qu'il a suscité, à une époque encore récente, un engouement disproportionné à son importance intrinsèque. Il n'est pas de meilleur exemple de la moutonnerie humaine que la passion sincèrement factice dépensée à ce sujet. L'idée de l'abolition de la peine capitale a pris une couleur politique qui n'a pas peu contribué à sa diffusion intermittente. A chaque grand réveil des partis, elle reprend faveur ; en sorte que c'est précisément au moment où les hommes s'apprêtent à s'égorger pour une légère dissidence d'opinion ou d'intérêt qu'ils proclament plus haut l'inviolabilité de la vie humaine, même pour les plus graves motifs. En 1848, le courant abolitionniste est si fort qu'il triomphe dans la législation de trois États allemands, les duchés d'Oldenbourg, d'Anhalt et de Nassau, et, en Suisse, dans le canton de Fribourg, bientôt dans celui de Neuchâtel. On ne sait pourquoi, vers 1860, quand la guerre d'Italie préludait à la conquête allemande, à la veille des batailles formidables dont la menace planait sur l'Europe, une nouvelle poussée

---

(1) A une époque où l'on est convaincu, comme le sont tous les peuples primitifs, — j'entends, depuis les temps historiques, sans rien préjuger relativement aux temps préhistoriques, — que toute maladie, même un simple rhume, est une punition céleste de quelque péché, il est naturel d'induire du fait que tout le monde meurt, même les plus parfaits, même les plus exempts de faute dans tout le cours de leur vie, l'idée que tout le monde est puni pour des péchés antérieurs à la vie présente, péchés commis soit par l'individu lui-même (métempsychose) soit par ses ancêtres (réversibilité des démérites) De là, sans doute, en partie du moins, l'explication du *péché originel*

d'enthousiasme pour la destruction de l'échafaud se produit partout, comme s'il n'y avait eu rien de plus urgent pour l'honneur de la civilisation que de laver cette tache de sang. Les Italiens, du moins ce semble, dans leur état de crise nationale et avec leur richesse habituelle en homicides, auraient dû avoir alors des préoccupations d'un tout autre genre ; n'importe, ils se signalent par leur zèle pour l'abolition. Le champion de ce dogme est M. Ellero, (le maître de M. Enrico Ferri), qui fonda en 1861 une revue tout exprès pour la propagation de sa foi, vigoureusement combattue d'ailleurs par l'hégélien Véra. Après eux viennent les Allemands, qu'il est curieux de voir, en théorie, si avares de sang humain, même criminel, si acharnés à ne pas vouloir que la justice continue à manier l'épée. Le porte-drapeau de l'abolition chez eux est Mittermayer, un converti, car il avait commencé par être partisan de la peine de mort. En 1865, juste un an avant Sadowa, son ouvrage sur ce sujet était traduit en français et il faisait sensation parmi nos jurisconsultes. On comprend mieux, assurément, que la Belgique, avec ses mœurs pacifiques, soit entrée dans ce mouvement et qu'en 1865 une société s'y soit fondée dans le but exclusif d'agiter l'opinion en ce sens. Il n'est pas jusqu'à la Suède qui n'ait ressenti le contre coup de cette fièvre, dont le germe d'ailleurs lui avait été inoculé de longue date par la philanthropie de ses lois paisibles. A la diète de 1862, l'abolition y fut votée par l'ordre des paysans, et repoussée, mais à une faible majorité (1), par le clergé et la noblesse. Rien ne montre mieux, que cette divergence de votes, soit dit en passant, la nature vraiment démocratique de cette nation, où les innovations partent du peuple. En somme, avant 1870, ou plutôt avant le grand succès de la doctrine darwinienne, la suppression du bourreau était, sous l'empire du mutuel entraînement, le vœu universel des esprits éclairés, et particulièrement l'idée fixe de gens qui, d'autre part, dressaient des autels à Robespierre, Marat et Saint-Just. Maintenant encore, parmi les abolitionnistes les plus décidés

---

(1) En 1867, la question y a été de nouveau débattue, et l'on a pu se faire une idée de la versatilité des assemblées, même septentrionales. En 1867, l'une des deux chambres a voté, avec une grande majorité, pour l'abolition, et l'année suivante la même chambre, semblablement composée, a voté contre. La seconde, toujours contre.

de nos assemblées parlementaires, on compte beaucoup de duellistes, qui, à raison d'une légère injure, affichent le désir et se croient le droit de tuer leur adversaire en champ clos, tout en refusant à la société le droit d'exécuter les assassins.

Les modes changent comme les vents ; celle dont il s'agit est en déclin manifeste, et un contre-courant commence à la refouler. La théorie de la sélection a paru, avec raison, justifier la peine de mort ; aussi, quoique les sectateurs de l'école darwinienne et spencérienne du droit pénal se montrent divisés sur ce point, comme l'ont prouvé les discussions du Congrès de Rome, la majorité est favorable au maintien de la peine capitale. Le souci dominant, même en dehors de cette école, n'est plus d'abolir mais d'adoucir le châtiment suprême, par la découverte de quelques procédés savants qui fassent mourir sans faire souffrir. Les préférences générales semblent être pour une violente secousse électrique. Attendons-nous à voir un jour ou l'autre se fonder des sociétés ou des revues pour cette transformation de la peine de mort et son développement, comme naguère pour son abolition. Ce nouveau genre de propagande pourra bien rencontrer, comme la précédente, des résistances difficiles à surmonter. La mort imprime à toutes les coutumes et à toutes les modes qui l'ont pour objet un caractère sacré qui fait la force entraînante des unes et la ténacité invincible des autres. Chaque pays tient à son instrument de supplice traditionnel comme à ses rites funéraires. Voilà pourquoi le procédé peut-être le plus employé pour l'exécution des condamnés à mort est le plus simple et le plus primitif de tous, la pendaison (1). On pend en Angleterre, aux Etats-Unis, en Autriche, en Russie. Puis vient la strangulation : on étrangle en Orient, en Espagne, en Italie. Ensuite, ou au même rang, la décapitation, soit au moyen de la hache, soit par la guillotine. La hache, plus brutale que la guillotine, mais rendue respectable par son antiquité, est usitée en Allemagne, en Danemark, en Norwège, en Suède, en Finlande, en Suisse. La guillotine n'a pu, hors de France, se

---

(1) Voir à ce sujet un intéressant article de M. Henri Coutagne, dans les *Arch. de l'anthrop. crim.* liv. 3. Voir aussi l'enquête internationale ouverte par la *Société générale des prisons*, il y a quelques années. Son *Bulletin* en contient les résultats dans ses livraisons de février et décembre 1886.

propager qu'en Grèce, en Belgique, en Bavière et à Hambourg. De toutes les idées françaises, il n'en est pas qui ait eu moins de succès, malgré son incontestable supériorité relativement au procédé de décapitation par la hache, sinon à la pendaison et à la strangulation. J'ai déjà dit que, en Chine et en Cochinchine, la décapitation à coup de sabre est un art national. Il sera mal aisé de substituer à cette diversité l'unité de supplice. On peut se demander si la vertu d'intimidation propre à la peine de mort ne tient pas en grande partie à son mode d'exécution réglé par la coutume, comme le prestige du gendarme tient à son chapeau (1).

II

Il est donc certain qu'à plusieurs époques l'importance de la question qui nous occupe a été surfaite de diverses manières par l'engouement public; mais il n'en est pas moins vrai que cet engouement est dû lui-même à l'influence de quelque grande doctrine religieuse ou philosophique régnante dans les esprits et en train de pénétrer jusqu'aux cœurs. Nous venons de voir l'action immédiate que le darwinisme a exercée sur la solution de ce problème. C'est, par suite, un problème digne d'être toujours médité, puisqu'il se rattache aux doutes majeurs de la curiosité et de la conscience humaines. Cournot (2) a raison de faire remarquer que l'active propagande de notre siècle pour l'abolition de l'esclavage, et aussi bien pour l'abolition de la peine de mort, est inspirée par « une sorte de religion de l'humanité », dont le fondateur du positivisme, Auguste Comte, a donné la formule et prétendu être le grand-pontife. M. Charles Lucas (3) n'a pas tort non plus d'affirmer que, dans la question de la peine de mort, la lutte est entre les deux civilisations

---

(1) Partout les exécutions militaires ont lieu par la fusillade en Serbie, on fusille même les condamnés civils.

(2) *Considérations sur la marche des idées*, t. 2, p. 269.

(3) Rapport à l'Académie des sciences morales sur la *Peine de mort* de M. d'Olivecrona (1868).

chrétienne et païenne. La religion de l'humanité, en effet, l'humanitarisme, ou, pour parler plus nettement, le socialisme dans le sens le plus élevé du mot, est la quintessence du christianisme, son incarnation dernière et sa plus pure expression. Il y a au fond de ce culte pour la société divinisée une conception toute sociale de l'Univers : l'amour, la grâce, un besoin de sympathie pareil à celui que les associés éprouvent les uns pour les autres et qui les fait s'imiter sans cesse, est donné pour principe au monde ; la justice, la réciprocité des services entre associés lui est donnée pour but (1). A cette manière de voir s'oppose une conception que j'appellerais volontiers naturaliste, l'idée de nature se référant, suivant l'acceptation ordinaire, aux rapports extérieurs et hostiles des êtres vivants non associés, plutôt qu'à leurs rapports internes de solidarité organique. Le polythéisme antique était éminemment naturaliste en ce sens : au début des choses, il plaçait le chaos et la lutte des éléments, à la fin la conquête des uns et l'oppression des autres. Sur ce type ensuite il concevait les rapports des petites sociétés entre elles, des associés entre eux, et ne pouvait, par conséquent, s'élever jusqu'à la notion d'une société universelle ; tandis que la doctrine inverse, en expliquant l'Univers extérieur par l'Union sociale, tend à fortifier celle-ci et à universaliser son domaine. A ce point de vue, donc, on peut considérer la propagation de la théorie darwinienne dans ces dernières années comme un retour direct à l'esprit païen, pour parler comme M. Lucas. Or, toute religion ou toute philosophie qui, sous une forme mythologique ou scientifique, pose au cœur des choses le désordre inné, le conflit initial, et ne voit dans toute harmonie qu'une victoire après un combat, ne doit-elle pas aboutir fatalement à la justification du conquérant et du bourreau ? Il est de fait que le progrès du darwinisme a favorisé l'effrayante recrudescence de l'esprit militaire et enrayé le mouvement abolitionniste naguère si puissant. Il n'est pas moins certain que l'antiquité païenne, même en ses plus beaux jours, a été impitoyable pour ses coupables comme pour ses vaincus.

---

(1) La grâce devait précéder la justice, parce que l'unilatéral, comme nous l'avons vu déjà plus haut, doit toujours précéder le réciproque. La grâce, l'amour, c'est le *don* gratuit de la sympathie et du service ; la justice en est l'*échange*.

Songeons aux 19.000 condamnés à mort que Claude fit venir en une seule fois de diverses provinces de l'Empire pour orner une de ses fêtes! Non seulement ce chiffre épouvante par la proportion annuelle d'exécutions qu'il suppose, mais encore cette idée, habituelle alors, de faire servir les supplices des condamnés à l'amusement du public exprime une atroce, une naïve manière d'entendre et de pousser à bout l'utilitarisme pénal, qui prête par contraste à nos criminalistes les plus utilitaires d'à présent une couleur sentimentale (1). Contre ces horreurs légales la morale stoïcienne et la croyance chrétienne ont inauguré une réaction qui, sans être toujours très efficace, n'a pas laissé d'imprimer sa trace aux mœurs et aux lois. Tertullien défendait aux fidèles d'accepter des charges où l'on eût à prononcer des condamnations à mort. Saint Ambroise, moins exigeant, ordonnait aux juges de s'abstenir de la communion eucharistique pendant plusieurs jours après avoir rendu une sentence capitale. Malgré sa sévérité, le Code de Théodose apporte déjà, sur certains points, quelques tempéraments à l'antique pénalité romaine. Le droit canonique a introduit partout l'adoucissement des peines. Sans doute ces scrupules et ces mitigations n'ont pas empêché les auto-da-fé et les massacres d'hérétiques, albigeois ou huguenots, et la conception de l'enfer a fortifié la fonction du bourreau. Mais, malgré tout, ce souffle de clémence qui s'est levé sur l'Europe avec le Christ, comme il s'était répandu dans l'Inde avec Bouddha, n'a jamais cessé tout à fait de se faire sentir. Au moyen-âge, il semble changé en un vent contraire, mais, en somme, pour un temps barbare et guerroyeur, cette époque n'était-elle pas moins sévère que ne l'avait été, pour un temps civilisé et paisible, l'époque impériale? On n'en peut douter, quand on constate que la renaissance du droit romain est marquée alors par un accès plus aigu d'atrocité et d'insanité judiciaire. Enfin, au xviii° siècle, la vraie, la pure inspiration chrétienne, se ranime, et imprègne le matérialisme de Diderot comme le spiritualisme de Jean-Jacques. A vrai dire, je ne la

---

(1) Dès les temps les plus antiques, on voit la commutation utilitaire des peines bien mieux comprise par Shabak (Sabacon) qui, dit Maspero, remplaça la peine de mort par celle des travaux publics. — Mais à Mexico, comme à Rome, le massacre des prisonniers était l'occasion de joyeuses solennités.

crois pas près de s'arrêter devant l'hypothèse de la sélection. Mais la question est de savoir si elle n'a pas maintenant assez agi, et s'il est bon dans cette voie d'aller plus loin. Toutefois ce point est plus grave qu'il ne semble l'être de prime abord; car, historiquement, l'arrêt dans une direction n'est pas loin d'un mouvement en sens contraire. En vertu des mêmes raisons qui auront déterminé le législateur à ne pas couronner l'œuvre du passé chrétien ou spiritualiste par le renversement des derniers échafauds encore subsistants, on ne tardera peut-être pas, logiquement, à rétrograder peu à peu, avec une apparence d'innovation scientifique, sur la voie sanglante des vastes hétacombes judiciaires chères au paganisme antique et au néo-paganisme plus récent. Si l'on parvient à démontrer la nécessité de continuer à guillotiner chaque année dix ou quinze criminels en France, en Angleterre ou ailleurs, on n'aura pas de peine à prouver bientôt l'urgence d'en foudroyer électriquement ou chimiquement une centaine et un millier. La progression législative est le plus terrible et le plus inexorable des engrenages. La logique individuelle a ses peurs et ses reculs parfois devant un précipice; la logique sociale, jamais.

Considérée à ce point de vue, qui n'a rien de chimérique, la question est grosse de conséquences pratiques pour l'avenir, et de difficultés théoriques pour le moment. Ce n'est plus un sujet de dissertation oratoire, c'est le nœud même de la question sociale en ce qu'elle a de plus épineux. — Notre système répressif est en voie de transition manifeste, il n'est rien de plus instable que son équilibre actuel. Le tiers parti auquel on s'est arrêté momentanément, et qui consiste à maintenir le bourreau mais à la condition de pas s'en servir, ou de l'occuper tout juste assez pour lui conserver une apparente raison d'être, ne saurait se prolonger outre mesure. Aussi les abolitionnistes ont vraiment trop beau jeu quand ils s'escriment à démontrer l'inutilité de cette sinécure. Leurs critiques s'adressent à la peine capitale telle qu'elle est aujourd'hui appliquée. Mais ils ne paraissent pas même soupçonner la possibilité d'une application plus étendue, qui rendrait vaine ou convaincrait d'erreur une grande partie de leur argumentation. De deux choses l'une cependant : ou le dernier instrument de supplice sera balayé, ou il en sera dressé un nombre tel que le chiffre annuel des supplices soit égal à celui des excommuniés du monde social, des êtres anti-sociaux condamnés à l'*élimination* définitive. Il n'y a pas de milieu. Sur une centaine au moins de vrais monstres qui comparaissent chaque année devant la justice de notre pays, il y en a 7 ou 8, 8 ou 10, qui, soit parce qu'ils ont eu affaire à un jury moins indulgent, soit parce que leur recours en grâce s'est présenté à une heure défavorable après une série d'autres grâces accordées coup sur coup, soit parce que leur affaire a eu plus de retentissement pour s'être déroulée à un moment où l'esprit public était désoccupé, sont voués à l'immolation fatale. Sont-ils plus dénaturés, plus gangrenés que les autres? Pas toujours; en tout cas, la différence entre ceux-ci et ceux-là à cet égard est si faible qu'elle ne suffit pas à motiver la profonde inégalité de leur traitement. Il vaudrait mieux laisser au sort, suivant l'antique usage romain, le soin d'opérer cette décimation de la légion criminelle; au moins on aurait le courage d'avouer ainsi, franchement et publiquement, que ces quelques exécutions sont un hommage rendu au principe de l'intimidation pure et simple sans nulle complication d'idée de justice. Mais, si l'on est forcé de reconnaître qu'on tue uniquement pour faire peur, alors il faut tuer assez pour faire grand'peur, suivant les besoins de la répression.

Est-ce possible? Le progrès séculaire qui nous a conduits par degrés à l'extrême adoucissement de toutes les peines en général et à l'extrême diminution de la peine de mort en particulier, n'est-il pas un de ces changements irréversibles dont l'histoire nous a offert tant d'exemples? Peut-être; car il est dû à cette graduelle et continuelle assimilation qui, nous faisant sympathiser de plus en plus avec nos semblables toujours plus dignes de ce nom, retient chaque jour davantage notre bras prêt à les frapper. Il est donc un effet direct et inévitable de ces lois de l'imitation qui régissent souverainement les sociétés; il en est l'effet encore, mais indirect, en tant qu'il procède de ces doctrines religieuses ou philosophiques que j'ai appelées socialistes. Celles-ci, en effet, ne naissent historiquement que lorsque l'assimilation civilisatrice a unifié une vaste région du globe. L'Inde tout entière était déjà une, sinon unie, quand le bouddhisme a pu éclore; le monde connu des anciens était déjà presque entièrement romanisé quand le christianisme a pu se répandre; l'Europe était déjà presque entièrement modernisée quand le rationalisme français du xviiie siècle et le Kantisme ont pu fleurir. En un mot, c'est seulement lorsque l'imitation spontanée d'homme à homme a étendu au loin son tissu de similitudes spirituelles, c'est-à-dire sociales, et développé, en le satisfaisant, le besoin de sympathie; que l'avènement d'une religion ou d'une philosophie spiritualiste et prosélytique, humanitaire et cosmopolite, fondée sur l'amour et la fraternité universelle en Dieu ou sans Dieu, en un Dieu conçu à l'image de l'homme ou en quelque autre idéal de l'humanité, est rendue possible. — Erreur! pourra-t-on m'objecter ici à première vue, c'est la guerre, c'est la conquête, selon le mode darwinien de perfectionnement, qui a fait cette paix romaine, cette romanité vaste et homogène, sans laquelle ni le bourgeon chrétien du judaïsme ni le rejeton stoïcien du polythéisme ne se fût épanoui; c'est la guerre, c'est la conquête encore qui a fait notre moderne unité européenne, sans laquelle le déisme libéral d'un Voltaire, l'idéalisme moral d'un Kant, l'humanitarisme scientifique d'un Auguste Comte même, seraient morts en naissant; en sorte que ces grandes formules majestueuses d'un ordre préétabli, divin ou fatal, de l'univers, trouveraient dans les conditions mêmes de leur apparition ou de leur succès leur propre démenti. — Mais cette vue est superficielle : en réalité la guerre et la conquête eussent-elles jamais fait autre chose que morceler et pulvériser à l'infini l'humanité au lieu de l'agréger en faisceaux, si, avant, pendant et après les batailles et les victoires, l'instinct sympathique qui porte les hommes, même en se combattant, à se refléter en tout, n'eût agi continuellement? C'est ce travail madréporique pour ainsi dire qui, à travers toutes les éruptions volcaniques des combats, forme les vastes assises des sociétés. Quiconque imite d'autres hommes, autrement dit quiconque parle, ou prie, ou pense, ou travaille, ou s'amuse, fait acte de sympathie élémentaire, se lie invisiblement à ses modèles et prépare une alliance future entre ses descendants et les leurs. Tel est le germe premier et l'élément initial de l'*altruisme*, qui, se déployant plus tard sous de plus hautes manifestations, élabore peu à peu le genre humain; les œuvres guerrières ne sont utiles que dans la mesure où elles servent cet instinct fécond en abaissant les obstacles à son libre jeu. Sans lui rien de social ne serait, pas même la guerre.

Qu'on me pardonne cette digression apparente : si l'on veut bien y réfléchir, peut-être verra-t-on que ma réponse précédente va droit au cœur du darwinisme social, et, par ricochet, qu'elle atteint aussi le darwinisme naturel ; car, si la lutte pour la vie ne joue qu'un rôle secondaire, et, je crois, en outre, temporaire, dans le développement des peuples, pourquoi se hâterait-on de lui attribuer une action prépondérante et incessante dans le développement des organismes ? En raisonnant ainsi par analogie, ou plutôt par induction du connu à l'inconnu, on est tenté de prédire courte vie, je ne dis pas au transformisme, mais à la forme mécaniste et insuffisante que Darwin lui a prêté momentanément. S'il en est ainsi, il est fâcheux de penser que la gloire de ce grand homme, si méritée à tant de titres, pourra en souffrir ; mais en revanche ce feu de militarisme et de division que l'influence de ses idées a contribué à attiser en souffrira davantage encore, et il est à croire aussi que l'effusion du sang humain, même légale, même jugée utile, inspirera une horreur croissante.

III

Admettons cependant que cette conjecture soit illusoire et que le courant séculaire par lequel nous nous sommes acheminés à la destruction presque complète de l'échafaud, puisse être remonté. Je le demande alors : est-il désirable qu'on le remonte ? Examinons la question, abstraction faite de tout parti pris, et d'abord écoutons les adversaires de la peine de mort. En vérité, la plupart de leurs arguments sont tellement faibles qu'on ne s'expliquerait pas leur succès, si leur faiblesse même ne dénotait la source toute religieuse, comme il a été dit plus haut, de leur inspiration. L'apologétique, en aucun temps, n'a brillé par la force dialectique. On a gravement reproché à la peine de mort de causer un mal irréparable en cas d'erreur : comme si son irréparabilité n'était pas la condition *sine quâ non* de la sécurité absolue qu'on attend d'elle, et d'ailleurs n'était pas un caractère propre à toutes les autres peines, au degré près. On lui a aussi reproché l'innocence de ceux qu'elle a frappés quelquefois; comme si la certitude absolue était de ce monde. Les erreurs judiciaires qui envoient un innocent à l'échafaud sont assurément moins fréquentes, dit M. Vera avec raison, que les erreurs chirurgicales à la suite desquelles a lieu l'amputation inutile et irréparable, parfois mortelle et toujours douloureuse, d'un membre. Parmi les erreurs judiciaires, il est très rare d'en rencontrer qui aient conduit leurs victimes à l'échafaud; presque toutes n'ont eu pour conséquences que des condamnations aux travaux forcés. Pour en trouver en Italie une seule qui ait eu des suites mortelles, M. Musio, président de la commission du sénat en 1875 pour le nouveau projet du code pénal, a dû remonter à 1840. Les erreurs judiciaires dont on ne parle pas, celles qui consistent à acquitter des coupables, sont infiniment plus nombreuses, on peut en être convaincu, que celles dont la presse et les cours d'assises retentissent. Une objection qui a paru formidable, et qui l'est en effet, mais seulement si l'on est imbu de l'idée que la peine doit, avant tout, être proportionnée au délit, c'est que la peine de mort, depuis la suppression de ses raffinements barbares, ne comporte pas de degrés. Quelle que soit l'inégalité des crimes auxquels on l'inflige, elle reste la même. Elle ne saurait donc répondre à l'équation mathématique demandée. Comme si l'on s'inquiétait beaucoup de cette objection, quand on lance pêle-mêle au-delà des mers grands assassins et petits voleurs, criminels et récidivistes, les uns sous le nom de transportés, les autres sous le vocable de relégués, mais, au demeurant, soumis au même régime! Après tout, ce qu'on a le droit d'exiger d'un remède, est-ce d'être proportionné à la maladie, ou n'est-ce pas plutôt d'être propre à la guérison du malade, qui est ici le corps social?

A cela on a répondu en essayant de prouver l'inefficacité de la peine capitale. Ce paradoxe habile a fait impression, en dépit de quelques contradictions singulières. On conteste toute vertu à la plus terrible des sanctions pénales, et, — la remarque est de M. Seti (1), — on reconnaît la puissance préventive des sanctions sociales et religieuses, assurément moins intimidantes. Quand la peine de mort est prodiguée, ses ennemis ne manquent pas de dire que les populations s'y habituent et cessent de s'en émouvoir. Quand l'application en est rare, comme de nos jours, ils disent que la probabilité d'en être atteint devient insignifiante pour les malfaiteurs. Il faut pourtant choisir entre ces deux critiques contradictoires. On pourrait répliquer que la rareté même de ce châtiment ajoute à son effet. On pourrait ajouter qu'un meurtrier d'aujourd'hui a encore autant de chances d'être guillotiné qu'un soldat de recevoir une balle dans le corps : or, si faible que soit cette chance fatale, elle n'est jamais indifférente même au troupier le plus brave et le plus aguerri. D'après M. de Holtzendorff, la peine de mort est sans action sur le malfaiteur endurci parce que le succès de ses premiers meurtres impunis lui donne plus d'audace que la crainte, bien diminuée, de la guillotine ou de la potence, ne lui en enlève. C'est ingénieux ; mais, cela fût-il vrai, il n'en serait pas moins certain, et l'auteur le reconnaît, du reste, que sur le novice du crime la perspective du gibet exerce une action salutaire. Malgré un tel aveu, ce criminaliste éminent va jusqu'à prétendre ailleurs que, si les exécutés pouvaient revenir à la vie, le souvenir même de leurs affreuses angoisses ne les empêcherait probablement pas de recommencer à commettre des crimes ; et il cite le cas d'un assassin pendu, mais mal pendu, — car on pend beaucoup, mais fort mal en Angleterre, — qui, sauvé par miracle, fut de nouveau condamné plus tard à la potence pour d'autres forfaits. Je me permets de regarder le fait comme plus curieux que probant.

Un des arguments les plus sérieux de M. de Holtzendorff contre la peine de mort est le suivant : la peine de mort a pour effet d'appeler l'attention sur les crimes qu'elle frappe, de dramatiser le déroulement des procédures criminelles dont elle peut être le dénoûment, et, par suite, de leur faire une *réclame* dans la presse ; de là, un engoûment malsain du public, qui aiguillonne l'*esprit d'imitation* chez les candidats au crime.

(1) *L'Esercito e la sua criminalita*, par l'av. Augusto Seti. (Milano, 1886).

Ainsi, la peine de mort excelle à multiplier par la vertu de l'exemple les homicides qu'elle punit. — Est-ce bien vrai ? La chronique judiciaire serait-elle moins lue si les rivaux de Tropman, de Lemaire, de Pranzini, d'Eyraud, ne pouvaient être condamnés qu'aux travaux forcés à perpétuité ? Est-ce que la vraie source de l'intérêt passionné que les affaires criminelles inspirent n'est pas, avant tout, le caractère particulièrement horrible et exceptionnel du crime commis ? — Il faut convenir pourtant que les affaires de Tropman, de Lemaire, de Pranzini, de Prado, nous auraient moins intéressés, si nous n'avions pas su que la tête de quelqu'un se jouait. L'argument dont il s'agit a donc une réelle valeur : l'accusé qui a le couteau de la guillotine suspendu sur sa tête devient par le fait même intéressant, et, dans une certaine mesure, romanesque. Mais, est-ce à dire que la crainte de finir comme lui n'amoindrisse pas la tendance à marcher sur ses traces ? Et, d'ailleurs, ne serait-il pas facile, si on le voulait bien, de remédier à l'inconvénient signalé en interdisant la divulgation par la presse périodique des débats de cours d'assises ?

Naturellement, on a invoqué ici la statistique, et ses chiffres ont paru concluants. La Toscane a eu le privilège de fournir aux écrivains dont je parle un de leurs arguments favoris. Depuis 1787, à l'exception d'une courte période, la peine de mort y a toujours été abolie, en droit ou en fait. Or, dit M. d'Olivecrona, d'après du Boys-Aymé, « les données officielles aussi bien que les témoignages des personnes dignes de foi s'accordent à proclamer que la cessation des exécutions capitales n'a pas été suivie d'une augmentation de crimes, et la sûreté publique est considérée comme infiniment plus grande en Toscane que dans le reste de l'Italie. » En Amérique, il est vrai, l'État de Rhode-Island, Mittermayer le confesse, a vu s'augmenter considérablement le nombre des assassinats après la suppression de la peine capitale ; mais il prétend qu'il n'en a pas été de même dans l'État du Michigan. En cela il est contredit par un correspondant américain de la *Société générale des prisons* qui, en 1886 (voir son *Bulletin*), a donné les résultats d'une enquête faite dans le monde entier sur la peine de mort et ses résultats. Ce correspondant « est obligé de constater que le nombre des condamnations pour crimes va augmentant », mais, étant abolitionniste, « il n'attribue pas cette augmentation à l'abolition de la peine de mort ». On invoque ou on récuse le témoignage des chiffres, suivant qu'ils plaisent ou contrarient. M. Mittermayer ajoute que les deux duchés allemands et les cantons suisses où, de son temps, la peine de mort n'était pas encore rétablie, n'ont pas eu à constater, après sa suppression, une recrudescence d'homicides. Mais les cantons où elle a été rétablie, — il y en a au moins huit actuellement, — y ont été contraints par l'évidence de résultats déplorables. En Finlande, d'après M. d'Olivecrona, la même expérience, entreprise en 1826, n'aurait pas moins bien réussi. Alors je me demande pourquoi on y a remis la peine de mort en vigueur. Dans les pays où la peine de mort a été maintenue, on l'applique de moins en moins, nous le savons : est-ce que la grande criminalité s'y est élevée parallèlement ? En Suède, où l'on a pu recueillir des données statistiques à ce sujet depuis un siècle et demi, on a passé par degrés de 1 exécution sur 48,000 habitants en 1749, à 1 exécution sur 300,000 habitants seulement en 1818, pendant que la proportion des grands crimes diminuait. Sur une population de 14 millions d'habitants en 1834, l'Angleterre, nous apprend M. de Holtzendorff, comptait 922 condamnations à mort, 3,000 condamnations à la déportation et aux travaux forcés et 10,721 condamnations à la prison (1). Trente ans après, la population s'étant élevée à près de 23 millions, le chiffre des condamnations aux travaux forcés n'est que de 1,514 et celui des condamnations à la prison à 9,318. Ainsi, la répression, sous ses formes les plus cruelles et les plus redoutées, y est devenue beaucoup plus douce et la sécurité y a progressé d'autant. Ce serait à croire que, si la peine de mort sert à quelque chose, c'est à faire pulluler les crimes et non à les empêcher. Les abolitionnistes n'ont pas reculé devant

---

(1) Jusqu'en 1780, en Angleterre, la législation comptait 240 espèces de crimes passibles de la peine de mort obligatoire ou facultative pour le juge, y compris les délits de vol, « quoique, dit M. de Holtzendorff, l'observation eût enseigné que les coupe-bourses choisissaient de préférence le moment d'une exécution capitale pour voler. » D'après l'enquête de la Société générale des prisons, dont il a déjà été parlé, la peine de mort n'est en moyenne actuellement exécutée que 5 fois sur 100 condamnations capitales en Allemagne, 50 fois sur 100 en Angleterre, 8 fois sur 100 en Autriche, 70 ou 75 fois sur 100 en Espagne, etc. En France, elle ne l'est plus aujourd'hui que 22 fois sur 100. Pendant tout le second empire, la proportion a cessé d'aller en diminuant ; elle s'est maintenue au chiffre de 50 ou 55 pour 100.

ce paradoxe. Ils font remarquer que l'exécution de Gamahut a été immédiatement suivie du crime de Marchandon, et il est certain que les deux affaires se ressemblent fort. Pour nous comme pour M. Seti, cette similitude surprenante prouve une seule chose, c'est la force du penchant à l'imitation, puisque le besoin d'imiter le crime l'a emporté chez Marchandon et d'autres criminels dans le même cas que lui sur la peur d'encourir le châtiment. Je sais bien aussi que, le jour même de l'exécution du bandit Rocchini, un vieillard tombait assassiné dans la commune de Zigliara. Mais c'était un Corse, ne l'oublions pas, et cet homicide me fait l'effet d'une bravade de brigand contre la loi, d'une vendetta à l'adresse des bourreaux; à moins que ce ne soit, comme le public en est convaincu (voir le dernier numéro des *Archives*, p. 617), un acte inspiré par une sorte de justice féroce, pour remédier à l'insuffisance d'une condamnation antérieure prononcée par une cour d'assises. S'il en est ainsi, tout ce que l'on peut conclure de la coïncidence indiquée, c'est qu'une condamnation à mort eût évité un assassinat. Les abolitionnistes signalent encore tel ou tel petit pays où, la peine de mort ayant été rétablie, il y a eu quelques crimes de plus l'année suivante; ils relèvent un contraste offert par la statistique de la Belgique où, tandis que, de 1832 à 1855, la criminalité a augmenté dans la province de Bruxelles, théâtre de nombreuses exécutions, elle a diminué de près de moitié dans la province de Liège qui n'a pas vu une seule fois entre ces deux dates se dresser l'échafaud.

Mais pour réduire à leur valeur ces résultats numériques, rappelons-nous, comme nous le fait remarquer quelque part avec esprit M. de Holtzendorff, que « les chiffres de la statistique ressemblent à l'écriture des langues sémitiques », où le lecteur doit suppléer comme il peut à l'absence de voyelles. La voyelle qui manque ici c'est, je crois, la remarque suivante. Règle générale, quand une nation petite ou grande se décide à supprimer la peine de mort, c'est que, depuis longtemps déjà, la criminalité violente y était en décroissance plus ou moins rapide en vertu de causes diverses; et, après l'abolition de la peine de mort, ces causes n'ont pas discontinué d'agir, mais on oublie de nous dire si, à partir de ce moment, le mouvement de diminution criminelle dont il s'agit n'a pas perdu de sa rapidité. A l'inverse, quand un pays, après avoir supprimé l'échafaud, le rétablit, c'est que l'augmentation déjà sensible de ses grands crimes sous l'empire d'impulsions et d'influences quelconques, a paru l'y contraindre, et il n'est pas surprenant que, malgré ce rétablissement, les impulsions et les influences en question aient gardé assez de force parfois pour faire croître encore le nombre des assassinats et des meurtres; mais a-t-il crû plus vite ou moins vite que précédemment? On ne nous éclaire pas sur ce point. Après tout, la frayeur de la potence, du sabre ou de la guillotine, n'est qu'un des mobiles propres à paralyser l'effet des passions qui poussent au crime. La statistique, qui nous présente pêle-mêle l'action de ces causes complexes, ne saurait jeter un jour décisif, jusqu'ici du moins, sur le problème qui nous occupe. Les groupements de chiffres auxquels les abolitionnistes ont recours pour démontrer l'inutilité du dernier supplice me rappellent la manière dont M. Colajanni a cru prouver l'innocuité de l'alcoolisme. Nous savons, à n'en pas douter, que l'alcoolisme démoralise et que la peine de mort épouvante, quoique la statistique ne nous dise rien de clair à cet égard. Le langage des chiffres n'est pourtant pas sans éloquence çà et là: nous avons déjà vu la leçon qu'ils ont donnée dans le Rhode-Island, le Michigan et ailleurs: d'autre part, M. Bravay, ancien procureur général belge, affirme que, dans son pays, une épidémie d'incendies et d'assassinats, née à la suite d'une suspension prolongée du châtiment suprême, a été arrêtée brusquement après quelques exécutions capitales en 1843. Combien de révoltes militaires ont été étouffées, combien de conspirations politiques écrasées par quelques rigueurs pareilles! M. Garofalo se croit autorisé, chiffres en main, à prétendre que, partout où l'échafaud avait été renversé, en Autriche par exemple, l'évidence des résultats déplorables produits par son renversement avait contraint le gouvernement à le redresser. Mais qu'avons-nous besoin de demander à la statistique ce que les statuts des associations criminelles nous apprendraient bien mieux, s'il le fallait? Quand les malfaiteurs s'associent, ils se soumettent d'ordinaire à un code draconien dont la seule pénalité est la mort. Or, il n'est guère de lois mieux obéies que les leurs, bien qu'il y en ait peu d'aussi dures.

IV

Les partisans les plus ardents de l'abolition ont dû faire des concessions qui ne sont pas sans importance. D'abord ils ne peuvent nier l'évasion, très fréquente, de malfaiteurs condamnés à mort et dont la peine a été commuée en celle des travaux forcés à perpétuité; ils reconnaissent aussi que ces évadés ont souvent commis de nouveaux meurtres, à commencer par celui de leur gardien. Mais ils espèrent remédier à cela par une bonne réforme pénitentiaire, dont la nécessité, en effet, se fait d'autant mieux sentir que la peine de mort est moins usitée. — Puis, ils accordent qu'il sera toujours bon d'exécuter sans pitié les pirates capturés, les matelots mutinés, et, en temps de guerre, non seulement les soldats désobéissants, mais encore, ajoute M. de Holtzendorff, les espions et les traîtres, même simples civils, arrêtés par une *armée d'invasion* qui cherche à se défendre contre le « fanatisme », lisez le patriotisme, d'une population hostile. Les compatriotes de l'éminent auteur, quelques années après le moment où il écrivait ces lignes, ont largement usé de l'autorisation prophétique qu'elles contiennent! — M. de Holtzendorff observe enfin que, l'homicide par cupidité étant plus froidement réfléchi que l'homicide par vengeance, l'intimidation de la peine capitale doit prévenir le premier bien plus efficacement que le second. Mais l'homicide cupide, nous le savons, est en progrès dans nos sociétés civilisées. Il en résulte que l'action préventive dont il s'agit doit être chaque jour plus efficace.

Une considération d'un grand poids en faveur de l'échafaud me paraît être celle-ci. Quand les transformations sociales sont telles, comme il arrive aux époques de civilisation vraiment progressive, que les avantages attachés au métier de meurtrier vont diminuant, l'utilité de la peine de mort doit grandir. En effet, je concède à M. de Holtzendorff que, vu la facilité d'échapper à cette peine et la lenteur des procès criminels dont elle est l'issue, la perspective d'un châtiment si improbable ou du moins si éloigné n'est point capable de retenir le bras d'un assassin fortement poussé au meurtre par l'attrait d'un gain très supérieur à celui qu'un travail honnête, à effort égal, pourrait lui procurer. Mais, quand le gain qui l'attire s'amoindrit beaucoup et que les métiers honnêtes deviennent beaucoup plus lucratifs, quand, en outre, sa férocité naturelle s'est adoucie ou amollie par l'effet du bien-être ambiant et que son imprévoyance a diminué avec son ignorance, la balance des motifs qui le sollicitent du bon et du mauvais côté devient oscillante, le plateau le plus lourd n'est presque pas plus lourd, et, plus souvent qu'auparavant, il peut suffire d'un très faible poids dans le plateau opposé pour donner à celui-ci la prépondérance. Par suite, il peut et il doit venir un moment, au cours du progrès social, où la menace de la peine de mort, même très rarement prononcée, opposera une digue presque insurmontable au courant criminel.

Est-ce à dire qu'il faut maintenir la peine de mort, du moins telle qu'elle est pratiquée? J'ai déjà indiqué quelques-unes des difficultés que présente son maintien ; la première est, je le répète, de consolider les débris qui en restent sans y apporter des accroissements que réclame la justice distributive et qui la ramèneraient par degrés à son ancienne proportion. Il semble que, posée de la sorte, comprise ainsi, sous la forme d'un dilemme radical, d'une option entre tout ou rien, elle est bien autrement digne d'examen et propre à justifier les hésitations de la pensée, surtout de la pensée positiviste ; d'autant mieux qu'elle va mettre aux prises sous nos yeux d'une façon remarquablement nette le principe de l'utilité sociale avec des principes différents et nous révéler clairement son insuffisance.

Je dis d'abord que, l'histoire ayant horreur de l'immobilité, le prolongement du *statu quo* actuel est impossible, et qu'il faut ou aller jusqu'au bout de la voie clémente suivie depuis un siècle ou rétrograder décidément sur la route sanglante du passé. Je le dis parce que la peine de mort, appliquée comme elle l'est, n'est plus qu'un mauvais numéro à la loterie pour celui qui la subit entre mille qui la méritent à peu près également. Je prétends, en outre, que l'idée de restituer à la peine de mort une partie de son ancien domaine, d'en faire le large fauchage annuel de tous les scélérats d'un pays, n'a rien *à priori* d'absurde, sinon de révoltant, rien, en tous cas, de contraire aux principes positivistes et utilitaires dont l'application est préconisée, ni même aux principes socialistes dont la réalisation s'étend chaque jour. La peine de mort a diminué par degrés, dans la mesure où s'est affaibli le sentiment de la responsabilité, de la culpabilité. C'est une des causes, et non la moindre peut-être, de l'adoucissement, disons mieux, du ramollissement de la pénalité. Si donc l'on parvenait à raffermir la notion de la responsabilité, de la culpabilité, sur de nouvelles bases, il est probable qu'il s'ensuivrait un raffermissement des peines et un retour plus marqué vers la peine capitale. En outre, reconnu impropre à la vie sociale, le grand criminel incorrigible doit être exclu de la société, tout le monde l'accorde ; mais la vie sociale, de plus en plus, absorbe à tel point la vie organique, que, hors d'elle, l'existence est de plus en plus impossible. Donc l'exclusion de la société n'est possible, aujourd'hui plus que jamais, que par l'échafaud. — Puis, je relève un contraste étrange : d'une part, la répugnance croissante du public, représenté par le jury, — à part la réaction légère de ces dernières années — à appliquer la peine de mort ; d'autre part, la tendance croissante du public, dont le jury est aussi l'écho, à excuser, à louer l'acte d'un homme diffamé ou d'une femme trahie qui se venge à coups de revolver. Donc la peine de mort légalement prononcée et exécutée répugne toujours davantage ; mais la peine de mort prononcée extra-judiciairement par un particulier répugne toujours moins. Il faut mettre fin à cette contradiction (1). De deux choses l'une : ou le public continuera à applaudir l'homme et la femme qui, dans des circonstances intéressantes, se font bourreaux, et alors il devra trouver bon que le bourreau légal fasse son office ; ou bien il sera favorable à la suppression de cet effrayant fonctionnaire, et, dans ce cas, il devra se montrer sévère envers les simples citoyens qui usurpent son emploi. — Enfin, les droits individuels sont de

---

(1) Voltaire avait beau être l'adversaire déclaré de la peine de mort, il lui a suffi d'être en polémique avec J.-J Rousseau pour écrire, en parlant de lui, qu'il faut « punir *capitalement* un vil séditieux », ce qui est un peu fort dans sa bouche, comme l'observe justement M. Faguet.

plus en plus immolés aux intérêts collectifs ou réputés tels. Peut-être dira-t-on, il est vrai, que, si les droits de propriété sont de moins en moins respectés par le socialisme d'Etat, les garanties protectrices de la vie des personnes contre les empiètements du pouvoir, contre les appétits du Moloch social, sont plus assurées. L'Etat comme l'individu, en se civilisant, se ferait donc un plus grand scrupule de tuer et un moindre scrupule de voler. Mais l'extension du service militaire à l'universalité des citoyens par l'enrôlement obligatoire en vue de batailles toujours plus meurtrières prouve la fausseté de cette distinction. Je suis frappé d'un contraste tout différent. La peine de mort était prodiguée autrefois, quand, sur les champs de bataille, le nombre des morts était insignifiant; maintenant le chiffre des exécutions capitales est infime, mais les hécatombes guerrières ont pris un lamentable accroissement. C'est là une étrange compensation, une anomalie criante. Et quelle mort que celle de nos soldats modernes, frappés d'un éclat d'obus aux entrailles, d'une balle à la mâchoire! Les tenailles, la roue, l'écartèlement, toutes les tortures de jadis, ont leurs équivalents à présent sur une plaine fétide où gémissent et se contorsionnent des milliers de blessés parmi des cadavres. Et nul ne se scandalise quand les auteurs de ces horreurs les bénissent, quand des généraux victorieux, dans leurs hymnes à la guerre, glorifient ces massacres, en remercient Dieu, en proclament l'utilité, la nécessité même, comme remède au mal de la surproduction humaine! Une Europe qui a pu entendre ces théories sauvages sans protestation a perdu le droit de feindre un évanouissement de femme sensible si quelqu'un lui propose de faire mourir sans douleur quelques centaines, je ne dis pas d'honnêtes gens, mais de brutes malfaisantes à masque humain. Que ce soit par dégénérescence(1) ou par atavisme, par nature ou par éducation, le criminel est un être inférieur; le sort des races inférieures, tel qu'il est réglé en théorie par les penseurs darwiniens, en pratique par les colons européens, est le sort qui lui est dû, si la logique n'est pas un vain mot.

---

(1) Il est vrai que, si le criminel était un dégénéré dans le sens propre du mot, la peine de mort pourrait être jugée inutile jusqu'à un certain point, comme faisant double emploi avec cette stérilité à laquelle aboutit fatalement une famille entrée dans l'engrenage de la dégénérescence. Mais il n'est nullement prouvé que la dégénérescence soit l'explication vraie, et encore moins unique, de la délictuosité.

Quand, sur tous les points du globe, surgit et s'étend, se régularise et se précipite, l'inondation des races blanches par-dessus les variétés d'hommes jugées par nous inférieures à nous, même les plus nobles en leur temps; quand l'Océanien se fond devant nous comme la neige au soleil; quand de plusieurs millions d'Américains indigènes il ne restera bientôt plus que quelques milliers; quand, en Afrique, nous traquons le nègre, l'Arabe même, comme un fauve; il me semble, en vérité, que l'apitoiement général à la pensée d'exécuter un nombre relativement minime toujours de malfaiteurs, manquerait d'à-propos. Pourtant tel qui croit faire preuve d'idées « avancées » en poussant à l'épuration du personnel de la planète par la destruction directe ou indirecte, mais gigantesque et systématique, des races autres que la nôtre, aurait peur de passer pour rétrograde en se montrant favorable aux progrès de l'échafaud. Mais des inconséquences si manifestes durent peu. Avant tout, soyons logiques. Si l'on reproche à la charité chrétienne, comme on a osé le faire, d'avoir contribué à l'abâtardissement physique de la race en prolongeant artificiellement, par ses hôpitaux et ses aumônes, la vie d'organismes chétifs, souffreteux et parasites, et leur permettant de se reproduire, eux et leurs infirmités; à l'inverse et par conséquent, on doit louer la cruauté de l'ancienne justice criminelle qui, par l'élimination prolongée des natures perverses, a concouru puissamment à l'assainissement moral des peuples. M. Lombroso a eu l'intrépidité d'aller jusque-là.

Si l'on veut être positiviste et utilitaire pour tout de bon, il faut, sans doute, tenir compte de l'effroi que l'échafaud inspire au condamné, des tortures morales de ce malheureux que l'on traîne, décolleté comme une femme au bal, à la boucherie légale; cet effroi, ces tortures, sont un mal à éviter, à moins qu'elles ne servent à empêcher un mal plus grand. Mais il faut, par suite, avoir surtout égard à ce mal plus grand, au danger que peuvent courir sans cela bien des vies honnêtes et utiles, et aussi bien à l'indignation, à la souffrance morale que la foule honnête, que la famille de la victime, ressent quand un coupable ne reçoit pas le châtiment dû, selon elle, à son crime, d'après les idées qu'elle se fait et auxquelles elle tient beaucoup. On dira que ce sentiment d'indignation est irrationnel, anti-scientifique, et que l'émotion de cette multitude ou de cette famille tomberait soudain si on lui prouvait la vérité des principes déterministes. Je n'en crois rien; mais, cela fût-il admis, est-ce que le positivisme et l'utilitarisme, je ne saurais trop le redire, peuvent se permettre, sans déroger à leurs propres dogmes, de considérer un sentiment pénible comme n'existant pas, lorsqu'il est fondé sur une erreur? Si l'on entre dans cette voie, d'ailleurs, pourquoi n'y pas faire un pas de plus? Il ne sera peut-être pas bien difficile de démontrer que l'épouvante et l'angoisse finales du condamné à mort sont elles-mêmes contraires à la raison et à la science. Comment! il se plaint! Mais on lui épargne les raffinements du dernier supplice qui nous attend tous, cette *mort exquise*, comme disaient les anciens bourreaux, que nous infligera l'agonie précédée de quelque maladie cruelle. Il va mourir de la mort, après tout, la plus douce, c'est-à-dire la plus prompte. Quant à la mort en elle-même, est-il donc prouvé rationnellement, scientifiquement qu'elle soit un mal? Non pas, si l'on en croit l'allié de l'utilitarisme, notre pessimisme à la mode. Ou il n'est qu'une comédie, et je ne lui ferai point cette injure, ou il est la justification, non du suicide seulement, mais des pendaisons, des décapitations, des fusillades, des noyades, des exécutions de tous les temps. On ne peut, du reste, refuser à cette philosophie désespérante une certaine part de vérité. Nature et société, tout nous ment, tout nous trompe. Notre vie est une longue illusion inconsciente que chaque matin reproduit, que chaque saison renouvelle. Il n'est pas une de nos pensées qui ne soit une erreur imposée par les mensonges de nos sens ou de nos semblables, de notre esprit ou de notre savoir. Il n'est pas un seul de nos sentiments, pas une seule de nos passions, surtout si elle est bien enracinée et bien incurable, telle que l'amour, qui ne soit un détournement frauduleux de nos forces par une espérance chimérique, sorte d'escroquerie éternelle où nous sommes pris toujours. S'il en est ainsi, donc, pourquoi craindre la mort? Pourquoi nos terreurs seraient-elles moins trompeuses que nos espoirs? La peur que la mort nous fait est trop forte pour n'avoir pas quelque chose de fantastique et d'imposteur. Elle n'est pas plus invincible, en définitive, que la foi à la réalité objective de l'espace et du temps, aux formes catégoriques de la pensée. Après avoir brisé ou déjoué ces prismes, après avoir rompu même le charme du désir, philosophes, resterons-nous dupes de la peur?

V

Tout cela peut être vrai, il n'y a peut-être rien à répondre syllogistiquement à cela ; mais le cœur résiste et proteste ; le cœur a ses raisons que la raison, a-t-on dit, ne connaît pas, ou, pour mieux dire, qu'il fait tôt ou tard reconnaître à la raison. Quand il se sent repoussé par un principe, c'est qu'il en pressent les conséquences. Voyons jusqu'où nous conduit ici le principe de l'utilité. D'abord, on semble s'accorder maintenant à n'admettre la peine capitale qu'en cas de meurtre ; mais pourquoi ne l'appliquer qu'aux meurtriers ? La mort, en supposant qu'elle soit un mal, n'est pas le seul mal, ni le plus grand des maux ; utilitairement, est-ce que le bonheur des vivants n'importe pas autant et plus que leur nombre ? Empêcher leur nombre de diminuer en prévenant l'homicide, c'est bien ; mais empêcher leur bien-être de diminuer en prévenant le vol, c'est-à-dire la consommation improductive toujours et la destruction souvent, c'est aussi bien, c'est peut-être mieux. C'est par une sorte d'hommage unanime et vraiment étrange à l'antique loi du talion que, après avoir renoncé à la peine de mort pour combattre le vol, le faux, l'incendie, le viol, les législateurs la jugent indispensable contre l'homicide. Dans ce dernier retranchement, où un motif inconscient de symétrie la défend encore, elle semble à tous presque inexpugnable. Supposez les vœux d'une bonne partie de la nouvelle école réalisés en pénalité : il n'y aurait pour ainsi dire plus que deux peines, la mort pour le meurtrier, l'amende ou la réparation pécuniaire obligatoire (en prison), pour le voleur. Ce serait le retour complet au talion antique dans toute sa largeur et toute sa simplicité, dégagé de bizarres accessoires (1). Mais alors, qu'est-ce que nos prétendues nouveautés? De l'atavisme. Si le talion, comme on n'en peut douter, est une conception qui a fait son temps, ne le méprisons pas seulement de bouche, proscrivons-le de nos lois, et, par suite, ou expulsons l'échafaud de son dernier domaine, ou cessons de restreindre sa menace au meurtre et à l'assassinat. Il y a toujours et en tout pays quelque chose de plus cher, au fond, que la vie; tantôt c'est la foi religieuse ou la fidélité féodale, et alors on ne trouve pas étrange que les hérétiques soient brûlés et les traîtres ou les lâches pendus comme des assassins; tantôt c'est l'honneur, et alors on juge naturel de laver dans le sang la moindre injure, de lapider les adultères, pendant qu'on fait grâce à un brigand; tantôt c'est l'argent, et alors on doit réprimer le vol aussi sévèrement que l'homicide. Notez aussi les dépenses énormes dont l'entretien des prisonniers grève le budget. Il est certain qu'il serait utile à la société des honnêtes gens de s'épargner ces frais ou de les diminuer en immolant une grande partie des êtres anti-sociaux qui les lui imposent. — Par malheur, la logique veut qu'on aille plus loin encore. Elle exige que les paresseux et les parasites, à la charge de la communauté, soient sacrifiés; pareillement, les infirmes, les enfants chétifs et mal conformés. Ce n'est pas tout. Si le sacrifice d'une vie est licite quand il empêche la somme des biens sociaux, possédés par les survivants, de décroître, pourquoi ne le serait-il pas quand il doit servir à grossir ce trésor? Or, à ce point de vue, il ne serait pas malaisé de justifier la vivisection pratiquée sur l'homme, telle que l'avait inaugurée, paraît-il, l'empereur Frédéric II, l'esprit à coup sûr le plus « avancé » de son temps. La vivisection animale peut suffire au physiologiste expérimentateur quand il recherche le secret de fonctions ou d'anomalies communes à tous les êtres vivants;

---

(1) Ajoutons que, pour la répression des délits qui consistent en diffamations par la voie de la presse, délits propres aux temps nouveaux et chaque jour croissants, un seul châtiment jusqu'ici paraît avoir été accepté par tous sinon efficace : l'insertion obligatoire du jugement qui flétrit le diffamateur. Ainsi, diffamer en quelque sorte judiciairement le diffamateur, voler en quelque sorte le voleur en l'expropriant ou lui arrachant de force le fruit de son travail, faire mourir le meurtrier ; voilà notre système de répression. Sans doute il y a loin de là au temps où l'on perçait la langue aux blasphémateurs et où l'on brûlait les incendiaires, mais pas si loin qu'on pourrait le penser. C'est le talion réduit à tout ce qu'il peut avoir de rationnel, mais c'est le talion.

mais, pour l'étude des fonctions élevées du cerveau et le traitement des maladies mentales (1), l'expérimentation sur l'homme même serait indispensable, et le sacrifice de quelques centaines d'aliénés, en permettant de localiser et de rattacher avec certitude à leur cause les diverses variétés de folie, sauverait la vie dans l'avenir à des milliers de malades aujourd'hui voués à la mort. Je pousse à bout, et comme à plaisir, pourrait-on dire (2), la thèse que je combats ; mais, si l'utilité sociale est tout, et si le droit individuel n'est rien, ou, pour parler avec plus de précision, si la société n'est qu'une collection d'intérêts et d'appétits, une *somme algébrique* d'utilités et de nuisances, et non un faisceau de sympathies et d'assurances réciproques qui s'appellent devoirs et droits quand on les objective, est-ce que mes déductions à outrance ne sont pas d'une parfaite rigueur ? Est-on bien sûr d'ailleurs que, si l'odieuse manière d'expérimenter que j'imagine existait, et qu'il s'agit de l'abolir, son abolition ne se heurterait pas à des résistances énergiques inspirées par l'intérêt de la « collectivité humaine ? » Rappelons-nous la difficulté qu'on a eue à déraciner de nos mœurs, dans le plus sentimental des siècles, la torture, cette vivisection judiciaire de l'inculpé et des témoins.

Cependant ce dernier exemple ne laisse pas d'être consolant, puisqu'il prouve, en somme, que la société n'est pas un être tout égoïste, mais que, pareille aux individus dont elle se compose, elle a ses répugnances morales ou esthétiques et sait les faire prévaloir à l'occasion sur son intérêt bien ou mal compris. C'est précisément là que j'en voulais venir. — Parlons franchement, les défenseurs de la peine de mort raisonnent avec une grande

---

(1) Ajoutons de la phtisie et de la syphilis.

(2) Je pourrais la pousser plus loin encore, et non sans preuves historiques à l'appui. N'étaient-ils pas utilitaires au premier chef, les magistrats zélés qui, sous Louis XIV, envoyaient par fournées les gens au bagne quand les galères royales manquaient de rameurs ? Et n'était-ce pas en vertu de ce même sentiment des *besoins* de leur temps, des besoins du peuple cette fois et non du monarque seulement, que les tribunaux romains multipliaient les condamnations à mort dans l'Arène quand le peuple-roi se plaignait de n'avoir plus assez de gladiateurs à voir mourir ? « Le nombre des prétendus criminels figurant dans les Arènes de l'époque, dit Friedlænder, est si grand qu'il inspire des doutes sur la justice des arrêts qui les avaient condamnés. Ainsi, le roi des Juifs Agrippa fit paraître dans celle de Béryte, en une seule fois, 1400 malheureux tous accusés d'avoir mérité la mort. » Cela, sans parler des prisonniers de guerre qu'on envoyait aux « écoles impériales de gladiateurs ».

force en fait et en droit, et j'ai constaté la faiblesse des arguments qu'on leur oppose. Pour moi, (s'il est permis aux philosophes de dire *je* parfois, comme aux poètes toujours), ce que j'ai à leur répondre, la meilleure raison que je trouve, au fond, est celle-ci : la peine de mort, du moins telle qu'elle est ou a été jusqu'ici pratiquée, me répugne, elle me répugne invinciblement. J'ai longtemps essayé de surmonter ce sentiment d'horreur, je n'ai pu. Que tous ceux qui se refusent à admettre l'argumentation des partisans de l'échafaud veuillent être sincères avec eux-mêmes, ils reconnaîtront pareillement que leur objection capitale est leur dégoût à regarder le meurtre légal en face, mais surtout sous sa forme actuelle la plus usitée : la décapitation. On lit les chiffres de M. Bournet, les syllogismes de M. Garofalo, on est près d'acquiescer à ces abstractions ; mais, quand la réalité concrète surgit devant les yeux ou devant l'imagination, l'échafaud dressé, la dernière toilette, ce malheureux qu'on garrotte sur une planche, ce triangle qui tombe, ce tronc qui saigne, et la frivolité cannibale de la populace accourue pour se repaître de cette scène d'abattoir solennel (1), il n'est pas de statistique ni de raisonnement qui tienne contre l'écœurement qu'on éprouve. Cette répulsion, ce soulèvement de cœur, n'est pas une singularité de certaines natures ; un grand nombre, un nombre toujours croissant de nos contemporains, sentent ainsi ; et, parmi ceux-là mêmes qui, de bouche, approuvent la peine de mort en théorie, il y en a plus de la moitié qui, en présence d'une exécution, feraient grâce au condamné s'ils le pouvaient. Il se peut cependant que la majorité numérique ne soit pas encore du côté des gens nerveux ou sensibles, mais, à mesure que la civilisation raffine les goûts et affine les cœurs, le moment approche où, certainement, leur goût fera loi ; et, en attendant, leur situation est celle de ces minorités qui, toujours, ont eu l'initiative des grandes réformes en tout ordre de faits, particulièrement en droit pénal. Les procès de sorcellerie, la peine du

(1) Nous voyons par le journal de Barbier que, lorsque le bourreau « avait parfaitement décollé d'un seul coup » un malheureux condamné, il était d'usage de l'applaudir. Pendant l'exécution de Lally « le peuple battait des mains » dit Mme du Deffand. Cela se passait au milieu du plus sensible et du plus humain des siècles.

fouet, les poursuites contre les hérétiques, comme le remarque Holtzendorff, ont été supprimés sous l'empire de sentiments que la foule au début était loin de partager. Se conformer au sentiment populaire, c'est bien, et surtout c'est habile ; le réformer, c'est mieux. Nous disions tout à l'heure que l'on devait avoir égard, dans les calculs positivistes, à la souffrance d'indignation ressentie par la foule honnête qui juge insuffisante la peine infligée à un malfaiteur ; et il faut reconnaître que cette souffrance est souvent ressentie de nos jours encore quand un assassin est condamné à un châtiment autre que la mort. Mais, par la même raison, nous ajouterons maintenant que la douleur de pitié et d'horreur soulevée dans le cœur de la plupart des hommes parvenus à un certain niveau, pas très élevé même, de culture intellectuelle et morale, par la vue ou la seule image de l'échafaud, comme, du reste, par le tableau d'un champ de bataille, mérite aussi d'être comptée. Et, quand ces hommes détiennent le pouvoir, est-ce que leur droit, leur devoir n'est pas de faire prévaloir leur manière de sentir contre celle de la foule, de résister énergiquement aux cris d'honnêtes fureurs qui réclament la mort d'un coupable (1) comme aux accès de patriotisme aveugle qui poussent à la guerre avec un pays voisin ? La guerre, un homme d'État moderne doit tout faire pour l'éviter de loin, décemment ; la peine de mort, ne doit-il pas tout faire pour se préparer, prudemment, et si c'est possible, à l'abolir ? Il doit, à coup sûr, améliorer son régime pénitentiaire, notamment au point de vue des garanties à prendre contre l'évasion des grands criminels, condition *sine quâ non* de cette abolition, ainsi que le reconnaissent Mittermayer, Charles Lucas, et de Holtzendorff.

---

(1) Il est des pays, par exemple certaines parties de la Suède (V. d'Olivecrona *Peine de mort*, p. 174), où l'on est persuadé qu'on peut guérir de toutes les maladies et de toutes les infirmités, principalement de l'épilepsie, en buvant du sang de criminels exécutés. De là, à des époques récentes même, en 1865, des attroupements de malades et d'infirmes, altérés de sang, autour des échafauds. Dira-t-on qu'un homme d'État civilisé doit tenir compte du sentiment populaire sur ce point ? — Au moyen-âge, dit M. Rambaud, « le rebouteux par excellence, c'était le bourreau : puisqu'il s'entendait si bien à casser les membres, il devait donc s'entendre à les remettre ». Voilà l'utilité du bourreau aperçue sous un aspect maintenant négligé. Est-ce que le législateur d'autrefois devait tenir compte du préjugé populaire à cet égard et maintenir le supplice de la roue pour ne pas priver le peuple des services chirurgicaux, plus ou moins réels, que cet odieux exercice lui valait ou était censé lui valoir ?

La question de savoir, en effet, si la peine de mort peut être tout à fait supprimée et celle de savoir si la guerre peut disparaître entièrement entre nations civilisées, sont presque du même ordre, et doivent se résoudre en vertu de considérations analogues. Cela est si vrai que l'interruption, puis la rétrogradation du courant abolitionniste ont coïncidé dans notre siècle avec le retour offensif du militarisme en 1870. N'est-ce qu'une chimère, la paix perpétuelle? Chimère si séduisante, en tout cas, que sa beauté peut faire pardonner la folie de son amour; et, si cette folie se généralisait, est-ce que ce rêve ne deviendrait pas réalité? Contre la guerre, une coalition se forme, lentement, peu à peu; ce n'est pas celle des intérêts, comme on le dit souvent à tort, car l'intérêt de mieux en mieux senti d'une nation, agricole ou industrielle, n'importe, est de dominer ses voisins par les armes, pour les inonder ensuite de ses produits, et de s'imposer pour s'enrichir; mais, c'est la conspiration des sentiments sympathiques que l'habitude de vivre en société développe en nous, et qui finira bien, espérons-le, par étouffer la conspiration des égoïsmes. Certes, je ne mets pas sur le même rang les deux ou trois cent mille hommes fauchés par l'une de nos guerres contemporaines, et les dix ou quinze malfaiteurs exécutés pendant l'une de nos années judiciaires; mais il y a, entre cette dernière tuerie légale et l'affreuse boucherie militaire à laquelle je la compare, cette analogie, que le droit de légitime défense, collectivement exercé, peut seul justifier l'une et l'autre. Or, je constate que, lorsque ce droit de légitime défense est exercé par les individus, il leur répugne d'autant plus de verser le sang, à péril égal, qu'ils sont plus cultivés. Un homme, en se civilisant, recule de plus en plus devant le meurtre même nécessaire, même licite; il lui en coûte de plus en plus de tuer pour défendre sa propre vie; il attend, pour se résoudre à cette extrémité, un danger de plus en plus pressant. En revanche, il prend chaque jour plus de précautions pour n'avoir pas à se trouver aux prises avec ce cruel embarras. Sa prudence croît avec sa douceur. Encore se décidera-t-il assez facilement peut-être à frapper son ennemi la nuit, sans le connaître, sans le voir, en déchargeant sur lui toutes les balles de son revolver; mais, si une lumière subite lui montre le visage qu'il va atteindre, il hésitera, au risque d'être frappé lui-même. Il lui aura suffi de dévisager sa victime pour l'épargner. Dites que cela est irrationnel, soit; mais cela lui est essentiel. Tel est l'individu qui se civilise; et, puisque l'individu fait toujours la société à son image, telle doit être la société en voie de progrès. Les institutions, judiciaires ou autres, de notre pays, sont à l'Etat ce que nos membres sont à notre âme; l'Etat est la reproduction amplifiée de notre *âme moyenne*. Nous voulons que cette reproduction soit exacte et ne nous dénature pas. En fait, elle est assez fidèle le plus souvent: et, pour n'en citer qu'une preuve entre mille, on a remarqué combien les peuples galants, Italiens et Espagnols, ont toujours repoussé l'application de la peine de mort aux femmes, malgré l'impossibilité de justifier cette différence rationnellement. Inspiré de ce sentiment, le code pénal de la République Argentine dispose que jamais une femme ne pourra être condamnée à mort. Il est à remarquer que, dans nos jugements portés sur les hommes d'Etat, le reflet des distinctions que je viens d'indiquer se fait sentir, à la grande surprise de certains philosophes. Spencer s'étonne que Napoléon, après avoir causé la mort de près de deux millions d'hommes sur les champs de bataille, soit réputé moins criminel que Robespierre, auteur de vingt ou trente mille homicides seulement. Il aurait pu s'étonner d'un contraste bien plus fort encore à son point de vue utilitaire; c'est que le meurtre du duc d'Enghien pèse plus, à lui seul, sur la mémoire du grand capitaine que tout le carnage d'Eylau et de Leipzick. Tout le monde sent, en effet, la différence immense qu'il y a entre faire périr sciemment et volontairement, et par haine, une personne désignée, qu'on connaît et qui vous connaît, et prendre une décision, inspirée par l'ambition, qui aura pour effet de faire planer la probabilité ou la possibilité de la mort violente sur un grand nombre de personnes, mais la certitude sur aucune d'elles, fût-il certain, d'ailleurs, qu'un nombre indéterminé de gens non connus d'avance périront par suite de la décision prise. Dans le premier cas, l'instinct naturel ou acquis de sociabilité est violé en ce qu'il a de plus intime; dans le second cas, il ne l'est point. Sans doute, l'homme d'Etat qui, en déclarant une guerre sans nécessité, envoie à une mort certaine un nombre incertain mais considérable de citoyens, est plus nuisible au pays qu'il ne le serait en abusant, une seule fois, de son pouvoir pour tuer un de ses ennemis particuliers. Mais, moins nuisible, il serait infiniment plus odieux à ses peuples et même à l'histoire; tant la conscience humaine est loin d'être utilitaire! Pareillement, on aura beau nous démontrer par la statistique que l'accueil trop empressé fait par tel président de République ou tel monarque aux recours en grâce des condamnés à mort a eu pour suite une recrudescence de meurtres et d'assassinats, on ne nous persuadera jamais que cette meurtrière indulgence est un forfait. Pourtant, elle deviendrait, à coup sûr, criminelle, si le lien établi par la statistique entre la progression des grâces et celle des homicides était constant et révélait entre les deux un rapport de cause à effet, de telle sorte qu'en accordant la vie à un coupable le chef de l'Etat signât, en connaissance de cause, l'arrêt de mort d'un ou de plusieurs innocents. Dans ce cas, évidemment, son devoir strict serait de ne jamais grâcier personne: le particulier le plus contraire à l'effusion du sang, s'il se voit sous la menace certaine d'un coup mortel, n'hésitera pas à décharger son revolver sur son agresseur. Mais il y a des cas plus douteux et plus difficiles. Entre la certitude complète et la simple possibilité, s'interpose l'échelle infinie des degrés de probabilité. Le danger couru par la société honnête si un malfaiteur ou un rebelle n'est pas exécuté, peut être plus ou moins probable. Jusqu'à quel point doit-il être probable pour que le devoir des représentants de la nation soit de sévir en toute rigueur? Cela dépend, ce me semble, de l'état plus ou moins paisible, plus ou moins agité, où se trouve le pays, et cela dépend aussi de la gravité variable du péril dont il s'agit. En temps de trouble, comme en temps de guerre, une probabilité moindre suffira pour justifier aux yeux de tous les sévérités qu'on réprouverait en temps normal. A probabilité égale de deux périls inégaux, le plus grave pourra paraître seul assez probable pour motiver le châtiment suprême, et, à probabilité inégale il pourra se faire, si le plus grave est le moins probable, et si le plus probable est le moins grave, que cette sorte de compensation entre la gravité et la probabilité de chacun d'eux les place sur le même rang dans la balance des motifs propres à déterminer la cruauté de la répression.

Septime-Sévère, après la défaite de son rival Albinus, fit mettre à mort vingt-neuf sénateurs convaincus d'avoir pris parti pour celui-ci. La crainte de nouvelles révoltes, qu'il se proposait de prévenir, était-elle suffisamment fondée pour le défendre contre le reproche d'inhumanité qu'il s'est attiré à cette occasion ? Oui, car, si ces rébellions futures étaient loin d'être imminentes, elles n'auraient pu être que très sanglantes, comme la précédente l'avait été. « Si, dit M. Duruy, nous avions un peu moins de compassion pour les fauteurs de guerres civiles que frappe le vainqueur, et un peu plus pour ceux qui périssent dans ces troubles, en accomplissant leur devoir de soldats, nous mettrions à côté des vingt-neuf sénateurs exécutés à Rome pour s'être amusés au jeu terrible des révolutions, les trente ou quarante mille cadavres de légionnaires romains qui couvraient les plaines lyonnaises. »

Mais, précisément, notre société contemporaine a supprimé la peine de mort en matière politique, c'est-à-dire dans tous les cas de rébellion où la probabilité et la gravité du danger attaché à l'impunité des coupables s'élèvent ensemble au plus haut degré. Il est vrai qu'elle l'a maintenue dans son intégrité, dans toute son horreur ancienne, en matière militaire, quoique, après tout, la politique ne soit que l'armement et la guerre des partis ; et il est extraordinaire, avouons-le, d'avoir à discuter s'il est permis de guillotiner un parricide en un moment où l'on trouve tout naturel de faire fusiller en campagne un soldat qui maraude. Mais, à part cette énorme exception, n'est-il pas remarquable que la peine capitale ait été réservée uniquement aux crimes de droit commun pour ainsi parler, c'est-à-dire aux cas où le danger de la clémence est à la fois le plus faible et le plus douteux ou le moins immédiat ? L'inverse se comprendrait beaucoup mieux, au point de vue de la doctrine militaire, et l'on aurait raison de relever cette anomalie, si, en se montrant plus indulgente aux auteurs des plus grands maux, la loi n'avait eu égard à la noblesse relative de leurs passions, à la sincérité de leurs erreurs, à la sombre beauté de leur âme. (1) L'utilité sociale

---

(1) N'oublions pas cependant que le délit politique, et on peut en dire autant du crime politique, est souvent l'expression ou l'exutoire de la délictuosité vulgaire. Il est bon de recueillir à cet égard le témoignage d'un ancien condamné de cet ordre, M. Emile Gautier. « Sur *cinquante condamnés politiques*, pris, au petit

ici a été immolée à l'esthétique sociale. — Il y a aussi une autre raison plus profonde ; en général, la force des convictions est en raison inverse du nombre des idées ; donc, en multipliant celles-ci, le progrès de la civilisation doit inévitablement affaiblir celles-là, et, par suite, le fanatisme, quand il éclate dans nos sociétés civilisées à l'état de phénomène de plus en plus exceptionnel, s'y heurte de moins en moins à un fanatisme égal et contraire qui exige absolument la mort de l'ennemi. Il en est de ces luttes entre un conspirateur fanatique et un gouvernement sceptique comme de nos duels qui sont rarement des duels à mort. Cela signifie que, malgré les holocaustes gigantesques de nos guerres, fléau proportionné à notre puissance scientifique qui est grande, nullement à nos haines réciproques qui sont faibles en comparaison de celles du passé, la période tragique de notre histoire européenne touche à sa fin et nous conduit à une phase plus clémente. L'histoire, en effet, est une espèce de tragédie en train de revêtir finalement la couleur d'une comédie, à la vérité bien sérieuse et bien longue. Je veux dire par là que le procédé dialectique généralement employé par la logique sociale au début d'une civilisation, est l'*élimination* violente des éléments contradictoires par le fer et le feu, comme dans ces vieux drames où le seul dénoûment possible est le coup de poignard. On y prodigue les meurtres au cinquième acte, parce que, comme l'a remarqué Hegel, chaque héros vit pour son idée, s'identifie à elle, ne saurait lui survivre sans contradiction si elle succombe, et ne saurait croire qu'il a vaincu celle de l'ennemi tant qu'il ne l'a pas tué. On appelle héroïsme ou fanatisme, suivant les cas, cette intensité aigüe de foi et de désir qui incarne une idée dans un homme et rend mortel tout conflit d'idées. Plus tard, le procédé de l'*accumulation* des éléments concourants tend à remplacer le précédent, ce qui n'est pas sans rappeler la réconciliation finale et le mutuel embrassement des person-

---

bonheur, au sein de la moyenne, sinon même de l'élite, de la classe ouvrière d'une grande ville comme Lyon, il peut s'en trouver au moins une *bonne demi-douzaine* qui, en prison, se sentent chez eux, dans leur milieu, et vont de préférence vers les détenus de droit commun, dont ils prennent immédiatement, en vertu de je ne sais quelle prédestination équivoque, le langage, les allures, l'habitude, la tournure d'esprit et jusqu'à la moralité négative, la sauvagerie, la traîtrise, la sournoiserie, la rapacité, l'humeur « chapardeuse » et les appétits contre nature ». (*Archives d'anthrop. crim.*, décembre 1888). L'auteur parle de ce qu'il a vu de ses propres yeux.

nages, ou la conversion spontanée de quelques-uns, comme issue de l'*imbroglio* comique. Voilà pourquoi la nécessité de la peine de mort sous toutes ses formes, guerres, combats privés, exécutions capitales, mais principalement en politique, se fait d'autant plus sentir, et sur une échelle d'autant plus étendue, qu'on remonte plus haut dans le passé, et s'affaiblit au contraire, se resserre chaque jour davantage, à mesure qu'on descend vers l'avenir. Toutes les fois que les passions et les convictions en jeu dont nos luttes modernes s'élèvent encore, par hasard, à leur niveau tragique d'autrefois, en temps de guerre, de grève, de crise révolutionnaire, la peine de mort regagne du terrain; mais à chaque reprise de l'œuvre civilisatrice, elle est refoulée. On a commencé, dans l'antiquité, par tuer le vaincu après le combat; puis, on l'a réduit en esclavage ou rançonné. De même, l'antique pénalité punissait de mort la plupart des coupables qu'à présent nous condamnons à la prison ou à l'amende; elle décapitait notamment l'ennemi politique à terre, nous le déportons à présent ou nous l'exilons. A la peine de mort réellement subie on a substitué d'abord l'exécution par effigie, comme on a remplacé d'abord les sacrifices humains faits aux dieux par des immolations simulées sous forme d'offrandes animales ou végétales : On dit : adoucissement des mœurs; il faut dire aussi : affaiblissement des croyances. Il me semble que, devenue sceptique et, qui pis est, pessimiste (1), une société doit laisser librement éclore et s'épanouir en elle la meilleure fleur morale du scepticisme et du pessimisme même : la pitié. Le rebelle ni le criminel n'y ont droit, je le sais; aussi n'est-ce point en vertu de je ne sais plus quel droit métaphysique à l'existence, qu'elle doit de plus en plus leur faire grâce de la vie; mais c'est par générosité, c'est par clémence. Il est bon qu'elle ait conscience de son mobile

---

(1) L'homme très civilisé devient pessimiste par une raison analogue à celle qui le rend sceptique. L'homme, en effet, civilisé ou barbare, ne dispose jamais que d'un budget de croyance ou de désir à peu près égal; réparti entre un nombre toujours plus grand d'idées, son budget de croyance se pulvérise en *opinions* passagères sans conviction majeure, ce qui le rend sceptique, et, de même, la multiplicité croissante des besoins entre lesquels son budget de désir se distribue le conduit à n'avoir aucun grand intérêt qui le passionne, c'est-à-dire à s'ennuyer, ce qui le dispose au pessimisme. Pessimisme épicurien, d'ailleurs, scepticisme éclairé, qui ne sont pas sans charme.

élevé; il ne faut pas lui dire qu'elle a fait un bon calcul quand elle cède à un bon mouvement. Si elle court un risque alors, il faut qu'elle le court sciemment et volontairement, comme fait un homme de cœur en pareil cas. Une société impassible qui, sans haine ni émotion, frappe son obstacle, qui ne connaît ni la vengeance, ni le pardon : tel est, encore une fois, l'idéal des utilitaires. Il est irréalisable. Aussi, quoiqu'ils fassent, la société instruite à leurs leçons, se vengera toujours et même pardonnera, mais sa vengeance sera dépourvue de courage et son pardon de bonté; il y aura de la lâcheté dans ses représailles intermittentes, il y en aura encore plus dans ses amnisties. La peur du mal, le respect du mal, l'admiration du mal, tout cela est lâche, et notre siècle, comme ses aînés, a connu tout cela. Il lui reste, non à connaître, mais à développer un sentiment qui a moins de danger à coup sûr et plus de noblesse; la compassion pour le mal.

VI

Il s'agit de savoir, en définitive, si, après avoir renoncé à sacrifier les plus redoutables de ses ennemis, les délinquants politiques, notre société peut sans trop de péril se montrer aussi magnanime envers de vulgaires malfaiteurs. Il s'agit de savoir si, en cessant d'abattre une dizaine de têtes criminelles par an, elle exposerait un nombre égal ou supérieur d'existences honnêtes à être victimes d'assassinats. Dans le cas où il serait démontré, sinon péremptoirement, du moins très vraisemblablement, que cet excédent de crimes est la suite presque inévitable de cet excès d'indulgence, il n'est pas douteux que le bourreau devrait continuer son œuvre. Mais cela est-il prouvé? Ou, pour mieux dire, est-il prouvé que, par une meilleure organisation de la police, au moins par l'exclusion de la politique qui la désorganise, et par l'amélioration du régime pénitentiaire, la peine de mort ne pourrait pas être remplacée avec avantage? Là est la question. Elle est loin d'être résolue. L'abolition de la peine de mort a été expérimentée, mais dans de petits États, et les résultats discordants, quoique en général favorables à son maintien, que cette expérience a produits, font peut-être désirer un essai plus vaste et plus méthodique à la fois. Un auteur très positiviste, M. Donnat, dans un curieux livre, propose aux assemblées législatives de ne voter leurs nouvelles lois que pour un nombre limité d'années, après l'expiration desquelles on verrait s'il y a lieu de les maintenir à titre définitif. M. d'Olivecrona avait émis avant lui cette excellente idée à propos de la question qui nous occupe. Que, pendant dix ans, par exemple, la peine de mort soit suspendue dans toutes les grandes nations de l'Europe ; que, durant cet intervalle, la police, la gendarmerie, les prisons deviennent l'objet de la sollicitude gouvernementale ; et si, dans tous ces États ou dans la plupart d'entre eux, le chiffre des grands crimes augmente plus rapidement qu'il n'y augmentait auparavant ou s'y abaisse moins vite qu'il ne s'y abaissait, il faudra, sans hésiter, rétablir l'échafaud définitivement ; mais, dans l'hypothèse contraire, définitivement l'abolir. Pour le moment, le doute à la rigueur est permis, et notre société, du reste, a des problèmes à résoudre encore plus pressants que celui-là. Mais, en attendant l'expérimentation décisive dont il s'agit, un tiers parti me paraît s'imposer : adoucir la peine de mort sans l'abolir. De la sorte on continue à marcher dans la voie de l'adoucissement pénal, sans se priver des services que peut rendre encore un châtiment du passé, devenu, il est vrai, une fonction rudimentaire dans le présent : combien de fonctions pareilles qui gardent une réelle importance physiologique ! Après tout, en fait de haute pénalité, nous n'avons guère que le choix entre ces deux modes de répression réellement efficaces : faire mourir sans faire souffrir, ou faire souffrir sans faire mourir (1). En d'autres termes, nous devons maintenir la peine de mort en l'adoucissant, ou, si nous l'abolissons, la remplacer par une vie dure et douloureuse faite

---

(1) Guillaume-le-conquérant avait horreur de la peine de mort, si bien qu'il l'abolit : cela ne l'empêchait pas d'être fort cruel, au point de faire arracher les yeux à des rebelles. A cette époque, faire mourir paraissait peu de chose, faire souffrir importait uniquement. De nos jours le sentiment inverse tend à prévaloir : on réprouve les châtiments corporels, mais on tient encore à la peine de mort.

aux grands coupables et par le retour franc et avoué, non dissimulé et honteux, aux châtiments corporels. J'aurais compris l'abolition de l'échafaud quand la peine de la flagellation était encore pratiquée journellement dans nos établissements pénitentiaires, où, du reste, sa nécessité s'imposait comme sanction (1) de l'obligation du travail. Mais, depuis qu'elle a été supprimée et que les travaux forcés consistent à ne rien faire si ce n'est à se faire nourrir aux frais de l'État, un argument nouveau, et des plus forts, a été créé en faveur de la peine capitale. Trouverait-on par hasard le rétablissement des bagnes, sinon de la bastonnade et du fouet, ou même l'encellulement à perpétuité, moins barbare que le foudroiement invisible et inconscient du condamné par une décharge électrique? On sait que la question est à l'étude en Amérique et que plusieurs commissions se sont prononcées en faveur de cette innovation, déjà même expérimentée avec succès (2). Tel sera peut-être, en somme, le résultat où sera venue aboutir la croisade abolitionniste. N'est-ce rien cependant? Il me semble que, le jour où ce progrès, mince en apparence, serait réalisé, la plus grande objection contre la peine de mort, à savoir la répugnance qu'elle soulève, s'évanouirait. Plus de cadavre pendu à un gibet, plus de cou tranché, de tronc saignant, de tête aux artères béantes, nulle mutilation sauvage et presque sacrilège de la

---

(1) A propos des deux livres (*La Guyane..* et *l'Expansion coloniale de la France*) où deux écrivains des plus autorisés, MM. Léveillé et de Lanessan, ont révélé les vices de l'inefficacité de notre système pénitentiaire aux colonies, M. Rivière fait, dans le *Bulletin de la Société générale des prisons* (avril 1887), ces observations fort justes : « Je regrette que, dans des œuvres aussi approfondies.. , les deux savants auteurs glissent aussi prestement sur la question si grave des moyens de correction. Ni l'un ni l'autre ne proposent de sanction pratique à l'obligation du travail. M. de Lanessan se borne à recommander aux gardiens la sévérité... M. Léveillé parle bien de renforcer la discipline ; mais il oublie d'indiquer comment... *Remplacer la corde et le bâton, qui ont créé et maintenu dans nos bagnes jusqu'en 1880 une activité relative; remplacer le fouet* qui fait de la PENAL SERVITUD l'instrument si admiré par M. Léveillé, *n'est pas chose aisée*. Voilà, à mon avis, la seule faiblesse de ces deux fortes études, qui auraient pu à cet égard puiser de précieux renseignements dans nos *compagnies de discipline en Algérie* et dans les Alpes au fort Baraux. » M. Rivière ajoute que la question touchée par lui d'une main si hardie est « la clef de voûte de tout système (pénitentiaire). »

(2) Le 7 juillet 1891 a eu lieu à New-York l'exécution par l'électricité de quatre condamnés à mort. Ce procédé a parfaitement répondu aux prévisions de ses auteurs. La mort a été instantanée, sans la moindre douleur apparente, sans défiguration ni contorsionnement hideux, en présence d'un petit nombre de témoins. Ce résultat a fait taire les adversaires de cette innovation qui avaient exagéré le demi-insuccès d'un premier essai opéré en 1890.

forme humaine. Dira-t-on que la mort par l'électricité sent quelque peu son cabinet de physique? Mais, si l'on cherche un procédé plus simple, est-ce que la mort par certains poisons, brusquement, profondément assoupissants avant d'être mortels, et remplaçant par le sommeil l'agonie finale, inspirerait aux témoins peu nombreux et légalement désignés de ce dénoûment suprême, dont la publicité, bien entendu, devrait être interdite, une impression comparable à celle que produit la scène de la guillotine? Quel est le lecteur du Phédon qui, au récit circonstancié, à la peinture réaliste de la mort de Socrate, ait ressenti le moindre sentiment d'horreur? On assiste pourtant, comme si on y était, à cette exécution capitale du plus innocent des condamnés; mais, pas un seul instant, on n'a à détourner les yeux. Athènes, même en sa cruauté, a sa décence et son éloignement esthétique des spectacles hideux. Supposez que Socrate ait été guillotiné sur l'Agora au milieu d'une populace ameutée contre lui par les mauvaises plaisanteries des *Nuées*, au lieu d'avoir bu la ciguë sur un lit de repos entre ses plus fidèles disciples, ce n'est plus l'admiration qui l'emporterait sur la pitié à la lecture du Phédon, si tant est que ce livre eût encore été possible; ce serait le dégoût. Et il eût fallu jeter un voile sur les derniers moments du grand philosophe, comme sur ceux d'un Lavoisier ou d'un Bailly. Il nous reste donc, même en cela, quelques leçons à prendre à l'école des Athéniens. — Au demeurant, si l'on trouve des inconvénients au poison comme à l'électricité qu'on fusille au moins les condamnés comme en Serbie. Car, assurément, le peloton d'exécution lui-même est moins horrible à voir que l'odieuse invention du docteur Guillotin, préférable je l'avoue, à la décapitation par le sabre ou la hache, et même à la strangulation, sinon à la pendaison, mais peut-être encore plus répugnante en sa savante atrocité. Le Dr Loye, dans son livre sur ce triste sujet (1) a beau entasser expériences sur expériences pour nous démontrer que c'est là le plus doux des supplices, qu'en dépit de certaines contractions, purement réflexes, observées après la décollation, ou de certaines légendes sur La Pommerais, sur la tête de Charlotte Corday rougissant

---

(1) *La mort par la décapitation*, par le Dr Loye, avec préface de M. Brouardel. (Lecrosnier et Babé, 1888).

de honte sous le soufflet du bourreau, les décapités n'ont pas le temps de souffrir, et tombent brusquement dans l'inconscience avant d'avoir pu sentir le froid du couteau; il a beau ajouter que « la séparation de la tête et du tronc offre la preuve publique de la mort », avantage que ne présenterait pas la fulguration électrique: je ne veux pour toute réponse, qu'invoquer contre les conclusions finales de son livre l'insurmontable écœurement soulevé par sa lecture, malgré le sérieux mérite des recherches qu'il contient. Jamais un ouvrage sur l'empoisonnement ou même sur la pendaison, jamais le tableau de la bataille la plus meurtrière n'a révolté l'imagination et le cœur aussi fortement que cette revue de têtes coupées. C'est que la souffrance physique ici n'est pas la seule chose à considérer; c'est qu'il y a un degré où la profanation, même non douloureuse, du corps humain, est intolérable, invinciblement repoussée par le système nerveux du public civilisé aussi bien que du patient; et ce degré, la guillotine, à coup sûr, le dépasse. Rien ne sent plus la barbarie que ce procédé sanglant, et, fût-il prouvé qu'il est sans douleur, ce genre de décapitation n'en resterait pas moins la plus violente et la plus brutale des opérations, une sorte de vivisection humaine et horrible. Considération sentimentale s'il l'on veut, esthétique pour mieux dire, religieuse peut-être, mais considération de premier ordre. Le mouvement général pour l'abolition de la peine capitale, jusqu'en des temps rapprochés du nôtre, tient surtout, je crois, à son mode d'exécution; et, si la réaction actuelle en sa faveur est hésitante, contenue par on ne sait quelle opposition interne des cœurs, c'est encore à la même cause qu'il faut attribuer cet effet. La mort par la décollation est contre nature, et tout ce qui est contre nature doit être finalement rejeté, malgré les arguments utilitaires les plus forts. Qu'on adopte un supplice moins répulsif que la guillotine, qu'on laisse du moins au condamné le choix de son genre de mort dans une certaine mesure (1), et l'on verra si l'antipathie encore prononcée contre le châtiment suprême ne se change pas en un sentiment tout différent, en une préférence marquée pour

---

(1) « Antonin le Pieux et les divins frères (Vérus et Marc-Aurèle) dit M. Denis dans son *Histoire des idées morales*, avaient permis au condamné de choisir le genre de mort qu'il voudrait : mesure qui ne fut point reçue après eux ».

la solution la plus radicale, la plus nette, et même, dans ces conditions, la plus humaine, du problème pénal en ce qui concerne les monstres sociaux ; jusqu'à ce que, ce genre de fauves étant définitivement dompté, il soit permis de songer à rayer la peine capitale de nos codes.

Je n'ai qu'un mot à ajouter sur la publicité des exécutions. Malgré tout ce qu'on a pu dire en sa faveur, elle a été justement supprimée en Allemagne, en Angleterre, en Autriche, aux États-Unis, en Suède, en Suisse, en Russie. En Danemark, les exécutions ont lieu, non dans les villes, mais en pleins champs, ce qui rend impossibles les scènes écœurantes auxquelles donnent lieu chez nous les *manifestations* organisées par le Tout-Paris vicieux ou criminel au pied de l'échafaud. En somme, les exécutions ne sont publiques, dans le monde européen, qu'en France, en Espagne, en Grèce, en Italie et en Norwège, c'est-à-dire, à la Norwège près, dans les États méridionaux, particulièrement avides de spectacles extérieurs. Faut-il croire que ce genre de pompes lugubres est essentiel à leur génie, comme les cérémonies de leur culte et les sonorités de leur éloquence? Non, l'Espagne ne regrette pas ses auto-da-fé, ni Rome les jeux de son Cirque. Nulle part le besoin de substituer la peine de mort obscure, accomplie devant un public spécial, à la peine de mort éclatante, processionnelle, scandaleuse, ne se fait plus sentir que parmi les peuples les plus épris de célébrité et de soleil, de célébrité même infamante, et de soleil même meurtrier. Nulle part la peine de mort ainsi transformée ne deviendra plus intimidante ni plus exemplaire.

TABLE DES MATIÈRES

CHAPITRE PREMIER

Considérations générales

I. — La criminalité des sauvages; préjugés à cet égard. Une minorité de tribus belliqueuses, criminelles, a dû triompher d'une majorité de tribus paisibles. Mais, moralisation du maître par le sujet. Moralisation aussi de l'homme par la femme : exemple, le cannibalisme. 1

II. — L'apogée du droit criminel est lié au déclin de la criminalité. Autre cause de la crise actuelle du droit pénal : la crise de la morale. Essais de reconstruction morale dans toutes les écoles contemporaines. La *modernisation* de la morale. Nécessité et difficulté de réformer la législation pénale 6

III. — Préjugé de penser que le libre arbitre est le fondement essentiel de la responsabilité morale. Kant et sa liberté *nouménale*; M. Fouillée et sa liberté idéale. Origine scolastique de ce préjugé. Aperçus historiques. Le libre arbitre et la science................... 12

IV. — Analyse des notions de devoir et de droit, de responsabilité et de justice. Le devoir dérive de la simple finalité. Conséquences de cette dérivation... 23

V. — Le devoir de punir. Critique des idées de MM. Fouillée et de Guyau à ce sujet 29

CHAPITRE SECOND

L'école positiviste

I. — Origines de l'école positiviste; ses représentants actuels; son succès et ses progrès 43

II. — Exposé de ses doctrines. — Observations préliminaires. — I. Qu'est-ce que la responsabilité ? II. Qu'est-ce que le criminel ? Classification des criminels. — III. Qu'est-ce que le crime ? Ses caractères et ses causes. Les trois *facteurs*. — IV. Quel est le remède au délit ? Sociologie criminelle 53

CHAPITRE TROISIÈME

Théorie de la responsabilité

OBSERVATIONS PRÉLIMINAIRES 83

I. — La responsabilité morale fondée sur l'identité personnelle et la similitude sociale. — II. Idéal de la responsabilité parfaite. États de l'âme, associables et non associables : opposition à ce point de vue entre les désirs de production et de consommation, les croyances objectives et subjectives. Les conditions psychologiques de l'identité personnelle sont, en général, celles aussi de la similitude sociale. — III. Comparaison avec la responsabilité collective d'une nation. Ses analogies nombreuses avec la responsabilité individuelle....... 85

II. — Ce qu'il faut entendre par la similitude sociale. — I. Il ne s'agit pas de similitudes physiques ni même de tous les genres de similitudes physiologiques. Le sens moral. Le syllogisme téléologique. Le bien et le mal, leur explication sociologique. Le subjectivisme social. Le devoir de croire ou de ne pas croire. — II. Les jugements unanimes de blâme ou d'approbation; nécessité de ce conformisme. — III. Importance de préciser la limite d'une société. Cette limite s'étend toujours, et en plusieurs sens. Traité d'extradition............ 98

III. — Ce qu'il faut entendre par l'identité personnelle. — I. L'identité, permanence de la personne. Qu'est-ce que la personne ? L'individualité de la personne, éclairée par l'individualité de l'organisme et surtout par celle de l'état. Coordination logique et téléologique. L'âme immortelle et les villes éternelles; conceptions sœurs. — II. Différences malgré les analogies. L'identité du *moi*, bien plus profonde que l'identité de l'Etat. L'hypothèse des monades. — IV. L'Etat est à la nation ce que le *moi* est au cerveau. Les *idées-forces* de M. Fouillée. L'identité *se fait* et se défait, elle a ses degrés. — IV. Fondements de la prescription des poursuites criminelles; réformes à y introduire. — VI. La responsabilité civile................ 114

IV. — Notre théorie s'accorde avec l'historique de la responsabilité. — I. La solidarité familiale des temps primitifs; vendettas. Survivances de ce passé, représailles. — II. La justice royale a pris modèle non sur les tribunaux domestiques de l'ère antérieure mais sur les procédés belliqueux : malfaiteurs partout traités en ennemis. — III. Caractère expiatoire de la peine: transition individuelle. — IV Résumé et complément... 133

CHAPITRE QUATRIÈME

Théorie de l'irresponsabilité

OBSERVATIONS PRÉLIMINAIRES. Réponse à M. Binet. Causes différentes d'irresponsabilité.. 149

I. — LA FOLIE. — La folie désassimile et aliène en même temps. Le sens moral. — II. Dualité interne de l'aliéné : Félida et Rousseau. Responsabilité ou irresponsabilité des grands hommes. — III. Duel interne de l'aliéné. Psychologie des mystiques. — Les diverses formes de la folie. — IV. L'épilepsie, folie intermittente. Maladies analogues du corps social. — V. La folie consolidée. La folie morale, état opposé à la folie véritable. L'hérédité, nullement contraire à la responsabilité individuelle. — VI. Théorie de la responsabilité par M. Dubuisson. Erreur d'opposer la responsabilité morale à la responsabilité sociale. — VII. Responsabilité partielle des aliénés, M. Falret. Les criminels fous et les génies fous.... 155

II. — L'IVRESSE. — Homicide par imprudence et homicide en état d'ivresse, folie alcoolique. L'ivresse doit-elle être une circonstance d'autant plus atténuante qu'elle est plus invétérée ? Contradiction entre les déterministes et leurs adversaires sur ce point. Amnésie............ 187

III. — L'HYPNOTISME. — L'hypnotisme et l'identité. L'hypnose et le songe, deux formes de l'association des images, qui implique la réalité de la personne identique. La décision volontaire est donc autre chose qu'une suggestion compliquée................................. 191

IV. — LA VIEILLESSE. — L'âge et le sexe........................ 199

V. — LA CONVERSION MORALE, aliénation salutaire. — Lenteur des grandes conversions. Nécessité de la suggestion ambiante. Profondeur des transformations morales obtenues par les fondateurs de sectes ou de religions. Effets de la transportation pénale. Le remords et le repentir 201

VI. — LA SOUVERAINETÉ.. 211

CHAPITRE CINQUIÈME

Le criminel

OBSERVATIONS PRÉLIMINAIRES.. 215

I. — Le type criminel. — II. *Délit naturel* et criminalité native font deux. — III. Impossibilité de localiser cérébralement cette aptitude complexe, la criminalité, avant d'avoir localisé ses éléments. — IV. Le criminel n'est pas un fou. — V. Le criminel n'est pas un sauvage réapparu parmi nous. Fondements illusoires de l'hypothèse de l'atavisme : anomalies corporelles, tatouage, argot. — VI. Le criminel est-il un épileptique ? Réfutation de cette thèse prise à la lettre. L'exemple de Misdéa analysé. Ce qu'il y a peut-être de vrai au fond de cette idée. Périodicité essentielle aux phénomènes psychologiques. —, VII. Le type criminel est un type professionnel. Physiognomonie et graphologie. — VIII. Psychologie du criminel. Le criminel est en partie l'œuvre de son propre crime et de la justice criminelle........ 218

II. — I. La classification des criminels doit être surtout sociologique. Le criminel rural et le criminel urbain. — II. Le brigandage rural en Corse et en Sicile. Ses caractères. La gendarmerie et la police. — III (suite). La *maffia* sicilienne. — IV. Le brigandage urbain. La criminalité à Barcelone 266

CHAPITRE SIXIÈME

Le Crime

Observations préliminaires. — *L'interprétation biologique et sociologique de la statistique. La statistique actuelle, œil rudimentaire*.. 295

I. — Role des influences physiques et physiologiques. — I. La répétition et même la variation régulière des chiffres de la statistique impliquent la non existence et le non exercice du libre arbitre. Socialement, elles montrent que l'homme en société imite beaucoup plus qu'il n'innove. — II. Les trois facteurs du délit, d'après Ferri. — III. *Les influences physiques*. Calendrier criminel de Lacassagne. La criminalité et le climat. Le climat et la mortalité. Le climat et la natalité, d'après la statistique. Rôle décroissant des influences physiques à mesure qu'une société progresse. Leur action sur l'industrie et sur l'art. — IV. *Les influences physiologiques*. La race et le sexe... 298

II. — Prépondérance des causes sociales. — I. Le penchant à l'imitation, sa force et ses formes, son étude par le phénomène des foules. Comment un soupçon y devient rapidement conviction. Genèse des popularités et des impopularités. L'esprit de secte et l'esprit de foule. La foule, comme la famille, fait social primitif; double origine des sociétés. — II. Lois de l'imitation. Les hommes s'imitent d'autant plus qu'ils sont plus rapprochés. Le supérieur est plus imité par l'inférieur qu'il ne l'imite. Propagation du haut en bas en tout ordre de faits : langues, dogmes, meubles, idées, besoins. Grands foyers de l'imitation; jadis les aristocraties, aujourd'hui les capitales. Similitudes entre celles-ci et celles-là. — III. Application à la criminalité. Les vices et les crimes se sont jadis propagés de la noblesse au peuple. Exemples : l'ivrognerie, l'empoisonnement, le meurtre par mandat. Délibération du Conseil des Dix. La fausse monnaie. Le pillage et le vol. — IV. Actuellement, ils se propagent des grandes villes aux campagnes. Femmes coupées en morceaux. Vitriol amoureux. — V. La carte criminelle de la France, dressée par M. Joly. Sa division par bassins de fleuves, foyers de criminalité; l'Hérault, la Normandie, Eudes Rigaud. — VI. Criminalité des grandes villes. Progrès de l'homicide. Meurtre par cupidité exclusivement. Viols et attentats à la pudeur contre les adultes et contre les enfants. Avortements et infanticides. Prétendue loi d'inversion entre les crimes-propriétés et les crimes-personnes. Les deux croissent parallèlement dans les grandes villes. Pourtant la civilisation améliore l'homme. Comment cela se concilie-t-il ? — VII. Par une autre loi de l'imitation : la loi d'insertion, le passage alternatif de la mode à la coutume; rythme irrégulier. Exemples tirés de l'histoire des langues, des religions, des industries. Même loi pour les sentiments moraux ou immoraux. — VIII. Rencontres des courants d'imitations différents : leur lutte ou leur concours régis par les lois de la logique sociale et exprimés par la statistique. — IX. Application de ces idées premièrement à l'influence de l'instruction sur la criminalité. — X. Deuxièmement, à l'influence du travail et de l'industrie. — XI. Troisièmement, à l'influence de la pauvreté ou de la richesse. — XII. Quatrièmement, à l'influence de la civilisation en général. — XIII. Analogies que présentent les transformations historiques du délit avec celles de l'industrie, de la langue, de la religion, du droit, etc. D'abord, changements *internes* de chaque espèce de crime, nominalement resté le même, sens général de cette transformation. Importance de cette considération pour la critique impartiale du passé judiciaire. Irréversibilité de la transformation indiquée. — XIV. En second lieu, changement dans l'incrimination, crimes devenus délits, puis faits licites, ou *vice versâ*. Comparaison avec les variations des valeurs. Sens général et irréversibilité de ces révolutions lentes. La théorie du *délit naturel* de M. Garofalo. — XV. En troisième lieu, changement dans les procédés des crimes. Même ordre que pour la succession des outils. Ordre irréversible. — XVI. Résumé du chapitre. Caractères différentiels du crime parmi les autres phénomènes sociaux. Le crime et la guerre. Passage historique de l'unilatéral au réciproque.................................... 323

CHAPITRE SEPTIÈME

Le jugement

I. — Place de la procédure criminelle et de la justice pénale dans la science sociale. La production et l'échange des services, la production et l'échange des préjudices.. 426

II. — Évolution historique de la procédure criminelle, elle correspond à celle de la pensée religieuse ou irréligieuse. La preuve par les ordalies et le duel judiciaire. La preuve par la torture. La preuve par le Jury. La preuve par l'expertise. Propagation de chacune de ces procédures par imitation-mode, puis consolidation par imitation-coutume.. 432

III. — Critique du Jury. Avenir de l'expertise. Nécessité d'une école spéciale de magistrats criminels.. 443

IV. — Impossibilité d'exiger du juge criminel la conviction absolue; possibilité de mesurer approximativement le degré de sa croyance et utilité de cette mesure, même imparfaite. Le *point de condamnabilité*, ses variations et leur cause.................................. 458

V. — Critique de quelques réformes proposées en ce qui touche à l'incrimination. — I. La préméditation en fait d'homicides. Historique. Théorie d'Holtzendorff. Le livre d'Alimena. La considération des motifs. — II. La tentative. Pourquoi l'assimilation de la tentative au crime achevé répugne au sens commun. III. La complicité........... 464

CHAPITRE HUITIÈME

La Peine

I. — Efficacité des peines. Preuves et exemples.................... 476
II. — Aperçus historiques. — I. Les transformations de la peine sont liées aux transformations de la preuve. Quatre phases. Adoucissement graduel des peines. — II. Les prix et les peines : antithèse constante. L'échelle des délits et l'échelle des peines. Phase nouvelle en économie politique comme en pénalité... 487
III. — Fondement rationnel. — I. Pénalité basée sur l'utilité ou sur l'opinion ? — II. Pénalité et assistance publique doivent découler de principes non contradictoires entre eux. — III. Les divers systèmes pénitentiaires. Le *manicomio criminale*. Nécessité de séparer les détenus d'après leur origine sociale. — IV. La transportation, la cellule, le système irlandais. Comparaison et conclusion........ 507

CHAPITRE NEUVIÈME

La peine de mort

I. — Le problème de la peine de mort. Enthousiasme factice soulevé par l'idée de son abolition. Réaction contraire..................... 533
II. — Importance théorique et religieuse de la question. Action du christianisme et influence du darwinisme. De deux choses l'une : ou abolir la peine de mort pour la remplacer, ou l'adoucir pour l'étendre. 537
III. — Est-il désirable de l'étendre ? Faiblesse des arguments ordinaires contre la peine de mort : irréparabilité, possibilité d'erreurs judiciaires, prétendue inefficacité. Statistique à ce sujet : leur interprétation abusive... 543
IV. — Arguments opposés. Evasion des condamnés graciés. Autre considération. Contradiction du public, contraire à la peine de mort légale, favorable à la peine de mort extra-judiciaire. Autre contradiction : le progrès du militarisme, l'extermination croissante des races inférieures, et le déclin de l'échafaud. L'utilitarisme doit avoir égard à la douleur de l'indignation publique non satisfaite............. 550
V. — Mais l'utilitarisme nous conduirait logiquement beaucoup trop loin. La société ne doit pas être plus égoïste en masse qu'en détail. Protestation du cœur ; horreur croissante suscitée par la peine de mort, ou par les modes actuels d'exécution. La suppression de la guerre et l'abolition de l'échafaud. Robespierre et Napoléon. La peine de mort abolie là précisément où la doctrine utilitaire réclamait le plus son maintien : en matière politique........................ 556
VI. — Utilité d'une expérience à faire pour résoudre définitivement la question. Comme tiers-parti, changer radicalement le mode d'exécution du dernier supplice. Le Phédon et la guillotine..... 567

www.ingramcontent.com/pod-product-compliance
Lightning Source LLC
Chambersburg PA
CBHW060506230426
43665CB00013B/1415